haber
querer
andwar

traen
poder

DESCUBRE

Lengua y cultura del mundo hispánico

MEDIA EDITION

VISTA

HIGHER LEARNING

Boston, Massachusetts

Publisher: José A. Blanco

Executive Editor: Sarah Kenney

Managing Editor: Paola Ríos Schaaf (Technology)

Senior Project Manager: Armando Brito

Editors: Christian Biagetti (Technology), Mónica M. González Peña, Lauren Krolick, Paula Andrea Orrego

Production and Design Director: Marta Kimball

Design Manager: Susan Prentiss

Design and Production Team: Sarah Cole, Sónia Teixeira, Nick Ventullo

Printed in the United States of America.

DESCUBRE Level 3 Student Edition ISBN: 978-1-60576-098-8

Library of Congress Control Number: 2009935441

3 4 5 6 7 8 9 RJ 14 13 12 11

Maestro® and Maestro Language Learning System® and design are registered trademarks of Vista Higher Learning, Inc.

DESCUBRE

Lengua y cultura del mundo hispánico

MEDIA EDITION

Table of Contents

	CONTEXTOS	FOTONOVELA	ENFOQUES

LECCIÓN 1
Las relaciones personales

LECCIÓN 2
Las diversiones

LECCIÓN 3
La vida diaria

ESTRUCTURA	CINEMATECA	LECTURAS

Table of Contents

	CONTEXTOS	FOTONOVELA	ENFOQUES

ESTRUCTURA	CINEMATECA	LECTURAS

Table of Contents

CONTEXTOS	**FOTONOVELA**	**ENFOQUES**

Consulta

El mundo

Países hispanohablantes

Países con alto número de hispanohablantes

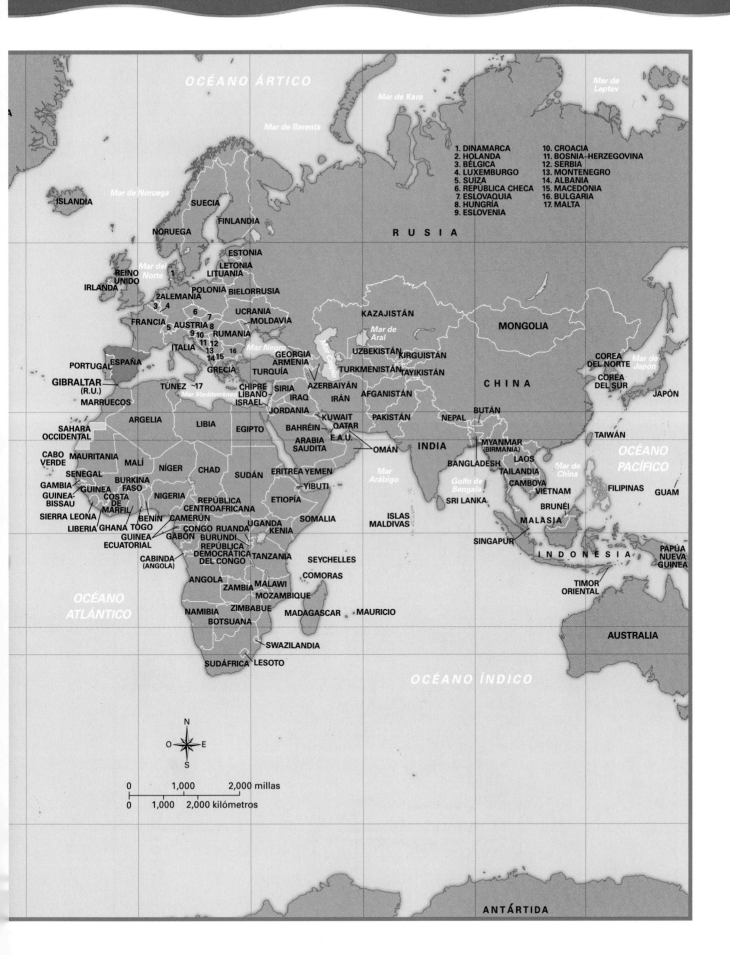

OCÉANO ÁRTICO

Mar de Kara

Mar de Laptev

Mar de Barents

1. DINAMARCA
2. HOLANDA
3. BÉLGICA
4. LUXEMBURGO
5. SUIZA
6. REPÚBLICA CHECA
7. ESLOVAQUIA
8. HUNGRÍA
9. ESLOVENIA

10. CROACIA
11. BOSNIA-HERZEGOVINA
12. SERBIA
13. MONTENEGRO
14. ALBANIA
15. MACEDONIA
16. BULGARIA
17. MALTA

ISLANDIA

Mar de Noruega

SUECIA

FINLANDIA

NORUEGA

RUSIA

ESTONIA
LETONIA
LITUANIA

Mar del Norte

REINO UNIDO
IRLANDA

POLONIA
BIELORRUSIA

2ALEMANIA
3 4
6 7
UCRANIA
MOLDAVIA
FRANCIA
5 AUSTRIA 8
9 10 RUMANIA
ITALIA 11 12
13
14 15   16
GRECIA
TURQUÍA

KAZAJISTÁN

MONGOLIA

Mar de Aral

Mar Negro

GEORGIA
ARMENIA

UZBEKISTÁN
KIRGUISTÁN
TURKMENISTÁN
TAYIKISTÁN

COREA DEL NORTE
Mar de Japón
COREA DEL SUR

Mar Caspio

PORTUGAL
ESPAÑA

GIBRALTAR
(R.U.)

MARRUECOS

TÚNEZ 17

CHIPRE
LÍBANO
ISRAEL
SIRIA
IRAQ
JORDANIA

AZERBAIYÁN
IRÁN

AFGANISTÁN

CHINA

JAPÓN

Mar Mediterráneo

TAIWÁN

OCÉANO PACÍFICO

SAHARA OCCIDENTAL

ARGELIA

LIBIA

EGIPTO

BAHRÉIN
ARABIA
SAUDITA

KUWAIT
QATAR
E.A.U.

OMÁN

PAKISTÁN
NEPAL
BUTÁN

INDIA

MYANMAR
(BIRMANIA)

CABO VERDE

MAURITANIA

MALÍ

NÍGER

CHAD

SUDÁN

ERITREA YEMEN

BANGLADESH
LAOS
TAILANDIA

Mar de China

SENEGAL

BURKINA FASO

YIBUTI

Mar Arábigo

Golfo de Bengala

CAMBOYA
VIETNAM

FILIPINAS

GUAM

GAMBIA
GUINEA-BISSAU
GUINEA

NIGERIA

COSTA DE MARFIL

REPÚBLICA CENTROAFRICANA

ETIOPÍA

SRI LANKA

BRUNÉI

SIERRA LEONA
LIBERIA
GHANA TOGO
BENÍN CAMERÚN
GUINEA ECUATORIAL
GABÓN

CONGO RUANDA
BURUNDI

UGANDA
KENIA

SOMALIA

ISLAS MALDIVAS

MALASIA

SINGAPUR

INDONESIA

PAPÚA NUEVA GUINEA

CABINDA (ANGOLA)

REPÚBLICA DEMOCRÁTICA DEL CONGO

TANZANIA

SEYCHELLES

ANGOLA

ZAMBIA

MALAWI

MOZAMBIQUE

COMORAS

TIMOR ORIENTAL

OCÉANO ATLÁNTICO

NAMIBIA

ZIMBABUE

BOTSUANA

MADAGASCAR

MAURICIO

AUSTRALIA

SWAZILANDIA

SUDÁFRICA LESOTO

OCÉANO ÍNDICO

N
O   E
S

0   1,000   2,000 millas
0   1,000   2,000 kilómetros

ANTÁRTIDA

xi

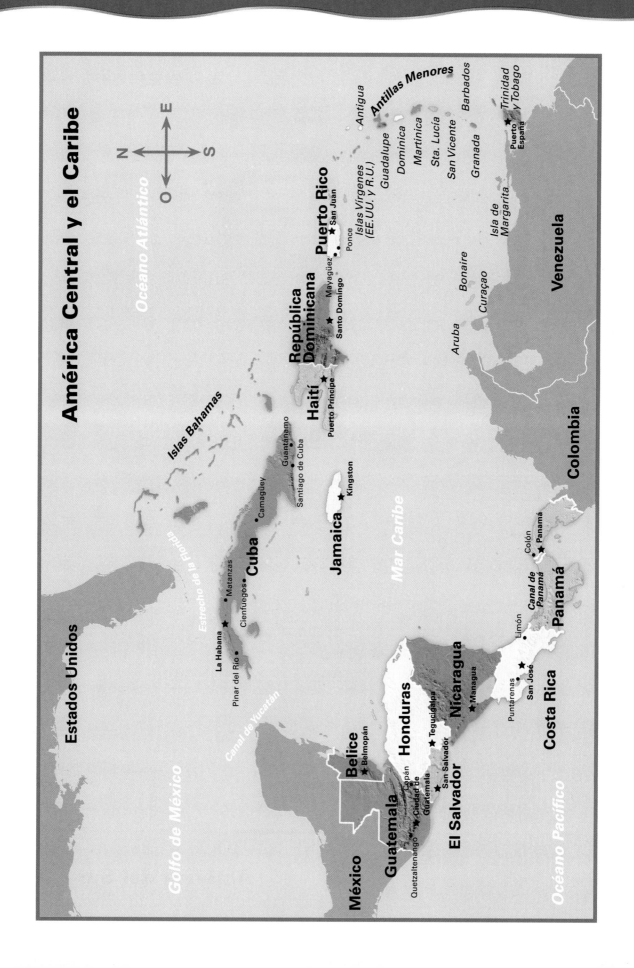

América Central y el Caribe

Islas Galápagos

Océano Pacífico

Isla Pinta

Isla Marchena

Isla Genovesa

Isla Isabela

Línea ecuatorial

Volcán Darwin

Isla Santiago (San Salvador)

Isla Fernandina

Puerto Ayora

Isla San Cristóbal

Santo Tomás

Isla Santa Cruz

Puerto Barquerizo Moreno

Isla Santa María

Isla Española

Mar Caribe

Barranquilla

Maracaibo

Caracas

Puerto España

Trinidad y Tobago

Venezuela

Georgetown

Guyana

Paramaribo

Cayena

Colombia

Medellín

Bogotá

Surinam

Guayana Francesa

Cali

R. Orinoco

Pasto

Ecuador

Quito

R. Negro

R. Amazonas

Guayaquil

Manaus

Belém

Iquitos

Perú

R. Madeira

Recife

Cordillera de los Andes

Lima

Cuzco

Salvador

Lago Titicaca

Brasil

Brasilia

Arequipa

La Paz

Bolivia

Arica

Sucre

Belo Horizonte

Océano Pacífico

Iquique

R. Paraguay

R. Paraná

São Paulo

Río de Janeiro

Antofagasta

Santos

Paraguay

Salta

Asunción

Chile

R. Paraná

R. Uruguay

Porto Alegre

Córdoba

Uruguay

Valparaíso

Mendoza

Rosario

Santiago

Buenos Aires

Montevideo

Concepción

Argentina

Océano Atlántico

Cordillera de los Andes

Bahía Blanca

Puerto Montt

N

O   E

S

Estrecho de Magallanes

Islas Malvinas

Punta Arenas

Tierra del Fuego

América del Sur

The Spanish-speaking World

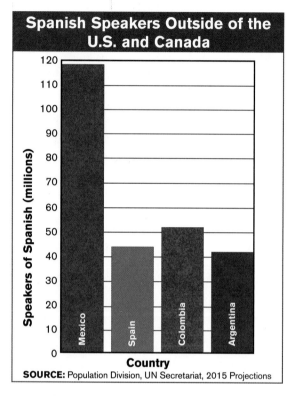

Spanish Speakers Outside of the U.S. and Canada

Speakers of Spanish (millions) vs. Country

Mexico, Spain, Colombia, Argentina

SOURCE: Population Division, UN Secretariat, 2015 Projections

More than approximately forty million people living in the U.S. speak Spanish; after English, it is the second most commonly spoken language in this country. It is the official language of twenty-two countries and an official language of the European Union and United Nations. Understanding others and communicating effectively in Spanish is an important and practical goal of studying Spanish. Knowing Spanish can help you not only when traveling but also within many contexts in the U.S. There may be internships, volunteer experiences, and work opportunities in your community that require the use of Spanish, which can help you develop your Spanish language skills.

The Growth of Spanish

The Spanish language as we know it today has its origins in a dialect called Castilian (**castellano** in Spanish). Castilian developed in the 9th century in north-central Spain, in a historic provincial region known as Old Castile. Castilian gradually spread towards the central region of New Castile, where it was adopted as the main language of commerce. By the 16th century, Spanish had become the official language of Spain and eventually, the country's role in exploration, colonization, and overseas trade led to its spread across Central and South America, North America, the Caribbean, parts of North Africa, the Canary Islands, and the Philippines.

Spanish in the United States

1500   **1600**   **1700**

16th Century
Spanish is the official language of Spain.

1565
The Spanish arrive in Florida and found St. Augustine.

1610
The Spanish found Santa Fe, today's capital of New Mexico, the state with the most Spanish speakers in the U.S.

Spanish in the United States

Spanish came to North America in the 16th century with the Spanish who settled in St. Augustine, Florida. Spanish-speaking communities flourished in several parts of the continent over the next few centuries. Then, in 1848, in the aftermath of the Mexican-American War, Mexico lost almost half its land to the United States, including portions of modern-day Texas, New Mexico, Arizona, Colorado, California, Wyoming, Nevada, and Utah. Overnight, hundreds of thousands of Mexicans became citizens of the United States, bringing with them their rich history, language, and traditions.

This heritage, combined with that of the other Hispanic populations that have immigrated to the United States over the years, has led to the remarkable growth of Spanish around the country. After English, it is the most commonly spoken language in 43 states. More than 12 million people in California alone claim Spanish as their first or "home" language.

You've made an important investment in your future by taking Spanish in school. Not only is Spanish found and heard almost everywhere in the United States, but it is the most commonly taught foreign language in classrooms throughout the country! Chances are that you've come across an advertisement, menu, or magazine that is in Spanish. If you look around, you'll find that Spanish can be found in some pretty common places. News agencies and television stations such as CNN and **Telemundo** provide Spanish-language broadcasts. Federal government agencies such as the Internal Revenue Service and the Department of State provide services in both languages. Even the White House has an official Spanish-language web page! Learning Spanish can create opportunities within your everyday life. You may notice that many job postings require or prefer candidates with bilingual skills. Because many companies need workers who can use both English and Spanish in their daily business communications, knowing Spanish can help you be competitive in finding a job or in pursuing a career that you're interested in.

1800   1900   2000

1848
Mexicans who choose to stay in the U.S. after the Mexican-American War become U.S. citizens.

1959
After the Cuban Revolution, thousands of Cubans emigrate to the U.S.

2000
Spanish is the 2nd most commonly spoken language in the U.S., with more than approximately 40 million speakers.

Why Study Spanish?

Learn an International Language

There are many reasons to learn Spanish, a language that has spread to many parts of the world and has along the way embraced words and sounds of languages as diverse as Latin, Arabic, and Nahuatl. Spanish has evolved from a medieval dialect of north-central Spain into the fourth most commonly spoken language in the world. It is the second language of choice among the majority of people in North America.

Understand the World Around You

Knowing Spanish can also open doors to communities within the United States, and it can broaden your understanding of the nation's history and geography. The very names Colorado, Montana, Nevada, and Florida are Spanish in origin. Just knowing their meanings can give you some insight into, of all things, the landscapes for which the states are renowned. Colorado means "colored red;" Montana means "mountain;" Nevada is derived from "snow-capped mountain;" and Florida means "flowered." You've already been speaking Spanish whenever you talk about some of these states!

State Name	Meaning in Spanish
Colorado	"colored red"
Florida	"flowered"
Montana	"mountain"
Nevada	"snow-capped mountain"

Connect with the World

Learning Spanish can change how you view the world. While you learn Spanish, you will also explore and learn about the origins, customs, art, music, and literature of people in close to two dozen countries. When you travel to a Spanish-speaking country, you'll be able to converse freely with the people you meet. And whether in the U.S., Canada, or abroad, you'll find that speaking to people in their native language is the best way to bridge any culture gap.

Why Study Spanish?

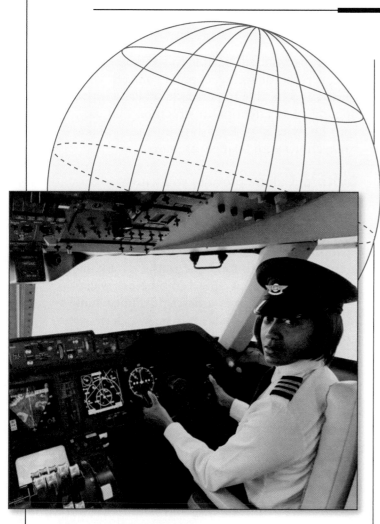

Expand Your Skills

Studying a foreign language can improve your ability to analyze and interpret information and help you succeed in many other subject areas. When you first begin learning Spanish your studies will focus mainly on reading, writing, grammar, listening, and speaking skills. You'll be amazed at how the skills involved with learning how a language works can help you succeed in other areas of study. Many people who study a foreign language claim that they gained a better understanding of English. Spanish can even help you understand the origins of many English words and expand your own vocabulary in English. Knowing Spanish can also help you pick up other related languages, such as Italian, Portuguese, and French. Spanish can really open doors for learning many other skills in your school career.

Explore Your Future

How many of you are already planning your future careers? Employers in today's global economy look for workers who know different languages and understand other cultures. Your knowledge of Spanish will make you a valuable candidate for careers abroad as well as in the United States or Canada. Doctors, nurses, social workers, hotel managers, journalists, businessmen, pilots, flight attendants, and many other professionals need to know Spanish or another foreign language to do their jobs well.

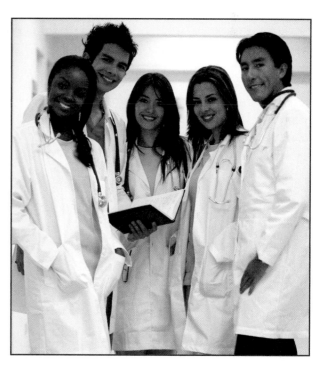

How to Learn Spanish

Start with the Basics !

As with anything you want to learn, start with the basics and remember that learning takes time! The basics are vocabulary, grammar, and culture.

Vocabulary Every new word you learn in Spanish will expand your vocabulary and ability to communicate. The more words you know, the better you can express yourself. Focus on sounds and think about ways to remember words. Use your knowledge of English and other languages to figure out the meaning of and memorize words like **conversación, teléfono, oficina, clase,** and **música.**

Grammar Grammar helps you put your new vocabulary together. By learning the rules of grammar, you can use new words correctly and speak in complete sentences. As you learn verbs and tenses, you will be able to speak about the past, present, or future, express yourself with clarity, and be able to persuade others with your opinions. Pay attention to structures and use your knowledge of English grammar to make connections with Spanish grammar.

Culture Culture provides you with a framework for what you may say or do. As you learn about the culture of Spanish-speaking communities, you'll improve your knowledge of Spanish. Think about a word like **salsa,** and how it connects to both food and music. Think about and explore customs observed on **Nochevieja** (New Year's Eve) or at a **fiesta de quince años** (a girl's fifteenth birthday party). Watch people greet each other or say good-bye. Listen for idioms and sayings that capture the spirit of what you want to communicate!

Teenagers celebrating at a **fiesta de quince años.**

Listen, Sp... [rni...]

Listen, Speaking

Listening Listen for sounds and for words you can recognize. Listen for inflections and watch for key words that signal a question such as **cómo** (*how*), **dónde** (*where*), or **qué** (*what*). Get used to the sound of Spanish. Play Spanish pop songs or watch Spanish movies. Borrow books on CD from your local library, or try to visit places in your community where Spanish is spoken. Don't worry if you don't understand every single word. If you focus on key words and phrases, you'll get the main idea. The more you listen, the more you'll understand!

Speaking Practice speaking Spanish as often as you can. As you talk, work on your pronunciation, and read aloud texts so that words and sentences flow more easily. Don't worry if you don't sound like a native speaker, or if you make some mistakes. Time and practice will help you get there. Participate actively in Spanish class. Try to speak Spanish with classmates, especially native speakers (if you know any), as often as you can.

...ad Write

newspa... school, rea... it, or read books y... translated into Spanish. ...age that you know to understan... ...try to listen to ...English text that looks unfamiliar. Look to ...ies words that are related in English and Spa... guess the meaning of some words. Read as o... as you can, and remember to read for fun!

Writing It's easy to write in Spanish if you put your mind to it. And remember that Spanish spelling is phonetic, which means that once you learn the basic rules of how letters and sounds are related, you can probably become an expert speller in Spanish! Write for fun—make up poems or songs, write e-mails or instant messages to friends, or start a journal or blog in Spanish.

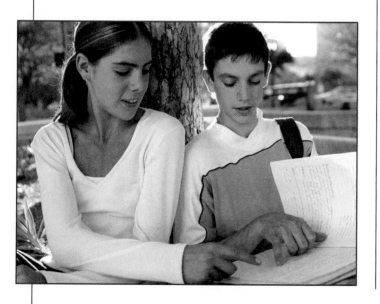

Tip...

...rite down
...es that you
...and look up the
...al structure.

- **Listen t...** phrases ...hows or movies. Try to
can't ...es to help you grasp the content
meg...ssary. See how much you can
...by using the context of the show or
...to help you understand what is being said.

- **Read Spanish-language newspapers, magazines, or blogs,** and respond to what you read by writing a letter to the editor, or responding to the blog. Use the newspaper or magazine articles you read as a model for writing your own article about something that interests you.

- **Listen to Spanish songs** that you like —anything from Shakira to a traditional mariachi melody. Sing along and concentrate on your pronunciation. Print out the lyrics and find new vocabulary words that you can try using in future conversations, letters, or e-mails.

- **Seek out opportunities to practice conversation with Spanish speakers.** Look for neighborhoods, markets, or cultural centers where Spanish might be spoken in your community. Find ways to volunteer in a community where Spanish is used, as a way to learn Spanish and help others at the same time.

Practice, practice, practice!

Seize every opportunity you find to listen, speak, read, or write Spanish. Think of it like a sport or learning a musical instrument—the more you practice, the more you will become comfortable with the language and how it works. Look for new experiences where you can use Spanish, like volunteering in a community where Spanish is spoken, at work, or with Spanish speakers you meet. You can build on the Spanish you already know by looking for new ways to practice and learn. Using Spanish in real life situations can help you understand how the language is used authentically, which will help you learn how to get your ideas across clearly and be understood in another language.

- **Pursue language exchange opportunities** (**intercambio cultural**) in your school or community. Join or even start a language club, or help plan cultural events related to Spanish, its history, and its culture. Explore opportunities for studying abroad or hosting a student from a Spanish-speaking country in your home or school.

- **Connect your learning to everyday experiences.** Think about naming the ingredients of your favorite dish in Spanish, or try making a recipe written in Spanish. Try writing a grocery or "to do" list, or directions to somebody's house in Spanish.

- **Use poems or lyrics from songs in Spanish as language models** to help you remember grammatical rules. For example, memorize Juan Luis Guerra's song **Ojalá que <u>llueva</u> café en el campo**, to help you remember to use the subjunctive after the expression **Ojalá que.**

- **Set goals!** Try to have as much fun as you can learning Spanish, and set goals for what you would like to do with your language abilities as they grow. Keep track of how your Spanish improves by noticing how and what you are able to communicate as you continue to practice.

Icons and *Recursos* Boxes

Icons

Familiarize yourself with these icons that appear throughout **DESCUBRE**.

Icons legend		
🎧 Listening activity/section	**S** Short Film	✎ Supersite activity
v̂Text vText	👥 Pair activity	**S** Supersite content
Flash cultura Video: *Flash cultura*	👥👥 Group activity	

- You will see the listening icon in each lesson's **Contextos** and **Vocabulario** sections.
- Supersite icons appear in every strand of every lesson.
  Visit descubre3.vhlcentral.com.
- The Supersite icon spells out a strand's related resources.
- The extra practice icon at the end of a strand points you to the Supersite for more practice online.
- The **vText** icon appears in every strand of every lesson.
  Visit descubre3.vhlcentral.com.

Recursos boxes

Recursos boxes let you know exactly what print and technology supplements you can use to reinforce and expand on every section of each lesson in your textbook. They even include page numbers when applicable.

Recursos boxes legend	
v̂Text	vText
CA pp. 219–220	Cuaderno de actividades
CP pp. 37–38	Cuaderno de práctica
CH p. 19	Cuaderno para hispanohablantes
S	Supersite
descubre3.vhlcentral.com	

DESCUBRE 3 Video Programs

Sitcom Video

An episode in the format of a situational comedy accompanies each lesson in **DESCUBRE**. These episodes portray the everyday lives and adventures of the owner and five employees of the lifestyle magazine **Revista Facetas**, based in Mexico City.

The **Fotonovela** section in each textbook lesson is actually an abbreviated version of the dramatic episode featured in the video. Therefore, each **Fotonovela** section can be done before you see the corresponding video episode, after it, or as a stand-alone section.

Besides providing entertainment, the video serves as a useful learning tool. As you watch the episodes, you will observe the characters interacting in various situations and using real-world language that reflects the vocabulary and grammar you are studying. In addition, because language learning is an ongoing, cumulative process, you will find that the dramatic segments carefully combine new vocabulary and grammar with previously taught language as the video progresses.

Flash cultura

The dynamic **Flash cultura** video provides an entertaining and humorous complement to the **Enfoques** section of each lesson. Correspondents from various Spanish-speaking countries share aspects of life in their countries with each other. The similarities and differences among Spanish-speaking countries that come up through their exchanges will challenge you to think about your own cultural practices and values.

The Cast

Here are the main characters you will meet when you watch the **FOTONOVELA** video:

Mariela Burgos

José Raúl Aguayo

Diana González

Éric Vargas

Juan (Johnny) Medina

Fabiola Ledesma

DESCUBRE 3 Film Collection

The **DESCUBRE** Film Collection contains the short films by Hispanic filmmakers that are the basis for the **Cinemateca** section of every lesson. These award-winning films offer entertaining and thought-provoking opportunities to build your listening comprehension skills and your cultural knowledge of the Spanish-speaking world.

Film Synopses

Lección 1 *Momentos de estación* (Argentina) A commuter purchases his train ticket every day, never once telling the ticket window employee about his feelings for her. He suddenly takes advantage of the moment and tells her… causing a spiraling effect for those around them.

Lección 2 *Espíritu deportivo* (México) At the funeral of a deceased soccer star, his teammates argue the lineup of their famous match against Brazil.

Lección 3 *Adiós mamá* (México) A man is grocery shopping alone on an ordinary day when a chance meeting makes him the focus of an elderly woman's existential conflict, with a surprising result.

Lección 4 *Éramos pocos* (España) After being abandoned by his wife, a father and son enlist the help of her mother to keep house.

Lección 5 *El anillo* (Puerto Rico) Every object has its own story to tell.

Lección 6 *El día menos pensado* (México) A city ends up without drinkable water; people must decide whether to flee or stand and guard what little water they have left.

Lección 7 *Happy Cool* (Argentina) A man decides to wait out a recession by having himself cryogenically frozen until better economic times.

Lección 8 *Clown* (España) Companies will go to any length to collect what is due to them… and to make sure they have hired the right person for the job.

Lección 9 *Sintonía* (España) Stuck in traffic, the only way a man can get the attention of a woman is to figure out which radio station she's listening to and call in.

Lección 10 *Las viandas* (España) In a restaurant where food is art, a customer learns whether it is possible to have too much of a good thing.

Thematic Vocabulary Lists

Saludos

Hola. *Hello; Hi.*
Buenos días. *Good morning.*
Buenas tardes. *Good afternoon.*
Buenas noches. *Good evening; Good night.*
—
Adiós. *Good-bye.*
Nos vemos. *See you.*
Hasta luego. *See you later.*
Hasta mañana. *See you tomorrow.*
Saludos a… *Greetings to…*
—
¿Cómo está usted? *How are you? (form.)*
¿Cómo estás? *How are you? (fam.)*
¿Qué tal? *How are you?; How is it going?*
(Muy) bien, gracias. *(Very) well, thanks.*
Regular. *So so; OK.*
—
Con permiso. *Pardon me; Excuse me.*
De nada. *You're welcome.*
Lo siento. *I'm sorry.*
(Muchas) gracias. *Thank you (very much); Thanks (a lot).*

Presentaciones

¿Cómo se llama usted? *What's your name? (form.)*
¿Cómo te llamas (tú)? *What's your name? (fam.)*
Me llamo… *My name is…*
—
¿De dónde es usted? *Where are you from? (form.)*
¿De dónde eres? *Where are you from? (fam.)*
Soy de… *I'm from…*

La clase y la escuela

el autobús *bus*
el chico *boy*
la chica *girl*
el/la compañero/a de clase *classmate*
la conversación *conversation*
la cosa *thing*
el día *day*
el escritorio *desk*
la escuela *school*
el/la estudiante *student*
el libro *book*
la mochila *backpack*
la papelera *wastebasket*
la pizarra *blackboard*
la pluma *pen*
la tiza *chalk*
—
la biblioteca *library*
la cafetería *cafeteria*
el laboratorio *laboratory*
—
el curso, la materia *course*
el examen *test, exam*
el horario *schedule*
la prueba *test; quiz*
la tarea *homework*

Pasatiempos

andar en patineta *to skateboard*
bucear *to scuba dive*
escalar montañas (f. pl.) *to climb mountains*
escribir un mensaje electrónico *to write an e-mail message*
esquiar *to ski*
nadar *to swim*
pasear *to take a walk; to stroll*
patinar (en línea) *to skate (in-line)*
practicar deportes (m. pl.) *to play sports*
ser aficionado/a (a) *to be a fan (of)*
tomar el sol *to sunbathe*
ver películas (f. pl.) *to see movies*
—
el fin de semana *weekend*
el tiempo libre *free time*

El tiempo libre

almorzar (o:ue) *to have lunch*
cenar *to have dinner*
comprar *to buy*
desayunar *to have breakfast*
dormir (o:ue) *to sleep*
escuchar la radio/música *to listen to the radio/music*
hablar *to talk; to speak*
jugar (u:ue) *to play*
llegar *to arrive*
mirar *to look (at); to watch*
necesitar (+ inf.) *to need*
tomar *to take; to drink*
viajar *to travel*

Los días de la semana

lunes *Monday*
martes *Tuesday*
miércoles *Wednesday*
jueves *Thursday*
viernes *Friday*
sábado *Saturday*
domingo *Sunday*

La familia

el/la abuelo/a *grandfather/grandmother*
el/la cuñado/a *brother-in-law/sister-in-law*
el/la esposo/a *husband; wife; spouse*
el/la hermano/a *brother/sister*
el/la hijo/a *son/daughter*
la madre *mother*
el/la nieto/a *grandson/granddaughter*
la nuera *daughter-in-law*
el padre *father*
el/la primo/a *cousin*
el/la sobrino/a *nephew/niece*
el/la suegro/a *father-in-law/mother-in-law*
el/la tío/a *uncle/aunt*
el yerno *son-in-law*

Las personas

alto/a *tall*
antipático/a *unpleasant*
bajo/a *short (in height)*
bonito/a *pretty*
buen, bueno/a *good*
delgado/a *thin; slender*
feo/a *ugly*
gordo/a *fat*
guapo/a *handsome; good-looking*
inteligente *intelligent*
joven *young*
moreno/a *brunet(te)*
pelirrojo/a *red-hair*
rubio/a *blond(e)*
simpático/a *nice; likeable*
trabajador(a) *hard-working*
viejo/a *old*

Los viajes y las vacaciones

acampar *to camp*
hacer las maletas *to pack (one's suitcases)*
hacer un viaje *to take a trip*
ir de vacaciones *to go on vacation*

**ir en autobús (m.), auto(móvil) (m.),
   avión (m.), barco (m.), motocicleta (f.),
   taxi (m.)** *to go by bus, car, plane, boat,
   motorcycle, taxi*
sacar/tomar fotos (f. pl.) *to take photos*
———
el aeropuerto *airport*
el campo *countryside*
el equipaje *luggage*
el mar *sea*
el paisaje *landscape*
el pasaporte *passport*
la playa *beach*

La ropa

el abrigo *coat*
los bluejeans *jeans*
el calcetín *sock*
la camisa *shirt*
la camiseta *t-shirt*
la chaqueta *jacket*
el cinturón *belt*
la corbata *tie*
la falda *skirt*
los guantes *gloves*
el impermeable *raincoat*
los pantalones *pants*
los pantalones cortos *shorts*
la ropa interior *underwear*
la sandalia *sandal*
el sombrero *hat*
el suéter *sweater*
el traje *suit*
el traje (de baño) *(bathing) suit*
el vestido *dress*

Ir de compras

el almacén *department store*
la caja *cash register*
el centro comercial *shopping mall*
el/la dependiente/a *clerk*
el dinero *money*
(en) efectivo *cash*
un par de zapatos *a pair of shoes*
la rebaja *sale*
la tarjeta de crédito *credit card*
la tienda *shop; store*
———
costar (o:ue) *to cost*
gastar *to spend (money)*
hacer juego (con) *to match (with)*

Ir de compras *(cont.)*

llevar *to wear; to take*
pagar *to pay*
———
barato/a *cheap*
caro/a *expensive*
corto/a *short (in length)*
largo/a *long (in length)*

La rutina diaria

acostarse (o:ue) *to go to bed*
cepillarse los dientes *to brush one's teeth*
despertarse (e:ie) *to wake up*
ducharse *to shower; to take a shower*
lavarse las manos *to wash one's hands*
levantarse *to get up*
quitarse *to take off*
sentarse (e:ie) *to sit down*
vestirse (e:i) *to get dressed*

Las comidas

el/la camarero/a *waiter*
la comida *food; meal*
el menú *menu*
———
el almuerzo *lunch*
la cena *dinner*
el desayuno *breakfast*

Las frutas

las frutas *fruits*
el limón *lemon*
la manzana *apple*
la naranja *orange*
la pera *pear*
la sandía *watermelon*

Las verduras

las arvejas *peas*
la cebolla *onion*
el champiñón *mushroom*
la ensalada *salad*
los espárragos *asparagus*

Thematic Vocabulary Lists

Las verduras (cont.)

los frijoles beans
la lechuga lettuce
el tomate tomato
las verduras vegetables
la zanahoria carrot

La carne y el pescado

el atún tuna
el bistec steak
los camarones shrimp
la carne meat
la hamburguesa hamburger
los mariscos shellfish
el pavo turkey
el pescado fish
el pollo (asado) (roast) chicken
la salchicha sausage

Otras comidas

el aceite oil
el ajo garlic
el arroz rice
el azúcar sugar
los cereales cereal; grains
el huevo egg
la mantequilla butter
el queso cheese
la sal salt
el sándwich sandwich
la sopa soup
el yogur yogurt

Las bebidas

el agua (mineral) (f.) (mineral) water
la bebida drink
el jugo (de fruta) (fruit) juice
la leche milk
el refresco soft drink

Las celebraciones

la boda wedding
el cumpleaños birthday
el día de fiesta holiday
el/la invitado/a guest
la Navidad Christmas
la quinceañera young woman's fifteenth
  birthday celebration
la sorpresa surprise
—
celebrar to celebrate
invitar to invite
pasarlo bien/mal to have a good/bad time
regalar to give (a gift)
reírse (e:i) laugh

El cuerpo

la boca mouth
el brazo arm
la cabeza head
el corazón heart
el cuello neck
el cuerpo body
el dedo finger
el estómago stomach
la garganta throat
el hueso bone
la muela molar
la nariz nose
el oído (sense of) hearing; inner ear
el ojo eye
la oreja (outer) ear
el pie foot
la pierna leg
la rodilla knee
el tobillo ankle

La salud

el/la dentista dentist
el/la doctor(a) doctor
el dolor (de cabeza) (head)ache; pain
el examen médico physical exam
la farmacia pharmacy
la gripe flu
el medicamento medication
la pastilla pill; tablet
la receta prescription
el resfriado cold (illness)
la salud health
el síntoma symptom
la tos cough
—
caerse to fall (down)
doler (o:ue) to hurt
estar enfermo/a to be sick
estornudar to sneeze
romperse (la pierna) to break (one's leg)
sacar(se) una muela to have a
  tooth removed
ser alérgico/a (a) to be allergic (to)
tener fiebre to have a fever
toser to cough
—
congestionado/a congested; stuffed-up
mareado/a dizzy; nauseated
sano/a healthy

El bienestar

el bienestar well-being
—
aliviar el estrés to reduce stress
disfrutar (de) to enjoy; to reap the
  benefits (of)
(no) fumar (not) to smoke
llevar una vida sana to lead a
  healthy lifestyle
tratar de (+ inf.) to try (to do something)
—
activo/a active
fuerte strong
sedentario/a sedentary; related to sitting
entrenarse to practice; to train
estar en buena forma to be in good shape
hacer ejercicio to exercise

La tecnología

la calculadora *calculator*
la cámara digital/de video *digital/video camera*
el canal *(TV) channel*
el control remoto *remote control*
el disco compacto *CD*
el teléfono (celular) *(cell) telephone*
el televisor *television set*

—

apagar *to turn off*
funcionar *to work*
poner, prender *to turn on*
sonar (o:ue) *to ring*

La computadora

el archivo *file*
arroba *@ symbol*
el cederrón *CD-ROM*
la dirección electrónica *e-mail address*
la impresora *printer*
la página principal *home page*
la pantalla *screen*

el ratón *mouse*
la red *network; Web*
el reproductor de DVD *DVD player*
el sitio web *website*
el teclado *keyboard*

—

borrar *to erase*
descargar *download*
grabar *to record*
guardar *to save*
imprimir *to print*
navegar (en Internet) *to surf (the Internet)*

La vivienda

las afueras *suburbs; outskirts*
el alquiler *rent (payment)*
el barrio *neighborhood*
el/la vecino/a *neighbor*
la vivienda *housing*

—

la alcoba, el dormitorio *bedroom*
la cocina *kitchen*
el comedor *dining room*
el cuarto *room*
el garaje *garage*
el jardín *garden, yard*
el pasillo *hallway*
la sala *living room*
el sótano *basement; cellar*

Los quehaceres domésticos

cocinar *to cook*
hacer la cama *to make the bed*
hacer quehaceres domésticos *to do household chores*
lavar (el suelo, los platos) *to wash (the floor, the dishes)*
pasar la aspiradora *to vacuum*
planchar la ropa *to iron the clothes*
poner la mesa *to set the table*
quitar la mesa *to clear the table*
sacar la basura *to take out the trash*

La naturaleza

el árbol *tree*
el césped, la hierba *grass*
el cielo *sky*
el desierto *desert*
la estrella *star*
la flor *flower*
el lago *lake*
la luna *moon*
la nube *cloud*
la piedra *stone*
el río *river*
el sol *sun*
la tierra *land; soil*
el valle *valley*

El medio ambiente

la conservación *conservation*
la contaminación (del aire; del agua) *(air; water) pollution*
la ecología *ecology*
la energía (nuclear, solar) *(nuclear, solar) energy*
el medio ambiente *environment*
el reciclaje *recycling*
el recurso natural *natural resource*

estar contaminado/a *to be polluted*
evitar *to avoid*
mejorar *to improve*
proteger *to protect*
reciclar *to recycle*
reducir *to reduce*
respirar *to breathe*

En la ciudad

el banco *bank*
la heladería *ice cream shop*
la lavandería *laundromat*
la panadería *bakery*
la peluquería, el salón de belleza *beauty salon*
el supermercado *supermarket*
la zapatería *shoe store*

—

hacer cola *to stand in line*

—

el cartero *mail carrier*
el correo *mail/post office*
la estampilla, el sello *stamp*
el sobre *envelope*

—

echar (una carta) al buzón *to put (a letter) in the mailbox; to mail*

Thematic Vocabulary Lists

En la ciudad (cont.)

enviar, mandar *to send; to mail*
—
el cajero automático *ATM*
la cuadra *(city) block*
la dirección *address*
la esquina *corner*
el letrero *sign*
—
cruzar *to cross*
dar direcciones *to give directions*
doblar *to turn*
quedar *to be located*
—
derecho *straight (ahead)*
enfrente de *opposite; facing*
hacia *toward*

Las ocupaciones

el/la abogado/a *lawyer*
el actor, la actriz *actor*
el/la arquitecto/a *architect*
el/la bombero/a *firefighter*
el/la carpintero/a *carpenter*
el/la científico/a *scientist*
el/la cocinero/a *cook, chef*
el/la corredor(a) de bolsa *stockbroker*
el/la diseñador(a) *designer*
el/la electricista *electrician*
el/la peluquero/a *hairdresser*
el/la pintor(a) *painter*
el/la político/a *politician*
el/la psicólogo/a *psychologist*
el/la reportero/a *reporter; journalist*

Las bellas artes

el baile, la danza *dance*
el boleto *ticket*
la canción *song*
la comedia *comedy; play*
el concierto *concert*
la escultura *sculpture*
el espectáculo *show*
la obra *work (of art, music, etc.)*
la ópera *opera*
la orquesta *orchestra*
el personaje (principal) *(main) character*
la pintura *painting*
el poema *poem*
la poesía *poetry*
el público *audience*
el teatro *theater*
—
aburrirse *to get bored*
aplaudir *to applaud*
apreciar *to appreciate*
dirigir *to direct*
esculpir *to sculpt*
hacer el papel (de) *to play the role (of)*
tocar (un instrumento musical) *to touch; to play (a musical instrument)*
—
el bailarín, la bailarina *dancer*
el/la cantante *singer*
el/la compositor(a) *composer*
el/la director(a) *director; (musical) conductor*
el/la dramaturgo/a *playwright*
el/la escritor(a) *writer*
el/la escultor(a) *sculptor*
la estrella de cine *movie star*
el/la músico/a *musician*
el/la poeta *poet*

La televisión

el concurso *game show; contest*
los dibujos animados *cartoons*
el documental *documentary*
el premio *prize; award*
el programa de entrevistas *talk show*
la telenovela *soap opera*

Los medios de comunicación

el acontecimiento *event*
el artículo *article*
el diario *newspaper*
el informe *report; paper (written work)*
el/la locutor(a) *(TV or radio) announcer*
los medios de comunicación *media*
las noticias *news*
el noticiero *newscast*
la prensa *press*
el reportaje *report*
—
anunciar *to announce; to advertise*
durar *to last*
informar *to inform*

Las noticias

el crimen *crime; murder*
el desastre (natural) *(natural) disaster*
el desempleo *unemployment*
la discriminación *discrimination*
el ejército *army*
la guerra *war*
la huelga *strike*
el huracán *hurricane*
el incendio *fire*
la inundación *flood*
la libertad *liberty; freedom*
la paz *peace*
el racismo *racism*
el sexismo *sexism*
el terremoto *earthquake*
la violencia *violence*

Acknowledgements

Vista Higher Learning expresses its sincere appreciation to the educators nationwide who, through their review, helped us and our authors consolidate the concept and contents of **DESCUBRE, nivel 3**. Their insights, ideas, and comments were invaluable to the final product.

Raquel Aguilú de Murphy
Marquette University, WI

Elizabeth Allen
Harpeth Hall School, TN

Philip D. Ambard
United States Air Force Academy, CO

Engracia Angrill Schuster
Onondaga Community College, NY

Anselmo Argüelles
Portland Community College, OR

Lawrence Banducci
Cabrillo College, CA

Rosalba Bellen
Archmere Academy, DE

Ernesto Benítez Rodríguez
University of Calgary, AB

Pam Benítez
Niles North High School, IL

Juan Antonio Bernabeu
Laramie County Community College, WY

Suzanne Chávez
Rogue Community College, OR

María Córdoba
University of North Carolina, Greensboro, NC

Christine Cotton
Elon University, NC

Dale S. Crandall
Gainesville College, GA

Jodi Cusick-Acosta
Vernon Hills High School, IL

Nancy G. Díaz
Rutgers University, NJ

Consuelo España
Cabrillo College, CA

Ruston Ford
Indian Hills Community College, IA

María Antonieta Galván
Palo Alto College , TX

Luz Harshbarger
Wright State University, Lake Campus, OH

Hiltrud A. Heller
El Camino College & West L.A. College, CA

David Howard
Oak Grove School, CA

Harriet Hutchinson
Bunker Hill Community College, MA

Maureen Ihrie
Elon University, NC

Teresa M. Klocker
New Trier Township High School, IL

Carmen F. Klohe
St. John's University, NJ

Ernest J. Lunsford
Elon University, NC

Shannon Maddox
George Walton Academy, GA

Sonia Maruenda
University of Wisconsin, Green Bay, WI

Jane Mathias
Nardin Academy, NY

Libardo Mitchell
Portland Community College, OR

Maureen Murov
Centenary College, LA

Nela Navarro
Rutgers University, NJ

Perry Nigh
Milwaukee Area Technical College, WI

Bernice Nuhfer-Halten
SPSU, GA

Kevin J. O'Connor
Colorado College

César Paredes
Milwaukee Technical College, WI

Teresa Pérez-Gamboa
University of Georgia, Athens

Amalia Petrusha
Marquette University, WI

Cindy J. Phelps
Newberg High School, OR

Maribel Piñas-Espigule
Portland Community College, OR

April Post
Elon University, NC

Claire Reetz
Florida Community College, Jacksonville, FL

Katie Salgado
St. Mary's School, OR

Rosa Salinas Samelson
Palo Alto College, TX

Denise Saldivar
Diablo Valley College, CA

Susana Sandmann
University of St. Thomas, MN

Belinda A. Sauret
Gainesville College, GA

Timothy Scott
Onondaga Community College, NY

Gabriela Segal
Arcadia University, PA

Patricia Suppes
Elon University, NC

Sonia Torna
Bellarmine College Preparatory, CA

Sixto E. Torres
Gainesville College, GA

Teresa Vargas
Peace College, NC

Barry L. Velleman
Marquette University, WI

Miguel Verano
United States Air Force Academy, CO

Doug West
Sage Hill School, CA

Jennifer Wood
Scripps College, CA

Sheila Young
Butler University, IN

José A. Blanco founded Vista Higher Learning in 1998. A native of Barranquilla, Colombia, Mr. Blanco holds degrees in Literature and Hispanic Studies from Brown University and the University of California, Santa Cruz. He has worked as a writer, editor, and translator for Houghton Mifflin and D.C. Heath and Company and has taught Spanish at the secondary and university levels. Mr. Blanco is also co-author of several other Vista Higher Learning programs: **VISTAS, ¡VIVA!, AVENTURAS, ¡ADELANTE!,** and **PANORAMA** at the introductory level, **VENTANAS, FACETAS, IMAGINA,** and **SUEÑA** at the intermediate level, and **REVISTA** at the advanced conversation level.

Las relaciones personales

Communicative Goals
You will expand your ability to...
- describe in the present
- narrate in the present
- express personal relationships

S Game
Audio: Activities, Vocabulary

Las relaciones personales

La personalidad

autoritario/a *strict; authoritarian*
cariñoso/a *affectionate*
cuidadoso/a *careful*
falso/a *insincere*
gracioso/a *funny; pleasant*

inseguro/a *insecure*
(in)maduro/a *(im)mature*
mentiroso/a *lying*
orgulloso/a *proud*
permisivo/a *permissive; easy-going*
seguro/a *sure; confident*

sensato/a *sensible*
sensible *sensitive*
tacaño/a *cheap; stingy*
tímido/a *shy*
tradicional *traditional*

Los estados emocionales

agobiado/a *overwhelmed*
ansioso/a *anxious*
deprimido/a *depressed*
disgustado/a *upset*

emocionado/a *excited*
preocupado/a (por) *worried (about)*
solo/a *alone; lonely*
tranquilo/a *calm*

Los sentimientos

Carlos es un chico muy tímido, **tiene vergüenza de** hablar con los demás. Pero **se siente** seguro cuando habla con su amiga Marisa porque ella lo **aprecia** mucho.

adorar *to adore*
apreciar *to appreciate*
enamorarse (de) *to fall in love (with)*
estar harto/a (de) *to be fed up (with); to be sick (of)*
odiar *to hate*
sentirse (e:ie) *to feel*
soñar (o:ue) (con) *to dream (about)*
tener celos (de) *to be jealous (of)*
tener vergüenza (de) *to be ashamed, embarrassed (of)*

Las relaciones personales

Llevan más de cincuenta años de casados. Dicen que los secretos de un buen **matrimonio** son la **confianza** y el **cariño**.

el/la amado/a *loved one; sweetheart*
el ánimo *spirit*
el cariño *affection*
la cita (a ciegas) *(blind) date*
el compromiso *commitment; responsibility* ~engagement~
la confianza *trust; confidence*
el desánimo *the state of being discouraged*
el divorcio *divorce*
la pareja *couple; partner*
el sentimiento *feeling; emotion*

atraer *to attract*
coquetear *to flirt*
cuidar *to take care of*
dejar a alguien *to leave someone*
discutir *to argue*
educar *to raise; to bring up*
hacerle caso a alguien *to pay attention to someone*
impresionar *to impress*
llevar... años de (casados) *to be (married) for... years*
llevarse bien/mal/fatal *to get along well/badly/terribly*
mantenerse en contacto *to keep in touch*
pasarlo bien/mal/fatal *to have a good/bad/terrible time*
proponer (matrimonio) *to propose (marriage)*
romper (con) *to break up (with)*
salir (con) *to go out (with)*
soportar a alguien *to put up with someone*

casado/a *married*
divorciado/a *divorced*
separado/a *separated*
soltero/a *single*
viudo/a *widowed*

recursos

v̂Text

CA p. 51

CP pp. 1–2

CH pp. 1–2

S
descubre3.
vhlcentral.com

Práctica

1 **Escuchar**

A. Después de una cita con Andrés, Paula le cuenta todo a su mejor amiga, Isabel. Escucha la conversación y decide si las oraciones son **ciertas** o **falsas**. Corrige las falsas.

1. Después de la cita con Andrés, Paula está muy emocionada.
2. Según Paula, los dos se llevan mal.
3. Paula dice que Andrés es feo e inseguro.
4. Paula quiere salir otra vez con Andrés.

B. Ahora escucha la conversación entre Andrés y su mejor amigo, José Luis, y decide si las oraciones son **ciertas** o **falsas**. Corrige las falsas.

1. Según Andrés, él y Paula lo pasaron bien.
2. Andrés piensa que Paula es demasiado tímida.
3. Andrés quiere salir otra vez con Paula.
4. Andrés tiene celos porque José Luis quiere salir con Paula.

C. En parejas, imaginen que José Luis decide llamar a Paula y que Andrés decide llamar a Isabel. Inventen una de estas dos conversaciones telefónicas y compártanla con la clase.

2 **Analogías** Completa cada analogía con la palabra apropiada.

autoritario	cuidadoso	mentiroso
casados	discutir	romper con
cita	gracioso	tranquilo

1. estresado : ansioso :: falso : _____
2. generoso : tacaño :: permisivo : _____
3. divorcio : divorciados :: matrimonio : _____
4. amar : odiar :: salir con : _____
5. cariño : cariñoso :: cuidado : _____
6. disgustado : contento :: emocionado : _____
7. casados : boda :: novio : _____
8. casarse : comprometerse :: divorciarse : _____

marry   undertake   divorce

Práctica

(3) Definiciones Indica las palabras que corresponden a cada definición.

_____ 1. Compromiso entre dos o más personas sobre el lugar, la fecha y la hora para encontrarse.

_____ 2. Que sufre de depresión, tristeza o desánimo.

_____ 3. Enseñar a una persona o a un animal a comportarse según ciertas normas.

_____ 4. Prestarle atención a alguien.

_____ 5. Conjunto formado por dos personas o cosas que se complementan o son semejantes como, por ejemplo, hombre y mujer.

_____ 6. Estimar o reconocer el valor de algo o de alguien.

a. apreciar *appreciate*
b. cita *date*
c. cuidar *to take care of*
d. deprimido/a *depressed*
e. discutir *argue*
f. educar *to raise*
g. hacerle caso *to pay attention*
h. pareja *couple; partner*
i. viudo/a *widowed*

(4) Contrarios Don Paco y doña Paquita son gemelos (*twins*), pero tienen personalidades muy distintas. Completa las descripciones con el adjetivo correspondiente.

MODELO | Don Paco siempre es muy seguro, pero doña Paquita es… insegura.

1. Don Paco es un hombre sincero, pero doña Paquita es…

2. Doña Paquita es muy generosa con su dinero, pero don Paco es…

3. No sabes lo sociable que es don Paco, pero doña Paquita es muy…

4. Doña Paquita es permisiva con sus hijos, pero don Paco es…

5. A don Paco le gusta estar con gente, pero doña Paquita prefiere estar…

6. Todos piensan que doña Paquita es moderna, pero don Paco es…

7. Don Paco se porta (*behaves*) como un adulto, pero doña Paquita es muy…

8. Doña Paquita es muy modesta, pero don Paco es muy…

Practice more at **descubre3.vhlcentral.com.**

Comunicación

5 **¿Cómo eres?** Trabaja con un(a) compañero/a.

A. Contesta las preguntas del test.

Sí	A veces	No	
☐	☐	☐	1. ¿Te pones ansioso/a cuando estás con gente?
☐	☐	☐	2. ¿Te molesta mostrar tus emociones?
☐	☐	☐	3. ¿Tienes miedo de iniciar una conversación?
☐	☐	☐	4. ¿Te pone nervioso/a la idea de enamorarte de alguien?
☐	☐	☐	5. ¿Te intimida hablar con una persona que no conoces?
☐	☐	☐	6. ¿Tienes vergüenza de hablar en público?
☐	☐	☐	7. ¿Evitas tomar decisiones impulsivas?
☐	☐	☐	8. ¿Te gusta estar solo/a?
☐	☐	☐	9. ¿Piensas que tus sentimientos están bien controlados?
☐	☐	☐	10. ¿Te sientes agobiado/a fácilmente en situaciones sociales?

Clave

Sí = 0 puntos
A veces = 1 punto
No = 2 puntos

Resultados

0 a 3 Eres muy introvertido/a.
4 a 7 Tiendes a ser introvertido/a.
8 a 11 No eres ni introvertido/a ni extrovertido/a.
12 a 16 Tiendes a ser extrovertido/a.
17 a 20 Eres muy extrovertido/a.

B. Ahora suma (*add up*) los puntos. ¿Cuál es el resultado del test? ¿Estás de acuerdo? Comenta tu resultado y tu opinión con tu compañero/a.

6 **Problemas y consejos**

A. En grupos de cuatro, elijan una de estas situaciones. Inventen más detalles para describir la situación. ¿Cómo son los personajes? ¿Dónde se encuentran? ¿Desde cuándo se conocen? ¿Cuándo se originó el problema? ¿Cómo pueden resolverlo?

1. Son buenos amigos, pero discuten mucho. Quieren llevarse mejor y evitar problemas.

2. Tienen un buen matrimonio, pero cuando ella está hablando él no le hace mucho caso. A ella esto le parece una falta de respeto.

3. Su madre es muy autoritaria. Durante la semana no deja que sus hijos salgan por la noche. Los viernes y sábados, ellos tienen que estar en casa antes de las diez.

4. Tiene celos de su hermano, porque él es muy seguro y gracioso. Se siente muy tímido/a e inmaduro/a.

5. Se quieren, pero siempre están discutiendo por cualquier cosa.

B. Ahora, escriban un breve correo electrónico en el que el personaje describe su problema y le pide consejos a un(a) amigo/a. Lean el mensaje a la clase para que sus compañeros ofrezcan sus consejos.

Repaso

Video: *Fotonovela*
Record & Compare

recursos

v̄Text

CA
pp. 31–32

descubre3.vhlcentral.com

Los empleados de *Facetas* hablan de cómo recibir a un cliente.
Mariela, una nueva empleada, llega a la oficina.

1

JOHNNY (*al teléfono*) Revista *Facetas*…
(*dirigiéndose a Diana*) Es para Aguayo.

FABIOLA Está en el baño.

JOHNNY (*al teléfono*) En estos
momentos está en el baño.

DIANA ¡No! Di que está reunido con
un cliente.

JOHNNY (*al teléfono*) Disculpe, está en
el baño reunido con un cliente.

2

JOHNNY Jefe, tiene un mensaje de
Mariela Burgos.

AGUAYO Gracias… Es la nueva artista
gráfica. Viene a reunirse con nosotros.

Aguayo se marcha a su oficina.

FABIOLA No creo que quepamos todos
en el baño.

3

DIANA (*repartiendo libretas*) Éste es el
manual de conducta profesional.

FABIOLA Página tres: "Cómo recibir a
un cliente".

ÉRIC (*se levanta*) ¿Quieren una
demostración? Johnny, tú eres el cliente.

JOHNNY Quizás no soy un cliente. Podría
ser un supermodelo o algo así.

FABIOLA Mejor un cliente.

6

*En la oficina central… Entra el
muchacho de la pizza.*

JOHNNY ¿Alguien ordenó pizza?

MUCHACHO ¿Éste es el 714 de la
avenida Juárez…?

MARIELA (*interrumpe*) ¿Oficina uno,
revista *Facetas*?… Soy Mariela. No
sabía llegar, así que ordené una pizza
y seguí al muchacho.

JOHNNY ¡Bienvenida!

7

En la sala de reuniones…

AGUAYO Mariela, te quiero presentar al
equipo de *Facetas*. Él es Éric, nuestro
fotógrafo.

ÉRIC ¿Qué tal?

AGUAYO Ella es Fabiola. Se encarga de
las secciones de viajes, economía,
turismo y farándula.

FABIOLA Mucho gusto.

8

AGUAYO Él es Johnny. Escribe las
secciones de arte, comida, bienestar
y política.

JOHNNY Hola.

AGUAYO Y ella es Diana. Está a cargo de
las ventas y el mercadeo.

AGUAYO

DIANA

ÉRIC

FABIOLA

JOHNNY

MARIELA

**MUCHACHO DE
LA PIZZA**

ÉRIC Ya sé. Eres un millonario que viene a comprar la revista.

JOHNNY Perfecto. Soy el magnate Juan Medina.

ÉRIC Bienvenido a *Facetas*, señor Medina. Bienvenido.

Se abrazan.

Luego, en la cocina...

AGUAYO Hay que ser cuidadoso al contestar el teléfono.

JOHNNY Querrás decir mentiroso.

DIANA Es una formalidad.

ÉRIC Odio ser formal.

FABIOLA Es lindo abrazar a la gente, Éric, pero esto es una oficina, no un partido de fútbol.

DIANA Me han hablado tanto de ti, que estoy ansiosa por conocer tu propia versión.

MARIELA Tengo veintidós años, soy de Monterrey, estudio en la UNAM y vengo de una familia grande.

JOHNNY ¿Muy grande?

MARIELA En cincuenta años de matrimonio mis padres han criado a nueve hijos y veinte nietos.

FABIOLA ¿Qué te pareció?

ÉRIC Está buenísima.

FABIOLA ¿Eso es todo lo que tienes que decir?

ÉRIC ¿Qué más se puede decir de una pizza?

FABIOLA ¡Te estoy hablando de Mariela!

ÉRIC Creo que es bella, talentosa e inteligente. Más allá de eso, no me impresiona para nada.

Talking about responsibilities

Fabiola se encarga de...
Fabiola is in charge of...

Estoy encargado/a de...
I'm in charge of...

Diana está a cargo de...
Diana is in charge of...

Estoy a cargo de...
I'm in charge of...

Talking about your impressions

¿Qué te pareció Mariela?
What did you think of Mariela?

Me pareció...
I thought...

Creo que es bella, talentosa e inteligente.
I think she's beautiful, talented, and intelligent.

Más allá de eso, no me impresiona para nada.
Beyond that, she doesn't impress me at all.

Additional vocabulary

la ansiedad *anxiety* **ansioso/a** *anxious*
el cuidado *care* **cuidadoso/a** *careful*
la mentira *lie* **mentiroso/a** *lying*
el talento *talent* **talentoso/a** *talented*
la farándula *entertainment*
han criado *have raised*
el mercadeo *marketing*
querrás *you will want*
quepamos *(form of **caber**) we fit*

Comprensión

1 · La trama Primero, indica con una **X** los hechos (*events*) que no ocurrieron en este episodio. Después, indica con números el orden en el que ocurrieron los restantes (*the remaining ones*).

_____ a. Diana llega con el manual de conducta profesional.

_____ b. Éric ordena una pizza con anchoas.

_____ c. Mariela deja un mensaje para Aguayo.

_____ d. Un muchacho llega a la oficina con una pizza.

_____ e. Aguayo presenta a Mariela al grupo.

_____ f. Johnny gana la lotería.

_____ g. Fabiola le pregunta a Éric su opinión sobre Mariela.

_____ h. Johnny contesta el teléfono.

_____ i. Mariela llega a la oficina.

_____ j. Aguayo paga la pizza.

_____ k. Éric y Johnny practican la forma correcta de recibir a un cliente.

_____ l. Los empleados de *Facetas* celebran el cumpleaños de Mariela.

2 · ¿Quién lo haría? ¿Quién estaría a cargo de estas actividades?

Aguayo   **Diana**   **Éric**

Fabiola   **Johnny**   **Mariela**

1. Sacar fotos para la revista.
2. Escribir un artículo sobre un concierto de música pop.
3. Hablar con las personas que quieren poner anuncios (*ads*) en la revista.
4. Escribir un artículo sobre las pirámides de Egipto.
5. Entrevistar a un ministro del gobierno mexicano para hablar de la inflación.
6. Escribir un artículo sobre la corrupción política.
7. Escribir la reseña (*review*) de un nuevo restaurante.
8. Preparar dibujos para los artículos de la revista.
9. Conseguir más lectores (*readers*).
10. Seleccionar al personal (*staff*).

Practice more at **descubre3.vhlcentral.com.**

Ampliación

3 Preguntas En parejas, contesten las preguntas.

1. ¿Qué te parecen los empleados de la revista *Facetas*? ¿Cómo son?

2. ¿De qué está encargado cada empleado? En tu opinión, ¿cuál de ellos tiene más responsabilidad? Explica tu respuesta.

3. ¿Crees que a Mariela le va a gustar su nuevo trabajo? ¿Por qué?

4. ¿Te perdiste alguna vez en una ciudad grande? ¿Qué hiciste?

5. ¿Cómo son los empleados donde tú trabajas? ¿Son parecidos (*similar*) a los empleados de *Facetas*?

4 Apuntes culturales En parejas, lean los párrafos y contesten las preguntas.

A larga distancia

Mariela, la nueva artista gráfica de *Facetas*, es de Monterrey, pero se ha mudado a México D.F. para trabajar. En Latinoamérica las personas se mudan con menos frecuencia que en los EE.UU. y mantienen el contacto con los amigos de la infancia y toda la familia. ¡Con todos los sobrinos que tiene, Mariela va a necesitar un buen plan de telefonía celular!

¿Un mapa o una pizza?

Mariela descubre una forma creativa de manejarse en la ciudad más grande del mundo. Sin embargo, algunas ciudades pequeñas de Latinoamérica presentan sus propios desafíos (*challenges*). Si *Facetas* se publicara en Costa Rica, la dirección de la oficina podría ser: del Parque la Sabana, 100 metros al norte del antiguo (*former*) Banco Nacional, portón (*gate*) rojo, San José.

México D.F.

La Universidad Nacional Autónoma de México

Mariela estudia en la UNAM, una de las universidades más grandes y prestigiosas de Latinoamérica. Establecida en 1551, hoy en día la UNAM cuenta con casi 300.000 estudiantes. El campus más grande está en México D.F.; tiene otros en el resto del país y también en Texas, California, Illinois y Canadá.

1. ¿Te has mudado alguna vez? ¿Cuáles son las ventajas (*advantages*) y desventajas de vivir toda la vida en el lugar donde creciste?

2. ¿Cuántos amigos/as o parientes (*relatives*) tuyos se han mudado a otra ciudad? ¿Qué hacen ustedes para mantenerse en contacto?

3. ¿Cómo te manejas (*get around*) en tu propia ciudad? ¿Buscas direcciones en Internet? ¿Qué haces si te pierdes? ¿Le pides direcciones a alguien o prefieres usar un mapa?

4. ¿Te gustaría asistir a una universidad grande o pequeña? ¿Cuáles son las diferencias entre las universidades grandes y las pequeñas? ¿Qué tipo de ambiente prefieres tú?

Additional Reading
Video: *Flash cultura*

En detalle

LOS ESTADOS UNIDOS

PAREJAS SIN FRONTERAS

Es el año 2000. Ana Villegas está frente a su computadora en México jugando en línea° un juego de cartas. Del otro lado está Frank Petersen, de Fairhaven, MA, también aficionado al mismo juego. Este simple juego los lleva a una amistad que luego se convierte en amor. A pesar de los temores y del escepticismo familiar, dos años después, Ana deja México y se muda a los Estados Unidos, donde hoy vive junto a su esposo Frank.

La historia de Ana no es un caso aislado°. El número de parejas interculturales está en marcado aumento°. Entre las causas más importantes están la globalización, la asimilación de los hijos de inmigrantes a la cultura estadounidense y el aumento en la edad promedio° de las parejas al casarse. En 1960, en los Estados Unidos, el promedio de edad al casarse era veintitrés para los hombres y veinte para las mujeres. Actualmente es veintisiete y veinticinco. ¿Qué tiene que ver° este cambio con el aumento de las parejas interculturales? Antes los jóvenes solían° casarse con personas de su comunidad. Ahora, muchos tienen la oportunidad de viajar, vivir solos o irse a vivir a otro país. Esta nueva independencia los expone° a otras culturas. Por lo tanto, es más común que formen parejas con personas de culturas diferentes.

Las parejas interculturales enfrentan° muchos desafíos° —problemas de comunicación, diferencias en valores y formas de pensar, falta de aceptación de algunos familiares— pero también tienen una oportunidad única de crecimiento° personal; además, la exposición a otras maneras de pensar nos ayuda a echar una mirada° crítica a nuestra propia cultura. ■

Consejos de Ana

- Esfuérzate° por conocer la cultura de tu pareja.
- Evita perpetuar los estereotipos.
- Pon énfasis en lo que los une y no en lo que los separa.
- Educa a tu familia y a tus amigos acerca de la cultura de tu pareja.
- Aprende a no dejarte llevar° por los comentarios y las miradas de las personas que no están a favor de las relaciones interculturales.

Matrimonios interculturales

De acuerdo con la Oficina del Censo, el número de parejas interraciales se cuadruplicó entre 1970 y 1995.

18% de las mujeres latinas casadas tienen un esposo no latino.

15% de los hombres latinos casados tienen una esposa no latina.

Fuente: Censo estadounidense – Año 2000

en línea *online* **aislado** *isolated* **marcado aumento** *marked increase* **promedio** *average* **Qué tiene que ver** *What does (it) have to do* **solían** *used to* **expone** *exposes* **enfrentan** *face* **desafíos** *challenges* **crecimiento** *growth* **echar una mirada** *take a look* **Esfuérzate** *Make an effort* **dejarte llevar** *allow yourself to be influenced*

Las relaciones

el/la enamorado/a (Pe.)   *boyfriend/girlfriend*

el/la chavo/a (Méx.)   *boyfriend/girlfriend*

ponerse de novio/a (con)   *to start dating someone*

estar de novio/a   *to be dating someone*

estar en pareja con (Esp.)   *to be dating someone*

estar padre (Méx.)   *to be attractive*

estar bueno/a (Arg.)   *to be attractive*

Las relaciones

Tendencias

- Aunque en la mayoría de los países hispanos ya no hay reglas fijas, es costumbre que el hombre invite en los primeros encuentros.

- En los Estados Unidos, cada vez más latinos participan en citas rápidas° para encontrar pareja.

Costumbres

- En España, los catalanes celebran en la fiesta de San Jorge el día de los enamorados. En este día el hombre regala una rosa a su persona querida, y ésta le regala un libro.

- En algunos pueblos de México, como Zacatecas, es costumbre que las mujeres y los hombres solteros vayan a caminar solos o en grupos alrededor de la plaza los domingos. Las mujeres y los hombres caminan en dirección contraria para poder observarse mutuamente.

ISABEL Y WILLIE

La escritora chilena Isabel Allende y el abogado estadounidense Willie Gordon comparten el amor por el arte y la compañía de buenos amigos. Allende conoció a su esposo durante la presentación de su novela *De amor y de sombra* en California en 1988. Gordon admiraba la obra y el talento de esta escritora latinoamericana, y Allende, por su parte, no tardó° en enamorarse de él. Una vez, Gordon hizo un chiste° sobre el matrimonio en una cena con un grupo de personas. Dijo que nunca se volvería a casar a menos que no le quedara otro remedio. Allende se enojó y le dijo que ella había dejado todo por él —su cultura y su gente—, y que éste no le ofrecía ningún compromiso. Así, al día siguiente, Gordon le respondió: "Vale°, me caso." Isabel Allende y Willie Gordon se casaron ese mismo año y, desde entonces, viven en un tranquilo suburbio californiano.

❝ Echo de menos la familia y el idioma, el sentido del humor, porque nadie me tiene que explicar un chiste en Chile, mientras que acá no los entiendo. ❞ (Isabel Allende)

Conexión Internet

¿Qué otras parejas interculturales famosas conoces?

To research this topic, go to **descubre3.vhlcentral.com**.

no tardó *didn't take long* **chiste** *joke* **Vale** *OK* **citas rápidas** *speed dating*

¿Qué aprendiste?

(1) ¿Cierto o falso? Indica si estas afirmaciones son **ciertas** o **falsas**. Corrige las falsas.

1. Al principio, las familias de Ana y Frank no confiaban en el éxito de la relación.

2. El número de parejas interculturales está aumentando poco a poco.

3. Actualmente, la edad promedio al casarse es veinticinco para los hombres y veintisiete para las mujeres.

4. En el pasado, era común entre los jóvenes casarse con gente de otras culturas.

5. Oportunidades como viajar, vivir solos, estudiar o vivir lejos de casa permiten que los jóvenes expandan su círculo y conozcan a gente de otras culturas.

6. La exposición a otras culturas puede afectar nuestra forma de pensar sobre nuestra propia cultura.

7. El número de parejas interraciales se triplicó entre 1970 y 1995.

8. Ana aconseja prestar mucha atención a las diferencias en la pareja.

9. Según Ana, es importante que tu familia y tus amigos aprendan acerca de la cultura de tu pareja.

10. Ana recomienda no dejarse llevar por las opiniones de las personas prejuiciosas (*prejudiced*).

(2) Completar Completa las oraciones.

1. Willie Gordon sentía _____ por las obras de Isabel Allende.
   a. cariño b. indiferencia c. admiración

2. Allende _____ por una broma que Gordon hizo sobre el casamiento.
   a. se sintió feliz b. se enojó
   c. se rió

3. En México, la frase **está padre** significa que alguien es _____.
   a. viejo/a b. autoritario/a c. guapo/a

4. Actualmente, es popular para los latinos en los EE.UU. participar en _____ .
   a. citas rápidas b. citas a ciegas
   c. citas en Internet

(3) Preguntas Contesta las preguntas.

1. ¿A qué grupo étnico o cultural pertenece tu familia? ¿Tienes amigos de otros países u otras culturas? Si no los tienes, ¿te gustaría tenerlos? ¿Por qué?

2. ¿Qué ventajas puede ofrecer una amistad intercultural? ¿Qué desventajas presenta?

3. En tu opinión, ¿cuáles son las cualidades más importantes que debe tener un(a) amigo/a? ¿Qué cualidades te importan menos? ¿Por qué?

(4) Opiniones En parejas, escriban cuatro ventajas y cuatro desafíos (*challenges*) de las relaciones entre personas de distintas culturas. Traten de no repetir los del artículo.

PROYECTO

Buscar un amigo virtual

Siempre te ha interesado conocer a personas de otra cultura. Imagina que decides buscar un(a) amigo/a virtual para intercambiar mensajes electrónicos por Internet. En tus descripciones, usa el vocabulario de la sección **Contextos** y el vocabulario aprendido en esta sección. Tu perfil debe incluir como mínimo:

1. Una descripción de cómo eres.

2. Una descripción de lo que buscas en un(a) amigo/a.

3. Una explicación de por qué te interesa conocer a alguien de otra cultura.

4. Cualquier otra información que consideres importante.

Reading

BACILOS

El grupo **Bacilos** nace de la amistad de tres estudiantes universitarios latinoamericanos —**José Javier Freire** (puertorriqueño), **Jorge Villamizar** (colombiano) y **André Lopes** (brasileño)— que se conocieron cuando estudiaban en Miami. Motivados por la pasión y el entusiasmo por la música, decidieron formar una banda a principios de los noventa. Bacilos, que significa *bacterias*, originalmente se llamó Bacilos Búlgaros por un remedio casero de la abuela de Jorge. Las canciones de Bacilos fusionan rock y pop con reggae, rap y ritmos de toda Latinoamérica. Sus letras hablan de amor, inmigración, racismo, política y sociedad. La banda saltó a la fama con el álbum *Caraluna* y, en 2003, fue ganadora de un premio Grammy y dos Grammys Latinos por ese álbum y por la canción *Mi primer millón*. En 2007 los integrantes de Bacilos decidieron separarse por un tiempo, ya que cada uno de ellos quiere explorar su estilo propio.

Discografía

2005 Grandes éxitos   **2004** Sinvergüenza   **2003** Caraluna   **2000** Bacilos

Canción

Éste es un fragmento de una canción del grupo Bacilos.

Mi primer millón
por Jorge Villamizar y Sergio George

Yo solo quiero pegar° en la radio,
Para ganar mi primer millón,
Para comprarte una casa grande,
En donde quepa° tu corazón.

Éstas son otras bandas y solistas latinos que, al igual que Bacilos, iniciaron sus carreras artísticas en los Estados Unidos:
- Tito Puente (estadounidense) – salsa
- Carlos Santana (mexicano) – rock
- Selena (estadounidense) – música tejana
- **Julissa** (estadounidense) – pop latino
- Ozomatli (líder mexicano) – rock alternativo

 Preguntas En parejas, contesten las preguntas.

1. ¿Dónde se conocieron los integrantes de Bacilos? ¿De qué países vienen?
2. ¿Sobre qué temas tratan sus canciones?
3. ¿Cuál es el deseo de la persona que canta la canción *Mi primer millón*?
4. ¿Qué otros músicos latinos conoces? ¿Te gusta su música?

recursos

S

descubre3.
vhlcentral.com

pegar *to have a hit* **quepa** *fit*

1.1 The present tense

Tutorials
Audio: Charts

Regular *–ar*, *–er*, and *–ir* verbs

- The present tense (**el presente**) of regular verbs is formed by dropping the infinitive ending **–ar**, **–er**, or **–ir** and adding personal endings.

The present tense of regular verbs			
	hablar *to speak*	**beber** *to drink*	**vivir** *to live*
yo	hablo	bebo	vivo
tú	hablas	bebes	vives
Ud./él/ella	habla	bebe	vive
nosotros/as	hablamos	bebemos	vivimos
vosotros/as	habláis	bebéis	vivís
Uds./ellos/ellas	hablan	beben	viven

- The present tense is used to express actions or situations that are going on at the present time and to express general truths.

¿Te **mantienes** en contacto con tus primos?
Do you stay in touch with your cousins?

Sí, los **llamo** cada semana.
Yes, I call them every week.

- The present tense is also used to express habitual actions or actions that will take place in the near future.

Mis padres me **escriben** con frecuencia.
My parents write to me often.

Mañana les **mando** una carta larga.
Tomorrow I'm sending them a long letter.

Stem-changing verbs

- Some verbs have stem changes in the present tense. In many **–ar** and **–er** verbs, **e** changes to **ie** and **o** changes to **ue**. In some **–ir** verbs, **e** changes to **i**. The **nosotros/as** and **vosotros/as** forms never have a stem change in the present tense.

Stem-changing verbs		
e:ie	**o:ue**	**e:i**
pensar *to think*	**poder** *to be able to; can*	**pedir** *to ask for*
pienso	puedo	pido
piensas	puedes	pides
piensa	puede	pide
pensamos	podemos	pedimos
pensáis	podéis	pedís
piensan	pueden	piden

¡ATENCIÓN!

Subject pronouns are normally omitted in Spanish. They are used to emphasize or clarify the subject.

¿Viven en California?

Sí, ella vive en Los Ángeles y él vive en San Francisco.

• • • •

Jugar changes its stem vowel from **u** to **ue**. As with other stem-changing verbs, the **nosotros/as** and **vosotros/as** forms do not change.

jugar

juego, juegas, juega, jugamos, jugáis, juegan

• • • •

Construir, destruir, incluir, and **influir** have a spelling change and add a **y** before the personal endings (except the **nosotros/as** and **vosotros/as** forms).

incluir

incluyo, incluyes, incluye, incluimos, incluís, incluyen

Irregular *yo* forms

- Many **–er** and **–ir** verbs have irregular **yo** forms in the present tense. Verbs ending in **–cer** or **–cir** change to **–zco** in the **yo** form; those ending in **–ger** or **–gir** change to **–jo**. Several verbs have irregular **–go** endings, and a few have individual irregularities.

Ending in -go		Ending in -zco	
caer *to fall*	yo cai**go**	**conducir** *to drive*	yo condu**zco**
distinguir *to distinguish*	yo distin**go**	**conocer** *to know*	yo cono**zco**
hacer *to do; to make*	yo ha**go**	**crecer** *to grow*	yo cre**zco**
poner *to put; to place*	yo pon**go**	**obedecer** *to obey*	yo obede**zco**
salir *to leave; to go out*	yo sal**go**	**parecer** *to seem*	yo pare**zco**
traer *to bring*	yo trai**go**	**producir** *to produce*	yo produ**zco**
valer *to be worth*	yo val**go**	**traducir** *to translate*	yo tradu**zco**

Ending in -jo		Other verbs	
dirigir *to direct; manage*	yo diri**jo**	**caber** *to fit*	yo que**po**
escoger *to choose*	yo esco**jo**	**saber** *to know*	yo **sé**
exigir *to demand*	yo exi**jo**	**ver** *to see*	yo **veo**
proteger *to protect*	yo prote**jo**		

- Verbs with prefixes follow these same patterns.

reconocer *to recognize*	yo recono**zco**	**oponer** *to oppose*	yo opon**go**
deshacer *to undo*	yo desha**go**	**proponer** *to propose*	yo propon**go**
rehacer *to re-make; re-do*	yo reha**go**	**suponer** *to suppose*	yo supon**go**
aparecer *to appear*	yo apare**zco**	**atraer** *to attract*	yo atrai**go**
desaparecer *to disappear*	yo desapare**zco**	**contraer** *to contract*	yo contrai**go**
componer *to make up; to fix*	yo compon**go**	**distraer** *to distract*	yo distrai**go**

Irregular verbs

- Other commonly used verbs in Spanish are irregular in the present tense or combine a stem change with an irregular **yo** form or other spelling change.

dar	decir	estar	ir	oír	ser	tener	venir
to give	*to say*	*to be*	*to go*	*to hear*	*to be*	*to have*	*to come*
doy	digo	estoy	voy	oigo	soy	tengo	vengo
das	dices	estás	vas	oyes	eres	tienes	vienes
da	dice	está	va	oye	es	tiene	viene
damos	decimos	estamos	vamos	oímos	somos	tenemos	venimos
dais	decís	estáis	vais	oís	sois	tenéis	venís
dan	dicen	están	van	oyen	son	tienen	vienen

Práctica

(1) Un apartamento infernal Beto tiene quejas (*complaints*) del apartamento donde vive con su familia. Completa la descripción de su apartamento. Puedes usar los verbos más de una vez.

caber	estar	ir	ser
dar	hacer	oír	tener

Mi apartamento (1) _esta_ en el quinto piso. El edificio no (2) _tiene_ ascensor y para llegar al apartamento, (3) _voy_ que subir por la escalera. El apartamento es tan pequeño que mis cosas no (4) _____. Las paredes (*walls*) (5) _son_ muy delgadas. A todas horas (6) _oigo_ la radio o la televisión de algún vecino. El apartamento sólo (7) _____ una ventana pequeña y, por eso, siempre (8) _____ oscuro. ¡(9) _____ a buscar otro apartamento!

(2) ¿Qué hacen los amigos? Escribe cinco oraciones usando los sujetos y los verbos de las columnas.

Sujetos	Verbos	
yo	apreciar	exigir
tú	compartir	hacer
un(a) buen(a) amigo/a	creer	pedir
nosotros/as	defender	prestar
los malos amigos	discutir	recordar

1. _____
2. _____
3. _____
4. _____
5. _____

(3) La verdad En parejas, túrnense (*take turns*) para hacerse las preguntas.

MODELO   Marcelo: llegar temprano a la oficina / dormir hasta las 9:00

—¿Marcelo llega temprano a la oficina?
—¡Qué va! (*Are you kidding?*) Marcelo duerme hasta las 9:00.

1. Ana: jugar al tenis con Daniel / preferir pasar la tarde charlando con Sergio
2. Felipe: salir a bailar todas las noches / tener clase de química a las 8:00 de la mañana
3. Jorge y Begoña: ir a la playa / querer viajar a Arizona
4. Dolores y Tony: comer muchas hamburguesas / ser vegetarianos
5. Fermín: pensar viajar a México con su amigo Mario / no pasarlo bien con él

Practice more at **descubre3.vhlcentral.com**.

Comunicación

(4) ¿Qué sabes de tus compañeros? En parejas, háganse preguntas basadas en las opciones y contesten con una explicación.

> **MODELO**   **soñar con / hacer algo especial este mes**
>
> —¿Sueñas con hacer algo especial este mes?
> —Sí, sueño con ir al concierto de don Omar.

1. pensar / realizar este año algún proyecto
2. decir / mentiras
3. acordarse / de tu quinto cumpleaños
4. conducir / estar muy cansado
5. reír / mucho con tu familia
6. dar / consejos (*advice*) sobre asuntos que / no conocer bien
7. venir / a clase tarde con frecuencia
8. escoger / el regalo perfecto para el cumpleaños de tu novio/a

(5) Escena de telenovela Trabajen en grupos de tres o cuatro para representar una discusión familiar que va a formar parte de un episodio de una telenovela popular. Preparen la discusión con las frases de la lista.

(no) hacerle caso a alguien	llevarse bien/mal/fatal	(no) soportar a alguien
(no) cuidar la casa	(no) mantenerse en contacto	estar harto/a (de)
tener celos (de)	tener vergüenza (de)	(no) apreciar

(6) ¿Cómo son tus amigos?

A. Describe a un(a) buen(a) amigo/a tuyo/a. ¿Cómo es? ¿Está de acuerdo contigo en todo? ¿Siempre se ríe de los chistes que le cuentas? ¿Se divierten ustedes cuando están juntos/as? ¿Siempre sigue tus consejos? ¿Te miente a veces? ¿Te pide dinero? ¿Ustedes se quieren?

B. Ahora, comparte tu descripción con tres compañeros/as. Juntos/as, escriban una lista de cinco cosas que los buenos amigos hacen con frecuencia y cinco cosas que no hacen casi nunca. ¿Coincidieron los grupos en las acciones que eligieron?

1.2 *Ser* and *estar*

S Tutorials
Audio: Charts

Revista Facetas...
Es para Aguayo.

En estos
momentos está
en el baño.

impersonal expressions

relations

Uses of *ser*

Nationality and place of origin	Mis padres **son** argentinos, pero yo **soy** de Florida.
Profession or occupation	El señor López **es** periodista.
Characteristics of people, animals, and things	El clima de Miami **es** caluroso.
Generalizations *(opinion)*	Las relaciones personales **son** complejas.
Possession	La guitarra **es** del tío Guillermo.
Material of composition	El suéter **es** de pura lana.
Time, date, or season	**Son** las doce de la mañana.
Where or when an event takes place	La fiesta **es** en el apartamento de Carlos; **es** el sábado a las nueve de la noche.

religious or political affiliation

Uses of *estar*

Location or spatial relationships	La clínica **está** en la próxima calle.
Health	Hoy **estoy** enfermo. ¿Cómo **estás** tú?
Physical states and conditions	Todas las ventanas **están** limpias. — *past participle*
Emotional states	¿Marisa **está** contenta con sus clases?
Certain weather expressions	¿**Está** nublado o **está** despejado hoy en Toronto?
Ongoing actions (progressive tenses) *-ing*	Paula **está** escribiendo invitaciones para su boda.
Results of actions (past participles)	La tienda **está** cerrada.

está gorda

Ser and estar with adjectives

- **Ser** is used with adjectives to describe inherent, expected qualities. **Estar** is used to describe temporary or variable qualities, or a change in appearance or condition.

¿Cómo **son** tus padres?	¿Cómo **estás**, Miguel?
What are your parents like?	*How are you, Miguel?*
La casa **es** muy pequeña.	¡**Están** tan enojados!
The house is very small.	*They're so angry!*

- With most descriptive adjectives, either **ser** or **estar** can be used, but the meaning of each statement is different.

Julio **es alto**.	¡Ay, qué **alta estás**, Adriana!
Julio is tall. (that is, a tall person)	*How tall you're getting, Adriana!*
Dolores **es alegre**.	¡Uf! El jefe **está alegre** hoy. ¿Qué le pasa?
Dolores is cheerful. (that is, a cheerful person)	*Wow! The boss is cheerful today. What's up?*
Juan Carlos **es** un hombre **guapo**.	¡Manuel, **estás** tan **guapo**!
Juan Carlos is a handsome man.	*Manuel, you look so handsome!*

- Some adjectives have two different meanings depending on whether they are used with **ser** or **estar**.

¡ATENCIÓN!

Estar, not **ser**, is used with **muerto/a**.

Bécquer, el autor de las *Rimas*, está muerto.
Bécquer, the author of Rimas, is dead.

ser + [adjective]	estar + [adjective]
La clase de contabilidad **es aburrida**. *The accounting class is **boring**.*	**Estoy aburrida** con la clase. *I am **bored** with the class.*
Ese chico **es listo**. *That boy is **smart**.*	**Estoy listo** para todo. *I'm **ready** for anything.*
No **soy rico**, pero vivo bien. *I'm not **rich**, but I live well.*	¡El pan **está** tan **rico**! *The bread is **delicious**!*
La actriz **es mala**. *The actress is **bad**.*	La actriz **está mala**. *The actress is **ill**.*
El coche **es seguro**. *The car is **safe**.*	Juan no **está seguro** de la noticia. *Juan isn't **sure** of the news.*
Los aguacates **son verdes**. *Avocados are **green**.*	Esta banana **está verde**. *This banana is **not ripe**.*
Javier **es** muy **vivo**. *Javier is very **sharp**./smart*	¿Todavía **está vivo** el autor? *Is the author still **living**?*
Pedro **es** un hombre **libre**. *Pedro is a **free** man.*	Esta noche no **estoy libre**. ¡Lo siento! *Tonight I am not **available**. Sorry!*

recursos

v Text

CA
pp. 2, 53

CP
pp. 5–6

CH
pp. 7–8

S

descubre3.
vhlcentral.com

Práctica

1 **La boda de Emilio y Jimena** Completa cada oración de la primera columna con la terminación más lógica de la segunda columna.

_____ 1. La boda es

_____ 2. La iglesia está

_____ 3. El cielo está

_____ 4. La madre de Emilio está

_____ 5. El padre de Jimena está

_____ 6. Todos los invitados están

_____ 7. El mariachi que toca en la boda es

_____ 8. En mi opinión, las bodas son

a. de San Antonio, Texas.

b. deprimido por los gastos.

c. en la calle Zarzamora.

d. esperando a que entren la novia (*bride*) y su padre.

e. contenta con la novia.

f. a las tres de la tarde.

g. muy divertidas.

h. totalmente despejado.

2 **La luna de miel** Completa el párrafo en el que se describe la luna de miel (*honeymoon*) que van a pasar Jimena y Emilio. Usa formas de **ser** y **estar**.

Emilio y Jimena van a pasar su luna de miel en Miami, Florida. Miami (1) _____ una ciudad preciosa. (2) _____ en la costa este de Florida y tiene playas muy bonitas. El clima (3) _____ tropical. Jimena y Emilio (4) _____ interesados en visitar la Pequeña Habana. Jimena (5) _____ fanática de la música cubana. Y Emilio (6) _____ muy entusiasmado por conocer el parque Máximo Gómez donde las personas van a jugar dominó. Los dos (7) _____ aficionados a la comida caribeña. Quieren ir a todos los restaurantes que (8) _____ en la Calle Ocho. Cada día van a probar un plato diferente. Algunos de los platos que piensan probar (9) _____ el congrí, los tostones y el bistec de palomilla. Después de pasar una semana en Miami, la pareja va a (10) _____ cansada pero muy contenta.

Practice more at **descubre3.vhlcentral.com**.

19

Lección 1

Comunicación

3 **Ellos y ellas**

A. En parejas, miren las fotos de cuatro personalidades latinas y lean las descripciones.

La actriz **Salma Hayek** nació en Coatzacoalcos, México, y actualmente vive en Los Ángeles. Sus abuelos paternos son libaneses y su mamá es mexicana. Sus películas incluyen *Al caer la noche* (*After the Sunset*), *Bandidas* y *Pregúntale al polvo* (*Ask the Dust*).

Enrique Iglesias nació en Madrid pero se crió en Miami. Aunque quería ser cantante desde los 16 años, nunca le confió su ambición a su padre, el cantante Julio Iglesias. Su primer disco tuvo gran éxito, y ha ganado varios premios por sus ocho álbumes, en los cuales canta tanto en inglés como en español.

El beisbolista dominicano **Manny Ramírez** debutó en las Grandes Ligas de Béisbol en 1993 con los Indians de Cleveland, jugó desde 2001 hasta 2008 con los Red Sox de Boston y desde ese mismo año juega para los Dodgers de Los Ángeles. Fue nombrado el "Jugador Más Valioso" de la Serie Mundial al conseguir el título ante los Cardinals de St. Louis.

Jennifer López es una actriz y cantante de origen puertorriqueño. Desempeñó el papel principal en la película musical *Selena* (1997), y con *Monster-in-law* (2004) se convirtió en la actriz latina mejor pagada. Además de ser talentosa, tiene fama de ser ambiciosa y competitiva.

B. Ahora, preparen una entrevista con una de estas personalidades. Escriban diez preguntas usando los verbos ser y estar al menos cinco veces. Para la entrevista, pueden usar información que no está en las descripciones. Después de contestar las preguntas, presenten la entrevista a la clase, haciendo uno/a el papel de la personalidad y el/la otro/a el del/de la entrevistador(a).

1.3 Progressive forms

Tutorial
Audio: Charts

The present progressive

- The present progressive (**el presente progresivo**) narrates an action in progress. It is formed with the present tense of **estar** and the present participle (**el gerundio**) of the main verb.

Éric **está sacando** una foto.
Éric is taking a photo.

Aguayo **está bebiendo** café.
Aguayo is drinking coffee.

Fabiola **está escribiendo** el artículo.
Fabiola is writing the article.

¡Te estoy hablando de Mariela! ¿Qué te pareció?

Creo que es bella, talentosa e inteligente. Más allá de eso, no me impresiona para nada.

¡ATENCIÓN!

When progressive forms are used with reflexive verbs or object pronouns, the pronouns may either be attached to the present participle (in which case an accent mark is added to maintain the proper stress) or placed before the conjugated verb. See **2.1 Object pronouns,** pp. 54–55 and **2.3 Reflexive verbs,** pp. 62–63 for more information.

Se están enamorando.
Están enamorándose.
They are falling in love.

Te estoy hablando.
Estoy hablándote.
I am talking to you.

• • • •

Note that the present participle of **ser** is **siendo**.

- The present participle of regular **–ar**, **–er**, and **–ir** verbs is formed as follows:

INFINITIVE	STEM	ENDING	PRESENT PARTICIPLE
bailar	**bail–**	–ando	**bail**ando
comer	**com–**	–iendo	**com**iendo
aplaudir	**aplaud–**	–iendo	**aplaud**iendo

- Stem-changing verbs that end in **–ir** also change their stem vowel when they form the present participle.

-ir stem-changing verbs	
Infinitive	**Present Participle**
decir	diciendo
dormir	durmiendo
mentir	mintiendo
morir	muriendo
pedir	pidiendo
sentir	sintiendo
sugerir	sugiriendo

- **Ir, poder, reír,** and **sonreír** have irregular present participles (**yendo, pudiendo, riendo, sonriendo**). **Ir** and **poder** are seldom used in the present progressive.

Marisa está **sonriendo** todo el tiempo.
Marisa is smiling all the time.

Maribel no está **yendo** a clase últimamente.
Maribel isn't going to class lately.

21

Lección 1

- When the stem of an **–er** or **–ir** verb ends in a vowel, the **–i–** of the present participle ending changes to **–y–**.

INFINITIVE	STEM	ENDING	PRESENT PARTICIPLE
construir	constru–	–yendo	construyendo
leer	le–	–yendo	leyendo
oír	o–	–yendo	oyendo
traer	tra–	–yendo	trayendo

- Progressive forms are used less frequently in Spanish than in English, and only when emphasizing that an action is *in progress* at the moment described. To refer to actions that occur over a period of time or in the near future, Spanish uses the present tense instead.

PRESENT TENSE	PRESENT PROGRESSIVE
Lourdes **estudia** economía en la UNAM.	Ahora mismo, Lourdes **está tomando** un examen.
Lourdes is studying economics at UNAM.	*Right now, Lourdes is taking an exam.*
¿**Vienes** con nosotros al Café Pamplona?	No, no puedo. Ya **estoy cocinando**.
Are you coming with us to Café Pamplona?	*No, I can't go. I'm already cooking.*

Other verbs with the present participle

- Spanish expresses various shades of progressive action by using verbs such as **seguir, ir, venir**, and **andar** with the present participle.

- **Seguir** with the present participle expresses the idea of *to keep doing something*.

Emilio **sigue hablando**.	Mercedes **sigue quejándose**.
Emilio keeps on talking.	*Mercedes keeps complaining.*

- **Ir** with the present participle indicates a gradual or repeated process. It often conveys the English idea of *more and more*.

Cada día que pasa **voy disfrutando** más de esta clase.	Ana y Juan **van acostumbrándose** al horario de clase.
I'm enjoying this class more and more every day.	*Ana and Juan are getting more and more used to the class schedule.*

- **Venir** with the present participle indicates a gradual action that accumulates or increases over time.

Hace años que **viene diciendo** cuánto le gusta el béisbol.	**Vengo insistiendo** en lo mismo desde el principio.
He's been saying how much he likes baseball for years.	*I have been insisting on the same thing from the beginning.*

- **Andar** with the present participle conveys the idea of *going around doing something* or of *always doing something*.

José siempre **anda quejándose** de eso.	Román **anda diciendo** mentiras.
José is always complaining about that.	*Román is going around telling lies.*

Práctica

1 **Una conversación telefónica** Daniel es nuevo en la ciudad y no sabe cómo llegar al estadio de fútbol. Decide llamar a su ex novia Alicia para que le explique cómo encontrarlo. Completa la conversación con la forma correcta del gerundio (*present participle*).

ALICIA ¿Aló?

DANIEL Hola Alicia, soy Daniel; estoy buscando el estadio de fútbol y necesito que me ayudes… Llevo (1) _Caminando_ (caminar) más de media hora por el centro y sigo perdido.

ALICIA ¿Dónde estás?

DANIEL No estoy muy seguro, no encuentro el nombre de la calle. Pero estoy (2) _viendo_ (ver) un centro comercial a mi izquierda y más allá parece que están (3) _____ (construir) un estadio de fútbol. (4) _____ (hablar) de fútbol, ¿dónde tengo mis boletos? ¡He perdido mis entradas!

ALICIA Madre mía, ¡sigues (5) _____ (ser) un desastre! Algún día te va a pasar algo serio.

DANIEL ¡Siempre andas (6) _____ (pensar) lo peor!

ALICIA ¡Y tú siempre estás (7) _____ (olvidarse) de todo!

DANIEL ¡Ya estamos (8) _____ (discutir) otra vez!

2 **Organizar un festival** El señor Ramírez es un director de espectáculos muy despistado (*absent-minded*). Ahora quiere organizar un festival, y todos los artistas que quiere contratar están ocupados. Su asistente le cuenta lo que están haciendo. En parejas, dramaticen la situación utilizando el presente progresivo.

MODELO **Elga Navarro / descansar**

—¿Qué está haciendo Elga Navarro?
—Elga Navarro está descansando en una clínica.

1. Juliana Paredes / bailar

2. Emilio Soto / casarse

3. Aurora Gris / recoger un premio

4. Héctor Rojas / jugar a las cartas

 Practice more at **descubre3.vhlcentral.com**.

Comunicación

(3) **Una cita** En parejas, representen una conversación en la que Alexa y Guille intentan buscar una hora del día para reunirse.

MODELO

ALEXA ¿Nos vemos a las diez de la mañana para estudiar?

GUILLE No puedo, voy a estar durmiendo. ¿Qué te parece a las 12?

GUILLE

DOMINGO
10:00 dormir
11:00 dormir
12:00
13:00 almuerzo con Rosa
14:00
15:00 llamar por teléfono a Aurora
16:00
17:00
18:00
19:00 ver película con Ana
20:00
21:00 cenar con Marta
22:00

ALEXA

DOMINGO
10:00
11:00 gimnasio
12:00 biblioteca
13:00
14:00 comer con mamá
15:00
16:00 dormir siesta
17:00
18:00
19:00 hacer un crucigrama
20:00
21:00 ver noticiero
22:00

(4) **Síntesis** Tu psicólogo utiliza la hipnosis para hacerte recordar los momentos más importantes de tu pasado. En parejas, dramaticen la conversación entre el doctor Felipe y su paciente, utilizando verbos en el presente y el presente progresivo. Elijan una situación de la lista o inventen otro tema. Sean creativos.

MODELO

DR. FELIPE Estás volviendo al momento de conocer a tu primer amor. ¿Qué están haciendo?

PACIENTE Estoy caminando por la calle… una mujer preciosa me está saludando…

DR. FELIPE Muy bien, muy bien. ¿Y qué estás pensando? ¿Cómo te sientes?

PACIENTE Estoy pensando que esto es el amor a primera vista. Me siento… ¡Ay, no! Me estoy cayendo en medio de la calle, ¡enfrente de ella!

tu primer amor	el nacimiento de un(a) hermano/a
un viaje importante	el mejor/peor momento de tu vida

S Recapitulación Diagnostics

S **Audio: Vocabulary**

Antes de ver el corto

MOMENTOS DE ESTACIÓN

país Argentina
duración 7:15 minutos

director Gustavo D. Cabaña
protagonistas viajero, cajera

Vocabulario

abrazar *to hug; to hold*
el afiche *poster*
averiguar *to find out*
el boleto *ticket*
la broma *joke*
el cortometraje/corto *short film*

enamorado/a (de) *in love (with)*
la escena *scene*
meterse *to break in (to a conversation)*
el/la protagonista *protagonist; main character*
el recuerdo *memento; souvenir*
suceder *to happen*

1 **Vocabulario** Completa este párrafo con las opciones correctas.

Estaba comprando (1) _____ (un recuerdo/un boleto) en la estación, cuando de repente (2) _____ (sucedió/se metió) algo. Mientras hablaba con el empleado, un hombre se acercó y (3) _____ (se metió/averiguó) en la conversación e hizo (4) _____ (una broma/un boleto). Esto me trajo a la mente (5) _____ (el recuerdo/la broma) de dos niños bromeando en una estación de trenes. ¡El hombre era mi primo Alberto, a quien no veía desde 1996!

2 **Comentar** Con un(a) compañero/a, intercambia opiniones sobre *Momentos de estación*.

1. La palabra **estación** tiene varios significados. ¿Los recuerdas? ¿Cuáles son las estaciones que conoces?
2. ¿Qué te sugiere el título de este cortometraje?
3. Observa el segundo fotograma e inventa tres rasgos diferentes para la personalidad de cada personaje.
4. ¿Crees que las personas del segundo fotograma se conocen?
5. Observa el afiche del cortometraje en la página opuesta. ¿Qué tipo de relación hay entre los dos personajes de la foto?
6. El afiche dice "Nada que perder". ¿Qué te sugiere esa frase sobre la historia que vas a ver?

S Practice more at **descubre3.vhlcentral.com**.

Momentos de estación

1er Premio BA en Primer Plano y Festival Interuniversitario Cortos UdeSA, Argentina

Nada que perder

Una producción del CENTRO DE INVESTIGACIÓN CINEMATOGRÁFICA Guión y Dirección GUSTAVO D. CABAÑA

Jefe de Producción GUSTAVO SAMMARTINO Dirección de Fotografía GUSTAVO GÓMEZ OLIVERA

Cámara LUCAS CABALLERO Montaje FEDERICO CALDERÓN/GUSTAVO CABAÑA Edición MARTÍN BLASSI

Dirección de Arte NATALIA OBATTA Sonido FEDERICO CALDERÓN

Actores SANDRA VILLANI/CLAUDIO TOLCACHIR/CARLOS DONIGIAN/ELENA CÁNEPA/LUCAS SANTA ANA/

CAROLINA PAINCEIRA/LUCRECIA OVIEDO/RODOLFO ROCA

Escenas

ARGUMENTO Un viajero va a comprar un boleto de tren a la ventanilla.

VIAJERO Estoy enamorado de usted.
CAJERA ¿Cómo?

VIAJERO Tenía que decírselo hoy. Es mi último viaje.
CAJERA Esto es una broma.
VIAJERO No, no es ninguna broma, Ana.

(La señora del abanico° llama al hombre de la boina°.)

SEÑORA ¡Chist!, Juan, ¿qué pasa?
JUAN Él la ama; ella no le cree.

VIAJERO Hace más de un año que nos conocemos. Usted es la que me atiende siempre. Yo soy el que va a la capital.
CAJERA Todos van a la capital.
VIAJERO Exactamente 375 veces, sin contar la de hoy. Mirá... aquí están todos: 375 boletos, uno por uno.

CAJERA ¿Qué quiere de mí?
VIAJERO Bailar.
CAJERA ¿Bailar?
VIAJERO Bailar, abrazarte, besarte...
CAJERA Ahora no, no puedo, estoy trabajando.

SEÑORA A veces, se le va la vida a uno sin que suceda algo tan maravilloso. Once años hace que murió mi marido. ¿Sabes, hijo?, ¡cuánto hace que no me dan un beso!

abanico *fan* **boina** *beret*

Después de ver el corto

(1) Comprensión Contesta las preguntas.

1. ¿Qué le dice el viajero a la cajera?
2. ¿Por qué el viajero habla con ella ese día?
3. ¿Cómo se llama la cajera?
4. Según el joven, ¿cuánto tiempo hace que se conocen?
5. ¿Qué guarda el joven en la caja?

(2) Interpretar En grupos de tres, contesten las preguntas.

1. ¿Cuál es tu interpretación del final de la historia?
2. ¿Cuál crees que es el tema del cortometraje?
3. ¿Crees que *Momentos de estación* puede relacionarse con la idea de *carpe diem* (*seize the day*)? ¿Conoces otras películas con esta idea?
4. ¿Crees que el corto defiende una mayor espontaneidad en nuestras relaciones cotidianas? ¿Piensas que es mejor ser reservado/a o atrevido/a?

(3) Imaginar A continuación tienes el diálogo inicial entre el viajero y la cajera de *Momentos de estación*. Escribe otra versión de este diálogo, dándole un final diferente.

VIAJERO Estoy enamorado de usted.	**VIAJERO** No, no es ninguna broma, Ana.
CAJERA ¿Cómo?	**CAJERA** ¿Cómo sabe mi nombre?
VIAJERO Que la amo…	**VIAJERO** Lo averigüé; no fue difícil.
CAJERA No puede ser.	**CAJERA** Casi nunca me llaman por mi nombre…
VIAJERO Tenía que decírselo hoy. Es mi último viaje.	**VIAJERO** Es un nombre hermoso.
CAJERA Esto es una broma.	

(4) Actuar Con un(a) compañero/a, representa una escena en un contexto diferente, en el que uno/a de ustedes tiene que declararse a un(a) desconocido/a y convencerlo/a de que está locamente enamorado/a de él/ella. Represéntenlo después ante la clase.

(5) Escribir En un párrafo, resume la historia que acabas de ver. Ten en cuenta:

- dónde sucede la historia
- cuándo o en qué momento tiene lugar la historia
- quiénes son los personajes
- qué es lo que sucede
- el final de la historia

 Practice more at **descubre3.vhlcentral.com**.

Los enamorados, 1923.
Pablo Picasso, España.

"La única fuerza y la única verdad que
hay en esta vida es el amor."

— José Martí

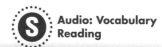

Antes de leer

Audio: Vocabulary Reading

Poema 20

Sobre el autor

Ya de muy joven, el chileno Ricardo Eliecer Neftalí Reyes Basoalto —tal fue el nombre que sus padres dieron a **Pablo Neruda** (1904–1973) al nacer— mostraba inclinación por la poesía. En 1924, con tan sólo veinte años, publicó el libro que lo lanzó (*launched*) a la fama: *Veinte poemas de amor y una canción desesperada*. Además de poeta, fue diplomático y político. El amor fue sólo uno de los temas de su extensa obra: también escribió poesía surrealista y poesía con fuerte contenido histórico y político. Su *Canto general* lleva a los lectores en un viaje por la historia de América Latina, desde los tiempos precolombinos hasta el siglo veinte. En 1971, recibió el Premio Nobel de Literatura.

Vocabulario

el alma *soul*

amar *to love*

besar *to kiss*

contentarse con *to be contented, satisfied with*

el corazón *heart*

la mirada *gaze*

el olvido *forgetfulness; oblivion*

querer (e:ie) *to love; to want*

Poema Completa este poema con las opciones correctas.

Quiero (1) _____ (besarte/amarte) porque te (2) _____ (quiero/olvido), pero tú te alejas y desde lejos me miras.

Mi (3) _____ (corazón/olvido) no (4) _____ (quiere/se contenta) con una (5) _____ (alma/mirada) triste.

Entonces me voy y sólo espero el (6) _____ (corazón/olvido).

Conexión personal

¿Has estado enamorado/a alguna vez? ¿Te gusta leer poesía? ¿Has escrito alguna vez una carta o un poema de amor?

Análisis literario: la personificación

La personificación es una figura retórica (*figure of speech*) que consiste en atribuir cualidades humanas a seres inanimados (*inanimate objects*), ya sean animales, cosas o conceptos abstractos. Observa estos ejemplos de personificación: *me despertó el llanto* (crying) *del violín; tu silencio habla de dolores pasados*. En *Poema 20*, Pablo Neruda utiliza este recurso en varias ocasiones. Mientras lees el poema, prepara una lista de las personificaciones. ¿Qué cualidad humana atribuye el poeta al objeto?

POEMA 20

Pablo Neruda

P uedo escribir los versos más tristes esta noche.
Escribir, por ejemplo: "La noche está estrellada°,   *starry*
                            blink; tremble   y tiritan°, azules, los astros°, a lo lejos°".   *stars/in the distance*
El viento de la noche gira° en el cielo y canta.   *turns*

5   Puedo escribir los versos más tristes esta noche.
    Yo la quise, y a veces ella también me quiso.

    En las noches como ésta la tuve entre mis brazos.
    La besé tantas veces bajo el cielo infinito.

    Ella me quiso, a veces yo también la quería.
10 Cómo no haber amado sus grandes ojos fijos°.   *fixed*

    Puedo escribir los versos más tristes esta noche.
    Pensar que no la tengo. Sentir que la he perdido.

    Oír la noche inmensa, más inmensa sin ella.
    Y el verso cae al alma como al pasto el rocío°.   *like the dew on the grass*

15 Qué importa que mi amor no pudiera guardarla°.   *keep; protect*
    La noche está estrellada y ella no está conmigo.

    Eso es todo. A lo lejos alguien canta. A lo lejos.
    Mi alma no se contenta con haberla perdido.

to bring closer   Como para acercarla° mi mirada la busca.
20 Mi corazón la busca, y ella no está conmigo.

    La misma noche que hace blanquear° los mismos árboles.   *to whiten*
    Nosotros, los de entonces, ya no somos los mismos.

    Ya no la quiero, es cierto, pero cuánto la quise.
            voice   Mi voz° buscaba el viento para tocar su oído.

25 De otro. Será de otro. Como antes de mis besos.
    Su voz, su cuerpo claro. Sus ojos infinitos.

    Ya no la quiero, es cierto, pero tal vez la quiero.
    Es tan corto el amor, y es tan largo el olvido.

    Porque en noches como ésta la tuve entre mis brazos,
30 mi alma no se contenta con haberla perdido.

    Aunque éste sea el último dolor que ella me causa,
    y éstos sean los últimos versos que yo le escribo. ■

Después de leer

Poema 20
Pablo Neruda

1 Comprensión Contesta las preguntas con oraciones completas.

1. ¿Quién habla en este poema?
2. ¿De quién habla el poeta?
3. ¿Cuál es el tema del poema?
4. ¿Qué momento del día es?
5. ¿Sigue el poeta enamorado? Da un ejemplo del poema.

2 Analizar Lee el poema otra vez para contestar las preguntas con oraciones completas.

1. ¿Qué personificaciones hay en el poema y qué efecto transmiten? Explica tu respuesta.
2. ¿Tienen importancia las repeticiones en el poema? Explica por qué.
3. La voz poética habla sobre su amada, pero no le habla directamente a ella. ¿A quién crees que le habla la voz poética en este caso?
4. ¿Qué sentimientos provoca el poema en los lectores?

3 Interpretar Contesta las preguntas con oraciones completas.

1. ¿Cómo se siente el poeta? Da algún ejemplo del poema.
2. ¿Es importante que sea de noche? Razona tu respuesta.
3. Explica con tus propias palabras este verso: "Es tan corto el amor, y es tan largo el olvido".
4. En un momento dado el poeta afirma: "Yo la quise, y a veces ella también me quiso" y, un poco más adelante, escribe: "Ella me quiso, a veces yo también la quería". Explica el significado de estos versos y su importancia en el poema.

4 Ampliar Trabajen en parejas para imaginar cómo es la mujer del poema. Hablen sobre:
- su apariencia física
- su personalidad
- sus aficiones

5 Imaginar En parejas, imaginen la historia de amor entre el poeta y su amada. Preparen una conversación en la que se despiden para siempre. Deben inspirarse en algunos de los versos del poema.

6 Personificar Elige un objeto y escribe un párrafo breve en el que atribuyes (*attribute*) cualidades humanas al objeto.

MODELO Tengo en mi cuarto una estrella de mar. Me cuenta historias de piratas...

Practice more at **descubre3.vhlcentral.com.**

Antes de leer

**Audio: Vocabulary
Reading**

Vocabulario

el/la comediante *comedian*

el chiste *joke*

criarse *to grow up*

guardarse (algo) *to keep
(something) to yourself*

herir (e:ie) *to hurt*

el nombre artístico *stage name*

quedarse callado/a *to remain
silent*

la trayectoria *path; history*

Oraciones incompletas Completa las oraciones con el vocabulario de la tabla.

1. John Leguizamo es mi _____ favorito. Hace _____ muy divertidos.

2. Cuando no quiero _____ los sentimientos de otra persona, me _____ lo que quiero decir.

3. El _____ de Paul David Hewson es Bono.

4. Nací en Nueva York pero _____ en Chicago.

Conexión personal ¿Tienes algún comediante favorito? ¿Sobre qué temas hace chistes tu comediante favorito? ¿Te sientes ofendido/a al escuchar los chistes de algunos comediantes?

Contexto cultural

Carlos Mencía causó controversia cuando, al lanzarse (*get started*) como comediante, se cambió el nombre. Su nombre original es Ned Holness, ya que su padre, Roberto Holness, es de origen alemán. Su madre, Magdalena Mencía, es de origen mexicano. Desde hace ya mucho tiempo usa el apellido Mencía, pero adoptó el nombre Carlos cuando se dedicó a la comedia. Algunas personas lo acusan de cambiarse el nombre para "sonar más latino". Otros lo acusan de ser un hondureño que se hace pasar por mexicano para triunfar en California. Carlos Mencía nació en Honduras pero se crió en Los Ángeles con sus tíos maternos y no con sus padres. ¿Qué piensas? ¿Tienen razón quienes lo critican? ¿O Carlos Mencía tiene derecho a usar el apellido de su madre y destacar (*highlight*) su origen mexicano?

Please complete the form below and mail
with your payment.

Juan Guillermo Pérez Echegoyen
FIRST NAME   M.I.   LAST NAME

STREET ADDRESS   CITY   STATE   ZIP CODE

Carlos Mencía

Políticamente incorrecto

¹ El comediante **Carlos Mencía** tiene tanto éxito con su programa
en *Comedy Central* que mantiene un *blog* para sus *fans*. Allí, se define
a sí mismo como una persona que dice lo que piensa. Explica que no
le importa "herir los sentimientos" de nadie; "lo que hiere aún más es
⁵ quedarse callado y dejar que la gente estúpida siga siendo estúpida".
También dice en su *blog* que "algunos pueden hacer chistes sobre otras
personas, pero no pueden aceptar que se hagan chistes sobre ellos…
bueno… si tú eres así… ¡entonces hazme el favor y CÁLLATE!"

Carlos Mencía integra una nueva
10 generación de humoristas latinos que
llegó para quedarse. Esta gran familia de
comediantes también incluye nombres
como Pablo Francisco, Liz Torres,
Freddy Soto, Mike Robles, Joey Medina,
15 Ernie G y Shayla Rivera, entre otros.
Además, hay que destacar al ya clásico
John Leguizamo. Antes de saltar a la
fama con su programa *Mind of Mencía*
en *Comedy Central*, Carlos ya tenía una
20 larga trayectoria artística.

Nació en Honduras en 1967 y es
el penúltimo° de dieciocho hijos. Se
crió en Los Ángeles en casa de sus
tíos. Estudiaba ingeniería hasta que ganó
25 una competencia° de comedia en el
Laugh Factory. Le faltaba sólo un crédito
para graduarse pero decidió dejar la
universidad y dedicarse a la comedia.
Aunque al principio su familia no estaba
30 de acuerdo con el cambio, gracias a su
perseverancia y al apoyo° de su hermano
Joseph, Carlos logró convertirse° en un
comediante profesional. Fue en *The
Comedy Store* —un renombrado° club de
35 comedia de Los Ángeles— donde adoptó
el nombre artístico de Carlos Mencía.
Durante la década de los noventa,
Carlos participó como comediante y
como anfitrión° en varios programas de
40 televisión. En 2001, realizó una popular
gira° titulada *The Three Amigos* con
Freddy Soto y Pablo Francisco. Antes

second-to-last

competition

support
managed to become

renowned

host

tour

de su llegada a *Comedy Central*, también
hizo dos especiales para HBO.

El humor de Carlos Mencía no 45
perdona a nadie —ni siquiera a su
propia familia— y, como consecuencia,
Carlos tiene tanto admiradores como
detractores. Hace chistes acerca de
blancos, negros, minorías y sobre todo 50
latinos. En su lenguaje abundan° las
malas palabras. Algunos de sus temas
preferidos son las cuestiones raciales, la
política, la religión y los temas sociales.
Muchos consideran que su estilo excede 55
los límites de lo que es "políticamente
correcto".

are plentiful

Cuando observamos las opiniones
y reacciones que provoca, las aguas
están divididas°. Para algunos, los 60
chistes de Carlos Mencía son demasiado
provocativos y perpetúan° estereotipos;
para otros, sus chistes son un ejemplo
de libre expresión°, un ejemplo de que
los latinos ya no son una minoría que es 65
víctima de los chistes de otras personas,
sino una comunidad que se siente
establecida y que es capaz de reírse de sí
misma... y de los demás. ∎

there is disagreement

perpetuate

freedom of speech

El humor de Carlos Mencía

❝ El racismo significa exclusión. Por eso, yo me río de todos. ❞

❝ Al igual que mi padre, yo también nací en América Central… Nebraska. ❞

❝ En Texas, si te llamas Carlos, eres mexicano. En Florida, eres cubano. En
Nueva York, eres puertorriqueño. Y luego vengo aquí (Canadá) y me entero
de que soy esquimal. ❞

Después de leer

Carlos Mencía: Políticamente incorrecto

① Comprensión Responde a las preguntas con oraciones completas.

1. ¿Cómo se define a sí mismo Carlos Mencía en su *blog*?
2. ¿Qué sucedió cuando a Carlos le faltaba poco para terminar la universidad?
3. ¿Qué grupos son víctimas de los chistes de Carlos Mencía?
4. Para quienes lo critican, ¿cuál es el problema con el tipo de humor de Carlos Mencía?
5. Para quienes lo apoyan, ¿por qué es importante el trabajo de comediantes como Carlos Mencía?

② Organizar Ordena en forma cronológica la información sobre Carlos Mencía.

_____ a. Adoptó el nombre artístico de Carlos Mencía.

_____ b. Vivió con sus tíos maternos.

_____ c. Realizó la gira *The Three Amigos* junto a Freddy Soto y Pablo Francisco.

_____ d. Ganó una competencia de comedia.

_____ e. Saltó a la fama en *Comedy Central*.

_____ f. Se mudó a los Estados Unidos.

_____ g. Decidió convertirse en comediante profesional.

_____ h. Fue a la universidad.

③ Comunicación En parejas, respondan a las preguntas.

1. ¿Creen que está bien hacer chistes sobre temas raciales y sociales o creen que los humoristas deberían evitar ciertos temas? ¿Por qué?
2. ¿Qué opinan del uso de malas palabras en los espectáculos de comedia?
3. El artículo dice que para muchas personas el humor de Carlos Mencía es un ejemplo de que la comunidad latina pasó de ser víctima de chistes a ser una comunidad establecida que es capaz de reírse de sí misma. ¿Pueden dar otros ejemplos que demuestren que la comunidad latina se siente establecida?

④ Adivinen quién soy En parejas, preparen una entrevista con un comediante famoso. Incluyan información que permita adivinar quién es el comediante, sin mencionar su nombre. Luego actúen la entrevista delante de la clase. Sus compañeros deben adivinar quién es el personaje.

> **MODELO** **PERIODISTA** ¿Qué sentiste al enterarte de que eras candidato para un premio Oscar?
> **COMEDIANTE** No lo podía creer. Cuando trabajaba en *In Living Color* nunca me imaginé que iba a ser candidato a un Oscar.

⑤ Opinión Imagina que el artículo que leíste se publicó en *Facetas*. Escribe a la sección Cartas de lectores expresando tu opinión sobre el tipo de chistes de comediantes como Carlos Mencía. Si te parece que este tipo de humor es aceptable, explica por qué. Si crees que excede los límites de lo aceptable, explica por qué.

Practice more at **descubre3.vhlcentral.com**.

Atando cabos

¡A conversar!

Preguntas rápidas Usa la técnica de las "preguntas rápidas" para conocer a tus compañeros de clase, hacer nuevos amigos y buscar compañeros para proyectos. Comparte los resultados con la clase.

Cómo hacer las "preguntas rápidas"

- Reúnete con un(a) compañero/a durante cinco minutos. Hablen sobre quiénes son, cómo son, qué buscan, etc.
- Toma notas acerca del encuentro.
- Repite la actividad con otros compañeros.

	Nombre	Nombre
¿De dónde eres?		
¿Cómo eres?		
¿Qué cualidades buscas en un(a) amigo/a?		
¿Qué tipo de proyectos te gusta hacer?		

¡A escribir!

Consejero/a sentimental Lee la carta que envió Alonso a la sección de consejos sentimentales de *Facetas* y usa las frases del recuadro para responder a la carta de Alonso.

Expresar tu opinión

Estas frases pueden ayudarte a expresar tu opinión:
- En mi opinión,…
- Creo que…
- Me parece que…

Me llamo Alonso. Tengo 17 años y soy de Colombia. Vine a Boston con mi familia porque mi padre consiguió un nuevo trabajo. Conocí a Sean en la clase de español. Ahora somos muy buenos amigos. Nos llevamos bien y lo pasamos muy bien en las clases. Nos gusta comparar las diferencias culturales entre los latinoamericanos y los estadounidenses.

Los problemas comenzaron cuando Sean y yo empezamos a salir con un grupo de sus amigos después de las clases. Todos sus amigos son estadounidenses. Pienso que a nadie le interesa charlar conmigo, y a mí tampoco me interesa hablar con ellos de béisbol y esas cosas. Cuando voy a la casa de Sean para comer y llevo comida colombiana para compartir, su familia me mira con desconfianza. Cuando trato de hablar con ellos en inglés, hago errores y tengo vergüenza. A veces pienso que no debo tratar de hacer amistades con estudiantes estadounidenses como Sean, pero nos llevamos muy bien en el colegio. Sólo tenemos problemas fuera de la escuela. ¿Qué puedo hacer para sentirme menos nervioso con otras personas estadounidenses fuera de la escuela?

recursos

v̂Text

CA
pp. 99–100

CP
p. 10

CH
pp. 15–16

Audio: Vocabulary Flashcards

La personalidad

autoritario/a	strict; authoritarian
cariñoso/a	affectionate
cuidadoso/a	careful
falso/a	insincere
gracioso/a	funny; pleasant
inseguro/a	insecure
(in)maduro/a	(im)mature
mentiroso/a	lying
orgulloso/a	proud
permisivo/a	permissive; easy-going
seguro/a	sure; confident
sensato/a	sensible
sensible	sensitive
tacaño/a	cheap; stingy
tímido/a	shy
tradicional	traditional

Los estados emocionales

agobiado/a	overwhelmed
ansioso/a	anxious
deprimido/a	depressed
disgustado/a	upset
emocionado/a	excited
preocupado/a (por)	worried (about)
solo/a	alone; lonely
tranquilo/a	calm

Los sentimientos

adorar	to adore
apreciar	to appreciate
enamorarse (de)	to fall in love (with)
estar harto/a (de)	to be fed up (with); to be sick (of)
odiar	to hate
sentirse (e:ie)	to feel
soñar (o:ue) (con)	to dream (about)
tener celos (de)	to be jealous (of)
tener vergüenza (de)	to be ashamed, embarrassed (of)

Las relaciones personales

el/la amado/a	loved one; sweetheart
el ánimo	spirit
el cariño	affection
la cita (a ciegas)	(blind) date
el compromiso	commitment; responsibility
la confianza	trust; confidence
el desánimo	the state of being discouraged
el divorcio	divorce
la pareja	couple; partner
el sentimiento	feeling; emotion
atraer	to attract
coquetear	to flirt
cuidar	to take care of
dejar a alguien	to leave someone
discutir	to argue
educar	to raise; to bring up
hacerle caso a alguien	to pay attention to someone
impresionar	to impress
llevar... años de (casados)	to be (married) for... years
llevarse bien/mal/fatal	to get along well/ badly/terribly
mantenerse en contacto	to keep in touch
pasarlo bien/mal/fatal	to have a good/bad/ terrible time
proponer matrimonio	to propose (marriage)
romper (con)	to break up (with)
salir (con)	to go out (with)
soportar a alguien	to put up with someone
casado/a	married
divorciado/a	divorced
separado/a	separated
soltero/a	single
viudo/a	widowed

Más vocabulario

Expresiones útiles	Ver p. 7
Estructura	Ver pp. 14–15, 18–19 y 22–23

Cinemateca

el afiche	poster
el boleto	ticket
la broma	joke
el cortometraje/ corto	short film
la escena	scene
el/la protagonista	protagonist; main character
el recuerdo	memento; souvenir
abrazar	to hug; to hold
averiguar	to find out
meterse	to break in (to a conversation)
suceder	to happen
enamorado/a (de)	in love (with)

Literatura

el alma	soul
el corazón	heart
la mirada	gaze
el olvido	forgetfulness; oblivion
amar	to love
besar	to kiss
contentarse con	to be contented, satisfied with
querer (e:ie)	to love; to want

Cultura

el/la comediante	comedian
el chiste	joke
el nombre artístico	stage name
la trayectoria	path; history
criarse	to grow up
guardarse (algo)	to keep (something) to yourself
herir (e:ie)	to hurt
quedarse callado/a	to remain silent

Las diversiones

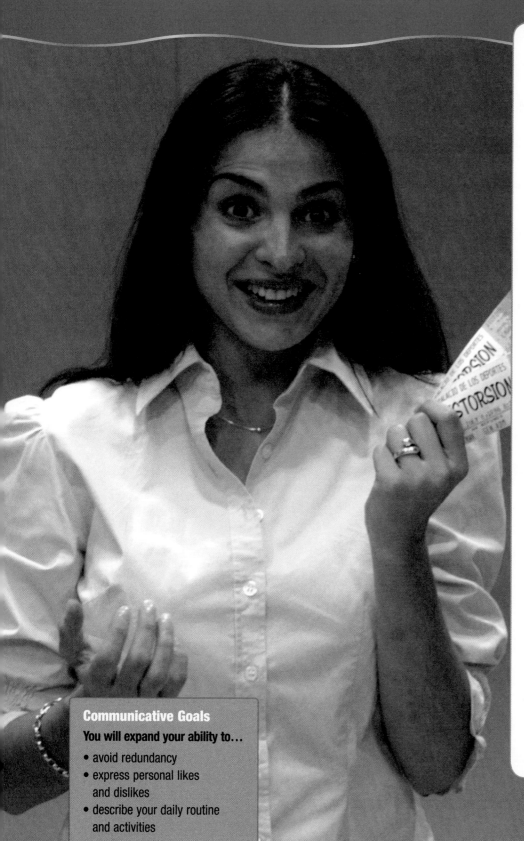

Communicative Goals
You will expand your ability to...

- avoid redundancy
- express personal likes and dislikes
- describe your daily routine and activities

Ⓢ Game
Audio: Activities, Vocabulary

Las diversiones

La música y el teatro

Hoy Ligia dio su primer **concierto** como **cantante** solista. Después de la **función**, sus amigos la **aplaudieron** y le regalaron flores.

el álbum *album*
el asiento *seat*
el/la cantante *singer*
el concierto *concert*
el conjunto/grupo musical *musical group; band*
el escenario *scenery; stage*
el espectáculo *show*
el estreno *premiere; debut*
la función *performance (theater; movie)*
el/la músico/a *musician*
la obra de teatro *play*
la taquilla *box office*

aplaudir *to applaud*
conseguir (e:i) boletos/entradas *to get tickets*
hacer cola *to wait in line*
poner un disco compacto *to play a CD*

Los lugares de recreo

el cine *movie theater; cinema*
el circo *circus*
la discoteca *discotheque; dance club*
la feria *fair*
el festival *festival*
el parque de atracciones *amusement park*
el zoológico *zoo*

Los deportes

el/la árbitro/a *referee*
el campeón/la campeona *champion*
el campeonato *championship*
el club deportivo *sports club*
el/la deportista *athlete*
el empate *tie (game)*
el/la entrenador(a) *coach; trainer*
el equipo *team*
el/la espectador(a) *spectator*
el torneo *tournament*

anotar/marcar (un gol/un punto) *to score (a goal/a point)*

desafiar *to challenge*
empatar *to tie (games)*
ganar/perder (e:ie) un partido *to win/lose a game*
vencer *to defeat*

Las diversiones

Ricardo y sus amigos **se reúnen** todos los sábados. Les **gustan el billar** y **el boliche**, y son verdaderos **aficionados** a **las cartas**.

el ajedrez *chess*
el billar *billiards*
el boliche *bowling*
las cartas/los naipes *(playing) cards*
los dardos *darts*
el juego de mesa *board game*
el pasatiempo *pastime*
la televisión *television*
el tiempo libre/los ratos libres *free time*
el videojuego *video game*

aburrirse *to get bored*
alquilar una película *to rent a movie*
brindar *to make a toast*
celebrar/festejar *to celebrate*
dar un paseo *to take a stroll, walk*
disfrutar (de) *to enjoy*
divertirse (e:ie) *to have fun*

entretener(se) (e:ie) *to entertain, to amuse (oneself)*
gustar *to like*
reunirse (con) *to get together (with)*
salir (a comer) *to go out (to eat)*

aficionado/a (a) *fond of; a fan (of)*
animado/a *lively*
divertido/a *fun*
entretenido/a *entertaining*

Las diversiones

Práctica

1 Escuchar

A. Mauricio y Joaquín están haciendo planes para el fin de semana. Quieren ir al cine pero no logran ponerse de acuerdo. Escucha la conversación y contesta las preguntas con oraciones completas.

1. ¿Cuándo planean ir al cine Mauricio y Joaquín?
2. ¿Qué película quiere ver Joaquín?
3. ¿Por qué Mauricio no quiere verla?
4. ¿Qué alternativa sugiere Mauricio?
5. ¿Qué le pasa a Joaquín cuando mira documentales?

B. Ahora escucha el anuncio radial de *Los invasores de la galaxia* y decide si las oraciones son **ciertas** o **falsas**. Corrige las falsas.

1. *Los invasores de la galaxia* ya se estrenó en otros lugares.
2. La película tuvo poco éxito en Europa.
3. Si compras cuatro boletos, te regalan la banda sonora (*soundtrack*).
4. Si te vistes de extraterrestre, te regalan un boleto para una fiesta exclusiva.
5. El estreno de la película es a las nueve de la mañana.

C. En parejas, imaginen que, después de escuchar el anuncio radial, Joaquín trata de convencer a Mauricio para ir a ver *Los invasores de la galaxia*. Inventen la conversación entre Mauricio y Joaquín y compártanla con la clase.

2 Relaciones Escoge la palabra que no está relacionada.

1. película (estrenar / dirigir / empatar)
2. obra de teatro (boleto / campeonato / taquilla)
3. concierto (vencer / aplaudir / hacer cola)
4. juego de mesa (ajedrez / naipes / videojuego)
5. celebrar (divertirse / aburrirse / disfrutar)

Práctica

3 **¿Dónde están?** Indica en qué lugar están estas personas.

_c_ 1. Llegamos muy temprano, pero hay una cola enorme. No voy a comprar los boletos si los asientos están muy lejos del escenario.

_g_ 2. Hoy es el cumpleaños de mi hermana menor. En lugar de celebrarlo en casa, quiere pasar el día acá, con los tigres y los elefantes.

_d_ 3. Una red (*net*), una pelota amarilla y dos deportistas. ¿Cuál será la campeona?

_b_ 4. Hay máquinas que suben, bajan, dan vueltas hacia la derecha y hacia la izquierda. La más espectacular dibuja un laberinto de líneas en el aire.

_h_ 5. ¿Cómo puede ser que cuatro personas hagan tanto ruido en un campo de fútbol lleno de gente? Mi amiga se está divirtiendo mucho pero, ¡yo no entiendo nada de lo que cantan!

_a_ 6. Aquí casi toda la gente suda (*sweat*) y suda, menos yo. ¡Cómo me gusta nadar!

a. un club deportivo
b. un parque de atracciones
c. un cine
d. un torneo de tenis
e. una taquilla
f. una discoteca
g. un zoológico
h. un concierto de rock

4 **Goles y fiestas** Completa la conversación.

aburrirte	celebrar	equipo
animadas	disfruten	espectadores
árbitro	divertidos	ganar
campeonato	empate	televisión

PEDRO Mario, ¿todavía estás mirando (1)_televisión_? ¿No ves que vamos a llegar tarde?

MARIO Lo siento, pero no puedo ir a la fiesta de tu amiga. Pasan un partido de fútbol.

PEDRO Pero las fiestas de mi amiga son más (2)_animadas_ y más entretenidas que cualquier partido de fútbol. Todos los partidos son iguales… Veintidós tontos corriendo detrás de una pelota, los (3)_espectadores_ gritando (*shouting*) como locos y el (4)_árbitro_ pitando (*whistling*) sin parar.

MARIO Hoy no me puedes convencer. Es la final del (5)_campeonato_ y estoy seguro de que mi (6)_equipo_ favorito va a (7)_ganar_.

PEDRO ¿Y no vas a (8)_aburrirte_, aquí solito, mientras todos tus amigos bailan?

MARIO ¡Jamás! ¡Todos vienen a ver el partido conmigo! Y después vamos a (9)_celebrar_ la victoria.

PEDRO Que (10)_disfruten_ del partido. Ya me voy… Espera, mi amiga me está llamando al celular… ¿Qué me dices, Rosa? ¿Que la fiesta es aquí en mi casa? ¿Que tú también quieres ver el partido? ¡Ay, que yo me rindo (*give up*)!

Practice more at **descubre3.vhlcentral.com**.

Comunicación

5 Diversiones

A. Sin consultar con tu compañero/a, prepara una lista de cinco actividades que crees que le gustan a él/ella. Escoge del recuadro y añade tus propias ideas.

jugar al ajedrez	ir a la feria
practicar deportes en un club	jugar videojuegos
ir al estreno de una película	bailar en una discoteca
ver televisión	jugar al boliche
escuchar música clásica	salir a cenar con amigos

B. Ahora habla con tu compañero/a para confirmar tus predicciones. Sigue el modelo.

> **MODELO**   —Creo que te gusta jugar al ajedrez.
>   —Es verdad, juego siempre que puedo. / —Te equivocas, me aburre. ¿Y a ti?

6 Lo mejor
En grupos de cuatro, imaginen que son editores/as de un periódico local y quieren publicar la lista anual de *Lo mejor de la ciudad*.

A. Primero, escojan las categorías que quieren premiar (*to award*).

Lo mejor de la ciudad

Mejor club deportivo _____   Mejor parque para pasear _____

Mejor discoteca _____   Mejor festival de arte _____

Mejor espectáculo sobre hielo _____   Mejor restaurante para
celebrar un cumpleaños _____
Mejor lugar para jugar a los dardos _____

Mejor grupo musical en vivo (*live*) _____
Mejor equipo deportivo _____

B. Luego preparen una encuesta (*survey*) y entrevisten a sus compañeros/as de clase. Anoten las respuestas.

C. Ahora compartan los resultados con la clase y decidan qué lugares y eventos recibirán el premio *Lo mejor*.

7 Un fin de semana extraordinario
Dos amigos/as con personalidades muy diferentes tienen que pasar un fin de semana juntos/as en una ciudad que nunca han visitado. Hacen muchas sugerencias interesantes, pero todo lo que una persona propone, la otra lo rechaza con alguna explicación absurda, y viceversa. En parejas, improvisen una conversación utilizando las palabras del vocabulario.

> **MODELO**   —¿Vamos al circo? Todos dicen que es el espectáculo del año.
>   —No, me mareo (*get dizzy*) viendo a los acróbatas...

Video: *Fotonovela*
Record & Compare

Los empleados de *Facetas* hablan de las diversiones. Johnny trata de ayudar a Éric. Mariela habla de sus planes.

recursos

v̂Text | CA pp. 33–34 | S descubre3.vhlcentral.com

JOHNNY ¿Y a ti? ¿Qué te pasa?

ÉRIC Estoy deprimido.

JOHNNY Anímate, es fin de semana.

ÉRIC A veces me siento solo e inútil.

JOHNNY ¿Solo? No, hombre, yo estoy aquí; pero inútil…

JOHNNY Necesitas divertirte.

ÉRIC Lo que necesito es una chica. No tienes idea de lo que es vivir solo.

JOHNNY No, pero me lo estoy imaginando. El problema de vivir solo es que siempre te toca lavar los platos.

ÉRIC Las chicas piensan que soy aburrido.

JOHNNY No seas pesimista.

ÉRIC Soy un optimista con experiencia. Lo he intentado todo: el cine, la discoteca, el teatro… Nada funciona.

JOHNNY Tienes que contarles chistes. Si las haces reír, ¡*boom*! Se enamoran.

ÉRIC ¿De veras?

JOHNNY Seguro.

Mariela viene a hablar con ellos.

MARIELA ¡Los conseguí! ¡Los conseguí!

FABIOLA ¿Conseguiste qué?

MARIELA Los últimos boletos para el concierto de rock de esta noche.

FABIOLA ¿Cómo se llama el grupo?

MARIELA Distorsión. Aquí tengo el disco compacto. ¿Lo quieren oír?

FABIOLA (*mirando el reloj*) Uy, ¡qué tarde es!

Luego, en el escritorio de Diana…

ÉRIC Diana, ¿te puedo contar un chiste?

DIANA Estoy algo ocupada.

ÉRIC Es que se lo tengo que contar a una mujer.

DIANA Hay dos mujeres más en la oficina.

ÉRIC Temo que se rían cuando se lo cuente.

DIANA ¡Es un chiste!

ÉRIC Temo que se rían de mí y no del chiste.

DIANA ¿Qué te hace pensar que yo me voy a reír del chiste y no de ti?

ÉRIC No sé. Tú eres una persona seria.

DIANA ¿Y por qué se lo tienes que contar a una mujer?

ÉRIC Es un truco para conquistarlas.

Diana se ríe muchísimo.

Personajes

 AGUAYO

 DIANA

 ÉRIC

 FABIOLA

 JOHNNY

MARIELA

4

Johnny dibuja muchos puntos en la pizarra.

JOHNNY ¿Te sabes el chiste de la fiesta de puntos? Es un clásico… Hay una fiesta de puntos… Todos están divirtiéndose y pasándola bien. Y entonces entra un asterisco… y todos lo miran asombrados. Y el asterisco les dice: —¿Qué? ¿Nunca han visto un punto despeinado?

5

Mariela entra con dos boletos en la mano y comienza a besarlos.

MARIELA Sí, sí. Me encanta, me encanta…

FABIOLA Te lo dije.

AGUAYO ¿Me dijiste qué?

FABIOLA Que ella no parecía muy normal.

9

MARIELA Deséenme suerte.

AGUAYO ¿Suerte? ¿En qué?

MARIELA Esta noche le voy a quitar la camisa al guitarrista de Distorsión.

JOHNNY No, no lo harás.

MARIELA Voy a intentarlo.

ÉRIC Si crees que es tan fácil quitarle la camisa a un tipo, ¿por qué no practicas conmigo?

Mariela intenta quitarle la camisa a Éric.

10

Al final del día, en la cocina…

AGUAYO ¿Alguien quiere café?

JOHNNY ¿Lo hiciste tú o sólo lo estás sirviendo?

AGUAYO Sólo lo estoy sirviendo.

JOHNNY Yo quiero una taza.

ÉRIC Yo quiero una taza.

Expresiones útiles

Talking about whose turn it is

Siempre te toca lavar los platos.
It's always your turn to wash the dishes.

A Johnny le toca hacer el café.
It's Johnny's turn to make coffee.

¿A quién le toca pagar la cuenta?
Whose turn is it to pay the bill?

¿Todavía no me toca?
Is it my turn yet?

Encouraging other people

¡Anímate! *Cheer up! (sing.)*
¡Anímense! *Cheer up! (pl.)*

No seas pesimista.
Don't be pessimistic. (sing.)

No sean pesimistas.
Don't be pessimistic. (pl.)

Wishing someone well

¡Buen fin de semana!
Have a nice weekend!

¡Pásalo bien!
Have a good time! (sing.)

¡Pásenlo bien!
Have a good time! (pl.)

¡Que te diviertas!
Have fun! (sing.)

¡Que se diviertan!
Have fun! (pl.)

Additional vocabulary

contar *to tell*
inútil *useless*
el punto *period*
el tipo *guy*
el truco *trick*

Comprensión

1 **¿Cierto o falso?** Decide si estas oraciones son **ciertas** o **falsas**. Corrige las falsas.

Cierto	Falso	
☐	☐	1. Éric está deprimido.
☐	☐	2. A Éric le gusta vivir solo.
☐	☐	3. Según Johnny, hay que ser serio para enamorar a las mujeres.
☐	☐	4. Diana se ríe del chiste de Éric.
☐	☐	5. Fabiola quiere escuchar la música de Distorsión.
☐	☐	6. Mariela quiere quitarle la camisa al guitarrista de Distorsión.
☐	☐	7. Aguayo preparó el café.
☐	☐	8. Johnny quiere beber café porque no lo preparó Aguayo.

2 **Seleccionar** Selecciona la respuesta que especifica de qué hablan Johnny y Éric.

1. ¿Qué <u>te</u> pasa? ➔ ¿Qué te pasa _____?
   a. a Johnny   b. al fin de semana   c. a ti

2. Tienes que contar<u>les</u> chistes. ➔ Les tienes que contar chistes _____.
   a. a los amigos   b. a todas las chicas   c. a Mariela y Diana

3. Tengo que contárse<u>lo</u> a una mujer. ➔ Tengo que contarle a una mujer _____.
   a. el chiste   b. el concierto de rock   c. el cuento

4. Temo que se rían cuando <u>se</u> lo cuente. ➔ Temo que se rían cuando se lo cuente _____.
   a. a Mariela y Aguayo   b. a las mujeres   c. a Diana, Fabiola y Mariela

5. No, pero me <u>lo</u> estoy imaginando. ➔ No, pero me estoy imaginando _____.
   a. el fin de semana   b. lo que es vivir solo   c. lavar los platos

6. ¿<u>Lo</u> hiciste tú o lo hizo Aguayo? ➔ ¿Hiciste tú _____ o lo hizo Aguayo?
   a. el boleto   b. la taza   c. el café

3 **Buscar** Busca en la Fotonovela las oraciones que expresan lo opuesto (*opposite*) a estas oraciones e indica con cuáles estás de acuerdo. Compara tus respuestas con las de un(a) compañero/a.

1. Si haces reír a las chicas, ellas creen que no eres serio.
2. Las chicas piensan que soy divertido.
3. El problema de vivir solo es que nunca te toca lavar los platos.
4. Tú sí que sabes lo que es vivir solo.
5. No tengo nada que hacer.
6. Soy un pesimista con experiencia.

:🔊: Practice more at **descubre3.vhlcentral.com**.

48 *cuarenta y ocho*

Lección 2

Ampliación

4 Consejos

A. Un amigo le da consejos a Éric para salir con una chica, pero él no acepta ninguno. Lee los consejos y emparéjalos (*match them*) con las respuestas de Éric.

Consejos del amigo

_____ 1. ¡Ve con ella al concierto de rock!

_____ 2. Pregúntale si quiere ver el partido.

_____ 3. Llévala al cine.

_____ 4. Invítala al parque de atracciones.

_____ 5. Puedes invitarla a bailar.

Respuestas de Éric

a. Siempre me duermo viendo películas.

b. No conozco ninguna discoteca.

c. No me gustan los deportes.

d. Va a mirar al guitarrista y no a mí.

e. Las alturas (*heights*) me dan miedo.

B. En parejas, preparen cinco recomendaciones más para Éric y dramaticen la situación: uno/a de ustedes es Éric y la otra persona es su amigo/a. Luego intercambien los papeles.

5 Apuntes culturales En parejas, lean los párrafos y contesten las preguntas.

Piropos para enamorar

Johnny le asegura a Éric que para enamorar a las chicas hay que hacerlas reír. En el mundo hispano, los hombres suelen decirles a las mujeres "piropos" (*compliments*) graciosos. ¿Piensas que Éric tendrá éxito con este piropo?
"Si la belleza fuera pecado (sin), tú ya estarías en el infierno."

La mejor taza de café

A Éric y a Johnny no les gusta el café que prepara Aguayo. Ellos lo prefieren más intenso… ¡a lo cubano! En Cuba, el café se toma fuerte, con mucha azúcar y se sirve en pequeñas tacitas (*little cups*). No puede faltar en el desayuno, ni después de las comidas. No le vendría nada mal al jefe una receta de **café cubano**, ¿verdad?

El rock mexicano

Mariela está contenta porque consiguió boletos para un concierto de rock. El rock mexicano se caracteriza por la riqueza de estilos producida por la fusión con otros ritmos como boleros, corridos, rancheras, reggae y jazz. **Maldita Vecindad, Café Tacuba** y **Maná** son algunas de las bandas más populares en la actualidad.

Café Tacuba

1. ¿Existen expresiones similares a los piropos en tu cultura? Da ejemplos.

2. En tu país, ¿cómo se toma el café? ¿Cuándo se toma? ¿Cómo te gusta a ti?

3. ¿Conoces a otros músicos mexicanos y del mundo hispano? ¿A qué género pertenece su música?

4. ¿Fuiste alguna vez a un concierto de rock? ¿A qué banda o cantante viste?

En detalle

MÉXICO

El nuevo CINE MEXICANO

México vivió la época dorada de su cine en los años cuarenta. Pasada esa etapa°, la industria cinematográfica mexicana perdió fuerza. Ha tardado casi medio siglo en volver a brillar, pero ahora ha vuelto al panorama internacional con gran vigor°. Este resurgir°, en parte, se debe al apoyo que las instituciones gubernamentales han dado al mundo del cine. En gran medida, también se debe al trabajo de una nueva generación de creadores que ha logrado triunfar en las pantallas de todo el mundo.

En 1992, *Como agua para chocolate* de Alfonso Arau batió° récords de taquilla. Esta película, que puso en imágenes el realismo mágico que tanto éxito tenía en la literatura, despertó el interés por el cine mexicano. Las películas empezaron a disfrutar de una mayor distribución y muchos directores y actores se convirtieron en estrellas internacionales.

Salma Hayek

Alejandro González Iñárritu

El éxito también se vio reflejado en el dinero recaudado° y en las nominaciones y los premios° recibidos. Hoy día, los rostros° de Salma Hayek, Gael García Bernal y Diego Luna, entre otros, pueden verse no sólo en el cine, sino también en revistas y programas de televisión de todo el mundo. Muchos artistas alternan su trabajo entre Estados Unidos y México. En el año 2000, el enorme éxito de *Amores perros* impulsó la carrera de su director, Alejandro González Iñárritu, que poco tiempo después dirigió *21 Grams* en tierras estadounidenses. Otros directores que trabajan en los dos países son Guillermo del Toro (*Blade II, El laberinto del fauno*) y Alfonso Cuarón. Después del éxito alcanzado° con *Y tu mamá también,* Cuarón dirigió la tercera película de *Harry Potter*. La nueva generación de artistas mexicanos está demostrando que está preparada para reclamar su puesto en el cine mundial. ∎

Algunas películas premiadas

Como agua para chocolate Premio Ariel	**La ley de Herodes** Sundance – Premio al Cine Latinoamericano		**Y tu mamá también** Venecia–Mejor Guión	
1992	1996	2000	2001	2007
	El callejón de los milagros Premio Goya	**Amores perros** Chicago – Hugo de Oro a la Mejor Película		**El laberinto del fauno** Tres premios Oscar

etapa *era* **vigor** *energy* **resurgir** *revival* **batió** *broke* **recaudado** *collected* **premios** *awards* **rostros** *faces* **alcanzado** *reached*

Las diversiones

chido/a (Méx.)   *cool*
copado/a (Arg.)
está que mola (Esp.)
bacanal (Nic.)

salir de parranda   *to go out and have fun*
rumbear (Ven. y Col.)
farandulear (Col.)

la rola (Nic. y Méx.)   *song*
el tema (Arg.)

Los premios de cine

Cada año, distintos países hispanoamericanos premian las mejores películas nacionales y extranjeras.

En México, el premio **Ariel** es la máxima distinción otorgada° a los mejores trabajos cinematográficos mexicanos. La estatuilla° representa el triunfo del espíritu y el deseo de ascensión.

Susana Zabaleta recibe el premio Ariel.

En España, el premio más prestigioso es el **Goya**. La Academia de Artes y Ciencias Cinematográficas de España entrega estos premios a producciones nacionales en un festival en Madrid. La estatuilla recibe ese nombre por el pintor Francisco de Goya.

En Argentina, el Festival de Cine Internacional de Mar del Plata premia películas nacionales e internacionales. El galardón° se llama **Astor** en homenaje al compositor de tango Astor Piazzolla, quien nació en la ciudad de Mar del Plata.

En Cuba, el Festival Internacional de La Habana entrega los premios **Coral**. Aunque predomina el cine latinoamericano, el festival también convoca a producciones de todas partes del mundo.

GAEL GARCÍA BERNAL

Gael García Bernal es una de las figuras más representativas del cine mexicano contemporáneo. Empieza a actuar en el teatro con tan sólo cinco años, de la mano de sus padres, también actores. Pasa pronto a trabajar en telenovelas°. Siendo adolescente, Gael entra en el mundo del cine. Su intuición y su talento lo llevan a renunciar a la fama fácil y, a los diecisiete años, se va a Londres para estudiar arte dramático. Tres años después, regresa a México lleno de confianza y no se asusta° a la hora de representar ningún papel, por controvertido o difícil que sea. A partir de ese momento, participa en algunas de las películas más emblemáticas del cine en español de los últimos años: *Amores perros*, *Y tu mamá también* y *Diarios de motocicleta*. Actualmente, Gael trabaja también del otro lado de las cámaras como director y productor, y participa activamente en la promoción del cine mexicano.

“ Es muy importante que el cine latino se mantenga muy específico, pero que al mismo tiempo sus temas sean universales. ” (Alfonso Cuarón)

Conexión Internet

¿Qué función tiene el Instituto Mexicano de Cinematografía?

To research this topic go to **descubre3.vhlcentral.com.**

telenovelas *soap operas*   no se asusta *doesn't get scared*
otorgada *given*   estatuilla *statuette*   galardón *award*

¿Qué aprendiste?

1 **¿Cierto o falso?** Indica si estas afirmaciones son **ciertas** o **falsas**. Corrige las falsas.

1. La época dorada del cine mexicano fue en los años cincuenta.

2. El gobierno mexicano ha apoyado los nuevos proyectos de cine.

3. El director de *Como agua para chocolate* es Diego Luna.

4. El éxito de *Como agua para chocolate* despertó el interés por el cine mexicano.

5. Los artistas mexicanos van a Estados Unidos y no vuelven a trabajar en su país.

6. La película *Amores perros* es del año 2002.

7. Alfonso Cuarón dirigió *21 Grams*.

8. *Amores perros* y *El crimen del Padre Amaro* ganaron premios internacionales en el año 2000.

2 **Completar** Completa las oraciones.

1. Los premios del Festival Internacional de La Habana se llaman _____.

2. Los premios Astor se entregan en _____.

3. El premio más prestigioso de España es el _____.

4. A los jóvenes venezolanos les gusta salir a _____.

3 **Preguntas** Contesta las preguntas con oraciones completas.

1. ¿A qué se dedican los padres de Gael García Bernal?

2. ¿A qué edad comenzó a trabajar como actor Gael García Bernal?

3. ¿Qué hizo en Londres Gael García Bernal?

4. ¿Gael García Bernal evita los papeles controvertidos?

5. ¿Qué otras actividades relacionadas con el cine realiza Gael García Bernal además de actuar?

6. Según Alfonso Cuarón, ¿cómo deben ser los temas del cine latino?

7. ¿Crees que es positivo que directores y actores de habla hispana se muden (*move*) a Hollywood? ¿Por qué?

8. Cuando decides ver una película, ¿qué factores tienes en cuenta (protagonistas, premios recibidos, director, idioma, etc.)? ¿Por qué?

4 **Opiniones** En parejas, escriban en qué se diferencian y en qué se parecen el cine de Hollywood y el cine internacional.

Diferente	Igual

PROYECTO

María Félix

Durante la época de oro del cine mexicano, actores como María Félix o Pedro Infante y directores como Emilio Fernández e Ismael Rodríguez —y también el español Luis Buñuel— llevaron el acento mexicano más allá de sus fronteras.

Busca información sobre uno de estos artistas y escribe una biografía de tres párrafos.

Debes incluir:

• datos biográficos

• trabajos principales del/de la artista

• contribución al cine mexicano

Siguiendo el estilo usado en el perfil de Gael García Bernal, escribe tu texto usando el tiempo presente.

Practice more at **descubre3.vhlcentral.com**.

Reading

Lila Downs

La popularidad en América Latina, Estados Unidos y Europa llevó a **Lila Downs** a la gran pantalla°. *Burn it blue*, de la banda sonora de *Frida*, fue nominada para un Oscar como mejor canción en 2003. Downs nació en Oaxaca, un estado al sur de México, pero ha pasado su vida entre su país natal y los Estados Unidos. Downs, hija de una cantante indígena mixteca° y un profesor estadounidense de arte y cine, se mantiene fiel a sus raíces biculturales fusionando ritmos de sus dos mundos. De niña, cantaba canciones rancheras° sólo para su madre, pero, más tarde, se dio cuenta de que necesitaba expresarse con el canto. Downs compone sus propias canciones, aunque también son muy famosas sus interpretaciones de canciones tradicionales de la región mesoamericana: "Me siento comprometida con estas canciones porque son el alma de mi tierra".

Discografía

2008 Shake Away/Ojo de culebra   **2006** La cantina   **2004** Una sangre - One Blood

Canción

Éste es un fragmento de una canción de Lila Downs.

La Bamba

Tradicional/Paul Cohen/Lila Downs

Para bailar la bamba se necesita,
Una poca de gracia y otra cosita,
Ay arriba, arriba y arriba iré,
Yo no soy marinero ni lo seré.
Se lo pido a mi amigo de compasión,
Que se acabe la bamba,
Y venga otro son°.

La Bamba es el "son jarocho" más popular de Veracruz y es el resultado del profundo mestizaje de esta región mexicana. Se dice que los primeros versos se escribieron a finales del siglo XVII. Una versión dice que la palabra *bamba* evoca una antigua región africana del Congo, de donde provenían muchos esclavos.

Preguntas En parejas, contesten las preguntas.

1. ¿Por qué Downs es considerada una artista bicultural? ¿Qué tipo de canciones canta?
2. ¿Qué se necesita para bailar la bamba?
3. ¿Por qué la canción de *La Bamba* es tan popular? ¿De dónde proviene?
4. ¿Conocen otras canciones que sean tan populares como *La Bamba*? ¿Quiénes las interpretan?

recursos

descubre3.
vhlcentral.com

pantalla *screen* **mixteca** *Mixtec* **rancheras** *popular music from Mexico* **son** *a type of song*

2.1 Object pronouns

Tutorials
Audio: Charts

- Pronouns are words that take the place of nouns. Direct object pronouns directly receive the action of the verb. Indirect object pronouns identify *to whom* or *for whom* an action is done.

Esta noche le voy a quitar la camisa al guitarrista.

No, no lo harás.

Indirect object pronouns		Direct object pronouns	
me	nos	me	nos
te	os	te	os
le	les	lo/la	los/las

Position of object pronouns

- Direct and indirect object pronouns (**los pronombres de complemento directo e indirecto**) precede the conjugated verb.

INDIRECT OBJECT

Carla siempre **me** da entradas para el teatro.
Carla always gives me tickets to the theater.

No **le** compro más juegos de mesa.
I'm not buying him any more board games.

DIRECT OBJECT

Ella **las** consigue gratis.
She gets them for free.

Nunca **los** juega.
He never plays them.

- When the verb is an infinitive construction, object pronouns may either be attached to the infinitive or placed before the conjugated verb.

INDIRECT OBJECT

Necesitamos pedir**le** un favor.
Le necesitamos pedir un favor.

Tienes que hablar**nos** de la película.
Nos tienes que hablar de la película.

DIRECT OBJECT

Voy a hacer**lo** enseguida.
Lo voy a hacer enseguida.

Van a ver**la** mañana.
La van a ver mañana.

- When the verb is a progressive form, object pronouns may either be attached to the present participle or placed before the conjugated verb.

INDIRECT OBJECT

Pedro está cantándo**me** una canción.
Pedro **me** está cantando una canción.

DIRECT OBJECT

Está cantándo**la** muy mal.
La está cantando muy mal.

¡ATENCIÓN!

Lo can be used to refer to an abstract thing or idea that has no gender.

Lo voy a pensar.
I'll think about it.

¡ATENCIÓN!

Esta noche **le** voy a quitar la camisa **al guitarrista**.

Notice that in this example the indirect object is repeated. This is common usage in Spanish.

Double object pronouns

- The indirect object pronoun precedes the direct object pronoun when they are used together in a sentence.

Me mandaron **los boletos** por correo. ▶ **Me los** mandaron por correo.

Te exijo **una respuesta** ahora mismo. ▶ **Te la** exijo ahora mismo.

- **Le** and **les** change to **se** when they are used with **lo, la, los,** or **las**.

Le da **los libros** a Ricardo. ▶ **Se los** da.

Le enseña **las invitaciones** a Elena. ▶ **Se las** enseña.

Prepositional pronouns

Prepositional pronouns			
mí *me; myself* **ti** *you; yourself* **Ud.** *you; yourself*	**él** *him; it* **ella** *her; it* **sí** *himself; herself; itself*	**nosotros/as** *us; ourselves* **vosotros/as** *you; yourselves* **Uds.** *you; yourselves*	**ellos** *them* **ellas** *them* **sí** *themselves*

- Prepositional pronouns function as the objects of prepositions. Except for **mí, ti,** and **sí**, these pronouns are the same as the subject pronouns.

¿Qué piensas de **ella**?

Ellos sólo piensan en **sí mismos**.

¿Lo compraron para **mí** o para Javier?

Lo compramos para **él**.

- The indirect object can be repeated with the construction **a** + *[prepositional pronoun]* to provide clarity or emphasis.

¿Te gusta aquel cantante?

¿A quién se lo dieron?

¡**A mí** me fascina!

Se lo dieron **a ella**.

- When a third person subject refers to himself, herself, or itself, the pronoun **sí** is used. In this case, the adjective **mismo(s)/a(s)** is usually added to clarify the object.

José se lo regaló a **él**.
José gave it to him (someone else).

José se lo regaló a **sí mismo**.
José gave it to himself.

- When **mí, ti,** and **sí** are used with **con**, they become **conmigo, contigo,** and **consigo**.

¿Quieres ir **conmigo** al parque de atracciones?
Do you want to go to the amusement park with me?

Laura siempre lleva su computadora portátil **consigo**.
Laura always brings her laptop with her.

- These prepositions are used with **tú** and **yo** instead of **mí** and **ti: entre, excepto, incluso, menos, salvo, según**.

Todos están de acuerdo **menos tú** y **yo**.
Everyone is in agreement except you and me.

Entre tú y **yo**, Juan me cae mal.
Between you and me, I can't stand Juan.

¡ATENCIÓN!

When object pronouns are attached to infinitives, participles, or commands, a written accent is often required to maintain proper word stress.

Infinitive
cantármela

Present participle
escribiéndole

Command
acompáñeme

For more information on using object pronouns with commands, see **4.2,** pp. 140–141.

Práctica

1 **Dos buenas amigas**   Dos mujeres, Rosa y Marina, están en un café hablando de unos conocidos. Selecciona las personas de la lista que corresponden a los pronombres subrayados (*underlined*).

a Antoñito	a mí
a Antoñito y a Maite	a nosotras
a Maite	a ti
a ustedes	

ROSA Siempre <u>lo</u> veo bailando en la discoteca Club 49.

MARINA ¿<u>Te</u> saluda?

ROSA Nunca. Yo creo que no <u>me</u> saluda porque tiene miedo de que se lo diga a su novia.

MARINA ¿Su novia? Hace siglos que no sé nada de ella. Un día de éstos <u>la</u> tengo que llamar.

ROSA ¿Quieres que <u>los</u> invitemos a ir con nosotras a la fiesta del viernes?

MARINA Sí. Es una buena idea. A ver qué <u>nos</u> dice Antoñito de su afición a las discotecas.

1. A antoñito
2. a ti
3. a mí
4. a Maite
5. a ustedes
6. a nosotras

2 **Entre hermanos** Completa las oraciones con una de estas expresiones: **conmigo, contigo, consigo.**

FEDERICO Ya estamos otra vez, Sara. ¿Por qué siempre tengo que estar (1) _conmigo_ ? ¡Nunca lo pasamos bien juntos!

SARA ¿Y tú qué crees? ¿Que yo me divierto (2) _conmigo_ ?

FEDERICO ¡Pero eres tú la que siempre quiere salir (3) _____ los fines de semana!

SARA Yo no quiero salir (4) _____ , ¡el problema es que papá no quiere que yo salga sola! Así que si no salgo (5)_____, ¡no salgo nunca!

FEDERICO ¿Y si salieras con nuestra prima Olivia?

SARA ¿Olivia? A ella sólo le gusta estar (6) _____ misma. Se aburre con los demás.

3 **Una fiesta muy ruidosa** Martín y Luisa han organizado una fiesta muy ruidosa (*noisy*) en su casa y un vecino ha llamado a la policía. El policía les aconseja lo que deben hacer para evitar más problemas. Reescribe los consejos cambiando las palabras subrayadas por los pronombres de complemento directo e indirecto correctos.

1. Traten amablemente <u>a la policía</u>.
2. Tienen que pedirle <u>perdón a su vecino</u>.
3. No pueden contratar <u>a un grupo musical</u> sin permiso.
4. Tienen que poner <u>la música</u> muy baja.
5. No deben servirles <u>bebidas alcohólicas a los menores de edad</u>.
6. No pueden organizar <u>fiestas</u> nunca más.

Comunicación

4 ¿En qué piensas? Piensa en algunos de los objetos típicos que ves en la clase o en tu casa (un cuadro, una maleta, un mapa, etc.). Tu compañero/a debe adivinar el objeto que tienes en mente haciéndote preguntas con pronombres.

> **MODELO** **Tú piensas en: un libro**
> —Estoy pensando en algo que uso para estudiar.
> —¿Lo usas mucho?
> —Sí, lo uso para aprender español.
> —¿Lo compraste?
> —Sí, lo compré en una librería.

5 La fiesta En parejas, túrnense para contestar las preguntas usando pronombres de complemento directo o indirecto según sea necesario.

1. ¿Te gusta organizar fiestas? ¿Cuándo fue la última vez que organizaste una? ¿Por qué la organizaste?

2. ¿Invitaste a muchas personas? ¿A quiénes invitaste?

3. ¿Qué tipo de música escucharon? ¿Bailaron también?

4. ¿Qué les ofreciste de comer a los invitados en tu fiesta?

5. ¿Trajeron algo? ¿Qué trajeron? ¿Para quién?

6 Fama María Estela Pérez es una actriz de cine que debe encontrarse con sus *fans* pero, como no sabe dónde dejó su agenda, no recuerda a qué hora es el encuentro. En grupos de cuatro, miren la ilustración e inventen una historia inspirándose en ella. Utilicen por lo menos cinco pronombres de complemento directo y/o indirecto.

7 Una persona famosa En parejas, escriban una entrevista con una persona famosa. Utilicen estas cinco preguntas y escriban cinco más. Incluyan pronombres en las respuestas. Después, representen la entrevista delante de la clase.

> **MODELO** —¿Quién prepara la comida en tu casa?
> —Mi cocinero la prepara.

1. ¿Visitas frecuentemente a tus amigos/as?

2. ¿Ves mucho la televisión?

3. ¿Quién conduce tu auto?

4. ¿Preparas tus maletas cuando viajas?

5. ¿Evitas a los fotógrafos?

 Practice more at **descubre3.vhlcentral.com.**

Tutorial
Audio: Charts

Me encanta el
grupo Distorsión.

No me gusta
nada la música
rock.

Using the verb *gustar*

- Though **gustar** is translated as *to like* in English, its literal meaning is *to please*. **Gustar** is preceded by an indirect object pronoun indicating *the person who is pleased*. It is followed by a noun indicating *the thing that pleases*.

INDIRECT OBJECT PRONOUN		SUBJECT
Me	**gusta**	**la película.**
I	*like*	*the movie. (literally: The movie pleases me.)*
¿Te	**gustan**	**los conciertos de rock?**
Do you	*like*	*rock concerts? (literally: Do rock concerts please you?)*

- Because *the thing that pleases* is the subject, **gustar** agrees in person and number with it. Most commonly the subject is third person singular or plural.

SINGULAR SUBJECT	PLURAL SUBJECT
Nos gust**a** la música de Paulina Rubio.	Me gust**an** las quesadillas.
We like Paulina Rubio's music.	*I like quesadillas.*
Les gust**a** su casa nueva.	¿Te gust**an** las películas románticas?
They like their new house.	*Do you like romantic movies?*

- When **gustar** is followed by one or more verbs in the infinitive, the singular form of **gustar** is always used.

  No nos **gusta** llegar tarde.   Les **gusta** cantar y bailar.
  We don't like to arrive late.   *They like to sing and dance.*

- **Gustar** is often used in the conditional (**me gustaría**, etc.) to soften a request.

  Me **gustaría** un refresco con hielo,   ¿Te **gustaría** salir a cenar esta
    por favor.   noche conmigo?
  I would like a soda with   *Would you like to go out to dinner*
    ice, please.   *with me tonight?*

Verbs like *gustar*

- Many verbs follow the same pattern as **gustar**.

aburrir *to bore*	**hacer falta** *to miss*
caer bien/mal *to get along well/badly with*	**importar** *to be important to; to matter*
disgustar *to upset*	**interesar** *to be interesting to; to interest*
doler *to hurt; to ache*	**molestar** *to bother; to annoy*
encantar *to like very much*	**preocupar** *to worry*
faltar *to lack; to need*	**quedar** *to be left over; to fit (clothing)*
fascinar *to fascinate; to like very much*	**sorprender** *to surprise*

[handwritten:] I like/don't like how this person is

¡**Me fascina** el álbum!
I love the album!

¿**Te molesta** si voy contigo?
Will it bother you if I come along?

A Sandra **le disgusta** esa situación.
That situation upsets Sandra.

Le duelen las rodillas.
Her knees hurt.

- The indirect object can be repeated using the construction **a** + [*prepositional pronoun*] or **a** + [*noun*]. This construction allows the speaker to emphasize or clarify who is pleased, bothered, etc.

A ella no le gusta bailar, pero **a él** sí.
She doesn't like to dance, but he does.

A Felipe le molesta ir de compras.
Shopping bothers Felipe.

- **Faltar** expresses what someone lacks and **quedar** what someone has left. **Quedar** is also used to talk about how clothing fits or looks on someone.

Le falta dinero.
He's short of money.

Me faltan dos pesos.
I need two pesos.

Nos quedan cinco libros.
We have five books left.

Esa falda **te queda** bien.
That skirt fits you well.

¿Qué te hace falta en la vida?

Parque de Atracciones de Madrid

Práctica

1 Completar Los hermanos Miguel y César comparten un cuarto y tienen algunos problemas. Hoy se han reunido para discutirlos. Completa su conversación con la forma correcta de los verbos entre paréntesis.

MIGUEL Mira, César, a mí (1) _____ (encantar) compartir el cuarto contigo, pero la verdad es que (2) _____ (preocupar) algunas cosas.

CÉSAR De acuerdo. A mí también (3) _____ (disgustar) algunas cosas de ti.

MIGUEL Bueno, para empezar no (4) _____ (gustar) que pongas la música tan alta cuando vienen tus amigos. Tus amigos (5) _____ (caer) muy bien, pero a veces hacen mucho ruido y no me dejan estudiar.

CÉSAR Sí, claro, lo entiendo. Pues mira, Miguel, a mí (6) _____ (molestar) que traigas comida al cuarto y que luego dejes los platos sucios en el suelo.

MIGUEL Es verdad. Pues... vamos a intentar cambiar estas cosas. ¿Te parece?

CÉSAR ¡(7) _____ (fascinar) la idea! Yo bajo el volumen de la música cuando vengan mis amigos y tú, no comas en el cuarto ni dejes los platos sucios en el suelo. ¿De acuerdo?

2 Preguntar Túrnense para hacerse preguntas sobre estos temas siguiendo el modelo.

> **MODELO** a tu padre / fascinar
> —¿Qué crees que le fascina a tu padre?
> —Pues, no sé. Creo que le fascina dormir.

1. al presidente / preocupar
2. a tu hermano/a / encantar
3. a ti / faltar
4. a tus padres / gustar
5. a tu profesor(a) de español / disgustar
6. a tu mejor amigo/a / importar
7. a tus amigos / molestar
8. a tu compañero/a de clase / aburrir

3 Conversar En parejas, pregúntense si les gustaría hacer las actividades relacionadas con las fotos. Utilicen los verbos **aburrir, disgustar, encantar, fascinar, interesar** y **molestar**. Sigan el modelo.

> **MODELO** —¿Te molestaría ir al parque de atracciones?
> —No, me encantaría.

Comunicación

4 **Extrañas aficiones** En grupos de cuatro, miren las ilustraciones e imaginen qué les gusta, interesa o molesta a estas personas.

5 **¿Qué te gusta?** En parejas, pregúntense si les gustan o no las personas y actividades de la lista. Utilicen verbos similares a **gustar** y contesten las preguntas.

Cameron Diaz	dormir los fines de semana
salir con tus amigos	hacer bromas
las películas de misterio	los discos de Christina Aguilera
practicar algún deporte	ir a discotecas
Antonio Banderas	las películas extranjeras

6 **¿A quién le gusta?** Trabajen en grupos de cuatro.

A. Preparen una lista de cinco pasatiempos y cinco lugares de recreo. Luego circulen por la clase para ver a quiénes les gustan los lugares y las actividades de la lista.

B. Ahora escriban un párrafo breve para describir los gustos de sus compañeros. Utilicen **gustar** y otros verbos similares. Compartan su párrafo con la clase.

MODELO   A Luisa y a Simón les fascina el restaurante Acapulco, pero a Tonya no le gusta.
A todos nos gusta ir al cine, menos a Carlos, porque…

 Practice more at **descubre3.vhlcentral.com**.

Reflexive verbs

- In a reflexive construction, the subject of the verb both performs and receives the action. Reflexive verbs (**verbos reflexivos**) always use reflexive pronouns (**me, te, se, nos, os, se**).

Reflexive verbs

Elena **se lava** la cara.

Non-reflexive verb

Elena **lava** los platos.

Reflexive verbs	
lavarse *to wash (oneself)*	
yo	me lavo
tú	te lavas
Ud./él/ella	se lava
nosotros/as	nos lavamos
vosotros/as	os laváis
Uds./ellos/ellas	se lavan

- Many of the verbs used to describe daily routines and personal care are reflexive.

acostarse *to go to bed*	**dormirse** *to fall asleep*	**peinarse** *to comb (one's hair)*
afeitarse *to shave*	**ducharse** *to take a shower*	**ponerse** *to put on (clothing)*
bañarse *to take a bath*	**lavarse** *to wash (oneself)*	**secarse** *to dry off*
cepillarse *to brush (one's hair/teeth)*	**levantarse** *to get up*	**quitarse** *to take off (clothing)*
despertarse *to wake up*	**maquillarse** *to put on makeup*	**vestirse** *to get dressed*

¡ATENCIÓN!

A transitive verb is one that takes a direct object.

Mariela compró dos boletos.
Mariela bought two tickets.

Johnny contó un chiste.
Johnny told a joke.

- In Spanish, most transitive verbs can also be used as reflexive verbs to indicate that the subject performs the action to or for himself or herself.

Félix **divirtió** a los invitados con sus chistes.
Félix amused the guests with his jokes.

Félix **se divirtió** en la fiesta.
Félix had fun at the party.

Ana **acostó** a los gemelos antes de las nueve.
Ana put the twins to bed before nine.

Ana **se acostó** muy tarde.
Ana went to bed very late.

- Many verbs change meaning when they are used with a reflexive pronoun.

aburrir *to bore*	**aburrirse** *to get bored*
acordar *to agree*	**acordarse (de)** *to remember*
✓**comer** *to eat*	**comerse** *to eat up*
dormir *to sleep*	**dormirse** *to fall asleep*
✓**ir** *to go*	**irse (de)** *to go away (from)*
llevar *to carry*	**llevarse** *to carry away*
mudar *to change*	**mudarse** *to move (change residence)*
parecer *to seem*	**parecerse (a)** *to resemble; to look like*
✓**poner** *to put*	**ponerse** *to put on (clothing)*
quitar *to take away*	**quitarse** *to take off (clothing)*

- Some Spanish verbs and expressions are used in the reflexive even though their English equivalents may not be. Many of these are followed by the prepositions **a, de**, and **en**.

✓**acercarse (a)** *to approach*	**fijarse (en)** *to take notice (of)*
arrepentirse (de) *to regret*	**morirse (de)** *to die (of)*
✓**atreverse (a)** *to dare (to)*	✓**olvidarse (de)** *to forget (about)*
convertirse (en) *to become*	**preocuparse (por)** *to worry (about)*
darse cuenta (de) *to realize*	**quejarse (de)** *to complain (about)*
enterarse (de) *to find out (about)*	**sorprenderse (de)** *to be surprised (about)*

- *To get* or *to become* is frequently expressed in Spanish by the reflexive verb **ponerse** + [*adjective*].

  Pilar **se pone** muy nerviosa antes del torneo.
  Pilar gets very nervous before the tournament.

  Si no duermo bien, **me pongo insoportable**.
  If I don't sleep well, I become unbearable.

- In the plural, reflexive verbs can express reciprocal actions done *to one another*.

  Los dos equipos **se saludan** antes de comenzar el partido.
  The two teams greet each other at the start of the game.

  ¡Los entrenadores **se están peleando** otra vez!
  The coaches are fighting again!

- The reflexive pronoun precedes the direct object pronoun when they are used together in a sentence.

  ¿**Te** comiste todo el pastel?
  Did you eat the whole cake?

  Sí, **me lo** comí todo.
  Yes, I ate it all up.

recursos

v̂Text

CA
pp. 6, 60

CP
pp. 17–18

CH
pp. 25–26

S

descubre3.
vhlcentral.com

Práctica

1 **Los lunes por la mañana** Completa el párrafo sobre lo que hacen Carlos y su esposa Elena los lunes por la mañana. Utiliza la forma correcta de los verbos reflexivos correspondientes.

acostarse	irse	ponerse
afeitarse	lavarse	quitarse
cepillarse	levantarse	secarse
ducharse	maquillarse	vestirse

Los domingos por la noche, Carlos y Elena (1) _____ tarde y por la mañana tardan mucho en despertarse. Carlos es el que (2) _____ primero, (3) _____ el pijama y (4) _____ con agua fría. Después de unos minutos, entra en el cuarto de baño Elena, y Carlos (5) _____ la barba. Mientras Elena termina de ducharse, de (6) _____ el pelo y de (7) _____, Carlos prepara el desayuno. Cuando Elena está lista, ella y Carlos desayunan, luego (8) _____ los dientes y (9) _____ las manos. Después los dos van a la habitación, (10) _____ con ropa elegante y (11) _____ al trabajo. Carlos (12) _____ la corbata en el carro; Elena maneja.

2 **Todos los sábados**

A. En parejas, describan la rutina que sigue Silvia todos los sábados, según los dibujos.

B. ¿Qué hacen los sábados por la mañana cuatro amigos y/o familiares de Silvia? Imaginen sus rutinas. Utilicen verbos reflexivos y sean creativos.

Practice more at **descubre3.vhlcentral.com.**

Comunicación

3 **¿Y tú?** En parejas, túrnense para hacerse las preguntas. Contesten con oraciones completas y expliquen sus respuestas.

1. ¿A qué hora te despiertas normalmente los sábados por la mañana? ¿Por qué?
2. ¿Te duermes en las clases?
3. ¿A qué hora te acuestas normalmente los fines de semana?
4. ¿A qué hora te duchas durante la semana?
5. ¿Te despiertas y te levantas enseguida? ¿Por qué?

6. ¿Qué te pones para salir los fines de semana? ¿Y tus amigos/as?
7. ¿Cuándo te vistes elegantemente?
8. ¿Te diviertes cuando vas a una fiesta? ¿Y cuando vas a una reunión familiar?
9. ¿Te fijas en la ropa que lleva la gente?
10. ¿Te preocupas por tu imagen?

11. ¿De qué se quejan tus amigos/as normalmente? ¿Y tus hermanos u otros miembros de la familia?
12. ¿Conoces a alguien que se preocupe constantemente por todo?
13. ¿Te arrepientes a menudo de las cosas que haces?
14. ¿Te peleas con tus amigos/as? ¿Y con tus padres?
15. ¿Te sorprendes de alguna costumbre o hábito de tus amigos/as?

4 **Síntesis** Imagina que estás en un café y ves a un(a) amigo/a tuyo/a. Este/a amigo/a te dijo ayer que no podía salir contigo hoy porque tenía que ir a estudiar a la biblioteca... ¡pero ahora está en el café con un grupo de amigos! ¿Qué haces? Trabajen en grupos de tres para representar la escena. Utilicen por lo menos cinco verbos de la lista y cinco pronombres de complemento directo e indirecto.

acercarse	darse cuenta	interesar	olvidarse
arrepentirse	gustar	irse	preocuparse
caer bien/mal	hacer falta	molestar	sorprender

Recapitulación Diagnostics

(S) **Audio: Vocabulary**

Antes de ver el corto

ESPÍRITU DEPORTIVO

país México

duración 11 minutos

director Javier Bourges

protagonistas futbolista muerto, esposa, amigos, grupo de jóvenes

---

Vocabulario

el ataúd *casket*	**mujeriego** *womanizer*
el balón *ball*	**el Mundial** *World Cup*
la cancha *field*	**patear** *to kick*
deber (dinero) *to owe (money)*	**la prueba** *proof*
enterrado/a *buried*	**la señal** *sign*
la misa *mass*	

---

1 **Comentaristas deportivos** Completa la conversación entre los comentaristas deportivos.

COMENTARISTA 1 Emocionante comienzo del (1) _____ de fútbol. La (2) _____ está llena. El capitán patea el (3) _____, el arquero (*goalie*) no logra frenarlo (*stop it*) y... ¡gooooool!

COMENTARISTA 2 ¡Muy emocionante el debut de Sánchez como capitán! Debemos contarle al público que sólo hace siete días murió el abuelo de Sánchez. El jugador casi no llega a tiempo para el primer partido porque no quiso dejar de ir a una (4) _____ en el cementerio donde ahora está (5) _____ su abuelo.

2 **Comentar** En parejas, túrnense para hacerse las preguntas.

1. ¿Qué papel tiene el deporte en tu vida?

2. ¿Qué deporte practicabas cuando eras niño/a?

3. ¿Quién es tu deportista favorito/a? ¿Por qué?

4. Observa los fotogramas. ¿Qué está sucediendo en cada uno?

5. Piensa en el título del cortometraje. ¿Qué es para ti el "espíritu deportivo"?

6. Observa el afiche del cortometraje. ¿Crees que la historia será una comedia o un drama?

 Practice more at **descubre3.vhlcentral.com**.

GANADOR DEL 3ER. CONCURSO NACIONAL DE PROYECTOS DE CORTOMETRAJE, MÉXICO 2004

espíritu deportivo

Una Producción de CONACULTA/INSTITUTO MEXICANO DE CINEMATOGRAFÍA Guión y Dirección JAVIER BOURGES
Fotografía SERGEI SALDÍVAR TANAKA Edición JAVIER BOURGES Diseño Sonoro AURORA OJEDA
Música EDUARDO GAMBOA Dirección de Arte ÁLVARO CHÁVEZ
Actores MAX KERLOW/MA. ELENA OLIVARES/PEPE URCELAY/FAMESIO DE BERNAL/JOSÉ L. AVENDAÑO/
RAFAEL G. MIYAGUI/VÍCTOR H. ARANA/JOSÉ L. HUERTA/BALTIMORE BELTRÁN/LUIS ÁVILA/RENÉ CAMPERO/
GEORGINA GONZÁLEZ/MA. FERNANDA GARCÍA

Escenas

ARGUMENTO El futbolista Efrén "El Corsario" Moreno ha muerto de un ataque al corazón. Su familia y amigos lo están velando°.

REPORTERA Sin duda, extrañaremos al autor de aquel gran gol de chilena° con el que eliminamos a Brasil del Mundial de Honduras de 1957.

REPORTERA Don Tacho, ¿es cierto que usted dio el pase para aquel famoso gol?
TACHO Claro que sí, yo le mandé como veinte pases al área penal, pero él nada más anotó esa sola vez.

JUANITA Quiso ser enterrado con el balón de fútbol con las firmas de todos los que jugaron con él en aquel partido con Uru... con... con Brasil. Se irá a la tumba° con sus trofeos° y con su uniforme, como un gran héroe.

MARACA Tacho, eres un hablador. Estás mal. Tú ni siquiera fuiste a ese Mundial. Es más, cien pesos a que te lo compruebo.
TACHO Y cien pesos más que estuve en el juego.

MARACA A ver, ¿dónde está tu firma?
TACHO Aquí debe estar... ¡Ya la borraron!
(Molesto porque no encuentra su firma y patea el balón.)

(El balón cae sobre la guitarra de un grupo de jóvenes y la rompe.)
HUGO Si no le pagan la guitarra aquí a mi carnal°, no les regresamos° su balón. ¿Cómo ven?

Después de ver el corto

1 **Comprensión** Contesta las preguntas con oraciones completas.

1. ¿Quién es Efrén "El Corsario" Moreno?
2. ¿Cuándo y de qué murió "El Corsario" Moreno?
3. ¿Cómo ganó México su partido contra Brasil en el Mundial de 1957?
4. Según "El Tacho" Taboada, ¿cómo anotó "El Corsario" el gol de la victoria?
5. ¿Qué hay en el balón de "El Corsario"?
6. ¿Cuánto apuestan los amigos sobre la firma de "El Tacho"?
7. ¿Cuánto le cuesta la misa a Juanita? ¿Por qué?
8. ¿Qué pasa cuando "El Tacho" patea el balón?
9. ¿Qué posición jugaba "El Tacho" en la selección nacional?
10. ¿Quién ayuda a ganar a "El Tacho" y sus amigos?

2 **Interpretación** En parejas, contesten las preguntas.

1. ¿Crees que "El Tacho" jugó en el partido contra Brasil?
2. ¿Piensas que el sacerdote admira a "El Corsario" Moreno? ¿Cómo lo sabes?
3. ¿Piensas que "El Corsario" era mujeriego?
4. ¿Quién se queda con el balón al final?
5. ¿Por qué crees que "El Corsario" regresa al ataúd?
6. ¿Crees que el cortometraje tiene un final feliz?

3 **Análisis** En grupos de tres, analicen las citas. Después, compartan sus opiniones con el resto de la clase.

> **"La muerte es una vida vivida. La vida es una muerte que viene."** *Jorge Luis Borges*

> **"La muerte es algo que no debemos temer porque, mientras somos, la muerte no es y cuando la muerte es, nosotros no somos."** *Antonio Machado*

4 **El Regreso de "El Corsario"** En parejas, imaginen que el fantasma de "El Corsario" regresa para hablar con un joven del grupo que se queda con el balón. "El Corsario" quiere pedirle al joven que repare el balón y lo use con sus amigos. ¿Por qué es esto importante para "El Corsario"? Ensayen la escena y represéntenla ante la clase. Pueden usar el vocabulario del corto y las palabras del recuadro.

homenaje *tribute*	**regalo** *gift*
recuerdo *memory; keepsake*	**tradición** *tradition*

 Practice more at **descubre3.vhlcentral.com.**

Calesita en la plaza, 1999.
Aldo Severi, Argentina.

"No está la felicidad en vivir, sino en saber vivir."

— Diego de Saavedra Fajardo

Antes de leer 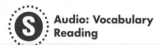 **Audio: Vocabulary Reading**

Idilio

Sobre el autor

Mario Benedetti (1920–2009) nació en Tacuarembó, Uruguay. Su volumen de cuentos publicado en 1959, *Montevideanos*, lo consagró como escritor; dos años más tarde alcanzó fama internacional con su segunda novela, *La tregua*, con fuerte contenido sociopolítico. Tras diez años de exilio en Argentina, Perú, Cuba y España, regresó a Uruguay en 1983. El exilio que lo alejó de su patria y de su familia dejó una profunda huella *(mark)* tanto en su vida personal como en su obra literaria. Benedetti incursionó en todos los géneros *(genres)*: poesía, cuento, novela y ensayo. El amor, lo cotidiano, la ausencia, el retorno y el recuerdo son temas constantes en la obra de este prolífico escritor. En 1999, ganó el Premio Reina Sofía de Poesía Iberoamericana.

Vocabulario

colocar *to place (an object)*
hondo/a *deep*
la imagen *image; picture*
la pantalla *(television) screen*

por primera/última vez *for the first/last time*
redondo/a *round*
señalar *to point to; to signal*
el televisor *television set*

 Oraciones Completa las oraciones con palabras o frases del vocabulario.

1. Voy a _____ el televisor sobre la mesa.

2. Julio me _____ la calle que debo tomar, pero no quiso ir conmigo.

3. En lo más _____ de mi corazón, guardo el recuerdo de mi primera novela.

4. Ayer salí _____ en la televisión y me invitaron a participar en otro programa la semana que viene.

Conexión personal

¿Cómo te entretenías cuando eras niño/a? ¿A qué jugabas? ¿Mirabas mucha televisión? ¿Tus padres establecían límites y horarios? ¿Qué harás tú cuando tengas hijos?

Análisis literario: las formas verbales

Las formas verbales son un factor muy importante a tener en cuenta al analizar obras literarias. La elección de formas verbales es una decisión deliberada del autor y afecta el tono del texto. El uso de registro formal o informal puede hacer el texto más o menos cercano al lector. La elección de tiempos verbales también puede tener efectos como involucrar o distanciar al lector, dar o quitar formalidad, hacer que la narración parezca más oral, etc. A medida que lees *Idilio*, presta atención a los tiempos verbales que usa Benedetti. ¿Qué tono dan a la historia estas elecciones deliberadas del autor?

IDILIO

Mario Benedetti

La noche en que colocan a Osvaldo (tres años recién cumplidos) por primera vez frente a un televisor (se exhibe un drama británico de hondas resonancias), queda hipnotizado, la boca entreabierta°, los ojos redondos de estupor.

half-opened

5   La madre lo ve tan entregado al sortilegio° de las imágenes que se va tranquilamente a la cocina. Allí, mientras friega ollas y sartenes°, se olvida del niño. Horas más tarde se acuerda, pero piensa: "Se habrá dormido". Se seca las manos y va a buscarlo al living.

surrendered to the magic

washes pots and pans

     La pantalla está vacía°, pero Osvaldo se mantiene en la misma

empty; blank

10 postura y con igual mirada extática.

orders

     —Vamos. A dormir —conmina° la madre.

     —No —dice Osvaldo con determinación.

     —¿Ah, no? ¿Se puede saber por qué?

     —Estoy esperando.

15   —¿A quién?

     —A ella.

     Y señaló el televisor.

     —Ah. ¿Quién es ella?

     —Ella.

20   Y Osvaldo vuelve a señalar la pantalla. Luego sonríe, candoroso°, esperanzado, exultante.

innocent; naïve

     —Me dijo: "querido". ∎

Después de leer

Idilio
Mario Benedetti

1 **Comprensión** Contesta las preguntas con oraciones completas.

1. ¿Cómo se llama el protagonista de esta historia?
2. ¿Cómo se queda el niño cuando está por primera vez delante del televisor?
3. ¿Qué hace la madre mientras Osvaldo mira la televisión?
4. Cuando la madre va a buscarlo horas más tarde, ¿cómo está la pantalla?
5. ¿Qué piensa Osvaldo que le dice la televisión?

2 **Interpretación** Contesta las preguntas.

1. Según Osvaldo, ¿quién le dijo "querido"? ¿Qué explicación lógica le puedes dar a esta situación?
2. En el cuento, la madre se olvida del hijo por varias horas. ¿Crees que este hecho es importante en la historia? ¿Crees que el final sería distinto si se tratara sólo de unos minutos frente al televisor?
3. ¿Crees que la televisión puede ser adictiva para los niños? ¿Y para los adultos? ¿Qué consecuencias crees que tiene la adicción a la televisión?

3 **Programación** En grupos de cuatro, imaginen que un grupo de padres de familia solicita una audiencia con el/la director(a) de programación infantil de una popular cadena de televisión. Los padres quieren sugerir cambios en la programación del canal. Miren la programación y decidan: ¿Qué programas quieren pedir que cambien y por qué? ¿Qué programas deben seguir en la programación? ¿Qué otros tipos de programas se pueden incluir? ¿Harían cambios en los horarios?

CANAL 7					
6:00	**6:30**	**7:00**	**8:00**	**9:15**	**10:00**
Trucos para la escuela Cómo causar una buena impresión con poco esfuerzo.	**Naturaleza viva** Documentales.	**Mi familia latina** Divertida comedia sobre un joven estadounidense que va a México como estudiante de intercambio.	**Historias policiales** Ladrones, crímenes, accidentes.	**Buenas y curiosas** Noticiero alternativo que presenta noticias buenas y divertidas de todo el mundo.	**Dibujos animados clásicos** Conoce los dibujos animados que miraban tus padres.

4 **Anécdota** Piensa en alguna anécdota divertida de cuando eras niño/a. Cuenta la anécdota en un párrafo usando el tiempo presente.

MODELO Un día estoy con mi hermano en el patio de mi casa jugando a la pelota. De repente, …

Practice more at **descubre3.vhlcentral.com.**

Antes de leer

Audio: Vocabulary
Reading

Vocabulario

la corrida *bullfight*

lidiar *to fight bulls*

el/la matador(a) *bullfighter who kills the bull*

la plaza de toros *bullfighting stadium*

el ruedo *bullring*

torear *to fight bulls in the bullring*

el toreo *bullfighting*

el/la torero/a *bullfighter*

el traje de luces *bullfighter's outfit (lit. costume of lights)*

 El toreo Completa las oraciones con palabras y frases del vocabulario.

1. Ernest Hemingway era un aficionado al _____. Asistió a muchas _____ y las describió en detalle en sus obras.

2. El _____ es la persona que mata al toro al final. Siempre lleva un _____ de colores brillantes.

3. Manolete fue un _____ español muy famoso que fue herido por un toro y que murió al poco tiempo.

4. No se permite que el público baje al _____ porque los toros pueden ser muy peligrosos.

Conexión personal ¿Conoces alguna costumbre local o una tradición estadounidense que cause mucha controversia? ¿Hay deportes que son muy problemáticos o controvertidos para alguna gente? ¿Por qué? ¿Cuál es tu opinión al respecto?

Contexto cultural

En Fresnillo, México, en 1940 una mujer tomó una espada y se puso un traje de luces —una blusa y falda bordadas de adornos brillantes— para promover la causa de la igualdad en un terreno casi completamente dominado por los hombres: el toreo. **Juanita Cruz** había nacido en Madrid en 1917, cuando aún no se permitía a las mujeres torear a pie en el ruedo. En batalla constante contra obstáculos legales, Cruz consiguió lidiar en múltiples novilladas (*bullfights with young bulls*) en su país. Pero cuando terminó la guerra civil, al ver que Franco imponía estrictamente las leyes de prohibición del toreo a las mujeres, Cruz dejó España con rumbo a (*headed for*) México y se convirtió en torera oficial. Fue todo un fenómeno, la primera gran matadora de la historia, y en el proceso abrió camino para otras mujeres, como la española Cristina Sánchez, que han cruzado fronteras para llegar al ruedo. Hoy día la presencia de toreras añade sólo un nivel más a la controversia constante y a veces apasionada que marca el toreo. ¿Cuál es tu impresión? ¿Cambia la imagen del toreo con toreras lidiando junto a toreros?

El toreo: ¿Cultura o tortura?

1   Hay pocas cosas tan emblemáticas en el mundo hispano, y a la vez tan polémicas, como el toreo. Los días de corrida, hasta cuarenta mil aficionados se sientan en la Plaza Monumental de México, la plaza de toros más grande de la Tierra. Sin embargo, la opinión 5   pública está profundamente dividida: algunos defienden con orgullo esta tradición que sobrevive desde tiempos antiguos y otros se levantan en protesta antes del final.

origins
slaughter
developed
rite; ceremony
weighs
risk/goring

Las raíces° del toreo son diversas. Los celtibéricos han dejado en España restos de templos circulares, precursores de las plazas actuales, donde sacrificaban animales. Los griegos y romanos practicaban la matanza° ritual de toros en ceremonias públicas sagradas. Sin embargo, fue en la España del siglo XVIII donde se desarrolló° la corrida que conocemos y se introdujeron la muleta, una capa muy fácil de manejar, y el estoque, la espada del matador.

El aficionado de hoy considera que el toreo es más un rito° que un espectáculo, ciertamente no un deporte. Es una lucha desigual, a muerte, entre una persona —armada con sólo la capa la mayor parte del tiempo— y el toro, bestia que pesa° hasta más de media tonelada. El torero se prepara para el duelo como para una ceremonia: se viste con el traje de luces tradicional y actúa dirigido por la música. Se enfrenta contra el animal con su arte y su inteligencia y generalmente gana, aunque no siempre. El riesgo° de una cornada° grave forma parte de la realidad del torero, que en su baile peligroso muestra su talento y su belleza. Para el defensor de las corridas, no matar al toro al final es como jugar con él,

> ❝ **El toreo es cabeza y plasticidad, porque a fuerza siempre gana el toro.** ❞

una falta de respeto al animal, al público y a la tradición.

Quienes se oponen a las corridas dicen que es una lucha injusta° y cruel. Hay gente que piensa que el toreo es una barbarie° similar a la de los juegos de los romanos, una costumbre primitiva que no tiene sentido en una sociedad moderna y civilizada. Protestan contra la crueldad de una muerte lenta y prolongada, dedicada al entretenimiento. En respuesta a las protestas, en algunos países ha aparecido una alternativa, la "corrida sin sangre°", donde no se permite hacer daño físico° al toro. Pero otros sostienen que esta corrida tortura igualmente a la bestia y, por tanto, han prohibido el toreo por completo. En abril de 2004, el ayuntamiento de Barcelona dio el primer paso° hacia la prohibición al declarar a la ciudad oficialmente "antitaurina°".

Por último, a algunas personas les indigna la idea machista de que sólo un hombre tiene la fuerza y el coraje para lidiar. Las toreras pioneras como Juanita Cruz tuvieron que coserse° su propio traje de luces, con falda en vez de pantalón, y cruzar océanos para poder ejercer su profesión. Incluso en tiempos recientes, algunos toreros célebres como el español Jesulín de Ubrique se han negado° a lidiar junto a una mujer.

La torera más famosa de nuestra época, Cristina Sánchez, sostiene que no es necesario ser hombre para lidiar con éxito: "El toreo es cabeza y plasticidad°, porque a fuerza siempre gana el toro". En su opinión, el derecho de torear es incuestionable, una parte de la cultura hispana. No obstante, su profesión provoca tanta división que a veces el duelo entre la bestia y la persona es empequeñecido° por la batalla entre las personas. ■

unjust
savagery
blood
to hurt
step
anti-bullfighting
to sew
have refused
suppleness
dwarfed

¿Dónde hay corridas?

Toreo legalizado: España, México, Colombia, Ecuador, Perú, Venezuela

Corridas sin sangre: Bolivia, Nicaragua, Estados Unidos

Toreo ilegalizado: Argentina, Chile, Cuba, Uruguay

¡Olé! ¡Olé! ¡Olé!

El público también tiene su papel en las corridas: evalúa el talento del torero. La interjección "¡Olé!" se oye frecuentemente para celebrar una acción particularmente brillante y expresar admiración. De origen árabe, contiene la palabra "Alá" (Dios) y significa literalmente "¡Por Dios!".

Después de leer

El toreo: ¿Cultura o tortura?

(1) Comprensión Responde a las preguntas con oraciones completas.

1. ¿En qué país se encuentra la plaza de toros más grande del mundo?
2. ¿Qué hacían los celtibéricos en sus templos circulares?
3. ¿Qué es el toreo según un aficionado?
4. ¿Cómo se prepara el torero para la corrida?
5. Para quienes se oponen al toreo, ¿cuáles son algunos de los problemas?
6. ¿Qué es una "corrida sin sangre"?
7. ¿Qué sucedió en Barcelona en abril de 2004?
8. Según Cristina Sánchez, ¿sólo los hombres pueden lidiar bien?

(2) Opinión Responde a las preguntas con oraciones completas.

1. ¿Te gustaría asistir a una corrida? ¿Por qué sí o por qué no?
2. ¿Qué opinas del duelo entre toro y torero/a? ¿Hay un aspecto especialmente problemático para ti?
3. ¿Qué piensas de las alternativas al toreo tradicional como la "corrida sin sangre"? ¿Es una solución adecuada para proteger a los animales?
4. En tu opinión, ¿es más cruel la vida de un toro destinado al toreo o la de una vaca destinada a una carnicería?

(3) ¿Qué piensan? Trabajen en parejas para contestar las preguntas. Luego compartan sus respuestas con la clase.

1. Un eslogan conocido en las protestas antitaurinas es: "Tortura no es arte ni cultura". ¿Qué significa esta frase?
2. ¿Hay acciones cuestionables que se justifiquen porque son parte de una costumbre o tradición? ¿Cuál es tu postura en el debate? ¿Por qué?
3. ¿Es apropiado tener una opinión sobre las tradiciones de culturas diferentes a la tuya o es necesario aceptar sin criticar?
4. ¿Creen que el gobierno tiene derecho a reglamentar (*regulate*) o prohibir tradiciones o costumbres? Da ejemplos.

(4) Entrevista Trabajen en parejas para preparar una entrevista con un(a) torero/a. Una persona será el/la torero/a y la otra el/la periodista. Cuando terminen, presenten la entrevista a la clase.

(5) Postales Imagina que viajaste a algún país donde son legales las corridas de toros y tus amigos te invitaron a una corrida. Escribe una postal a tu familia para contarles qué sucedió. Usa estas preguntas como guía: ¿Aceptaste la invitación o no? ¿Por qué? Si fuiste a la corrida, ¿qué te pareció? ¿Te sentiste obligado/a a asistir por respeto a la cultura local?

> **MODELO**
> Querida familia:
> Les escribo desde Guadalajara, una ciudad al noroeste de México.
> No saben dónde me llevaron mis amigos este fin de semana...

 Practice more at **descubre3.vhlcentral.com.**

Atando cabos

¡A conversar!

La música y el deporte Trabajen en grupos de cuatro o cinco para preparar una presentación sobre un(a) cantante o deportista latino/a famoso/a.

Presentaciones

Tema: Pueden preparar una presentación sobre Lila Downs o pueden elegir un(a) cantante o deportista famoso/a que les guste.

Investigación: Busquen información en Internet o en la biblioteca. Una vez reunida la información necesaria, elijan los puntos más importantes y seleccionen material audiovisual. Informen a su profesor(a) acerca de estos materiales para contar con los medios necesarios el día de la presentación.

Organización: Hagan un esquema (*outline*) que los ayude a planear la presentación.

Presentación: Traten de promover la participación a través de preguntas y alternen la charla con los materiales audiovisuales. Recuerden tener a mano los materiales de la investigación para responder a las preguntas adicionales de sus compañeros.

¡A escribir!

Correo electrónico Imagina que tus abuelos vienen a visitar a tu familia por una semana. Llevas varios días planeando una fiesta donde les presentarás tus amigos a tus abuelos. Manda un correo electrónico a tus amigos para recordarles los planes para la fiesta y lo que deben y no deben hacer para causar una buena impresión.

Plan de redacción

Un saludo informal: Comienza tu mensaje con un saludo informal, como: **Hola, Qué tal, Qué onda**, etc.

Contenido: Organiza tus ideas para no olvidarte de nada.

1. Escribe una breve introducción para recordarles a tus amigos qué cosas les gustan a tus abuelos y qué cosas les molestan. Puedes usar estas expresiones: **(no) les gusta, les fascina, les encanta, les aburre, (no) les interesa, (no) les molesta**.

2. Diles que tus abuelos son formales y elegantes, y explícales que tienen que arreglarse un poco para la ocasión. Usa expresiones como: **quitarse el arete, afeitarse, vestirse mejor, peinarse**, etc.

3. Recuérdales dónde van a encontrarse.

Despedida: Termina el mensaje con un saludo informal de despedida.

Las diversiones

el ajedrez	chess
el billar	billiards
el boliche	bowling
las cartas/los naipes	(playing) cards
los dardos	darts
el juego de mesa	board game
el pasatiempo	pastime
la televisión	television
el tiempo libre/los ratos libres	free time
el videojuego	video game
aburrirse	to get bored
alquilar una película	to rent a movie
brindar	to make a toast
celebrar/festejar	to celebrate
dar un paseo	to take a stroll, walk
disfrutar (de)	to enjoy
divertirse (e:ie)	to have fun
entretener(se) (e:ie)	to entertain, to amuse (oneself)
gustar	to like
reunirse (con)	to get together (with)
salir (a comer)	to go out (to eat)
aficionado/a (a)	fond of; a fan (of)
animado/a	lively
divertido/a	fun
entretenido/a	entertaining

Los lugares de recreo

el cine	movie theater; cinema
el circo	circus
la discoteca	discotheque; dance club
la feria	fair
el festival	festival
el parque de atracciones	amusement park
el zoológico	zoo

Los deportes

el/la árbitro/a	referee
el campeón/la campeona	champion
el campeonato	championship
el club deportivo	sports club
el/la deportista	athlete
el empate	tie (game)
el/la entrenador(a)	coach; trainer
el equipo	team
el/la espectador(a)	spectator
el torneo	tournament
anotar/marcar (un gol/un punto)	to score (a goal/ a point)
desafiar	to challenge
empatar	to tie (games)
ganar/perder (e:ie) un partido	to win/lose a game
vencer	to defeat

La música y el teatro

el álbum	album
el asiento	seat
el/la cantante	singer
el concierto	concert
el conjunto/grupo musical	musical group; band
el escenario	scenery; stage
el espectáculo	show
el estreno	premiere; debut
la función	performance (theater; movie)
el/la músico/a	musician
la obra de teatro	play
la taquilla	box office
aplaudir	to applaud
conseguir (e:i) boletos/entradas	to get tickets
hacer cola	to wait in line
poner un disco compacto	to play a CD

Más vocabulario

Expresiones útiles	Ver p. 47
Estructura	Ver pp. 54–55, 58–59 y 62–63

Cinemateca

el ataúd	casket
el balón	ball
la cancha	field
la misa	mass
el Mundial	World Cup
la prueba	proof
la señal	sign
deber (dinero)	to owe (money)
patear	to kick
enterrado/a	buried
mujeriego	womanizer

Literatura

la imagen	image; picture
la pantalla	(television) screen
el televisor	television set
colocar	to place (an object)
señalar	to point to; to signal
hondo/a	deep
redondo/a	round
por primera/ última vez	for the first/last time

Cultura

la corrida	bullfight
el/la matador(a)	bullfighter who kills the bull
la plaza de toros	bullfighting stadium
el ruedo	bullring
el toreo	bullfighting
el/la torero/a	bullfighter
el traje de luces	bullfighter's outfit (lit. costume of lights)
lidiar	to fight bulls
torear	to fight bulls in the bullring

La vida diaria

Communicative Goals
You will expand your ability to…

• narrate in the past
• express completed past actions
• express habitual or ongoing past events and conditions

S Game
Audio: Activities, Vocabulary

La vida
diaria

En casa

el **balcón** *balcony*

la **escalera** *staircase*
el **hogar** *home; fireplace*
la **limpieza** *cleaning*
los **muebles** *furniture*
los **quehaceres** *chores*

apagar *to turn off*
barrer *to sweep*
calentar (e:ie) *to warm up*
cocinar *to cook*
encender (e:ie) *to turn on*
freír (e:i) *to fry*
hervir (e:ie) *to boil*
lavar *to wash*
limpiar *to clean*
pasar la aspiradora
   to vacuum
~~quitar el polvo~~ *to dust*   *Sacudir*
tocar el timbre
   to ring the doorbell

De compras

el **centro comercial** *mall*
el **dinero en efectivo** *cash*
la **ganga** *bargain*
el **probador** *dressing room*
el **reembolso** *refund*
el **supermercado** *supermarket*
la **tarjeta de crédito/débito**
   credit/debit card

devolver (o:ue) *to return (items)*
hacer mandados *to run errands*
ir de compras *to go shopping*
probarse (o:ue) *to try on*
seleccionar *to select; to pick out*

auténtico/a *real; genuine*
barato/a *cheap; inexpensive*
caro/a *expensive*

Camila **fue de compras** al
supermercado, decidida a gastar
lo menos posible. **Seleccionó** los
productos más **baratos** y pagó con
dinero en efectivo.

Expresiones

a menudo *frequently; often*
a propósito *on purpose*
a tiempo *on time*
a veces *sometimes*
apenas *hardly; scarcely*
así *like this; so*
bastante *quite; enough*
casi *almost*
casi nunca *rarely*
de repente *suddenly*
de vez en cuando *now and then;
   once in a while*
en aquel entonces *at that time*
en el acto *immediately; on the spot*
enseguida *right away*
por casualidad *by chance*

La vida diaria

Emilia trabaja en un restaurante durante los veranos. Ha tenido que acostumbrarse al horario de una asistente de cocina. ¡La nueva rutina no es fácil! Suele levantarse cada día a las seis de la mañana para llegar al restaurante a las siete.

la agenda *datebook*
la costumbre *custom; habit*
el horario *schedule*
la rutina *routine*
la soledad *solitude; loneliness*

acostumbrarse (a) *to get used to; to grow accustomed (to)*
arreglarse *to get ready*
averiguar *to find out; to check*
probar (o:ue) (a) *to try*
soler (o:ue) *to be in the habit of; to be used to*
___
atrasado/a *late*
cotidiano/a *everyday*
diario/a *daily*
inesperado/a *unexpected*

recursos

v̂Text

CA
p. 63

CP
pp. 21–22

CH
pp. 33–34

S
descubre3.
vhlcentral.com

Práctica

1 **Escuchar**

 A. Escucha lo que dice Julián y luego decide si las oraciones son **ciertas** o **falsas**. Corrige las falsas.

1. Julián está en un supermercado.
2. Julián tiene que limpiar la casa.
3. Él siempre sabe dónde está todo.
4. Él encuentra su tarjeta de crédito debajo de la escalera.
5. Julián recibe una visita inesperada.

 B. Escucha la conversación entre Julián y la visita inesperada y después contesta las preguntas con oraciones completas.

1. ¿Quién está tocando el timbre?
2. ¿Qué tiene que hacer ella?
3. ¿Qué quiere devolver?
4. ¿Eran caros los pantalones?
5. ¿Qué hace Julián antes de ir al centro comercial con ella?

2 **Sopa de letras** Busca ocho palabras y expresiones del vocabulario de **Contextos**. Después, escribe un párrafo usando al menos cuatro de las palabras que encontraste.

K	J	A	N	T	I	C	P	S	A
C	A	L	E	N	T	A	R	U	U
Í	O	S	A	S	V	R	E	C	T
A	G	S	I	Ó	E	S	H	N	É
B	E	R	T	C	A	S	I	M	N
A	S	U	B	U	V	E	B	D	T
L	A	T	I	E	M	P	O	A	I
C	A	I	O	L	Z	B	L	R	C
Ó	L	N	N	Í	N	U	R	P	O
N	B	A	Q	U	S	O	L	E	R

Práctica

③ Julián y María Completa el párrafo con las palabras o expresiones lógicas de la lista.

a diario	cotidiano	horario	soledad
a tiempo	en aquel entonces	por casualidad	soler

Julián y María se conocieron un día (1) _por casualidad_ en el supermercado. Julián estaba muy contento por haber conocido a María porque, (2) _en aquel entonces_, él era nuevo en el barrio y no conocía a nadie. A él no le gusta la (3) _soledad_. Desde aquel día, se ven casi (4) _cotidiano_. Durante la semana, ellos (5) _a diario_ quedar para tomar un café después del trabajo, pues los dos tienen (6) _horarios_ similares.

④ Una agenda muy llena Milena tiene mucho que hacer antes de su cita con Willy esta noche. Ha apuntado todo en su agenda, pero está muy atrasada.

A. En parejas, comparen el horario de Milena con la hora en que realmente logra hacer (*accomplishes*) cada actividad.

VIERNES, 15 DE OCTUBRE

1:00 ¡Hacer mandados!	5:00 Hacer la limpieza
2:00 Banco: nueva tarjeta de débito	6:00 Cocinar, poner (set) la mesa
3:00 Centro comercial: comprar vestido	7:00 Arreglarme
4:00 Supermercado: pollo, arroz, verduras	8:00 Cita con Willy ♡

MODELO —¿A qué hora recoge (*picks up*) la nueva tarjeta de débito?
—Milena quiere recogerla a las dos, pero no logra hacerlo hasta las dos y media.

2:30

1. 4:00

2. 5:30

3. 6:45

4. 7:30

5. 7:45

6. 8:00

B. Ahora improvisen una conversación entre Willy y Milena. ¿Creen que los dos lo pasan bien? ¿Creen que van a tener otra cita?

⑤ Practice more at **descubre3.vhlcentral.com.**

Comunicación

5 **Los quehaceres**

A. En grupos de cuatro, túrnense para preguntar con qué frecuencia sus compañeros hacen los quehaceres de la lista. Combinen palabras de cada columna en sus respuestas y añadan sus propias ideas.

barrer	almuerzo	todos los días
cocinar	aspiradora	a menudo
lavar	balcón	a veces
limpiar	cuarto	de vez en cuando
pasar	polvo	casi nunca
quitar	ropa	nunca

MODELO —¿Con qué frecuencia barres el balcón?
—Lo barro de vez en cuando, especialmente si vienen invitados.

B. Ahora compartan la información con la clase y decidan quién es la persona más ordenada y la más desordenada.

6 **Agendas personales**

A. Primero, escribe tu horario para esta semana. Incluye algunas costumbres de tu rutina diaria y también actividades inesperadas de esta semana.

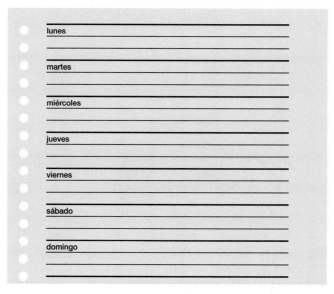

lunes

martes

miércoles

jueves

viernes

sábado

domingo

B. En parejas, pregúntense sobre sus horarios. Comparen sus rutinas diarias y los sucesos (*events*) de esta semana. ¿Tienen costumbres parecidas? ¿Tienen algunas actividades en común?

C. Utiliza la información para escribir un párrafo breve sobre la vida cotidiana de tu compañero/a. ¿Le gusta la rutina? ¿Disfruta de lo inesperado? ¿Llena su agenda con actividades sociales o prefiere estar en casa? Comparte tu párrafo con la clase.

S *Repaso*

Video: *Fotonovela*
Record & Compare

recursos

v̂Text CA pp. 35–36 descubre3.vhlcentral.com

Diana y Fabiola conversan sobre la vida diaria. Aguayo pide ayuda con la limpieza, pero casi todos tienen excusas.

FABIOLA Odio los lunes.

DIANA Cuando tengas tres hijos, un marido y una suegra, odiarás los fines de semana.

FABIOLA ¿Discutes a menudo con tu familia?

DIANA Siempre tenemos discusiones. La mitad las ganan mis hijos y mi esposo. Mi suegra gana la otra mitad.

FABIOLA ¿Te ayudan en las tareas del hogar?

DIANA Ayudan, pero casi no hay tiempo para nada. Hoy tengo que ir de compras con la mayor de mis hijas.

FABIOLA ¿Y por qué no va ella sola?

DIANA Hay tres grupos que gastan el dinero ajeno, Fabiola: los políticos, los ladrones y los hijos… Los tres necesitan supervisión.

FABIOLA Tengan cuidado en las tiendas. Hace dos meses andaba de compras y me robaron la tarjeta de crédito.

DIANA ¿Y fuiste a la policía?

FABIOLA No.

DIANA ¿Lo dices así, tranquilamente? Te van a arruinar.

FABIOLA No creas. El que me la robó la usa menos que yo.

Más tarde en la cocina…

AGUAYO El señor de la limpieza dejó un recado diciendo que estaba enfermo. Voy a pasar la aspiradora a la hora del almuerzo. Si alguien desea ayudar…

FABIOLA Tengo una agenda muy llena para el almuerzo.

DIANA Yo tengo una reunión con un cliente.

ÉRIC Tengo que… Tengo que ir al banco. Sí. Voy a pedir un préstamo.

JOHNNY Yo tengo que ir al dentista. No voy desde la última vez… Necesito una limpieza.

Aguayo y Mariela se quedan solos.

Diana regresa del almuerzo con unos dulces.

DIANA Les traje unos dulces para premiar su esfuerzo.

AGUAYO Gracias. Los probaría todos, pero estoy a dieta.

DIANA ¡Qué bien! Yo también estoy a dieta.

MARIELA ¡Pero si estás comiendo!

DIANA Sí, pero sin ganas.

Personajes

 AGUAYO

 DIANA

 ÉRIC

 FABIOLA

 JOHNNY

 MARIELA

En la oficina de Aguayo…

MARIELA ¿Necesita ayuda?

AGUAYO No logro hacer que funcione.

MARIELA Creo que Diana tiene una pequeña caja de herramientas.

AGUAYO ¡Cierto!

Aguayo sale de la oficina. Mariela le da una patada a la aspiradora.

AGUAYO ¡Aceite lubricante y cinta adhesiva! ¿Son todas las herramientas que tienes?

DIANA ¡Claro! Es todo lo que necesito. La cinta para lo que se mueva y el aceite para lo que no se mueva.

Se escucha el ruido de la aspiradora encendida.

AGUAYO Oye… ¿Cómo lo lograste?

MARIELA Fácil… Me acordé de mi ex.

Fabiola y Johnny llegan a la oficina. Mariela está terminando de limpiar.

JOHNNY ¡Qué pena que no llegué a tiempo para ayudarte!

FABIOLA Lo mismo digo yo. Y eso que almorcé tan de prisa que no comí postre.

MARIELA Si gustan, quedan dos dulces en la cocina. Están riquísimos… (*habla sola mirando el aerosol*) Y no hubiera sido mala idea echarles un poco de esto.

Johnny y Fabiola vuelven de la cocina.

JOHNNY Qué descortés eres, Fabiola. Si yo hubiera llegado primero, te habría dejado el dulce grande a ti.

FABIOLA ¿De qué te quejas, entonces? Tienes lo que querías y yo también. Por cierto, ¿no estuviste en el dentista?

JOHNNY Los dulces son la mejor anestesia.

Expresiones útiles

Agreeing or disagreeing with a prior statement

Lo mismo digo yo. *The same here.*

¡Cierto! *Sure!*

¡Claro! *Of course!*

¡Cómo no! *Of course!*

¡Por supuesto! *Of course!*

No creas. *Don't you believe it.*

¡Qué va! *Of course not!*

¡Ni modo! *No way!*

Expressing strong dislikes

¡Odio…!
I hate…!

¡No me gusta nada…!
I don't like… at all!

Detesto…
I detest…

No soporto…
I can't stand…

Estoy harto/a de…
I am fed up with…

Additional vocabulary

acordarse *to remember*
ajeno/a *somebody else's*
andar *to be (doing something); to walk*
la caja de herramientas *toolbox*
el ladrón/la ladrona *thief*
lograr *to manage to; to achieve*
la mitad *half*
la patada *kick*
premiar *to give a prize*
¡Qué pena! *What a shame!*

Comprensión

1 **¿Quién lo dijo?** Decide quién dice estas oraciones.

Aguayo   **Diana**   **Éric**

Fabiola   **Johnny**   **Mariela**

_____ 1. ¿Necesita ayuda?

_____ 2. Si alguien desea ayudar…

_____ 3. Tengo una agenda muy llena.

_____ 4. Tengo una reunión con un cliente.

_____ 5. Tengo que ir al banco.

_____ 6. Tengo que ir al dentista.

2 **Relacionar** Escribe oraciones que conecten las frases de las dos columnas usando **porque**.

____ 1. Diana odia los fines de semana…   a. está a dieta.

____ 2. Diana quiere ir de compras   b. el ladrón usa la tarjeta de
     con su hija…   crédito menos que ella.

____ 3. Fabiola dice que tengan cuidado   c. hace dos meses le robaron
     en las tiendas…   la tarjeta de crédito.

____ 4. Fabiola no fue a la policía…   d. el señor que limpia está enfermo.

____ 5. Aguayo pasará la aspiradora…   e. no quiere que gaste mucho dinero.

____ 6. Aguayo no prueba los dulces…   f. discute mucho con su familia.

3 **Seleccionar** Selecciona la opción que expresa la misma idea.

1. Odio los lunes.
   a. No soporto los lunes.   b. No detesto los lunes.   c. Me gustan los lunes.

2. Tengo una agenda muy llena para el almuerzo.
   a. Tengo planeado   b. Tengo muchas tareas   c. No tengo mi
   un almuerzo.   a la hora del almuerzo.   agenda aquí.

3. Tienes lo que quieres.
   a. Tu deseo se cumplió.   b. Tienes razón.   c. Te quiero.

4. Lo mismo digo yo.
   a. ¡Ni modo!   b. No creas.   c. Estoy de acuerdo.

🔊 Practice more at **descubre3.vhlcentral.com**.

Ampliación

4 Excusas falsas Aguayo pide ayuda para limpiar la oficina, pero sus compañeros le dan excusas. ¿Qué preguntas puede hacerles Aguayo para descubrir sus mentiras? Escribe las preguntas. Después, en grupos de cinco, dramaticen la situación: uno/a de ustedes es Aguayo y los/las demás son los/las compañeros/as. Sean creativos.

5 Opiniones En grupos de tres, contesten las preguntas. Si es posible, den ejemplos de la vida cotidiana.

1. ¿Es necesario a veces dar excusas falsas? ¿Por qué?

2. Describe una situación reciente en la que usaste una excusa falsa. ¿Por qué lo hiciste? ¿Se enteraron los demás?

3. ¿Es mejor decir la verdad siempre? ¿Por qué?

6 Apuntes culturales En parejas, lean los párrafos y contesten las preguntas.

La agenda diaria

¡Diana se queja de que no hay tiempo para nada! En muchos países hispanos, las horas del día se expresan utilizando números del 0 al 23. Muchas agendas en español usan este horario modelo, es decir que **10 p.m.** se indica **22:00** ó **22h**. ¡Pobre Diana! ¡Con tanto trabajo, necesita que el día tenga más horas!

La hora del almuerzo

Fabiola tiene una agenda muy ocupada para el almuerzo. En España y pueblos de Latinoamérica este descanso suele ser de las 13h a las 16h. Los que trabajan cerca vuelven a sus casas, pero, en las grandes ciudades españolas, algunas personas lo aprovechan además para hacer mandados, compras o ir al gimnasio. ¿Qué tendrá que hacer Fabiola que sea más importante que limpiar la oficina?

En el banco

Éric tiene que ir al banco a pedir un préstamo. En Hispanoamérica, la mayoría de los préstamos y los pagos de servicios se realizan en el banco. No obstante, en países como Argentina, Colombia, Costa Rica y Perú, las cuentas de gas, electricidad y teléfono también se pueden pagar en el supermercado.

1. ¿Cómo se puede expresar *8 a.m.* y *12 a.m.* en español?

2. En tu país, ¿cuántas horas se toman normalmente los empleados para almorzar? ¿Qué hacen durante ese descanso?

3. ¿Cuáles son los horarios comerciales de la ciudad en donde vives? ¿Te parecen suficientes?

4. ¿A qué hora sueles almorzar? ¿Dónde?

5. ¿Sabes cómo pagan tus padres los recibos (*bills*) de la luz y el teléfono? ¿Les resulta conveniente este método de pago?

Additional Reading
Video: *Flash cultura*

En detalle

ESPAÑA

LA FAMILIA REAL

El rey Juan Carlos I y la reina Sofía vuelven de visitar a su nieta recién nacida.

En 1948, el general Francisco Franco tomó bajo su tutela° al niño Juan Carlos de Borbón, que entonces tenía sólo diez años. Su plan era formarlo ideológicamente para que fuera su sucesor°. En 1975, tras la muerte del dictador y en contra de todas las predicciones, lo primero que hizo Juan Carlos I fue trabajar para implantar° la democracia en España.

La Familia Real española es una de las más queridas de las diez que todavía quedan en Europa. Juan Carlos I es famoso por su simpatía y su facilidad para complacer° a los ciudadanos españoles. Don Juan Carlos y doña Sofía llevan una vida sencilla, sin excesivos protocolos. Su vida diaria está llena de compromisos° sociales y políticos, pero siempre tienen un poco de tiempo para dedicarse a sus pasatiempos. La gran pasión del Rey son los deportes, especialmente el esquí y la vela, y participa en competiciones anuales, donde se destaca° por su destreza°. La Reina, por su parte, colabora en muchos proyectos de ayuda social y cultural.

Sus tres hijos, las Infantas° Elena y Cristina y el príncipe Felipe, están casados y han formado sus propias familias. Mantienen las mismas costumbres sencillas de los Reyes. No es raro verlos de compras en los centros comerciales que están cerca de sus viviendas. Apasionados del deporte, como su padre, han participado en las más importantes competiciones y llevan una vida relativamente discreta. Don Juan Carlos y doña Sofía van de vacaciones todos los veranos a la isla de Mallorca y se los puede ver, como si se tratara de una familia más, comiendo en las terrazas de la isla junto a sus hijos y nietos. En esas ocasiones, los paseantes° no dudan en acercarse y saludarlos. Esta cercanía de los monarcas con los ciudadanos ha conseguido que la Corona° sea una de las instituciones más valoradas por los españoles. ■

Rey Juan Carlos I · Reina Sofía

Infanta Elena · Infanta Cristina · Príncipe Felipe

Regatas reales

El rey Juan Carlos da nombre a la regata **Copa del Rey**, que tiene lugar todos los años en Palma de Mallorca. Su esposa da nombre a la **Regata Princesa Sofía**. La realeza no sólo presta su nombre para estas competencias: el rey Juan Carlos participa en ambas con su yate llamado "Bribón".

tutela *protection* **sucesor** *successor* **implantar** *to establish* **complacer** *to please* **compromisos** *engagements*
destaca *stands out* **destreza** *skill* **Infantas** *Princesses* **paseantes** *passers-by* **Corona** *Crown*

ASÍ LO DECIMOS

La familia

mima (Cu.)	*mom*
pipo (Cu.)	*dad*
amá (Col.)	*mom*
apá (Col.)	*dad*
tata (Arg. y Chi.)	*grandpa*
el carnal (Méx.)	*brother or friend*
la carnala (Méx.)	*sister or friend*
la carnalita (Méx.)	*little sister*
m'hijo/a (Amér. L.)	*exp. to address a son or daughter*
el/la chavalo/a (Amér. C.)	*boy/girl*
el/la chaval(a) (Esp.)	*boy/girl*

EL MUNDO HISPANOHABLANTE

Las compras diarias

● En España, las grandes tiendas y también muchas tiendas pequeñas cierran los domingos. Así, los españoles realizan todas sus compras durante el resto de la semana. En algunos casos, las grandes tiendas, como El Corte Inglés, abren un domingo al mes.

● En el pueblo salvadoreño de Colonia la Sultana, el señor del pan pasa todos los días a las siete de la mañana con una canasta en la cabeza repleta de pan fresco. Cuando las personas lo escuchan llegar, salen a la calle para comprarle pan. Los que se quedan dormidos, si quieren pan fresco, tienen que ir al pueblo de al lado.

● En Argentina es muy común tomar soda (agua carbonada). El sodero pasa una vez por semana por las casas que solicitan entrega a domicilio. Se lleva los sifones° vacíos y deja sifones llenos.

PERFIL

LETIZIA ORTIZ

Letizia Ortiz nació en Oviedo el 15 de septiembre de 1972 en el seno de una familia trabajadora. Si alguien les hubiera dicho a sus padres que su hija iba a ser princesa, seguramente lo habrían tomado por loco. Esta joven inteligente y emprendedora° estudió periodismo y ejerció su profesión en algunos de los mejores medios españoles: el periódico ABC, y los canales CNN plus y TVE. Cuando se formalizó el compromiso° con el príncipe Felipe, Letizia tuvo que dejar de trabajar y empezó un entrenamiento particular para ser princesa, ya que al casarse se convertiría en Princesa de Asturias. Su relación con el Príncipe se distingue por no haber respondido a la formalidad que se espera en estos casos. Poco antes de la boda, un periodista le preguntó: "¿Y cómo se declara un príncipe?", a lo que Letizia contestó: "Como cualquier hombre que quiere a una mujer".

"… a partir de ahora y de forma progresiva voy a integrarme y a dedicarme a esta nueva vida con las responsabilidades y obligaciones que conlleva." (Letizia Ortiz)

Conexión Internet

¿Qué tareas oficiales realiza Juan Carlos I como autoridad del gobierno español?

To research this topic, go to **descubre3.vhlcentral.com.**

emprendedora *enterprising* **compromiso** *engagement* **sifones** *siphons*

¿Qué aprendiste?

(1) Comprensión Indica si las oraciones son **ciertas** o **falsas**. Corrige las falsas.

1. El general Francisco Franco quería que Juan Carlos de Borbón fuera su sucesor.
2. El general Franco trabajó mucho para implantar la democracia en España.
3. La vida de los Reyes se caracteriza por la formalidad y el protocolo.
4. El rey Juan Carlos es muy aficionado a los deportes.
5. La Reina participa en competiciones de esquí.
6. La infanta Cristina es soltera.
7. La Familia Real pasa las vacaciones de verano en Mallorca.
8. A la mayoría de los españoles les gusta la Familia Real.

(2) Oraciones incompletas Completa las oraciones.

1. Los padres de Letizia Ortiz son _____.
2. Letizia estudió _____.
3. La infanta Cristina es la _____ del príncipe Felipe.
4. Felipe es el Príncipe de _____.
5. En España, las grandes tiendas abren _____.
6. En México, usan la palabra *carnala* para referirse a _____.

(3) Preguntas Contesta las preguntas.

1. ¿Cuál es una forma cariñosa de referirse al padre en Cuba?
2. ¿Por qué crees que Letizia Ortiz tuvo que dejar de trabajar como periodista al convertirse en Princesa?
3. ¿A qué eventos deportivos dan nombre el rey Juan Carlos y la reina Sofía?
4. ¿Crees que es positivo o frívolo que el Rey de España participe en eventos deportivos? ¿Por qué?
5. Vuelve a leer la cita de Letizia Ortiz. ¿A qué responsabilidades y obligaciones crees que se refiere?
6. Muchos supermercados abren las 24 horas. ¿Crees que esto es necesario o crees que la gente está muy "malcriada" (*spoiled*)?

(4) Opiniones En parejas, preparen dos listas. En una lista, anoten los elementos positivos de ser príncipe o princesa heredero/a y, en la otra, los elementos negativos que creen que puede tener. ¿Vale la pena ser rico y famoso si pierdes la vida privada?

Positivo	Negativo

PROYECTO

A domicilio

Existen muchos servicios a domicilio que facilitan la vida diaria. Además del ejemplo del sodero en Argentina, están los paseadores de perros, los supermercados con entrega a domicilio y las empresas que nos permiten recibir libros o ropa por correo en casa.

Imagina que vas a crear una empresa para ofrecer un servicio a domicilio.

Usa esta guía para preparar un folleto (*brochure*) sobre tu empresa. Describe:

1. El servicio que vas a ofrecer y cómo se llama.
2. Las principales características de tu servicio.
3. Cómo va a facilitar la vida diaria de tus clientes.

Practice more at **descubre3.vhlcentral.com**.

Reading

AMPARANOIA

Amparo Sánchez es la fuerza motriz° causante del nacimiento, desarrollo y evolución de **Amparanoia**. Esta cantante andaluza inició su carrera musical en **Granada** y después de experimentar con varias agrupaciones se trasladó a **Madrid**, donde comenzó su viaje por las músicas del mundo. Su primer álbum —mezcla de rumba, ranchera, ska y bolero— salió a la venta° en 1997. A partir de ese momento, su música la lleva a conocer otros países, otras culturas, otras formas de pensar y, sobre todo, otros músicos con quienes comparte una misma ideología y una atracción por los ritmos de distintas culturas. Su crecimiento personal y su constante observación de lo que pasa en el mundo son la base de otros trabajos musicales en los que expresa su realidad y participa en la lucha por un mundo más justo. Amparanoia se ha convertido° en un punto de referencia para entender la nueva mentalidad de la música española actual.

Discografía

2008 Seguiré caminando   **2005** La vida te da   **2004** Rebeldía con alegría

Canción

Éste es un fragmento de una canción de Amparanoia.

La vida te da

Vete tristeza, vienes con pereza
Y no me dejas pensar.
Vete tristeza, tú no me interesas
Está sonando la rumba y me llama,
Me llama a bailar.

El entorno familiar facilitó la curiosidad de Amparanoia por la música desde que ella era una niña. Esta curiosidad se intensificó con el paso de los años. Lo que más le llamó la atención cuando era pequeña fue el poder que la música ejercía (*exerted*) en los adultos. Se dio cuenta que en cuanto ésta empezaba a sonar, la alegría borraba todas las penas.

Preguntas En parejas, contesten las preguntas con oraciones completas.

1. ¿Qué influencia tiene la música en la vida personal de Amparanoia?
2. ¿Qué elementos constituyen la base de sus trabajos musicales?
3. Sánchez se dio cuenta de que la música ejercía poder sobre los adultos. ¿Qué música escuchaban sus padres cuando ustedes eran pequeños/as?
4. En su álbum *La vida te da*, Amparanoia reflexiona sobre la vida. ¿Qué papel juega la música en sus vidas? ¿Qué hacen cuando están tristes? ¿Qué hacen cuando están alegres?

recursos

descubre3.
vhlcentral.com

fuerza motriz *moving force* **a la venta** *on sale* **se ha convertido** *has become*

3.1 The preterite

Tutorials
Audio: Charts

- Spanish has two simple tenses to indicate actions in the past: the preterite and the imperfect. The preterite is used to describe actions or states that began or were completed at a definite time in the past.

The preterite of regular -ar, -er, and -ir verbs		
comprar	**vender**	**abrir**
compré	vendí	abrí
compraste	vendiste	abriste
compró	vendió	abrió
compramos	vendimos	abrimos
comprasteis	vendisteis	abristeis
compraron	vendieron	abrieron

- The preterite tense of regular verbs is formed by dropping the infinitive ending (-**ar**, -**er**, -**ir**) and adding the preterite endings. Note that the endings of regular -**er** and -**ir** verbs are identical in the preterite tense.

- The preterite of all regular and some irregular verbs requires a written accent on the preterite endings in the **yo, usted, él**, and **ella** forms.

  Ayer **empecé** un nuevo trabajo.   Mi mamá **preparó** una cena deliciosa.
  Yesterday I started a new job.   *My mom prepared a delicious dinner.*

- Verbs that end in -**car**, -**gar**, and -**zar** have a spelling change in the **yo** form of the preterite. All other forms are regular.

buscar   busc–   –qu–   yo busqué
llegar   lleg–   –gu–   yo llegué
empezar   empez–   –c–   yo empecé

- **Caer, creer, leer**, and **oír** change -**i**- to -**y**- in the **usted, él**, and **ella** forms and in the **ustedes, ellos**, and **ellas** forms (third-person forms) of the preterite. They also require a written accent on the -**i**- in all other forms.

caer   caí, caíste, cayó, caímos, caísteis, cayeron
creer   creí, creíste, creyó, creímos, creísteis, creyeron
leer   leí, leíste, leyó, leímos, leísteis, leyeron
oír   oí, oíste, oyó, oímos, oísteis, oyeron

- Verbs with infinitives ending in -**uir** change -**i**- to -**y**- in the third-person forms of the preterite.

construir   construí, construiste, construyó, construimos,
    construisteis, construyeron
incluir   incluí, incluiste, incluyó, incluimos, incluisteis, incluyeron

- Stem-changing **-ir** verbs also have a stem change in the third-person forms of the preterite. Stem-changing **-ar** and **-er** verbs are regular.

Preterite of *-ir* stem-changing verbs			
pedir		**dormir**	
pedí	pedimos	dormí	dormimos
pediste	pedisteis	dormiste	dormisteis
pidió	pidieron	durmió	durmieron

- A number of **-er** and **-ir** verbs have irregular preterite stems. Note that none of these verbs takes a written accent on the preterite endings.

Les traje unos dulces para premiar su esfuerzo.

Por cierto, ¿no estuviste en el dentista?

Preterite of irregular verbs		
Infinitive	**u-stem**	**preterite forms**
andar	anduv-	anduve, anduviste, anduvo, anduvimos, anduvisteis, anduvieron
estar	estuv-	estuve, estuviste, estuvo, estuvimos, estuvisteis, estuvieron
poder	pud-	pude, pudiste, pudo, pudimos, pudisteis, pudieron
poner	pus-	puse, pusiste, puso, pusimos, pusisteis, pusieron
saber	sup-	supe, supiste, supo, supimos, supisteis, supieron
tener	tuv-	tuve, tuviste, tuvo, tuvimos, tuvisteis, tuvieron
Infinitive	**i-stem**	**preterite forms**
hacer	hic-	hice, hiciste, hizo, hicimos, hicisteis, hicieron
querer	quis-	quise, quisiste, quiso, quisimos, quisisteis, quisieron
venir	vin-	vine, viniste, vino, vinimos, vinisteis, vinieron
Infinitive	**j-stem**	**preterite forms**
conducir	conduj-	conduje, condujiste, condujo, condujimos, condujisteis, condujeron
decir	dij-	dije, dijiste, dijo, dijimos, dijisteis, dijeron
traer	traj-	traje, trajiste, trajo, trajimos, trajisteis, trajeron

- Note that the stem of **decir (dij-)** not only ends in **j**, but the stem vowel **e** changes to **i**. In the **usted**, **él**, and **ella** form of **hacer (hizo)**, **c** changes to **z** to maintain the pronunciation. Most verbs that end in **-cir** have **j**-stems in the preterite.

¡ATENCIÓN!

Other **-ir** stem-changing verbs include:

conseguir	repetir
consentir	seguir
hervir	sentir
morir	servir
preferir	

¡ATENCIÓN!

Ser, ver, ir, and **dar** also have irregular preterites. The preterite forms of **ser** and **ir** are identical.

ser/ir
fui, fuiste, fue, fuimos, fuisteis, fueron

dar
di, diste, dio, dimos, disteis, dieron

ver
vi, viste, vio, vimos, visteis, vieron

The preterite of **hay** is **hubo**.

Hubo dos conciertos el viernes.
There were two concerts on Friday.

recursos

v̂Text

CA
pp. 7, 64

CP
pp. 23–24

CH
pp. 37–39

descubre3.
vhlcentral.com

Práctica

1 **Quehaceres** Escribe la forma correcta del pretérito de los verbos indicados.

1. El sábado pasado mi familia y yo _hicimos_ (hacer) la limpieza semanal.
2. Mi hermano Jorge _barrió_ (barrer) el suelo de la cocina.
3. Yo _pasé_ (pasar) la aspiradora por el salón.
4. Mis padres _quitaron_ (quitar) los sillones para limpiarlos y después los _volvieron_ (volver) a poner en su lugar.
5. Yo _lavé_ (lavar) toda la ropa sucia y la _puse_ (poner) en el armario.
6. Nosotros _terminamos_ (terminar) con todo en menos de una hora.
7. Luego, mi madre _abrió_ (abrir) el refrigerador.
8. Ella _vio_ (ver) que no había nada de comer.
9. Mi padre _dijo_ (decir) que iría al supermercado. Todos nosotros _decidimos_ (decidir) acompañarlo.
10. Yo _apagué_ (apagar) las luces y nos _fuimos_ (ir) al supermercado.

2 **¿Qué hicieron?** Combina elementos de cada columna para narrar lo que hicieron las personas.

anoche	yo	conversar	?
anteayer	mi compañero/a	dar	?
ayer	de clase	decir	?
la semana	mis amigos/as	ir	?
pasada	el/la profesor(a)	leer	?
una vez	de español	pedir	?
dos veces	mi hermano/a	tener que	?

3 **La última vez** Con oraciones completas, indica cuándo fue la última vez que hiciste cada una de estas actividades. Utiliza detalles en tus respuestas. Después comparte la información con la clase.

MODELO llorar durante una película

La última vez que lloré durante una película fue en 2008. La película fue *Slumdog Millionaire*…

1. hacer mandados
2. decir una mentira
3. andar atrasado/a
4. olvidar algo importante
5. devolver un regalo
6. ir de compras
7. oír una buena/mala noticia
8. encontrar una ganga increíble
9. ver tres programas de televisión seguidos
10. comprar algo muy caro

Practice more at **descubre3.vhlcentral.com.**

Comunicación

4 **La semana pasada** Pasea por el salón de clases y averigua lo que hicieron tus compañeros durante la semana pasada. Anota el nombre del primero que conteste que sí a las preguntas.

MODELO **ir al cine**

—¿Fuiste al cine durante la semana pasada?

—Sí, fui al cine y vi la última película de Almodóvar./No, no fui al cine.

Actividades	Nombre
asistir a un partido de fútbol	_____
cocinar para los amigos	_____
conseguir una buena nota en una prueba	_____
dar un consejo (*advice*) a un(a) amigo/a	_____
dormirse en clase o en el laboratorio	_____
estudiar toda la noche para un examen	_____
enojarse con un(a) amigo/a	_____
hacer una tarea dos veces	_____
ir a la oficina del/de la director(a)	_____
ir al centro comercial	_____
pedir dinero prestado	_____
perder algo importante	_____
probarse un vestido/un traje elegante	_____

5 **Una fiesta** En parejas, túrnense para comentar la última fiesta que dieron o a la que asistieron.

- cuál fue la ocasión
- cuándo fue
- quiénes fueron y quiénes no pudieron ir
- qué se sirvió
- quién lo preparó
- qué tipo de música escucharon
- qué hicieron los invitados

6 **Los mandados** Escribe una lista de diez mandados que hiciste el mes pasado.

A. En parejas, túrnense para preguntarse si hicieron los mismos mandados.

B. Compartan la información con la clase y decidan quién es la persona más trabajadora.

The imperfect Tutorial
Audio: Charts

- The imperfect tense in Spanish is used to narrate past events without focusing on their beginning, end, or completion.

El recado decía que él estaba enfermo.

Siempre tenía problemas con la aspiradora.

- The imperfect tense of regular verbs is formed by dropping the infinitive ending (**-ar, -er, -ir**) and adding personal endings. **-Ar** verbs take the endings **-aba, -abas, -aba, -ábamos, -abais, -aban. -Er** and **-ir** verbs take **-ía, -ías, -ía, -íamos, -íais, -ían**.

The imperfect of regular -ar, -er, and -ir verbs		
caminar	**deber**	**abrir**
caminaba	debía	abría
caminabas	debías	abrías
caminaba	debía	abría
caminábamos	debíamos	abríamos
caminabais	debíais	abríais
caminaban	debían	abrían

- **Ir, ser**, and **ver** are the only verbs that are irregular in the imperfect.

The imperfect of irregular verbs		
ir	**ser**	**ver**
iba	era	veía
ibas	eras	veías
iba	era	veía
íbamos	éramos	veíamos
ibais	erais	veíais
iban	eran	veían

- The imperfect tense narrates what was going on at a certain time in the past. It often indicates what was happening in the background.

Cuando yo **era** joven, **vivía** en una ciudad muy grande. Todas las semanas, mis padres y yo **íbamos** al centro comercial.

When I was young, I lived in a big city. Each week, my parents and I went to the mall.

- The imperfect of **hay** is **había**.

> **Había** tres cajeros en el supermercado.
> *There were three cashiers in the supermarket.*

> Sólo **había** un mesero en el café.
> *There was only one waiter in the café.*

- These words and expressions are often used with the imperfect because they express habitual or repeated actions: **de niño/a** (*as a child*), **todos los días** (*every day*), **mientras** (*while*), **siempre** (*always*).

> **De niño vivía** en un suburbio de Madrid.
> *As a child, I lived in a suburb of Madrid.*

> **Todos los días iba** a la casa de mi abuela.
> *Every day I went to my grandmother's house.*

> **Siempre escuchaba** música **mientras corría** en el parque.
> *I always listened to music while I ran in the park.*

Siempre dormía muy mal.
Nunca podía relajarme.
Estaba desesperado; no sabía qué hacer.
Ahora, mis problemas están resueltos con mi nueva cama.

DORMALUX
LA CAMA DE TUS SUEÑOS

Práctica

1 Granada Escribe la forma correcta del imperfecto de los verbos indicados.

Granada, en el sur de España

Cuando yo (1) _____ (tener) quince años, estuve en España por seis meses. (2) _____ (vivir) con una familia española en Granada, una ciudad en Andalucía. (3) _____ (ser) estudiante en un programa de español para estudiantes de colegios extranjeros. Entre semana los otros estudiantes y yo (4) _____ (estudiar) español por las mañanas. Por las tardes, (5) _____ (visitar) los lugares más interesantes de la ciudad para conocerla mejor. Los fines de semana, nosotros (6) _____ (ir) de excursión con los profesores del programa. (Nosotros) (7) _____ (visitar) ciudades y pueblos nuevos. Los paisajes (8) _____ (ser) maravillosos. Quiero volver pronto.

2 Antes En parejas, túrnense para hacerse preguntas usando estas frases. Sigan el modelo.

MODELO levantarse tarde los lunes

—¿Te levantas tarde los lunes?
—Ahora sí, pero antes nunca me levantaba tarde los lunes./Ahora no, pero antes siempre me levantaba tarde los lunes.

1. hacer los quehaceres del hogar
2. usar una agenda
3. ir de compras al centro comercial
4. tener tarjeta de crédito
5. trabajar por las tardes
6. preocuparse por el futuro

3 La cocina de Juan La cocina de Juan era siempre un desastre. Escribe un párrafo sobre el estado de la cocina. Describe lo que Juan hacía y lo que nunca hacía.

MODELO Juan siempre freía comida, pero nunca lavaba los platos.

 Practice more at **descubre3.vhlcentral.com**.

Comunicación

4 **De niños**

A. Busca en la clase compañeros/as que hacían estas cosas cuando eran niños/as. Escribe el nombre de la primera persona que conteste afirmativamente cada pregunta.

MODELO **ir mucho al parque**

—¿Ibas mucho al parque?

—Sí, iba mucho al parque.

¿Qué hacían?	Nombre
1. tener miedo de los monstruos	_____
2. llorar todo el tiempo	_____
3. siempre hacer su cama	_____
4. ser muy travieso/a (*mischievous*)	_____
5. romper los juguetes (*toys*)	_____
6. darles muchos regalos a sus padres	_____
7. comer muchos dulces	_____
8. creer en fantasmas	_____

B. Ahora, comparte con la clase los resultados de tu búsqueda.

5 **Antes y ahora** En parejas, comparen cómo ha cambiado la vida de Andrés en los últimos años. ¿Cómo era antes? ¿Cómo es ahora? Preparen una lista de por lo menos seis diferencias.

antes

ahora

6 **En aquel entonces**

A. Utiliza el imperfecto para escribir un párrafo breve sobre la vida diaria de un(a) pariente/a tuyo/a que creció (*grew up*) en otra época. Puede ser tu padre/madre, un(a) abuelo/a, o incluso un(a) antepasado/a (*ancestor*). ¿Cómo era su vida cotidiana? ¿Qué solía hacer para divertirse?

B. Ahora comparte tu párrafo con un(a) compañero/a. Pregúntense sobre los personajes y comparen la vida diaria de aquel entonces con la de hoy. ¿En qué aspectos era mejor la vida diaria hace veinte años? ¿Hace cincuenta años? ¿Hace dos siglos (*centuries*)? ¿En qué aspectos era peor?

3.3 The preterite vs. the imperfect

S Tutorials
Audio: Chart

- Although the preterite and imperfect both express past actions or states, the two tenses have different uses and, therefore, are not interchangeable.

¿Cómo lograste
encender la aspiradora?
Antes no funcionaba.

Fácil...
Me acordé
de mi ex.

Uses of the preterite

- To express actions or states viewed by the speaker as completed

Compraste los muebles hace un mes.
You bought the furniture a month ago.

Mis amigas **fueron** al centro comercial ayer.
My friends went to the mall yesterday.

- To express the beginning or end of a past action

La telenovela **empezó** a las ocho.
The soap opera began at eight o'clock.

El café **se acabó** enseguida.
The coffee ran out right away.

- To narrate a series of past actions

Me levanté, **me arreglé** y **fui** a clase.
I got up, got ready, and went to class.

Se sentó, **tomó** el bolígrafo y **escribió**.
He sat down, grabbed the pen, and wrote.

Uses of the imperfect

- To describe an ongoing past action without reference to beginning or end

Se acostaba muy temprano.
He went to bed very early.

Juan **tenía** pesadillas constantemente.
Juan constantly had nightmares.

- To express habitual past actions

Me **gustaba** jugar al fútbol los
domingos por la mañana.
*I used to like to play soccer on
Sunday mornings.*

Solían comprar las verduras en
el mercado.
*They used to shop for vegetables in
the market.*

- To describe mental, physical, and emotional states or conditions

José Miguel sólo **tenía** quince años
en aquel entonces.
*José Miguel was only fifteen years old
back then.*

Estaba tan hambriento que quería
comerme un pollo entero.
*I was so hungry that I wanted to eat a
whole chicken.*

- To tell time

Eran las ocho y media de la mañana.
It was eight-thirty a.m.

Era la una en punto.
It was exactly one o'clock.

Uses of the preterite and imperfect together

- When narrating in the past, the imperfect describes what *was happening*, while the preterite describes the action that *interrupts* the ongoing activity. The imperfect provides background information, while the preterite indicates specific events that advance the plot.

Mientras **estudiaba**, **sonó** la alarma contra incendios. Me **levanté** de un salto y **miré** el reloj. **Eran** las 11:30. **Salí** corriendo de mi cuarto. En el pasillo **había** más estudiantes. La alarma **seguía** sonando. **Bajamos** las escaleras y, al llegar a la calle, la alarma **dejó** de sonar. No **había** ningún incendio.

*While I **was studying**, the fire alarm **went off**. I **jumped up** and **looked** at the clock. It **was** 11:30. I **ran out** of my room. In the hall **there were** more students. The alarm **continued** to blare. We **rushed** down the stairs and, upon getting to the street, the alarm **stopped**. There was no fire.*

¡ATENCIÓN!

Here are some useful sequencing expressions.

primero *first*
al principio *in the beginning*
antes (de) *before*
después (de) *after*
mientras *while*
entonces *then*
luego *then; next*
siempre *always*
al final *finally*
la última vez *the last time*

Different meanings in the imperfect and preterite

Quise encender la aspiradora, pero no pude.

Supe que el señor que limpia está enfermo.

- The verbs **querer, poder, saber**, and **conocer** have different meanings when they are used in the preterite. Notice also the meanings of **no querer** and **no poder** in the preterite.

INFINITIVE	IMPERFECT	PRETERITE
querer	Quería acompañarte. *I wanted to go with you.*	Quise acompañarte. *I tried to go with you (but failed).* No quise acompañarte. *I refused to go with you.*
poder	Ana podía hacerlo. *Ana could do it.*	Ana pudo hacerlo. *Ana succeeded in doing it.* Ana no pudo hacerlo. *Ana could not do it.*
saber	Ernesto sabía la verdad. *Ernesto knew the truth.*	Por fin Ernesto supo la verdad. *Ernesto finally discovered the truth.*
conocer	Yo ya conocía a Andrés. *I already knew Andrés.*	Yo conocí a Andrés en la fiesta. *I met Andrés at the party.*

recursos

v̂Text

CA
pp. 9, 66

CP
pp. 27–28

CH
pp. 42–43

S

descubre3.
vhlcentral.com

Práctica

1 **Una cena especial** Las primas Elena y Francisca tenían invitados a cenar y lo estaban preparando todo. Completa las oraciones con el imperfecto o el pretérito de estos verbos. Puedes usar los verbos más de una vez.

averiguar	haber	ofrecer	salir
decir	levantar	pasar	ser
estar	limpiar	preparar	terminar
freír	llamar	quitar	tocar

1. ___Era___ las ocho cuando Francisca y Elena se ___ofreció___ para preparar todo.
2. Elena ___pasaba___ la aspiradora cuando Felipe la ___llamó___ para preguntar la hora de la cena. Le ___dijo___ que ___era___ a las diez y media.
3. Francisca ___limpió___ las tapas en la cocina. Todavía ___terminó___ temprano.
4. Mientras Francisca ___freía___ las papas en aceite, Elena ___preparó___ la sala.
5. Elena ___quitó___ el polvo de los muebles cuando su madre ___salió___ a la puerta. ¡___era___ una visita sorpresa!
6. Su madre se ___ofreció___ a ayudar. Elena ___dijo___ que sí.
7. Cuando Francisca ___terminó___ de hacer las tapas, ___averiguó___ si ___había___ suficientes refrescos. No había. Francisca ___salió___ al supermercado.
8. Cuando por fin ___terminaron___, ya ___era___ las nueve. Todo ___estaba___ listo.

2 **Interrupciones** Combina palabras y frases de cada columna para contar lo que hicieron estas personas. Usa el pretérito y el imperfecto.

MODELO Ustedes miraban la tele cuando el médico llamó.

yo	dormir	usted	llamar por teléfono
tú	comer	el médico	salir
Marta y Miguel	escuchar música	la policía	sonar la alarma
nosotros	mirar la tele	el/la profesor(a)	recibir el mensaje
Paco	conducir	los amigos	ver el accidente
ustedes	ir a...	Juan Carlos	

3 **Las fechas importantes**

A. Escribe cuatro fechas importantes en tu vida y explica qué pasó.

MODELO

Fecha	¿Qué pasó?	¿Dónde y con quién estabas?	¿Qué tiempo hacía?
el 6 de agosto de 2009	Conocí a Dave Navarro.	Estaba en el gimnasio con un amigo.	Llovía mucho.

B. Intercambia tu información con tres compañeros/as. Ellos te van a hacer preguntas sobre lo que te pasó.

S: Practice more at **descubre3.vhlcentral.com**.

Comunicación

④ **La mañana de Esperanza**

A. En parejas, observen los dibujos. Escriban lo que le pasó a Esperanza después de abrir la puerta de su casa. ¿Cómo fue su mañana? Utilicen el pretérito y el imperfecto en la narración.

1.

2.

3.

4.

B. Con dos parejas más, túrnense para presentar las historias que han escrito. Después, combinen sus historias para hacer una nueva.

⑤ **Síntesis** Con la participación de toda la clase, escriban un cuento breve sobre un día extraordinario en el que la rutina diaria se vio interrumpida por una serie de acontecimientos (*events*) inesperados y maravillosos. Un(a) estudiante inventará la primera oración de la historia. Después, por turnos, cada compañero/a debe añadir una oración a la historia. Utilicen el pretérito, el imperfecto y el vocabulario de esta lección. ¡Inventen!

MODELO —El día empezó como cualquier otro día…
—Me levanté, me arreglé y salí para la clase de las nueve…
—Caminaba por la avenida central como siempre, cuando de repente, en medio de la calle, vi algo horroroso, algo que me hizo temblar de miedo…

 S *Recapitulación* **Diagnostics**

Audio: Vocabulary

Antes de ver el corto

ADIÓS MAMÁ

país México   **director** Ariel Gordon

duración 7 minutos   **protagonistas** hombre joven, señora

Vocabulario

afligirse *to get upset*	**parecerse** *to look like*
el choque *crash*	**repentino/a** *sudden*
despedirse (e:i) *to say goodbye*	**el timbre** *tone of voice*
las facciones *facial features*	**titularse** *to graduate*

---

(1) Practicar Completa cada una de las rimas usando el vocabulario del corto.

1. Cuando Anabel tiene un problema, _____, pero nunca lo corrige.

2. ¡Qué buen actor! Sus _____ siempre reflejan sus acciones.

3. ¡Pobre don Roque! Compró carro nuevo y a los dos días tuvo un _____.

4. No me gusta el _____ de la voz de ese hombre.

5. ¡Qué estilos tan variados! Las pinturas son trece y ninguna _____.

6. Le faltan muchos cursos. Si no decide apurarse (*hurry up*), nunca va a _____.

(2) Comentar En parejas, intercambien opiniones sobre las preguntas.

1. ¿Creen que es una buena idea hablar con desconocidos en algunas ocasiones? ¿En qué situaciones?

2. Según su título, ¿de qué creen que va a tratar el corto?

3. ¿En qué lugares es más fácil o frecuente hablar con gente que no conocen? Den dos o tres ejemplos.

4. ¿A veces son ingenuos? ¿Se creen historias falsas? Den ejemplos.

5. ¿Alguna vez les sucedió algo interesante o divertido en un supermercado? ¿Qué sucedió?

6. Observen los fotogramas. ¿Qué creen que va a pasar en este cortometraje?

 Practice more at **descubre3.vhlcentral.com**.

Adiós Mamá

Premio especial del Jurado, Semana Internacional de Cine Experimental de Valladolid 1997, España

Una producción de CONACULTA/INSTITUTO MEXICANO DE CINEMATOGRAFÍA Guión y Dirección ARIEL GORDON

Producción JAVIER BOURGES Producción ejecutiva PATRICIA RIGGEN

Fotografía SANTIAGO NAVARRETE Edición CARLOS SALCES Música GERARDO TAMEZ

Sonido SANTIAGO NÚÑEZ/NERIO BARBERIS

Arte FERNANDO MERI/AARÓN NIÑO CÁMARA

Actores DANIEL GIMÉNEZ CACHO/DOLORES BERISTAIN/PATRICIA AGUIRRE/PACO MORAYTA

ARGUMENTO Un hombre está en el supermercado. En la fila para pagar, la señora que está delante de él le habla.

SEÑORA Se parece a mi hijo. Realmente es igual a él.
HOMBRE Ah, pues no, no sé qué decir.

SEÑORA Murió en un choque. El otro conductor iba borracho. Si él viviera, tendría la misma edad que usted.
HOMBRE Por favor, no llore.

SEÑORA ¿Sabe? Usted es su doble. Bendito sea el Señor que me ha permitido ver de nuevo a mi hijo. ¿Le puedo pedir un favor?
HOMBRE Bueno.

SEÑORA Nunca tuve oportunidad de despedirme de él. Su muerte fue tan repentina. ¿Al menos podría llamarme "mamá" y decirme adiós cuando me vaya?

SEÑORA ¡Adiós hijo!
HOMBRE ¡Adiós mamá!
SEÑORA ¡Adiós querido!
HOMBRE ¡Adiós mamá!

CAJERA No sé lo que pasa, la máquina desconoce el artículo. Espere un segundo a que llegue el gerente.
(El gerente llega y ayuda a la cajera.)

Después de ver el corto

1. **Comprensión** Contesta las preguntas con oraciones completas.

1. ¿Dónde están los personajes?
2. ¿Qué relación hay entre el hombre y la señora?
3. ¿A quién se parece físicamente el hombre?
4. ¿Por qué no pudo despedirse la señora de su hijo?
5. ¿Qué favor le pide la señora al hombre?
6. ¿Cuánto dinero tiene que pagar el hombre? ¿Por qué?

2. **Ampliación** En parejas, háganse las preguntas.

1. ¿Les pasó a ustedes o a alguien que conocen algo similar alguna vez?
2. Si alguien se les acerca (*approach*) en el supermercado y les pide este tipo de favor, ¿qué hacen?
3. ¿Qué creen que sucedió realmente al final? ¿Tuvo que pagar la cuenta completa el hombre? ¿Tuvo que intervenir la policía?
4. Después de lo que sucedió, ¿qué consejos puede darles el hombre a sus amigos?

3. **Imaginar** En parejas, describan la vida de uno de los personajes del corto. Escriban por lo menos cinco oraciones usando como base las preguntas.

- ¿Cómo es?
- ¿Dónde vive?
- ¿Con quién vive?
- ¿Qué le gusta? ¿Qué no le gusta?
- ¿Tiene dinero?

4. **Detective** El joven está contándole a un(a) detective lo que pasó en el supermercado. En parejas, uno/a de ustedes es el/la detective y el/la otro/a es el hombre. Preparen la declaración (*statement*) y represéntenlo delante de la clase.

5. **Notas** Ahora, imagina que eres el/la detective y escribe un informe (*report*) de lo que pasó. Tiene que ser un informe lo más completo posible. Puedes inventar los datos que tú quieras.

 Practice more at **descubre3.vhlcentral.com**.

La siesta, 1943.
Antonio Berni, Argentina.

"Tras el vivir y el soñar, está lo que
más importa: el despertar."

— Antonio Machado

Antes de leer

S Audio: Vocabulary
Reading

Pedro Salvadores

Sobre el autor

Jorge Luis Borges nació en Buenos Aires en 1899. En el comienzo fue poeta y en 1923 publicó *Fervor de Buenos Aires*, al que seguiría una importante obra de cuentos y ensayos breves; nunca escribió una novela. Alguna vez afirmó: "El hecho central de mi vida ha sido la existencia de las palabras y la posibilidad de entretejer (*interweave*) y transformar las palabras en poesía". Sus obras fundamentales son *Ficciones* (1944) y *El Aleph* (1949). Sus temas principales son la muerte, el tiempo, el "yo", el mundo como sueño y Buenos Aires, y sus símbolos recurrentes son el laberinto, la biblioteca, los libros, los espejos y el ajedrez. Muchas obras de Borges desafían los límites entre la ficción y la realidad. En 1961 compartió el Premio del Congreso Internacional de Escritores con Samuel Beckett y en 1980 recibió el prestigioso Premio Cervantes. Murió en Ginebra en 1986. Se lo considera uno de los escritores más importantes del siglo XX.

Vocabulario

amenazar *to threaten*
delatar *to denounce*
el hecho *fact*
huir *to flee; to run away*
la madriguera *burrow; den*

ocultarse *to hide*
la servidumbre *servants; servitude*
el sótano *basement*
vedado/a *forbidden*
el zaguán *entrance hall; vestibule*

Sinónimos Escribe el sinónimo de cada palabra.

1. vestíbulo: _____
2. prohibido: _____
3. esconder: _____
4. denunciar: _____
5. intimidar: _____
6. escapar: _____
7. cueva: _____
8. evento: _____

Conexión personal

Todo el mundo sueña; a veces podemos recordar qué soñamos y a veces no. Cuando los sueños son espantosos, se llaman pesadillas (*nightmares*) y sentimos alivio (*relief*) al despertar. ¿Recuerdas alguna pesadilla que hayas tenido?

Análisis literario: la metáfora

La metáfora consiste en nombrar una cosa con el nombre de otra, con la que tiene semejanza real o ficticia. En la metáfora, una cosa se equipara con otra sin usar la palabra **como**: "tus labios son como rubíes" es una comparación, pero "tus labios son rubíes" es una metáfora. Éste es un recurso que Borges usa a menudo. Cuando leas el cuento, presta atención para buscar algún ejemplo.

Pedro Salvadores

Jorge Luis Borges

Litografía de *Usos y costumbres del Río de la Plata*, 1845, Carlos Morel.

Quiero dejar escrito, acaso por primera vez, uno de los hechos más raros y más tristes de nuestra historia. Intervenir lo menos posible en su narración, prescindir de adiciones pintorescas y de conjeturas° aventuradas es, me parece, la mejor manera de hacerlo.

Un hombre, una mujer y la vasta sombra de un dictador son los tres personajes. El hombre se llamó Pedro Salvadores; mi abuelo Acevedo lo vio, días o semanas después de la batalla de Caseros. Pedro Salvadores, tal vez, no difería del común de la gente, pero su destino y los años lo hicieron único. Sería un señor como tantos otros de su época. Poseería (nos cabe suponer) un establecimiento de campo y era unitario°. El apellido de su mujer era Planes; los dos vivían en la calle Suipacha, no lejos de la esquina del Temple. La casa en que los hechos ocurrieron sería igual a las

conjectures

opposer of the regime

storm door/depth

dull; low/hooves

25

cries of "long live" and "die" from the horsemen/ supporter of the regime/knocked down

lift 30

whipped/table service 35

sworn

40

45

to decipher

hatred

50

curbstone of a well/bucket

55

Uruguay

sewing/course of time

repudiated, rejected

tyrant 60

otras: la puerta de calle, el zaguán, la puerta cancel°, las habitaciones, la hondura° de los patios. Una noche, hacia 1842, oyeron el creciente y sordo° rumor de los cascos° de los caballos en la calle de tierra y los vivas y mueras de los jinetes°. La mazorca°, esta vez, no pasó de largo. Al griterío sucedieron los repetidos golpes; mientras los hombres derribaban° la puerta, Salvadores pudo correr la mesa del comedor, alzar° la alfombra y ocultarse en el sótano. La mujer puso la mesa en su lugar. La mazorca irrumpió, venían a llevárselo a Salvadores. La mujer declaró que éste había huido a Montevideo. No le creyeron; la azotaron°, rompieron toda la vajilla° celeste, registraron la casa, pero no se les ocurrió levantar la alfombra. A la medianoche se fueron, no sin haber jurado° volver.

Aquí principia verdaderamente la historia de Pedro Salvadores. Vivió nueve años en el sótano. Por más que nos digamos que los años están hechos de días y los días de horas y que nueve años es un término abstracto y una suma imposible, esa historia es atroz. Sospecho que en la sombra que sus ojos aprendieron a descifrar°, no pensaba en nada, ni siquiera en su odio° ni en su peligro. Estaba ahí, en el sótano. Algunos ecos de aquel mundo que le estaba vedado le llegarían desde arriba: los pasos habituales de su mujer, el golpe del brocal° y del balde°, la pesada lluvia en el patio. Cada día, por lo demás, podía ser el último.

La mujer fue despidiendo a la servidumbre, que era capaz de delatarlos. Dijo a todos los suyos que Salvadores estaba en la Banda Oriental°. Ganó el pan de los dos cosiendo° para el ejército. En el decurso° de los años tuvo dos hijos; la familia la repudió°, atribuyéndolos a un amante. Después de la caída del tirano°, le pedirían perdón de rodillas.

CONTEXTO HISTÓRICO

Juan Manuel de Rosas (1793–1877), gobernador de la Provincia de Buenos Aires desde 1829, controló la Confederación Argentina desde 1835 hasta 1852. En ese período la población quedó dividida en dos bandos: **unitarios**, que querían un gobierno centralizado, y **federales**, que apoyaban (*supported*) la federación de estados. El grupo federal, "**la Mazorca**", que apoyaba a Rosas, aterrorizaba a los unitarios con gritos de "¡Vivan los federales!" y "¡Mueran los salvajes (*wild*) unitarios!"

¿Qué fue, quién fue, Pedro Salvadores? ¿Lo encarcelaron el terror, el amor, la invisible presencia de Buenos Aires y, finalmente, la costumbre? Para que no la dejara sola, su mujer le daría inciertas° noticias de conspiraciones 65 y de victorias. Acaso era cobarde° y la mujer lealmente° le ocultó que ella lo sabía. Lo imagino en su sótano, tal vez sin un candil°, sin un libro. La sombra lo hundiría° en el sueño. Soñaría, al principio, con la noche tremenda 70 en que el acero° buscaba la garganta, con las calles abiertas, con la llanura°. Al cabo de los años no podría huir y soñaría con el sótano. Sería, al principio, un acosado°, un amenazado; después no lo sabremos nunca, 75 un animal tranquilo en su madriguera o una suerte de oscura divinidad.

Todo esto hasta aquel día del verano de 1852 en que Rosas huyó. Fue entonces cuando el hombre secreto salió a la luz del 80 día; mi abuelo habló con él. Fofo° y obeso, estaba del color de la cera° y no hablaba en voz alta. Nunca le devolvieron los campos que le habían sido confiscados; creo que murió en la miseria. 85

Como todas las cosas, el destino de Pedro Salvadores nos parece un símbolo de algo que estamos a punto de comprender. ∎

65 *uncertain*

coward

loyally

oil lamp

would sink

70

steel

plain

harassed

75

80 *Soft, spongy*

wax

85

Después de leer

Pedro Salvadores
Jorge Luis Borges

(1) Comprensión Indica si las oraciones son **ciertas** o **falsas**. Corrige las falsas.

1. El apellido de la esposa de Pedro es Acevedo.
2. De acuerdo con el narrador, Pedro Salvadores es un hombre común.
3. El sótano de la casa está debajo del comedor.
4. Los perseguidores no ven la alfombra.
5. La esposa trabajaba haciendo pan para el ejército.
6. Ella dice que su marido huyó a Montevideo.
7. Pedro Salvadores pasó ocho años en el sótano.
8. El narrador vio a Pedro cuando salió del sótano.

(2) Historia Contesta las preguntas con oraciones completas.

1. ¿En qué siglo se desarrolla la acción?
2. ¿Dónde transcurre el relato?
3. ¿A qué bando pertenecía Pedro Salvadores? ¿Y el narrador?
4. ¿En qué año terminó el gobierno del dictador?

(3) Análisis En parejas, respondan a las preguntas.

1. El narrador imagina a Salvadores en el sótano, y usa dos metáforas: "un animal tranquilo en su madriguera o una suerte de oscura divinidad". ¿Qué características puedes atribuir a una cosa y a otra?
2. ¿Qué significa la frase "el acero (*steel*) buscaba la garganta (*throat*)"?
3. Borges usa palabras entre paréntesis, comas o guiones para expresar vacilación. También usa expresiones como "tal vez" y "me parece". Busca ejemplos. ¿Qué función tienen?

(4) Interpretación Responde a las preguntas con oraciones completas.

1. ¿Qué importancia tiene la hora del día en este cuento?
2. ¿Por qué piensas que Salvadores permaneció encerrado en el sótano?
3. ¿Cómo era Pedro cuando se escondió? ¿Cómo es ahora? ¿Por qué?
4. El narrador menciona "el destino de Pedro Salvadores". ¿Crees en el destino?

(5) Imaginar En grupos de tres preparen un *talk show* en el que un(a) presentador(a) entrevista a Pedro y a su esposa sobre cómo eran sus días durante el tiempo de encierro.

(6) Escribir Resume brevemente la historia de Pedro Salvadores en un artículo periodístico, publicado después de su aparición.

Practice more at **descubre3.vhlcentral.com**.

Antes de leer

Audio: Vocabulary Reading

Vocabulario

el cansancio *exhaustion*	**pintar** *to paint*
el cuadro *painting*	**el/la pintor(a)** *painter*
fatigado/a *exhausted*	**previsto/a** *planned*
imprevisto/a *unexpected*	**retratar** *to portray*
la obra maestra *masterpiece*	**el retrato** *portrait*

Guernica, Pablo Picasso

Pablo Picasso Completa las oraciones con el vocabulario de la tabla.

1. De todo el arte del Museo Reina Sofía, yo prefiero los _____ de Pablo Picasso.

2. De muy joven, el _____ español creaba arte realista.

3. Al poco tiempo, este gran artista empezó a experimentar y a _____ obras de otros estilos; incluso inventó el cubismo.

4. Con su obra más famosa, el *Guernica*, quiso _____ el horror de un día cuando los alemanes bombardearon un pueblo español.

5. Según mucha gente, el *Guernica* es su creación más importante, la _____ de Picasso.

Conexión personal ¿Qué haces para no olvidar los eventos y las personas que son importantes para ti? ¿Sacas fotos o mantienes un diario? ¿Cuentas historias? ¿Cuáles son algunos de los recuerdos que quieres atesorar (*treasure*)?

Contexto cultural

Niños comiendo uvas y un melón, Bartolomé Esteban Murillo

Del siglo XVI al siglo XVII, España pasó de ser una enorme potencia política a un imperio en camino de extinción. Donde antes había victorias militares, riqueza (*wealth*) y expansión ahora había derrota (*defeat*), crisis económica y decadencia. Sin embargo, estos problemas formaron un contraste extremo con el arte del momento, que estaba en su época cumbre (*peak*), el Siglo de Oro. A pesar de su éxito, se consideraba a los pintores más artesanos que artistas y, por lo tanto, no eran de alta posición social. Muchos artistas trabajaban por encargo; la realeza (*royalty*) y la nobleza eran sus mecenas (*patrons*). Con sus obras, contribuían a la educación cultural, y frecuentemente religiosa, de la sociedad.

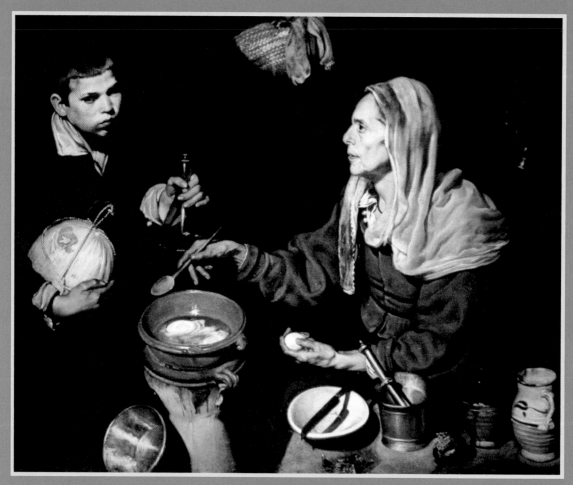

La vieja friendo huevos

El arte de la vida diaria

1 **Diego Velázquez** es importante no sólo por su mérito artístico, sino también por lo que nos cuentan sus cuadros. Conocido sobre todo como pintor de retratos, Velázquez se interesaba también por temas mitológicos y escenas cotidianas.

5 En todo su arte, examinaba y reproducía en minucioso detalle sólo aquello que veía. Su imitación de la naturaleza, de lo inmediatamente observable, era lo que daba vida a su arte y a la vez creaba un arte de la vida diaria.

El triunfo de Baco

Antes de mudarse° a la Corte del rey°, Velázquez pintó cuadros de temas cotidianos. Un ejemplo célebre es *La vieja friendo huevos* (1618). El cuadro capta un momento sin aparente importancia: una mujer vieja cocina mientras un niño trae aceite° y un melón. Varios objetos de la casa, reproducidos con precisión, llenan el lienzo°, dignos de nuestra atención, por ejemplo: la cuchara, un plato blanco en el que descansa un cuchillo, jarras°, una cesta de paja°. Junto con la comida que prepara —no hay carne ni variedad— la ropa típica de pobre sugiere que la mujer es humilde. Con el cuadro, Velázquez interrumpe un momento que podría ser de cualquier día. No es una naturaleza muerta°, sino un instante de la vida.

Incluso cuando pintaba temas mitológicos, Velázquez tomaba como modelo gente de la calle. Por eso, se pueden percibir escenas diarias en temas distanciados de la época. Un ejemplo es *El triunfo° de Baco* (1628–9). En este cuadro, el dios romano del vino se sienta en un campo abierto no con otros dioses, sino con campesinos°, cuyas caras fatigadas reflejan a la vez el cansancio de una vida de trabajo —la vida del plebeyo° español era entonces especialmente dura— y la alegría de poder descansar un rato.

En los cuadros de la Corte, Velázquez nos da una imagen rica y compleja del mundo del palacio. En vez de retratar exclusivamente a la familia real y los nobles, incluye también toda la tropa de personajes° que los servía y entretenía. En este grupo numeroso entraban enanos° y bufones°, a quienes Velázquez pinta con dignidad. En *Las Meninas* (c. 1656), su cuadro más famoso y misterioso, la princesa Margarita está rodeada° por sus damas, enanos y un perro. A la izquierda, el mismo Velázquez pinta detrás de un lienzo inmenso. En el fondo° se ve al rey y a la reina.

Sin embargo, el cuadro sugiere más preguntas que respuestas. ¿Dónde están exactamente el rey y la reina? ¿La imagen de ellos que vemos es un reflejo de espejo°? ¿Qué pinta el artista y por qué aparece en el cuadro? ¿Qué significa? Tampoco se sabe por qué se detiene aquí el grupo: puede ser por una razón prevista, como posar para un cuadro; o puede ser algo totalmente imprevisto, un momento efímero° de la vida de una princesa y su grupo. ¿Es un momento importante? *Las Meninas* invita el debate sobre un instante que no se pierde sólo porque un pintor lo capta y lo rescata° del olvido. Paradójicamente es su enfoque en lo momentáneo y en el detalle de la vida común lo que eleva a Velázquez por encima de otros grandes artistas. ∎

Marginal glosses:
- *Before moving/king's court* (10)
- *oil*
- *canvas* (15)
- *jugs*
- *wicker basket*
- *still life* (25)
- *triumph* (30)
- *peasants*
- *common person* (35)
- *characters*
- *little people/jesters* (45)
- *surrounded*
- *background* (50)
- *mirror* (55)
- *fleeting* (60)
- *rescues*

Las Meninas

Biografía breve
1599 Diego Velázquez nace en Sevilla
1609 Empieza sus estudios formales de arte
1623 Nombrado pintor oficial del rey Felipe IV en Madrid
1660 Muere después de una breve enfermedad

Después de leer

El arte de la vida diaria

1 Comprensión Después de leer el texto, decide si las oraciones son **ciertas** o **falsas**. Corrige las falsas.

1. Velázquez es conocido sobre todo como pintor religioso.
2. Velázquez era un pintor impresionista que transformaba su sujeto en la imaginación.
3. Por lo general, Velázquez tomaba como modelo gente de la calle.
4. En *El triunfo de Baco*, el dios romano del vino se sienta con campesinos españoles.
5. Velázquez retrataba exclusivamente a la Familia Real y a los nobles.
6. Velázquez se autorretrata en *Las Meninas*.

2 Interpretación Contesta las preguntas con oraciones completas.

1. ¿Se puede encontrar evidencia de la crisis económica del siglo XVII en los cuadros de Velázquez? Menciona detalles específicos en tu respuesta.
2. ¿Qué puedes aprender de *La vieja friendo huevos* que posiblemente no puedas leer en un libro de historia?
3. ¿Es *El triunfo de Baco* un cuadro realista? Explica tu respuesta.
4. ¿Te sorprende que Velázquez represente a los sirvientes de la Corte? ¿Por qué?
5. ¿En qué sentido es *Las Meninas* un cuadro misterioso?

3 Análisis En parejas, respondan a las preguntas.

1. A través de pequeños detalles, *El triunfo de Baco* revela mucho sobre la posición social de los hombres del cuadro. Estudien, por ejemplo, la ropa y el aspecto físico para describir y analizar su situación económica. ¿Cuál es su conclusión?
2. ¿Qué o quién es el verdadero sujeto de *Las Meninas*? ¿El grupo de la princesa? ¿Los reyes? ¿El mismo Velázquez? ¿El arte? Discutan las múltiples posibilidades y presenten una teoría sobre la historia que cuenta el cuadro.

4 Reflexión En grupos de cuatro, conversen sobre la vida de las personas que entretenían a los nobles en la Corte de Felipe IV. Algunos nobles consideraban que los bufones (*jesters*) eran sagrados y por eso los protegían y les daban trabajo. ¿Qué piensan de la situación social de los bufones de la Corte? ¿Es ético utilizar a las personas para la diversión? Presenten sus respuestas a la clase.

5 Recuerdos Imagina que *La vieja friendo huevos* capta, como una fotografía, un momento de tu propio pasado cuando ayudabas a tu abuela en la cocina. Inspirándote en el cuadro de Velázquez, inventa una historia. ¿Qué hacía tu abuela? ¿Cómo pasaba los días? Y tú, ¿por qué llegaste a la cocina aquel día? ¿Te mandó tu madre o tenías hambre? Utilizando los tiempos del pasado que conoces, describe esta escena de tu infancia.

 Practice more at **descubre3.vhlcentral.com**.

Atando cabos

¡A conversar!

Un día en la historia Trabajen en grupos pequeños para preparar una presentación sobre un día en la vida de un personaje histórico hispano.

Presentaciones

Tema: Elijan un personaje histórico hispano. Algunos personajes que pueden investigar son: Moctezuma, Sor Juana Inés de la Cruz, Simón Bolívar, José de San Martín, Emiliano Zapata, Catalina de Erauso, Álvar Núñez Cabeza de Vaca, Fray Bartolomé de las Casas. Pueden elegir también un personaje que no esté en la lista.

Investigación y preparación: Busquen información en Internet o en la biblioteca. Recuerden buscar o preparar materiales visuales. Una vez reunida la información necesaria sobre el personaje, imagínense un día en su vida cotidiana, desde que se levantaba hasta que se acostaba. Al imaginar los detalles, tengan en cuenta la época en la que vivió el personaje.

Organización: Hagan un esquema (*outline*) que los ayude a planear la presentación.

Presentación: Utilicen el pretérito y el imperfecto para las descripciones. Traten de promover la participación a través de preguntas y alternen la charla con materiales visuales.

Emiliano Zapata

¡A escribir!

Una anécdota del pasado Sigue el plan de redacción para contar una anécdota que te haya ocurrido en el pasado. Piensa en una historia divertida, dramática o interesante relacionada con uno de estos temas:

- un regalo especial que recibiste
- una situación en la que usaste una excusa falsa y las cosas no te salieron bien
- una situación en la que fuiste muy ingenuo/a

Plan de redacción

Título: Elige un título breve que sugiera el contenido de la historia, pero que no dé demasiada información.

Contenido: Explica qué estaba pasando cuando ocurrió el acontecimiento, dónde estabas, con quién estabas, qué pasó, cómo pasó, etc. Usa expresiones como: **al principio, al final, después, entonces, luego, todo empezó/comenzó cuando**, etc. Recuerda que debes usar el pretérito para las acciones y el imperfecto para las descripciones.

Conclusión: Termina la historia explicando cuál fue el resultado del acontecimiento y cómo te sentiste.

Audio: Vocabulary
Flashcards

En casa

el balcón	balcony
la escalera	staircase
el hogar	home; fireplace
la limpieza	cleaning
los muebles	furniture
los quehaceres	chores
apagar	to turn off
barrer	to sweep
calentar (e:ie)	to warm up
cocinar	to cook
encender (e:ie)	to turn on
freír (e:i)	to fry
hervir (e:ie)	to boil
lavar	to wash
limpiar	to clean
pasar la aspiradora	to vacuum
quitar el polvo	to dust
tocar el timbre	to ring the doorbell

De compras

el centro comercial	mall
el dinero en efectivo	cash
la ganga	bargain
el probador	dressing room
el reembolso	refund
el supermercado	supermarket
la tarjeta de crédito/débito	credit/debit card
devolver (o:ue)	to return (items)
hacer mandados	to run errands
ir de compras	to go shopping
probarse (o:ue)	to try on
seleccionar	to select; to pick out
auténtico/a	real; genuine
barato/a	cheap; inexpensive
caro/a	expensive

La vida diaria

la agenda	datebook
la costumbre	custom; habit
el horario	schedule
la rutina	routine
la soledad	solitude; loneliness
acostumbrarse (a)	to get used to; to grow accustomed (to)
arreglarse	to get ready
averiguar	to find out; to check
probar (o:ue) (a)	to try
soler (o:ue)	to be in the habit of; to be used to
atrasado/a	late
cotidiano/a	everyday
diario/a	daily
inesperado/a	unexpected

Expresiones

a menudo	frequently; often
a propósito	on purpose
a tiempo	on time
a veces	sometimes
apenas	hardly; scarcely
así	like this; so
bastante	quite; enough
casi	almost
casi nunca	rarely
de repente	suddenly
de vez en cuando	now and then; once in a while
en aquel entonces	at that time
en el acto	immediately; on the spot
enseguida	right away
por casualidad	by chance

Más vocabulario

Expresiones útiles	Ver p. 87
Estructura	Ver pp. 94–95, 98–99 y 102–103

Cinemateca

el choque	crash
las facciones	facial features
el timbre	tone of voice
afligirse	to get upset
despedirse (e:i)	to say goodbye
parecerse	to look like
titularse	to graduate
repentino/a	sudden

Literatura

el hecho	fact
la madriguera	burrow; den
la servidumbre	servants; servitude
el sótano	basement
el zaguán	entrance hall; vestibule
amenazar	to threaten
delatar	to denounce
huir	to flee; to run away
ocultarse	to hide
vedado/a	forbidden

Cultura

el cansancio	exhaustion
el cuadro	painting
la obra maestra	masterpiece
el/la pintor(a)	painter
el retrato	portrait
pintar	to paint
retratar	to portray
fatigado/a	exhausted
imprevisto/a	unexpected
previsto/a	planned

La salud y el bienestar 4

Communicative Goals
You will expand your ability to…
- express will and emotion
- express doubt and denial
- give orders, advice, and suggestions

4 CONTEXTOS

S Game
Audio: Activities, Vocabulary

La salud y el bienestar

Los síntomas y las enfermedades

Inés pensaba que tenía sólo un **resfriado**, pero no paraba de **toser** y estaba **agotada**. El médico le confirmó que era una **gripe** y que debía **permanecer** en cama.

la depresión *depression*
la enfermedad *disease; illness*
la gripe *flu*
la herida *injury*
el malestar *discomfort*
la obesidad *obesity*
el resfriado *cold*
la respiración *breathing*
la tensión (alta/baja) *(high/low) blood pressure*
la tos *cough*
el virus *virus*
_____
contagiarse *to become infected*
desmayarse *to faint*
empeorar *to deteriorate; to get worse*
enfermarse *to get sick*
estar resfriado/a *to have a cold*
lastimarse *to get hurt*
permanecer *to remain; to last*
ponerse bien/mal *to get well/sick*
sufrir (de) *to suffer (from)*
tener buen/mal aspecto *to look healthy/sick*
tener fiebre *to have a fever*
toser *to cough*
_____

agotado/a *exhausted*
inflamado/a *inflamed*
mareado/a *dizzy*

La salud y el bienestar

la alimentación *diet (nutrition)*
la autoestima *self-esteem*
el bienestar *well-being*
el estado de ánimo *mood*
la salud *health*
_____
adelgazar *to lose weight*
dejar de fumar *to quit smoking*

descansar *to rest*
engordar *to gain weight*
estar a dieta *to be on a diet*
mejorar *to improve*
prevenir (e:ie) *to prevent*
relajarse *to relax*
trasnochar *to stay up all night*
_____
sano/a *healthy*

Los médicos y el hospital

la cirugía *surgery*
el/la cirujano/a *surgeon*
la consulta *doctor's appoinment*

el consultorio *doctor's office*
la operación *operation*
los primeros auxilios *first aid*
la sala de emergencias *emergency room*

122 *ciento veintidós*   **Lección 4**

Las medicinas y los tratamientos

A Ignacio no le gusta tomar medicinas. Nunca toma **pastillas** ni **jarabes**. Sin embargo, para ir a la selva, tuvo que ponerse varias **vacunas**. ¡No le dolió nada cuando la enfermera le **puso la inyección**!

la aspirina	aspirin
el calmante	painkiller; tranquilizer
el jarabe	syrup
la pastilla	pill
la receta	prescription
el tratamiento	treatment
la vacuna	vaccine
la venda	bandage
el yeso	cast

curarse	to heal; to be cured
poner una inyección	to give a shot
recuperarse	to recover
sanar	to heal
tratar	to treat
curativo/a	healing

recursos

v̂ Text

CA
p. 69

CP
pp. 31–32

CH
pp. 51–52

S

descubre3.
vhlcentral.com

Práctica

1 **Escuchar**

A. Escucha la conversación entre Sara y su hermano David. Después completa las oraciones y decide quién dijo cada una.

1. No sé lo que me pasa, la verdad. Estoy siempre muy _____. _____

2. Creo que _____ demasiado. ¿Has ido al _____? _____

3. No he ido porque no tenía _____, sólo era un ligero _____. _____

4. Deja de ser una niña. Tienes que _____. _____

5. Por eso te llamo. No se me va el dolor de estómago ni con _____. _____

6. Ahora mismo llamo al doctor Perales para hacerle una _____. _____

B. A Sara le diagnosticaron apendicitis. Escucha lo que le dice la cirujana a la familia después de la operación y luego contesta las preguntas.

1. ¿Qué tiene que tomar Sara cada ocho horas?
2. ¿Cómo se puede sentir al principio?
3. ¿Va a tomar mucho tiempo su recuperación?
4. ¿Puede comer de todo?

2 **A curarse** Indica qué tiene que hacer una persona a la que le ocurre lo siguiente.

____ 1. Se lastimó con un cuchillo.
____ 2. Tiene fiebre.
____ 3. Su estado de ánimo es malo.
____ 4. Quiere prevenir la gripe.
____ 5. Le falta la respiración.
____ 6. Está obeso/a.

a. empezar una dieta
b. dejar de fumar
c. hablar con un(a) amigo/a
d. ponerse una venda
e. tomar aspirinas y descansar
f. ponerse una vacuna

Práctica

3 **Acróstico** Completa el acróstico. Al terminarlo, se formará una palabra de **Contextos**.

1. V i r u s
2. t r a n s i o n
3. y e s o
4. t r a s n o c h a r
5. c i r u g í a
6. d e s m a y a r s e

1. Organismo invisible que transmite enfermedades.
2. Si la tienes alta, puedes tener problemas del corazón.
3. Material blanco que se usa para inmovilizar fracturas.
4. No dormir en toda la noche.
5. Es sinónimo de *operación*.
6. Caerse y perder el conocimiento.

4 **Amelia está enferma** Completa las oraciones con la opción lógica.

1. Amelia está tosiendo continuamente. No se le cura (la gripe/la depresión).

2. Sus compañeros de trabajo no se enfermaron este año porque se pusieron (la herida/la vacuna).

3. Su madre siempre le había dicho que es mejor (mejorar/prevenir) las enfermedades que curarlas.

4. El médico le dio una receta para (un jarabe/un consultorio).

5. Su jefe le ha dicho que no vaya a trabajar. Ella tiene que volver a la oficina cuando esté (agotada/recuperada).

5 **Malos hábitos** El señor Méndez tiene hábitos que no son buenos para la salud. Completa la conversación entre el señor Méndez y su doctor con las palabras de la lista. Haz los cambios necesarios.

ánimo	descansar	mejorar	sano
dejar de fumar	empeorar	pastillas	trasnochar
deprimido	engordar	salud	vacuna

SR. MÉNDEZ Doctor, a mí me gusta pasar muchas horas comiendo y viendo tele.

DOCTOR Por eso usted está (1)_____ tanto. Debe hacer ejercicio y (2)_____ su alimentación.

SR. MÉNDEZ También me gusta salir y acostarme tarde.

DOCTOR No es bueno (3)_____ todo el tiempo. Es importante (4)_____.

SR. MÉNDEZ ¡Pero, doctor! ¿Puedo fumar un poco, por lo menos?

DOCTOR No, señor Méndez. Usted debe (5)_____ cuanto antes.

SR. MÉNDEZ ¡No puede ser, doctor! ¿Todo lo que me gusta hacer es malo para la (6)_____? Si hago lo que me dice usted, voy a estar (7)_____, pero deprimido.

DOCTOR No es así. Si usted mejora su forma física, su estado de (8)_____ va a mejorar también. Recuerde: "Mente sana en cuerpo sano".

Practice more at **descubre3.vhlcentral.com.**

Comunicación

6 **Vida sana**

A. En parejas, háganse las preguntas de la encuesta.

	Siempre	A menudo	De vez en cuando	Nunca
1. ¿Trasnochas más de dos veces por semana?	☐	☐	☐	☐
2. ¿Practicas algún deporte?	☐	☐	☐	☐
3. ¿Consumes vitaminas y minerales diariamente?	☐	☐	☐	☐
4. ¿Comes mucha comida frita?	☐	☐	☐	☐
5. ¿Tienes dolores de cabeza?	☐	☐	☐	☐
6. ¿Te enfermas?	☐	☐	☐	☐
7. ¿Desayunas sin prisa?	☐	☐	☐	☐
8. ¿Pasas muchas horas del día sentado/a?	☐	☐	☐	☐
9. ¿Te pones de mal humor?	☐	☐	☐	☐
10. ¿Tienes problemas para dormir?	☐	☐	☐	☐

B. Imagina que eres médico/a. ¿Tiene tu compañero/a una vida sana? ¿Qué debe hacer para mejorar su salud? Utiliza la conversación entre el señor Méndez y su médico de la Actividad 5 como modelo.

7 **Citas célebres**

A. En grupos de cuatro, elijan las citas (*quotations*) que les parezcan más interesantes y expliquen.

La salud

"La salud no lo es todo pero sin ella, todo lo demás es nada."
A. Schopenhauer

"El ser humano pasa la primera mitad de su vida arruinando la salud y la otra mitad intentando recuperarla."
Joseph Leonard

"Come poco y cena más poco, que la salud de todo el cuerpo se decide en la oficina del estómago."
Miguel de Cervantes

La medicina

"Antes que al médico, llama a tu amigo."
Pitágoras

"Los médicos no están para curar, sino para recetar y cobrar; curarse o no es cuenta del enfermo."
Molière

"La esperanza es el mejor médico que yo conozco."
Alejandro Dumas, hijo.

La enfermedad

"El peor de todos los males es creer que los males no tienen remedio."
Francisco Cabarrus

"La investigación de las enfermedades ha avanzado tanto que cada vez es más difícil encontrar a alguien que esté completamente sano."
Aldous Huxley

"De noventa enfermedades, cincuenta las produce la culpa y cuarenta la ignorancia."
Anónimo

B. Utilicen el vocabulario de **Contextos** para escribir una cita original sobre la salud. Compártanla con la clase. ¿Cuál es la cita más original?

S *Repaso*

4 FOTONOVELA

Video: *Fotonovela*
Record & Compare

Los empleados de *Facetas* se preocupan por mantenerse sanos y en forma.

recursos
vText | CA pp. 37–38 | descubre3.vhlcentral.com

DIANA ¿Johnny? ¿Qué haces aquí tan temprano?

JOHNNY Madrugué para ir al gimnasio.

DIANA ¿Estás enfermo?

JOHNNY ¿Qué? ¿Nunca haces ejercicio?

DIANA No mucho… A veces me dan ganas de hacer ejercicio, y entonces me acuesto y descanso hasta que se me pasa.

En la cocina…

JOHNNY *(habla con los dulces)* Los recordaré dondequiera que esté. Sé que esto es difícil, pero deben ser fuertes… No pongan esa cara de "cómeme". Por mucho que insistan, los tendré que tirar. Ojalá me puedan olvidar.

FABIOLA ¿Empezaste a ir al gimnasio? Te felicito. Para ponerse en forma hay que trabajar duro.

JOHNNY No es fácil.

FABIOLA No es difícil. Yo, por ejemplo, no hago ejercicio, pero trato de comer cosas sanas.

JOHNNY Nada de comidas rápidas.

FABIOLA ¡Cómo me gustaría tener tu fuerza de voluntad!

En la cocina…

DON MIGUEL ¡Válgame! Aquí debe haber como mil pesos en dulces. ¡Mmm! Y están buenos.

JOHNNY ¿Qué tal, don Miguel? ¿Cómo le va?

DON MIGUEL *(sonríe sin poder decir nada porque está comiendo.)*

JOHNNY ¡Otro que se ha quedado sin voz! ¿Qué es esto? ¿Una epidemia?

FABIOLA ¿Qué compraste?

JOHNNY Comida bien nutritiva y baja en calorías. Juré que jamás volvería a ver un dulce.

FABIOLA ¿Qué es eso?

JOHNNY Esto es tan saludable que con sólo tocar la caja te sientes mejor.

FABIOLA ¿Y sabe bien?

JOHNNY Claro, sólo hay que calentarlo.

En la oficina de Aguayo…

DIANA Los nuevos diseños están perfectos. Gracias.

AGUAYO Mariela, insisto en que veas a un doctor. Vete a casa y no vuelvas hasta que no estés mejor. Te estoy dando un consejo. No pienses en mí como tu jefe.

DIANA Piensa en él como un amigo que siempre tiene razón.

126 *ciento veintiséis*

AGUAYO

DIANA

ÉRIC

FABIOLA

JOHNNY

MARIELA

DON MIGUEL

4

5

En la sala de conferencias…

AGUAYO (*dirigiéndose a Mariela*) Quiero que hagas unos cambios a estos diseños.

DIANA Creemos que son buenos y originales, pero tienen dos problemas.

ÉRIC Los que son buenos no son originales, y los que son originales no son buenos.

AGUAYO ¿Qué crees? (*Mariela no contesta*)

Mariela escribe "perdí la voz" en la pizarra.

AGUAYO ¿Perdiste la voz?

DIANA Gracias a Dios… Por un momento creí que me había quedado sorda.

AGUAYO Estás enferma. Deberías estar en cama.

ÉRIC Sí, podías haber llamado para decir que no venías.

9

10

AGUAYO Por cierto, Diana, acompáñame a entregar los diseños ahora mismo. Tengo que volver enseguida. Estoy esperando una llamada muy importante.

DIANA Vamos.

Se van. Suena el teléfono. Mariela se queda horrorizada porque no puede contestarlo.

FABIOLA ¿No ibas a mejorar tu alimentación?

JOHNNY Si no puedes hacerlo bien, disfruta haciéndolo mal. Soy feliz.

FABIOLA Los dulces no dan la felicidad, Johnny.

JOHNNY Lo dices porque no has probado la *Chocobomba*.

Expresiones útiles

Giving advice and making recommendations

Insisto en que veas/vea a un doctor.
I insist that you go see a doctor. (fam./form.)

Te aconsejo que vayas a casa.
I advise you to go home. (fam.)

Le aconsejo que vaya a casa.
I advise you to go home. (form.)

Sugiero que te pongas a dieta.
I suggest you go on a diet. (fam.)

Sugiero que se ponga usted a dieta.
I suggest you go on a diet. (form.)

Asking about tastes

¿Y sabe bien?
And does it taste good?

¿Cómo sabe?
How does it taste?

Sabe a ajo/menta/limón.
It tastes like garlic/mint/lemon.

¿Qué sabor tiene? ¿Chocolate?
What flavor is it? Chocolate?

Tiene un sabor dulce/agrio/ amargo/agradable.
It has a sweet/sour/bitter/pleasant taste.

Additional vocabulary

la comida rápida *fast food*
dondequiera *wherever*
la epidemia *epidemic*
la fuerza de voluntad *willpower*
madrugar *to wake up early*
mantenerse en forma *to stay in shape*
nutritivo/a *nutritious*
ponerse en forma *to get in shape*
quedarse sordo/a *to go deaf*
saludable *healthy*

Comprensión

(1) ¿Cierto o falso? Decide si las oraciones son **ciertas** o **falsas**. Corrige las **falsas**.

Cierto   Falso

☐ ☐ 1. Johnny llegó temprano porque madrugó para ir al gimnasio.

☐ ☐ 2. Cuando Diana va al gimnasio se queda dormida.

☐ ☐ 3. Los primeros diseños de Mariela están perfectos.

☐ ☐ 4. Diana se quedó sorda.

☐ ☐ 5. Don Miguel probó los dulces.

☐ ☐ 6. Johnny no continuó con su dieta.

(2) Oraciones incompletas Completa las oraciones de la **Fotonovela** con la opción correcta.

1. Para ponerse en _____ hay que trabajar duro.
   a. cama   b. dieta   c. forma

2. ¡Cómo me gustaría tener tu fuerza _____!
   a. física   b. de voluntad   c. de carácter

3. ¡Otro que se ha quedado _____!
   a. sordo   b. sin voz   c. dormido

4. Piensa en él como un amigo que siempre _____.
   a. tiene razón   b. se mantiene en forma   c. se preocupa

(3) Títulos Busca en la **Fotonovela** la palabra adecuada para poner un título a cada lista.

_____	_____	_____	_____
chocolates	correr	salchicha	sopa de verduras
caramelos	saltar	hamburguesa	ensalada
pastel de chocolate	caminar	papas fritas	pollo asado
postre	nadar	sándwich	frutas

(4) Opiniones

A. Los empleados de *Facetas* tienen opiniones distintas sobre la salud y el bienestar. En parejas, escriban una descripción breve de la actitud de cada personaje. Utilicen las frases de la lista y añadan sus propias ideas.

comer comidas sanas	ir al gimnasio	permanecer en cama
descansar	ir al médico	probar los dulces

MODELO   Diana casi nunca va al gimnasio. Cree que es más importante descansar para mantenerse sana...

B. ¿Con qué opinión te identificas más? ¿Qué haces tú para mantenerte en forma?

Practice more at **descubre3.vhlcentral.com.**

Ampliación

5 **Comidas rápidas**

A. Para ponerse en forma, Johnny decide evitar las comidas rápidas. En parejas, háganse las preguntas y comparen sus propias opiniones acerca de la comida rápida.

1. ¿Con qué frecuencia comes en restaurantes de comida rápida?
2. ¿Crees que la comida rápida es mala para la salud?
3. ¿Buscas opciones saludables cuando necesitas comer de prisa?
4. ¿Crees que las personas obesas tienen derecho a demandar (*sue*) a los restaurantes de comida rápida?

B. Ahora, en dos grupos, organicen un debate sobre los beneficios y desventajas de la comida rápida. Un grupo representa a los dueños y ejecutivos de los restaurantes, y el otro grupo representa a la gente que ha sufrido problemas de salud por comer demasiadas comidas rápidas.

6 **Apuntes culturales** En parejas, lean los párrafos y contesten las preguntas.

Los dulces

"Los recordaré dondequiera que esté", dice Johnny despidiéndose de los dulces. ¡A los hispanos les encantan los dulces! Un postre muy popular de la cocina colombiana, venezolana, mexicana y centroamericana es el postre de **las tres leches**. Este postre se prepara con leche fresca, leche condensada y crema de leche. ¡Un verdadero manjar (*delicacy*)!

El deporte colombiano

Fabiola dice que para ponerse en forma hay que trabajar duro. La colombiana **María Isabel Urrutia Ocoró** sabe mucho de esto, pues su gran dedicación a la halterofilia (levantamiento de pesas) la convirtió en estrella del deporte colombiano. Ganó numerosos premios mundiales, entre ellos, la medalla de oro en las Olimpiadas de Sydney en el año 2000.

Las comidas rápidas

Fabiola y Johnny conversan sobre las comidas rápidas. En los países hispanos, las cadenas estadounidenses adaptan los menús a los sabores típicos de esos países. En Chile, *McDonald's* ofrece la **McPalta**, hamburguesa con palta (*avocado*), y los **McCafé** sirven postres tradicionales como la **rellenita de manjar** (*caramel*). ¿Podrá resistirse Johnny?

1. ¿Conoces otros postres típicos de los países hispanos? ¿De qué países o regiones son? ¿Cuáles son los ingredientes principales?
2. Menciona postres o platos típicos de tu cultura. ¿Cuál es tu preferido?
3. ¿Qué deportistas hispanos juegan en equipos de los EE.UU.?
4. ¿Probaste comidas rápidas de otras culturas? ¿Cuáles? ¿Cuál es tu favorita?

Additional Reading
Video: *Flash cultura*

En detalle

COLOMBIA

DE ABUELOS Y CHAMANES

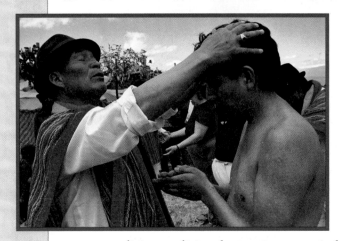

Sentada en su cocina en Bogotá, Marcela Uribe destapa frasquitos° de hierbas y describe las "agüitas°" que le enseñó a preparar su abuela: agüita de toronjil° para calmar los nervios, agüita de paico° para los cólicos° y muchas más.

Muchos de estos remedios caseros° son más que simples "recetas de la abuela". Su uso proviene de los conocimientos milenarios que los curanderos° y chamanes° han ido pasando de generación en generación. Colombia, segundo país en el mundo en diversidad de especies vegetales, desarrolló una medicina tradicional muy rica, que aún hoy subsiste en todos los niveles de la sociedad. A pesar de la llegada de la medicina científica, muchas comunidades indígenas siguen practicando su medicina tradicional. Cuanto más aislada está la comunidad, mejor mantiene sus tradiciones.

En la cultura indígena americana, lo espiritual y lo corporal se funden° con la naturaleza. Los curanderos y chamanes son los responsables de mantener estos mundos en equilibrio. Para ello, combinan las propiedades medicinales de las plantas con ritos sagrados. En Colombia, al igual que en otros países, hay un renovado interés por conocer las propiedades medicinales de las plantas que se han usado durante siglos. Instituciones gubernamentales, universidades y organizaciones ecologistas intentan recuperar y conservar estos conocimientos. En sólo siete años, el Instituto Nacional de Vigilancia de Medicamentos y Alimentos aumentó de 17 a 95 el número de plantas medicinales aprobadas para usos curativos.

El deseo de las empresas farmacéuticas de apropiarse de las plantas y patentarlas ha hecho que el gobierno colombiano controle el derecho a sacarlas del país. Esto es importante porque algunas están en peligro de extinción y porque estas plantas forman parte indeleble° de la identidad indígena. ∎

Algunas plantas curativas

Chuchuguaza Árbol que crece en la región amazónica de Colombia, Ecuador y Perú. Se usa como diurético y también contra el reumatismo, la gota° y la anemia.

Gualanday Árbol originario del Valle del Cauca y que crece en las regiones colombianas de Putumayo y Amazonas. La corteza°, la hoja y la flor se usan contra neuralgias, dolores de huesos, várices° y afecciones del hígado°.

Sauco Árbol proveniente de cultivos en la sabana° de Bogotá. La hoja, la corteza, el fruto y la flor se usan para tratar afecciones bronquiales.

---

destapa frasquitos *uncovers little jars* **agüitas** *herbal teas* **toronjil** *lemon balm* **paico** *Mexican tea (plant)* **cólicos** *cramps* **caseros** *home* **curanderos** *folk healers* **chamanes** *shamans* **se funden** *merge* **indeleble** *indelible* **gota** *gout* **corteza** *bark* **várices** *varicose veins* **afecciones del hígado** *liver conditions* **sabana** *savannah*

La salud y el bienestar

el/la buquí (R. Dom.)   *glutton*

el/la matasanos (Esp.)   *bad doctor; quack*

cachucharse (Chi.)   *to hit oneself*

caer bien/mal   *to sit well/bad*

curar el empacho (Arg.)   *to cure indigestion*

estar constipado/a (Esp.)   *to be congested*

estar constipado/a (Amér. L.)   *to be constipated*

estar depre (Arg., Esp. y Pe.)   *to feel down*

estar funado/a (Chi.)   *to feel demotivated*

estar pachucho/a (Arg y Esp.)   *to be under the weather*

¡Se me parte la cabeza! (Arg.)   *I have a splitting headache!*

La salud y el bienestar públicos

Los gobiernos hispanoamericanos suelen brindar servicios de salud pública gratuitos° a todos los ciudadanos. Algunos países, como Cuba, han desarrollado un **sistema de salud universalista** en el cual todos los servicios son gratuitos. Otros países, como Chile, tienen un modelo mixto, que combina el sector público con el privado.

En el *ranking* **de calidad de vida** del año 2005 realizado por *The Economist Intelligence Unit,* España aparece en el décimo lugar sobre un total de 111 países. Este *ranking* considera no sólo los ingresos económicos, sino también otros indicadores como el bienestar y la satisfacción individual de las personas.

Entre los médicos latinoamericanos, se destaca **Carlos Finlay**, médico y biólogo cubano nacido en 1833. Su mayor contribución científica fue el descubrimiento del mecanismo de transmisión de la fiebre amarilla° que había sido un enigma desde sus primeros registros en el siglo XV. Recibió numerosos premios en Estados Unidos y Europa.

COMUNIDAD DEL CHOCÓ

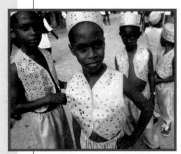

En ciertas zonas de Colombia, se han establecido comunidades de origen africano que han desarrollado tradiciones muy diferentes de las que se encuentran en el resto del país. Entre todas ellas, se destacan las comunidades afrocolombianas del Pacífico, como la del Chocó (ver mapa en la página anterior), por su particular sentido de la religiosidad, en la que la magia tiene un papel predominante. Esta visión religiosa le da una especial importancia a la salud y a la enfermedad. Además de conocer y aprovechar las propiedades curativas de las plantas, el Chocó mantiene los conjuros° de sus ancestros africanos y las oraciones católicas de los conquistadores españoles. Esta mezcla de culturas tiene como resultado una tradición curandera diferente en la que se puede ver claramente las influencias europea, africana e indígena. En la actualidad, muchos miembros de esta comunidad acuden a° la medicina científica, pero no dudan en usar sus métodos curativos tradicionales cuando lo consideran necesario.

“ **Los conocimientos de la medicina tradicional son conocimientos adquiridos de nuestros antepasados y mantienen vivas las más ricas culturas de América Latina.** ”
(Donato Ayma, político boliviano)

Conexión Internet

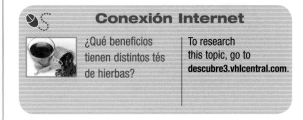

¿Qué beneficios tienen distintos tés de hierbas?

To research this topic, go to **descubre3.vhlcentral.com.**

---

gratuitos *free of charge* **fiebre amarilla** *yellow fever* **conjuros** *spells* **acuden a** *resort to*

¿Qué aprendiste?

recursos

v̂Text

CH
p. 54

1 Comprensión Indica si estas afirmaciones son **ciertas** o **falsas**. Corrige las falsas.

1. Marcela aprendió a usar infusiones en un viaje a Colombia, la tierra de su abuela.

2. Colombia es uno de los países con mayor diversidad de especies vegetales.

3. En las prácticas curativas tradicionales, se combinan las propiedades curativas de las plantas con el poder curativo de los animales.

4. Los conocimientos sobre los poderes curativos de las plantas han pasado de padres a hijos a través de los siglos.

5. En Colombia, el uso de plantas curativas es popular sólo entre las comunidades indígenas.

6. A pesar de la llegada de la medicina científica, muchas comunidades mantuvieron sus prácticas medicinales tradicionales.

7. Las comunidades que mejor conservaron las tradiciones fueron las que estaban más cerca de la costa.

8. En Colombia, las instituciones no se preocupan por recuperar las tradiciones curativas.

9. Las empresas farmacéuticas quieren apropiarse de las plantas.

10. Colombia ha empezado a controlar las exportaciones de plantas curativas.

2 Oraciones incompletas Completa las oraciones con la información correcta.

1. Las costumbres de las comunidades afrocolombianas del/de _____ son muy diferentes de las del resto del país.
   a. Pacífico   b. Atlántico   c. Cauca

2. Estas comunidades mantienen costumbres que mezclan la cultura africana, indígena y _____.
   a. caribeña   b. americana   c. europea

3. En Chile, el sistema de salud sigue el modelo _____.
   a. mixto   b. universalista   c. privado

4. Carlos Finlay colaboró para descubrir cómo se transmite _____.
   a. la malaria   b. la fiebre amarilla
   c. la gripe

5. En Chile, usan *estar funado* para decir que alguien tiene _____.
   a. indigestión   b. gripe
   c. poca energía

 3 Opiniones En parejas, hablen sobre estas preguntas: ¿Se puede patentar la naturaleza? ¿Tienen derecho las empresas farmacéuticas a patentar plantas? ¿Tienen derecho a hacerlo si modifican la estructura genética de la planta? ¿Qué consecuencias tiene el patentar plantas y organismos vivos? Compartan su opinión con la clase.

PROYECTO

Las plantas curativas

Como hemos visto, muchas comunidades latinoamericanas usan las plantas para curar diferentes enfermedades. Busca información en Internet o en la biblioteca sobre alguna de estas plantas.

Usa las preguntas como guía para tu investigación.

- ¿Para qué se usa la planta?
- ¿En qué comunidad(es) se usa?
- ¿Qué enfermedades específicas cura?
- ¿Cómo se usa según la tradición?
- ¿Se comprobaron científicamente las propiedades de la planta?
- ¿Es común su uso en la medicina científica?

Practice more at **descubre3.vhlcentral.com.**

RITMOS

Marta Gómez

Marta Gómez es una de esas personas que siempre sabía lo que quería. A los cuatro años, comenzó a cantar en un coro de su Cali natal. Más tarde, cursó sus estudios universitarios de música en la Pontificia Universidad Javeriana de Bogotá, y en 1999 ganó una beca° para estudiar en el Berklee College of Music en Boston, Estados Unidos. Allí, conoció a unos músicos argentinos con quienes formó una banda bajo su nombre. Así, Gómez pasó de la música clásica a cantar música folclórica latinoamericana con influencias de jazz. Hoy, la voz de esta cantautora° colombiana se escucha en toda Latinoamérica, Europa, Canadá y los Estados Unidos, donde actualmente vive. En 2005, su álbum *Cantos de agua dulce* fue nominado a los premios *Billboard* de la música latina como mejor álbum de jazz latino.

Discografía

2006 Entre cada palabra   **2004** Cantos de agua dulce   **2003** Sólo es vivir

Canción

Éste es un fragmento de una canción de Marta Gómez.

Canta

Canta cuando hay que cantar
y llora° cuando hay que llorar
y es que cantando lloras de todas formas
te da igual.

Y cuando quieras llorar yo te doy mi llanto
y en mí traigo a un país que sabe llorar
y si a eso le voy sumando a todos los
que sufren de soledad
entonces vamos llorando ya todo un mar.

Estos son otros músicos hispanos famosos que estudiaron en el **Berklee College of Music**:
Pedro Aznar músico y cantautor (Argentina)
Juan Luis Guerra guitarrista y cantautor (República Dominicana)
Beto Hale baterista y compositor (México)
Danilo Pérez pianista y compositor (Panamá)
Néstor Torres flautista de jazz (Puerto Rico)

Juan Luis Guerra

 Preguntas En parejas, contesten las preguntas con oraciones completas.

1. ¿Cómo se compone la banda de Marta Gómez? ¿Qué tipo de música tocan?
2. ¿Qué otros hispanos estudiaron música en la misma universidad?
3. ¿Qué significa este verso de la canción: "y en mí traigo a un país que sabe llorar"?
4. ¿Es popular la música folclórica en su cultura? Den ejemplos.

recursos

descubre3.
vhlcentral.com

beca *scholarship* **cantautora** *singer-songwriter* **llora** *cry*

4.1 The subjunctive in noun clauses

Tutorials
Audio: Charts

Forms of the present subjunctive

- The subjunctive (**el subjuntivo**) is used mainly in multiple clause sentences which express will, influence, emotion, doubt, or denial. The present subjunctive is formed by dropping the **–o** from the **yo** form of the present indicative and adding the subjunctive endings.

The present subjunctive		
hablar	**comer**	**escribir**
hable	coma	escriba
hables	comas	escribas
hable	coma	escriba
hablemos	comamos	escribamos
habléis	comáis	escribáis
hablen	coman	escriban

- Verbs with irregular **yo** forms show that same irregularity throughout the forms of the present subjunctive.

conocer	conozca	seguir	siga
decir	diga	tener	tenga
hacer	haga	traer	traiga
oír	oiga	venir	venga
poner	ponga	ver	vea

- Verbs that have stem changes in the present indicative have the same changes in the present subjunctive. Remember that only **–ir** verbs undergo stem changes in the **nosotros/as** and **vosotros/as** forms.

pensar (e:ie)	piense, pienses, piense, pensemos, penséis, piensen
jugar (u:ue)	juegue, juegues, juegue, juguemos, juguéis, jueguen
mostrar (o:ue)	muestre, muestres, muestre, mostremos, mostréis, muestren
entender (e:ie)	entienda, entiendas, entienda, entendamos, entendáis, entiendan
resolver (o:ue)	resuelva, resuelvas, resuelva, resolvamos, resolváis, resuelvan
pedir (e:i)	pida, pidas, pida, pidamos, pidáis, pidan
sentir (e:ie)	sienta, sientas, sienta, sintamos, sintáis, sientan
dormir (o:ue)	duerma, duermas, duerma, durmamos, durmáis, duerman

- The following five verbs are irregular in the present subjunctive.

dar	dé, des, dé, demos, deis, den
estar	esté, estés, esté, estemos, estéis, estén
ir	vaya, vayas, vaya, vayamos, vayáis, vayan
saber	sepa, sepas, sepa, sepamos, sepáis, sepan
ser	sea, seas, sea, seamos, seáis, sean

¡ATENCIÓN!

The indicative is used to express actions, states, or facts the speaker considers to be certain. The subjunctive expresses the speaker's attitude toward events, as well as actions or states that the speaker views as uncertain.

• • • •

Verbs that end in **–car, -gar,** and **–zar** undergo spelling changes in the present subjunctive.

sacar: saque

jugar: juegue

almorzar: almuerce

• • • •

The present subjunctive form of **hay** is **haya**.

No creo que haya una solución.
I don't think there is a solution.

Verbs of will and influence

- A clause is a group of words that contains both a conjugated verb and a subject (expressed or implied). In a subordinate (dependent) noun clause (**oración subordinada sustantiva**), a group of words function together as a noun.

Quiero que hagas unos cambios en estos diseños.

- When the subject of the main clause of a sentence exerts influence or will on the subject of the subordinate clause, the verb in the subordinate clause must be in the subjunctive.

MAIN CLAUSE	CONNECTOR	SUBORDINATE CLAUSE
Yo quiero	**que**	**tú vayas al médico.**

Verbs and expressions of will and influence

aconsejar *to advise*	**gustar** *to like*	**preferir (e:ie)** *to prefer*
desear *to desire;*	**hacer** *to make*	**prohibir** *to prohibit*
to wish	**importar** *to be important*	**proponer** *to propose*
es importante	**insistir (en)** *to insist (on)*	**querer (e:ie)** *to want; to wish*
it's important	**mandar** *to order*	**recomendar (e:ie)**
es necesario	**necesitar** *to need*	*to recommend*
it's necessary	**oponerse a** *to oppose*	**rogar (o:ue)** *to beg; to plead*
es urgente *it's urgent*	**pedir (e:i)** *to ask for;*	**sugerir (e:ie)** *to suggest*
exigir *to demand*	*to request*	

Necesito que **consigas** estas pastillas en la farmacia.

I need you to get these pills at the pharmacy.

Insisto en que **vayas** a la sala de emergencias.

I insist that you go to the emergency room.

El médico siempre me **recomienda** que **haga** más ejercicio.

The doctor always recommends that I exercise more.

Se oponen a que **salgas** si estás enfermo.

They object to your going out if you're sick.

- The infinitive, not the subjunctive, is used with verbs and expressions of will and influence if there is no change of subject in the sentence.

Quiero **ir** a Bogotá en junio.

I want to go to Bogota in June.

Prefiero que **vayas** en agosto.

I prefer that you go in August.

> **¡ATENCIÓN!**
>
> **Pedir** is used with the subjunctive to ask someone to do something. **Preguntar** is used to ask questions, and is not followed by the subjunctive.

Verbs of emotion

- When the main clause expresses an emotion like hope, fear, joy, pity, or surprise, the verb in the subordinate clause must be in the subjunctive if its subject is different from that of the main clause.

Espero que **te recuperes** pronto.
I hope you recover quickly.

Qué pena que **necesites** una operación.
What a shame you need an operation.

Verbs and expressions of emotion		
alegrarse (de) *to be happy (about)*	**es terrible** *it's terrible*	**molestar** *to bother*
es bueno *it's good*	**es una lástima** *it's a shame*	**sentir (e:ie)** *to be sorry; to regret*
es extraño *it's strange*	**es una pena** *it's a pity*	**sorprender** *to surprise*
es malo *it's bad*	**esperar** *to hope; to wish*	**temer** *to fear*
es mejor *it's better*	**gustar** *to like; to be pleasing*	**tener miedo (de)** *to be afraid (of)*
es ridículo *it's ridiculous*		

- The infinitive, not the subjunctive, is used with verbs and expressions of emotion if there is no change of subject in the sentence.

No me gusta **llegar** tarde.
I don't like to be late.

Es mejor que lo **hagas** ahora.
It's better that you do it now.

Verbs of doubt or denial

- When the main clause implies doubt, uncertainty, or denial, the verb in the subordinate clause must be in the subjunctive if its subject is different from that of the main clause.

No cree que él nos **quiera** engañar.
She doesn't believe that he wants to deceive us.

Dudan que eso **sea** un buen tratamiento.
They doubt that would be a good treatment.

Verbs and expressions of doubt and denial	
dudar *to doubt*	**negar (e:ie)** *to deny*
es imposible *it's impossible*	**no creer** *not to believe*
es improbable *it's improbable*	**no es evidente** *it's not evident*
es poco seguro *it's uncertain*	**no es seguro** *it's not certain*
(no) es posible *it's (not) possible*	**no es verdad/cierto** *it's not true*
(no) es probable *it's (not) probable*	**no estar seguro (de)** *not to be sure (of)*

- The infinitive, not the subjunctive, is used with verbs and expressions of doubt or denial if there is no change in the subject of the sentence.

Es imposible **viajar** hoy.
It's impossible to travel today.

Es improbable que él **viaje** hoy.
It's unlikely that he would travel today.

¡ATENCIÓN!

The subjunctive is also used with expressions of emotion that begin with **¡Qué…** (*What a…!/It's so…!*)

¡Qué pena que él no vaya!
What a shame he's not going!

• • • •

The expression **ojalá** (*I hope; I wish*) is always followed by the subjunctive. The use of **que** with **ojalá** is optional.

Ojalá (que) no llueva.
I hope it doesn't rain.

Ojalá (que) no te enfermes.
I hope you don't get sick.

¡ATENCIÓN!

The subjunctive is also used after **quizá(s)** and **tal vez** (*maybe; perhaps*) when they signal uncertainty, even if there is no change of subject in the sentence.

Quizás vengan a la fiesta.
Maybe they'll come to the party.

---

recursos

v Text

CA
pp. 10, 70

CP
pp. 33–34

CH
pp. 55–56

S

descubre3.
vhlcentral.com

Práctica

1 **Opiniones contrarias** Escribe la oración que expresa lo opuesto en cada ocasión.

> **MODELO** **Dudo que la comida rápida sea buena para la salud.**
> —No dudo que la comida rápida es buena para la salud.

1. Están seguros de que Pedro puede dejar de fumar.
2. Es evidente que estás agotado.
3. No creo que las medicinas naturales sean curativas.
4. Es verdad que la cirujana no quiere operarte.
5. No es seguro que este médico sepa el mejor tratamiento.

2 **Siempre enferma** Últimamente, Ana María se enferma demasiado y sus amigas están preocupadas por ella. Completa la conversación con el infinitivo, el indicativo o el subjuntivo de los verbos entre paréntesis.

MARTA Es una pena que Ana María (1) _____ (estar / está / esté) enferma otra vez.

ADRIANA El problema es que no le gusta (2) _____ (tomar / toma / tome) vitaminas. Además, ella casi nunca (3) _____ (comer / come / coma) verduras.

MARTA Y no creo que Ana María (4) _____ (hacer / hace / haga) ejercicio. Yo siempre le (5) _____ (pedir / pido / pida) que (6) _____ (venir / viene / venga) conmigo al gimnasio, pero ella prefiere (7) _____ (quedarse / se queda / se quede) en casa.

ADRIANA Y cuando ella se enferma, no (8) _____ (seguir / sigue / siga) los consejos del médico. Si él le recomienda que (9) _____ (permanecer / permanence / permanezca) en cama, ella dice que no es necesario (10) _____ (descansar / descansa / descanse). Si él le da una receta, ella ni (11) _____ (comprar / compra / compre) las medicinas. ¿Qué vamos a hacer, Marta?

MARTA Es necesario que (12) _____ (hablar / hablamos / hablemos) con ella. Si no, ¡temo que un día de estos ella nos (13) _____ (llamar / llama / llame) para llevarla a la sala de emergencias!

ADRIANA Bueno, creo que (14) _____ (tener / tienes / tengas) razón. ¡Sólo espero que ella nos (15) _____ (escuchar / escucha / escuche)!

3 **Consejos** Adriana y Marta le dan consejos a Ana María. Combina los elementos de cada columna para escribir cinco oraciones. No olvides usar el presente del subjuntivo.

> **MODELO** —Te recomendamos que hagas más ejercicio.

aconsejar		comer frutas y verduras
es importante		descansar
es necesario	que	hacer más ejercicio
querer		ir al gimnasio
recomendar		seguir las recomendaciones del médico
sugerir		tomar las medicinas

Práctica

(4) Ojalá Para muchos, el amor es una enfermedad. El cantante Silvio Rodríguez sugiere en esta canción una cura para el amor.

A. Utiliza el presente del subjuntivo de los verbos entre paréntesis para completar la estrofa (*verse*) de la canción.

> Ojalá que las hojas no te (1) _____ (tocar) el cuerpo cuando (2) _____ (caer) para que no las puedas convertir en cristal.
> Ojalá que la lluvia (3) _____ (dejar) de ser milagro que baja por tu cuerpo.
> Ojalá que la luna (4) _____ (poder) salir sin ti.
> Ojalá que la tierra no te (5) _____ (besar) los pasos.

B. Escribe tu propia estrofa para la canción de Silvio Rodríguez.

1. Ojalá que los sueños _____.

2. Ojalá que la noche _____.

3. Ojalá que la herida _____.

4. Ojalá una persona _____.

(5) El hombre ideal Roberto está enamorado de Lucía, pero ella no le presta atención. Roberto está dispuesto a hacer cualquier cosa para ganar su amor. Mira el dibujo del hombre ideal de Lucía y escribe cinco recomendaciones para Roberto. Utiliza el presente del subjuntivo.

Roberto   hombre ideal

MODELO   **Es necesario que...**
              Roberto se vista mejor.

1. Le aconsejo que _____.

2. Es importante que _____.

3. Es mejor que _____.

4. Sugiero que _____.

5. Le propongo que _____.

Practice more at **descubre3.vhlcentral.com.**

Comunicación

6 **El doctor Sánchez responde** Los lectores de una revista de salud envían sus consultas al doctor Sánchez. En la columna de la izquierda están las preguntas y, a la derecha, algunas notas del médico para responder a esas preguntas. Trabajen en parejas para decidir qué notas corresponden a cada pregunta. Utilicen las expresiones de la lista. Luego redacten la respuesta para cada lector.

Los lectores preguntan. El Dr. Sánchez responde.

1. Estimado Dr. Sánchez:
   Tengo 55 años y quiero bajar 10 kilos. Mi médico insiste en que mejore mi alimentación. Probé varias dietas, pero no logro bajar de peso.
   ¿Qué puedo hacer?
   Ana J.

2. Querido Dr. Sánchez:
   Tengo 38 años y sufro fuertes dolores de espalda (*back*). Trabajo en una oficina y estoy muchas horas sentada. Después de varios análisis, mi médico dijo que todo está bien en mis huesos (*bones*). Me recetó unas pastillas para los músculos, pero no quiero tomar medicinas.
   ¿Hay otra solución?
   Isabel M.

3. Dr. Sánchez:
   Siempre me duele mucho el estómago. Soy muy nervioso y no puedo dormir. Mi médico me aconseja que trabaje menos. Pero eso es imposible.
   Andrés S.

A. *No comer con prisa.*
   Pasear mucho.
   No tomar café.
   Practicar yoga.

B. *Caminar mucho.*
   Practicar natación.
   No comer las cuatro "p":
   papas, pastas, pan y postres.
   Tomar dos litros de agua
   por día.

C. *No permanecer sentada más*
   de dos horas seguidas.
   Hacer cincuenta minutos
   de ejercicio por día.
   Adoptar una buena postura
   al estar sentada.
   Elegir una buena cama.
   Usar una almohada delgada
   y dura.

es importante que	le aconsejo que
es improbable que	le propongo que
es necesario que	le recomiendo que
es poco seguro que	le sugiero que
es urgente que	no es seguro que

7 **Estilos de vida** En parejas, cada uno debe elegir una de estas dos personalidades. Después, dense consejos mutuamente para cambiar su estilo de vida. Utilicen el subjuntivo en la conversación.

1. Voy al gimnasio tres veces al día. Lo más importante en mi vida es mi cuerpo.

2. Me gusta salir por las noches. Trasnocho casi todos los días.

4.2 Commands

S Tutorials
Audio: Charts

Formal (*Ud.* and *Uds.*) commands

- Formal commands (**mandatos**) are used to give orders or advice to people you address as **usted** or **ustedes**. Their forms are identical to the present subjunctive forms for **usted** and **ustedes**.

Formal commands		
Infinitive	**Affirmative command**	**Negative command**
tomar	**tome** Ud.	**no tome** Ud.
	tomen Uds.	**no tomen** Uds.
volver	**vuelva** Ud.	**no vuelva** Ud.
	vuelvan Uds.	**no vuelvan** Uds.
salir	**salga** Ud.	**no salga** Ud.
	salgan Uds.	**no salgan** Uds.

¡ATENCIÓN!

***Vosotros/as* commands**

In Latin America, **ustedes** commands serve as the plural of familiar (**tú**) commands. The familiar plural **vosotros/as** command is used in Spain. The affirmative command is formed by changing the **–r** of the infinitive to **–d**. The negative command is identical to the **vosotros/as** form of the present subjunctive.

bailar: bailad/no bailéis

For reflexive verbs, affirmative commands are formed by dropping the **–r** and adding the reflexive pronoun **–os**. In negative commands, the pronoun precedes the verb.

levantarse: levantaos/ no os levantéis

Irse is irregular: **idos/ no os vayáis**

Familiar (*tú*) commands

- Familar commands are used with people you address as **tú**. Affirmative **tú** commands have the same form as the **él, ella**, and **usted** form of the present indicative. Negative **tú** commands have the same form as the **tú** form of the present subjunctive.

Piensa en él como un amigo que tiene siempre razón.

No pienses en mí como tu jefe.

Familiar commands		
Infinitive	**Affirmative command**	**Negative command**
viajar	viaja	no viajes
empezar	empieza	no empieces
pedir	pide	no pidas

- Eight verbs have irregular affirmative **tú** commands. Their negative forms are still the same as the **tú** form of the present subjunctive.

decir	di	salir	sal
hacer	haz	ser	sé
ir	ve	tener	ten
poner	pon	venir	ven

Nosotros/as commands

- **Nosotros/as** commands are used to give orders or suggestions that include yourself as well as other people. In Spanish, **nosotros/as** commands correspond to the English *let's* + [*verb*]. Affirmative and negative **nosotros/as** commands are generally identical to the **nosotros/as** forms of the present subjunctive.

Nosotros/as commands		
Infinitive	**Affirmative command**	**Negative command**
bailar	bailemos	no bailemos
beber	bebamos	no bebamos
abrir	abramos	no abramos

- The **nosotros/as** commands for **ir** and **irse** are irregular: **vamos** and **vámonos**. The negative commands are regular: **no vayamos** and **no nos vayamos.**

Using pronouns with commands

- When object and reflexive pronouns are used with affirmative commands, they are always attached to the verb. When used with negative commands, the pronouns appear after **no** and before the verb.

  Levántense temprano.
  Wake up early.

  No se levanten temprano.
  Don't wake up early.

  Dime todo.
  Tell me everything.

  No me digas.
  Don't tell me.

- When the pronouns **nos** or **se** are attached to an affirmative **nosotros/as** command, the final **s** of the command form is dropped.

  Sentémonos aquí.
  Let's sit here.

  No nos sentemos aquí.
  Let's not sit here.

  Démoselo mañana.
  Let's give it to him/her tomorrow.

  No se lo demos mañana.
  Let's not give it to him/her tomorrow.

Indirect (*él, ella, ellos, ellas*) commands

- The construction **que** + [*verb*] in the third-person subjunctive can be used to express indirect commands that correspond to the English *let someone do something*. If the subject of the indirect command is expressed, it usually follows the verb.

  Que pase el siguiente.
  Let the next person pass.

  Que lo **haga** ella.
  Let her do it.

- As with other uses of the subjunctive, pronouns are never attached to the conjugated verb, regardless of whether the indirect command is affirmative or negative.

  Que se lo den los otros.
  Que lo vuelvan a hacer.

  Que no se lo den.
  Que no lo vuelvan a hacer.

¡ATENCIÓN!

When one or more pronouns are attached to an affirmative command, an accent mark may be necessary to maintain the original stress. This usually happens when the combined verb form has three or more syllables.

decir

di, dile, dímelo

diga, dígale, dígaselo

digamos, digámosle, digámoselo

recursos

v̂Text

CA
pp. 11, 71

CP
pp. 35–36

CH
pp. 57–58

S

descubre3.
vhlcentral.com

Práctica

(1) Mandatos Cambia estas oraciones para que sean mandatos.

1. Te conviene descansar.
2. Deben relajarse.
3. Es hora de que usted tome su pastilla.
4. ¿Podría usted describir sus síntomas?
5. ¿Y si mejoramos nuestra alimentación?
6. ¿Podrías consultar con un especialista?
7. Ustedes necesitan comer bien.
8. Le pido que se vaya de mi consultorio.

(2) El cuidado de los dientes

A. Un dentista visita una escuela para hablar a los estudiantes sobre el cuidado de los dientes. Escribe los consejos que dio el dentista. Usa el imperativo formal de la segunda persona del plural.

1. prevenir las caries (*cavities*)
2. cepillarse los dientes después de cada comida
3. no comer dulces
4. poner poco azúcar en el café o el té
5. comer o beber alimentos que tengan calcio
6. consultar al dentista periódicamente

B. Un estudiante estuvo ausente el día de la charla con el dentista. Al día siguiente, sus compañeros le contaron sobre la charla y le dieron los mismos consejos. Reescribe los consejos usando el imperativo informal.

(3) El doctor de Felipito Felipito es un niño muy inquieto. A cada rato tiene pequeños accidentes. Su doctor decide explicarle cómo evitarlos y cómo cuidar su salud. Utiliza mandatos informales para escribir las indicaciones del médico.

1.   2.   3.

4.   5.   6.

 Practice more at **descubre3.vhlcentral.com**.

Comunicación

4 **Que lo hagan ellos** Carlos está tan entretenido con su nuevo videojuego que no quiere hacer nada más. En parejas, preparen una conversación entre Carlos y su madre en la que ella le da mandatos y Carlos sugiere que otras personas la ayuden. Utilicen mandatos indirectos en la conversación.

> **MODELO**
> **MADRE** Limpia tu cuarto, Carlos.
> **CARLOS** Que lo limpie mi hermano. ¡Estoy a punto de alcanzar el próximo nivel!

ayudarme en la cocina	mis amigos
cortar cebollas	mi hermana
pasear al perro	mi hermano
llamar a la abuela	mi padre
ir a la farmacia	tú/Ud.

5 **Hasta el siglo XXII**

A. ¿Qué consejos le darías a un(a) amigo/a para que viva hasta el siglo XXII? En grupos pequeños, escriban ocho recomendaciones utilizando mandatos informales afirmativos y negativos. Sean creativos.

> **MODELO** No tomes mucho café. Toma sólo agua y jugos naturales.

B. Ahora reúnanse con otro grupo y lean las dos listas. ¿En qué se parecen y en qué se diferencian sus recomendaciones?

6 **Anuncios** En grupos, elijan tres de estos productos y escriban un anuncio (*commercial*) de televisión para promocionar cada uno de ellos. Utilicen los mandatos formales para convencer al público de que lo compre.

> **MODELO** El nuevo perfume "Enamorar" de Rita Ferrero le va a encantar. Cómprelo en cualquier perfumería de su ciudad. Pruébelo y…

perfume "Enamorar"	computadora portátil "Digitex"
chocolate sin calorías "Deliz"	crema hidratante "Suave"
raqueta de tenis "Rayo"	todo terreno "4 X 4"
pasta de dientes "Sonrisa Sana"	cámara digital "Flimp"

4.3 Por and para

Tutorial
Audio: Charts

- **Por** and **para** are both translated as *for*, but they are not interchangeable.

Madrugué para
ir al gimnasio.

Por mucho que
insistan, los tendré
que tirar.

Uses of *para*

Destination *(toward; in the direction of)*	El cirujano sale de su casa **para** la clínica a las ocho. *The surgeon leaves his house at eight to go to the clinic.*
Deadline or a specific time in the future *(by; for)*	El resultado del análisis va a estar listo **para** mañana. *The results of the analysis will be ready by tomorrow.*
Purpose or goal + [*infinitive*] *(in order to)*	El doctor usó un termómetro **para** ver si el niño tenía fiebre. *The doctor used a thermometer to see if the boy had a fever.*
Purpose + [*noun*] *(for; used for)*	El investigador descubrió una cura **para** la enfermedad. *The researcher discovered a cure for the illness.*
Recipient *(for)*	La enfermera preparó la cama **para** doña Ángela. *The nurse prepared the bed for doña Ángela.*
Comparison with others or opinion *(for; considering)*	**Para** su edad, goza de muy buena salud. *For her age, she enjoys very good health.* **Para** mí, lo que tienes es gripe y no un resfriado. *To me, what you have is the flu, not a cold.*
Employment *(for)*	Mi hijo trabaja **para** una empresa farmacéutica. *My son works for a pharmaceutical company.*

Expressions with *para*

no estar para bromas *to be in no mood for jokes*	**para colmo** *to top it all off*
no ser para tanto *to be not so important*	**para que sepas** *just so you know*
	para siempre *forever*

Para ponerse en forma hay que trabajar duro.

Yo, por ejemplo, trato de comer cosas sanas.

Uses of *por*

Motion or a general location (along; through; around; by)	Me quebré la pierna corriendo **por** el parque. *I broke my leg running through the park.*
Duration of an action (for; during; in)	Estuvo en cama **por** dos meses. *He was in bed for two months.*
Reason or motive for an action (because of; on account of; on behalf of)	Rezó **por** su hijo enfermo. *She prayed for her sick child.*
Object of a search (for; in search of)	El enfermero fue **por** un termómetro. *The nurse went for a thermometer.*
Means by which (by; by way of; by means of)	Consulté con el doctor **por** teléfono. *I consulted with the doctor by phone.*
Exchange or substitution (for; in exchange for)	Cambiamos ese tratamiento **por** uno nuevo. *We changed from that treatment to a new one.*
Unit of measure (per; by)	Tengo que tomar las pastillas cinco veces **por** día. *I have to take the pills five times per day.*
Agent (passive voice) *by*	La nueva política de salud pública fue anunciada **por** la prensa. *The new public health policy was announced by the press.*

¡ATENCIÓN!

In many cases it is grammatically correct to use either **por** or **para** in a sentence. However, the meaning of each sentence is different.

Trabajó por su tío. *He worked for (in place of) his uncle.*

Trabajó para su tío. *He worked for his uncle('s company).*

Expressions with *por*

por ahora *for the time being*	**por lo menos** *at least*
por allí/aquí *around there/here*	**por lo tanto** *therefore*
por casualidad *by chance/accident*	**por lo visto** *apparently*
por cierto *of course; by the way*	**por más/mucho que** *no matter how much*
por ejemplo *for example*	**por otro lado/otra parte** *on the other hand*
por eso *therefore; for that reason*	**por primera vez** *for the first time*
por fin *finally*	**por si acaso** *just in case*
por lo general *in general*	**por supuesto** *of course*

recursos

v̂Text

CA pp. 12, 72

CP pp. 37–38

CH pp. 59–60

descubre3. vhlcentral.com

Práctica

1 **Otra manera** Lee la primera oración y completa la segunda versión con **por** o **para**.

1. Mateo pasó el verano en Colombia con su abuela.
   Mateo fue a Colombia _para_ visitar a su abuela.

2. Ella estaba enferma y quería la compañía de su nieto.
   Ella estaba enferma; _por_ eso, Mateo decidió ir.

3. La familia le envió muchos regalos a la abuela.
   La familia envió muchos regalos _para_ la abuela.

4. La abuela se alegró mucho de la visita de Mateo.
   La abuela se puso muy feliz _por_ la visita de Mateo.

5. Mateo pasó tres meses allá.
   Mateo estuvo en Colombia _por_ tres meses.

Cartagena, Colombia

2 **Carta de amor** Completa la carta con **por** y **para**.

Mi amada Catalina:

(1) _Por_ fin encuentro un momento (2) _para_ escribirte. Es que mi abuela me tiene a su lado (3) _por_ horas y horas cada día, contándome historias de su niñez aquí en Cartagena. Poquito a poco va recuperándose, pero no sé de dónde saca tantas fuerzas (4) _para_ hablar. Pero estoy aquí sólo (5) _por_ ella, así que no me quejo de nada. En las tardes ella descansa y yo suelo caminar (6) _para_ la playa y, (7) _por_ supuesto, pienso en ti…

Hoy mi abuelita me pidió llamar (8) _para_ teléfono a la clínica, pues le duele mucho el estómago y cree que es (9) _por_ las otras medicinas que le recetó el cirujano. Mientras tío Javi la lleva a la clínica, yo iré al centro (10) _para_ hacer unas compras. Ya sé lo que voy a comprar (11) _para_ ti.

😊 Ya pronto nos veremos…

Te amaré (12) _por_ siempre…

Mateo

3 **Oraciones** Utiliza palabras de cada columna para formar oraciones lógicas.

MODELO   Mi hermana preparó una cena especial para la fiesta.

caminar		él
comprar		la fiesta
jugar	por	mi mamá
hacer	para	su hermana
preparar		el parque

Practice more at **descubre3.vhlcentral.com.**

Comunicación

4 **Soluciones** En parejas, comenten cuáles son las mejores maneras de lograr los objetivos de la lista. Sigan el modelo y utilicen **por** y **para**.

> **MODELO**
>
> —Para tener buena salud, lo mejor es comer cinco frutas o verduras por día porque tienen muchas vitaminas.

concentrarse al estudiar	relajarse
divertirse	ser famoso/a
hacer muchos amigos	ser organizado/a
mantenerse en forma	tener buena salud

5 **Conversación** En parejas, elijan una de las situaciones y escriban una conversación. Utilicen **por** y **para** y algunas de las expresiones de la lista.

A. Don Horacio, tu vecino millonario, está escribiendo la versión final de su testamento (*will*). Él no tiene herederos y quiere dejar toda su fortuna a una sola persona. Está pensando en ti y en el alcalde (*mayor*) del pueblo. Convence a don Horacio de que te deje toda su fortuna a ti y no al alcalde.

B. Todo el verano has trabajado en una librería local y no has tomado ni un día libre. Habla con tu jefe/a y dile que quieres tomarte unas vacaciones de dos semanas antes de regresar a las clases. Tu jefe/a dice que no necesitas tomarte vacaciones y te da algunas razones. Explícale tus razones.

no es para tanto	por casualidad	por lo menos
para colmo	por eso	por lo tanto
para siempre	por fin	por supuesto

6 **Síntesis** En grupos de cuatro, miren la foto e inventen una conversación que incluya a todos los miembros de la familia. Deben usar por lo menos tres verbos en el subjuntivo, tres mandatos y tres expresiones con **por** o **para**. Dramaticen la conversación para el resto de la clase.

Recapitulación
Diagnostics

S Audio: Vocabulary

Antes de ver el corto

ÉRAMOS POCOS

país España
duración 16 minutos
director Borja Cobeaga

protagonistas Joaquín (padre), Fernando (hijo), Lourdes (abuela)

Vocabulario

el álbum (de fotos) *(photo) album*
apañar *to mend; to fix*
apañarse *to manage*
el asilo (de ancianos) *nursing home*
descalzo/a *barefoot*
el desorden *mess*

enseguida *right away*
largarse *to take off*
el marco *frame*
la paella (Esp.) *traditional rice and seafood dish*
la tortilla (Esp.) *potato omelet*
el trastero *storage room*

---

1 **Oraciones incompletas** Completa las oraciones con las palabras apropiadas.

1. Pones las fotos en un _____ para colocarlas en la pared.
2. Te vas a vivir a un _____ cuando eres un anciano.
3. Guardas los muebles antiguos en un _____.
4. Cuando no llevas zapatos, vas _____.
5. La _____ es un plato que se cocina con huevos y patatas.

2 **Preguntas** En parejas, contesten las preguntas.

1. ¿Crees que los hombres ayudan en las tareas del hogar más que hace unos años?
2. ¿Conoces a alguna mujer que sea ama de casa? ¿Le gusta serlo?
3. ¿Cuáles son las ventajas y las desventajas de vivir en un asilo o vivir con la familia cuando una persona es anciana? ¿Qué vas a preferir tú: vivir en un asilo o vivir con la familia? ¿Por qué?
4. ¿Crees que la situación de los ancianos va a mejorar dentro de unos años? ¿Por qué?

3 **¿Qué sucederá?** En parejas, miren el fotograma e imaginen lo que va a ocurrir en la historia. Compartan sus ideas con la clase.

Practice more at **descubre3.vhlcentral.com**.

Escenas

ARGUMENTO Tras ser abandonado por su mujer, Joaquín decide traer a su suegra a casa para que haga las labores del hogar.

FERNANDO ¿Por qué estás descalzo?
JOAQUÍN Porque no encuentro mis zapatillas.
FERNANDO ¿Y estás seguro de que se ha ido sin más°?
JOAQUÍN Eso parece.

JOAQUÍN Cuánto tiempo sin verte.
LOURDES Mucho tiempo.
JOAQUÍN Mira papá, es la abuela.
LOURDES Hola.
JOAQUÍN Hola, soy tu yerno Joaquín. No sé si te acuerdas de mí.

LOURDES ¿Y mi habitación?
JOAQUÍN Esto se arregla en un momento. Desde que te fuiste usamos este cuarto como un trastero, pero en seguida lo apañamos. ¡Fernando!
LOURDES No te preocupes, no pasa nada.
JOAQUÍN ¡Fernando!

JOAQUÍN Creo que se ha dado cuenta. Que sabe a qué la hemos traído.
FERNANDO ¿Qué dices?
JOAQUÍN ¿No la notas demasiado… contenta?

ABUELA ¿Qué? ¿No coméis?
JOAQUÍN Que te diga esto a lo mejor te parece desproporcionado, Lourdes. Pero es que Julia lleva mucho tiempo de viaje.
FERNANDO Mucho, mucho.
JOAQUÍN No sabes lo que esta tortilla significa para nosotros.

JOAQUÍN Julia, soy yo. No me cuelgues°, ¿eh? Es importante. Es sobre tu madre. Ya sé que fui yo el que insistió en meterla en un asilo pero ahora está aquí, con nosotros. Es para pedirte perdón y para que veas que puedo cambiar.

sin más *just like that* **No me cuelgues** *Don't hang up on me*

Después de ver el corto

1 **Comprensión** Contesta las preguntas con oraciones completas.

1. ¿Dónde está Julia?
2. ¿Qué ha pasado con las zapatillas de Joaquín?
3. ¿Por qué van a recoger a la abuela?
4. ¿Por qué cree Joaquín que la abuela se ha dado cuenta del plan?
5. ¿Para qué llama Joaquín a su mujer?
6. ¿Qué le dice su mujer?
7. ¿Para qué mira Joaquín el álbum de fotos?
8. ¿Qué descubre Joaquín?

2 **Ampliación** Contesta las preguntas.

1. ¿Por qué piensas que Joaquín y Fernando son incapaces de vivir sin una mujer?
2. Según Joaquín, ¿por qué es importante la tortilla?
3. ¿Por qué está tan contenta Lourdes a pesar de trabajar tanto?
4. ¿Por qué crees que Joaquín no dice que la mujer no es su suegra?
5. ¿Qué opinas del final del corto? ¿Te parece que los personajes se están engañando unos a otros o se están ayudando? ¿Por qué?
6. ¿Cómo se relaciona el título con lo que sucede en el corto?

3 **Julia** En parejas, imaginen cómo es la esposa de Joaquín y cómo es su vida.

- ¿Cómo es?
- ¿Por qué se fue de casa?
- ¿Dónde está ahora?
- ¿Crees que sigue haciendo las labores del hogar?
- ¿Volverá con su familia?

4 **Salud mental** Imaginen que un día Julia llama a su hijo para explicarle por qué se fue. Según ella, era necesario para su salud mental y su bienestar. Piensen en estas preguntas y ensayen la conversación telefónica entre Fernando y Julia. Represéntenla delante de la clase.

- ¿Está Fernando de acuerdo con la explicación de su madre?
- ¿Perdona Fernando a su madre?
- ¿Le importa realmente que su madre se haya ido?
- ¿Está arrepentida Julia?
- ¿Estaba realmente enferma Julia cuando se fue de la casa?

5 **Cartas** Elige una de estas dos situaciones y escribe una carta.

1. Eres la anciana que se hace pasar por Lourdes y decides escribirle una carta a tu verdadera familia explicando por qué te fuiste del asilo con otra familia.
2. Eres un(a) anciano/a que acaba de irse a un asilo. Escribe una carta a tu familia describiendo qué cosas extrañas de vivir en casa y qué te gusta acerca del asilo.

Practice more at **descubre3.vhlcentral.com**.

Maru, 2010
Fernando Miñarro, España

"Cuando sientes que la mano de la muerte
se posa sobre el hombro, la vida se ve
iluminada de otra manera…"

— Isabel Allende

Antes de leer Audio: Vocabulary Reading

Mujeres de ojos grandes

Sobre la autora

Ángeles Mastretta nació en Puebla, México, en 1949. Estudió periodismo y colaboró en periódicos y revistas: "Escribía de todo: de política, de mujeres, de niños, de lo que veía, de lo que sentía, de literatura, de cultura, de guerra". Su primer libro fue de poemas: *La pájara pinta* (1978), pero *Arráncame la vida* (1985), su primera novela, le dio fama y reconocimiento. En su obra se destaca el pensamiento femenino. *Mujeres de ojos grandes* está compuesto de relatos sobre mujeres que muestran "el poder que tienen en sus cosas y el poder que tienen para hacer con sus vidas lo que quieran, aunque no lo demuestren. Son mujeres poderosas que se saben poderosas pero no lo ostentan (*boast*)".

Vocabulario

el adelanto *improvement*	**el/la enfermero/a** *nurse*	**el ombligo** *navel*
la aguja *needle*	**el hallazgo** *finding; discovery*	**la pena** *sorrow*
la cordura *sanity*	**la insensatez** *folly*	**el regocijo** *joy*
desafiante *challenging*	**latir** *to beat*	**la terapia intensiva** *intensive care*

La historia de Julio Completa el párrafo con las palabras apropiadas.

Julio prefería una vida (1) _____ que no lo aburriera. Sin embargo al perder todo por la caída de la bolsa (*stock exchange*), Julio —siempre una persona tan sensata— perdió la (2) _____. Después de unos meses, los síntomas desaparecieron para gran (3) _____ de la familia. Sin embargo, pensar en su trabajo lo llenaba de (4) _____ y en su corazón latía el deseo de hacer algo nuevo. Tan agradecido estaba con los médicos que decidió estudiar para ser (5) _____.

Conexión personal

Cuando te sientes enfermo/a, ¿intentas curarte por tus propios medios? ¿Alguna vez estuviste en un hospital? ¿Confías en la medicina tradicional o has probado la medicina alternativa? ¿Crees que la ciencia puede resolverlo todo?

Análisis literario: el símil o la comparación

El símil o la comparación es un recurso literario que consiste en comparar una cosa con otra por su semejanza, parecido o relación. De esa manera, se logra mayor expresividad. Implica el uso del término comparativo explícito: **como**. Por ejemplo: "*ojos* grandes **como** *lunas*". Crea algunas comparaciones con estos pares de palabras o inventa tus propias comparaciones: muerte/noche, rostro/fantasma, mejillas/manzanas, hombre/ratón, lugar/cementerio.

Mujeres de ojos grandes

Último cuento; sin título

Ángeles Mastretta

Tía Jose Rivadeneira tuvo una hija con los ojos grandes como dos lunas, como un deseo. Apenas colocada en su abrazo, todavía húmeda y vacilante°, la niña mostró los ojos y algo en las alas° de sus labios que parecía pregunta.

—¿Qué quieres saber? —le dijo tía Jose jugando a que entendía ese gesto.

Como todas las madres, tía Jose pensó que no había en la historia del mundo una criatura tan hermosa como la suya. La deslumbraban° el color de su piel, el tamaño de sus pestañas° y la placidez con que dormía. Temblaba de orgullo imaginando lo que haría con la sangre y las quimeras° que latían en su cuerpo.

Se dedicó a contemplarla con altivez° y regocijo durante más de tres semanas. Entonces la inexpugnable° vida hizo caer sobre la niña una enfermedad que en cinco horas convirtió su extraordinaria viveza° en un sueño extenuado° y remoto° que parecía llevársela de regreso a la muerte.

Cuando todos sus talentos curativos no lograron mejoría alguna, tía Jose, pálida de terror, la cargó hasta el hospital. Ahí se la quitaron de los brazos y una docena de médicos y enfermeras empezaron a moverse agitados y confundidos en torno a la niña. Tía Jose la vio irse tras una puerta que le prohibía la entrada y se dejó caer al suelo incapaz de cargar consigo misma y con aquel dolor como un acantilado°.

Ahí la encontró su marido, que era un hombre sensato y prudente como los hombres acostumbran fingir° que son. La ayudó a levantarse y la regañó° por su falta de cordura y esperanza. Su marido confiaba en la ciencia

hesitating
wings 5

dazzled
eyelashes

fancy ideas 15

arrogance; pride

impregnable

liveliness

*exhausted/remote;
far off*

25

30

cliff

35

to feign

scolded

médica y hablaba de ella como otros hablan de Dios. Por eso lo turbaba° la insensatez en que se había colocado su mujer, incapaz de hacer otra cosa que llorar y maldecir° al destino.

    Aislaron a la niña en una sala de terapia intensiva. Un lugar blanco y limpio al que las madres sólo podían entrar media hora diaria. Entonces se llenaba de oraciones° y ruegos. Todas las mujeres persignaban° el rostro de sus hijos, les recorrían el cuerpo con estampas y agua bendita°, pedían a todo Dios que los dejara vivos. La tía Jose no conseguía sino llegar junto a la cuna° donde su hija apenas respiraba para pedirle: "no te mueras". Después lloraba y lloraba sin secarse los ojos ni moverse hasta que las enfermeras le avisaban que debía salir.

    Entonces volvía a sentarse en las bancas cercanas a la puerta, con la cabeza sobre las piernas, sin hambre y sin voz, rencorosa° y arisca°, ferviente° y desesperada. ¿Qué podía hacer? ¿Por qué tenía que vivir su hija? ¿Qué sería bueno ofrecerle a su cuerpo pequeño lleno de agujas y sondas° para que le interesara quedarse en este mundo? ¿Qué podría decirle para convencerla de que valía la pena hacer el esfuerzo en vez de morirse?

    Una mañana, sin saber la causa, iluminada sólo por los fantasmas de su corazón, se le acercó a la niña y empezó a contarle las historias de sus antepasadas°. Quiénes habían sido, qué mujeres tejieron° sus vidas con qué hombres antes de que la boca y el ombligo de su hija se anudaran° a ella. De qué estaban hechas, cuántos trabajos° habían pasado, qué penas y jolgorios° traía ella como herencia. Quiénes sembraron con intrepidez° y fantasías la vida que le tocaba prolongar.

    Durante muchos días recordó, imaginó, inventó. Cada minuto de cada hora disponible habló sin tregua° en el oído de su hija. Por fin, al atardecer de un jueves, mientras contaba implacable alguna historia, su hija abrió los ojos y la miró ávida° y desafiante, como sería el resto de su larga existencia.

    El marido de tía Jose dio las gracias a los médicos, los médicos dieron gracias a los adelantos de su ciencia, la tía abrazó a su niña y salió del hospital sin decir una palabra. Sólo ella sabía a quiénes agradecer la vida de su hija. Sólo ella supo siempre que ninguna ciencia fue capaz de mover tanto, como la escondida en los ásperos° y sutiles° hallazgos de otras mujeres con los ojos grandes. ∎

Margin glosses (left column):
- 40 disturbed; embarrassed
- to damn; to curse
- prayers
- crossed
- 50 holy
- cradle 55
- spiteful
- churlish/fervent
- probes; catheters
- 75

Margin glosses (right column):
- 80 ancestors
- wove
- tied
- hardships
- 85 boisterous frolic
- bravery
- 90
- 95 relentlessly
- avid, eager
- 105
- 110
- rough; harsh /subtle

Después de leer

Mujeres de ojos grandes
Ángeles Mastretta

(1) Comprensión Contesta las siguientes preguntas con oraciones completas.

1. ¿Quiénes son los personajes de este relato?

2. ¿Tía Jose lleva inmediatamente a su hija al hospital?

3. ¿Qué piensa el marido de la ciencia de los médicos y del comportamiento de su esposa?

4. ¿Qué historias le cuenta tía Jose a su hija? ¿Son todas reales?

5. Para el padre de la niña, ¿qué o quién le salvó la vida? ¿Y para tía Jose?

(2) Análisis Lee el relato nuevamente y contesta las preguntas.

1. Los ojos de la hija de tía Jose son "grandes como dos lunas, como un deseo". ¿Por qué se eligen estos dos términos para la comparación? ¿Puedes encontrar otras comparaciones en el cuento?

2. La expresión "las alas de sus labios" es un recurso ya analizado. ¿Cómo se llama?

3. En el hospital, la niña es llevada lejos de su madre, "tras una puerta que le prohibía la entrada". ¿A qué lugar se refiere?

4. Tía Jose comienza a contarle historias a su hija "iluminada por los fantasmas de su corazón". Reflexiona: ¿los fantasmas se asocian con la luz o con la oscuridad? ¿A quiénes se refiere la palabra "fantasmas" en el relato?

(3) Interpretación En parejas, respondan a las preguntas.

1. El personaje de la tía Jose se queda sin palabras ante la enfermedad de su hija. ¿Cómo recupera la voz y por qué?

2. La hija de tía Jose tiene ojos grandes al igual que las mujeres de los relatos que le cuenta su madre. ¿Qué creen que simboliza esto?

3. El padre agradece a los médicos por haber salvado a la niña; los médicos agradecen a la ciencia. ¿Por qué tía Jose "salió del hospital sin decir una palabra"?

4. ¿Qué creen que salvó la vida de la niña? ¿Conocen algún caso de recuperación asombrosa en la vida real?

(4) Debate Formen dos grupos: uno debe hacer una lista de los argumentos que usó el marido de tía Jose para tranquilizarla en el hospital; el otro grupo debe imaginar cuáles eran las razones de las mujeres que rezaban (*prayed*) para sanar a sus hijos. Cuando hayan terminado la lista, organicen un debate para discutir las alternativas defendiendo el argumento que les tocó y señalando las debilidades del argumento contrario.

(5) Historias Redacta una de las historias que la tía Jose le contó a su hija. Utiliza algunos de los usos de **por** y **para**. Incluye por lo menos dos comparaciones.

Practice more at **descubre3.vhlcentral.com**.

Antes de leer

 Audio: Vocabulary Reading

Vocabulario

afligir *to afflict*	**el/la investigador(a)** *researcher*
descubrir *to discover*	**la lesión** *wound*
la dolencia *illness; condition*	**la población** *population*
la genética *genetics*	**el pueblo** *people*
el/la indígena *indigenous person*	**recetar** *to prescribe*

Oraciones incompletas Completa las oraciones con la palabra apropiada. No repitas palabras.

1. La diversidad cultural de Latinoamérica es un efecto del contacto entre múltiples _____.

2. La _____ es la ciencia que estudia la herencia de las enfermedades.

3. La _____ de este laboratorio trabaja para _____ un tratamiento nuevo para el cáncer.

4. Cuando los españoles llegaron a Suramérica se encontraron con los _____ que estaban allí.

5. Los doctores trabajan para curar las _____ que _____ a los enfermos.

6. Debido a la epidemia, toda la _____ debe ponerse la vacuna.

Conexión personal ¿Puedes pensar en alguna enfermedad o dolencia que afecta a tu comunidad o a un grupo que conoces? ¿Ha recibido la comunidad alguna ayuda?

Contexto cultural

Situada en una zona de tránsito entre Norteamérica y Suramérica, Colombia presenta un lugar ideal para la convergencia de múltiples culturas. La mayoría de los habitantes son mestizos, es decir, descendientes de europeos y amerindios. Hay también más de diez millones de afrocolombianos —casi el veinte por ciento de la nación entera— y una población indígena que cuenta con más de 700.000 habitantes. De esta diversidad étnica han surgido (*arisen*) costumbres variadas, una riquísima tradición musical y la multiplicidad lingüística. El lenguaje oficial del país es el español, pero todavía se hablan más de sesenta lenguas indígenas.

La ciencia: la nueva arma en una guerra antigua

1   Famoso por su talento especial con el arco y la flecha°, el pueblo   *bow and arrow*
indígena Chimila tiene una historia larga de rebelión y resistencia
contra los españoles de la época colonial. Estos valientes guerreros°   *warriors*
formaron una sorprendente potencia militar que parecía imposible
5 de conquistar. Ahora, en nuestra época, los indígenas Chimila hacen
guerra a° unos enemigos muy distintos: la pobreza, la falta de recursos°   *wage war against*
médicos y enfermedades endémicas sin solución.   */lack of resources*

allies/fight

tries 10

with the aim of 15

discovered

20

a chronic skin disorder

It appears

25

30

sources

pre-Columbian

dug up 35

40

45

Por fortuna, tienen aliados° en su lucha°. La Expedición Humana es una organización que identifica y trata de° resolver los problemas que afligen particularmente a las comunidades indígenas y afrocolombianas.

En los últimos quince años, varios grupos de la Expedición Humana se han integrado en numerosas comunidades con el fin de° determinar sus verdaderas necesidades. De esta manera, los investigadores han descubierto° que los Chimila tienen una incidencia sorprendentemente alta de una enfermedad dermatológica llamada prurigo actínico°. Esta enfermedad ataca a varios grupos indígenas en toda Latinoamérica y se considera incurable. Aparece° normalmente en niños pequeños en forma de lesiones y, en situaciones graves, puede afectar los ojos y la vista. A pesar de su potencial gravedad, el prurigo actínico ha recibido muy poca atención por parte de la comunidad médica mundial.

Al estudiar el caso desde muchos ángulos, el equipo de la Expedición Humana encontró información en varias fuentes° interesantes, incluyendo los artefactos precolombinos°. De las cerámicas con dibujos de enfermos que desenterraron° los arqueólogos, aprendieron que problemas similares han afectado a las poblaciones colombianas desde hace 2.500 años. Los investigadores sabían que la exposición al sol provoca la aparición del prurigo actínico, pero tenían muchas preguntas. ¿Por qué afecta especialmente a ciertas comunidades? En una población como los indígenas Chimila, ¿por qué aflige sólo a ciertas personas? ¿Qué tienen en común estos pacientes?

Los científicos decidieron explorar la base genética de la enfermedad. Después de años de investigación, el equipo de la Expedición Humana confirmó que existe una predisposición genética que, en combinación con la exposición al sol, causa las lesiones. Gracias a la cooperación de los Chimila en los estudios, los investigadores pudieron desarrollar° tratamientos más efectivos que utilizan medicamentos con menos efectos secundarios que los que habitualmente recetaban° los médicos. Estos medicamentos alternativos, asimismo, son de fácil adquisición y de bajo costo.

Según los Centros para el Control y la Prevención de Enfermedades° del gobierno de los Estados Unidos, la mayoría de las dolencias más comunes son el resultado de la interacción entre genes y ciertos factores medioambientales°. Los estudios que ha realizado la Expedición Humana son un modelo de cooperación entre personas de diferentes comunidades y de integración de muchas maneras de investigar. Nos ofrecen un ejemplo a imitar en la gran batalla° contra las enfermedades del mundo. ∎

50

to develop

55

prescribed

60

Centers for Disease Control and Prevention (CDC)

65 environmental

70 battle

Detalles de la investigación

- El prurigo actínico afecta principalmente a poblaciones indígenas y mestizas de países como México, Guatemala, Honduras, Colombia, Perú, Bolivia y el norte de Argentina, así como Canadá y Estados Unidos.

- Entre 704 habitantes de la comunidad Chimila, se diagnosticaron 56 casos.

- Fundada por el Instituto de Genética Humana de la Pontificia Universidad Javeriana de Bogotá, la Expedición Humana reúne a profesores, científicos y estudiantes con el propósito de servir a los pueblos colombianos que viven aislados de la capital y que tradicionalmente están menos representados en los estudios científicos del país.

- En la etapa llamada la Gran Expedición Humana (1992–3), los investigadores realizaron 17 viajes en los que participaron 320 personas, que visitaron 35 comunidades y atendieron alrededor de 8.000 pacientes en los lugares más apartados de Colombia.

Después de leer

La ciencia: la nueva arma en una guerra antigua

1 **Comprensión** Responde a las preguntas con oraciones completas.

1. ¿Contra quiénes lucharon los Chimila durante la época colonial?
2. ¿Qué han descubierto los investigadores de la Expedición Humana?
3. ¿Qué es el prurigo actínico?
4. ¿Ha recibido el prurigo actínico mucha atención por parte de la comunidad médica mundial?
5. ¿Qué descubrimiento por parte de unos arqueólogos ayudó a la Expedición Humana?
6. ¿Qué decidieron explorar los científicos de la Expedición Humana?

2 **Preguntas** Contesta las preguntas con oraciones completas.

1. ¿Cuál es la fama de los indígenas Chimila?
2. ¿Cuáles son algunos de los problemas que afectan al pueblo Chimila?
3. ¿Por qué es importante el desarrollo de nuevos tratamientos?
4. ¿Cuáles son los dos factores principales relacionados con la aparición de la enfermedad?
5. ¿Cuál es el objetivo de la Expedición Humana?
6. Según la perspectiva de los Centros para el Control y la Prevención de Enfermedades, ¿es el prurigo actínico una enfermedad inusual? Explica tu respuesta.

3 **Los peligros del sol** En parejas, imaginen que son médicos y que están hablando con un grupo de niños que no comprenden los peligros de la exposición al sol. ¿Qué preguntas deben hacerles? ¿Qué consejos pueden darles? Usen el imperativo para los consejos.

4 **Debate** Considerando el dinero y el tiempo que se necesitan para curar o combatir una enfermedad como el prurigo actínico, ¿es aceptable utilizar gran cantidad de recursos para investigar los productos de belleza? Divídanse en grupos de cuatro para debatir el tema. Compartan sus conclusiones con la clase.

5 **Opiniones** Uno de los objetivos de la Expedición Humana es ayudar a comunidades particulares. En tu opinión, ¿es bueno que una universidad gaste dinero en la investigación de una enfermedad poco estudiada aunque afecte a pocas personas? O bien, ¿es más importante que los científicos piensen en los problemas de la mayor parte de la población? Utilizando expresiones con el subjuntivo, describe en tres párrafos lo que piensas de los objetivos de la Expedición Humana y defiende tu posición.

> **MODELO** No pienso que sea una buena idea gastar tanto dinero en investigar enfermedades que afectan a pocas personas./Creo que es fundamental que la Expedición Humana trabaje para ayudar a comunidades pequeñas con pocos recursos económicos.

 Practice more at **descubre3.vhlcentral.com.**

Atando cabos

¡A conversar!

La nueva cafetería Trabajen en grupos de cuatro. Imaginen que son consultores/as contratados/as por una escuela para diseñar una nueva cafetería que cumpla con los objetivos del recuadro. Presenten su plan a la clase.

Objetivos de la nueva cafetería

- brindar a los estudiantes un espacio para socializar y relajarse
- ofrecer una selección de alimentos que sea atractiva, pero que, al mismo tiempo, sea saludable y lo más natural posible
- informar a los estudiantes acerca de temas relacionados con la salud, la alimentación y el bienestar a través de afiches y otros elementos visuales

¡A escribir!

Un decálogo Imagina que eres médico/a. Sigue el **Plan de redacción** para escribir un decálogo en el que das diez consejos generales a tus pacientes para que lleven una vida sana.

Plan de redacción

Preparación: Prepara un esquema (*outline*) con los diez consejos más importantes.

Título: Elige un título para el decálogo.

Contenido: Escribe los diez consejos. Utiliza el subjuntivo o el imperativo en todos los consejos. Puedes incluir la siguiente información.

- qué alimentos se deben comer y cuáles se deben evitar
- cuántas comidas se deben tomar al día
- horas que se deben dormir
- hábitos que se deben evitar

Cuídese:

1. Haga ejercicio tres veces a la semana como mínimo.
2. Es importante que no consuma muchas grasas.
3. Es esencial que...

Audio: Vocabulary Flashcards

Los síntomas y las enfermedades

la depresión	depression
la enfermedad	disease; illness
la gripe	flu
la herida	injury
el malestar	discomfort
la obesidad	obesity
el resfriado	cold
la respiración	breathing
la tensión (alta/baja)	(high/low) blood pressure
la tos	cough
el virus	virus
contagiarse	to become infected
desmayarse	to faint
empeorar	to deteriorate; to get worse
enfermarse	to get sick
estar resfriado/a	to have a cold
lastimarse	to get hurt
permanecer	to remain; to last
ponerse bien/mal	to get well/sick
sufrir (de)	to suffer (from)
tener buen/mal aspecto	to look healthy/sick
tener fiebre	to have a fever
toser	to cough
agotado/a	exhausted
inflamado/a	inflamed
mareado/a	dizzy

Los médicos y el hospital

la cirugía	surgery
el/la cirujano/a	surgeon
la consulta	doctor's appointment
el consultorio	doctor's office
la operación	operation
los primeros auxilios	first aid
la sala de emergencias	emergency room

Las medicinas y los tratamientos

la aspirina	aspirin
el calmante	painkiller; tranquilizer
el jarabe	syrup
la pastilla	pill
la receta	prescription
el tratamiento	treatment
la vacuna	vaccine
la venda	bandage
el yeso	cast
curarse	to heal; to be cured
poner una inyección	to give a shot
recuperarse	to recover
sanar	to heal
tratar	to treat
curativo/a	healing

La salud y el bienestar

la alimentación	diet (nutrition)
la autoestima	self-esteem
el bienestar	well-being
el estado de ánimo	mood
la salud	health
adelgazar	to lose weight
dejar de fumar	to quit smoking
descansar	to rest
engordar	to gain weight
estar a dieta	to be on a diet
mejorar	to improve
prevenir (e:ie)	to prevent
relajarse	to relax
trasnochar	to stay up all night
sano/a	healthy

Más vocabulario

Expresiones útiles	Ver p. 127
Estructura	Ver pp. 134–136, 140–141 y 144–145

Cinemateca

el álbum (de fotos)	(photo) album
el asilo (de ancianos)	nursing home
el desorden	mess
el marco	frame
la paella	traditional rice and seafood dish
la tortilla	potato omelet
el trastero	storage room
apañar	to mend; to fix
apañarse	to manage
largarse	to take off
enseguida	right away
descalzo/a	barefoot

Literatura

el adelanto	improvement
la aguja	needle
la cordura	sanity
el/la enfermero/a	nurse
el hallazgo	finding; discovery
la insensatez	folly
el ombligo	navel
la pena	sorrow
el regocijo	joy
la terapia intensiva	intensive care
latir	to beat
desafiante	challenging

Cultura

la dolencia	illness; condition
la genética	genetics
el/la indígena	indigenous person
el/la investigador(a)	researcher
la lesión	wound
la población	population
el pueblo	people
afligir	to afflict
descubrir	to discover
recetar	to prescribe

Los viajes

Communicative Goals
You will expand your ability to…

- make comparisons
- express uncertainty and indefiniteness
- use negative and positive expressions

S Game
Audio: Activities, Vocabulary

Los viajes

vencido - vigente
bienvenida - despedida
reservar - cancelar
poner cinturón - quitarse cinturón

De viaje

Para sus vacaciones, Cecilia y Juan **hicieron un viaje** al Caribe. El último día decidieron descansar en la piscina antes de **hacer las maletas**. Se durmieron... ¡y **perdieron el vuelo**! De todos modos, no querían **regresar**.

la bienvenida *welcome*
la despedida *farewell*
el destino *destination*
el itinerario *itinerary*
la llegada *arrival*
el pasaje (de ida y vuelta) *(round-trip) ticket*
el pasaporte *passport*
la temporada alta/baja *high/low season*
el/la viajero/a *traveler*

hacer las maletas *to pack*
hacer un viaje *to take a trip*
ir(se) de vacaciones *to take a vacation*
perder (e:ie) (el vuelo) *to miss (the flight)*
regresar *to return*

---

a bordo *on board*
retrasado/a *delayed*
vencido/a *expired*
vigente *valid*

El alojamiento

el albergue *hostel*
el alojamiento *lodging*
la habitación individual/doble *single/double room*
la recepción *front desk*
el servicio de habitación *room service*

---

alojarse *to stay*
cancelar *to cancel*
estar lleno/a *to be full*
quedarse *to stay*
reservar *to reserve*

---

de buena categoría *high quality*
incluido/a *included*
recomendable *recommendable; advisable*

La seguridad y los accidentes

el accidente (automovilístico) *(car) accident*
el/la agente de aduanas *customs agent*
el aviso *notice; warning*
el cinturón de seguridad *seatbelt*
el congestionamiento *traffic jam*
las medidas de seguridad *security measures*
la seguridad *safety; security*
el seguro *insurance*

---

ponerse/quitarse (el cinturón) *to fasten/to unfasten (the seatbelt)*
reducir (la velocidad) *to reduce (speed)*

peligroso/a *dangerous*
prohibido/a *prohibited*

NO ESTACIONARSE

Las excursiones

Después de **recorrer** el Canal de Panamá, el **crucero navegó** hasta **Puerto** Limón, donde los viajeros pudieron disfrutar de dos días de **ecoturismo** en Costa Rica.

la aventura *adventure*
el/la aventurero/a *adventurer*
la brújula *compass*
el buceo *scuba diving*
el campamento *campground*
el crucero *cruise (ship)*
el (eco)turismo *(eco)tourism*
la excursión *excursion; tour*
la frontera *border*
el/la guía turístico/a *tour guide*
la isla *island*

las olas *waves*
el puerto *port*
las ruinas *ruins*
la selva *jungle*
el/la turista *tourist*

navegar *to sail*
recorrer *to visit; to go around*

lejano/a *distant*
turístico/a *tourist (adj.)*

recursos

vᵀext

CA
p. 75

CP
pp. 41–42

CH
pp. 67–68

S

descubre3.
vhlcentral.com

Práctica

1 Escuchar

A. Escucha lo que dice Julia, una guía turística, y después marca las oraciones que contienen la información correcta.

1. a. Los turistas llegaron hace una semana.
    b. La guía turística les da la bienvenida.
2. a. Los turistas se van a alojar en un campamento.
    b. Los turistas van a ir a un albergue.
3. a. El destino es una isla.
    b. El destino es la selva.
4. a. Les van a dar el itinerario mañana.
    b. El itinerario se lo darán la semana que viene.

B. Dos aventureros se separaron del grupo y tuvieron problemas. Escucha la conversación telefónica entre Mariano y el agente de viajes, y después contesta las preguntas.

1. ¿Qué les ha pasado a Mariano y a su novia?
2. ¿Adónde iban ellos cuando tuvieron el accidente?
3. ¿Tienen que pagar mucho por los médicos?
4. ¿Qué ha decidido la pareja?

2 Adivinanzas Completa las palabras con la ayuda de las definiciones y de las letras que se dan.

1. documento necesario para ir a otro país
2. las forma el movimiento del agua del mar
3. vacaciones a bordo de un barco
4. instrumento que ayuda a saber dónde está el Polo Norte
5. línea que separa dos países
6. lugar del hotel donde te dan las llaves de la habitación

p a s a p o r t e
b l a s
c r u c e r o
b r ú j u l a
f r o n t e r a
r e c e p c i ó n

Práctica

3 **Oraciones incompletas** Completa las oraciones con las palabras apropiadas de **Contextos**.

1. Si vas a estar solo/a en el hotel, tomas una habitación ___individual___

2. Cuando hay muchos coches en la calle al mismo tiempo, se producen ___congestionamiento___.

3. Los barcos, cuando llegan a tierra, se amarran (*dock*) en los ___puertos___.

4. Si vas a viajar a otro país, tienes que comprobar que tu pasaporte no esté ___vencido___.

5. El deporte que se practica bajo el mar es el ___buceo___.

4 **Planes** Haz los cambios que sean necesarios para completar la conversación.

a bordo	navegar *sail*	reservar
lleno/a *to be full*	recorrer *visit*	retrasado/a *delayed*

MAR ¿Qué quieres hacer hoy? ¿Quieres ir al crucero que (1) ___navegar / recorre___ las islas de la zona?

PEDRO ¿No hay que llamar antes para (2) ___reservar___ las plazas (*seats*)?

MAR No creo que el barco esté (3) ___lleno___. Espera, llamo por teléfono…

MAR ¡Tenemos suerte! El barco está (4) ___atrasado___, ahora sale a las diez y media. Tenemos que estar (5) ___a bordo___ a las diez. ¡En marcha!

PEDRO Perfecto, me gusta la idea. Hoy es un buen día para (6) ___navegar / recorrer___.

5 **De viaje** En parejas, utilicen palabras y expresiones de **Contextos** para escribir oraciones completas sobre cada dibujo. Sigan el modelo.

MODELO Primero Eva hizo las maletas. Metió camisetas, un traje de baño y…

1.
2.
3.
4.
5.
6.

⚡ Practice more at **descubre3.vhlcentral.com**.

Comunicación

6 **Problemas** En parejas, preparen una de estas situaciones. Den detalles, excusas y razones y traten de buscar una solución al problema. Luego representen la situación para el resto de la clase.

1.

| **ESTUDIANTE 1** | Eres un(a) huésped en un hotel que está muy sucio. No te gusta el servicio de habitación y además hace demasiado calor en tu cuarto. |
| **ESTUDIANTE 2** | Tu tío te ha dejado a cargo de su hotel. No sabes qué hacer. Es temporada alta y, como el hotel está lleno, tienes mucho que hacer. |

2.

| **ESTUDIANTE 1** | Eres un(a) agente del gobierno apostado/a (*assigned to*) en la frontera. Nadie puede cruzar sin su pasaporte. |
| **ESTUDIANTE 2** | Después de viajar por muchas horas, llegas con tu hermano/a a la frontera. Aunque traes identificación, olvidaste tu pasaporte. |

3.

| **ESTUDIANTE 1** | Ibas manejando y has tenido un accidente. Te bajas del carro para hablar con el/la otro/a conductor(a). No tienes los papeles del seguro. |
| **ESTUDIANTE 2** | Ibas manejando y has tenido un accidente. No llevabas el cinturón de seguridad puesto y te has roto una pierna. |

7 **¡Bienvenidos!**

A. En grupos de cuatro, imaginen que trabajan en la Secretaría de Turismo de su ciudad. Tienen que organizar una visita turística de tres días. Conversen sobre las preguntas de la lista y luego preparen un itinerario detallado para los turistas.

- ¿Quiénes son los/las turistas y a qué aeropuerto/puerto/estación llegan?
- ¿En qué hotel se alojan?
- ¿Qué excursiones pueden hacer?
- ¿Hay lugares exóticos para visitar?
- ¿Adónde pueden ir con un(a) guía turístico/a?
- ¿Pueden navegar en algún mar/río?
- ¿Hay algún museo/parque/edificio para visitar?
- ¿Pueden practicar algún deporte?

Tres días en Antigua Guatemala

B. Ahora reúnanse con otro grupo y túrnense para explicar sus itinerarios. Un grupo representa a los empleados de la Secretaría de Turismo y el otro a los turistas. Háganse preguntas específicas.

S Repaso

Video: *Fotonovela*
Record & Compare

Fabiola y Éric se preparan para un viaje de ecoturismo a la selva amazónica.

recursos

vText

CA
pp. 39–40

descubre3.vhlcentral.com

DIANA Aquí están los boletos para Venezuela, la guía de la selva amazónica y los pasaportes… Después les doy la información del hotel.

ÉRIC Gracias.

FABIOLA Gracias.

ÉRIC ¿Me dejas ver tu pasaporte?

FABIOLA No me gusta como estoy en la foto. Me hicieron esperar tanto que salí con cara de enojo.

ÉRIC No te preocupes… Ésa es la cara que vas a poner cuando estés en la selva.

DIANA Es necesario que memoricen esto. A ver, repitan: tenemos que salir por la puerta 12.

FABIOLA, ÉRIC Y JOHNNY Tenemos que salir por la puerta 12.

DIANA El autobús del hotel nos va a recoger a las 8:30.

FABIOLA Y ÉRIC El autobús del hotel nos va a recoger a las 8:30.

ÉRIC Sí, pero en el Amazonas, Fabiola. ¡Amazonas!

MARIELA Es tan arriesgado que van a tener un guía turístico y el alojamiento más lujoso de la selva.

ÉRIC Mientras ella escribe su artículo en la seguridad del hotel, yo voy a estar explorando y tomando fotos. Debo estar protegido.

FABIOLA Según parece, de lo único que debes estar protegido es de ti mismo.

Juegan que están en la selva.

JOHNNY (*con la cara pintada*) ¿Cuál es el chiste? Los soldados llevan rayas… Lo he visto en las películas.

ÉRIC Intentémoslo nuevamente.

JOHNNY Esta vez soy un puma que te ataca desde un árbol.

ÉRIC Mejor.

Antes de despedirse, Éric guarda cosas en su maleta.

AGUAYO Por la seguridad de todos creo que debes dejar tu machete, Éric.

ÉRIC ¿Por qué debo dejarlo? Es un machete de mentiras.

DIANA Pero te puede traer problemas reales.

AGUAYO Todos en la selva te lo van a agradecer.

AGUAYO

DIANA

ÉRIC

FABIOLA

JOHNNY

MARIELA

4

5

DIANA El último número que deben recordar es cuarenta y ocho dólares con cincuenta centavos.

FABIOLA Y ÉRIC Cuarenta y ocho dólares con cincuenta centavos.

JOHNNY Y ese último número, ¿para qué es?

DIANA Es lo que van a tener que pagar por llegar en taxi al hotel si olvidan los dos números primeros.

ÉRIC *(Entra vestido de explorador.)* Fuera, cobardes, la aventura ha comenzado.

MARIELA ¿Quién crees que eres? ¿México Jones?

ÉRIC No. Soy Cocodrilo Éric, el fotógrafo más valiente de la selva. Listo para enfrentar el peligro.

FABIOLA ¿Qué peligro? Vamos a hacer un reportaje sobre ecoturismo… ¡Ecoturismo!

9

10

ÉRIC ¿Alguien me puede ayudar a cerrar la maleta?

JOHNNY ¿Qué rayos hay acá dentro?

AGUAYO Es necesario que dejes algunas cosas.

ÉRIC Imposible. Todo lo que llevo es de primerísima necesidad.

JOHNNY ¿Cómo? ¿Esto?

Johnny saca un látigo de la maleta.

Diana cierra la maleta con cinta adhesiva.

DIANA Listo… ¡Buen viaje!

AGUAYO Espero que disfruten y que traigan el mejor reportaje que puedan.

JOHNNY Y es importante que no traten de mostrarse ingeniosos, ni cultos; sólo sean ustedes mismos.

DIANA Y no olviden sus pasaportes.

ÉRIC Ahora que me acuerdo… ¡lo había puesto en la maleta!

Expresiones útiles

Making comparisons

Soy el fotógrafo más valiente de la selva.
I am the bravest photographer in the jungle.

Van a tener el alojamiento más lujoso de la selva.
You're going to have the finest accommodations in the jungle.

Es el hotel menos costoso de la región.
It's the least expensive hotel in the region.

Ir en autobús es menos caro que ir en taxi.
It's less expensive to take a bus than a taxi.

El hotel es tan caro como el boleto.
The hotel is as expensive as the ticket.

Using negative and positive expressions

¿Alguien me puede ayudar?
Can somebody help me?

No hay nadie que te pueda ayudar.
There is no one who can help you.

Hay que dejar algunas cosas.
I/we/etc. have to leave some things behind.

No hay nada que pueda dejar.
There is nothing I can leave behind.

Additional vocabulary

arriesgado/a *risky*
de mentiras *pretend*
enfrentar *to confront*
lujoso/a *luxurious*
protegido/a *protected*
la puerta de embarque *(airline) gate*
¿Qué rayos…? *What on earth…?*
la raya *war paint; stripe*

Comprensión

1 **Comprensión** Contesta las preguntas con oraciones completas.

1. ¿Adónde van Éric y Fabiola?
2. ¿Por qué a Fabiola no le gusta la foto del pasaporte?
3. ¿A qué hora los recoge el autobús del hotel?
4. ¿Por qué van de viaje?
5. ¿Será realmente un viaje arriesgado?
6. ¿Por qué Éric tiene que dejar algunas cosas?

2 **Preguntas y respuestas** Une las preguntas de la **Fotonovela** con las respuestas apropiadas. Luego identifica quién dice cada oración.

AGUAYO **DIANA** **ÉRIC** **FABIOLA** **JOHNNY** **MARIELA**

____ 1. ¿Me dejas ver tu pasaporte?

____ 2. Y ese último número, ¿para qué es?

____ 3. ¿Quién crees que eres? ¿México Jones?

____ 4. ¿Por qué debo dejarlo? Es un machete de mentiras.

____ 5. ¿Alguien me puede ayudar a cerrar la maleta?

a. Es lo que van a tener que pagar por llegar en taxi.

b. Es necesario que dejes algunas cosas.

c. No me gusta como estoy en la foto.

d. No, soy el fotógrafo más valiente de la selva.

e. Sí, pero te puede traer problemas reales.

3 **Consejos**

A. Diana y Aguayo les dan varios consejos a Fabiola y Éric antes de su viaje a la selva. Utiliza el subjuntivo o el infinitivo para completar las sugerencias que les dan.

1. Es necesario que _____ esto.
2. El último número que deben _____ es cuarenta y ocho dólares con cincuenta centavos.
3. Es lo que van a tener que _____ por llegar en taxi.
4. Creo que debes _____ tu machete.
5. Es necesario que _____ algunas cosas.
6. Espero que _____ y que _____ el mejor reportaje que puedan.

B. ¿Qué sugerencias les darían ustedes? En parejas, escriban una lista de seis o siete consejos, órdenes y sugerencias para que disfruten de sus vacaciones y eviten problemas.

MODELO Creo que deben probar la comida típica de Venezuela.
Espero que no hagan nada arriesgado y que tengan cuidado con los animales de la selva.

Practice more at **descubre3.vhlcentral.com**.

Ampliación

4 **¿Te gusta hacer ecoturismo?** En parejas, háganse las preguntas. Luego, recomienden un viaje ideal para su compañero/a según los resultados.

Sí	Más o menos	No	
☐	☐	☐	1. ¿Te gusta ir de campamento?
☐	☐	☐	2. ¿Sabes prender fuego?
☐	☐	☐	3. ¿Sabes cocinar?
☐	☐	☐	4. ¿Te gusta ver animales salvajes?
☐	☐	☐	5. ¿Te gusta caminar mucho?
☐	☐	☐	6. ¿Puedes estar una semana sin bañarte?

Clave

Sí = 2 puntos
Más o menos = 1 punto
No = 0 puntos

Resultados

0 a 4   No intentes hacer ecoturismo.

5 a 8   Puedes hacer ecoturismo.

9 a 12   ¿Qué esperas para hacer ecoturismo?

5 **Apuntes culturales** En parejas, lean los párrafos y contesten las preguntas.

El felino más temido

Johnny juega a ser un puma listo para atacar a Éric. El puma habita en todo el continente americano, especialmente en montañas y bosques (*forests*). Por su fortaleza y agilidad, los incas lo consideraron el símbolo supremo de poder y fuerza. ¿Podrá Éric contra la astucia (*shrewdness*) de este felino?

Ecoturismo en Centroamérica

Fabiola y Éric van a realizar un reportaje sobre ecoturismo. En Centroamérica, el ecoturismo constituye no sólo una fuente importante de trabajo, sino también una forma de obtener recursos económicos para la administración de las áreas protegidas. Actualmente existen más de 550 áreas protegidas, lo que representa aproximadamente un 25% del territorio de la región.

El pulmón del planeta

La selva amazónica es la reserva ecológica generadora de oxígeno más grande del planeta. Comprende, entre otros países, Brasil, Venezuela y Perú. Es el hogar de numerosas comunidades indígenas, como los piaroas en Venezuela. ¿Qué pensarán los piaroas de las rayas de chocolate de Johnny?

1. ¿Qué animales fueron considerados sagrados en el pasado? ¿y en la actualidad?

2. ¿Hay áreas protegidas en la región donde vives? ¿Cuál es su importancia para los habitantes de la zona? ¿Contienen especies amenazadas (*threatened*)?

3. ¿Conoces otros lugares en donde se puede hacer ecoturismo? ¿Cuáles son?

4. ¿Qué significa la expresión "el pulmón del planeta" (*the world's lung*)? ¿Qué otros "pulmones" existen? ¿Por qué es importante preservarlos?

S Additional Reading
Video: *Flash cultura*

En detalle

CENTROAMÉRICA

LA RUTA DEL CAFÉ

Los turistas que llegan al "ecoalbergue" Finca° Esperanza Verde, ubicado a 1.200 metros (4.000 pies) de altura en la selva tropical nicaragüense, descubren un paraíso natural con bosques, montañas exuberantes y aves tropicales. En este paraíso, los turistas pueden visitar un cafetal° y conocer los aspectos humanos y ecológicos que se conjugan° para que podamos disfrutar de algo tan simple como una taza de café.

El café, ese compañero de las mañanas, es el protagonista de la vida social, cultural y económica de Centroamérica. Para el visitante, esto salta a la vista apenas llega a estas tierras: el paisaje está cubierto de cafetales. Hoy día dos de las terceras partes del café de todo el mundo son de origen americano.

Esta popular bebida llegó a América en el siglo XVIII. Pocos años después, su cultivo° se había extendido por México y Centroamérica. Los precios bajos del café de los últimos años han llevado a los productores centroamericanos a diversificar sus actividades: han iniciado el cultivo de café orgánico, han creado cooperativas de comercio justo° que buscan alcanzar° precios más equitativos° para productores y consumidores y se ha empezado a promocionar el ecoturismo.

La primera ruta del café

El país pionero fue Costa Rica, que organizó la primera Ruta del Café, pero ya todos los países centroamericanos han creado sus rutas. Un día por la Ruta del Café suele constar de° una visita a las plantaciones de café, donde no sólo se conoce el proceso de cultivo y producción, sino que también se pueden tomar unas tazas de café. Después, se organizan almuerzos con platos típicos y, para terminar la jornada°, se visitan rutas históricas y pueblos cercanos donde los turistas pueden disfrutar del folclore local y comprar artesanías°. ■

Finca *Farm* cafetal *coffee plantation* se conjugan *are combined* cultivo *cultivation* justo *fair* alcanzar *to reach* equitativos *equal; fair* constar de *to consist of* jornada *day* artesanías *handicrafts*

Los viajes

el turismo sostenible   *sustainable tourism*
el turismo sustentable (Arg.)
el billete (Esp.)   *ticket*
el boleto (Amér. L.)
el boleto redondo (Méx.)   *round-trip ticket*
la autopista (Esp.)   *highway; toll road*
la autovía (Esp.)   *highway*
la carretera (Esp.)   *road*
la burra (Gua.)   *bus*
la guagua (Rep. Dom.)

EL MUNDO HISPANOHABLANTE

De América al mundo

El tomate Su nombre se deriva de la palabra náhuatl° *tomatl*. Entró en Europa por la región de Galicia en el noroeste de España y se extendió luego a Francia e Italia. Los españoles y portugueses lo difundieron° por Oriente Medio, África, Estados Unidos y Canadá.

El maíz Es uno de los cereales de mayor producción mundial junto con el trigo y el arroz. A pesar de controversias acerca de su origen exacto, los investigadores coinciden en que indígenas de América Central y México lo difundieron por el continente, los conquistadores lo introdujeron a Europa y los comerciantes lo llevaron a Asia y África.

La papa o patata Estudios científicos ubican el origen de la papa en el Perú. En la actualidad, la papa se consume por todo el mundo, pero Bielorrusia (Europa Oriental) es el mayor consumidor mundial con un promedio anual de 171 kilogramos (376 libras) por persona.

PERFIL

EL CANAL DE PANAMÁ

El Canal de Panamá, una de las obras arquitectónicas más extraordinarias del planeta, une° los océanos Atlántico y Pacífico a través del istmo° de Panamá. Es, a su vez, una ruta importantísima para la economía mundial, pues lo cruzan° más de 14.000 barcos por año, es decir, unos 266 barcos por semana. La monumental obra, construida por los Estados Unidos entre 1904 y 1914, consta de dos lagos artificiales, varios canales, tres estructuras de compuertas° y una represa°. Como no todo el canal se encuentra al nivel del mar, la finalidad° de las esclusas° es subir y bajar los barcos entre los niveles de los dos océanos y el nivel del canal. Dependiendo del tránsito, la travesía° por este atajo° de 80 kilómetros (50 millas) puede demorar° hasta 10 horas. Panamá y Estados Unidos negociaron la entrega del canal a Panamá en 1977, que pasó a estar bajo control panameño el 31 de diciembre de 1999.

❝ Viajar es imprescindible y la sed de viaje, un síntoma neto de inteligencia. ❞ (Enrique Jardiel Poncela, escritor español)

Conexión Internet

¿Qué otras opciones de turismo sostenible hay en América Central?

To research this topic, go to **descubre3.vhlcentral.com**.

---

une *links* **istmo** *isthmus* **cruzan** *cross* **compuertas** *lockgates* **represa** *dam* **finalidad** *purpose* **esclusas** *locks* **travesía** *crossing (by boat)* **atajo** *shortcut* **demorar** *last* **náhuatl** *Uto-Aztecan language* **difundieron** *spread*

¿Qué aprendiste?

1 **¿Cierto o falso?** Indica si estas afirmaciones son **ciertas** o **falsas**. Corrige las falsas.

1. Finca Esperanza Verde se encuentra en una zona montañosa de Costa Rica.

2. Los turistas que van a Finca Esperanza Verde pueden visitar un cafetal que se encuentra allí mismo.

3. La mitad del café mundial se produce en América.

4. El café es originario del continente americano.

5. El café entró en América a través de México.

6. Los productores tuvieron que diversificar sus actividades debido a los precios bajos del café.

7. La finalidad de las cooperativas de comercio justo es ayudar a que los productores reciban un pago justo y los consumidores paguen precios razonables.

8. El primer país en crear una Ruta del Café fue Honduras.

9. Los turistas pueden visitar las plantaciones pero no pueden presenciar el proceso de producción.

10. Los turistas que van a la Ruta del Café suelen visitar también las rutas históricas de la zona.

2 **Oraciones incompletas** Completa las oraciones con la información correcta.

1. El Canal de Panamá está en manos panameñas _____.

2. El Canal de Panamá tiene _____ artificiales.

3. Se usa un sistema de esclusas porque _____.

4. En la República Dominicana, *guagua* significa _____.

5. _____ difundieron el tomate por Oriente Medio.

3 **Preguntas** En parejas, contesten las preguntas.

1. ¿Qué papel tiene el café en tu cultura? ¿Tiene la misma importancia que en la cultura centroamericana?

2. ¿Prefieres productos ecológicos y los productos que garantizan el comercio justo o compras productos comunes?

3. ¿Qué tipo de turismo sueles hacer? ¿Hiciste alguna vez ecoturismo?

4. ¿Qué alimentos provenientes de otros continentes forman parte de tu dieta?

4 **Opiniones** En grupos de tres, hablen sobre estas preguntas: ¿Es bueno para los países recibir turismo? ¿Por qué? ¿Qué consecuencias tiene la llegada del turismo a ciertas zonas? ¿Qué beneficios tiene viajar?

PROYECTO

Un viaje por la Ruta del Café

Busca información sobre una excursión organizada por una Ruta del Café. Imagina que vas a la excursión y escribe una pequeña descripción de un día de visita, basándote en la información que has encontrado.

Incluye información sobre:

- los platos típicos que comiste
- los pueblos que visitaste
- lo que aprendiste sobre el café
- qué fue lo más interesante de la visita
- lo que compraste para llevar a casa

Practice more at **descubre3.vhlcentral.com.**

S Reading

RITMOS

RUBÉN BLADES

Rubén Blades es quizás el artista más famoso en la historia de la música panameña. Heredó la pasión musical de sus padres: su madre tocaba el piano y su padre era percusionista. Blades no es sólo artista; también es abogado y político. Estudió derecho° en Panamá y luego en los Estados Unidos, adonde él y su familia emigraron por problemas políticos. Allí, Blades encontró el espacio para desarrollar su talento musical: con canciones como *Pedro Navaja* transformó para siempre la salsa, género que hasta ese entonces no solía hablar de la problemática social latinoamericana. Incursionó además en otros géneros musicales: en *El capitán y la sirena*, explora ritmos asiáticos. Blades ha recibido incontables reconocimientos, entre ellos varios premios Grammy y en 2000 el título de Embajador Mundial contra el Racismo, otorgado° por la ONU.

Discografía selecta

2002 Mundo   **1999** Tiempos   **1978** Siembra

Canción

Éste es un fragmento de una canción de Rubén Blades.

El capitán y la sirena

Una vez, un barco en plena alta mar
se hundió° en una fiera° tormenta.
Una bella sirena° salvó al capitán
y lo devolvió hasta la arena°.
Y el capitán de ella se enamoró,
y aunque también lo amó la sirena,
venían de mundos distintos los dos,
y su amor les sería una condena°.

La música de Blades se caracteriza por la gran experimentación musical. Éstos son algunos de los instrumentos que ha empleado en sus canciones.

el chekere (África)

el bongó (Cuba)

la clave (Cuba)

el didgeridoo (Australia)

Preguntas En parejas, contesten las preguntas.

1. ¿Dónde y cuándo descubre Blades la pasión por la música?

2. ¿Por qué se caracteriza la música de Blades? ¿Qué instrumentos utiliza? ¿Los has tocado alguna vez?

3. En la canción, ¿qué le ocurrió al capitán? ¿Quién lo ayudó? ¿Cómo?

4. ¿Qué historia cuenta la canción? ¿Por qué Blades habla de "mundos distintos"?

recursos

S

descubre3.
vhlcentral.com

derecho *law* **otorgado** *awarded* **se hundió** *sank* **fiera** *fierce* **sirena** *mermaid* **arena** *sand* **condena** *sentence; condemnation*

5.1 Comparatives and superlatives

Tutorials
Audio: Chart

Comparisons of inequality

- With adjectives, adverbs, nouns, and verbs, these constructions are used to make comparisons of inequality (*more than/less than*).

$$\text{más/menos} + \begin{bmatrix} \textit{adjective} \\ \textit{adverb} \\ \textit{noun} \end{bmatrix} + \text{que} \qquad \begin{bmatrix} \textit{verb} \end{bmatrix} + \text{más/menos que}$$

ADJECTIVE

Este hotel es **más elegante que** el otro.
This hotel is more elegant than the other one.

NOUN

Franco tiene **menos tiempo que** Clementina.
Franco has less time than Clementina does.

ADVERB

¡Llegaste **más tarde que** yo!
You arrived later than I did!

VERB

Mi hermano **viaja menos que** yo.
My brother travels less than I do.

- Before a number (or equivalent expression), more/less than is expressed with **más/menos de.**

Un pasaje de ida y vuelta va a costar **más de** quinientos dólares.
A round-trip ticket will cost more than five hundred dollars.

Te consigo una respuesta en **menos de** media hora.
I'll get you an answer in less than half an hour.

Comparisons of equality

- These constructions are used to make comparisons of equality.

$$\text{tan} + \begin{bmatrix} \textit{adjective} \\ \textit{adverb} \end{bmatrix} + \text{como} \qquad \text{tanto/a(s)} + \begin{bmatrix} \textit{singular noun} \\ \textit{plural noun} \end{bmatrix} + \text{como}$$

$$\begin{bmatrix} \textit{verb} \end{bmatrix} + \text{tanto como}$$

ADJECTIVE

El vuelo de regreso no parece **tan largo como** el de ida.
The return flight doesn't seem as long as the flight over.

NOUN

Cuando viajo a la ciudad, tengo **tantas maletas como** tú.
When I travel to the city, I have as many suitcases as you do.

ADVERB

Se puede ir de Madrid a Sevilla **tan rápido** en tren **como** en avión.
You can get from Madrid to Seville as quickly by train as by plane.

VERB

Guillermo **disfrutó tanto como** yo en las vacaciones.
Guillermo enjoyed our vacation as much as I did.

Superlatives

- This construction is used to form superlatives (**superlativos**). The noun is preceded by a definite article, and **de** is the equivalent of *in* or *of*.

el/la/los/las + [*noun*] + más/menos + [*adjective*] + de

Ésta es **la playa más bonita de** todas.
This is the prettiest beach of them all.

Es **el hotel menos caro del** pueblo.
It is the least expensive hotel in town.

- The noun may also be omitted from a superlative construction.

¿Conoce usted un buen restaurante en Sevilla?

Do you know a good restaurant in Seville?

Las Dos Palmas es **el más elegante de** la ciudad.

Las Dos Palmas is the most elegant one in the city.

Irregular comparatives and superlatives

Adjective	Comparative form	Superlative form
bueno/a *good*	**mejor** *better*	**el/la mejor** *best*
malo/a *bad*	**peor** *worse*	**el/la peor** *worst*
grande *big*	**mayor** *bigger*	**el/la mayor** *biggest*
pequeño/a *small*	**menor** *smaller*	**el/la menor** *smallest*
joven *young*	**menor** *younger*	**el/la menor** *youngest*
viejo/a *old*	**mayor** *older*	**el/la mayor** *oldest*

- When **grande** and **pequeño/a** refer to size and not age or quality, the regular comparative and superlative forms are used.

Ernesto es **mayor** que yo.
Ernesto is older than I am.

Ese edificio es **el más grande** de todos.
That building is the biggest one of all.

- When **mayor** and **menor** refer to age, they follow the noun they modify.

María Fernanda es mi hermana **menor**.
María Fernanda is my younger sister.

Hubo un **menor** número de turistas.
There was a smaller number of tourists.

- The adverbs **bien** and **mal** also have irregular comparatives, **mejor** and **peor**.

Mi padre maneja muy mal. ¿Y el tuyo?
My father is a bad driver. How about yours?

¡Mi padre maneja **peor** que los turistas!
My father drives worse than the tourists!

Tú puedes hacerlo bien por ti mismo.
You can do it well by yourself.

Ayúdame, que tú lo haces **mejor** que yo.
Help me; you do it better than I do.

¡ATENCIÓN!

Absolute superlatives
The suffix **–ísimo/a** is added to adjectives and adverbs to form the absolute superlative.

This form is the equivalent of *extremely* or *very* before an adjective or adverb in English.

malo → malísimo

mucha → muchísima

difícil → dificilísimo

fácil → facilísimo

Adjectives and adverbs with stems ending in **c, g,** or **z** change spelling to **qu, gu,** and **c** in the absolute superlative.

rico → riquísimo

larga → larguísima

feliz → felicísimo

Adjectives that end in **–n** or **–r** form the absolute superlative by adding **–císimo/a**.

joven → jovencísimo

recursos

v̂ **Text**

CA
pp. 13, 76

CP
pp. 43–44

CH
pp. 71–72

S

descubre3.
vhlcentral.com

Práctica

(1) Demasiados gastos Elena comparte sus inquietudes sobre el dinero con su tía Juana.
Completa la conversación con las palabras de la lista.

carísimos	más	menor	muchísimos
como	mejor	menos	que

ELENA Tengo (1) _____ gastos y necesito ganar (2) _____ dinero.

JUANA ¿Por qué no tratas de gastar (3) _____ y estudiar un poco más? Tú sabes
que la mayoría de los adolescentes no llevan una vida (4) _____ la tuya.

ELENA Bueno, el problema no está en mis gastos, sino en mi salario. Mi hermana
(5) _____ trabaja menos horas (6) _____ yo, pero gana más.

JUANA Puede ser, pero recuerda que es (7) _____ asistir a una universidad
buena que poder comprar unos zapatos (8) _____ .

ELENA Puede ser.

(2) El peor viaje de su vida Conecta las frases de la izquierda con las correspondientes
de la derecha para formar oraciones lógicas.

____ 1. El sábado pasado Alberto y yo
hicimos el peor

____ 2. Yo llegué al aeropuerto más temprano

____ 3. Pero él pasó por seguridad más rápido

____ 4. Luego anunciaron que el vuelo
estaba retrasado más

____ 5. Por fin salimos, tan cansados

____ 6. De repente, hubo un olor

____ 7. Alberto gritaba tanto

____ 8. Al final pasamos las vacaciones
en casa, lo cual fue

a. como enojados.

b. como yo hasta que logramos
aterrizar (*to land*).

c. de tres horas a causa de un
problema mecánico.

d. malísimo. ¡El motor se había
prendido fuego!

e. menos interesante pero mucho
más seguro.

f. que Alberto y no lo podía encontrar.

g. que yo y por fin nos encontramos
en la puerta de embarque.

h. viaje de nuestra vida.

(3) Oraciones Mira la información del cuadro y escribe cinco oraciones con superlativos
y cinco con comparativos. Sigue el modelo.

MODELO   *Harry Potter* es más popular que *El Señor de los Anillos. Harry Potter*
es el libro más vendido de la década.

Harry Potter	libro	menor
Jennifer López	cantante y actriz	famosa
Donald Trump	hombre de negocios	rico
El Nilo	río	largo
Disneyland	lugar	feliz

Comunicación

4 Un viaje inolvidable

A. Habla con un(a) compañero/a sobre el viaje más inolvidable de tu vida. Puede ser un viaje buenísimo o un viaje malísimo, e incluso puede ser un viaje imaginario. Debes hacer por lo menos siete u ocho oraciones usando comparativos y superlativos y algunas de las palabras de la lista. Túrnense.

mejor/peor que	tan
más/menos que	como
de los mejores/peores	buenísimo/malísimo

B. Ahora describe el viaje de tu compañero/a al resto de la clase. La clase trata de adivinar qué viajes son verdaderos y cuáles son ficticios.

5 Las vacaciones ideales En grupos de cuatro, imaginen que son miembros de una familia que ganó un viaje de tres semanas a cualquier país del mundo. El único problema es que tienen que llegar a una decisión unánime para ganar su premio.

A. Primero, cada uno/a debe decidir cuál es el país ideal para sus vacaciones y escribir una descripción breve con las razones para escogerlo. Utiliza comparativos y superlativos en tu descripción.

B. Luego, túrnense para presentar sus opiniones y traten de convencer a los demás de que su país ideal es el mejor de todos. Deben usar comparativos y superlativos para comparar las atracciones de cada país. Compartan su decisión final con la clase.

MODELO   Es obvio que Venezuela es el mejor país para nuestras vacaciones. Venezuela tiene la catarata más alta del mundo y unas playas tan bonitas como las de la República Dominicana. Leí en un libro que en la selva amazónica hay mayor cantidad de aves que en Costa Rica. Además, ¡las arepas venezolanas son más ricas que las tortillas mexicanas!

 Practice more at **descubre3.vhlcentral.com**.

- When the subordinate clause of a sentence refers to something (the antecedent) that is known to exist, the indicative is used. When the antecedent is uncertain or indefinite, the subjunctive is used.

MAIN CLAUSE	CONNECTOR	SUBORDINATE CLAUSE
Busco un trabajo	**que**	**pague bien.**

¡ATENCIÓN!

An adjective clause (**oración subordinada adjetiva**) is one that modifies or describes the noun or direct object in the main clause.

ANTECEDENT CERTAIN → INDICATIVE	ANTECEDENT UNCERTAIN → SUBJUNCTIVE
Necesito el libro que **tiene** información sobre las ruinas mayas.	Necesito un libro que **tenga** información sobre las ruinas mayas.
I need the book that has information about Mayan ruins.	*I need a book that has information about Mayan ruins.*
Buscamos los documentos que **describen** el itinerario del viaje.	Buscamos documentos que **describan** el itinerario del viaje.
We're looking for the documents that describe the itinerary for the trip.	*We're looking for (any) documents that (may) describe the itinerary for the trip.*
Aquí hay alguien que **conoce** muy bien la zona.	¿Hay alguien aquí que **conozca** muy bien la zona?
There is someone here who knows the area very well.	*Is there anyone here who knows the area very well?*

- When the antecedent of an adjective clause is a negative pronoun (**nadie, ninguno/a**), the subjunctive is used in the subordinate clause.

ANTECEDENT CERTAIN → INDICATIVE	ANTECEDENT UNCERTAIN → SUBJUNCTIVE
Elena tiene tres parientes que **viven** en San Salvador.	Elena no tiene **ningún** pariente que **viva** en La Palma.
Elena has three relatives who live in San Salvador.	*Elena doesn't have any relatives who live in La Palma.*
Para su viaje, hay dos países que **requieren** una visa.	Para su viaje, no hay **ningún** país que **requiera** una visa.
For your trip, there are two countries that require visas.	*For your trip, there are no countries that require a visa.*
Hay muchos viajeros que **quieren** quedarse en el hotel.	No hay **nadie** que **quiera** alojarse en el albergue.
There are many travelers who want to stay at the hotel.	*There is nobody who wants to stay at the hostel.*

- The personal **a** is not used with direct objects that represent hypothetical persons.

ANTECEDENT UNCERTAIN → SUBJUNCTIVE	ANTECEDENT CERTAIN → INDICATIVE
Busco un guía que **hable** inglés. *I'm looking for a guide who speaks English.*	Conozco **a** un guía que **habla** inglés. *I know a guide who speaks English.*

- The personal **a** is maintained before **nadie** and **alguien**, even when their existence is uncertain.

ANTECEDENT UNCERTAIN → SUBJUNCTIVE	ANTECEDENT CERTAIN → INDICATIVE
No conozco **a nadie** que **se queje** tanto como mi abuela. *I don't know anyone who complains as much as my grandmother.*	Yo conozco **a alguien** que **se queja** aún más... ¡la mía! *I know someone who complains even more... mine!*

- The subjunctive is commonly used in questions with adjective clauses when the speaker is trying to find out information about which he or she is uncertain. If the person who responds knows the information, the indicative is used.

ANTECEDENT UNCERTAIN → SUBJUNCTIVE	ANTECEDENT CERTAIN → INDICATIVE
¿Me recomienda usted un hotel que **esté** cerca de la costa? *Can you recommend a hotel that is near the coast?*	Sí, el hotel Flamingo **está** justo en la playa. *Yes, the Flamingo Hotel is right on the beach.*
¿Tiene otra brújula que **sea** más fácil de usar? *Do you have another compass that is easier to use?*	Vea ésta y, si no, tengo tres más que **son** muy fáciles de usar. *Look at this one, and if not, I have three others that are very easy to use.*

Hotel Tucán

En el hotel Tucán su satisfacción es lo más importante. Si hay alguna cosa que podamos hacer para mejorar nuestros servicios, no dude en informarnos.

Práctica

1 Oraciones Combina las frases de las dos columnas para formar oraciones lógicas. Recuerda que a veces vas a necesitar el subjuntivo y a veces no.

_____ 1. Luis tiene un hermano que   a. sea alta e inteligente.

_____ 2. Tengo dos primos que   b. sean respetuosos y estudiosos.

_____ 3. No conozco a nadie que   c. canta cuando se ducha.

_____ 4. Jorge busca una novia que   d. hablan español.

_____ 5. Quiero tener hijos que   e. hable más de cinco lenguas.

2 El agente de viajes Carmen va a ir de vacaciones a Montelimar, en Nicaragua, y le escribe un correo electrónico a su agente de viajes explicándole cuáles son sus planes. Completa el correo electrónico con el subjuntivo o el indicativo.

De:	Carmen <Carmen@micorreo.com>
Para:	Jorge <Jorge@micorreo.com>
Asunto:	Viaje a Montelimar

Querido Jorge:

Estoy muy contenta porque el mes que viene voy a viajar a Montelimar para tomar unas vacaciones. He estado pensando en el viaje y quiero decirte qué me gustaría hacer. Quiero ir a un hotel que (1)_____ (ser) de cinco estrellas y que (2)_____ (tener) vista al mar. Me gustaría hacer una excursión que (3)_____ (durar) varios días y que me (4)_____ (permitir) ver el famoso lago Nicaragua. ¿Qué te parece?

Mi hermano me dice que hay un guía turístico que (5)_____ (conocer) algunos lugares exóticos y que me puede llevar a verlos. También dice que el guía es un hombre que (6)_____ (tener) el pelo muy rubio y (7)_____ (ser) muy alto. ¿Tú lo conoces? Creo que se llama Ernesto Montero.

Espero tu respuesta.
Carmen

3 Aniversario Enrique y Julia se preparan para celebrar su aniversario de bodas. Completa las oraciones con la opción más lógica de la lista. Haz los cambios necesarios.

gustarle a Enrique	ser muy rápido
hacer cortes de pelo modernos	tener arena blanca
	tocar jazz

1. Para la fiesta, Julia quiere contratar a la banda "Armonías" que _____.

2. Enrique busca un peluquero que _____.

3. Julia prepara las comidas que _____.

4. Enrique quiere comprarle a Julia un carro que _____.

5. Después de la fiesta, Julia quiere hacer un viaje a alguna playa que _____.

Comunicación

 4 **El ideal** En parejas, imaginen cómo es el/la compañero/a ideal en cada una de estas situaciones. Si ya conocen a una persona que tiene las características ideales, también pueden hablar de él/ella. Utilicen el subjuntivo o el indicativo de acuerdo a la situación.

> **MODELO** Lo ideal es hablar con alguien que escuche con mucha atención.

- alguien con quien hablar
- alguien con quien estudiar
- alguien con quien ver películas de amor o de aventura
- alguien con quien comprar ropa
- alguien con quien hacer ejercicio
- alguien con quien viajar por el desierto del Sahara

 5 **Anuncios** En parejas, imaginen que escriben anuncios para el diario *El País*. El jefe les ha dejado algunos mensajes indicándoles qué anuncios deben escribir. Escriban anuncios detallados sobre lo que se busca usando el indicativo o el subjuntivo. Después inventen dos anuncios originales para enseñárselos a la clase.

La familia Pérez busca a su perro Tomás, que se perdió en el parque. Aquí tienen una foto de él.

Miguel y Carlos Solís buscan un guía turístico para su viaje a los volcanes de Guatemala.

6 **Sueños y realidad** En grupos de cuatro, hagan comparaciones sobre lo que ustedes tienen y lo que sueñan tener. Usen las palabras de la lista y añadan sus propias ideas. Recuerden utilizar el indicativo o el subjuntivo según el caso.

yo	buscar	hermano/a
tú	conocer	mascota (*pet*)
nosotros	necesitar	trabajo
ustedes	querer	vecino/a

 Practice more at **descubre3.vhlcentral.com**.

5.3 Negative and positive expressions

Cocodrilo Éric no le tiene miedo a nada.

- Negative words (**palabras negativas**) deny something's existence or contradict statements.

Positive expressions	Negative expressions
algo *something; anything*	**nada** *nothing; not anything*
alguien *someone; somebody; anyone*	**nadie** *no one; nobody; not anyone*
alguno/a(s), algún *some; any*	**ninguno/a, ningún** *no; none; not any*
o... o *either... or*	**ni... ni** *neither... nor*
siempre *always*	**nunca, jamás** *never; not ever*
también *also; too*	**tampoco** *neither; not either*

ni siquiera (not even)

- In Spanish, double negatives are perfectly acceptable.

  ¿Dejaste **algo** en la mesa?
  Did you leave something on the table?

  No, no dejé **nada**.
  No, I didn't leave anything.

  Siempre tuvimos ganas de viajar a Costa Rica.
  We always wanted to travel to Costa Rica.

  Hasta ahora, **no** tuvimos **ninguna** oportunidad de ir.
  Until now, we had no chance to go there.

- Most negative statements use the pattern **no** + [*verb*] + [*negative word*]. When the negative word precedes the verb, **no** is omitted.

  No lo extraño **nunca**.
  I never miss him.

  Nunca lo extraño.
  I never miss him.

  Su opinión **no** le importa a **nadie**.
  His opinion doesn't matter to anyone.

  A **nadie** le importa su opinión.
  Nobody cares about his opinion.

- Once one negative word appears in an English sentence, no other negative word may be used. In Spanish, however, once a negative word is used, all other elements must be expressed in the negative if possible.

  No le digas **nada** a **nadie**.
  Don't say anything to anyone.

  Tampoco hables **nunca** de esto.
  Don't ever talk about this either.

  No quiero **ni** pasta **ni** pizza.
  I don't want pasta or pizza.

  Tampoco quiero **nada** para tomar.
  I don't want anything to drink either.

- The personal **a** is used before negative and indefinite words that refer to people when they are the direct object of the verb.

> **Nadie** me comprende. ¿Por qué será?
> *No one understands me. Why is that?*

> Porque tú no comprendes **a nadie**.
> *Because you don't understand anybody.*

> **Algunos** pasajeros prefieren no desembarcar en los puertos.
> *Some passengers prefer not to disembark at the ports.*

> Pues, no conozco **a ninguno** que se quede en el crucero.
> *Well, I don't know of any who stay on the cruise ship.*

- Before a masculine, singular noun, **alguno** and **ninguno** are shortened to **algún** and **ningún**.

> ¿Ha sufrido **algún** daño en el choque?
> *Have you suffered any harm in the accident?*

> Me había puesto el cinturón de seguridad, por lo que no sufrí **ningún** daño.
> *I had fastened my seatbelt, and so I suffered no injuries.*

- **Tampoco** means *neither* or *not either*. It is the opposite of **también**.

> Mi novia no soporta los congestionamientos en el centro, ni yo **tampoco**.
> *My girlfriend can't stand the traffic jams downtown, and neither can I.*

> Por eso toma el metro, y yo **también**.
> *That's why she takes the subway, and so do I.*

¿Esto también es de primerísima necesidad?

- The conjunction **o... o** (*either... or*) is used when there is a choice to be made between two options. **Ni... ni** (*neither... nor*) is used to negate both options.

> Debo hablar **o** con el gerente **o** con la dueña.
> *I have to speak with either the manager or the owner.*

> El precio del pasaje **ni** ha subido **ni** ha bajado en los últimos días.
> *The price of the ticket has neither risen nor fallen in the past days.*

- The conjunction **ni siquiera** (*not even*) is used to add emphasis.

> **Ni siquiera** se despidieron antes de salir.
> *They didn't even say goodbye before they left.*

> La señora Guzmán no viaja nunca, **ni siquiera** para visitar a sus nietos.
> *Mrs. Guzmán never travels, not even to visit her grandchildren.*

¡ATENCIÓN!

Cualquiera can be used to mean *any, anyone, whoever, whatever, or whichever*. When used before a singular noun (masculine or feminine) the **–a** is dropped.

Cualquiera haría lo mismo.
Anyone would do the same.

Llegarán en cualquier momento.
They will arrive at any moment.

recursos

v Text

CA
pp. 15, 78

CP
pp. 47–48

CH
pp. 75–76

S

descubre3.
vhlcentral.com

Práctica

1 **Comidas típicas** Marlene acaba de regresar de un viaje a Madrid y le fascinó la comida española. Completa su conversación con Frank usando expresiones negativas y positivas. Ten en cuenta que vas a usar una de ellas dos veces.

alguna	ni... ni	o... o
nadie	ningún	tampoco
	nunca	

MARLENE Frank, ¿(1) _alguna_ vez has probado las tapas españolas?

FRANK No, (2) _nunca_ he probado la comida española.

MARLENE ¿De veras? ¿No has probado (3) _ni_ la tortilla de patata (4) _ni_ la paella?

FRANK No, no he comido (5) _ningún_ plato español. (6) _tampoco_ conozco los ingredientes típicos de la cocina española.

MARLENE Entonces tenemos que salir a comer juntos. ¿Conoces el restaurante llamado Carmela?

FRANK No, no conozco (7) _ningún_ restaurante con ese nombre.

MARLENE (8) _Nadie_ lo conoce. Es nuevo pero es muy bueno. A mí me viene bien que vayamos (9) _o_ el lunes (10) _o_ el jueves que viene.

FRANK El jueves también me viene bien.

2 **El viajero** Imagina que eres un(a) viajero/a un poco especial y estás hablando de lo que no te gusta hacer en los viajes. Cambia las oraciones de positivas a negativas usando las expresiones negativas correspondientes. Sigue el modelo.

> **MODELO** Yo siempre como la comida del país.
> Nunca como la comida del país.

1. Cuando voy de viaje, siempre compro algunos regalos típicos.
2. A mí también me gusta visitar todos los lugares turísticos.
3. Yo siempre hablo el idioma del país con todo el mundo.
4. Normalmente, o alquilo un carro o alquilo una motocicleta.
5. Siempre intento visitar a algún conocido de mi familia.
6. Cuando visito un lugar nuevo, siempre hago algunos amigos.

3 **Argumentos** En parejas, escriban los argumentos que provocarían estas respuestas.

: Practice more at **descubre3.vhlcentral.com**.

Comunicación

4 **Escena** En grupos de tres, miren la foto y escriban una conversación entre un(a) hijo/a adolescente y sus padres usando expresiones positivas y negativas. Luego representen la conversación ante la clase.

MODELO

HIJA ¿Por qué siempre desconfían de mí? No soy ninguna mentirosa y mis amigos tampoco lo son. No tienen ninguna razón para preocuparse.

MAMÁ Sí hija, muy bien, pero recuerda que...

5 **Síntesis** La tormenta tropical Alberto azota (*is hitting*) las costas de Florida. Tú y un(a) compañero/a deben cubrir esta noticia para un programa de televisión. Uno/a de ustedes es el/la corresponsal y la otra persona es el/la conductor(a) del programa. Siguiendo el modelo, escriban una conversación sobre el alcance del desastre y las consecuencias para el turismo y para la gente local. Usen comparativos, superlativos, el subjuntivo en oraciones subordinadas adjetivas y expresiones negativas y positivas.

MODELO

CONDUCTOR(A) Cuéntanos, Juan Francisco, ¿cómo es la tormenta?

CORRESPONSAL ¡Nunca he visto una tormenta tan destructiva! ¡No hay casas que puedan soportar vientos tan fuertes!

CONDUCTOR(A) ¡Pero no es posible que el viento sea más fuerte que durante la tormenta Ximena en 1996!

CORRESPONSAL Siempre dicen que esa tormenta fue la más fuerte, pero les aseguro que ésta es peor.

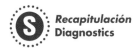

S **Recapitulación Diagnostics**

S Audio: Vocabulary

Antes de ver el corto

EL ANILLO

país Puerto Rico
duración 8 minutos
director Coraly Santaliz Pérez

protagonistas la prometida, Arnaldo (su novio), el vagabundo, el dueño del restaurante, el empleado del restaurante, la novia del empleado, la anfitriona, la senadora

Vocabulario

el anillo *ring*	**echar** *to throw away*
el azar *chance*	**enganchar** *to get caught*
botar *to throw… out*	**la manga** *sleeve*
botarse (P. Rico; Cuba) *to outdo oneself*	**la sortija** *ring*
la casualidad *chance; coincidence*	**el tapón** *traffic jam*
el diamante *diamond*	**tirar** *to throw*

1 **Definiciones** Conecta cada oración con la palabra correspondiente.

____ 1. Forma parte de una camisa.

____ 2. Sucede cuando hay mucho tráfico o cuando hay un accidente.

____ 3. Es un sinónimo de *anillo*.

____ 4. Es un conjunto de acontecimientos que ocurren por casualidad.

____ 5. Puede pasar esto si andas en bicicleta con pantalones muy anchos (*wide*).

a. el azar
b. enganchar
c. el diamante
d. la manga
e. el tapón
f. la sortija
g. tirar

2 **Preguntas** En parejas, contesten las preguntas.

1. ¿Alguna vez perdiste algo de mucho valor? ¿Lo encontraste?

2. ¿Encontraste algo valioso en alguna ocasión? ¿Qué hiciste?

3. ¿Pierdes cosas a menudo?

4. Imagina que encuentras tirado un anillo de diamantes. ¿Qué haces?

3 **Un anillo** En parejas, miren la fotografía del cortometraje e imaginen lo que va a ocurrir en la historia. Compartan sus ideas con la clase.

Practice more at **descubre3.vhlcentral.com**.

El Anillo

Producción Ejecutiva LUIS J. CRUZ ESPINETA "THE FILM FOUNDATION, INC."
Guión, Edición y Dirección CORALY SANTALIZ PÉREZ Producción CORALY SANTALIZ PÉREZ / JAN G. SANTIAGO ECHANDI
Dirección de Fotografía CARLOS J. ZAYAS PLAZA Música WALTER MORCIGLIO
Diseño de Sonido WALTER SANTALIZ Actores GERARDO ORTIZ / ANNETTE SANTALIZ / JOSÉ JORGE MEDINA /
SASHA BETANCOURT / ANDRÉS SANTIAGO / VIVIANA FUSARO / ELIA ENID CADILLA

ARGUMENTO Una prometida pierde su anillo de compromiso que va pasando de persona a persona por azar.

INVITADA Nena, ¡qué bello ese anillo! Arnaldo se botó.
PROMETIDA Sí, lo sé. Permiso. Voy al baño.
(La prometida olvida el anillo que termina en manos de un vagabundo por azar.)

DUEÑO ¿Cuántas veces te tengo que botar? ¿Eh?
VAGABUNDO Quiero algo de comer. Además me encontré una sortija de diamantes. Deja que la veas. Pero si estaba aquí. Pero, ¡te lo juro que estaba aquí!

(El vagabundo pierde el anillo. Lo encuentra el empleado del restaurante, que se lo lleva a su casa. Su novia cree que le está pidiendo matrimonio.)

NOVIA ¡No lo puedo creer, mi amor! ¡Te botaste! Sí, sí. ¡Me caso contigo! Tengo que llamar a mami.

EMPLEADO Yo no la compré. No, no. Yo estaba limpiando en el restaurante y me la encontré, ¿sabes? Esto nos resuelve porque vale, ¡vale pesos! La podemos vender.

NOVIA ¿Eso es todo lo que a ti te importa?
EMPLEADO Pero mi amor, no te pongas así, chica. ¿Qué tú estás haciendo? ¡No! ¿Qué tú haces?

(La senadora llega a una fiesta con el anillo enganchado en el bolso.)

ANFITRIONA ¡Senadora!
SENADORA Buenas noches.
ANFITRIONA ¡Al fin llegó!
SENADORA Es que había un tapón terrible.

Después de ver el corto

1 Comprensión Contesta las preguntas con oraciones completas.

1. ¿Quién compró el anillo y para quién?
2. ¿Cómo llega el anillo por primera vez a la calle?
3. ¿Adónde va el vagabundo cuando encuentra el anillo?
4. ¿Quién encuentra el anillo cuando lo pierde el vagabundo?
5. ¿Qué piensa la novia del empleado del restaurante al ver el anillo?
6. ¿Qué quiere hacer el empleado con el anillo?
7. ¿Qué hace la novia al ver que no era un anillo comprado para ella?
8. ¿Dónde cae el anillo esta vez?
9. ¿Adónde va la senadora?
10. ¿Dónde encuentra la prometida su anillo?

2 Ampliación Contesta las preguntas con oraciones completas.

1. En tu opinión, ¿cómo es la prometida? ¿Por qué?
2. ¿Por qué crees que el dueño del restaurante no deja entrar al vagabundo?
3. ¿Crees que realmente había un tapón de tráfico o crees que la senadora llegó tarde a propósito?
4. Imagina que la prometida vuelve a dejar el anillo en el cuarto de baño. ¿Qué sucede esta vez?
5. ¿Crees en las casualidades? ¿Por qué?

3 Cita Al principio del corto, aparece una cita de Fernando Galiano. En parejas, lean la traducción de la cita. ¿Están de acuerdo con lo que dice? ¿Por qué? Den ejemplos de situaciones que apoyen su postura.

> **"Si el mundo realmente estuviera regido por el azar,**
> **no habría injusticias porque el azar es justo."**
>
> — Fernando Galiano

4 Me encontré un anillo En parejas, imagínense que uno de estos dos personajes se queda con (*keeps*) el anillo. Imaginen cómo cambia la vida del personaje durante los próximos seis meses. Luego compartan la historia con la clase.

VAGABUNDO

EMPLEADO DEL RESTAURANTE

 Practice more at **descubre3.vhlcentral.com**.

Antes de leer

La luz es como el agua

Sobre el autor

Nacido en 1928 en Aracataca, Colombia, un pequeño pueblo cerca del Mar Caribe, **Gabriel García Márquez** fue criado por sus abuelos entre mitos, leyendas y libros fantásticos. Eso fue construyendo la base de su futura obra narrativa. Comenzó a estudiar derecho pero lo abandonó para dedicarse al periodismo. Como corresponsal en Italia, viajó por toda Europa. Vivió en diferentes lugares y escribió guiones (*scripts*) cinematográficos, cuentos y novelas. En 1967 publicó su novela más famosa, *Cien años de soledad*, cuya acción transcurre en el mítico pueblo de Macondo. En 1982 se le concedió el Premio Nobel de Literatura. De su libro *Doce cuentos peregrinos* (al que pertenece el cuento *La luz es como el agua*) dijo que surgió (*came about*) porque quería escribir "sobre las cosas extrañas que les suceden a los latinoamericanos en Europa".

Vocabulario

ahogado/a *drowned*	el faro *lighthouse; beacon*	la popa *stern*
la bahía *bay*	flotar *to float*	la proa *bow*
el bote *boat*	el muelle *pier*	el remo *oar*
la cascada *cascade; waterfall*	la pesca *fishing*	el tiburón *shark*

Palabras relacionadas Indica la palabra que no pertenece al grupo.

1. bote	2. brújula	3. pesca	4. popa	5. muelle
remo	servidumbre	buceo	penas	flotar
sótano	puerto	tiburones	cascada	zaguán
navegar	proa	agujas	bahía	ahogado

Conexión personal Cuando eras niño/a, ¿te gustaba soñar con viajes a lugares imposibles? ¿Sigues soñando o imaginando viajes a lugares fantásticos o imposibles? ¿Alguna vez viviste en un país extranjero? ¿Qué cosas extrañabas?

Análisis literario: el realismo mágico

El realismo mágico es una síntesis entre el realismo y la literatura fantástica. Muchos escritores latinoamericanos, como Gabriel García Márquez y Carlos Fuentes, incorporan elementos fantásticos al mundo cotidiano de los personajes, que aceptan la magia y la fantasía como normales. En el realismo mágico, lo real se torna mágico, lo maravilloso es parte de lo cotidiano y no se cuestiona la lógica de lo fantástico. Uno de los precursores del género, Alejo Carpentier, explicó que "En América Latina, lo maravilloso se encuentra en vuelta de cada esquina, en el desorden, en lo pintoresco de nuestras ciudades, ... en nuestra naturaleza y... también en nuestra historia". Presta atención a la representación de la realidad en el cuento.

S Audio: Dramatic Recording

Altamar, 2000.
Graciela Rodo Boulanger, Bolivia.

La luz es como el agua

Gabriel García Márquez

En Navidad los niños volvieron a pedir un bote de remos.

—De acuerdo —dijo el papá—, lo compraremos cuando volvamos a Cartagena.

5 Totó, de nueve años, y Joel, de siete, estaban más decididos de lo que sus padres creían.

—No —dijeron a coro°—. Nos hace falta ahora y aquí.

—Para empezar —dijo la madre—, aquí no 10 hay más aguas navegables que la que sale de la ducha°.

Tanto ella como el esposo tenían razón. En la casa de Cartagena de Indias había un patio con un muelle sobre la bahía, y un refugio para dos yates grandes. En cambio aquí en Madrid 15 vivían apretados° en el piso quinto del número 47 del Paseo de la Castellana. Pero al final ni él ni ella pudieron negarse, porque les habían prometido un bote de remos con su sextante y su brújula si se ganaban el laurel del tercer 20 año de primaria, y se lo habían ganado. Así que el papá compró todo sin decirle nada a su esposa, que era la más reacia° a pagar deudas de juego. Era un precioso bote de aluminio con un hilo dorado en la línea de flotación. 25

—El bote está en el garaje —reveló el papá

in unison (coro°)

shower (ducha°)

cramped (apretados°)

reluctant (reacia°)

en el almuerzo—. El problema es que no hay cómo subirlo ni por el ascensor ni por la escalera, y en el garaje no hay más espacio
30 disponible.

Sin embargo, la tarde del sábado siguiente los niños invitaron a sus condiscípulos° para subir el bote por las escaleras, y lograron llevarlo hasta el cuarto de servicio.

35 —Felicitaciones —les dijo el papá—, ¿ahora qué?

—Ahora nada —dijeron los niños—. Lo único que queríamos era tener el bote en el cuarto, y ya está.

40 La noche del miércoles, como todos los miércoles, los padres se fueron al cine. Los niños, dueños y señores de la casa, cerraron puertas y ventanas, y rompieron la bombilla encendida de una lámpara de la sala. Un
45 chorro° de luz dorada° y fresca como el agua empezó a salir de la bombilla° rota, y lo dejaron correr hasta que el nivel llegó a cuatro palmos. Entonces cortaron la corriente°, sacaron el bote, y navegaron a placer° por
50 entre las islas de la casa.

Esta aventura fabulosa fue el resultado de una ligereza° mía cuando participaba en un seminario sobre la poesía de los utensilios domésticos. Totó me preguntó cómo era que
55 la luz se encendía con sólo apretar un botón, y

schoolmates (line 32)

spurt/golden (line 45)
light bulb (line 46)

current (line 48)
at one's pleasure (line 49)

lightness (line 52)

yo no tuve el valor de pensarlo dos veces.

—La luz es como el agua —le contesté—: uno abre el grifo°, y sale.

De modo que siguieron navegando los miércoles en la noche, aprendiendo el 60 manejo del sextante y la brújula, hasta que los padres regresaban del cine y los encontraban dormidos como ángeles de tierra firme. Meses después, ansiosos de ir más lejos, pidieron un equipo de pesca submarina. Con todo: 65 máscaras, aletas, tanques y escopetas de aire comprimido.

—Está mal que tengan en el cuarto de servicio un bote de remos que no les sirve para nada —dijo el padre—. Pero está peor que quieran 70 tener además equipos de buceo.

—¿Y si nos ganamos la gardenia de oro del primer semestre? —dijo Joel.

—No —dijo la madre, asustada—. Ya no más. 75

El padre le reprochó su intransigencia.

—Es que estos niños no se ganan ni un clavo° por cumplir con su deber —dijo ella—, pero por un capricho° son capaces de ganarse hasta la silla del maestro. 80

Los padres no dijeron al fin ni que sí ni que no. Pero Totó y Joel, que habían sido los últimos en los dos años anteriores, se ganaron en julio las dos gardenias de oro y el reconocimiento público del rector. Esa misma tarde, sin que 85 hubieran vuelto a pedirlos, encontraron en el dormitorio los equipos de buzos en su empaque original. De modo que el miércoles siguiente, mientras los padres veían *El último tango en París*, llenaron el apartamento hasta 90 la altura de dos brazas, bucearon como tiburones mansos° por debajo de los muebles y las camas, y rescataron del fondo° de la luz las cosas que durante años se habían perdido en la oscuridad. 95

En la premiación° final los hermanos fueron aclamados como ejemplo para la escuela, y les

faucet (line 58)

nail (line 77)

whim (line 79)

tame (line 92)

bottom (line 93)

awards ceremony (line 96)

dieron diplomas de excelencia. Esta vez no tuvieron que pedir nada, porque los padres
100 les preguntaron qué querían. Ellos fueron tan razonables, que sólo quisieron una fiesta en casa para agasajar° a los compañeros de curso.

El papá, a solas con su mujer, estaba radiante.
105 —Es una prueba de madurez —dijo.

—Dios te oiga —dijo la madre.

El miércoles siguiente, mientras los padres veían *La Batalla de Argel*, la gente que pasó por la Castellana vio una cascada de luz que
110 caía de un viejo edificio escondido entre los árboles. Salía por los balcones, se derramaba a raudales° por la fachada°, y se encauzó° por la gran avenida en un torrente dorado que iluminó la ciudad hasta el Guadarrama.
115 Llamados de urgencia, los bomberos forzaron la puerta del quinto piso, y encontraron la casa rebosada° de luz hasta el techo. El sofá y los sillones forrados° en piel de leopardo flotaban en la sala a distintos niveles, entre las botellas
120 del bar y el piano de cola y su mantón de Manila que aleteaba° a media agua como una mantarraya de oro. Los utensilios domésticos, en la plenitud de su poesía, volaban con sus propias alas° por el cielo de la cocina. Los
125 instrumentos de la banda de guerra, que los niños usaban para bailar, flotaban al garete° entre los peces de colores liberados de la pecera de mamá, que eran los únicos que

flotaban vivos y felices en la vasta ciénaga° iluminada. En el cuarto de baño flotaban los
130 cepillos de dientes de todos, los preservativos de papá, los pomos° de cremas y la dentadura de repuesto de mamá, y el televisor de la alcoba° principal flotaba de costado°, todavía encendido en el último episodio de la película
135 de media noche prohibida para niños.

Al final del corredor, flotando entre dos aguas, Totó estaba sentado en la popa del bote, aferrado° a los remos y con la máscara puesta, buscando el faro del puerto hasta
140 donde le alcanzó el aire de los tanques, y Joel flotaba en la proa buscando todavía la altura de la estrella polar con el sextante, y flotaban por toda la casa sus treinta y siete compañeros de clase, eternizados en el instante de hacer
145 pipí° en la maceta° de geranios, de cantar el himno de la escuela con la letra cambiada por versos de burla contra el rector, de beberse a escondidas un vaso de brandy de la botella de papá. Pues habían abierto tantas luces al
150 mismo tiempo que la casa se había rebosado, y todo el cuarto año elemental de la escuela de San Julián el Hospitalario se había ahogado en el piso quinto del número 47 del Paseo de la Castellana. En Madrid de España, una ciudad
155 remota de veranos ardientes y vientos helados, sin mar ni río, y cuyos aborígenes° de tierra firme nunca fueron maestros en la ciencia de navegar en la luz. ■

to entertain

poured out in abundance/façade/channeled

overflowed

covered

fluttered

wings

adrift

marsh

flasks

bedroom/sideways

clinging

to pee/flowerpot

natives

Después de leer

La luz es como el agua
Gabriel García Márquez

(1) Comprensión Indica si las oraciones son **ciertas** o **falsas**. Corrige las falsas.

1. La acción transcurre en Cartagena.
2. Totó y Joel dicen que quieren el bote para pasear con sus compañeros en el río.
3. Los padres van todos los miércoles por la noche al cine.
4. Los niños inundan la casa con agua del grifo.
5. Los únicos que sobreviven a la inundación son los peces de colores.
6. El que le sugiere a Totó la idea de que la luz es como el agua es su papá.

(2) Análisis En parejas, relean la definición de realismo mágico y luego respondan a las preguntas.

1. Los niños navegan "entre las islas de la casa". ¿Qué son las islas del apartamento?
2. ¿Qué significa la frase "rescataron del fondo de la luz las cosas que durante años se habían perdido en la oscuridad"? En la realidad, ¿les parece que la luz tiene fondo? En este relato, ¿cuál es el fondo de la luz?
3. Repasa el significado de *comparación* (**Lección 4**). ¿Se usan comparaciones en este relato? Escríbanlas y expliquen cómo proporcionan mayor expresividad.

(3) Interpretación Responde a las preguntas con oraciones completas.

1. ¿Por qué te parece que, teniendo una gran casa en Cartagena, viven en Madrid en un pequeño apartamento? ¿Cuáles crees que podrían ser las causas?
2. El narrador señala que toda la aventura de los niños es consecuencia de una "ligereza" suya, porque "no tuvo el valor de pensarlo dos veces". ¿Por qué te parece que dice eso? ¿Qué opinas tú de su respuesta? ¿Crees que él es culpable de lo que ocurre después?
3. Los niños aprovechan que sus padres no están para inundar el apartamento y guardan el secreto; sólo se lo cuentan a sus compañeros. ¿Por qué hacen eso? ¿Puedes establecer algún paralelo entre ir al cine y navegar con la luz?

(4) Entrevista En grupos de cuatro, preparen una entrevista con el primer bombero que entró en el apartamento inundado. Uno/a de ustedes es el/la reportero/a y el resto son bomberos. Hablen sobre las causas y consecuencias del accidente y usen lenguaje objetivo y preciso. Luego representen la entrevista frente a la clase.

(5) Bitácoras de viaje Utilizando el realismo mágico, describe en una bitácora de viaje (*travel log*) un día de un viaje especial. Describe adónde fuiste, qué hiciste, con quién fuiste y por qué fue especial. Describe elementos maravillosos de tu viaje y presenta detalles mágicos como si fueran normales.

Practice more at **descubre3.vhlcentral.com**.

Antes de leer

Audio: Vocabulary Reading

Vocabulario

el apogeo *height; highest level*	**el mito** *myth*
el artefacto *artifact*	**la pared** *wall*
el campo *ball field*	**la piedra** *stone*
el/la dios(a) *god/goddess*	**la pirámide** *pyramid*
el juego de pelota *ball game*	**la ruta maya** *the Mayan Trail*
la leyenda *legend*	

Tikal Completa las oraciones con las palabras apropiadas.

1. Tikal, antiguamente una gran ciudad, es ahora una impresionante colección de ruinas que se encuentra en la _____ de Guatemala.

2. Hay seis _____ en el centro de la ciudad. Son los edificios más grandes de Tikal.

3. En la misma zona hay varios _____ donde se jugaba al _____.

4. Durante sus excavaciones, los arqueólogos han encontrado _____ fascinantes y también esculturas y monumentos de _____.

Conexión personal ¿Cuál es la ruta más interesante que has recorrido? ¿Fue un viaje organizado o lo planeaste con tu familia?

Contexto cultural

Campo de pelota en Chichén Itzá

En la cultura maya, el deporte era a veces cuestión de vida y muerte. El juego de pelota se jugó durante más de 3.000 años en un campo entre muros (*stone walls*) con una pelota de goma (*rubber*) dura y mucha protección para el cuerpo de los jugadores. Era un juego muy violento y acababa a veces en un sacrificio ritual, posiblemente la decapitación (*beheading*) de algunos jugadores.

Cuenta la leyenda que los hermanos gemelos (*twins*) Ixbalanqué y Hunahpú eran tan aficionados al juego que enojaron a los dioses de la muerte, los señores de Xibalbá, con el ruido (*noise*) que hacían con las pelotas. Los señores de Xibalbá controlaban un mundo subterráneo, al que se llegaba por una cueva (*cave*). Todo individuo que entraba en Xibalbá pasaba por una serie de pruebas y trampas (*traps*) peligrosas como cruzar (*cross*) un río de escorpiones, entrar en una casa llena de cuchillos en movimiento y participar en un juego mortal de pelota. Los gemelos usaron su habilidad atlética, su inteligencia y la magia para vencer (*defeat*) a los dioses y transformarse en el sol y la luna. Por eso, entre los mayas el juego era una competencia entre fuerzas enemigas como el bien y el mal o la luz y la oscuridad.

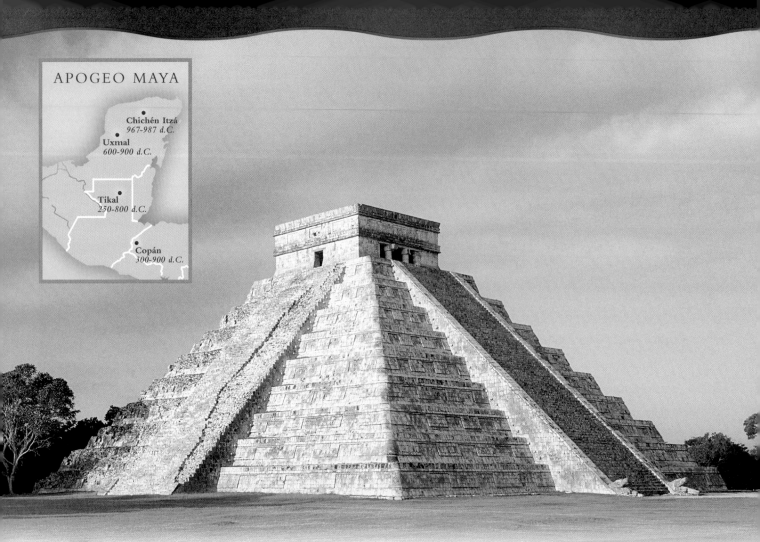

APOGEO MAYA

Chichén Itzá
967-987 d.C.

Uxmal
600-900 d.C.

Tikal
250-800 d.C.

Copán
300-900 d.C.

La ruta maya

1   Los mayas, investigadores de ciencias y matemáticas y destacados°   *outstanding*
arquitectos de espacios monumentales, han dejado evidencia de
un mundo ilustre e intelectual que todavía brilla hoy día. En su
momento de mayor extensión, el territorio maya incluía partes
5   de lo que ahora es México, Guatemala, Belice, El Salvador y
Honduras. Una imaginaria ruta maya une estos lugares dispersos,
atravesando° siglos y países, y revela restos de una gran civilización.   *crossing*
La ruta pasa por selva y ciudad, por vegetación exuberante y por

ruinas que resisten y también muestran el
10 paso del tiempo. El viajero puede elegir entre
múltiples lugares y numerosos caminos. Sin
embargo, hay un itinerario particular que
conecta la arquitectura, la cultura y el deporte
a través del tiempo y el espacio: la ruta de los
Due to 15 campos de pelota. Debido al° enorme valor
cultural del juego, se construyeron canchas
en casi todas las poblaciones importantes,
incluyendo las espléndidas construcciones
de Copán y Chichén Itzá. La ruta, que pasa
20 por algunos de los 700 campos de pelota,
unearths desentierra° maravillas arqueológicas.

En la densa selva en el oeste de Honduras,
arises cerca de la frontera con Guatemala, surge°
Copán, donde gobernaron varias dinastías
lies 25 de reyes. Entre las ruinas permanece° un
elegantísimo campo de pelota, una cancha
dressing rooms que tenía hasta vestuarios° para los jugadores.
Grandes paredes, adornadas de esculturas
parrots/surround de loros°, rodean° el campo más artístico de
30 Mesoamérica. En Copán vivía una élite de
sculpted artesanos y nobles que esculpían° y escribían
en piedra. Por eso, se concentran en Copán
sculptures/steles la mayor cantidad de esculturas° y estelas°
stone tablets —monumentos de figuras y lápidas° con

> ## Mesoamérica
>
> La región de Mesoamérica empieza en el centro de
> México y llega hasta la frontera entre Nicaragua y
> Costa Rica. Aquí vivían sociedades agrarias que se
> destacaron por sus avances en la arquitectura, el
> arte y la tecnología en los 3.000 años anteriores a la
> llegada de Cristóbal Colón al continente americano.
> Entre las culturas de Mesoamérica se incluyen la
> maya, azteca, olmeca y tolteca. Los mayas tomaron
> la escritura y el calendario mesoamericanos y los
> desarrollaron hasta su mayor grado de sofisticación.

35 jeroglíficos— de la ruta maya. En las famosas
stairways escalinatas° de la ciudad se pueden examinar
jeroglíficos que contienen todo un árbol
genealógico y que cuentan la historia de los
reyes de Copán. Estas inscripciones forman el
40 texto maya más largo que se preserva hoy día.

Chichén Itzá

El más impresionante de los campos
de pelota se encuentra en Chichén Itzá
en Yucatán, México. En su período de
esplendor, Chichén Itzá era el centro de
poder de Mesoamérica. Actualmente es uno 45
de los sitios arqueológicos más importantes
del mundo. La gran pirámide, conocida con
el nombre *El Castillo*, era un rascacielos° *skyscraper*
en su época. Con escaleras que suben a la
cumbre° por los cuatro lados, El Castillo 50 *peak*
sirvió de templo del dios Kukulcán. Hay
varias canchas de pelota en Chichén Itzá,
pero la más grandiosa y espectacular se llama
el Gran Juego de Pelota. A pesar de medir° *measuring*
166 por 68 metros (181 por 74 yardas), la 55
acústica es tan magnífica que sirve de modelo
para teatros: un susurro° se puede oír de un *whisper*
extremo al otro. Mientras competían, los
jugadores sentían la presión de las esculturas
que adornaban las paredes, las cuales 60
muestran a unos jugadores decapitando a
otros. El peligro era un recordatorio° de que *reminder*
el juego era también una ceremonia solemne
y el campo, un templo.

Esta ruta maya continúa por campos 65
como el de Uxmal en Yucatán, México,
donde se pueden apreciar grandes logros° *achievements*
arquitectónicos. En todos ellos, se oyen las
voces lejanas de la civilización maya, ecos que
nos hacen viajar por el tiempo y despiertan 70
la imaginación. ■

Después de leer

La ruta maya

(1) Comprensión Decide si las oraciones son **ciertas** o **falsas**. Corrige las falsas.

1. En su momento de mayor extensión, el territorio maya empezaba en lo que hoy se llama México y terminaba en lo que hoy se llama Guatemala.
2. Los mayas construyeron muy pocas canchas de pelota.
3. En Copán vivía una élite de artesanos y nobles que escribían en piedra.
4. Los jeroglíficos de Copán cuentan la leyenda de los gemelos Ixbalanqué y Hunahpú.
5. Chichén Itzá fue el centro de poder de Mesoamérica.
6. El Castillo es la cancha de pelota más grande.

(2) Preguntas Contesta las preguntas con oraciones completas.

1. ¿Qué significado tenía el juego de pelota en la cultura maya?
2. ¿Cuáles eran algunos de los peligros del juego?
3. ¿Qué tienen de extraordinario las ruinas de Copán?
4. ¿Qué detalles indican que Chichén Itzá había sido una ciudad importantísima?
5. ¿Cuál es un ejemplo de la importancia de los dioses para los mayas?

(3) Itinerarios En grupos, preparen el itinerario para un recorrido por una de estas rutas. Luego compartan el itinerario con el resto de la clase.

- la ruta de los campos de béisbol
- Norteamérica de punta a punta
- las mansiones de los famosos en Hollywood

(4) Leyendas Imagina que los gemelos de la leyenda maya, Ixbalanqué y Hunahpú, vuelven al mundo subterráneo de los señores de Xibalbá. Los dioses de la muerte quieren que los hermanos pasen por una serie de pruebas y trampas. Inventa un capítulo de su historia en tres párrafos. Utiliza los tiempos del pasado que conoces.

> **MODELO** Una madrugada de un día frío y oscuro, los hermanos Ixbalanqué y Hunahpú decidieron volver a desafiar a los señores de Xibalbá...

Practice more at **descubre3.vhlcentral.com**.

Atando cabos

¡A conversar!

Viajeros interesantes Trabajen en grupos de cuatro. Imaginen adónde viajaron y qué hicieron allí estas personas.

a   b   c   d

A. Primero, hablen acerca del viaje de cada grupo de personas: ¿adónde fueron? ¿qué cosas empacaron? ¿qué hicieron? ¿por qué eligieron ese lugar? ¿cómo son ellos? ¿lo pasaron bien?

B. Luego, comparen los viajes usando comparativos y expresiones negativas y positivas. Escriban por lo menos tres oraciones.

C. Por último, compartan sus comparaciones con la clase y escuchen las comparaciones de sus compañeros/as. Entre todos, realicen algunas comparaciones sobre todas las parejas usando comparativos y superlativos.

¡A escribir!

Consejos de viaje Sigue el **Plan de redacción** para escribir unos consejos de viaje. Imagina que trabajas en una agencia de viajes y tienes que organizar una excursión para unos/as amigos/as tuyos/as que van a visitar una ciudad o un país que tú conoces bastante bien. Haz una lista de los lugares y cosas que les recomiendas que hagan. Ten en cuenta la personalidad de tus amigos/as y elige bien qué sitios crees que les van a gustar más.

Plan de redacción

Contenido: Recuerda que tienes que tener en cuenta el clima del lugar, la ropa que deben llevar, el hotel donde pueden alojarse y los espectáculos culturales a los que pueden asistir. También es importante que les recomiendes algún restaurante o alguna comida típica del lugar. No olvides utilizar oraciones con subjuntivo en todas tus recomendaciones. Puedes usar estas expresiones:

- Es importante que...
- Les recomiendo que...
- Busquen un hotel que…
- Es probable que…
- Es mejor que…
- Visiten lugares que…

Conclusión: Termina la lista de consejos deseándoles a tus amigos/as un buen viaje.

---

recursos

v̂ Text

CA
pp. 107–108

CP
p. 50

CH
pp. 81–82

Audio: Vocabulary Flashcards

De viaje

la bienvenida	welcome
la despedida	farewell
el destino	destination
el itinerario	itinerary
la llegada	arrival
el pasaje (de ida y vuelta)	(round-trip) ticket
el pasaporte	passport
la temporada alta/ baja	high/low season
el/la viajero/a	traveler
hacer las maletas	to pack
hacer un viaje	to take a trip
ir(se) de vacaciones	to take a vacation
perder (e:ie) (el vuelo)	to miss (the flight)
regresar	to return
a bordo	on board
retrasado/a	delayed
vencido/a	expired
vigente	valid

El alojamiento

el albergue	hostel
el alojamiento	lodging
la habitación individual/doble	single/double room
la recepción	front desk
el servicio de habitación	room service
alojarse	to stay
cancelar	to cancel
estar lleno/a	to be full
quedarse	to stay
reservar	to reserve
de buena categoría	high quality
incluido/a	included
recomendable	recommendable; advisable

La seguridad y los accidentes

el accidente (automovilístico)	(car) accident
el/la agente de aduanas	customs agent
el aviso	notice; warning
el cinturón de seguridad	seatbelt
el congestionamiento	traffic jam
las medidas de seguridad	security measures
la seguridad	safety; security
el seguro	insurance
ponerse/quitarse (el cinturón)	to fasten/to unfasten (the seatbelt)
reducir (la velocidad)	to reduce (speed)
peligroso/a	dangerous
prohibido/a	prohibited

Las excursiones

la aventura	adventure
el/la aventurero/a	adventurer
la brújula	compass
el buceo	scuba diving
el campamento	campground
el crucero	cruise (ship)
el (eco)turismo	(eco)tourism
la excursión	excursion; tour
la frontera	border
el/la guía turístico/a	tour guide
la isla	island
las olas	waves
el puerto	port
las ruinas	ruins
la selva	jungle
el/la turista	tourist
navegar	to sail
recorrer	to visit; to go around
lejano/a	distant
turístico/a	tourist (adj.)

Más vocabulario

Expresiones útiles	Ver p. 169
Estructura	Ver pp. 176–177, 180–181 y 184–185

Cinemateca

el anillo	ring
el azar	chance
la casualidad	chance; coincidence
el diamante	diamond
la manga	sleeve
la sortija	ring
el tapón	traffic jam
botar	to throw… out
botarse	to outdo oneself
echar	to throw away
enganchar	to get caught
tirar	to throw

Literatura

la bahía	bay
el bote	boat
la cascada	cascade; waterfall
el faro	lighthouse; beacon
el muelle	pier
la pesca	fishing
la popa	stern
la proa	bow
el remo	oar
el tiburón	shark
flotar	to float
ahogado/a	drowned

Cultura

el apogeo	height; highest level
el artefacto	artifact
el campo	ball field
el/la dios(a)	god/goddess
el juego de pelota	ball game
la leyenda	legend
el mito	myth
la pared	wall
la piedra	stone
la pirámide	pyramid
la ruta maya	the Mayan Trail

La naturaleza

6

Communicative Goals

You will expand your ability to…

- describe and narrate in the future
- express purpose, condition, and intent
- describe relationships between things/people/ideas

S Game
Audio: Activities, Vocabulary

La naturaleza

La naturaleza

El Caribe presenta **costas** infinitas con palmeras **a orillas del mar**, aguas cristalinas y extensos **arrecifes** de coral con un **paisaje** submarino sin igual.

el árbol *tree*
el arrecife *reef*
el bosque (lluvioso) *(rain) forest*
el campo *countryside; field*
la cordillera *mountain range*

la costa *coast*
el desierto *desert*
el mar *sea*
la montaña *mountain*
el paisaje *landscape; scenery*
la tierra *land; earth*

húmedo/a *humid; damp*
seco/a *dry*

a orillas de *on the shore of*
al aire libre *outdoors*

Los animales

el ave (*f.*)/el pájaro *bird*
el cerdo *pig*
el conejo *rabbit*
el león *lion*
el mono *monkey*
la oveja *sheep*
el pez *fish*
la rana *frog*

la serpiente *snake*
el tigre *tiger*
la vaca *cow*

atrapar *to trap; to catch*
cazar *to hunt*
dar de comer *to feed*

extinguirse *to become extinct*
morder (o:ue) *to bite*

en peligro de extinción *endangered*
salvaje *wild*
venenoso/a *poisonous*

Los fenómenos naturales

el huracán *hurricane*
el incendio *fire*
la inundación *flood*
el relámpago *lightning*
la sequía *drought*
el terremoto *earthquake*
la tormenta (tropical) *(tropical) storm*
el trueno *thunder*

El medio ambiente

Eugenia le explica a Jorge que el **reciclaje** de botellas es muy importante para evitar **malgastar** el plástico y **proteger** el **medio ambiente**.

el calentamiento global *global warming*
la capa de ozono *ozone layer*
el combustible *fuel*
la contaminación *pollution; contamination*

la deforestación *deforestation*
el desarrollo *development*
la erosión *erosion*
la fuente de energía *energy source*
el medio ambiente *environment*
los recursos naturales *natural resources*

agotar *to use up*
conservar *to conserve; to preserve*
contaminar *to pollute; to contaminate*
contribuir (a) *to contribute*
desaparecer *to disappear*
destruir *to destroy*
malgastar *to waste*
proteger *to protect*
reciclar *to recycle*

resolver (o:ue) *to solve*

dañino/a *harmful*
desechable *disposable*
renovable *renewable*
tóxico/a *toxic*

recursos

v̂Text

CA
p. 79

CP
pp. 51–52

CH
pp. 83–84

Ⓢ
descubre3.
vhlcentral.com

Práctica

(1) Escuchar

 A. Escucha el informativo de la noche y después completa las oraciones con la opción correcta.

1. Hay ____.
   a. una inundación   b. un incendio

2. Las causas de lo que ha ocurrido ____.
   a. se conocen   b. se desconocen

3. En los últimos meses, ha habido ____.
   a. mucha sequía   b. muchas tormentas

4. Las autoridades temen que ____.
   a. los animales salvajes vayan a los pueblos
   b. el incendio se extienda

5. Los pueblos de los alrededores ____.
   a. están en peligro   b. están contaminados

 B. Escucha la conversación entre Pilar y Juan, y después, contesta las preguntas con oraciones completas.

1. ¿Dónde hay un incendio?

2. Según lo que escuchó Pilar, ¿qué puede suceder?

3. ¿Qué animales tenían los abuelos de Juan?

4. ¿Qué hacía Pilar con los peces que veía?

5. ¿Qué ha pasado con los peces que había antes en la costa?

C. En parejas, hablen de los cambios que han visto ustedes en la naturaleza a lo largo de los años. Hagan una lista y compártanla con la clase.

(2) ¡A emparejar! Conecta las palabras de forma lógica.

____ 1. proteger   a. león
____ 2. tormenta   b. serpiente
____ 3. destrucción   c. incendio
____ 4. campo   d. conservar
____ 5. salvaje   e. trueno
____ 6. venenosa   f. aire libre

La naturaleza

Práctica

3 **¿Cierto o falso?** Indica si estas afirmaciones son **ciertas** o **falsas**. Corrige las falsas.

Cierto **Falso**

☑ ☐ 1. Un relámpago es un fenómeno natural que ilumina el cielo cuando hay tormenta.

☐ ☑ 2. Cuando algo es desechable, se ~~debe~~ *no* reciclar.

☐ ☑ 3. Algunas ~~vacas~~ *serpientes* son venenosas.

☑ ☐ 4. Un producto tóxico es dañino para el medio ambiente.

☐ ☑ 5. La sequía es un largo período de tiempo ~~con~~ *sin* lluvias.

☑ ☐ 6. Un desierto es una extensión de tierra donde no suele llover.

☐ ☑ 7. Una inundación es un fenómeno natural que se produce cuando se mueve la tierra. *terremoto*

☐ ☑ 8. Dicen que el ~~conejo~~ *león* es el rey de la selva.

4 **¿Qué es la biodiversidad?** Completa el artículo de la revista *Facetas* con la palabra o expresión correspondiente.

animales	**costas**	**paisaje**
arrecifes de coral	**mar**	**proteger**
bosques	**medio ambiente**	**recursos naturales**
conservar	**montañas**	**tierra**

La biodiversidad se refiere a la gran variedad de formas de vida — (1) _____, vegetales y humanas— que conviven en el (2) _____, no sólo en la tierra sino también en el (3) _____. Esta interdependencia significa que ninguna especie está aislada o puede vivir por sí sola. A pesar de que el Caribe comprende menos del 11 por ciento de la superficie total del planeta, su territorio contiene una vasta riqueza de vida silvestre (*wild*) que se encuentra a lo largo de sus (4) _____ tropicales húmedos, (5) _____ altas, extensas costas, y del increíble (6) _____ submarino de los (7) _____. Se estima que en la actualidad hay más de 65 organizaciones ambientalistas que trabajan para (8) _____ y (9) _____ los valiosos (10) _____ de las islas caribeñas.

🔆 Practice more at **descubre3.vhlcentral.com**.

Comunicación

5 Preguntas En parejas, túrnense para contestar las preguntas.

1. Cuando vas de vacaciones, ¿qué tipo de lugar prefieres? ¿El campo, la costa, la montaña? ¿Por qué?

2. ¿Tienes un animal preferido? ¿Cuál es? ¿Por qué te gusta? ¿Y qué animales no te gustan? ¿Por qué?

3. ¿Qué opinas de la práctica de cazar animales salvajes? ¿Es cruel? ¿Es necesario controlar la población para el bien de la especie?

4. ¿Qué opinas del uso de abrigos de piel (*fur*)? ¿Hay alguna diferencia entre usar zapatos de cuero (*leather*) y usar un abrigo de piel de zorro (*fox*)?

5. ¿Qué fenómenos naturales son comunes en tu área? ¿Los huracanes, las sequías? ¿Qué efectos o consecuencias tienen para el medio ambiente?

6. En tu opinión, ¿cuál es el problema más grave que afecta al medio ambiente? ¿Qué podemos hacer para mejorar la situación?

6 ¿Qué es mejor? En parejas, hablen sobre las ventajas y las desventajas de las alternativas de la lista. Consideren el punto de vista práctico y el punto de vista ambiental. Utilicen el vocabulario de **Contextos**.

- usar servilletas de papel o de tela (*cloth*)
- tirar restos de comida a la basura o en el triturador del fregadero (*garbage disposal*)
- acampar en un parque nacional o alojarse en un hotel
- imprimir (*print*) el papel de los dos lados o simplemente imprimir menos

7 Asociaciones En parejas, comparen sus personalidades con las cualidades de estos animales, elementos y/o fuerzas de la naturaleza. ¿Con cuáles te identificas? ¿Con cuáles crees que se identifica tu compañero/a? ¿Por qué? Comparen sus respuestas. Utilicen el vocabulario de **Contextos**.

árbol	fuente de energía	mar	relámpago
bosque	huracán	montaña	serpiente
conejo	incendio	pájaro	trueno
desierto	león	pez	terremoto

MODELO

terremoto
Soy como un terremoto. No me quedo quieto/a un instante.

pájaro
Yo me identifico con los pájaros. Soy libre y soñador(a).

Repaso

Video: *Fotonovela*
Record & Compare

recursos

v̂Text

CA
pp. 41–42

descubre3.vhlcentral.com

Aguayo se va de vacaciones, dejando su pez al cuidado de los empleados de *Facetas*.

MARIELA ¡Es una araña gigante!

FABIOLA No seas miedosa.

MARIELA ¿Qué haces allá arriba?

FABIOLA Estoy dejando espacio para que la atrapen.

DIANA Si la rocías con esto (*muestra el matamoscas en spray*), la matas bien muerta.

AGUAYO Pero esto es para matar moscas.

FABIOLA ¡Las arañas jamás se van a extinguir!

MARIELA Las que no se van a extinguir son las cucarachas. Sobreviven la nieve, los terremotos y hasta los huracanes, y ni la radiación les hace daño.

FABIOLA ¡Vaya! Y… ¿tú crees que sobrevivirían al café de Aguayo?

AGUAYO Mariela, ¿podrías hacer el favor de tomar mis mensajes? Voy a casa por mi pez. Diana se ofreció a cuidarlo durante mis vacaciones.

MARIELA ¡Cómo no, jefe!

AGUAYO Mañana por la tarde estaremos en el campamento.

FABIOLA ¿Cómo pueden llamarle "vacaciones" a eso de dormir en el suelo y comer comida enlatada?

AGUAYO Ésta es su comida. Sólo una vez al día. No le des más aunque ponga cara de perrito… Bueno, debo irme.

MARIELA ¿Cómo sabremos si pone cara de perrito?

AGUAYO En vez de hacer así (*hace gestos con la cara*)…, hace así.

JOHNNY Última llamada.

FABIOLA Nos quedaremos cuidando a Bambi.

ÉRIC Me encanta el pececito, pero me voy a almorzar. Buen provecho.

Los chicos se marchan.

DIANA ¡Ay! No sé ustedes, pero yo lo veo muy triste.

FABIOLA Claro. Su padre lo abandonó para irse a dormir con las hormigas.

MARIELA ¿Por qué no le damos de comer?

FABIOLA ¡Ya le he dado tres veces!

MARIELA Ya sé. Podríamos darle el postre.

AGUAYO

DIANA

ÉRIC

FABIOLA

JOHNNY

MARIELA

AGUAYO La idea es tener contacto con la naturaleza, Fabiola. Explorar y disfrutar de la mayor reserva natural del país.

MARIELA Debe ser emocionante.

AGUAYO Lo es. Sólo tengo una duda. ¿Qué debo hacer si veo un animal en peligro de extinción comerse una planta en peligro de extinción?

FABIOLA Tómale una foto.

AGUAYO Chicos, les presento a Bambi.

MARIELA ¿Qué? ¿No es Bambi un venadito?

AGUAYO ¿Lo es?

JOHNNY ¿No podrías ponerle un nombre más original?

FABIOLA Sí, como *Flipper*.

FABIOLA Miren lo que encontré en el escritorio de Johnny.

MARIELA ¡Galletitas de animales!

DIANA ¿Qué haces?

MARIELA Hay que encontrar la ballenita. Es un pez y está solo. Supongo que querrá compañía.

DIANA Pero no podemos darle galletas.

FABIOLA ¿Y qué vamos a hacer? Todavía se ve tan triste.

MARIELA ¡Ya sé! Tenemos que hacerlo sentir como si estuviera en su casa. (*Pegan una foto de la playa en la pecera.*) ¿Qué tal ésta con el mar?

DIANA ¡Perfecta! Se ve tan feliz.

FABIOLA Míralo.

Llegan los chicos.

ÉRIC ¡Bambi! Maldito pez. En una playa tropical con tres mujeres.

Expresiones útiles

Talking about the future

¡Las arañas jamás se van a extinguir!
Spiders will never become extinct!

¿Y qué vamos a hacer?
What are we going to do?

Mañana por la tarde estaremos en el campamento.
Tomorrow afternoon we will be in the campground.

Nos quedaremos cuidando a Bambi.
We will stay and look after Bambi.

Expressing perceptions

Yo lo/la veo muy triste.
He/She looks very sad to me.

Se ve tan feliz.
He/She looks so happy.

Parece que está triste/contento/a.
It looks like he/she is sad/happy.

Al parecer, no le gustó.
It looks like he/she didn't like it.

¡Qué guapo/a te ves!
How attractive you look!

¡Qué elegante se ve usted!
How elegant you look!

Additional vocabulary

la araña *spider*
Buen provecho. *Enjoy your meal.*
la comida enlatada *canned food*
la cucaracha *cockroach*
la hormiga *ant*
la mosca *fly*
rociar *to spray*

Comprensión

1 **¿Quién lo dijo?** Identifica lo que dijo cada personaje.

1. No podemos darle galletas.
2. Mañana por la tarde, estaremos en el campamento.
3. Tómale una foto.
4. Me encanta el pececito, pero me voy a almorzar.
5. Podríamos darle el postre.

AGUAYO
DIANA
ÉRIC
FABIOLA
MARIELA

2 **¿Qué falta?** Completa las oraciones con las frases de la lista.

las cucarachas	un nombre original
el pez	denle de comer
de comer	tener contacto con la naturaleza

1. **FABIOLA** ¿Tu crees que _____ pueden sobrevivir al café de Aguayo?
2. **MARIELA** Debe ser emocionante _____.
3. **FABIOLA** Sí, _____ como "Flipper".
4. **AGUAYO** _____ sólo una vez al día.
5. **MARIELA** ¿Cómo sabremos si _____ pone cara de perrito?
6. **FABIOLA** Ya le he dado tres veces _____.

3 **¿Qué dijo?** Comenta lo que dijeron los personajes. Utiliza los verbos entre paréntesis.

> **MODELO** **JOHNNY** ¿No podrías ponerle un nombre más original? (sugerir a Aguayo)
>
> Johnny le sugiere a Aguayo que le ponga un nombre más original.

AGUAYO Mariela, ¿podrías hacer el favor de tomar mis mensajes? (pedir a Mariela)
FABIOLA Toma una foto. (aconsejar a Aguayo)
AGUAYO No le des más aunque ponga cara de perrito… (ordenar a Mariela)
MARIELA ¿Por qué no le damos de comer? (sugerir a Diana)

4 **Preguntas y respuestas** En parejas, háganse preguntas sobre estos temas.

> **MODELO** irse de campamento
>
> —¿Quién se va de campamento?
> —Aguayo se va de campamento.

- tenerle miedo a las arañas
- Aguayo y su esposa / comer
- cuidar a la mascota
- irse a almorzar
- dar de comer
- sentirse feliz

Practice more at **descubre3.vhlcentral.com**.

Ampliación

5 **Carta a Aguayo** Aguayo dejó a su pececito al cuidado de los empleados de *Facetas*, pero ocurrió algo terrible: Bambi se murió. Ahora, ellos deben contarle a Aguayo lo sucedido. En parejas, escriban la carta que los empleados le enviaron a Aguayo.

> *Querido jefe:*
>
> *Esperamos que esté disfrutando de sus vacaciones y de la comida enlatada. Nosotros estamos bien, pero tenemos que darle una mala noticia. El otro día…*

6 **Apuntes culturales** En parejas, lean los párrafos y contesten las preguntas.

Las mascotas

Aguayo dejará su mascota Bambi al cuidado de Diana. Otro tipo de mascota con hábitos acuáticos es el carpincho (*capybara*), común a orillas de ríos en Sudamérica. Este simpático "animalito" fácil de domesticar es el roedor (*rodent*) más grande del planeta, ¡con un peso de hasta 100 libras! Un poquito grande para la oficina de *Facetas*, ¿no?

De campamento

Según Aguayo, la idea de acampar es estar en contacto con la naturaleza. Un sitio emocionante para acampar es la comunidad boliviana de **Rurrenabaque**, puerta de entrada al **Parque Nacional Madidi**. Este parque, una de las reservas más importantes del planeta, comprende cinco pisos (*floors*) ecológicos, desde llanuras (*plains*) amazónicas hasta cordilleras nevadas.

El alacrán

Fabiola y Mariela les tienen miedo a las arañas. ¡Y no es para menos! Algunos arácnidos (*arachnids*) son muy peligrosos. En la República Dominicana, los alacranes (*scorpions*) son temidos (*feared*) por su veneno mortal. Se los puede encontrar debajo de los muebles, en los zapatos… ¿Sobrevivirían los alacranes al matamoscas de Diana?

1. ¿Qué mascotas exóticas conoces? Menciona como mínimo tres o cuatro. ¿Cuáles son sus hábitos? ¿Son fáciles o difíciles de domesticar? ¿Son peligrosos/as?

2. ¿Has acampado alguna vez? ¿Dónde? ¿Por cuántos días? ¿Qué hiciste?

3. ¿Qué significa la expresión "piso ecológico"? ¿Has estado alguna vez en una región con distintos "pisos ecológicos"? ¿Cómo es la geografía de la región en donde vives?

4. ¿Has visto un alacrán alguna vez? ¿Qué otros insectos peligrosos conoces? ¿Te han picado (*bitten*)? ¿Les tienes miedo?

En detalle

EL CARIBE

Los bosques
DEL MAR

¿Te sumergiste alguna vez en el más absoluto de los silencios para contemplar los majestuosos arrecifes de coral? En el Caribe hay más de 26.000 kilómetros cuadrados de arrecifes, también llamados *bosques tropicales del mar* por la inmensa biodiversidad que se encuentra en ellos. Sus extravagantes formas de intensos colores proporcionan el ecosistema ideal para las más de 4.000 especies de peces y miles de especies de plantas que en ellos habitan.

Nuestras vidas también dependen de estas formaciones: los arrecifes del Caribe protegen las costas de Florida y de los países caribeños de los huracanes. Sus inmensas estructuras aplacan° la fuerza de las tormentas antes de que lleguen a las costas, cumpliendo la función de barreras° naturales. También protegen las playas de la erosión y son un refugio para muchas especies animales en peligro de extinción.

En Cuba se destacan° los arrecifes de María la Gorda, en el extremo occidental de la isla. En esta área altamente protegida, más de 20 especies de corales forman verdaderas cordilleras, grutas° y túneles subterráneos.

3200 Km de arrecifes
Cuba
María La Gorda
166 Km de arrecifes
237 especies de coral
República Dominicana
Puerto Rico
Parque Nacional Submarino La Caleta

Lamentablemente, los arrecifes están en peligro por culpa de la mano del hombre. La construcción desmedida° en las costas y la contaminación de las aguas por los desechos° de las alcantarillas° provocan la sedimentación. Esto enturbia° el agua y mata el coral porque le quita la luz que necesita. La pesca descontrolada, el exceso de turismo y la recolección de coral por parte de los buceadores son otros de sus grandes enemigos. De hecho, algunos expertos dicen que el 70 por ciento del coral desaparecerá en unos 40 años. Así que, si eres uno de los afortunados que pueden visitarlos, cuídalos; no los toques y avisa si ves que alguien los está dañando. Su futuro depende de todos nosotros. ∎

> Los **arrecifes de coral** son uno de los más antiguos hábitats de la Tierra; algunos de ellos llegan a tener más de 10.000 años. Muchos los confunden con plantas o con rocas, pero los arrecifes de coral son, en realidad, estructuras formadas por pólipos° de coral, unos animales diminutos° que al morir dejan unos residuos de piedra caliza°. Los arrecifes son el refugio ideal para muchos tipos de animales, tales como esponjas, peces y tortugas.

aplacan *placate* **barreras** *barriers* **se destacan** *stand out* **grutas** *caves* **desmedida** *excessive* **desechos** *waste*
alcantarillas *sewers* **enturbia** *clouds* **pólipos** *polyps* **diminutos** *minute* **piedra caliza** *limestone*

Frases de animales

andar como perro sin pulga° (Méx.)   *to be carefree*

comer como un chancho   *to eat like a pig*

¡el mono está chiflando!° (Cu.)   *how windy!*

estar como una cabra° (Esp.)   *to be as mad as a hatter*

marca perro (Arg., Chi. y Uru.)   *(of an object) by an unknown brand*

¡me pica el bagre!° (Arg.)   *I'm getting hungry!*

¡qué búfalo/a! (Nic.)   *fantastic!*

¡qué tortuga! (Col.)   *(of a person) how slow!*

ser (una) rata   *to be stingy*

Organizaciones ambientales

Protección de la biosfera El Parque Nacional Yasuní, declarado Reserva Mundial de la Biosfera por la UNESCO en 1989, está ubicado en la Amazonía ecuatoriana. En la actualidad, varias organizaciones ambientales intentan frenar el avance de empresas petroleras que operan en el 60 por ciento del territorio del parque.

Campañas contra transgénicos En 2004, Greenpeace comenzó una campaña en Chile con el objetivo de lograr que el gobierno obligue a las empresas alimenticias a identificar los alimentos elaborados con ingredientes de origen transgénico mediante el etiquetado de los envases°.

Protección de aves amenazadas Gracias al Fondo Peregrino de Panamá, las aves arpías° están siendo rescatadas y protegidas. Se calcula que Panamá es el único país de América Latina que protege esta ave. En 2002 y 2003 se estima que nacieron un promedio de siete aves por año, cifra que en otros países lleva años alcanzar.

PARQUE NACIONAL SUBMARINO LA CALETA

En 1984, por obra y gracia del Grupo de Investigadores Submarinos, el buque de rescate *Hickory* se hundió en el Parque Nacional Submarino La Caleta, a unos 17 kilómetros de Santo Domingo. No fue un accidente, sino que el objetivo de los especialistas era sumergir el buque intacto para que sirviera de arrecife artificial para las especies en peligro. Con el paso de los años, el barco se cubrió de esponjas y corales, y por él pasean miles de peces. El *Hickory*, que está a unos 20 metros de profundidad, es hoy día una de las mayores atracciones del Parque. Por cierto, el *Hickory* no es el único atractivo del Parque Nacional. Tiene otro barco-museo hundido para el buceo y en sus aguas, que llegan a una profundidad de 180 metros (590 pies), se pueden contemplar tres terrazas de arrecifes. Los corales forman verdaderas alfombras de tonos rojos, amarillos y anaranjados que impresionan al buceador más exigente.

> **❝ El hombre no sólo es un problema para sí, sino también para la biosfera en que le ha tocado vivir. ❞**
>
> (Ramón Margalef, ecólogo español)

Conexión Internet

¿Qué peces habitan los arrecifes de coral del Caribe?

To research this topic, go to **descubre3.vhlcentral.com.**

andar como... *(lit.) to be like a dog without a flea* **el mono...** *(lit.) the monkey is whistling* **estar como...** *(lit.) to be like a goat* **me pica...** *(lit.) my catfish is itching/tickling me* **etiquetado...** *container labeling* **aves arpías** *harpy eagles*

¿Qué aprendiste?

1 **¿Cierto o falso?** Indica si estas afirmaciones son **ciertas** o **falsas**. Corrige las falsas.

1. Los arrecifes de coral son unas plantas de intensos colores.

2. Los arrecifes de coral también son conocidos como los *bosques tropicales del mar*.

3. Los huracanes se hacen más fuertes cuando pasan por los arrecifes.

4. Estas estructuras son un ecosistema ideal para las especies en peligro de extinción.

5. Las formaciones de coral necesitan luz.

6. Está permitido que los turistas tomen un poco de coral para llevárselo.

7. María la Gorda se encuentra en el extremo occidental de Puerto Rico.

8. En María la Gorda, los arrecifes forman túneles y cordilleras.

9. La construcción de casas cerca de las playas no afecta al desarrollo de los arrecifes.

10. Los arrecifes de coral son uno de los hábitats más antiguos del planeta.

11. En los arrecifes no viven tortugas porque no encuentran su alimento.

12. Los expertos están preocupados por el futuro de los arrecifes.

2 **Opciones** Elige la opción correcta.

1. El Grupo de Investigadores Submarinos hundieron el *Hickory* para crear (un parque nacional/un arrecife artificial).

2. El Parque Nacional Submarino La Caleta está ubicado en (Puerto Rico/ la República Dominicana).

3. ¿No quieres contribuir para el regalo de Juan? ¡Eres (una rata /un chancho)!

4. Si estás en Argentina y tienes hambre, dices que (te pica el bagre/estás como una cabra).

3 **Preguntas** Contesta las preguntas.

1. ¿Qué quieren frenar las organizaciones ambientales en el Parque Nacional Yasuní?

2. ¿Qué animales protege el Fondo Peregrino de Panamá?

3. ¿Qué busca Greenpeace con la campaña contra transgénicos?

4. En tu opinión, ¿a qué se refiere Ramón Margalef cuando dice que el hombre es un problema para la biosfera?

4 **Opiniones** ¿Les preocupa a ustedes la contaminación del mar? ¿Creen que tienen algún hábito en su vida diaria que perjudica nuestros mares? ¿Están dispuestos a cambiar su estilo de vida para conservar los mares sin contaminación? ¿Qué cambiarían? Compartan su opinión con la clase.

PROYECTO

Arrecifes del Caribe

Busquen información sobre los arrecifes de coral de Cuba, Puerto Rico y la República Dominicana. Elijan una zona de arrecifes y preparen una presentación para la clase. La presentación debe incluir:

• datos sobre la ubicación y la extensión

• datos sobre turismo

• datos sobre las especies de coral y otras especies de los arrecifes

• información sobre el estado de los arrecifes. ¿Están en peligro? ¿Alguna organización los protege?

¡No olviden incluir un mapa con la ubicación exacta para presentarlo en la clase!

 Practice more at **descubre3.vhlcentral.com**.

RITMOS

GILBERTO SANTA ROSA

Gilberto Santa Rosa, más conocido como el Caballero de la Salsa, es considerado el heredero de la tradición salsera caribeña y el puente hacia los nuevos tiempos de este género musical. Comenzó su carrera de pequeño cuando, siendo adolescente, fue invitado a participar en bandas famosas, entre ellas, la orquesta *La Grande* junto al destacado° trompetista Elías López. Hoy este puertorriqueño es una figura consagrada en su país y en el mundo. Santa Rosa se convirtió en el primer cantante de música tropical en actuar en el Carnegie Hall en Nueva York. Su éxito artístico radica en su talento como sonero° en la interpretación de música tropical y también de boleros. En su producción *Directo al corazón* (2006), que incluye *Isla del encanto*, Santa Rosa coquetea con el reggaetón y la balada y, fiel a su estilo, da justo en el blanco°.

Discografía

2007 Contrastes   **2006** Directo al corazón   **2002** Intenso

Canción

Éste es un fragmento de una canción de Gilberto Santa Rosa.

Isla del encanto

Cuando la luna cae sobre tus palmeras
Y en tus playas el mar agita sus olas
El firmamento brinda su mejor estrella
Para darle la luz a tu preciosa arena.

Por la mañana siempre sale el sol primero
Y se llena de luz el paraíso mío
Y en la verde montaña el jibarito° canta
Un lelolay° que es signo en el mundo entero.

La **Rueda de Casino** es una de las variantes más llamativas de salsa surgida en los años cincuenta en Cuba. Las parejas bailan en forma circular y, cuando el líder del grupo hace un llamado° con el nombre de un tipo de vuelta°, las mujeres deben cambiar de pareja. Existen muchísimos llamados, algunos de ellos muy graciosos como por ejemplo: *pa'arriba, ¡dile que no!* y *Juana la cubana.*

 Preguntas En parejas, contesten las preguntas.

1. ¿Cuándo comenzó la formación artística de Gilberto Santa Rosa?
2. ¿Por qué el título de la canción es *Isla del encanto*? ¿A qué se refiere?
3. ¿Qué es la Rueda de Casino?
4. ¿Qué otros cantantes de salsa conocen? ¿Bailan salsa?

recursos

descubre3.
vhlcentral.com

destacado *renowned* **sonero** *improvising singer* **blanco** *target* **jibarito** *little Puerto Rican farmer*
lelolay *exclamation typical of jíbaros* **llamado** *call* **vuelta** *turn*

6.1 The future Tutorial
Audio: Charts

Forms of the future tense

Mañana por la tarde
estaremos en
el campamento.

Nos quedaremos
cuidando a Bambi.

- The future tense (**el futuro**) uses the same endings for all **–ar**, **–er**, and **–ir** verbs. For regular verbs, the endings are added to the infinitive.

The future tense		
hablar	**deber**	**abrir**
hablaré	deberé	abriré
hablarás	deberás	abrirás
hablará	deberá	abrirá
hablaremos	deberemos	abriremos
hablaréis	deberéis	abriréis
hablarán	deberán	abrirán

¡ATENCIÓN!

Note that all of the future tense endings carry a written accent mark except the **nosotros** form.

- For irregular verbs, the same future endings are added to the irregular stem.

Infinitive	stem	future forms
caber	cabr-	cabré, cabrás, cabrá, cabremos, cabréis, cabrán
haber	habr-	habré, habrás, habrá, habremos, habréis, habrán
poder	podr-	podré, podrás, podrá, podremos, podréis, podrán
querer	querr-	querré, querrás, querrá, querremos, querréis, querrán
saber	sabr-	sabré, sabrás, sabrá, sabremos, sabréis, sabrán
poner	pondr-	pondré, pondrás, pondrá, pondremos, pondréis, pondrán
salir	saldr-	saldré, saldrás, saldrá, saldremos, saldréis, saldrán
tener	tendr-	tendré, tendrás, tendrá, tendremos, tendréis, tendrán
valer	valdr-	valdré, valdrás, valdrá, valdremos, valdréis, valdrán
venir	vendr-	vendré, vendrás, vendrá, vendremos, vendréis, vendrán
decir	dir-	diré, dirás, dirá, diremos, diréis, dirán
hacer	har-	haré, harás, hará, haremos, haréis, harán

Uses of the future tense

- In Spanish, as in English, the future tense is one of many ways to express actions or conditions that will happen in the future.

PRESENT INDICATIVE

conveys a sense of certainty that occur:the action will occur

Llegan a la costa mañana.
They arrive at the coast tomorrow.

PRESENT SUBJUNCTIVE

refers to an action that has yet to used after verbs of will and influence.

Prefiero que lleguen a la costa mañana.
I prefer that they arrive at the coast tomorrow.

ir a + [*infinitive*]

expresses the near future; is commonly used in everyday speech

Van a llegar a la costa mañana.
They are going to arrive at the coast tomorrow.

FUTURE TENSE

expresses an action that will occur; often implies more certainty than *ir a* **+ [infinitive]**

Llegarán a la costa mañana.
They will arrive at the coast tomorrow.

- The English word *will* can refer either to future time or to someone's willingness to do something. To express willingness, Spanish uses the verb **querer** + [*infinitive*], not the future tense.

¿**Quieres contribuir** a la protección del medio ambiente?
Will you contribute to the protection of the environment?

Quiero ayudar, pero no sé por dónde empezar.
I'm willing to help, but I don't know where to begin.

- In Spanish, the future tense may be used to express conjecture or probability, even about present events. English expresses this sense in various ways, such as *wonder, bet, must be, may, might,* and *probably.*

¿Qué hora **será**?
I wonder what time it is.

Ya **serán** las dos de la mañana.
It must be two a.m. by now.

¿**Lloverá** mañana?
Do you think it will rain tomorrow?

Probablemente **tendremos** un poco de sol y un poco de viento.
It'll probably be sunny and windy.

- When the present subjunctive follows a conjunction of time like **cuando, después (de) que, en cuanto, hasta que**, and **tan pronto como**, the future tense is often used in the main clause of the sentence.

Nos **quedaremos** lejos de la costa **hasta que pase** el huracán.
We'll stay far from the coast until the hurricane passes.

En cuanto termine de llover, **regresaremos** a casa.
As soon as it stops raining, we'll go back home.

¡ATENCIÓN!

The future tense is used less frequently in Spanish than in English.

Te llamo mañana.
I'll call you tomorrow.

TALLER DE CONSULTA

For a detailed explanation of the subjunctive with conjunctions of time, see **6.2.**

recursos

v̂Text

CA
pp. 16, 80

CP
pp. 53–54

CH
pp. 87–88

S

descubre3.
vhlcentral.com

Práctica

(1) **Catástrofe** Hay muchas historias que cuentan el fin del mundo. Aquí tienes una de ellas.

A. Primero, lee la historia y subraya las expresiones del futuro. Después cambia esas expresiones por verbos en futuro.

> (1) Los videntes (*fortune tellers*) aseguran que van a llegar catástrofes. (2) El clima va a cambiar. (3) Va a haber huracanes y terremotos. (4) Vamos a vivir tormentas permanentes. (5) Una gran niebla va a caer sobre el mundo. (6) El suelo del bosque va a temblar. (7) El mundo que conocemos también va a acabarse. (8) En ese instante, la tierra va a volver a sus orígenes.

1. _____
2. _____
3. _____
4. _____
5. _____
6. _____
7. _____
8. _____

B. Ahora, en parejas, escriban su propia historia del futuro del planeta. Pueden inspirarse en el párrafo anterior o pueden escribir una versión más optimista.

(2) **Horóscopo chino** En el horóscopo chino cada signo es un animal. Lee las predicciones del horóscopo chino para la serpiente. Conjuga los verbos en paréntesis usando el futuro.

Trabajo: Esta semana (1) _____ (tener) que trabajar duro. (2) _____ (salir) poco y no (3) _____ (poder) divertirte, pero (4) _____ (valer) la pena. Muy pronto (5) _____ (conseguir) el puesto que esperas.

Dinero: (6) _____ (venir) tormentas económicas. No malgastes tus ahorros.

Salud: (7) _____ (resolver) tus problemas respiratorios, pero (8) _____ (deber) cuidarte la garganta.

Amor: (9) _____ (recibir) una noticia muy buena. Una persona especial te (10) _____ (decir) que te ama. (11) _____ (venir) días felices.

(3) **El vidente** En parejas, imaginen que uno/a de ustedes es un(a) vidente (*fortune teller*). La otra persona quiere saber qué le sucederá en el futuro cuando hable español fluidamente. El/La vidente deberá contestar preguntas sobre estos temas.

- viajes
- relaciones
- trabajo
- estudios

MODELO

ESTUDIANTE ¿Seguiré estudiando español en el futuro?
VIDENTE Sí, dentro de diez años harás un doctorado en español.

Practice more at **descubre3.vhlcentral.com**.

Comunicación

 4 **Viaje ecológico** Tú y tu compañero/a tienen que planear un viaje ecológico. Decidan a qué país irán, en qué fechas y qué harán allí. Usen ocho verbos en futuro.

ECOTURISMO

Puerto Rico	República Dominicana
• acampar en la costa y disfrutar de las playas	• ir en kayak por los ríos tropicales
• visitar el Viejo San Juan	• bucear por los arrecifes
• montar a caballo por la Cordillera Central	• ir de safari por La Descubierta y ver los cocodrilos del Lago Enriquillo
• ir en bicicleta por la costa	• disfrutar del paisaje de Barahona
• viajar en barco por Isla Culebra	• observar las aves en el Parque Nacional del Este

 5 **¿Qué será de...?** Todo cambia con el paso del tiempo. En parejas, conversen sobre lo que sucederá en el futuro en relación con estos temas y lugares.

- las ballenas (*whales*) en 2200
- Venecia en 2035
- los libros tradicionales en 2105
- la televisión en 2056
- Internet en 2050
- las hamburguesas en 2020
- los Polos Norte y Sur en 2300
- el Amazonas en 2100
- Los Ángeles en 2245
- el petróleo en 2025

 6 **¿Dónde estarán en 20 años?** La fama es, en muchas ocasiones, pasajera (*fleeting*). En grupos de tres, hagan una lista de cinco personas famosas y anticipen lo que será de ellas dentro de veinte años.

 7 **Situaciones** En parejas, seleccionen uno de estos temas e inventen una conversación usando el tiempo futuro.

1. Dos jóvenes han terminado sus estudios y hablan sobre lo que harán para convertirse en millonarios.
2. Dos ladrones acaban de robar todo el dinero de un banco internacional. Piensa en lo que harán para escapar de la policía.
3. Los/as hermanos/as Rondón han decidido convertir su granja (*farm*) en un centro de ecoturismo. Deben planear algunas atracciones para los turistas.
4. Dos científicos se reúnen para participar en un intercambio (*exchange*) de ideas. El objetivo es controlar, reducir e, idealmente, eliminar la contaminación del aire en las grandes ciudades. Cada uno/a dice lo que hará o inventará para conseguirlo.

6.2 The subjunctive in adverbial clauses

- In Spanish, adverbial clauses are commonly introduced by conjunctions. Certain conjunctions require the subjunctive, while others can be followed by the subjunctive or the indicative, depending on the context in which they are used.

¡Estoy dejando espacio para que la atrapen!

No le des más comida aunque ponga cara de perrito.

Conjunctions that require the subjunctive

- Certain conjunctions are always followed by the subjunctive because they introduce actions or states that are uncertain or have not yet happened. These conjunctions commonly express purpose, condition, or intent.

MAIN CLAUSE	CONNECTOR	SUBORDINATE CLAUSE
Se acabará el petróleo en pocos años	a menos que	busquemos energías alternativas.

Conjunctions that require the subjunctive	
a menos que *unless*	en caso (de) que *in case*
antes (de) que *before*	para que *so that*
con tal (de) que *provided that*	sin que *without; unless*

El gobierno se prepara **en caso de que haya** una gran sequía el verano que viene.
The government is getting ready in case there is a big drought in the coming summer.

Iremos a las montañas el próximo miércoles **a menos que haga** mal tiempo.
We will go to the mountains next Wednesday unless the weather is bad.

Debemos proteger a los animales salvajes **antes de que se extingan**.
We should protect wild animals before they become extinct.

- If there is no change of subject in the sentence, a subordinate clause is not necessary. Instead, the prepositions **antes de, con tal de, en caso de, para**, and **sin** can be used, followed by the infinitive. Note that the connector **que** is not necessary in this case.

Las organizaciones ecologistas trabajan **para proteger** los arrecifes de coral.
Environmental organizations work to protect coral reefs.

Tienes que pedir permiso **antes de darles de comer** a los monos del zoológico.
You have to ask permission before feeding the monkeys at the zoo.

Conjunctions followed by the subjunctive or the indicative

● If the action in the main clause has not yet occurred, then the subjunctive is used after conjunctions of time or concession. Note that adverbial clauses often come at the beginning of a sentence.

Conjunctions of time or concession	
a pesar de que *despite*	**hasta que** *until*
aunque *although; even if*	**luego que** *as soon as*
cuando *when*	**mientras que** *while*
después (de) que *after*	**siempre que** *as long as*
en cuanto *as soon as*	**tan pronto como** *as soon as*

La excursión no saldrá **hasta que estemos** todos.
The excursion will not leave until we all are here.

Dejaremos libre al pájaro **en cuanto** el veterinario nos **diga** que puede volar.
We will free the bird as soon as the vet tells us it can fly.

Aunque me **digan** que es inofensivo, no me acercaré al perro.
Even if they tell me he's harmless, I'm not going near the dog.

Cuando Pedro vaya a cazar, tendrá cuidado con las serpientes venenosas.
When Pedro goes hunting, he will be careful of the poisonous snakes.

● If the action in the main clause has already happened, or happens habitually, then the indicative is used in the adverbial clause.

Tan pronto como paró de llover, Matías salió a jugar al parque.

As soon as the rain stopped, Matías went out to play in the park.

Mi padre y yo siempre nos peleamos **cuando hablamos** del calentamiento global.

My father and I always fight when we talk about global warming.

Práctica

1 Reunión Completa las oraciones con el indicativo (presente o pretérito) o el subjuntivo de los verbos entre paréntesis.

1. Los ecologistas no apoyarán al alcalde (*mayor*) a menos que éste _____ (cambiar) su política de medio ambiente.

2. El alcalde va a hablar con su asesor (*advisor*) antes de que _____ (llegar) los ecologistas.

3. Los ecologistas entraron en la oficina del alcalde tan pronto como _____ (saber) que los esperaban.

4. El alcalde les asegura que siempre piensa en el medio ambiente cuando _____ (dar) permisos para construir edificios nuevos.

5. Los ecologistas van a estar preocupados hasta que el alcalde _____ (responder) a todas sus preguntas.

2 ¿Infinitivo o subjuntivo? Completa las oraciones con el verbo en infinitivo o en subjuntivo.

1. Compraré un carro híbrido con tal de que no _____ (ser) muy caro. Compraré un carro híbrido con tal de _____ (conservar) los recursos naturales.

2. Los biólogos viajan para _____ (estudiar) la biodiversidad. Los biólogos viajan para que la biodiversidad se _____ (conocer).

3. Él se preocupará por el calentamiento global después de que los científicos le _____ (demostrar) que es una realidad. Él se preocupará por el calentamiento global después de _____ (ver) con sus propios ojos lo que ocurre.

4. No podremos continuar sin _____ (tener) un mapa. No podremos continuar sin que alguien nos _____ (dar) un mapa.

3 Declaraciones Elige la conjunción adecuada para completar la conversación entre un periodista y la señora Corbo, encargada de relaciones públicas de un zoológico.

PERIODISTA Señora Corbo, ¿qué le parece el artículo que se ha publicado en el que se dice que el zoológico no trata bien a los animales?

SRA. CORBO Lo he leído, y (1) _____ (aunque / cuando) yo no estoy de acuerdo con el artículo, hemos iniciado una investigación. (2) _____ (Hasta que / Tan pronto como) terminemos la investigación, se lo comunicaremos a la prensa. Queremos hablar con todos los empleados (3) _____ (en cuanto / para que) no haya ninguna duda.

PERIODISTA ¿Es verdad que limpian las jaulas sólo cuando va a haber una inspección (4) _____ (para que / sin que) el zoológico no tenga problemas con las autoridades?

SRA. CORBO Le aseguro que todo se limpia diariamente hasta el último detalle. Y si no me cree, lo invito a que nos visite mañana mismo.

PERIODISTA ¿Cuándo cree que sabrán lo que ha ocurrido?

SRA. CORBO (5) _____ (En cuanto / Aunque) termine la investigación.

Practice more at **descubre3.vhlcentral.com**.

Comunicación

 4 Instrucciones Javier va a salir de viaje por el país, así que le ha dejado una lista de instrucciones a su compañero de casa. En parejas, túrnense para preparar las instrucciones usando oraciones adverbiales con subjuntivo y las conjunciones de la lista.

MODELO No uses mi computadora a menos que sea una emergencia.

a menos que
a pesar de que
con tal de que
cuando
en caso de que
en cuanto
para que
siempre que
tan pronto como

Instrucciones

- Darles de comer a los peces
- Comprar productos ecológicos
- No pasear el perro si hay tormenta
- Usar sólo papel reciclado
- No usar mucha agua excepto para regar (to water) las plantas
- Llamarme por cualquier problema

 5 Situaciones En parejas, túrnense para completar las oraciones.

1. Terminaré mis estudios a tiempo a menos que…
2. Me iré a vivir a otro país en caso de que…
3. Ahorraré (*I will save*) mucho dinero para que…
4. Yo cambiaré de carrera en cuanto…
5. Me jubilaré (*will retire*) cuando…

6 Huracán En grupos de cuatro, imaginen que son compañeros/as de casa y que un huracán se acerca a la zona donde viven. Escriban un plan para explicar qué harán en diferentes situaciones hipotéticas o futuras. Usen el subjuntivo y las conjunciones adverbiales. Consideren estas posibles situaciones.

- las bombillas de luz se queman
- las ventanas se rompen
- las líneas de teléfono se cortan
- el sótano se inunda (*flood*)
- los vecinos ya se han ido
- no hay suficiente alimento

6.3 Prepositions: *a, hacia,* and *con*

The preposition *a*

- The preposition **a** can mean *to, at, for, upon, within, of, from,* or *by,* depending on the context. Sometimes it has no direct translation in English.

Terminó **a** las doce.	Le compré un pájaro exótico **a** Juan.
It ended at midnight.	*I bought an exotic bird from/for Juan.*
Lucy estaba **a** mi derecha.	**Al** llegar a casa, me sentí feliz.
Lucy was to/on my right.	*Upon returning home, I felt happy.*
El mar Caribe está **a** doce millas de aquí.	Fui **a** casa de mis padres para ayudarlos después de la inundación.
The Caribbean Sea is twelve miles from here.	*I went to my parents' house to help them after the flood.*

- The preposition **a** introduces indirect objects.

Le prometió **a** su hijo que irían a navegar.	Hoy, en el zoo, le di de comer **a** un conejo.
He promised his son they would go sailing.	*Today, in the zoo, I fed a rabbit.*

- The preposition **a** can be used in commands.

¡A comer!	**¡A** dormir!
Let's eat!	*Time for bed!*

- When a direct object noun is a person (or a pet), it is preceded by the personal **a**, which has no equivalent in English. The personal **a** is also used with the words **alguien, nadie,** and **alguno.**

¿Viste **a** tus amigos en el parque?	No, no he visto **a** nadie.
Did you see your friends in the park?	*No, I haven't seen anyone.*

- The personal **a** is not used when the person in question is not specific.

La organización ambiental busca voluntarios.	Sí, necesitan voluntarios para limpiar la costa.
The environmental organization is looking for volunteers.	*Yes, they need volunteers to clean the coast.*

The preposition *hacia*

- With movement, either literal or figurative, **hacia** means *toward* or *to.*

La actitud de Manuel **hacia** mí fue negativa.	El biólogo se dirige **hacia** Puerto Rico para la entrevista.
Manuel's attitude toward me was negative.	*The biologist is headed to Puerto Rico for the interview.*

- With time, **hacia** means *approximately, around, about,* or *toward.*

El programa que queremos ver empieza **hacia** las 8.	La televisión se hizo popular **hacia** la segunda mitad del siglo XX.
The show that we want to watch will begin around 8:00.	*Television became popular toward the second half of the twentieth century.*

The preposition *con*

La idea es tener contacto con la naturaleza.

¡Maldito pez! En una playa tropical con tres mujeres.

- The preposition **con** means *with*.

  Me gustaría hablar **con** el director del departamento.

  I would like to speak with the director of the department.

  Es una organización ecológica **con** muchos miembros.

  It's an environmental organization with lots of members.

- Many English adverbs can be expressed in Spanish with **con** + [*noun*].

  Habló del tema **con** cuidado.

  She spoke about the issue carefully.

  Hablaba **con** cariño.

  He spoke affectionately.

- The preposition **con** is also used rhetorically to emphasize the value or the quality of something or someone, contrary to a given fact or situation. In this case, **con** conveys surprise at an apparent conflict between two known facts. In English, the words *but*, *even though*, and *in spite of* are used.

  Los turistas tiraron los envoltorios al suelo.
  The tourists threw wrappers on the ground.

  ¡**Con** lo limpio que estaba todo!
  But the place was so clean!

- If **con** is followed by **mí** or **ti**, it forms a contraction: **conmigo**, **contigo**.

| con + mí | conmigo |
| con + ti | contigo |

  ¿Quieres venir **conmigo** al campo?
  Do you want to come with me to the countryside?

  Por supuesto que quiero ir **contigo**.
  Of course I want to go with you.

- **Consigo** is the contraction of **con** + **usted/ustedes** or con + **él/ella/ellos/ellas**. **Consigo** is equivalent to the English *with himself/herself/yourself* or *with themselves/yourselves*, and is commonly followed by **mismo**. It is only used when the subject of the sentence is the same person referred to after **con**.

  Están satisfechos **consigo mismos**.

  La sequía trajo **consigo** muchos problemas.

  Fui al cine **con él**.

  Prefiero ir al parque **con usted**.

recursos

v̂ Text

CA
pp. 18, 82

CP
pp. 57–58

CH
pp. 91–92

(S)

descubre3.
vhlcentral.com

Práctica

(1) ¿Cuál es? Elige entre las preposiciones **a, hacia** y **con** para completar cada oración.

1. El león caminaba _____ el árbol.
2. Dijeron que la tormenta empezaría _____ las dos de la tarde.
3. Le prometí que iba _____ ahorrar combustible.
4. Ellos van a tratar de ser responsables _____ el medio ambiente.
5. Contribuyó a la campaña ecológica _____ mucho dinero.
6. El depósito de combustible estaba _____ mi izquierda.

(2) Amigos Primero, completa los párrafos con las preposiciones **a** y **con**. Marca los casos que no necesitan una preposición con una **X**.

Emilio invitó (1) _____ María (2) _____ ir de excursión. Él quería ir al bosque
(3) _____ ella porque quería mostrarle un paisaje donde se podían ver (4) _____ muchos
pájaros. Él sabía que (5) _____ ella le gustaba observar (6) _____ las aves.
María le dijo que sí (7) _____ Emilio. Ella no conocía (8) _____ nadie más
(9) _____ quien compartir su interés por la naturaleza. Hacía poco que había llegado
(10) _____ la ciudad y buscaba (11) _____ amigos (12) _____ sus mismos intereses.

(3) Conversación Completa la conversación de Emilio y María con la opción correcta de la preposición **con**. Puedes usar las opciones de la lista más de una vez.

con	contigo	con nosotros
conmigo	consigo	con ustedes

EMILIO Gracias por haber venido (1) _____ a la montaña. Ha sido
una tarde divertida.

MARÍA No, Emilio. Gracias a ti por haberme invitado a venir (2) _____.
No conocía este sitio y es maravilloso. ¡(3) _____ lo que
me gustan las montañas! Echo de menos venir más a menudo.

EMILIO Pues ya lo sabes, puedes venir (4) _____ cuando quieras.
¿Qué te parece si lo repetimos la próxima semana?

MARÍA Me encantaría volver. La próxima vez, vendré (5) _____ mis
prismáticos (*binoculars*) para ver los pájaros.

EMILIO A veces, vengo (6) _____ mi hermano pequeño. Tiene once
años, seguro que te cae bien. Si quieres, la semana que viene puede venir
(7) _____. Él siempre se trae una cámara (8) _____. Él dice que
va a ser un director famoso.

MARÍA Perfecto, la semana que viene venimos los tres. Estoy segura de que lo
voy a pasar bien (9) _____.

Practice more at **descubre3.vhlcentral.com.**

Comunicación

 4 **Safari** En parejas, escriban un artículo periodístico breve sobre lo que le sucedió a un grupo de turistas durante un safari. Usen por lo menos cuatro frases de la lista. Sean imaginativos. Después, compartan el informe periodístico con la clase.

hacia el león	con la cámara digital	con la boca abierta
al guía	a tomar una foto	a correr
hacia el carro	a nadie	hacia el tigre

 5 **Noticias** En grupos de cuatro o cinco, lean los titulares e inventen la noticia. Formen un círculo. El primero debe leer el titular al segundo, añadiendo (*adding*) algo. El estudiante repite la noticia al tercero y añade otra cosa, y así sucesivamente (*and so on*). Las partes que añadan a la noticia deben incluir las preposiciones **a**, **con** o **hacia**.

> **MODELO** Acusaron a Petrosur de contaminar el río.
>
> **ESTUDIANTE 1:** Acusaron a Petrosur de contaminar el río <u>con productos químicos</u>.
>
> **ESTUDIANTE 2:** Acusaron a Petrosur de contaminar el río <u>con productos químicos</u>. <u>A diario se ven horribles manchas que flotan en el agua</u>.
>
> **ESTUDIANTE 3:** Acusaron a Petrosur de contaminar el río <u>con productos químicos</u>. <u>A diario se ven horribles manchas que flotan en el agua hacia la bahía</u>.

1. Inventaron un combustible nuevo.
2. El presidente felicitó (*congratulated*) a los bomberos.
3. Inauguran hoy una nueva reserva.
4. Se acerca una tormenta.

 6 **Síntesis**

A. En parejas háganse estas preguntas sobre la naturaleza. Deben usar el futuro, el subjuntivo y las preposiciones **a**, **hacia** y **con** en sus respuestas.

1. ¿Conoces a alguien que contribuya a cuidar el medio ambiente?
2. ¿Te gusta cazar? ¿Conoces a mucha gente que cace?
3. ¿Crees que reciclar es importante? ¿Por qué? ¿Qué sucederá si no reciclamos?
4. ¿Qué actitud tienes hacia el uso de productos desechables?
5. ¿Crees que el calentamiento global empeorará a menos que cambiemos nuestro estilo de vida?
6. ¿Qué medidas debe tomar el gobierno para que no se agoten los recursos naturales?

B. Informen a la clase de lo que han aprendido de su compañero/a usando las preposiciones correspondientes. Sigan el modelo.

> **MODELO** Juana, mi compañera, dice que no conoce a nadie que contribuya a cuidar el medio ambiente. Ella dice que si no reciclamos, tendremos problemas con la cantidad de basura...

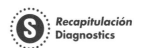
Recapitulación
Diagnostics

S **Audio: Vocabulary**

Antes de ver el corto

EL DÍA MENOS PENSADO

país México

duración 13 minutos

director Rodrigo Ordóñez

protagonistas Julián, Inés, Ricardo (vecino), Esther (esposa de Ricardo)

Vocabulario

acabarse *to run out; to come to an end*	**resentido/a** *resentful*
la cisterna *cistern; underground tank*	**la salida** *exit*
descuidar(se) *to get distracted; to neglect*	**sobre todo** *above all*
disculparse *to apologize*	**el tanque** *tank*
envenenado/a *poisoned*	**la tubería** *piping*
quedarse sin *to run out of*	**el/la vándalo/a** *vandal*

1) **El carpincho Pedro** Completa el párrafo con las palabras o las frases apropiadas.

 Noticia de último momento: un grupo de (1) _____ causó graves daños (*harm*) en la Reserva Ecológica. Aparentemente, los guardias nocturnos (2) _____ y no los vieron entrar por una de las (3) _____. Los delincuentes hicieron un agujero (*hole*) en la (4) _____ que lleva agua para llenar los (5) _____ en la zona donde se encuentran los baños. Pero eso no fue todo. Por la mañana, los guardaparques se encontraron con una triste escena. Además de encontrar el parque inundado (*flooded*) y de (6) _____ agua en la (7) _____, encontraron muy enfermo al carpincho (*capybara*) Pedro, el animalito más querido de la reserva. Le habían dado comida (8) _____. Afortunadamente, los veterinarios aseguran que el carpincho se va a recuperar.

2) **Preguntas** En parejas, contesten las preguntas.

1. ¿Qué tipos de contaminación hay en su comunidad? Mencionen dos o tres.

2. ¿Creen que algún día se puede acabar el agua? ¿Qué pasará si eso sucede?

3. Observen el afiche del cortometraje. ¿Qué está mirando el hombre?

4. Observen los fotogramas. ¿Qué está sucediendo en cada uno?

5. El corto se titula *El día menos pensado* (*When you least expect it*). ¿Qué catástrofes ecológicas pueden ocurrir el día menos pensado?

🐾 Practice more at **descubre3.vhlcentral.com.**

El día menos pensado

Una producción de FONDO NACIONAL PARA LA CULTURA Y LAS ARTES/INSTITUTO MEXICANO DE CINEMATOGRAFÍA/ GUERRILLA FILMS con apoyo de MEXATIL INDUSTRIAL, S.A. DE C.V./EQUIPMENT & FILM DESIGN (EFD)/CALABAZITAZ TIERNAZ/KODAK DE MÉXICO/CINECOLOR MÉXICO Guión y Dirección RODRIGO ORDÓÑEZ Basada en un cuento de SERGIO FERNÁNDEZ BRAVO Fotografía EVERARDO GONZÁLEZ Productor Ejecutivo GABRIEL SORIANO Dirección de Arte AMARANTA SÁNCHEZ Música Original CARLOS RUIZ Diseño Sonoro LENA ESQUENAZI Edición JUAN MANUEL FIGUEROA Actores FERNANDO BECERRIL/MARTA AURA/BRUNO BICHIR/CLAUDIA RÍOS

Escenas

ARGUMENTO Una ciudad se ha quedado sin agua. Mucha gente se ha ido. Algunos se quedan vigilando la poca agua que les queda.

JULIÁN Inés, nos tenemos que ir.
INÉS Dicen que todo se va a arreglar. Que si no, es cuestión de esperar hasta que lleguen las lluvias.
JULIÁN Sí, pero no podemos confiar en eso. No a estas alturas°.

INÉS ¿Cómo vamos a salir de la ciudad? Dicen que en todas las salidas hay vándalos. Y que están muy resentidos porque ellos fueron los primeros que se quedaron sin agua.
JULIÁN Si no digo que no sea peligroso. Pero cuando se nos acabe el agua nos tenemos que ir de todos modos.

INÉS ¿Pasa algo?
JULIÁN Ya no tenemos agua.
INÉS En la tele dijeron que...
JULIÁN ¡Qué importa lo que hayan dicho! ¡Se acabó!

JULIÁN Aunque lograran° traer agua a la ciudad, no pueden distribuirla. Las tuberías están contaminadas desde el accidente. Ninguna ayuda llegará a tiempo, y menos aquí.
INÉS Pero no quiero dejar mi casa.

JULIÁN Y a ustedes, ¿cuándo se les acabó el agua?
RICARDO Antier° en la noche nos dimos cuenta.
JULIÁN Ricardo, ¿quieren venir con nosotros?

JULIÁN No nos va a pasar nada, Inés. ¿Qué nos pueden hacer? Todos estamos igual.

a estas alturas *at this stage* **lograran** *managed to*
antier *the day before yesterday*

Después de ver el corto

(1) Comprensión Contesta las preguntas con oraciones completas.

1. ¿Qué hace el hombre en el techo de su casa? ¿Por qué?
2. ¿Qué le dice el hombre a su esposa cuando está desayunando?
3. ¿Qué hay en las salidas de la ciudad?
4. ¿Qué pasa con las tuberías?
5. ¿Por qué deciden irse de la ciudad? ¿Quiénes van con ellos en el coche?
6. ¿Por qué quieren los vándalos atacar a las personas que van en el carro?

(2) Ampliación En parejas, contesten las preguntas.

1. ¿Qué creen que ocurre al final?
2. El agua está envenenada por un accidente. ¿Qué tipo de accidente creen que hubo?
3. ¿Creen que Ricardo es una mala persona porque intentó robar agua? ¿Por qué?
4. ¿Quiénes son las personas que aparecen al final del corto? ¿Qué quieren?
5. Imaginen que son los protagonistas de este corto. ¿Qué opciones tienen?

(3) ¿El agua en peligro? En grupos de tres, lean el texto y respondan a las preguntas.

Construimos nuestras ciudades cerca del agua; nos bañamos en el agua; jugamos en el agua; trabajamos con el agua. Nuestras economías están en gran parte basadas sobre la fuerza de su corriente, el transporte a través de ella, y todos los productos que compramos y vendemos están vinculados, de una u otra manera, al agua. Nuestra vida diaria se desarrolla y se configura en torno al agua. Sin el agua que nos rodea nuestra existencia sería inconcebible. En las últimas décadas, nuestra estima por el agua ha decaído. Ya no es un elemento digno de veneración y protección, sino un producto de consumo que hemos descuidado enormemente. El 80 por ciento de nuestro cuerpo está compuesto de agua y dos tercios de la superficie del planeta están cubiertos por agua: el agua es nuestra cultura, nuestra vida.

Declaración de la UNESCO con motivo del Día Mundial del Agua 2006.

1. ¿Creen que realmente estamos descuidando el agua, o el aumento del consumo es una consecuencia normal del aumento de la población?
2. Algunos expertos opinan que en el futuro se puede desencadenar una guerra mundial por el agua. ¿Creen que esto es una exageración? ¿Por qué?
3. ¿Creen que es posible cuidar el agua y otros recursos naturales sin tener que hacer grandes cambios en nuestro estilo de vida?
4. ¿Creen que hay naciones que son más responsables que otras por el consumo excesivo de recursos naturales? Expliquen su respuesta.

 Practice more at **descubre3.vhlcentral.com.**

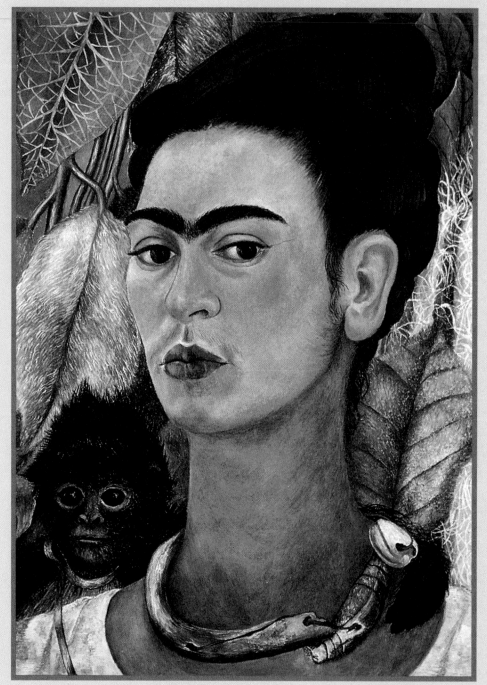

Autorretrato con mono, 1938.
Frida Kahlo, México.

"Quien rompe una tela de araña,
a ella y a sí mismo daña."

— Anónimo

Antes de leer

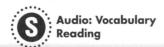

Audio: Vocabulary Reading

El eclipse

Sobre el autor

Augusto Monterroso (1921–2003) nació en Honduras, pero pasó su infancia y juventud en Guatemala. En 1944 se radicó (*settled*) en México tras dejar Guatemala por motivos políticos. A pesar de su origen y de haber vivido su vida adulta en México, siempre se consideró guatemalteco. Monterroso tuvo acceso desde pequeño al mundo intelectual de los adultos. Fue prácticamente autodidacta: abandonó la escuela a los 11 años y con sólo 15 años fundó una asociación de artistas y escritores. Considerado padre y maestro del microcuento latinoamericano, Monterroso recurre (*resorts to*) en su prosa al humor inteligente con el que presenta su visión de la realidad. Entre sus obras se destacan *La oveja negra y demás fábulas* (1969) y la novela *Lo demás es silencio* (1978). Recibió numerosos premios, incluso el Premio Príncipe de Asturias en 2000.

Vocabulario

aislado/a *isolated*	**florecer** *to flower*	**sacrificar**
digno/a *worthy*	**oscurecer** *to darken*	*to sacrifice*
disponerse a *to be about to*	**prever** *to foresee*	**salvar** *to save*
la esperanza *hope*	**la prisa** *hurry; rush*	**valioso/a** *valuable*

Exploradores Completa esta introducción de un cuento con las palabras apropiadas.

Los exploradores salieron rumbo a la ciudad perdida sin (1) _____ ninguno de los peligros de la selva. El viejo mapa indicaba que la ciudad escondía un (2) _____ tesoro. Cuando (3) _____ a iniciar la marcha, se dieron cuenta de que iba a (4) _____ antes de que llegaran, por lo que decidieron avanzar con (5) _____. Tenían la (6) _____ de llegar antes de la medianoche.

Conexión personal

¿Alguna vez viste un eclipse? ¿Cómo fue la experiencia? ¿Hay algún fenómeno natural al que le tengas miedo? ¿Cuál? ¿Por qué?

Análisis literario: el microcuento

El microcuento es un relato breve, pero no por eso se trata de un relato simple. En estos cuentos, el lector participa activamente porque debe compensar los recursos utilizados (economía lingüística, insinuación, elipsis) a través de la especulación o haciendo uso de sus conocimientos previos. A medida que lees *El eclipse,* haz una lista de los conocimientos previos y también de las especulaciones que sean necesarias para comprender el relato.

EL ECLIPSE

Augusto Monterroso

friar

powerful/captured

Cuando fray° Bartolomé Arrazola se sintió perdido, aceptó que ya nada podría salvarlo. La selva poderosa° de Guatemala lo había apresado°, implacable y definitiva. Ante su ignorancia topográfica se

5 sentó con tranquilidad a esperar la muerte. Quiso morir allí, sin ninguna esperanza, aislado, con el pensamiento fijo en la España distante, particularmente en el convento de Los Abrojos, donde Carlos Quinto condescendiera una vez a

zeal

bajar de su eminencia para decirle que confiaba en el celo°

redemptive 10 religioso de su labor redentora°.

surrounded

Al despertar se encontró rodeado° por un grupo de

face

indígenas de rostro° impasible que se disponían a sacrificarlo ante un altar, un altar que a Bartolomé le pareció como el

bed/fears

lecho° en que descansaría, al fin, de sus temores°, de su

15 destino, de sí mismo.

Tres años en el país le habían conferido un mediano

command (of a language)

dominio° de las lenguas nativas. Intentó algo. Dijo algunas palabras que fueron comprendidas.

blossomed

Entonces floreció° en él una idea que tuvo por digna de su talento y de su cultura universal y de su arduo conocimiento

20 de Aristóteles. Recordó que para ese día se esperaba un eclipse total de sol. Y dispuso, en lo más íntimo°, valerse de° aquel

deepest recesses/to take advantage of to trick; to deceive

conocimiento para engañar° a sus opresores y salvar la vida.

—Si me matáis —les dijo— puedo hacer que el sol se oscurezca en su altura.

25 Los indígenas lo miraron fijamente y Bartolomé sorprendió la incredulidad en sus ojos. Vio que se produjo un pequeño

counsel/disdain

consejo°, y esperó confiado, no sin cierto desdén°.

Dos horas después el corazón de fray Bartolomé Arrazola

was gushing

chorreaba° su sangre vehemente sobre la piedra de los

30 sacrificios (brillante bajo la opaca luz de un sol eclipsado), mientras uno de los indígenas recitaba sin ninguna inflexión de voz, sin prisa, una por una, las infinitas fechas en que se producirían eclipses solares y lunares, que los astrónomos de la comunidad maya habían previsto y anotado en sus códices

35 sin la valiosa ayuda de Aristóteles. ∎

Después de leer

El eclipse

Augusto Monterroso

(1) Comprensión Contesta las preguntas con oraciones completas.

1. ¿Dónde se encontraba fray Bartolomé?
2. ¿Conocía el protagonista la lengua de los indígenas?
3. ¿Qué querían hacer los indígenas con fray Bartolomé?
4. ¿Qué les advirtió fray Bartolomé a los indígenas?
5. ¿Qué quería fray Bartolomé que los indígenas creyeran?
6. ¿Qué recitaba un indígena mientras el corazón del fraile sangraba?

(2) Interpretación Contesta las siguientes preguntas.

1. ¿Por qué crees que fray Bartolomé pensaba en el convento de Los Abrojos antes de morir?
2. ¿Cuál había sido la misión de fray Bartolomé en Guatemala?
3. ¿Quién le había encomendado esa misión?
4. A pesar de los conocimientos de Aristóteles, ¿por qué el protagonista no consiguió salvarse?

(3) Fenómenos naturales En la historia de la humanidad, los fenómenos y los desastres naturales y otros acontecimientos han sido motivo de muchos temores (*fears*) y supersticiones. A veces, esos temores tenían fundamento, pero otras veces eran supersticiones sin fundamento alguno.

A. En grupos de tres, investiguen acerca de un fenómeno o desastre natural o un acontecimiento que haya despertado grandes temores y supersticiones antes de suceder. ¿Se cumplieron los temores o eran supersticiones sin fundamento? Pueden elegir fenómenos o desastres de la lista o pensar en otros. Presenten la investigación al resto de la clase.

- el cometa Halley
- la llegada del año 2000
- la amenaza nuclear durante la guerra fría
- la erupción del volcán Vesubio en Pompeya

B. Escriban un microcuento sobre uno de los fenómenos o acontecimientos presentados. Lean el microcuento al resto de la clase. Sus compañeros/as deben adivinar de qué fenómeno o acontecimiento se trata.

(4) Escribir En la selva guatemalteca, fray Bartolomé seguramente observó gran cantidad de plantas silvestres y animales salvajes que no conocía hasta entonces. Investiga acerca de la flora y la fauna de la selva guatemalteca. Luego, imagina que eres fray Bartolomé y tienes que escribirle una carta al Rey Carlos V contándole acerca de lo que observaste en la selva. Usa el vocabulario de la lección.

MODELO Estimado Rey Carlos V: Como Su Majestad sabe, le escribo desde la selva de Guatemala, adonde llegué hace ya tres años. En esta carta, quiero contarle...

Practice more at **descubre3.vhlcentral.com.**

recursos

v̂Text

S

descubre3.
vhlcentral.com

Antes de leer

Audio: Vocabulary Reading

Vocabulario

ambiental *environmental*	**el monte** *mountain*
el bombardeo *bombing*	**la pureza** *purity*
el ecosistema *ecosystem*	**el refugio** *refuge*
la especie *species*	**el terreno** *land*
el/la manifestante *protester*	**el veneno** *poison*

El Yunque Completa las oraciones con el vocabulario de la tabla.

1. Puerto Rico es una isla de _____ muy variado: hay montañas, playas y hasta un bosque tropical, el Bosque Nacional del Caribe, también llamado El Yunque.

2. El Yunque tiene una diversidad de vegetación impresionante, que incluye casi 250 _____ de árboles.

3. También es un _____ natural para los animales, ya que en el bosque están protegidos de la caza (*hunting*).

4. El _____ más alto de El Yunque es El Toro, con una altura de 1.077 metros (3.533 pies).

5. Hay grupos dedicados a la protección _____ de El Yunque. Buscan preservar la _____ de este paraíso tropical.

Conexión personal ¿Qué significa la naturaleza para ti? ¿Es una fuente de trabajo o de comida? ¿O es un lugar de diversión y belleza? ¿Qué haces para proteger la naturaleza?

Contexto cultural

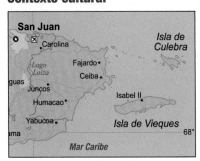

Situada en el agua transparente del Mar Caribe, la pequeña isla de **Vieques** es un refugio de lagunas, bahías y playas que forman un hábitat ideal para varias clases de tortugas marinas (*sea turtles*), el manatí antillano (*manatee*) y arrecifes de coral. La gente de Vieques comparte los pequeños montes y las aguas cristalinas (*crystal clear*) de la isla con una rica variedad de flora y fauna, entre ellas cinco especies de plantas y diez especies de animales en peligro de extinción.

La isla de Vieques, de 33 kilómetros de largo por 7,2 de ancho (20,5 por 4,3 millas), es un municipio de Puerto Rico y tiene 9.000 habitantes. Puerto Rico es un Estado Libre Asociado de los Estados Unidos. Los habitantes de Puerto Rico, también llamados *boricuas*, son ciudadanos (*citizens*) estadounidenses.

La conservación de Vieques

Vieques — Vista aérea de la zona de maniobras militares

1 **"¡Vieques renace!"°** anuncia el gobierno de este municipio puertorriqueño, que busca estimular la economía de una isla rica en naturaleza, pero pobre en economía. Vieques dispone de° sitios arqueológicos importantes, playas espectaculares, un fuerte° 5 histórico y una bahía bioluminiscente, la Bahía Mosquito, que es una maravilla de la naturaleza. Sus arrecifes de coral contienen un ecosistema de enorme productividad y diversidad biológica. Forman un pequeño paraíso que alberga y protege una inmensa variedad de especies de plantas y animales acuáticos.

Vieques is reborn!

boasts

fort

10
suffered

evicted
Navy 15

live-fire range

25

angered
inhabitants of Vieques
gave rise to

30
training

Sin embargo, en vez de tener una tradición de alto turismo, la isla ha padecido° graves problemas. Vieques fue utilizada para prácticas de bombardeo desde 1941. En esa época muchas personas fueron desalojadas° cuando la Armada° de los Estados Unidos ocupó dos áreas en los extremos de la isla. Las prácticas continuaron por varias décadas, pero en abril de 1999 un guardia de seguridad murió cuando una bomba cayó fuera de la zona de tiro°. La muerte de David Sanes encolerizó° a los viequenses° y dio origen° a una campaña de desobediencia civil. El presidente Clinton prometió cesar el entrenamiento° de bombardeo en Vieques, pero éste continuó con bombas inertes a pesar de que los viequenses habían exigido "¡Ni una bomba más!". Los manifestantes entraban en

> **La protesta se centró en gran parte en los problemas que las bombas habían causado al medioambiente, a la economía de Vieques y a la salud de los viequenses.**

la zona de tiro y establecían campamentos; otros se manifestaban° en Puerto Rico y en los Estados Unidos, y pronto captaron° la atención internacional. Robert Kennedy, Jr., Jesse Jackson, Rigoberta Menchú y el Dalai Lama, entre otros, hicieron declaraciones a favor de° Vieques y muchas personas fueron a la cárcel° después de ser arrestadas en la zona de tiro.

35
demonstrated
captured

40
supporting
jail

La protesta se centró en gran parte en los problemas que las bombas habían causado al medioambiente, a la economía de Vieques y a la salud de los viequenses. Las décadas de prácticas de bombardeo dejaron un nivel muy alto de contaminación, que incluye la presencia de uranio reducido (un veneno muy peligroso). Algunos piensan que la incidencia de cáncer de Vieques —25 por ciento más alta que la de todo Puerto Rico— se debe a la exposición de los habitantes a elementos tóxicos. Estas acusaciones han provocado controversia ya que la Armada negó los efectos sobre la salud de los viequenses. Finalmente, después de una dura campaña de protesta y lucha°, las prácticas de bombardeo terminaron para siempre en 2003. Los terrenos de la Armada pasaron al Departamento de Caza y Pesca, y la Agencia de Protección Ambiental (EPA) declaró en 2005 que la limpieza ambiental de Vieques sería una de las prioridades nacionales.

45

50

55

60

struggle

65

70

Los extremos este y oeste de la isla ahora constituyen una reserva ambiental, la más grande del Caribe. Los viequenses esperan que la isla pueda, en su renacimiento, volver a un estado de mayor pureza natural y al mismo tiempo desarrollar su economía. Vieques sigue siendo un símbolo de resistencia y es un lugar cada día más popular para el turismo local y extranjero. ■

75

¿Qué es la bioluminiscencia?

Es un efecto de fosforescencia verdeazul, causado por unos microorganismos que, al agitarse, dan un brillo extraordinario a las aguas durante la noche. El pez o bañista que se mueve bajo el agua emite una luz radiante. Para que se produzca este fenómeno extraordinario, se requiere una serie de condiciones muy especiales de temperatura, ambiente y poca contaminación.

Después de leer

La conservación de Vieques

(1) Comprensión Elige la respuesta correcta.

1. Vieques es un municipio de
   (la República Dominicana/Puerto Rico).

2. Entre los atractivos de la isla se encuentra
   (un pico altísimo/una bahía bioluminiscente).

3. Los arrecifes de coral son importantes para la biodioversidad porque
   (albergan una inmensa variedad de especies/protegen la capa de ozono).

4. La protesta en contra de la presencia de la Armada se produjo después
   (de la muerte de un guardia de seguridad/del uso de bombas inertes).

5. Las prácticas de bombardeo dejaron
   (problemas de erosión/un nivel alto de contaminación).

6. Muchas personas fueron arrestadas
   (por robar uranio reducido/por ingresar en la zona de prácticas de bombardeo).

7. Los extremos de la isla ahora contienen
   (una zona de tiro/una reserva ambiental).

8. La bioluminiscencia es un efecto causado por
   (microorganismos/la contaminación).

(2) Interpretación Responde a las preguntas.

1. ¿Qué potencial turístico tiene Vieques? Da ejemplos.
2. ¿Qué hacía la Armada en Vieques?
3. ¿Cuál era el deseo de los manifestantes de Vieques?
4. ¿Por qué creen que la Armada de los Estados Unidos estaba autorizada a hacer prácticas de bombardeo en Vieques?
5. ¿Qué ocurre cuando una persona o un pez nada en la bahía bioluminiscente?

(3) Ampliación En parejas, contesten las preguntas.

1. ¿Por qué es importante conservar una isla como Vieques?
2. ¿Qué efectos puede tener la declaración de la EPA? ¿Cómo puede mejorar la vida de los viequenses si se limpia la contaminación?

(4) Reunión con el presidente En grupos de cuatro, inventen una conversación sobre las prácticas de la Armada. Por una parte hablan dos manifestantes y por otra el Presidente Clinton y un(a) representante de la Armada. Utilicen los tiempos verbales que conocen, incluyendo el futuro. Después representen la conversación delante de la clase.

(5) El futuro de Vieques Imagina que eres un habitante de Vieques. Escribe una carta a un amigo contándole cómo crees que cambiarán las cosas en Vieques. Explica cómo se resolverán los problemas de contaminación y cómo se va a promover el turismo. Usa las formas de referirte al futuro que conoces.

recursos

v̂Text

CP
p. 59

CH
pp. 93–96

descubre3.
vhlcentral.com

Practice more at **descubre3.vhlcentral.com**.

Atando cabos

¡A conversar!

Mascotas exóticas

A. En parejas, preparen una conversación. Imaginen que uno/a de ustedes se va de vacaciones y le pide a un(a) amigo/a que le cuide la mascota (*pet*) exótica. Utilicen las formas del futuro y las preposiciones aprendidas en esta lección.

B. Hablen sobre las preguntas y luego compartan sus opiniones con el resto de la clase. Usen las frases y expresiones del recuadro para expresar sus opiniones.

- ¿Creen que está bien tener mascotas exóticas? ¿Por qué?
- ¿Creen que está bien tener animales en exhibición en los zoológicos? ¿Por qué?

No estoy (muy) de acuerdo.	**Para mí, ...**
No es así.	**En mi opinión, ...**
No comparto esa opinión.	**(Yo) creo que...**
No coincido.	**Estoy convencido/a de que...**

¡A escribir!

Patrimonio mundial Una de las misiones de la UNESCO es promover la protección del patrimonio mundial, cultural y natural de la humanidad. Para ello, ha creado una lista de áreas protegidas por su valor histórico o natural. Varias áreas naturales de Cuba se encuentran en este listado. En grupos de cuatro, elijan una de estas dos áreas para preparar un afiche informativo.

Valle de Viñales
Parque Nacional Alejandro de Humboldt

A. Investiguen acerca del sitio elegido. Usen estas preguntas como guía: ¿Dónde está el lugar que eligieron? ¿Cuáles son sus características? ¿Por qué fue declarado patrimonio mundial? ¿Tiene sólo valor natural o es importante por su cultura e historia?

B. Preparen un afiche informativo sobre el lugar elegido. Incluyan un título, recuadros con texto, mapas e imágenes con epígrafes (*captions*).

recursos

v̂**Text**

CA
pp. 109–110

CP
p. 60

CH
pp. 97–98

Audio: Vocabulary Flashcards

La naturaleza

el árbol	tree
el arrecife	reef
el bosque (lluvioso)	(rain) forest
el campo	countryside; field
la cordillera	mountain range
la costa	coast
el desierto	desert
el mar	sea
la montaña	mountain
el paisaje	landscape; scenery
la tierra	land; earth
húmedo/a	humid; damp
seco/a	dry
a orillas de	on the shore of
al aire libre	outdoors

Los animales

el ave (f.)/ el pájaro	bird
el cerdo	pig
el conejo	rabbit
el león	lion
el mono	monkey
la oveja	sheep
el pez	fish
la rana	frog
la serpiente	snake
el tigre	tiger
la vaca	cow
atrapar	to trap; to catch
cazar	to hunt
dar de comer	to feed
extinguirse	to become extinct
morder (o:ue)	to bite
en peligro de extinción	endangered
salvaje	wild
venenoso/a	poisonous

Los fenómenos naturales

el huracán	hurricane
el incendio	fire
la inundación	flood
el relámpago	lightning
la sequía	drought
el terremoto	earthquake
la tormenta (tropical)	(tropical) storm
el trueno	thunder

El medio ambiente

el calentamiento global	global warming
la capa de ozono	ozone layer
el combustible	fuel
la contaminación	pollution; contamination
la deforestación	deforestation
el desarrollo	development
la erosión	erosion
la fuente de energía	energy source
el medio ambiente	environment
los recursos naturales	natural resources
agotar	to use up
conservar	to conserve; to preserve
contaminar	to pollute; to contaminate
contribuir (a)	to contribute
desaparecer	to disappear
destruir	to destroy
malgastar	to waste
proteger	to protect
reciclar	to recycle
resolver (o:ue)	to solve
dañino/a	harmful
desechable	disposable
renovable	renewable
tóxico/a	toxic

Más vocabulario

Expresiones útiles	Ver p. 209
Estructura	Ver pp. 216–217, 220–221 y 224–225

Cinemateca

la cisterna	cistern; underground tank
la salida	exit
el tanque	tank
la tubería	piping
el/la vándalo/a	vandal
acabarse	to run out; to come to an end
descuidar(se)	to get distracted; to neglect
disculparse	to apologize
quedarse sin	to run out of
envenenado/a	poisoned
resentido/a	resentful
sobre todo	above all

Literatura

la esperanza	hope
la prisa	hurry; rush
disponerse a	to be about to
florecer	to flower
oscurecer	to darken
prever	to foresee
sacrificar	to sacrifice
salvar	to save
aislado/a	isolated
digno/a	worthy
valioso/a	valuable

Cultura

el bombardeo	bombing
el ecosistema	ecosystem
la especie	species
el/la manifestante	protester
el monte	mountain
la pureza	purity
el refugio	refuge
el terreno	land
el veneno	poison
ambiental	environmental

La tecnología y la ciencia

Communicative Goals

You will expand your ability to...
- describe past events and conditions
- emphasize the size of objects and people
- express affection or scorn

S Game
Audio: Activities, Vocabulary

La tecnología y la ciencia

La tecnología

Gisela se pasa largas horas frente a su **computadora portátil navegando en la red**, leyendo **blogs** y **descargando** su música preferida.

la arroba *@ symbol*
el blog *blog*
el buscador *search engine*
la computadora portátil *laptop*
la contraseña *password*
el corrector ortográfico *spell checker*
la dirección de correo electrónico *e-mail address*
la informática *computer science*
Internet *Internet*
el mensaje (de texto) *(text) message*
la página web *web page*
el programa (de computación) *software*
el reproductor de CD/DVD/MP3 *CD/DVD/MP3 player*
el teléfono celular *cell phone*
—————
adjuntar (un archivo) *to attach (a file)*
borrar *to erase*
descargar *to download*
guardar *to save*
navegar en la red *to surf the web*
—————
avanzado/a *advanced*
digital *digital*
en línea *online*
inalámbrico/a *wireless*

La astronomía y el universo

el agujero negro *black hole*
el cohete *rocket*
el cometa *comet*
el espacio *space*
la estrella (fugaz) *(shooting) star*
el/la extraterrestre *alien*
la gravedad *gravity*
el ovni *UFO*

el telescopio *telescope*
el transbordador espacial *space shuttle*

Las profesiones de la ciencia

el/la astronauta *astronaut*
el/la astrónomo/a *astronomer*
el/la biólogo/a *biologist*
el/la científico/a *scientist*
el/la físico/a *physicist*
el/la ingeniero/a *engineer*
el/la matemático/a *mathematician*
el/la químico/a *chemist*

La ciencia y los inventos

Los científicos han realizado incontables **experimentos** con el **ADN** humano, los cuales han sido esenciales para los **avances revolucionarios** de esta década, como la clonación.

el ADN (ácido desoxirribonucleico) *DNA*
el avance *advance; breakthrough*
la célula *cell*
el desafío *challenge*
el descubrimiento *discovery*
el experimento *experiment*
el gen *gene*
el invento *invention*
la patente *patent*
la teoría *theory*

clonar *to clone*
comprobar (o:ue) *to prove*
crear *to create*
fabricar *to manufacture; to make*
formular *to formulate*
inventar *to invent*

investigar *to investigate; to research*

(bio)químico/a *(bio)chemical*
especializado/a *specialized*
ético/a *ethical*
innovador(a) *innovative*
revolucionario/a *revolutionary*

recursos

v̂Text

CA
p. 83

CP
pp. 61–62

CH
pp. 99–100

(S)
descubre3.
vhlcentral.com

Práctica

1 Escuchar

A. Escucha lo que dice Mariana Serrano y luego decide si las oraciones son **ciertas** o **falsas**. Corrige las falsas.

1. Mariana Serrano reflexiona sobre los desafíos del futuro.
2. No hay dinero para investigar nuevas medicinas.
3. Mariana Serrano cree que la ciencia y la ética deben ir unidas.
4. Carlos Obregón es astrónomo.

B. Escucha la conversación entre Carlos Obregón y Mariana Serrano y contesta las preguntas.

1. ¿Qué le ha pasado a Carlos?
2. ¿Dónde escribe Mariana casi todos los días?
3. ¿Qué le tiene que dar Mariana a Carlos?
4. ¿Cómo se la va a dar Mariana?

2 Sopa de letras Busca seis palabras del vocabulario.

1. Se utiliza en las direcciones de correo electrónico.
2. Un objeto extraterrestre.
3. Reproducir un ser vivo exactamente igual.
4. Se utiliza para investigar cosas en Internet.
5. El vehículo que se utiliza para ir al espacio.
6. Se utiliza para ver las estrellas.

K	J	A	N	T	I	C	P	S	T
C	A	L	A	N	T	A	R	U	E
O	X	S	A	R	V	R	E	C	L
H	G	T	I	Ó	R	S	H	N	E
E	E	R	T	C	R	O	I	M	S
T	S	U	B	A	V	V	B	D	C
E	C	T	N	O	M	N	R	A	O
C	A	O	O	L	Z	I	L	R	P
Ó	L	N	N	Í	N	U	R	P	I
C	B	U	S	C	A	D	O	R	O

Práctica

(3) No pertenece Identifica la palabra que no pertenece al grupo.

1. ADN–célula–buscador–gen

2. astronauta–red–cohete–espacio

3. descargar–adjuntar–guardar–clonar

4. descubrimiento–gravedad–avance–invento

5. bioquímico–avanzado–revolucionario–innovador

6. científico–biólogo–extraterrestre–ingeniero

(4) Para… se necesita… ¿Qué se necesita para hacer lo siguiente? Añade el artículo correcto: **un** o **una**.

√computadora portátil	desafío	matemático	√teléfono celular
√contraseña	estrella fugaz	√patente	√telescopio
√corrector ortográfico	experimento	√reproductor	teoría

1. Para pedir un deseo se necesita ver _____.

2. Para ver un DVD se necesita _____.

3. Para navegar en la red en la playa se necesita _____.

4. Para hacer una llamada en un autobús se necesita _____.

5. Para escribir sin errores en la computadora se necesita _____.

6. Para proteger la información de la computadora se necesita _____.

7. Para obtener el derecho de comercializar un invento se necesita _____.

8. Para observar la Luna y las estrellas desde la Tierra se necesita _____.

(5) Definiciones Primero, elige cinco palabras de la lista y escribe una definición para cada una. Luego, en parejas, túrnense para leerse las definiciones y adivinar de qué palabra se trata.

astronauta	digital	invento
astrónomo/a	en línea	navegar en la red
biólogo/a	experimento	patente
borrar	físico/a	teléfono celular
descargar	gen	teoría

 Practice more at **descubre3.vhlcentral.com.**

Comunicación

6 **Actualidad científica** Algunos piensan que la biotecnología no tiene límites. ¿Qué opinas tú sobre el tema? Marca las afirmaciones con las que estás de acuerdo y comparte tus opiniones con un(a) compañero/a. ¿Cuáles son los aspectos positivos y negativos de la manipulación genética?

1. La clonación de seres humanos es una herramienta importante para luchar contra las enfermedades genéticas.

2. La genética ha ido demasiado lejos. El hombre no puede jugar a alterar la naturaleza humana. No es ético y sólo producirá sufrimiento.

3. Es injusto gastar dinero en experimentos genéticos cuando hay gente que muere de hambre y de enfermedades que se pueden curar fácilmente.

4. La clonación es una respuesta al problema de la infertilidad.

5. La clonación de seres humanos disminuirá (*will diminish*) nuestro respeto por la vida humana.

6. Clonar seres humanos en un mundo superpoblado (*overpopulated*) no tiene sentido.

7 **Soluciones** En grupos de tres, encuentren soluciones a las difíciles situaciones de estas personas. Cada uno de ustedes debe dar al menos dos consejos para cada caso. Utilicen la imaginación y tantas palabras del vocabulario como puedan.

- Un astrónomo ha detectado una tormenta espacial y piensa que puede ser peligroso mandar un cohete al espacio. No quiere que los astronautas estén en peligro. Sus jefes, sin embargo, no quieren cancelarlo porque, de lo contrario, saben que recibirán críticas en los periódicos.

- Una astronauta descubre extraterrestres en un viaje al espacio. Estos seres son muy pacíficos e inofensivos y le ruegan que no diga nada a su regreso a la Tierra, porque temen que los humanos los destruyan.

8 **Observaciones de la galaxia** Inspirándose en el dibujo, trabajen en parejas para escribir una historia breve. Utilicen por lo menos ocho palabras de **Contextos**. ¡Dejen volar la imaginación!

¿Quién era el hombre?

¿Dónde estaba?

¿Qué quería hacer?

¿Qué sorpresa inesperada encontró?

Repaso

Video: *Fotonovela*
Record & Compare

recursos

v̂Text

CA
pp. 43–44

descubre3.vhlcentral.com

La oficina de la revista *Facetas* recibe una pantalla líquida.

1

HOMBRE 1 Aquí está la pantalla líquida que pidieron. Pues, tiene imagen digital, sonido de alta definición, control remoto universal y capacidad para conexión de satélite e Internet desde el momento de la instalación.

JOHNNY ¿Y está en esa caja tan grandota?

HOMBRE 1 Si es tan amable, me da su firmita en la parte de abajo, por favor.

2

Johnny está en el suelo desmayado.

HOMBRE 2 ¿Por qué no piden una ambulancia?

MARIELA No se preocupe. Fue sólo una pequeñísima sobredosis de euforia.

HOMBRE 1 ¡Esto es tan emocionante! Nunca se había desmayado nadie.

FABIOLA No conocían a Johnny.

HOMBRE 2 Eso es lo que yo llamo "el poder de la tecnología".

3

ÉRIC Jefe, pruebe con esto a ver si despierta. *(Le entrega un poco de sal.)*

AGUAYO ¿Qué se supone que haga?

ÉRIC Ábralo y páseselo por la nariz.

AGUAYO Esto no funciona.

DIANA Ay, yo conozco un remedio infalible.

ÉRIC ¡¿Qué haces?!

Diana le pone sal en la boca a Johnny. Johnny se despierta.

6

Más tarde... Johnny y Fabiola van a poner la pantalla en la pared.

AGUAYO Johnny, ¿estás seguro de que sabes lo que haces?

JOHNNY Tranquilo, jefe, no es tan difícil.

FABIOLA Es sólo un agujerito en la pared.

7

El teléfono suena.

MARIELA Revista *Facetas*, buenas tardes. Jefe, tiene una llamada de su esposa en la línea tres.

AGUAYO Pregúntale dónde está y dile que la llamo luego.

MARIELA Un segundito.

AGUAYO Estaré en mi oficina. No quiero ver este desorden.

8

Mientras trabajan, se va la luz.

FABIOLA ¡Johnny!

JOHNNY ¿Qué pasó?

FABIOLA ¡Johnny! ¡Johnny!

JOHNNY Está bien, está bien. Ahí viene el jefe.

AGUAYO No es tan difícil. Es sólo un agujerito en la pared... ¡No funciona ni el teléfono!

JOHNNY *(a Aguayo)* Si quiere puede usar mi celular.

AGUAYO

DIANA

ÉRIC

FABIOLA

JOHNNY

MARIELA

HOMBRE 1

HOMBRE 2

JOHNNY ¿Sabían que en el transbordador espacial de la NASA tienen este tipo de pantallas?

MARIELA Espero que a ningún astronauta le dé por desmayarse.

AGUAYO ¿Dónde vamos a instalarla?

DIANA En esta pared, pero hay que buscar quien lo haga porque nosotros no tenemos las herramientas.

JOHNNY ¿Qué? ¿No tienes una caja (de herramientas)?

ÉRIC A menos que quieras pegar la pantalla con cinta adhesiva y luego ponerle aceite lubricante, no.

FABIOLA Hay una construcción allá abajo.

Johnny y Fabiola se van a buscar las herramientas.

Más tarde, en la sala de conferencias...

AGUAYO Rodeados de la mejor tecnología para terminar alumbrados por unas velas.

DIANA Nada ha cambiado desde los inicios de la humanidad.

MARIELA Hablando de cosas profundas... ¿Alguna vez se han preguntado adónde se va la luz cuando se va?

Expresiones útiles

Expressing size

Si es tan amable, ¿me da su firmita?
Would you please sign? (Lit. If you were so kind, would you give me your little signature?)

Fue sólo una pequeñísima sobredosis de euforia.
It was just a tiny overdose of euphoria.

Un segundito.
Just a second. (Lit. a tiny second)

¿Y está en esa caja tan grandota?
And is it in that really big box?

Talking about what has/had happened

Nada ha cambiado.
Nothing has changed.

Nada había cambiado.
Nothing had changed.

¿Alguna vez se han preguntado...?
Have you ever asked yourselves...?

Nunca se había desmayado nadie.
No one had ever fainted before.

Additional vocabulary

el agujerito *small hole*
alta definición *high definition*
la conexión de satélite *satellite connection*
el control remoto universal *universal remote control*
el desorden *disorder; mess*
funcionar *to work*
la herramienta *tool*
la imagen *image*
instalar *to install*
la luz *power; electricity*
la pantalla líquida *LCD screen*
rodeado/a *surrounded*

Comprensión

(1) ¿Cierto o falso? Indica si las oraciones son **ciertas** o **falsas**.

1. Johnny se desmayó debido a la euforia del momento.
2. La nueva tecnología no impresiona a nadie.
3. Aguayo está preocupado por lo que hace Johnny.
4. A pesar de los avances de la tecnología, las velas son prácticas.
5. Según Diana, sus remedios nunca funcionan.

(2) Razones Elige el final lógico para cada oración.

_____ 1. Alguien propone pedir una ambulancia porque

_____ 2. Éric le explica a Aguayo cómo despertar a Johnny porque

_____ 3. Diana propone buscar a alguien para instalar la pantalla porque

_____ 4. Aguayo se encierra en su oficina porque

_____ 5. Los empleados alumbran la oficina con velas porque

a. no tienen herramientas.
b. no hay luz.
c. Aguayo no sabe cómo hacerlo.
d. no quiere ver el desorden.
e. Johnny se desmayó.

(3) Definiciones Busca en la **Fotonovela** la palabra que corresponda a cada definición.

_____ 1. Aparato que permite centralizar y controlar a distancia distintos equipos electrónicos.

_____ 2. Aparato de televisión que transmite una imagen de alta definición.

_____ 3. Vehículo que viaja por el espacio.

_____ 4. Instrumentos que generalmente se usan para instalar o para arreglar algo.

_____ 5. Red Informática Mundial formada por la conexión directa entre las computadoras.

_____ 6. Sistema inalámbrico de televisión que incluye acceso a gran variedad de películas, eventos deportivos y noticias internacionales.

(4) ¿Por qué lo dicen? En parejas, expliquen a qué se refieren los personajes de la **Fotonovela** en cada cita (*quote*).

1. **HOMBRE** Eso es lo que yo llamo "el poder de la tecnología".
2. **MARIELA** Fue sólo una pequeñísima sobredosis de euforia.
3. **AGUAYO** ¿Estás seguro de que sabes lo que haces?
4. **DIANA** Nada ha cambiado desde los inicios de la humanidad.
5. **AGUAYO** ¡No funciona ni el teléfono!
6. **DIANA** Yo conozco un remedio infalible.

Practice more at **descubre3.vhlcentral.com.**

Ampliación

5 **¿Adicto a Internet?** Conversa con tu compañero/a sobre estas preguntas y luego decide si él/ella es adicto/a a Internet.

1. ¿Tienes una cuenta de correo electrónico? ¿Con qué frecuencia la chequeas?

2. ¿Dejas de hacer las tareas de clase o trabajo por pasar más tiempo navegando en Internet? ¿Por qué? Explica con ejemplos.

3. ¿Visitas sitios de *chat*? ¿Cuáles? ¿Con quién(es) te encuentras? ¿Piensas que es más divertido chatear que charlar en persona?

4. Si se corta la conexión de Internet por más de tres días, ¿cómo te sientes?, ¿te pones ansioso/a?, ¿permaneces indiferente? Explica con ejemplos.

5. Si necesitas hablar con un(a) amigo/a que vive cerca, ¿prefieres chatear o ir directamente a su casa?

6 **Apuntes culturales** En parejas, lean los párrafos y contesten las preguntas.

Los cibercafés

¡Johnny podrá navegar por Internet desde la pantalla líquida! En Hispanoamérica, fuera de la casa y el trabajo, los **cibercafés** son sitios muy populares para acceder a Internet. Además de este servicio, muchos venden café y comida y son puntos de encuentro con amigos. ¿Seguirá yendo Johnny a los cibercafés o ahora llevará a sus amigos a la oficina?

Los mensajes de texto

Johnny le prestó el celular a Aguayo para que se comunicara con su esposa. Si viviera en Argentina, seguramente haría como la mayoría de los argentinos y le enviaría un **mensaje de texto** a su esposa diciendo: "tamos sin luz n l ofi. dsps t llamo" (Estamos sin luz en la oficina. Después te llamo). ¡Ojalá que el jefe no le gaste todos los minutos a Johnny!

La conexión satelital

Con conexión satelital, Johnny podrá acceder a canales de todo el mundo. De igual modo, muchos inmigrantes hispanos en los EE.UU. pueden seguir en contacto con sus países de origen gracias a este servicio: los ecuatorianos pueden mirar **ECUAVISA Internacional** y los peruanos, **Sur Perú**.

1. ¿Has estado en algún cibercafé? ¿Cuándo y dónde? ¿Son comunes los cibercafés donde tú vives? ¿Dónde navegas habitualmente?

2. Muchos jóvenes prefieren enviar mensajes de texto en lugar de llamar por teléfono. ¿Tú mandas mensajes de texto? ¿A quiénes? ¿Cuántos por día?

3. ¿Existe en tu cultura un lenguaje especial para los mensajes de texto? Explica con varios ejemplos.

4. ¿Prefieres la televisión por cable o por satélite? ¿Hay alguna diferencia?

En detalle

ARGENTINA

Pioneros

El Apóstol, 1917.

Hay algo que llena de orgullo a los argentinos y que pocos conocen fuera de su país: Argentina es tierra de inventores. El sistema de huellas digitales°, el *bypass* coronario y el bolígrafo, entre muchos otros inventos, han nacido allí. Quirino Cristiani, creador de cine de animación de principios del siglo XX, forma parte de la larga lista de pioneros argentinos.

Indudablemente°, todos pensamos en Walt Disney como el gran creador y el pionero del cine de animación, pero no estuvo solo durante esos primeros años; artistas de muchos países experimentaron con nuevas técnicas cinematográficas. Cristiani fue uno de ellos y, aparte de ser el primero en crear un largometraje de animación, *El Apóstol* (1917), inventó y patentó una cámara especial para este tipo de cine. Ésta tenía forma de torre° y se manejaba con los pies, hecho que le permitía usar las manos para crear el movimiento de los dibujos. Cristiani fue, también, el primero en poner sonido a una cinta animada de larga duración, *Peludópolis* (1931).

Lo que en un principio surgió como un arte minoritario vivió un gran *boom* después de la Segunda Guerra Mundial. En esos años, se perfeccionó enormemente la tecnología, pero la verdadera revolución no surgió hasta la llegada de las computadoras. Éstas no sólo han facilitado la creación de imágenes, sino que han democratizado el acceso a este arte, pues lo han puesto al alcance de todos, gracias a Internet y a programas como *Flash*. Así que aprovecha° que vives en el siglo XXI y, si te gusta el cine de animación, ponte manos a la obra y realiza tu propia película. Seguro que tienes todas las herramientas que necesitas. ∎

Diferentes técnicas del cine de animación

Dibujos animados. Cada fotograma de la película es un dibujo diferente. Se combinan los dibujos para crear la idea de movimiento.

***Stop-motion*, también llamada claymation.** Los escenarios y personajes están hechos en tres dimensiones, normalmente con plastilina°. Se van moviendo los objetos y se toman fotos de esos movimientos.

Animación por computadora. Se generan imágenes en diferentes programas de computadora.

Cinco inventos argentinos destacables

1. Sistema para tomar huellas digitales. 1891 *Juan Vucetich*
2. Instrumentos para la transfusión sanguínea. 1914 *Luis Agote*
3. Primer helicóptero eficaz en la historia de la aviación. 1916 *Raúl Pateras de Pescara*
4. Sistema de navegación nocturno de aviones. 1925 *Vicente Almandos Almonacid*
5. Semáforo para ciegos°. 1983 *Mario Dávila*

huellas digitales *fingerprints* **Indudablemente** *Undoubtedly* **torre** *tower* **aprovecha** *take advantage* **plastilina** *clay* **Semáforo para ciegos** *Crosswalk signal for the blind*

Animación y computación

las caricaturas (Col.) *cartoons*

los dibujitos (Arg.)

los muñequitos (Cu.)

las películas CG *CG movies*

la laptop (Amér. L.) *laptop*

la notebook (Arg.)

el portátil (Esp.)

el computador (Col. y Chi.) *computer*

el ordenador (Esp.)

el mouse (Amér. L.) *mouse*

el ratón (Esp. y Pe.)

Otros inventores y pioneros

- La televisión de hoy no sería lo mismo sin la contribución de Guillermo González Camarena. Este ingeniero mexicano, nacido en 1917 en Guadalajara, recibió a los 22 años de edad una patente estadounidense por el primer **televisor en color** de la historia.

- Ellen Ochoa, una mujer nacida en California de ascendencia mexicana que de niña soñó con ser flautista, se ha convertido en **la primera astronauta hispana** en trabajar para la NASA. También ha obtenido tres patentes por inventos relacionados con **sistemas ópticos de análisis**.

- Durante la década de los 50, el ingeniero chileno Raúl Ramírez inventó y patentó una pequeña máquina manual llamada **CINVA–RAM** que permitía a las familias pobres levantar los muros° de sus casas. Hoy, esta máquina se utiliza en programas de "viviendas autosustentables" en donde familias construyen° sus propias casas.

JUAN PABLO ZARAMELLA

Juan Pablo Zaramella, nacido en Buenos Aires, es un joven creador con una enorme proyección internacional. Se inició trabajando como humorista gráfico, como muchos de los maestros del cine de animación. Su trayectoria como director independiente comenzó alrededor del año 2000. Realiza sus películas usando la plastilina° como material principal para crear los personajes y los escenarios de sus obras, y crea la animación con el método de *stop-motion*. Según palabras de Juan Pablo, esta técnica le hace disfrutar de una total libertad para crear universos maravillosos que combina con historias de gran riqueza narrativa. El corto *Viaje a marte*, que tomó dos años para su realización, lo ha dado a conocer en el extranjero.

Con más de cuarenta premios hasta el momento, este cortometraje de género fantástico ha cautivado° a audiencias culturalmente diversas, desde Argentina y Alemania hasta Rumania e Irán.

> ❝ Los inventos han alcanzado ya su límite, y no veo esperanzas de que se mejoren en el futuro. ❞
> (Julius Sextus Frontinus, ingeniero romano, siglo I)

Conexión Internet

¿Qué inventos facilitan la vida cotidiana de las personas con discapacidades?

To research this topic, go to **descubre3.vhlcentral.com**.

---

plastilina *clay* **cautivado** *captivated* **muros** *walls* **construyen** *build*

¿Qué aprendiste?

recursos

vText

CH
p. 102

1 **¿Cierto o falso?** Indica si las oraciones son **ciertas** o **falsas**. Corrige las falsas.

1. Hay muchos inventores en Argentina.

2. El sistema de huellas digitales lo inventó un argentino.

3. Walt Disney fue el primer director que realizó un largometraje de animación.

4. La cámara que inventó Cristiani sólo le permitía trabajar con las manos.

5. La primera película de animación con sonido fue *El Apóstol*.

6. Después de la Segunda Guerra Mundial, hubo una crisis en el cine de animación y se hicieron menos películas.

7. La verdadera revolución en el mundo de la animación surgió con la llegada de las computadoras.

8. Las computadoras han facilitado que más personas tengan la posibilidad de hacer películas de animación.

9. En el sistema de *stop-motion*, los escenarios y personajes se dibujan en programas de computadora.

10. Jorge Weber inventó el semáforo para ciegos en 1983.

2 **Oraciones** Completa las oraciones.

1. Juan Pablo Zaramella trabaja con dibujos/plastilina.

2. Juan Pablo Zaramella utiliza el método de dibujitos/*stop-motion* porque le da más libertad creativa.

3. El mexicano Guillermo González Camarena patentó una cámara de cine/el primer televisor en color.

4. Ellen Ochoa es flautista y astronauta/astronauta e inventora.

5. Si estás en Colombia y quieres ver animación, dices que quieres ver dibujitos/caricaturas.

3 **Preguntas** En parejas, contesten las preguntas.

1. ¿Qué invento es más importante: el semáforo para ciegos o el televisor en color? ¿Por qué?

2. ¿Por qué crees que en muchos países hispanos se usan términos de computación en inglés, como *mouse* o *laptop*? ¿Está bien usarlos o deben usarse términos en español?

3. ¿Qué significa la afirmación de que las computadoras "han democratizado el acceso al arte de la animación"?

4 **Opiniones** Muchos inventos han cambiado nuestras vidas. En parejas, hagan una lista con los cinco inventos más importantes de los siglos XX y XXI. ¿Por qué los han elegido? Compartan su opinión con la clase. ¿Hay algún invento que esté en todas las listas? ¿Cuál es el más importante? ¿Están de acuerdo?

PROYECTO

Inventores

Busca información sobre un(a) inventor(a) argentino/a (o de otro país latinoamericano) y prepara una presentación para la clase sobre su vida y su invento más importante. Debes incluir:

• una breve biografía del inventor

• una descripción del invento

• el uso de su invento

• una foto o una ilustración del invento

• tu opinión acerca de la importancia del invento en la época en la que vivió el/la inventor(a) y en la actualidad

RITMOS

Bersuit Vergarabat

La Bersuit, como la llaman sus fanáticos, es actualmente la banda más influyente y de mayor éxito del rock argentino. La banda, compuesta por ocho integrantes, está liderada por **Gustavo Cordera**, quien a finales de los 80 decidió abandonar sus estudios de comunicación para dedicarse por entero a la música. Con el álbum *Libertinaje*, lanzado° en 1998, la Bersuit logró despegar° hacia escenarios internacionales. Realizó giras° por España, Estados Unidos y gran parte de Latinoamérica. Su trabajo discográfico *Testosterona* (2005) ganó el premio argentino **Gardel de oro**. Según Cordera, la canción *Madre hay una sola* de ese mismo álbum es "una autocrítica del hombre ciudadano que advierte el inexorable deterioro del medio ambiente por el rumbo del mundo actual y su propia forma de vida".

Discografía

2007 ?   **2005** Testosterona   **2002** De la cabeza con Bersuit Vergarabat

Canción

Éste es un fragmento de una canción de la Bersuit.

Madre hay una sola

Yo te agradezco porque aquí estoy,

Vos° sos mi única madre,

con alma y vida yo venero tu jardín...

Te agradezco aunque me voy

avergonzado° por ser parte de la especie,

que hoy te viola° en un patético festín...

Banda de pijamas La Bersuit Vergarabat ha hecho de la locura y la rebeldía su sello° artístico. En todos sus conciertos, los integrantes de la banda aparecen vestidos con sus característicos pijamas, como se puede ver en esta foto de su álbum *De la cabeza*. Se dice que llevan pijamas en homenaje al prestigioso hospital psiquiátrico José Tiburcio Borda en Buenos Aires.

 Preguntas En parejas, contesten las preguntas.

1. ¿Qué álbum lanzó a la Bersuit al escenario internacional?
2. ¿Cuál es el tema central de la canción?
3. ¿A quién le habla el cantante? ¿Qué le dice? Expliquen.
4. ¿Cuál es tu opinión sobre la ropa que generalmente se ponen los músicos para los conciertos? ¿Te parece divertido o ridículo que hagan esto?

recursos

descubre3. vhlcentral.com

lanzado *launched* **despegar** *to take off* **giras** *tours* **Vos** *Tú* **avergonzado** *ashamed* **viola** *violates* **sello** *stamp*

7.1 The present perfect

**Tutorial
Audio: Charts**

Nada ha cambiado desde los inicios de la humanidad.

- In Spanish, as in English, the present perfect tense (**el pretérito perfecto**) expresses what *has happened*. It generally refers to recently completed actions or to a past that still bears relevance in the present.

  > Mi jefe **ha decidido** que a partir de esta semana hay que comunicarse por Internet y no gastar en llamadas internacionales.
  > *My boss has decided that as of this week we have to communicate through the Internet rather than spend money on international calls.*

  > Juan **ha terminado** la carrera de ingeniería, pero aún no ha decidido qué va a hacer a partir de ahora.
  > *Juan has graduated as an engineer, but he still hasn't decided what to do from now on.*

- The present perfect is formed with the present tense of the verb **haber** and a past participle. Regular past participles are formed by adding **–ado** to the stem of **–ar** verbs and **–ido** to the stem of **–er** and **–ir** verbs.

The present perfect		
comprar	**beber**	**recibir**
he comprado	he bebido	he recibido
has comprado	has bebido	has recibido
ha comprado	ha bebido	ha recibido
hemos comprado	hemos bebido	hemos recibido
habéis comprado	habéis bebido	habéis recibido
han comprado	han bebido	han recibido

- Note that past participles do not change form in the present perfect tense.

  > Todavía no **hemos comprado** la computadora nueva.
  > *We still haven't bought the new computer.*

  > La bióloga aún no **ha terminado** su trabajo de investigación.
  > *The biologist hasn't finished her research work yet.*

- To express that something *has just happened*, **acabar de** + [*infinitive*], not the present perfect, is used. **Acabar** is a regular **–ar** verb.

  > **Acabo de recibir** un mensaje de texto.
  > *I've just received a text message.*

  > **¡Acabamos de ver** un ovni!
  > *We just saw a UFO!*

- When the stem of an **–er** or **–ir** verb ends in **a, e**, or **o**, the past participle requires a written accent (**ído**) to maintain the correct stress. No accent mark is needed for stems ending in **u**.

ca-er → caído   le-er → leído

o-ír → oído   constru-ir → construido

- Several verbs have irregular past participles.

abrir	abierto	morir	muerto
cubrir	cubierto	poner	puesto
decir	dicho	resolver	resuelto
descubrir	descubierto	romper	roto
escribir	escrito	ver	visto
hacer	hecho	volver	vuelto

Perdón, es que **he escrito** cuatro mensajes por correo electrónico y no me **han resuelto** el problema.
Excuse me, but I have written four e-mails and you still haven't solved my problem.

El ingeniero me asegura que ya **ha visto** sus mensajes y dice que muy pronto lo llamará.
The engineer assures me that he has seen your e-mails and says he will call you soon.

- In the present perfect, pronouns and the word **no** always precede the verb **haber**, which cannot be separated from the past participle by any other word.

¿Por qué **no has patentado** todavía tu invento?
Why haven't you patented your invention yet?

¡Todavía **no lo he terminado** de perfeccionar!
I haven't finished perfecting it yet!

¿Alguna vez se han preguntado adónde se va la luz cuando se va?

- Note that, when a past participle is used as an adjective, it must agree in number and gender with the noun it modifies. Past participles are often used as adjectives with **estar** or other verbs to describe physical or emotional states.

Las fórmulas matemáticas ya están **preparadas**.
The mathematical equations are already prepared.

Los laboratorios están **cerrados** hasta el lunes.
The laboratories are closed until Monday.

recursos

v̂Text

CA
pp. 19, 84

CP
pp. 63–64

CH
pp. 103–104

S

descubre3.
vhlcentral.com

Práctica

1 **El asistente de laboratorio** La directora del laboratorio está enojada porque el asistente ha llegado tarde. Completa la conversación con las formas del pretérito perfecto.

DIRECTORA ¿Dónde (1) _____ (estar) tú toda la mañana y qué (2) _____ (hacer) con mi computadora portátil?

ASISTENTE Ay, (yo) (3) _____ (tener) la peor mañana de mi vida... Resulta que ayer me llevé su computadora para seguir con el análisis del experimento y...

DIRECTORA ¿Pero por qué no usaste la tuya?

ASISTENTE Porque usted todavía no (4) _____ (descargar) todos los programas que necesito. Pues, hacía unas compras en la tarde, y la dejé en alguna parte.

DIRECTORA Me estás mintiendo. En realidad la (5) _____ (romper), ¿no?

ASISTENTE No, no la (6) _____ (romper); la (7) _____ (perder). Por eso esta mañana (8) _____ (volver) a todas las tiendas y les (9) _____ (preguntar) a todos si la (10) _____ (ver).

2 **Oraciones** Combina los elementos para formar oraciones completas. Utiliza el pretérito perfecto y añade elementos cuando sea necesario.

> **MODELO** yo / siempre / querer / teléfono celular / con reproductor de MP3
> Yo siempre he querido un teléfono celular con reproductor de MP3.

1. nosotros / comprar / cámara digital / más innovadora
2. tú / nunca / pensar / en ser / matemático
3. los científicos / ya / descubrir / cura
4. el profesor / escribir / fórmulas / en la pizarra
5. mis padres / siempre / creer / en los ovnis

3 **¿Qué has hecho?** Indica si has hecho o experimentado lo siguiente.

> **MODELO** ir al Polo Sur
> No he ido al Polo Sur, pero he viajado a Latinoamérica.

1. viajar a la luna
2. ganar la lotería
3. ver a un extraterrestre
4. inventar algo
5. conocer al presidente del país
6. estar despierto/a por más de dos días
7. hacer algo revolucionario
8. soñar con ser astronauta

4 **Preguntas personales** Busca un(a) compañero/a de clase a quien no conozcas bien y hazle preguntas sobre su vida usando el pretérito perfecto.

> **MODELO** —¿Has tomado clases de informática?
> —Sí, he tomado muchas clases de informática. ¡Siempre me ha fascinado la tecnología!

conocer a una persona famosa	practicar algún deporte
escribir poemas	visitar un país hispano
participar en una obra de teatro	vivir en el extranjero

Practice more at **descubre3.vhlcentral.com**.

Comunicación

5 **¿Eres tecnofóbico?** Utiliza el pretérito perfecto para completar las oraciones. Luego, en parejas, conviertan las oraciones de la encuesta en preguntas para descubrir si son tecnomaniáticos/as o tecnofóbicos/as. Comparen los resultados. ¿Están de acuerdo?

¿Eres tecnofóbico?

No parece haber punto intermedio: la gente ama la tecnología o la odia. Contesta las preguntas para saber si eres tecnomaniático o tecnofóbico.

1. Yo _____(comprar) ___ aparatos tecnológicos durante el último año.
   a. más de diez
   b. entre cinco y diez
   c. menos de cinco
   d. cero

2. Yo _____(tratar) de aprender ___ sobre los avances tecnológicos de los últimos meses.
   a. todo lo posible
   b. lo suficiente
   c. un poco
   d. muy poco

3. Para escribirles a mis amigos, siempre _____(preferir) ___.
   a. los mensajes de texto
   b. los mensajes instantáneos
   c. el correo electrónico
   d. las cartas escritas a mano

4. Los recursos que _____(utilizar) más este año para hacer investigaciones son ___.
   a. buscadores
   b. las bases de datos de la biblioteca
   c. enciclopedias en línea
   d. enciclopedias tradicionales

5. Para las noticias diarias, mi fuente favorita esta semana _____(ser) ___.
   a. Internet
   b. la televisión
   c. la radio
   d. el periódico

6. Para conseguir música, _____(depender) más que todo de ___.
   a. descargar archivos MP3
   b. comprar los CD en línea
   c. comprar los CD en las tiendas
   d. escuchar los casetes de mis padres

7. El teléfono que _____(usar) más este año es ___.
   a. un celular nuevo con cámara digital
   b. el celular que compré hace tres años
   c. el teléfono de casa
   d. ninguno; prefiero hablar en persona

8. Siempre _____(creer) que los avances tecnológicos ___ la calidad de vida.
   a. son esenciales para
   b. mejoran
   c. pueden empeorar
   d. arruinan

Clave

a. = 3 puntos
b. = 2 puntos
c. = 1 punto
d. = 0 puntos

Resultados

19 – 24 ¡Eres **tecnomaniático**!

13 – 18 Te sientes cómodo en un mundo tecnológico.

7 – 12 No te has mantenido al día con los avances recientes.

0 – 6 ¡Eres **tecnofóbico**!

6 **Celebridades** En grupos de tres, cada miembro debe pensar en una persona famosa, sin decir quién es. Las otras dos personas deben hacer preguntas. Utilicen el pretérito perfecto para dar pistas hasta que hayan adivinado el nombre de cada celebridad.

MODELO

ESTUDIANTE 1 Este hombre ha ganado muchísimo dinero y ha creado una compañía influyente y poderosa.

ESTUDIANTE 2 ¿Es Donald Trump?

ESTUDIANTE 1 No. Él ha cambiado para siempre el mundo tecnológico.

ESTUDIANTE 3 ¿Es Bill Gates?

7.2 **The past perfect**

- The past perfect tense (**el pluscuamperfecto**) is formed with the imperfect of **haber** and a past participle. As with other perfect tenses, the past participle does not change form.

The past perfect		
viajar	**perder**	**incluir**
había viajado	había perdido	había incluido
habías viajado	habías perdido	habías incluido
había viajado	había perdido	había incluido
habíamos viajado	habíamos perdido	habíamos incluido
habíais viajado	habíais perdido	habíais incluido
habían viajado	habían perdido	habían incluido

- In Spanish, as in English, the past perfect expresses what someone *had done* or what *had occurred* before another action or condition in the past.

Decidí comprar una cámara digital
nueva porque la vieja se me
había roto varias veces.
*I decided to buy a new digital camera
because the old one had broken
on me several times.*

Cuando por fin les dieron la patente,
otros ingenieros ya **habían inventado**
una tecnología mejor.
*When they were finally given the patent,
other engineers had already invented
a better technology.*

- **Antes, nunca, todavía**, and **ya** are often used with the past perfect to indicate that one action occurred before another. Note that adverbs, pronouns, and the word **no** may not separate **haber** from the past participle.

¡Nunca se había desmayado nadie!

Cuando apagué la computadora,
aún no había guardado el
documento; ¡lo perdí!
*When I shut off the computer, I
hadn't yet saved the document;
I lost it!*

María Eugenia y Gisela **nunca habían
visto** una estrella fugaz tan
luminosa antes.
*María Eugenia and Gisela had never seen
such a bright shooting star before.*

Ya me había explicado la teoría,
pero no la entendí hasta
que vi el experimento.
*He had already explained the theory
to me, but I didn't understand it
until I saw the experiment.*

Los ovnis **todavía no habían
aterrizado**, pero los terrícolas
ya estaban corriendo asustados.
*The UFOs hadn't yet landed but
the earthlings were already
running scared.*

recursos

vText

CA
pp. 20, 85

CP
pp. 65–66

CH
p. 105

S

descubre3.
vhlcentral.com

Práctica y comunicación

1) Discurso Jorge Báez, un médico dedicado a la genética, ha recibido un premio por su trabajo. Completa su discurso de agradecimiento con el pluscuamperfecto.

Muchas gracias por este premio. Recuerdo que antes de cumplir doce años ya (1) _había decidido_ (decidir) ser médico. Desde pequeño, mi madre siempre me (2) _____ (llevar) al hospital donde ella trabajaba y recuerdo que desde la primera vez me (3) _____ (fascinar) esos médicos vestidos de blanco. Luego, al cumplir veintiséis años, ya (4) _____ (pasar) tres años estudiando las propiedades de los genes humanos, en especial desde que (5) _____ (ver) un programa en la televisión sobre la clonación. Cuando terminé mis estudios de posgrado, ya se (6) _____ (hacer) grandes adelantos científicos…

2) Explicación Reescribe las oraciones usando el pluscuamperfecto. Sigue el modelo.

MODELO **Me duché a las 7:00. Antes de ducharme hablé con mi hermano.**
Ya había hablado con mi hermano antes de ducharme.

1. Yo salí de casa a las 8:00. Antes de salir de casa miré mi correo electrónico.
2. Llegué a la oficina a las 8:30. Antes de llegar a la oficina tomé un café.
3. Se apagó la computadora a las 10:00. Yo guardé los archivos a las 9:55.
4. Fui a tomar un café. Antes, comprobé que todo estaba bien.

3) Informe En grupos de tres, imaginen que son policías y deben preparar un informe sobre un accidente entre tres autos. Inventen una historia de lo que ha ocurrido de acuerdo con el dibujo. Usen el pluscuamperfecto y las palabras **antes, nunca, todavía** y **ya**.

Practice more at **descubre3.vhlcentral.com**.

- Diminutives and augmentatives (**diminutivos y aumentativos**) are frequently used in conversational Spanish. They emphasize size or express shades of meaning like affection, amazement, scorn, or ridicule. Diminutives and augmentatives are formed by adding a suffix to the root of nouns, adjectives (which agree in gender and number), and occasionally adverbs. Because formation and use of diminutives and augmentatives varies greatly from one region to another, there are very few established rules about this aspect of the Spanish language. In this section, you will learn to recognize the most commonly used suffixes and their uses.

Diminutives

Tranquilo, jefe, es sólo un agujerito en la pared.

- Here are the most common diminutive suffixes.

Diminutive endings		
-ito/a	-cito/a	-ecito/a
-illo/a	-cillo/a	-ecillo/a

> **Pedrito**, ¿me traes un **cafecito** con un **panecillo**?
> *Little Pedro, would you bring me a little cup of coffee with a roll?*
>
> **Ahorita**, **abuelita**, se los preparo **rapidito**.
> *Right away, Granny, I'll have them ready in a jiffy.*

- Most words form the diminutive by adding **–ito/a**. However, the suffix **–illo/a** is also common in some regions. For words ending in vowels (except **–e**), the last vowel is dropped before the suffix.

bajo → bajito *very short; very softly*	libro → librillo *booklet*
ahora → ahorita *right now; very soon*	ventana → ventanilla *plane/car/bus window*
Miguel → Miguelito *Mikey*	campana → campanilla *hand bell*

- Most words that end in **–e**, **–n**, or **–r** use the forms **–cito/a** or **–cillo/a**. However, one-syllable words often use **–ecito/a** or **–ecillo/a**.

hombre → hombrecillo *funny little man*	pan → panecillo *roll*
Carmen → Carmencita *little Carmen*	flor → florecita *little flower*
amor → amorcito *sweetheart*	pez → pececito *little fish*

- Note these spelling changes.

chico → chiquillo *little boy; very small*	agua → agüita *little bit of water*
amigo → amiguito *little friend*	luz → lucecita *little light*

Augmentatives

¿Y está en esa caja tan **grandota**?

- The most common augmentative suffixes are forms of **–ón/–ona, –ote/–ota**, and **–azo/–aza**.

Augmentative endings		
-ón	-ote	-azo
-ona	-ota	-aza

¡ATENCIÓN!

The letters **t** or **et** are occasionally added to the beginning of augmentative endings.

guapa → guapetona

golpe → golpetazo

• • • •

The masculine suffix **–azo** can also mean *blow* or *shot*.

flecha → flechazo
arrow wound; love at first sight

rodilla → rodillazo
a strike with the knee

Hijo, ¿por qué tienes ese **chichonazo** en la cabeza?
Son, why do you have that huge bump on your head?

Jorge se gastó un **dinerazo** en una **pantallota** enorme, ¡sólo para ver partidos de fútbol!
Jorge spent a ton of money on an humongous TV screen, just to watch soccer games!

- Most words form the augmentative by simply adding the suffix to the word. For words ending in vowels, the final vowel is usually dropped.

soltero → solterón *confirmed bachelor*	**casa → cas**ona *big house; mansion*
grande → grandote/a *really big*	**palabra → palabr**ota *swear word*
perro → perrazo *big, scary dog*	**manos → man**azas *big hands (clumsy)*

- You may notice a tendency to change a feminine word to a masculine one when the suffix **–ón** is used, unless it refers specifically to someone's gender.

la silla → el sillón *armchair*	**la mujer → la mujer**ona *big woman*
la mancha → el manchón *large stain*	**mimosa → mimos**ona *very affectionate*

Regional use of diminutives and augmentatives

- Both diminutive and augmentative suffixes may vary from one region to another and sometimes convey different meanings or connotations.

¡Ay, qué **perrito** más lindo!
Oh, what a cute little puppy!

¡Ay, qué **perrillo** más feo!
Oh, what an ugly little mutt!

¡Qué **hombretote**!
What a big man!

¡Qué **hombrón**!
What a strong/brave man!

- In regions where diminutives and augmentatives are used heavily in conversational Spanish, double endings are frequently used for additional emphasis.

chico/a → chiquito/a **→ chiqu**itito/a   **grande → grand**ote/a **→ grand**otote

recursos

v̂Text

CA
pp. 21, 86

CP
pp. 67–68

CH
pp. 106–108

S

descubre3.
vhlcentral.com

Práctica

(1) **La carta** Completa la carta con la forma indicada de cada palabra. Haz los cambios que creas necesarios.

> Querido (1) _____ (Pablo, –ito):
>
> Tu mamá me contó lo del (2) _____ (golpe, –tazo) que te dio Lucas en la escuela. Pues, cuando yo era (3) _____ (pequeño, –ito), como tú, jugaba siempre en la calle. Mi (4) _____ (abuela, –ita) me decía que no fuera con los (5) _____ (amigos, –ote) de mi hermano porque ellos eran mayores que yo y eran (6) _____ (hombres, –ón). Yo entonces, era muy (7) _____ (cabeza, –ón) y nunca hacía lo que ella decía. Una tarde, estaba jugando al fútbol, y uno de ellos me dio un (8) _____ (rodilla, –azo) que me rompió la (9) _____ (nariz, –ota). Nunca más jugué con ellos, y desde entonces, sólo salí con mis (10) _____ (amigos, –ito). Espero que me vengas a visitar (11) _____ (pronto, –ito). Un (12) _____ (beso, –ito) de
>
> Tu abuelo César

(2) **Oraciones incompletas** Completa las oraciones con el aumentativo o diminutivo que corresponde a la definición entre paréntesis.

1. ¿Por qué no les gusta a los profesores que los estudiantes digan _____ (palabras feas y desagradables)?
2. El _____ (perro pequeño) de mi novia es muy lindo y amistoso.
3. Ese abogado tiene una buena _____ (nariz grande) para adivinar los problemas de sus clientes.
4. Mis abuelos viven en una _____ (mansión) muy vieja.
5. La cantante Samantha siempre lleva una _____ (flor pequeña) en el cabello.
6. A mi _____ (hermana menor) le fascinan los libros de ciencia ficción.

(3) **¿Qué palabra es?** Reemplaza cada una de estas frases con el aumentativo o diminutivo que exprese la misma idea.

1. muy grande _____
2. agujero pequeño _____
3. cuarto grande y amplio _____
4. sillas para niños _____
5. libro grande y grueso _____
6. estrella pequeña _____
7. hombre alto y fuerte _____
8. muy cerca _____
9. abuelo querido _____
10. hombres que piensan que siempre tienen la razón _____

: Practice more at **descubre3.vhlcentral.com**.

Comunicación

4 **En el parque** Todas las mañanas el señor Escobar sale a correr al parque. En parejas, miren los dos dibujos y túrnense para describir las diferencias entre lo que vio ayer y lo que ha visto hoy. Utilicen oraciones completas con diminutivos y/o aumentativos.

MODELO —Ayer el señor Escobar vio un perrito lindo en el parque, pero esta mañana un perrazo feroz lo está persiguiendo.

Pistas (clues)

abuelo	cerca	grande	pan
alto	delgado	lejos	pequeño
avión	galleta	libro	perro
bajo	gordo	nieto	taza

5 **Síntesis** Es el año 2500. Junto con dos amigos/as, has decidido pasar un semestre en el extranjero... ¡en el espacio! Para compartir la experiencia con los amigos que no pudieron ir, han creado un blog para contar lo que han visto y han hecho cada día. Escriban cinco entradas del blog. Deben incluir por lo menos tres verbos en el pretérito perfecto, tres en el pluscuamperfecto y tres diminutivos y/o aumentativos. Utilicen algunas frases y palabras de la lista y añadan sus propias ideas.

MODELO Lunes, 13 de marzo

Hemos pasado el día entero orbitando la Luna. De niños, siempre habíamos querido ser astronautas, y este viaje es un sueño hecho realidad. Desde aquí, la Tierra es sólo una pelotita, como el globo que habíamos estudiado de chiquitos...

Esta mañana hemos...	Antes del viaje, habíamos...	cerquita	estrellita
Aún no hemos...	Cuando llegamos a la Luna,	chiquito	grandote
Los astronautas nos han...	el profesor ya había...	cohetazo	rapidito
	En el pasado,		
	los astrónomos habían...		

Recapitulación
Diagnostics

Audio: Vocabulary

Antes de ver el corto

HAPPY COOL

país Argentina
duración 14 minutos
director Gabriel Dodero

protagonistas Julio, Mabel (esposa), Pablito (hijo), suegro, Daniel (amigo)

Vocabulario

al alcance de la mano *within reach*	**duro/a** *hard; difficult*	**hacer clic** *to click*
al final de cuentas *after all*	**descongelar(se)** *to defrost*	**la guita** (Arg.) *cash; dough*
congelar(se) *to freeze*	**el/la vago/a** *slacker*	**la plata** (Amér. L.) *money*
derretir(se) (i:e) *to melt*	**el interrogante** *question; doubt*	**vos** (Arg.) *tú*

¡ATENCIÓN!

La palabra **voseo** se refiere al uso de **vos** en lugar de **tú** y se utiliza en casi toda la Argentina y también en otras partes de América del Sur y América Central. En este uso, los verbos en presente en la segunda persona del singular se acentúan en la última sílaba. Los verbos irregulares se conjugan como si fueran regulares. Por ejemplo:

vos tenés = tú tienes
vos querés = tú quieres

1 **Oraciones incompletas** Completa las oraciones con las palabras o las frases apropiadas.

1. Hoy día, gracias a Internet, todo parece estar _____. Sólo hay que escribir un par de palabras en un buscador, _____ y listo.

2. Mi hermana es una _____. Quiere ganar _____ sin trabajar.

3. Los científicos no pueden prever con exactitud cuánto tiempo tardarán en _____ los glaciares (*glaciers*).

4. Para preparar la cena esta noche, no quiero trabajar mucho. Simplemente voy a _____ la pasta que sobró (*was left over*) del otro día. _____, Juan Carlos llega a casa tan cansado del trabajo que no disfruta de la comida, así que no vale la pena que yo me pase horas cocinando.

2 **Preguntas** En parejas, contesten las preguntas y expliquen sus respuestas.

1. ¿Creen que la vida en el futuro va a ser mejor?

2. ¿Qué avances tecnológicos creen que existirán para el año 2050? Mencionen tres.

3. ¿De qué manera pueden la ciencia y la tecnología ayudar a resolver problemas sociales? Den tres ejemplos.

4. Observen el afiche del cortometraje. ¿Qué está mirando la mujer? ¿Dónde está?

5. Observen los fotogramas. ¿Qué sucede en cada uno? ¿Creen que las imágenes son de la misma época?

6. Imaginen que se puede viajar en el tiempo. ¿Qué consecuencias puede tener esto?

 Practice more at **descubre3.vhlcentral.com**.

Happy Cool

Mención Especial del Jurado, Festival Internacional de Cine de Cartagena, Colombia

Una producción del INSTITUTO NACIONAL DE CINE Y ARTES AUDIOVISUALES Guión y Dirección GABRIEL DODERO
Producción Ejecutiva ANDRÉS "Gato" MARTÍNEZ CANTÓ Dirección de Fotografía LEANDRO MARTÍNEZ
Dirección de Arte PATRICIA IBARRA Montaje LEANDRO PATRONELLI Dirección de Sonido FERNANDO VEGA
Actores CARLOS BERRAYMUNDO/CECILIA ROCHE/JORGE OCHOA/NORBERTO ARCUSÍN/GONZALO SAN MARTÍN/
NORBERTO FERNÁNDEZ/GISELLE CHEWELLE

Escenas

ARGUMENTO En Buenos Aires, el desempleo ha obligado a la gente a buscar un futuro mejor en la tecnología.

JULIO Yo vengo de buscar trabajo y no consigo nada, y encima tengo que ver esto. El chico me pierde el respeto a mí, yo ya no sé qué decirle a tu papá que nos está bancando° acá en su casa.

LOCUTOR No hay trabajo, pero hay una empresa que piensa en usted. *Happy Cool*, la tecnología que lo ayuda a esperar los buenos tiempos. [...] ¡Congélese!, y viva el resto de su vida en el momento oportuno.

JULIO Mirá°, Mabel, yo quizá me tenga que congelar. Un tiempito nomás. Yo creo que esto en uno o dos años se soluciona.
MABEL Pero, Julio, ¿qué decís°? ¿Cómo podés° pensar en una cosa así?

DANIEL ¿Vos te acordás° cuando éramos pibes° que pensábamos que en el 2000 la tecnología iba a ser tan poderosa que no iba a hacer falta laburar°?

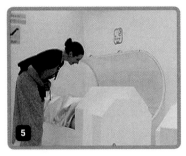

MABEL Ay, Julio, ¡qué tecnología!
JULIO Sí, sí... se ve que es gente seria... hay mucha plata invertida acá.
MABEL Ah... no sé qué voy a hacer. No sé si traerte flores como si estuvieras en un cementerio o qué.

MABEL Volvé° pronto.
JULIO Ojalá que la situación económica mejore...
MABEL Ojalá...
JULIO Sí, así me descongelan cuanto antes.
MABEL Cuidáte°... te voy a extrañar.

nos... *he is putting us up* **Mirá** Mira **decís** dices **podés** puedes **acordás** acuerdas **pibes** *kids* **laburar** *work* **Volvé** Vuelve **Cuidáte** Cuídate

Después de ver el corto

1) Comprensión Contesta las preguntas con oraciones completas.

1. ¿De quién es la casa donde viven Julio y su familia?
2. ¿Cuánto tiempo lleva desempleado Julio?
3. ¿Qué opina al principio Julio de la congelación?
4. ¿Qué promete la empresa *Happy Cool*?
5. ¿Quién paga por la congelación de Julio?
6. ¿En qué año se descongela Julio?
7. ¿Qué pasó en su familia mientras él estaba congelado?
8. ¿Cómo soluciona Mabel la situación al final?

2) Interpretación En parejas, contesten las preguntas y expliquen sus respuestas.

1. ¿Para quiénes se destinan los servicios de *Happy Cool*? ¿Por qué?
2. ¿Por qué creen que Julio decide finalmente que sí quiere ser congelado?
3. ¿Es el regreso de Julio como él lo imaginaba? ¿Por qué?
4. ¿Por qué resulta irónico el comentario de Mabel: "Al final, lo casero es lo mejor"?

3) Ampliación En parejas, contesten las preguntas.

1. ¿Por qué piensan que la gente cree en la publicidad de *Happy Cool*?
2. Imaginen que están desempleados desde hace tres años. ¿Qué harían?
3. ¿Confían en las publicidades de productos o servicios que parecen demasiado buenos o demasiado baratos? Den ejemplos.
4. ¿Creen que en el futuro la ciencia y la tecnología van a estar tan avanzadas que no va a ser necesario trabajar?

4) Viajeros En el sueño de Julio hay una máquina para viajar en el tiempo. En grupos de tres, imaginen que ustedes la usaron tres veces. Escriban lo que hicieron en cada viaje y luego compartan sus viajes con la clase.

Fecha	Lugar	Actividades

5) El regreso Imagina que la congelación ha sido un éxito y Julio despierta en un futuro mejor. Escribe un párrafo explicando qué es lo que ocurre.

- ¿Cómo ha sido la vida de su esposa?
- ¿Cómo es su hijo y qué hace?
- ¿Cómo está su suegro? ¿Qué piensa ahora de su yerno?
- ¿Cómo es la situación económica?
- ¿Qué tipo de trabajo consigue Julio?
- ¿Son ahora todos más felices?
- ¿Fue una buena idea congelarse?

Practice more at **descubre3.vhlcentral.com**.

Composición Constructiva, 1938.
Joaquín Torres García, Uruguay.

"Ninguna ciencia, en cuanto a ciencia,
engaña; el engaño está en quien no sabe."

— Miguel de Cervantes

Antes de leer

Ese bobo del móvil

Sobre el autor

Arturo Pérez-Reverte nació en Cartagena (España) en 1951. Comenzó su carrera como corresponsal de guerra en prensa, radio y televisión, y durante veinte años vivió la mayor parte de los conflictos internacionales prácticamente en la línea de fuego. Comenzó a escribir ficción en 1986 y a partir de 1994 se dedicó de lleno (*fully*) a la literatura, especialmente a la novela de aventuras. Ha publicado gran cantidad de novelas que se tradujeron a varios idiomas, y algunas fueron llevadas al cine, como *La tabla de Flandes*, *El Club Dumas* (dirigida por Roman Polanski con el título de *La Novena Puerta*) y *Alatriste*, basada en su serie de novelas de *El Capitán Alatriste*. Desde 1991 escribe una página de opinión en *El Semanal* que se ha convertido en una de las revistas más leídas de España.

Vocabulario

ahorrarse *to save oneself*	**el/la bobo/a** *silly, stupid person*	**el móvil** *cell phone*
apagado/a *turned off*	**el/la navegante** *navigator*	**sonar (o:ue)** *to ring*
el auricular *telephone receiver*	**la motosierra** *power saw*	**el vagón** *carriage; coach*

Oraciones incompletas Completa las oraciones utilizando las palabras del vocabulario.

1. En España al teléfono celular lo llaman _____.

2. Antes, los aventureros eran _____ y viajaban de puerto en puerto.

3. Esperé durante horas una llamada, pero el teléfono nunca _____. Más tarde recordé que lo había dejado _____. ¡Qué _____ que soy!

4. Al llegar a la estación, el tren ya partía y apenas pude subir al último _____.

Conexión personal

¿Te gusta estar siempre conectado con tus amigos? ¿Tienes teléfono celular? ¿Lo usas mucho? Cuando hablas con alguien, ¿buscas tener un poco de privacidad o no te importa que la gente te escuche?

Análisis literario: la ironía

La ironía consiste en un uso figurativo del lenguaje en el que se expresa lo contrario de lo que se piensa. Para eso se utiliza una palabra o frase que tiene la intención de sugerir el significado opuesto al enunciado. Por ejemplo, se puede señalar la avaricia (*greed*) de alguien con el comentario: "¡Qué generosidad!". Inventa el comentario irónico que podrías hacer en estas circunstancias.

- Regresas a tu casa y te encuentras con mucho ruido y problemas.

- Te das cuenta de que la fila en la que estás avanza lentamente.

- Tenías planes de pasar el día al aire libre y de repente empieza a llover.

Ese bobo del móvil

Arturo Pérez-Reverte

Mira, Manolo, Paco, María Luisa o como te llames. Me vas a perdonar que te lo diga aquí, por escrito, de modo más o menos público; pero así me
5 ahorro decírtelo a la cara el próximo día que nos encontremos en el aeropuerto, o en el AVE°, o en el café. Así evito coger yo el teléfono y decirle a quien sea, a grito pelado°, aquí estoy, y te llamo para contarte que tengo
10 al lado a un imbécil que cuenta su vida y no me deja vivir. De esta manera soslayo° incidentes.

Spanish fast train

shouting at
the top of
one's voice

to elude

Y la próxima vez, cuando en mitad de tu impúdica° cháchara° te vuelvas casualmente hacia mí y veas que te estoy mirando, sabrás lo que tengo en la cabeza. Lo que pienso de 15
ti y de tu teléfono parlanchín°. Que también puede ocurrir que, aparte de mí, haya más gente alrededor que piense lo mismo; lo que pasa es que la mayor parte de esa gente no puede despacharse a gusto° cada semana en 20
una página como ésta, y yo tengo la suerte de que sí. Y les brindo el toro°.

*immodest/
chit-chat*

chattering

*to speak
one's mind*

*dedicate
the bull
(in a bullfight)*

I've had it

dude

loony; nutty

so-and-so

gesticulating

plastic

solicitor

I couldn't
care less

Maybe

to keep me up-to-date

match-seller/shrugged

search

to ponder

embezzlement/seat

damaged

account

details

struggled

surrounded

Chechnyan

trying to talk
softly

hidden

Estoy hasta la glotis° de tropezarme contigo y con tu teléfono. Te lo juro, chaval°. O chavala. El otro día te vi por la calle, y al principio creí que estabas majareta°, imagínate, un fulano° que camina hablando solo en voz muy alta y gesticulando° furioso con una mano arriba y abajo. Ése está para los tigres, pensé. Hasta que vi el móvil que llevaba pegado a la oreja, y al pasar por tu lado me enteré, con pelos y señales, de que las piezas de PVC° no han llegado esta semana, como tú esperabas, y que el gestor° de Ciudad Real es un indeseable. A mí, francamente, el PVC y el gestor de Ciudad Real me importan un carajo°; pero conseguiste que, a mis propias preocupaciones, sumara las tuyas. Vaya a cuenta de la solidaridad, me dije. Ningún hombre es una isla. Y seguí camino.

A la media hora te encontré de nuevo en un café. Lo mismo° no eras tú, pero te juro que tenías la misma cara de bobo mientras le gritabas al móvil. Yo había comprado un libro maravilloso, un libro viejo que hablaba de costas lejanas y antiguos navegantes, e intentaba leer algunas páginas y sumergirme en su encanto. Pero ahí estabas tú, en la mesa contigua, para tenerme al corriente° de que te hallabas en Madrid y en un café, cosa que por otra parte yo sabía perfectamente porque te estaba viendo, y de que no volverías a Zaragoza hasta el martes por la noche. Por qué por la noche y no por la mañana, me dije, interrogando inútilmente a Alfonso el cerillero°, que se encogía de hombros° como diciendo: a mí que me registren°. Tal vez tiene motivos poderosos o inconfesables, deduje tras cavilar° un rato sobre el asunto: una amante, un desfalco°, un escaño° en el Parlamento. Al fin despejaste la incógnita diciéndole a quien fuera que Ordóñez llegaba de La Coruña a mediodía, y eso me tranquilizó

bastante. Estaba claro, tratándose de Ordóñez. Entonces decidí cambiar de mesa.

Al día siguiente estabas en el aeropuerto. Lo sé porque yo era el que se encontraba detrás en la cola de embarque, cuando le decías a tu hijo que la motosierra estaba estropeada°. No sé para qué diablos quería tu hijo, a su edad, usar la motosierra; pero durante un rato obtuve de ti una detallada relación° del uso de la motosierra y de su aceite lubricante. Me volví un experto en la maldita motosierra, en cipreses y arizónicas. El regreso lo hice en tren a los dos días, y allí estabas tú, claro, un par de asientos más lejos. Te reconocí por la musiquilla del móvil, que es la de Bonanza. Sonó quince veces y te juro que nunca he odiado tanto a la familia Cartwright. Para la ocasión te habías travestido de ejecutiva madura, eficiente y agresiva; pero te reconocí en el acto cuando informabas a todo el vagón sobre pormenores° diversos de tu vida profesional. Gritabas mucho, la verdad, tal vez para imponerte a las otras voces y musiquillas de tirurí tirurí que pugnaban° con la tuya a lo largo y ancho del vagón. Yo intentaba corregir las pruebas de una novela, y no podía concentrarme. Aquí hablabas del partido de fútbol del domingo, allá saludabas a la familia, acullá comentabas lo mal que le iba a Olivares en Nueva York. Me sentí rodeado°, como checheno° en Grozni. Horroroso. Tal vez por eso, cuando me levanté, fui a la plataforma del vagón, encendí el móvil que siempre llevo apagado e hice una llamada, procurando hablar bajito° y con una mano cubriendo la voz sobre el auricular, la azafata del vagón me miró de un modo extraño, con sospecha. Si habla así pensaría, tan disimulado° y clandestino, algo tiene que ocultar (...). ■

Publicado en El Semanal, 5 de marzo de 2000

Después de leer

Ese bobo del móvil
Arturo Pérez-Reverte

(1) Comprensión Responde a las preguntas con oraciones completas.

1. ¿Qué sentimientos le provocan al narrador los que hablan por teléfono?
2. ¿En qué lugares se encuentra con estas personas?
3. ¿La gente que habla por teléfono celular está loca?
4. ¿Qué "musiquillas" escucha el narrador en el tren?
5. Además del teléfono, ¿qué tienen en común estas personas según el narrador?

(2) Análisis Lee el relato nuevamente y responde.

1. El narrador utiliza la segunda persona (tú) en este relato. ¿Se dirige sólo a personas que se llaman Manolo, Paco y María Luisa?
2. El autor comienza el artículo con el pedido: "me vas a perdonar que te lo diga aquí". ¿Crees que el autor realmente se está disculpando?
3. Busca ejemplos de expresiones o palabras que indican o se relacionan con la forma de hablar por teléfono de estas personas. ¿Cómo contribuyen estas expresiones al tono del relato? ¿Qué dicen acerca de la opinión del autor?

(3) Interpretación Responde a las preguntas con oraciones completas.

1. ¿Por qué crees que al narrador le molestan tanto las personas que hablan por su móvil? ¿Te parece que su reacción es exagerada?
2. Las personas del relato, ¿discuten de cosas importantes en sus móviles? ¿Qué te parece que los motiva a utilizar el teléfono celular?
3. ¿Crees que es cierto que todos los que hablan por su móvil tienen "la misma cara de bobo"? ¿Qué otras características encuentra el narrador en ellos?
4. ¿Te parece que el narrador se resiste a los avances tecnológicos? ¿Por qué?
5. ¿Crees que podría hablarse de "contaminación de ruido en un espacio público"? ¿Crees que es legítimo protestar contra eso?

(4) Opiniones En parejas, lean estas afirmaciones y digan si están de acuerdo o no, y por qué. Después, compartan su opinión con la clase.

- El teléfono celular nos ayuda a mantenernos en contacto.
- En nuestra sociedad existe una dependencia obsesiva del teléfono celular que puede llegar a la adicción.

(5) Escribir Elige uno de los temas y redacta una carta de opinión para un periódico. Tu carta debe tener por lo menos diez oraciones. Elige un tono irónico marcadamente a favor o en contra y explica tus razones.

- Responde al artículo de Pérez-Reverte.
- Escribe sobre el avance de algún otro objeto de la vida diaria.

 Practice more at **descubre3.vhlcentral.com**.

Antes de leer

Audio: Vocabulary Reading

Vocabulario

a la vanguardia *at the forefront*	**el enlace** *link*
actualizar *to update*	**el/la novelista** *novelist*
la bitácora *travel log; weblog*	**el sitio web** *website*
la blogonovela *blognovel*	**el/la usuario/a** *user*
la blogosfera *blogosphere*	**la web** *the web*

Mi amigo periodista Completa las oraciones. No puedes usar la misma palabra más de una vez.

1. Mi amigo periodista entiende mucho de tecnología y prefiere utilizar la _____ para informarse y para publicar sus ideas.

2. Él no compra periódicos, sino que consulta varios _____ de noticias.

3. Después escribe sus comentarios sobre la política argentina en una _____ con _____ que conectan al lector a periódicos electrónicos.

4. Muchos _____ contemporáneos están interesados en incursionar en el nuevo fenómeno literario conocido como la _____.

Conexión personal ¿Con qué frecuencia te conectas a Internet? ¿Es fundamental para ti o podrías vivir sin estar conectado? ¿Para qué navegas por Internet?

	siempre	con frecuencia	casi nunca	nunca
comunicación				
diversión				
estudios				
noticias				
trabajo				

Contexto cultural

"¿Qué hacía la gente antes de la existencia de Internet?" Muchos nos hacemos esta pregunta en situaciones cotidianas como resolver un debate entre amigos con una búsqueda rápida en una base de datos (*database)* de cine, pagar una factura por medio de la banca electrónica o hablar con alguien a mil kilómetros de distancia con el mensajero instantáneo. Internet ha transformado la vida moderna, abriendo paso (*paving the way*) a múltiples posibilidades de comunicación, comercio, investigación y diversión. ¿Hay algo que siga igual después de la revolución informática? ¿Qué ha pasado, por ejemplo, con el arte? ¿Cómo ha sido afectado por las innovaciones tecnológicas?

Hernán Casciari:
arte en la blogosfera

1 Si el medio artístico° del siglo XX fue el cine, ¿cuál será el nuevo   *artistic medium*
  medio del siglo XXI? El trabajo innovador del argentino Hernán
  Casciari sugiere la posibilidad de la blogonovela. Casciari ha
  desarrollado el nuevo género con creatividad, humor y una buena
5 dosis de ironía. Las blogonovelas imitan el formato del blog —un
  diario electrónico, también llamado bitácora— pero los "autores"
  son o personajes de ficción o versiones apócrifas° de individuos   *fictitious*
  reales. El uso de Internet permite que Casciari incorpore imágenes

para que la lectura sea también una
10 experiencia visual. Explica el escritor:
"Vale más ilustrar un rostro con una
fotografía o un dibujo, en lugar de
hacer una descripción literaria". Sus
sitios web incluyen enlaces para que la
15 lectura sea activa. En ellos también se
invita a hacer comentarios para que la
lectura y la escritura sean interactivas.

La blogonovela rompe con varios
esquemas° tradicionales y se hace
alters various 20 difícil de clasificar°. Si Casciari prefiere a
patterns/categorize veces la fotografía a la descripción, ¿es la
blogonovela literatura o arte visual? ¿Aspira a
ser un arte serio o cultura popular? Si el autor
es argentino, pero vive en España, ¿la obra se
25 debe considerar española o argentina? Por
otra parte, si aparece primero en Internet,
¿sería realmente un arte global?

> **Los blogs de Hernán Casciari**
>
> *El diario de Letizia Ortiz*
> *Weblog de una mujer gorda*
> *Juan Dámaso, vidente*
> *Klikowsky. El día a día de un argentino en Euskadi*

Además, las blogonovelas juegan con
rules niveles de realidad y con las reglas° de la
30 ficción. El diario falso seduce al lector, que
cree leer confesiones íntimas. Sin embargo,
el autor de una blogonovela mantiene una
relación inusual con su lector. La persona que
abre una novela tradicional recibe información
according to the 35 según el orden° de las páginas de un libro.
order Pero el usuario informado de un sitio web
beginning crea su propio orden. ¿Cuál es el comienzo° y
cuál es el final de un blog? En *Weblog de una
mujer gorda*, Casciari incluye muchos enlaces,
40 que a veces introducen información antes de
la bitácora. ¿Pero qué pasa si un individuo
decide no abrir un enlace? El lector de una
blogonovela es autor de su propio camino en
zigzag, una lectura animada por ilustraciones
45 gráficas y fotos.

Weblog de una mujer gorda es la
blogonovela más célebre de Casciari.
La autora ficticia es Mirta Bertotti,
una mujer de poca educación, pero
con aptitud tecnológica y facilidad 50
con las palabras. Esta madre sufrida°, *long-suffering*
pero de actitud optimista, decide un
día crear un blog sobre su familia
desestructurada°. Mirta actualiza su *dysfunctional*
bitácora frecuentemente, narrando las 55
particularidades de los Bertotti, los
problemas de los hijos adolescentes y otros
relatos° sobre los retos° de su vida. Mirta *stories/challenges*
parece quejarse de su mala suerte, pero
sus palabras revelan humor, cariño y fuerza 60
interior°, una resistencia a los problemas muy *inner strength*
modernos que afectan su vida.

Casciari desafía° nuestras expectativas, *challenges*
pero más que reírse del lector, le provoca
risa y sorpresa. Sus experimentos de ficción 65
y realidad —como solicitar comentarios
auténticos en blogs de ficción— nos divierten;
pero además nos introducen a un nuevo
y amplio° mundo creativo, posible ahora *wide*
debido al encuentro entre el arte e Internet. ■ 70

Datos biográficos

Hernán Casciari
nació en Buenos Aires
en 1971. Además de
estar a la vanguardia
de las blogonovelas,
Casciari es también periodista. En los días
inmediatamente anteriores y posteriores a
la boda del príncipe Felipe de España en
mayo de 2005, Casciari creó la blogonovela
El diario de Letizia Ortiz, donde inventaba
los pensamientos más íntimos de la novia.
También en 2005, la exitosa blogonovela
Weblog de una mujer gorda fue publicada en
España en forma de novela tradicional con el
título *Más respeto, que soy tu madre*. Desde
el año 2000 Casciari reside en Barcelona.

Después de leer

Hernán Casciari: arte en la blogosfera

1 Comprensión Responde a las preguntas con oraciones completas.

1. ¿De dónde es Hernán Casciari?

2. ¿Qué es una blogonovela?

3. ¿Además de ser blogonovelista, que profesión tiene Casciari?

4. ¿Por qué el autor a veces prefiere usar una foto en vez de una descripción?

5. ¿Qué incluyen los sitios web de Casciari para que la lectura sea activa e interactiva?

6. ¿Cómo es la autora ficticia del *Weblog de una mujer gorda*?

2 Interpretación Contesta las preguntas utilizando oraciones completas.

1. ¿Cuáles son las diferencias entre un blog y una blogonovela? ¿Cuáles son las semejanzas?

2. ¿Cuáles son algunas de las novedades artísticas de la blogonovela?

3. ¿Cómo cambia la experiencia de un lector que lee una obra en Internet en vez de abrir un libro? ¿Qué prefieres tú? Explica tus razones.

4. ¿Estás de acuerdo con Casciari en que a veces es mejor "ilustrar un rostro con una fotografía o un dibujo"? ¿Por qué?

3 Comunicación En parejas, respondan a las preguntas y compartan sus respuestas con la clase.

1. Muchos de los problemas de la familia Bertotti son muy actuales, por ejemplo, las situaciones difíciles en las que se encuentran los adolescentes de hoy día. ¿Prefieren un arte que represente la realidad contemporánea? ¿O les gusta un arte que introduzca otras épocas o temas lejanos?

2. Cuando en 2005 salió *El diario de Letizia Ortiz*, algunos lectores pensaron que el blog era el diario auténtico de la futura princesa. ¿Qué piensan de esta situación? ¿Conoces otros ejemplos de este tipo de confusión entre el arte y la realidad?

3. ¿De qué manera ha cambiado el arte debido a las innovaciones tecnológicas de las últimas décadas? ¿Pueden pensar en ejemplos del mundo de la música?

4. ¿Qué actividades hacen ustedes en Internet que sus padres de jóvenes hacían de otra manera? ¿Cómo reaccionan las generaciones mayores (como sus padres y abuelos) frente a los avances tecnológicos?

5. *Klikowsky. El día a día de un argentino en Euskadi* es el blog que acompaña un programa de TV español y permite que los seguidores lean los pensamientos de los personajes, envíen comentarios y organicen debates. ¿Qué programa de televisión puede mejorar con un blog? ¿Por qué?

4 Escribir Elige un personaje público, que aparece frecuentemente en la prensa, como la princesa española Letizia Ortiz en los días anteriores a su boda. Imagina los pensamientos íntimos de esta persona —las cosas que no pueden saber los periódicos o las revistas— y narra un día de su vida en forma de blogonovela. Escribe como mínimo diez oraciones.

Practice more at **descubre3.vhlcentral.com**.

Atando cabos

¡A conversar!

Inventores de robots En grupos pequeños, imaginen que son un grupo de científicos. Tienen que diseñar un robot que pueda realizar una tarea normalmente hecha por seres humanos. Preparen una presentación sobre su robot para compartir con la clase. Al finalizar, realicen una votación para elegir el mejor robot.

> **Elegir el tema:** Reúnanse y elijan la tarea que realizará su robot. Pueden elegir una tarea de la lista u otra que deseen.
>
> - pasear al perro
> - sacar la basura todos los días
> - preparar el desayuno
> - jugar juegos de mesa con un ser humano
> - entrenar a niños para jugar al béisbol
> - poner la mesa y lavar los platos
>
> **Preparar:** Decidan cómo va a ser el robot. Usen las preguntas como guía. También pueden preparar un afiche con un dibujo del robot.
>
> - ¿Qué nombre le pondrían y por qué?
> - ¿Cómo va a ser el robot? (descripción, tamaño, etc.)
> - ¿Cómo va a realizar la tarea elegida? Describan un día en la vida del robot.
> - ¿Quién se va a beneficiar con la creación del robot?
>
> **Organizar:** Organicen la información en un esquema. Asignen distintas partes de la presentación a cada integrante del grupo.
>
> **Presentación:** Durante la presentación, inviten al resto de la clase a participar haciendo preguntas acerca del robot. Sean convincentes. Expliquen por qué su robot es un avance importante. Recuerden que la clase elegirá el mejor robot.

¡A escribir!

Robots futbolistas

En 2006, mientras 32 naciones se disputaban la Copa Mundial de Fútbol en Alemania, un número aún mayor de equipos de todo el mundo participaban de otra copa, la RoboCup. Los organizadores de este mundial de fútbol de robots aspiran a desarrollar (*develop*) para el año 2050 "robots humanoides completamente autónomos que puedan ganarle al equipo de fútbol humano que sea campeón del mundo".

El blog del robot Imagina que eres un robot participante de la RoboCup o el robot que diseñó tu grupo en la actividad anterior. Escribe una entrada en tu blog sobre el primer día en que trabajas para los seres humanos. Usa el pretérito perfecto y el pluscuamperfecto.

MODELO Hoy es el primer día que me toca acompañar a los niños a la escuela. Mi memoria y mis circuitos no han podido descansar de tantos nervios. Nunca había estado tan nervioso. A último momento mi diseñador ha decidido que...

Audio: Vocabulary Flashcards

La tecnología

la arroba	@ symbol
el blog	blog
el buscador	search engine
la computadora portátil	laptop
la contraseña	password
el corrector ortográfico	spell checker
la dirección de correo electrónico	e-mail address
la informática	computer science
Internet	Internet
el mensaje (de texto)	(text) message
la página web	web page
el programa (de computación)	software
el reproductor de CD/DVD/MP3	CD/DVD/MP3 player
el teléfono celular	cell phone
adjuntar (un archivo)	to attach (a file)
borrar	to erase
descargar	to download
guardar	to save
navegar en la red	to surf the web
avanzado/a	advanced
digital	digital
en línea	online
inalámbrico/a	wireless

La astronomía y el universo

el agujero negro	black hole
el cohete	rocket
el cometa	comet
el espacio	space
la estrella (fugaz)	(shooting) star
el/la extraterrestre	alien
la gravedad	gravity
el ovni	UFO
el telescopio	telescope
el transbordador espacial	space shuttle

La ciencia y los inventos

el ADN (ácido desoxirribonucleico)	DNA
el avance	advance; breakthrough
la célula	cell
el desafío	challenge
el descubrimiento	discovery
el experimento	experiment
el gen	gene
el invento	invention
la patente	patent
la teoría	theory
clonar	to clone
comprobar (o:ue)	to prove
crear	to create
fabricar	to manufacture; to make
formular	to formulate
inventar	to invent
investigar	to investigate; to research
(bio)químico/a	(bio)chemical
especializado/a	specialized
ético/a	ethical
innovador(a)	innovative
revolucionario/a	revolutionary

Las profesiones de la ciencia

el/la astronauta	astronaut
el/la astrónomo/a	astronomer
el/la biólogo/a	biologist
el/la científico/a	scientist
el/la físico/a	physicist
el/la ingeniero/a	engineer
el/la matemático/a	mathematician
el/la químico/a	chemist

Más vocabulario

Expresiones útiles	Ver p. 249
Estructura	Ver pp. 256–257, 260 y 262–263

Cinemateca

la guita	cash; dough
el interrogante	question; doubt
la plata	money
el/la vago/a	slacker
vos	tú
congelar(se)	to freeze
derretir(se) (e:i)	to melt
descongelar(se)	to defrost
hacer clic	to click
duro/a	hard; difficult
al alcance de la mano	within reach
al final de cuentas	after all

Literatura

el auricular	telephone receiver
el/la bobo/a	silly, stupid person
la motosierra	power saw
el móvil	cell phone
el/la navegante	navigator
el vagón	carriage; coach
ahorrarse	to save oneself
sonar (o:ue)	to ring
apagado/a	turned off

Cultura

la bitácora	travel log; weblog
la blogonovela	blognovel
la blogosfera	blogosphere
el enlace	link
el/la novelista	novelist
el sitio web	website
el/la usuario/a	user
la web	the web
actualizar	to update
a la vanguardia	at the forefront

La economía y el trabajo

Communicative Goals

You will expand your ability to…

- express what you or others would do
- express will, emotion, doubt, or denial in the past
- express uncertainty, indefiniteness, condition, and intent in the past
- discuss hypothetical situations and events that depend on other events

(S) Game
Audio: Activities, Vocabulary

La economía y el trabajo

El trabajo

el aumento de sueldo *raise in salary*
la compañía *company*
la conferencia *conference*
el contrato *contract*
el currículum vitae *résumé*
el empleo *employment; job*
la entrevista de trabajo *job interview*

En la **entrevista de trabajo**, Eugenia presentó su **currículum vitae** e hizo preguntas sobre **la compañía**, las tareas del **puesto** y las condiciones de **empleo**.

el puesto *position; job*
la reunión *meeting*
el sueldo mínimo *minimum wage*

administrar *to manage; to run*
ascender (e:ie) *to rise; to be promoted*
contratar *to hire*
despedir (e:i) *to fire*
exigir *to demand*
ganar bien/mal *to be well/poorly paid*
ganarse la vida *to earn a living*
jubilarse *to retire*
renunciar *to quit*
solicitar *to apply for*

capaz *competent; capable*
desempleado/a *unemployed*
empleado/a *employed*
exitoso/a *successful*
incapaz *incompetent; incapable*

Empleado del mes

José

Las finanzas

el ahorro *savings*
la bancarrota *bankruptcy*
el cajero automático *ATM*
la cuenta corriente *checking account*
la cuenta de ahorros *savings account*
la deuda *debt*
el presupuesto *budget*

ahorrar *to save*
cobrar *to charge; to receive*
depositar *to deposit*
financiar *to finance*
gastar *to spend*
invertir (e:ie) *to invest*
pedir (e:i) prestado/a *to borrow*
prestar *to lend*

a corto/largo plazo *short/long-term*
fijo/a *permanent; fixed*
financiero/a *financial*

La economía

la bolsa de valores *stock market*
el comercio *commerce; trade*
el desempleo *unemployment*
la empresa multinacional *multinational company*
la globalización *globalization*
la huelga *strike*
el impuesto (de ventas) *(sales) tax*
la inversión (extranjera) *(foreign) investment*
el mercado *market*
la pobreza *poverty*
la riqueza *wealth*
el sindicato *labor union*

exportar *to export*
importar *to import*

La gente en el trabajo

La señora Bonilla comenzó su carrera profesional como **vendedora**, luego pasó a ser **gerente** y ahora es una alta **ejecutiva**. Espera que le ofrezcan ser **socia** este año.

el/la asesor(a) *consultant; advisor*
el/la contador(a) *accountant*
el/la dueño/a *owner*
el/la ejecutivo/a *executive*
el/la empleado/a *employee*
el/la gerente *manager*
el hombre/la mujer de negocios
    businessman/woman
el/la socio/a *partner; member*
el/la vendedor(a) *salesperson*

recursos

v̂Text

CA
p. 87

CP
pp. 71–72

CH
pp. 115–116

S

descubre3.
vhlcentral.com

Práctica

① Escuchar

A. Escucha el anuncio de *Creditinstant* y luego decide si las oraciones son **ciertas** o **falsas**. Corrige las falsas.

1. *Creditinstant* ofrece un puesto de trabajo con un buen sueldo.

2. Los clientes tienen que devolver el dinero a corto plazo.

3. Los clientes pueden solicitar el dinero llamando por teléfono.

4. *Creditinstant* deposita el dinero en la cuenta de ahorros en veinticuatro horas.

5. Los clientes pueden gastar el dinero en lo que quieran.

B. Escucha la conversación entre un cliente y un representante de *Creditinstant* y contesta las preguntas con oraciones completas.

1. ¿Qué necesita la clienta?

2. ¿En qué trabaja la clienta?

3. ¿Qué puesto de trabajo tiene su esposo?

4. ¿Para qué necesita la clienta el dinero?

② Crucigrama
Lee las definiciones y coloca las palabras en el lugar correspondiente del cuadro.

Horizontales
2. organización de trabajadores
5. vender productos a otros países

Verticales
1. poner dinero en el banco
2. sinónimo de *salario*
3. alguien que no es capaz
4. dinero que se debe

Práctica

(3) ¿Qué buscan? Indica qué es lo que busca cada una de estas personas.

_a_ 1. un(a) contador(a)

_f_ 2. el/la ministro/a de trabajo

_c_ 3. un(a) empleado/a que lleva mucho tiempo en la empresa

_d_ 4. una persona desempleada

_b_ 5. el/la dueño/a de una empresa

_e_ 6. un(a) gerente que entrevista a un(a) solicitante

a. conseguir un trabajo, aunque le paguen el sueldo mínimo

b. que sus clientes paguen lo mínimo posible de impuestos

c. un aumento de sueldo

d. hacerle preguntas sobre el currículum vitae

e. que sus ejecutivos administren bien su dinero

f. que baje el desempleo y vengan inversiones del extranjero

(4) Cosas que dice la gente Completa las oraciones con los términos de la lista.

administrar	empleo	inversiones
ahorros	financieros	jubilar
bolsa de valores	incapaces	sindicatos

1. "Ya me quiero _jubilar_. Estoy cansado y quiero disfrutar de mis nietos."

2. "Si no mejoramos nuestra forma de _empleo_, esta empresa fracasará."

3. "¿Quiere usted reducir sus deudas, invertir en la _sindicatos_ y ahorrar para la jubilación? Nuestros asesores _inversiones_ lo pueden ayudar."

4. "He gastado todos mis _ahorros_. Necesito un _bolsa de valores_."

5. "Se deben recibir más _financieros_ para salvar la compañía."

6. "Los _incapaces_ sólo dan problemas."

(5) Definiciones

A. En parejas, definan brevemente las palabras.

ascender	contrato	exigir	importar	riqueza
cobrar	despedir	huelga	mercado	socio

B. Improvisen una historia utilizando al menos seis palabras de la lista. Compartan su historia con la clase.

> **MODELO** Ayer, a las cuatro de la tarde, el sindicato que organizaba la huelga exigió una reunión con los socios…

Practice more at **descubre3.vhlcentral.com**.

Comunicación

6 **¿Qué opinas?** En parejas, contesten las preguntas y después compartan su opinión con la clase.

1. ¿Piensas que el dinero es lo más importante en la vida? Razona tu respuesta.

2. ¿Sigues la información de la bolsa de valores? ¿Crees que es buena idea invertir todos los ahorros en la bolsa de valores?

3. ¿Crees que la economía del país afecta tu vida personal? ¿Cómo?

4. ¿Piensas que se podrá acabar con la pobreza en el futuro?

5. ¿Tú sacrificarías algo para conseguir que no hubiera pobreza en el mundo?

6. ¿Crees que la economía norteamericana va a ser la más fuerte dentro de veinte años? Razona tu respuesta.

7. ¿Qué consecuencias piensas que va a tener la globalización?

8. ¿La globalización va a ser positiva para los países ricos? ¿Y para los pobres?

7 **El consejero de trabajo** En parejas, imaginen que uno/a de ustedes está a punto de graduarse y no sabe qué trabajo lo/la hará feliz. La otra persona es un(a) consejero/a de trabajo. Túrnense para hacerse preguntas y darse consejos sobre cuál sería el mejor trabajo para cada uno/a. Utilicen y expandan las preguntas e ideas de la lista.

Preguntas	Debes trabajar en...
a. ¿Eres capaz de trabajar bajo presión?	• los negocios
b. ¿Te gusta administrar?	• las ciencias
c. ¿Qué te importa más: ganar bien o disfrutar del trabajo?	• la política
d. ¿Te gusta trabajar en equipo o prefieres trabajar solo/a?	• una empresa multinacional
e. ¿Qué clases te han gustado más?	• las finanzas
f. ¿Te gusta viajar?	• la tecnología
g. ¿Es importante que tu trabajo sea creativo?	• las artes
h. ¿Esperas que tu empleo ayude a mejorar la sociedad?	• una organización humanitaria
i. ¿Quieres ser dueño/a de tu propia compañía?	• la educación
j. ¿Qué tipos de conferencias te interesan más: de tecnología, de música, de educación?	• el turismo
k. ¿En qué puesto anterior has sido más exitoso/a?	• un restaurante
l. ¿...?	• la medicina
	• el comercio
	• ...

Repaso

Video: *Fotonovela*
Record & Compare

recursos

vText

CA
pp. 45–46

descubre3.vhlcentral.com

El equipo de *Facetas* celebra el segundo aniversario de la revista. Es un momento lleno de recuerdos.

En la sala de conferencias…

TODOS ¡Cumpleaños feliz!

AGUAYO Antes de apagar las velas de nuestro segundo aniversario, quiero que cada uno cierre los ojos y luego pida un deseo.

JOHNNY Lo estoy pensando…

TODOS Uno, dos, tres…

Apagan las velas.

DIANA Ahh… ¿Quién lo diría? Dos años y tantos recuerdos.

AGUAYO ¿Recuerdas cuando viniste a tu entrevista de trabajo y Éric pensó que tu padre era millonario?

FABIOLA Sí. Recuerdo que puso esa cara.

Fabiola recuerda…

AGUAYO Éric, te presento a Fabiola Ledesma, nuestra nueva escritora.

ÉRIC ¿No eres tú la hija del banquero y empresario millonario Ledesma?

FABIOLA No. Mi padre es ingeniero y no es millonario.

ÉRIC Perdona. Por un momento pensé que me había enamorado de ti.

De vuelta en el presente…

AGUAYO Ahora de vuelta al trabajo. *(Se marcha.)*

MARIELA ¡Aposté que nos darían la tarde libre!

DIANA Chicos, he estado pensando en hacerle un regalo de aniversario a Aguayo.

FABIOLA Siento no poder ayudarte, pero estoy en crisis económica.

DIANA Por lo menos ayúdenme a escoger el regalo.

FABIOLA Debe ser algo importado. Algo pequeño, fino y divertido.

ÉRIC ¿Qué tal un pececito de colores?

TODOS ¡Pobre Bambi!

FABIOLA Me refiero a algo de corte ejecutivo, Éric. Algo exclusivo.

ÉRIC Mariela, ¿qué le darías a un hombre que lo tiene todo?

MARIELA Mi número de teléfono.

En la oficina de Aguayo…

FABIOLA Jefe, ¿tiene un minuto?

AGUAYO ¿Sí?

FABIOLA Usted sabe que tengo un gran currículum y que soy muy productiva en lo mío.

AGUAYO ¿Sí?

FABIOLA Y que mis artículos son bien acogidos, y ello le ha traído a la revista…

Personajes

AGUAYO

DIANA

ÉRIC

FABIOLA

JOHNNY

MARIELA

4

De vuelta en el presente…

AGUAYO Brindo por nuestra revista, por nuestro éxito y, en conclusión, brindo por quienes trabajan duro… ¡Salud!

TODOS ¡Salud!

DIANA Eso me recuerda el primer día que Johnny trabajó en la oficina.

Diana recuerda…

5

DIANA Se supone que estuvieras aquí hace media hora y sin embargo, llegas tarde. Los empleados en esta empresa entran a las nueve de la mañana y trabajan duro todo el día. Sabes lo que es el trabajo duro, ¿verdad?

JOHNNY En mi trabajo anterior entraba a las cuatro de la mañana y jamás llegué tarde.

DIANA A esa hora nunca se sabe si llegas demasiado tarde o demasiado temprano.

9

AGUAYO ¿Qué es lo que quieres, Fabiola?

FABIOLA Un aumento de sueldo.

AGUAYO ¿Qué pasa contigo? Te aumenté el sueldo hace seis meses.

FABIOLA Pero hay tres compañías que andan detrás de mí. Por lo tanto, merezco otro aumento.

AGUAYO ¿Qué empresas son?

FABIOLA *(avergonzada)* La del teléfono, la del agua y la de la luz.

10

Más tarde…

DIANA Ya sé qué regalarle a Aguayo… un llavero.

(Éric y Fabiola ponen cara de repugnancia.)

DIANA ¿Qué?

FABIOLA No lo culpo si lo cambia por un pez.

Comprensión

1 **¿Pasado o presente?** En la **Fotonovela** los personajes recuerdan algunos sucesos (*events*) del pasado. Indica si estas oraciones describen sucesos del **pasado** o del **presente**. Luego completa las oraciones con la forma adecuada del verbo.

	Pasado	Presente
1. Éric _____ (creer) que Fabiola era hija de un millonario.	☐	☐
2. Los empleados de la revista _____ (brindar) por el aniversario.	☐	☐
3. Éric _____ (pensar) que se había enamorado de Fabiola.	☐	☐
4. Diana _____ (proponer) hacerle un regalo a Aguayo.	☐	☐
5. Johnny _____ (llegar) tarde a la oficina.	☐	☐
6. Fabiola le _____ (pedir) a Aguayo un aumento de sueldo.	☐	☐

2 **La trama** Indica con números el orden en que ocurrieron los hechos (*events*) de este episodio.

_____ a. Brindan por la revista.

_____ b. Cantan cumpleaños feliz.

_____ c. Fabiola pide un aumento de sueldo.

_____ d. Diana piensa regalarle a Aguayo un llavero.

_____ e. Éric sugiere regalarle a Aguayo un pececito de colores.

_____ f. Fabiola dice que está en crisis económica.

3 **¿Quién lo diría?** ¿Qué empleado de *Facetas* diría cada una de estas oraciones?

_____ 1. Hace ya dos años que trabajamos aquí. ¡Quién lo diría!

_____ 2. ¡Pidan todos un deseo!

_____ 3. Jefe, usted sabe que trabajo muy duro.

_____ 4. Mi padre no es empresario.

_____ 5. Yo pensaba que nos dejarían irnos más temprano del trabajo.

4 **Preguntas** Contesta las preguntas con oraciones completas.

1. ¿Qué celebran los empleados de *Facetas*?

2. ¿Por qué creía Éric que se había enamorado de Fabiola? Explica tu respuesta.

3. ¿Por qué Fabiola no puede ayudar con el regalo?

4. ¿Le gusta a Fabiola la idea de regalarle un llavero a Aguayo?

5 **Lo tiene todo** ¿Qué le darías tú a alguien que lo tiene todo? Trabajen en grupos de cinco para inventar una conversación entre los empleados de *Facetas*. Tendrán que ponerse de acuerdo sobre un regalo para Aguayo. Utilicen la frase **Yo le daría...** y expliquen sus razones.

MODELO   **FABIOLA** ¡Ese llavero no es de corte ejecutivo, Diana! Yo le daría un reloj porque él siempre insiste en que lleguemos a tiempo a la oficina.

   JOHNNY ¡Pero Aguayo ya tiene un Rolex! Yo le daría...

Practice more at **descubre3.vhlcentral.com**.

Ampliación

(6) **Preguntas** Conversen sobre estas preguntas y compartan sus respuestas con la clase.

1. ¿Qué le darías tú a Aguayo?

2. ¿Conoces tú a alguien que lo tiene todo? ¿Cómo es? ¿Trabaja duro? ¿Crees que él/ella merece todo lo que tiene?

3. ¿Alguna vez tuviste que comprarle un regalo a esa persona? ¿Qué escogiste?

4. ¿Cuál es el mejor regalo que has recibido en tu vida? ¿Por qué?

5. ¿Cuáles son los mejores regalos por menos de $10? ¿Por menos de $25? ¿Por menos de $100?

(7) **Apuntes culturales** En parejas, lean los párrafos y contesten las preguntas.

El currículum vitae

Fabiola tiene mucha experiencia laboral. Seguramente, cuando presentó su **currículum vitae** a *Facetas*, además de la información profesional, incluyó datos personales que son comunes en el mundo laboral hispano: fecha de nacimiento, estado civil, una foto en color, si tiene carro… ¿Habrá salido en la foto con la misma cara de enojo con que salió en el pasaporte?

El millonario ingeniero

El padre de Fabiola no es millonario, sino un modesto ingeniero, pero el venezolano **Lorenzo Mendoza** es ingeniero y millonario. Dueño del Grupo Polar, que además financia la fundación más grande del país, Mendoza construyó la tercera (*third largest*) fortuna de Latinoamérica con empresas que fundó su abuelo. Sin embargo, lleva una vida modesta junto a su esposa e hijos.

Facetas y Caretas

¡Facetas cumple dos años! Otra revista importante en el mundo hispano es ***Caretas***. Comenzó a publicarse en 1950 en una pequeña oficina de Lima, Perú. Hoy es la revista más leída del país y trata temas como política, cultura, eventos sociales y viajes. Ojalá que *Facetas* tenga el mismo éxito y… ¡agrande la oficina!

1. ¿Sabías que en algunos países hispanos es común poner en el currículum el estado civil y la cantidad de hijos? ¿Qué piensas sobre dar datos personales en el currículum? ¿Estás de acuerdo? En tu cultura, ¿qué información contienen los currículums?

2. ¿Qué millonarios conoces? ¿Qué ventajas y desventajas hay en ser millonario? Explica.

3. ¿Lees revistas? ¿Qué tipos de revistas te interesan más? ¿Por qué? ¿Estás suscrito/a a alguna? ¿A cuál?

4. En tu opinión, ¿son más populares las revistas tradicionales o las revistas por Internet? ¿Por qué? ¿Qué ventajas tiene cada tipo de revista? ¿Cuál prefieres tú?

Additional Reading
Video: *Flash cultura*

En detalle

VENEZUELA

EL ORO NEGRO

Mira a tu alrededor: el carro, las lámparas, los objetos de plástico, las pinturas, las telas, en fin, casi todo lo que tienes proviene del petróleo. Si hacemos caso a las estadísticas, parte de ese petróleo puede ser venezolano. Venezuela es el cuarto país exportador de petróleo° del mundo, sólo aventajado° por los países árabes. El 80% de los ingresos° del país provienen de la exportación de petróleo. Aproximadamente el 70% del petróleo se exporta a los EE.UU.

La primera explotación petrolífera se inició en 1914, cuando se descubrió un enorme yacimiento° en la costa oriental del lago de Maracaibo. Este acontecimiento inició una nueva etapa en la historia venezolana, pues abrió su economía a los mercados internacionales. Durante las primeras décadas, la explotación estaba en manos extranjeras, lo que hacía que la riqueza petrolífera no se tradujera en una mejora de la situación económica del país. La crisis internacional de 1973, que provocó la subida del precio del crudo°, le dio al gobierno venezolano la oportunidad de nacionalizar la empresa petrolera.

En 1976 entró en efecto la Ley de Nacionalización del Petróleo. Desde entonces, la extracción, la refinación y la exportación están en manos de la empresa estatal° Petróleos de Venezuela, S.A. (PDVSA). Gracias a la subida de los precios petroleros de los últimos años, la empresa ha podido aumentar drásticamente la cantidad de dinero que destina a programas sociales dedicados a la educación, salud y a infraestructuras del país. Hoy día, PDVSA tiene una gran presencia internacional, con refinerías en el Caribe, Estados Unidos y Europa. En 1986, PDVSA adquirió° el cincuenta por ciento de CITGO y, cuatro años más tarde, se convirtió en única propietaria° de la empresa. ∎

Historia del petróleo en Venezuela

Se descubre el importante yacimiento en la costa este del lago de Maracaibo.

La Ley de Impuesto sobre la Renta obliga a las compañías extranjeras a pagar impuestos por la explotación del petróleo.

Crisis internacional del petróleo. La OPEP reduce la producción y aumenta el precio del barril°. Se raciona el uso del crudo en los países occidentales.

Se inicia la huelga general.

| 1914 | 1922 | 1943 | 1960 | 1973 | 1976 | 2002 |

Comienza la explotación petrolera a gran escala.

Se funda la OPEP (Organización de Países Exportadores de Petróleo) por iniciativa venezolana.

El primero de enero empieza la nacionalización petrolera.

exportador de petróleo *oil-exporting* **aventajado** *surpassed* **ingresos** *income* **yacimiento** *oilfield*
crudo *crude oil* **empresa estatal** *state company* **adquirió** *purchased* **propietaria** *owner* **barril** *barrel*

El dinero

los chavos (P. R.)   *money*

la lana (Méx.)

las pelas (Esp.)

la peseta (P. R.)   *quarter (American coin)*

comer cable (Ven.)   *to be broke; to have no money*

estar pelado (Col.)

no tener guano (Cu.)

estar forrado/a en billete (Col. y Méx.)   *to be loaded*

tener una pila de dinero

ser gasolero/a (Arg.)   *to have frugal taste*

Fuentes alternativas

- Argentina es el mayor consumidor de **gas natural comprimido°** en el mundo según estadísticas de 2008. Este **combustible alternativo** abastece° no sólo gran parte del transporte público, sino también carros particulares que han sido adaptados para usar esta alternativa limpia y económica. En 2008, el número de vehículos convertidos alcanzaba casi el millón y medio.

- **El biodiesel**, un combustible elaborado a partir de **aceite de cocina usado,** constituye una fuente de energía renovable, biodegradable y económica. En Uruguay, por ejemplo, una empresa de transporte de Montevideo mueve sus autobuses combinando aceite usado y metanol.

- Ecuador ha comenzado a producir **gasolina de caña de azúcar°**. El proyecto comenzó en Guayaquil con el uso del excedente de azúcar producida en el país. A largo plazo este biocombustible ayudará a reducir la contaminación de la ciudad.

LA HUELGA GENERAL DE 2002–2003

El 2002 fue un año de gran convulsión política y social en Venezuela. La controvertida personalidad de su presidente, Hugo Chávez, creó una enorme división en el país. Las grandes empresas, entre ellas PDVSA, temerosas° de la política económica del gobierno, convocaron° una huelga para el 2 de diciembre. En un principio, el paro°, que buscaba la renuncia de Chávez, era de veinticuatro horas pero ante su negativa a renunciar, se alargó de forma indefinida. Durante esos días, había una gran escasez° y era común ver a la gente haciendo cola en las gasolineras y en los supermercados. Muchos empresarios y comerciantes se fueron a la ruina, el desempleo aumentó y, a nivel internacional, los precios del petróleo subieron. La huelga, una de las más largas de la historia, terminó el 3 de febrero del 2003, después de que el gobierno de Chávez retomara el control de PDVSA.

> **Mira si será malo el trabajo, que deben pagarte para que lo hagas.**
> (Facundo Cabral, cantautor argentino)

Conexión Internet

En muchos países, el día del trabajador es el primero de mayo. ¿Cuál es el origen de esta celebración? | To research this topic, go to **descubre3.vhlcentral.com**.

temerosas *fearful* **convocaron** *called* **paro** *strike* **escasez** *shortage* **comprimido** *compressed* **abastece** *supplies* **caña de azúcar** *sugar cane*

¿Qué aprendiste?

1 **Comprensión** Indica si estas afirmaciones son **ciertas** o **falsas**. Corrige las falsas.

1. Venezuela es el cuarto país exportador de petróleo del mundo.
2. Venezuela exporta el 80% del petróleo que produce.
3. Estados Unidos no compra petróleo venezolano.
4. En 1914 se fundó la OPEP.
5. Hay un yacimiento muy grande en la costa este del lago de Maracaibo.
6. Durante los primeros años, la explotación de la riqueza petrolera estaba en manos venezolanas.
7. En las primeras décadas, el dinero del petróleo ayudó a mejorar la economía venezolana.
8. La crisis de 1973 provocó una subida del precio del petróleo.
9. En 1976, PDVSA fue comprada por una empresa norteamericana.
10. PDVSA tiene refinerías en países extranjeros.
11. La empresa de petróleo estatal ha aumentado la cantidad que destina a programas sociales.
12. PDVSA es dueña del cincuenta por ciento de CITGO.

2 **Oraciones incompletas** Completa las oraciones con la información correcta.

1. La huelga venezolana fue convocada por _____.
2. En un principio, la huelga iba a durar _____.
3. Durante la huelga, era común ver gente haciendo cola _____.
4. En Argentina, muchos carros funcionan con _____.
5. Si estás en Venezuela y no tienes dinero, se dice que _____.

3 **Opiniones** En parejas, contesten las preguntas.

1. ¿Las empresas de combustible y de servicios (como gas, luz, transporte) deben ser públicas o privadas? ¿Por qué?
2. ¿Tendrías un carro híbrido? ¿Por qué?
3. ¿Crees que el petróleo se acabará durante tu vida? ¿Con qué se reemplazará?
4. En América Latina, las universidades tienen Centros de estudiantes que funcionan en forma parecida a los sindicatos. A veces incluso realizan huelgas. ¿Cómo se organizan los estudiantes en tu escuela?
5. ¿Son necesarias las huelgas? ¿Conocen alguna en la que se haya conseguido el objetivo?

PROYECTO

Fuentes de energía alternativas

La foto muestra a dos trabajadores mexicanos modificando una camioneta para que funcione con gas natural comprimido o propano. Investiga cuáles son otros combustibles o fuentes de energía alternativos utilizados en Latinoamérica y elige el que te parezca mejor. Prepara una presentación sobre este combustible o fuente de energía y la posibilidad de que sea utilizado masivamente en el futuro.

- ¿Cómo se obtiene o se produce?
- ¿Cuáles son sus ventajas?
- ¿Cuáles son sus desventajas?
- ¿Cómo se puede promover su uso?

Reading

RITMOS

DESORDEN PÚBLICO

Rebeldes, irónicos, llenos de energía y comprometidos° con su pueblo: así se puede definir a los ocho integrantes de la banda de ska **Desorden Público**. Sus creadores **Horacio Blanco** y **José Luis "Caplís" Chacín** comenzaron como DJs de música punk, ska británico, *new wave* y reggae jamaiquino en Caracas, Venezuela. En 1985, inspirados en la segunda etapa de ska conocida como *Two-Tone*, que tuvo su centro en Inglaterra, los músicos decidieron formar una banda con un nombre que satirizara los camiones de Orden Público de la Guardia Nacional Venezolana°. Recurriendo al humor negro, sus letras reflejan la realidad política, económica y social de Venezuela y otros países en desarrollo°. En la actualidad, Desorden Público representa el más importante proyecto de ska latinoamericano con multitudinarios conciertos por todo el mundo en los que han llegado a convocar° hasta 40 mil personas.

Discografía

2006 Estrellas del caos   **2000** Diablo   **1988** Desorden Público

Canción

Éste es un fragmento de una canción de Desorden Público.

El Clon

En un futuro cercano me mandaré a hacer un clon
Perfecto gemelo idéntico nacido en el laboratorio
Para reponer° mi inversión lo reventaré trabajando°
Yo su amo°, su creador, ahora tendré un esclavo.
(...) Me daré la buena vida, me mudaré a la Florida
Mientras mi clon trabaja en América Latina.

Curiosidades:
• El ska, precursor del reggae, comenzó en Jamaica en los años 30 y se desarrolló en Inglaterra a fines de los 70.
• Desorden Público fusiona ska con ritmos latinos y afrovenezolanos.
• Sus canciones tienen un alto contenido político.
• Cada vez que Horacio Blanco escucha sus canciones en la radio, cambia de estación.

Preguntas En parejas, contesten las preguntas.

1. Las canciones de Desorden Público contienen altas dosis de humor negro. ¿Pueden encontrar ejemplos en el fragmento?
2. ¿En qué se diferencia Desorden Público de las típicas bandas de ska británicas?
3. ¿Conocen otras bandas de ska? ¿De dónde son? ¿Les gustan?
4. La canción cuenta la historia de un hombre y su clon. ¿Cómo es la relación entre ellos?

 recursos

descubre3.
vhlcentral.com

comprometidos *engaged* Guardia... *Venezuelan National Guard* en desarrollo *developing* convocar *gather* reponer *regain; recover* lo reventaré trabajando *I will exploit him* amo *master*

8.1 The conditional Tutorial
Audio: Charts

- To express the idea of what *would* happen, use the conditional tense.

¿Qué le darías a un hombre que lo tiene todo?

- The conditional tense (**el condicional**) uses the same endings for all **–ar, –er,** and **–ir** verbs. For regular verbs, the endings are added to the infinitive.

The conditional		
dar	**ser**	**vivir**
daría	sería	viviría
darías	serías	vivirías
daría	sería	viviría
daríamos	seríamos	viviríamos
daríais	seríais	viviríais
darían	serían	vivirían

- Verbs with irregular future stems have the same irregular stem in the conditional.

Infinitive	stem	conditional
caber ~to fit	cabr–	cabría, cabrías, cabría, cabríamos, cabríais, cabrían
haber ~there is/are	habr–	habría, habrías, habría, habríamos, habríais, habrían
poder ~to be able to	podr–	podría, podrías, podría, podríamos, podríais, podrían
querer ~want	querr–	querría, querrías, querría, querríamos, querríais, querrían
saber ~know	sabr–	sabría, sabrías, sabría, sabríamos, sabríais, sabrían
poner ~put	pondr–	pondría, pondrías, pondría, pondríamos, pondríais, pondrían
salir ~go	saldr–	saldría, saldrías, saldría, saldríamos, saldríais, saldrían
tener ~have	tendr–	tendría, tendrías, tendría, tendríamos, tendríais, tendrían
valer ~worth	valdr–	valdría, valdrías, valdría, valdríamos, valdríais, valdrían
venir ~come	vendr–	vendría, vendrías, vendría, vendríamos, vendríais, vendrían
decir ~to say	dir–	diría, dirías, diría, diríamos, diríais, dirían
hacer ~do	har–	haría, harías, haría, haríamos, haríais, harían

Uses of the conditional

- The conditional is used to express what would occur under certain circumstances.

  En Venezuela, ¿qué lugar **visitarías** primero?
  In Venezuela, which place would you visit first?

  Iría primero a Caracas y después a Isla Margarita.
  First I would go to Caracas and then to Isla Margarita.

¿No sería ahora el momento justo para ir de vacaciones a **la Isla Margarita?**

¡ATENCIÓN!

The English *would* is often used to express the conditional, but it can also express what *used to happen*. To express habitual past actions, Spanish uses the imperfect, not the conditional.

Cuando era pequeña, iba a la playa durante los veranos.
When I was young, I would go to the beach in the summer.

- The conditional is also used to make polite requests.

  Me **gustaría** cobrar este cheque.
  I would like to cash this check.

  ¿**Podría** firmar aquí, en el reverso?
  Would you please sign here, on the back?

- In subordinate clauses, the conditional is often used to express what *would happen* after another action took place. To express what *will happen* after another action takes place, the future tense is used instead.

CONDITIONAL	FUTURE
Creía que hoy **haría** mucho viento. *I thought it would be very windy today.*	**Creo** que mañana **hará** mucho viento. *I think it will be very windy tomorrow.*

- In Spanish, the conditional may be used to express conjecture or probability about a past condition or event. English expresses this sense with expressions such as *wondered, must have been,* and *was probably.*

  ¿Qué hora **era** cuando regresó?
  What time did he return?

  Serían las ocho.
  It must have been eight o'clock.

  ¿Cuánta gente **había** en la fiesta?
  How many people were at the party?

  Habría como veinte personas.
  There must have been about twenty people.

- The conditional is also used to report statements made in the future tense.

  Iremos a la fiesta.
  We'll go to the party.

  Dijeron que **irían** a la fiesta.
  They said they'd go to the party.

recursos

v Text

CA
pp. 22, 88

CP
pp. 73–74

CH
pp. 119–120

S
descubre3.
vhlcentral.com

Práctica

1 **Todo lo posible** Alberto sueña con trabajar para una agencia medioambiental y estaría
dispuesto a hacer cualquier cosa para que la directora lo contrate. Utiliza el condicional de
los verbos entre paréntesis para completar la conversación.

ALBERTO Si yo pudiera formar parte de esta organización, (1) _estaría_ (estar) dispuesto
(*ready*) a ayudar en todo lo posible.

ELENA Sí, lo sé, pero tú no (2) _podrías_ (poder) hacer mucho. No tienes la preparación
necesaria. Tú (3) _necesitarías_ (necesitar) estudios de biología.

ALBERTO Bueno, yo (4) _ayudaría_ (ayudar) con las cosas menos difíciles. Por ejemplo,
(5) _haría_ (hacer) el café para las reuniones.

ELENA Estoy segura de que todos (6) _agradecerían_ (agradecer) tu colaboración. Les
preguntaré para ver si necesitan ayuda.

ALBERTO Eres muy amable, Elena. (7) _Daría_ (dar) cualquier cosa por trabajar con
ustedes. Y (8) _consideraría_ (considerar) la posibilidad de volver a la universidad para
estudiar biología. (9) _Tendría_ (tener) que trabajar duro, pero lo (10) _haría_
(hacer) porque no (11) _sabría_ (saber) qué hacer sin un trabajo significativo. Sé
que el esfuerzo (12) _valdría_ (valer) la pena.

2 **El primer día** La agencia contrató a Alberto y hoy fue su primer día como asistente
administrativo. Utiliza el condicional para cambiar estos mandatos directos por los mandatos
indirectos que la directora le dio a Alberto. Sigue el modelo.

Mandatos directos	Mandatos indirectos
Hazme un café.	¿Me harías un café, por favor?
Saca estas fotocopias.	1. ¿Sacarías estas fotocopias?
Pon los mensajes en mi escritorio.	2. ¿Pondrías los mensajes en mi escritorio?
Manda este fax.	3. ¿Mandarías este fax, por favor?
Diles a los voluntarios que vengan también.	4. ¿Dirías a los voluntarios por favor?
Sal a almorzar con nosotros.	5. ¿Saldrías a almorzar con nosotros, pf?

3 **Lo que hizo Juan** Utilizamos el condicional para expresar el futuro en el contexto de una acción
pasada. Explica lo que quiso hacer Juan usando las claves dadas. Agrega también por qué no lo
pudo hacer.

MODELO **pensar / llegar**
Juan pensó que llegaría temprano a la oficina, pero el metro tardó media hora.

1. pensar / comer
2. decir / poner
3. imaginar / tener
4. escribir / venir
5. contarles / querer

6. suponer / hacer
7. explicar / salir
8. creer / terminar
9. decidir / viajar
10. opinar / ser

S Practice more at **descubre3.vhlcentral.com**.

Comunicación

4 **¿Qué pasaría?** En parejas, completen estas oraciones utilizando verbos en el condicional. Luego compartan sus oraciones con la clase.

TALLER DE CONSULTA

The first part of each sentence uses the past subjunctive, which will be covered in **8.2**, pp. 298–299.

> **MODELO** **Si yo trabajara para una empresa multinacional, ...**
>
> —Si yo trabajara para una empresa multinacional, viajaría por el mundo entero. Aprendería cinco idiomas y...

1. Si hubiera una recesión económica en el país, ...

2. Si yo ganara mucho dinero, ...

3. Si mi novio/a decidiera trabajar en otro país, ...

4. Si todos mis profesores estuvieran en huelga, ...

5. Si mi jefe/a me despidiera, ...

6. Si no tuviera que ganarme la vida, ...

5 **El trabajo de tus sueños** Imagina que puedes escoger cualquier profesión del mundo. Explícale a un(a) compañero/a cuál sería tu trabajo ideal, por qué te gustaría esa profesión y qué harías en tu empleo. Háganse preguntas y utilicen por lo menos cuatro verbos en el condicional.

> **MODELO** Mi trabajo ideal sería jugar al baloncesto en la NBA. Me gustaría porque soy adicto a este deporte, pero también porque ganaría millones y podría...

6 **¿Qué harías?** Piensa en lo que harías en estas situaciones. Usa el condicional. Luego compártelo con tres compañeros/as.

8.2 The past subjunctive

Tutorial
Audio: Charts

Forms of the past subjunctive

TALLER DE CONSULTA

See **3.1, pp. 94-95** for the preterite forms of regular, irregular, and stem-changing verbs.

¡ATENCIÓN!

The **nosotros/as** form of the past subjunctive always has a written accent.

- The past subjunctive (*el imperfecto del subjuntivo*) of all verbs is formed by dropping the **–ron** ending from the **ustedes/ellos/ellas** form of the preterite and adding the past subjunctive endings.

The past subjunctive		
caminar	**perder**	**vivir**
caminara	perdiera	viviera
caminaras	perdieras	vivieras
caminara	perdiera	viviera
camináramos	perdiéramos	viviéramos
caminarais	perdierais	vivierais
caminaran	perdieran	vivieran

Estela dudaba que su madre la **ayudara** a financiar un carro nuevo.
Estela doubted that her mother would help her finance a new car.

A los dueños les sorprendió que **vendieran** más en enero que en diciembre.
The owners were surprised that they sold more in January than in December.

Ya hablé con el recepcionista y me recomendó que le **escribiera** al gerente.
I already spoke to the receptionist and he recommended that I write to the manager.

- Verbs that have stem changes, spelling changes, or irregularities in the **ustedes/ellos/ellas** form of the preterite also have them in all forms of the past subjunctive.

infinitive	preterite form	past subjunctive forms
pedir	pidieron	pidiera, pidieras, pidiera, pidiéramos, pidierais, pidieran
sentir	sintieron	sintiera, sintieras, sintiera, sintiéramos, sintierais, sintieran
dormir	durmieron	durmiera, durmieras, durmiera, durmiéramos, durmierais, durmieran
influir	influyeron	influyera, influyeras, influyera, influyéramos, influyerais, influyeran
saber	supieron	supiera, supieras, supiera, supiéramos, supierais, supieran
ir/ser	fueron	fuera, fueras, fuera, fuéramos, fuerais, fueran

- In Spain and some other parts of the Spanish-speaking world, the past subjunctive is commonly used with another set of endings (**–se, –ses, –se, –semos, –seis, –sen**). You will also see these forms in literary selections.

La señora Medina exigió que le **mandásemos** el contrato para el viernes.

Ms. Medina demanded that we send her the contract by Friday.

La señora Medina exigió que le **mandáramos** el contrato para el viernes.

Ms. Medina demanded that we send her the contract by Friday.

Uses of the past subjunctive

● The past subjunctive is required in the same situations as the present subjunctive, except that the point of reference is always in the past. When the verb in the main clause is in the past, the verb in the subordinate clause is in the past subjunctive.

Te pedí que llegaras a las nueve, Johnny.

PRESENT TIME	PAST TIME
El jefe sugiere que **vayas** a la reunión.	El jefe sugirió que **fueras** a la reunión.
The boss recommends that you go to the meeting.	*The boss recommended that you go to the meeting.*
Espero que ustedes no **tengan** problemas con el nuevo sistema.	Esperaba que no **tuvieran** problemas con el nuevo sistema.
I hope you won't have any problems with the new system.	*I was hoping you wouldn't have any problems with the new system.*
Buscamos a alguien que **conozca** bien el mercado.	Buscábamos a alguien que **conociera** bien el mercado.
We are looking for someone who knows the market well.	*We were looking for someone who knew the market well.*
Les mando mi currículum en caso de que **haya** un puesto disponible.	Les mandé mi currículum en caso de que **hubiera** un puesto disponible.
I'm sending them my résumé in case there is a position available.	*I sent them my résumé, in case there were a position available.*

● The expression **como si** (*as if*) is always followed by the past subjunctive.

Alfredo gasta dinero **como si fuera** millonario.
Alfredo spends money as if he were a millionaire.

El presidente habló de la economía **como si** no **hubiera** una recesión.
The president talked about the economy as if there were no recession.

Ella rechazó mi opinión **como si** no **importara**.
She rejected my opinion as if it didn't matter.

● The past subjunctive is also commonly used with **querer** to make polite requests or to soften statements.

Quisiera que me llames hoy.
I would like you to call me today.

Quisiera hablar con usted.
I would like to speak with you.

recursos

v̂Text

CA
pp. 23, 89

CP
pp. 75–76

CH
pp. 121–122

S
descubre3.
vhlcentral.com

Práctica

(1) El peor día Completa el mensaje electrónico que Jessica le mandó a su hermano mayor después de su primer día como pasante (*intern*) de verano. Utiliza el imperfecto del subjuntivo.

De:	jessica8@email.com
Para:	luismiguel@email.com
Asunto:	¡El peor día de mi vida!

Luis Miguel:

Sé que te pedí el otro día que no me (1)_____ (dar) más consejos sobre qué hacer este verano pero, ¡ahora sí necesito tus consejos! Hoy fue el peor día de mi vida, ¡te lo juro! Me aconsejaste que no (2)_____ (solicitar) un puesto como pasante, pero a mí no me importaba que ellos me (3)_____ (pagar) el sueldo mínimo. No creía que (4)_____ (existir) ninguna oportunidad mejor que ésta. ¡Pero hoy el jefe me trató como si yo (5)_____ (ser) su esclava! Primero exigió que yo (6)_____ (preparar) el café para toda la oficina. Después me dijo que (7)_____ (salir) a comprar más tinta (*ink*) para la impresora. Luego, como si eso (8)_____ (ser) poco, insistió en que yo (9)_____ (ordenar) su escritorio. ¡Como si toda mi experiencia del verano pasado no (10)_____ (valer) ni un centavo! Hablando de dinero... cuando le pedí que (11)_____ (depositar) el sueldo en mi cuenta corriente, él me dijo, "¿Qué sueldo? Nuestros pasantes trabajan gratis". ¡Renuncié y punto!

(2) ¿Qué le pidieron? María Laura Santillán es directora de una escuela privada. En parejas, usen la tabla y preparen una conversación en que ella le cuenta a un amigo todo lo que le pidieron que hiciera el primer día de clases.

MODELO
— ¿Qué te pidió tu secretaria?
— Mi secretaria me pidió que le diera menos trabajo.

Personajes	Verbo	Actividad
los profesores		construir un gimnasio nuevo
los estudiantes		hacer menos ruido
el club que protege el medio ambiente	me pidió que	plantar más árboles
los vecinos de la escuela	me pidieron que	dar más días de vacaciones
el entrenador del equipo de fútbol		comprar más computadoras

(3) Dueño El dueño del apartamento donde vivían tú y tu familia era muy estricto. Con un(a) compañero/a, túrnense para comentar las reglas que tenían que seguir, usando el imperfecto del subjuntivo.

MODELO
El dueño de nuestro apartamento nos dijo/pidió/ordenó que no cocináramos comidas aromáticas.

1. no usar la calefacción en abril
2. limpiar los pisos dos veces al día
3. no tener visitas en el apartamento después de las 10 de la noche
4. hacer la cama todos los días
5. sacar la basura todos los días
6. no encender las luces antes de las 8 de la noche

Practice more at **descubre3.vhlcentral.com**.

Comunicación

4 **De niño** En parejas, háganse estas preguntas y contesten con detalles. Luego, utilicen el imperfecto del subjuntivo para hacerse cinco preguntas más sobre su niñez.

MODELO
—¿Esperabas que tus padres fueran perfectos?
—Sí, esperaba que mis padres fueran mejores que los padres de mis amigos...

La imaginación ✳

¿Esperabas que tus padres fueran perfectos?

¿Dudabas que los superhéroes existieran?

¿Esperabas que Santa Claus te trajera los regalos que le pedías?

¿Qué más esperabas?

Las relaciones ♡

¿Querías que tu primer amor durara toda la vida?

¿Querías que tus padres te compraran todo lo que pedías?

¿Querías que tus familiares pasaran menos o más tiempo contigo?

¿Qué más querías?

La escuela ⚑

¿Soñabas con que el/la maestro/a cancelara la clase todos los días?

¿Esperabas que tus amigos de la infancia siguieran siendo tus amigos toda la vida?

¿Deseabas que las vacaciones de verano se alargaran (*were longer*)?

¿Qué más deseabas?

5 **¡No aguanto a mi hermana menor!** Tú y tu hermana no logran ponerse de acuerdo sobre algunos problemas. Por eso, hablaron con sus padres para pedirles ayuda. Ellos escucharon todas las quejas, les dieron consejos y les pidieron que hablaran otra vez la semana siguiente.

A. Primero, escribe cinco oraciones para describir lo que le pediste a tu hermana menor. Usa el imperfecto del subjuntivo.

B. Ahora, en grupos de cuatro, preparen una conversación entre los padres y los/las hermanos/as. Cada persona debe usar el imperfecto del subjuntivo. Luego representen la conversación para la clase. ¿Habrá solución?

MODELO

MADRE Bueno, les pedimos que trataran de resolver los problemas. ¿Cómo les fue?

ESTUDIANTE 1 Le dije a Isabel que no usara mi ropa sin pedir permiso. ¡Pero el día siguiente salió para la escuela con mi camiseta favorita!

ESTUDIANTE 2 Y yo le pedí a Celia que no escuchara música cuando estoy durmiendo. ¡Pero sigue poniendo el estéreo a todo volumen!

PADRE ¿Es verdad Isabel?

8.3 *Si* clauses with simple tenses

- **Si** (*if*) clauses express a condition or event upon which another condition or event depends. Sentences with **si** clauses are often hypothetical statements. They contain a subordinate clause (**si** clause) and a main clause (result clause).

No lo culpo si lo cambia por un pez.

- The **si** clause may be the first or second clause in a sentence. Note that a comma is used only when the **si** clause comes first.

Si tienes tiempo, ven con nosotros.
If you have time, come with us.

Iré con ustedes **si** no trabajo.
I'll go with you if I don't work.

Hypothetical statements about the future

- In hypothetical statements about possible or probable *future* events, the **si** clause uses the present indicative. The result clause may use the present indicative, the future indicative, **ir a** + [*infinitive*], or a command.

Si clause: PRESENT INDICATIVE		Main clause
Si salgo temprano del trabajo, *If I finish work early,*	PRESENT TENSE	**voy** al cine con Andrés. *I'm going to the movies with Andrés.*
Si usted no mejora su currículum, *If you don't improve your résumé,*	FUTURE TENSE	nunca **conseguirá** empleo. *you'll never get a job.*
Si la jefa me pregunta, *If the boss asks me,*	IR A + [*INFINITIVE*]	no le **voy a mentir**. *I'm not going to lie to her.*
Si hay algún problema, *If there is a problem,*	COMMAND	**háganos** saber de inmediato. *let us know right away.*

Hypothetical statements about the present

- In hypothetical statements about improbable or contrary-to-fact *present* situations, the **si** clause uses the past subjunctive. The result clause uses the conditional.

Si clause: PAST SUBJUNCTIVE	Main clause: CONDITIONAL

¡**Si** ustedes no **fueran** tan incapaces,
If you weren't all so incapable,

ya lo **tendrían** listo!
you'd already have this ready!

Si sacaras un préstamo a largo plazo,
If you took out a long-term loan,

pagarías menos por mes.
you'd pay less each month.

Si no **estuviera** tan cansada,
If I weren't so tired,

saldría a cenar contigo.
I'd go out to dinner with you.

Si no estuviera en crisis económica, te ayudaría.

Si yo fuera él, les daría la tarde libre.

Habitual conditions and actions in the past

- In statements that express habitual past actions that are not contrary-to-fact, both the **si** clause and the result clause use the imperfect.

Si clause: IMPERFECT	Main clause: IMPERFECT

Si Milena **tenía** tiempo libre,
If Milena had free time,

siempre **iba** a la playa.
she would always go to the beach.

Si mi papá **salía** de viaje de negocios,
If my dad went on a business trip,

siempre me **traía** un regalito.
he always brought me back a little present.

Si no me levantaba a las tres de la mañana, llegaba tarde al trabajo.

¡ATENCIÓN!

A contrary-to-fact situation is one that is possible, but will probably not happen and/or has not occurred.

TALLER DE CONSULTA

Hypothetical and contrary-to-fact statements about the past use **si** clauses with compound tenses. You will learn more about these structures in **Lección 10**.

recursos

v̂Text

CA
pp. 24, 90

CP
pp. 77–78

CH
pp. 123–124

Ⓢ

descubre3.
vhlcentral.com

Práctica

1 **Situaciones** Completa las oraciones con el tiempo verbal adecuado.

A. Situaciones probables o futuras

1. Si Teresa no viene pronto, nosotros _tendremos_ (tener) que ir sin ella.
2. Si tú no _trabajas_ (trabajar) hoy, vámonos al cine.

B. Situaciones hipotéticas sobre el presente

3. Si Carla tuviera más experiencia, yo la _contrataría_ (contratar).
4. Si Gabriel _ganara_ (ganar) más, podría ir de viaje.

C. Situaciones habituales en el pasado

5. Si llegaba tarde en mi trabajo anterior, la gerente me _gritaba_ (gritar).
6. Si nosotros no _hacíamos_ (hacer) la tarea, el profesor Cortijo nos daba una prueba sorpresa.

2 **Si trabajara menos** Carolina y Leticia trabajan cuarenta horas por semana y se imaginan qué harían si trabajaran menos horas. Completa la conversación con el condicional o el imperfecto del subjuntivo.

CAROLINA Estoy todo el día en la oficina, pero si (1) _trabajara_ (trabajar) menos, tendría más tiempo para divertirme. Si sólo viniera a la oficina algunas horas por semana, (2) _practicaría_ (practicar) el alpinismo más a menudo.

LETICIA ¿Alpinismo? ¡Qué aburrido! Si yo tuviera más tiempo libre, (3) _haría_ (hacer) todas las noches lo mismo: (4) _iría_ (ir) al cine, luego (5) _saldría_ (salir) a cenar y, para terminar la noche, (6) _haría_ (hacer) una fiesta para celebrar que ya no tengo que ir a trabajar por la mañana. Si nosotras (7) _tendríamos_ (tener) la suerte de no tener que trabajar nunca más, nos pasaríamos todo el día sin hacer absolutamente nada.

CAROLINA ¿Te imaginas? Si la vida fuera así, nosotras (8) _seríamos_ (ser) mucho más felices, ¿no crees?

3 **Situaciones** Completa las oraciones.

1. Si salimos esta noche, _____.
2. Si me llama el jefe, _____.
3. Saldré contigo después del trabajo si _____.
4. Si mis padres no me prestan dinero, _____.
5. Si tuviera el coche este sábado, _____.
6. Tendría más dinero si _____.
7. Si íbamos de vacaciones, _____.
8. Si peleaba con mis hermanos, _____.
9. Te prestaría el libro si _____.
10. Si mis amigos no tienen otros planes, _____.

Practice more at **descubre3.vhlcentral.com**.

Comunicación

4 **Si yo fuera...** En parejas, háganse preguntas sobre quiénes serían y cómo serían sus vidas si fueran estas personas.

> **MODELO** **un(a) cantante famoso/a**
>
> —¿Si fueras una cantante famosa, quién serías?
>
> —Si fuera una cantante famosa, sería Christina Aguilera. Pasaría el tiempo haciendo videos, dando conciertos...

1. un(a) cantante famoso/a
2. un personaje histórico famoso
3. un personaje de un libro
4. un(a) actor/actriz famoso/a
5. un(a) empresario/a
6. un(a) deportista exitoso/a

5 **¿Qué harías?** En parejas, miren los dibujos y túrnense para preguntarse qué harían si les ocurriera lo que muestra cada dibujo. Sigan el modelo y sean creativos.

> **MODELO** —¿Qué harías si alguien te invitara a bailar tango?
>
> —Si alguien me invitara a bailar tango, seguramente yo me pondría muy nervioso/a y saldría corriendo.

1.

2.

3.

4.

6 **Síntesis** En grupos de cuatro, conversen sobre qué harían en estas situaciones. Luego cada persona debe inventar una situación más y preguntarles a sus compañeros/as qué harían. Utilicen oraciones con **si**, el condicional y el imperfecto del subjuntivo.

1. ver a alguien intentando robar un carro
2. quedar atrapado/a en una tormenta de nieve
3. tener ocho hijos
4. despertarse tarde la mañana del examen final
5. descubrir que tienes el poder de ser invisible
6. enamorarse de alguien a primera vista

Recapitulación **Diagnostics**

S : **Audio: Vocabulary**

Antes de ver el corto

CLOWN

país España

duración 11 minutos

director Stephen Lynch

protagonistas el payaso, Luisa, el jefe

Vocabulario

la amenaza *threat*	**humillar** *to humiliate*
el/la cobrador(a) *debt collector*	**moroso/a** *debtor*
cumplir *to carry out*	**el/la payaso/a** *clown*
deber *to owe*	**el sueldo fijo** *base salary*
dejar en paz *to leave alone*	**tozudo/a (Esp.)** *stubborn*

---

1 **Oraciones incompletas** Completa las oraciones con las palabras apropiadas.

1. Alguien que no paga sus deudas es un _____.

2. Además del _____, la empresa me paga comisiones.

3. Una persona _____ nunca quiere cambiar de opinión.

4. Un _____ trabaja en el circo.

5. Cuando alguien no paga, algunas empresas contratan a un _____.

2 **Preguntas** En parejas, contesten las preguntas.

1. ¿Has tenido alguna vez un trabajo que no te gustaba? ¿Cuál?

2. Imagina que necesitas trabajar con urgencia. ¿Dónde buscarías trabajo? ¿Por qué?

3. ¿Eres capaz de hacer cosas que no te gustan por ganar dinero? Razona tu respuesta.

4. ¿Qué empleo crees que nunca harías? ¿Por qué?

5. Cuando eras niño/a, ¿qué trabajo soñabas con tener de grande?

3 **¿Qué sucederá?** En parejas, miren el fotograma e imaginen lo que va a ocurrir en la historia. Preparen una lista de adjetivos que podrían usarse para describir la personalidad del payaso. Compartan sus ideas con la clase.

 Practice more at **descubre3.vhlcentral.com**.

con **ROGER CASAMAJOR** y **LUCÍA DEL RÍO**
THE LIFT presenta una película de **STEPHEN LYNCH**
montaje **GABRIEL JORGES** • fotografía **PABLO CRUZ**
dirección de arte **ANJA MAYER** • diseño de vestuario **ANA LAURA SOLIS**
música **MARVIN PONTIAC / LOS CHICHOS**
guión **STEPHEN LYNCH** • producida por **JUAN CARLOS POLANCO**
dirigida por **STEPHEN LYNCH**

ARGUMENTO Un hombre comienza su primer día como cobrador vestido de payaso.

PAYASO ¿Luisa River? ¿Luisa River?
LUISA Sí.
PAYASO Debe usted 771 euros a Telefónica. Vengo a cobrar.
LUISA ¿Y tú quién eres?
PAYASO Soy de los cobradores del circo.

LUISA No tengo teléfono. Ni trabajo. Así que les dices a tus clientes que o me encuentran trabajo o que me dejen en paz.
PAYASO Mire Luisa, se lo voy a explicar para que lo entienda. Mi trabajo consiste en humillarla y seguirla hasta que nos pague.

LUISA Llega tarde tu amenaza. Debo tres meses de alquiler, y ya he vendido el coche, y la tele y todo, y tengo dos hijos y su padre no pasa un duro°. Así que tu factura me la suda° en este momento. Lo siento, payaso, me encantaría pagarte, pero esto es lo que hay°.

PAYASO ¿Estás orgullosa? ¿No te avergüenza? ¿No tienes vergüenza, Luisa? Yo llevo la nariz roja, ¿pero quién hace aquí el payaso?
LUISA ¿Quieres una respuesta? Pues sí, estoy orgullosa de no tener que ganarme la vida humillando a la gente.

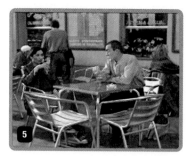

PAYASO ¿Tú crees que yo me quería dedicar a esto? Pues no. Pero si tengo que hacerlo para mantener a mi mujer y a mi bebé, pues lo haré. Es patético, pero lo haré.
LUISA ¿Tienes un bebé?
PAYASO Una niña, de siete meses.

JEFE ¿Y cómo ha ido?
PAYASO Bueno, pues… bien.
JEFE ¿Pero cobraste o no?
PAYASO No, cobrar, cobrar no, pero…
JEFE ¿Fuiste tozudo?
PAYASO ¡Muy tozudo!

duro *five-peseta coin* **me la suda** *I don't give a damn*
esto es lo que hay *take it or leave it*

Después de ver el corto

1 **Comprensión** Contesta las preguntas con oraciones completas.

1. ¿En qué consiste el trabajo del payaso?
2. ¿Por qué sigue a Luisa?
3. ¿Qué razones le da Luisa al payaso para no pagar?
4. ¿Adónde van después de bajar del autobús?
5. ¿Tiene familia el payaso?
6. ¿Qué razones le da el payaso a su jefe para explicar que Luisa no puede pagar?
7. ¿Qué le dice el jefe al payaso?
8. ¿Por qué se enoja el payaso con Luisa?

2 **Ampliación** Contesta las preguntas con oraciones completas.

1. ¿Por qué está nervioso el payaso al principio?
2. ¿Piensas que le gusta su trabajo? ¿Por qué?
3. Explica qué ocurre al final del corto.
4. ¿Crees que Luisa actuó bien? ¿Por qué? Explica tu respuesta.
5. Imagina que no tienes dinero y te ofrecen este puesto de trabajo. ¿Lo tomarías? Razona tu respuesta.

3 **Opiniones** En parejas, lean la cita. ¿Están de acuerdo con lo que se expresa en ella? Compartan su opinión con la clase.

> **❝ Pues sí, estoy orgullosa de no tener que ganarme la vida humillando a la gente como haces tú. No tengo nada, muy bien, pero tengo mi dignidad. ❞**

4 **Entrevistas de trabajo** En parejas, imaginen la entrevista de trabajo entre el hombre y el jefe de la empresa de cobradores.

A. Conversen acerca de estas preguntas.

- ¿Qué preguntas le hizo el jefe antes de ofrecerle el trabajo?
- ¿Qué contestó el hombre?
- ¿Cómo reaccionó cuando le dijeron que tenía que vestirse de payaso?

B. Ensayen la entrevista de trabajo entre el hombre y el jefe. Luego, actúen la entrevista frente a la clase.

 Practice more at **descubre3.vhlcentral.com.**

Mercado de flores, 1949.
Diego Rivera, México.

"Cuando llegue la inspiración, que
me encuentre trabajando."

— Pablo Picasso

Antes de leer 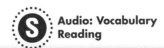 **S** Audio: Vocabulary Reading

La abeja haragana

Sobre el autor

Horacio Quiroga nació en Salto, Uruguay, el 31 de diciembre de 1878. En su juventud practicó ciclismo, fotografía, mecánica y carpintería. Fue un trabajador compulsivo y pionero de la escritura profesional. En 1898 viajó a Argentina y allí se quedó. Vivió en San Ignacio, Misiones, donde cultivaba orquídeas y vivía en estrecho (*close*) contacto con la naturaleza en la selva, de clima favorable para sus problemas de salud. Su interés por la literatura comenzó por la poesía y su primer libro fue *Los arrecifes de coral* (1901), al que siguieron, entre otros, *Cuentos de amor, de locura y de muerte* (1917) y la colección de relatos para niños titulada *Cuentos de la selva* (1918).

Vocabulario

la advertencia *warning*
el aprendizaje *learning*
la colmena *beehive*
el deber *duty*

el descanso *rest*
la experiencia *experience*
la fatiga *fatigue; weariness*
haragán/haragana *lazy; idle*

la miel *honey*
el polen *pollen*
trabajador(a) *industrious; hard-working*
volar (o:ue) *to fly*

El valor del trabajo Un abuelo le da consejos a su nieto sobre el valor del trabajo. Completa el párrafo con las palabras correctas.

La persona (1) _____ no llega a ningún lado en este mundo: se necesita mucho esfuerzo para lograr algo en la vida, sin hacerle caso a la (2) _____ que uno pueda sentir. El (3) _____ llegará después. Esta (4) _____ proviene de mi propia (5) _____. Es un largo (6) _____ que se hace durante toda la vida pero, al final, la persona (7) _____ puede estar satisfecha de haber cumplido con su (8) _____.

Conexión personal

¿Crees que las cosas obtenidas con esfuerzo valen más? ¿O es mejor cuando se obtienen por buena suerte o ingenio? ¿Qué te parece más justo?

Análisis literario: la fábula

La fábula es un breve relato dialogado que suele incluir una moraleja (*moral*) extraída de los eventos relatados. La conducta de las personas se compara con el comportamiento típico de ciertos animales que son los protagonistas de las fábulas y encarnan (*embody*) vicios y virtudes humanas. Por ejemplo: la hormiga (*ant*) representa la laboriosidad (*hard work*) y la previsión (*foresight*). ¿Qué virtudes representan estos animales?

la serpiente   el perro   el gato   el caballo

Horacio Quiroga

La abeja haragana

Había una vez en una colmena una abeja que no quería trabajar, es decir, recorría los árboles uno por uno para tomar el jugo de las flores; pero en vez
5 de conservarlo para convertirlo en miel, se lo tomaba del todo.

Era, pues, una abeja haragana. Todas las mañanas, apenas el sol calentaba el aire, la abejita se asomaba° a la puerta de la colmena,
10 veía que hacía buen tiempo, se peinaba con las patas, como hacen las moscas, y echaba entonces a volar, muy contenta del lindo día. Zumbaba° muerta de gusto de flor en flor, entraba en la colmena, volvía a salir, y así se
15 lo pasaba todo el día mientras las otras abejas se mataban trabajando para llenar la colmena de miel, porque la miel es el alimento de las abejas recién nacidas°.

stuck her head out (10)

She buzzed (13)

newborn

Como las abejas son muy serias, comenzaron a disgustarse con el proceder° 20 de la hermana haragana. En la puerta de las colmenas hay siempre unas cuantas abejas que están de guardia° para cuidar que no entren bichos° en la colmena. Estas abejas suelen ser muy viejas, con gran experiencia de la vida y 25 tienen el lomo° pelado° porque han perdido todos los pelos de rozar° contra la puerta de la colmena.

Un día, pues, detuvieron a la abeja haragana cuando iba a entrar, diciéndole: 30

—Compañera: es necesario que trabajes, porque todas las abejas debemos trabajar.

La abejita contestó:

—Yo ando todo el día volando, y me canso mucho. 35

—No es cuestión de que te canses mucho

behavior (20)

on duty

bugs

back/hairless (25)

rub

—respondieron—, sino de que trabajes un poco. Es la primera advertencia que te hacemos.

Y diciendo así la dejaron pasar.

40 Pero la abeja haragana no se corregía. De modo que a la tarde siguiente las abejas que estaban de guardia le dijeron:

—Hay que trabajar, hermana.

Y ella respondió en seguida:

45 —¡Uno de estos días lo voy a hacer!

—No es cuestión de que lo hagas uno de estos días —le respondieron— sino mañana mismo.

Y la dejaron pasar.

50 Al anochecer siguiente se repitió la misma cosa. Antes de que le dijeran nada, la abejita exclamó:

—¡Sí, sí hermanas! ¡Ya me acuerdo de lo que he prometido!

55 —No es cuestión de que te acuerdes de lo prometido —le respondieron—, sino de que trabajes. Hoy es 19 de abril. Pues bien: trata de que mañana, 20, hayas traído una gota° *drop* siquiera de miel. Y ahora, pasa.

60 Y diciendo esto, se apartaron para dejarla entrar.

Pero el 20 de abril pasó en vano como todos los demás. Con la diferencia de que al caer el sol el tiempo se descompuso y comenzó
to blow 65 a soplar° un viento frío.

La abejita haragana voló apresurada° *in a hurry* hacia su colmena, pensando en lo calentito que estaría allá dentro. Pero cuando quiso entrar, las abejas que estaban de guardia se
70 lo impidieron.

—¡No se entra! —le dijeron fríamente.
cried out —¡Yo quiero entrar! —clamó° la abejita—. Ésta es mi colmena.

—Ésta es la colmena de unas pobres abejas
75 trabajadoras —le contestaron las otras—. No hay entrada para las haraganas.

—¡Mañana sin falta voy a trabajar! —insistió la abejita.

—No hay mañana para las que no trabajan
80 —respondieron las abejas. Y esto diciendo la
pushed empujaron° afuera.

La abejita, sin saber qué hacer, voló un rato aún; pero ya la noche caía y se veía apenas. Quiso cogerse° de una hoja°, y cayó al *to hold on to/leaf* suelo. Tenía el cuerpo entumecido° por el aire 85 *numb* frío, y no podía volar más.

Arrastrándose° entonces por el suelo, *Crawling* trepando° y bajando de los palitos° y *climbing/* piedritas°, que le parecían montañas, llegó *little sticks/* a la puerta de la colmena, a tiempo que 90 *little stones* comenzaban a caer frías gotas de lluvia.

—¡Perdón! —gimió° la abeja—. ¡Déjenme *groaned* entrar!

—Ya es tarde —le respondieron.

—¡Por favor, hermanas! ¡Tengo sueño! 95

—Es más tarde aún.

—¡Compañeras, por piedad! ¡Tengo frío!

—Imposible.

—¡Por última vez! ¡Me voy a morir!
Entonces le dijeron: 100

—No, no morirás. Aprenderás en una sola noche lo que es el descanso ganado con el trabajo. Vete.

Y la echaron.

Entonces, temblando de frío, con las alas 105 mojadas° y tropezando°, la abeja se arrastró, *wet/stumbling* se arrastró hasta que de pronto rodó° por un *rolled* agujero°; cayó rodando, mejor dicho, al fondo *hole* de una caverna°. *cave*

Creyó que no iba a concluir nunca 110 de bajar. Al fin llegó al fondo, y se halló° *found herself* bruscamente ante una víbora°, una culebra° *viper/snake* verde de lomo color ladrillo°, que la miraba *brick* enroscada° y presta a lanzarse° sobre ella. *curled up/*

En verdad, aquella caverna era el hueco° 115 *throw itself/hollow* de un árbol que habían trasplantado hacía tiempo, y que la culebra había elegido de guarida°. *lair*

Las culebras comen abejas, que les gustan mucho. Por esto la abejita, al encontrarse ante 120 su enemiga°, murmuró cerrando los ojos: *enemy*

—¡Adiós mi vida! Ésta es la última hora que yo veo la luz.

Pero con gran sorpresa suya, la culebra no solamente no la devoró sino que le dijo: 125

—¿Qué tal, abejita? No has de ser° muy *You must not be*

trabajadora para estar aquí a estas horas.

—Es cierto —murmuró la abejita—. No trabajo, y yo tengo la culpa°.

blame

added 130

—Siendo así —agregó° la culebra, burlona°—, voy a quitar del mundo a un mal bicho como tú. Te voy a comer, abeja.

mockingly

—¡No es justo eso, no es justo! No es justo que usted me coma porque es más fuerte que yo. Los hombres saben lo que es justicia.

135

—¡Ah, ah! —exclamó la culebra, enroscándose° ligero°—. ¿Tú conoces bien a los hombres? ¿Tú crees que los hombres, que les quitan la miel a ustedes, son más justos, grandísima tonta?

coiling up/fast

140

—No, no es por eso que nos quitan la miel —respondió la abeja.

—¿Y por qué, entonces?

—Porque son más inteligentes.

145

Así dijo la abejita. Pero la culebra se echó a reír, exclamando:

—¡Bueno! Con justicia o sin ella, te voy a comer; apróntate°.

get ready

Y se echó atrás, para lanzarse sobre la abeja. Pero ésta exclamó:

150

—Usted hace eso porque es menos inteligente que yo.

—Pues bien —dijo la culebra—, vamos a verlo. Vamos a hacer dos pruebas. La que haga la prueba más rara, ésa gana. Si gano yo, te como.

155

—¿Y si gano yo? —preguntó la abejita.

—Si ganas tú —repuso su enemiga—, tienes el derecho de pasar la noche aquí, hasta que sea de día. ¿Te conviene°?

Does that work 160
for you?

—Aceptado —contestó la abeja.

La culebra se echó a reír de nuevo, porque se le había ocurrido una cosa que jamás podría hacer una abeja. Y he aquí lo que hizo:

165

Salió un instante afuera, tan velozmente que la abeja no tuvo tiempo de nada. Y volvió trayendo una cápsula° de semillas° de eucalipto, de un eucalipto que estaba al lado de la colmena y que le daba sombra.

capsule/seeds

170

Los muchachos hacen bailar como trompos° esas cápsulas, y les llaman trompitos de eucalipto.

spinning tops

—Esto es lo que voy a hacer —dijo la culebra—. ¡Fíjate bien, atención!

Y arrollando° vivamente la cola alrededor del trompito como un piolín° la desenvolvió a toda velocidad, con tanta rapidez que el trompito quedó bailando y zumbando como un loco.

175 *coiling up*

strip

La culebra reía, y con mucha razón, porque jamás una abeja ha hecho ni podrá hacer bailar a un trompito. Pero cuando el trompito, que se había quedado dormido zumbando, como les pasa a los trompos de naranjo, cayó por fin al suelo, la abeja dijo:

180

185

—Esa prueba es muy linda, y yo nunca podré hacer eso.

—Entonces, te como —exclamó la culebra.

—¡Un momento! Yo no puedo hacer eso; pero hago una cosa que nadie hace.

190

—¿Qué es eso?

—Desaparecer.

—¿Cómo? —exclamó la culebra, dando un salto de sorpresa—. ¿Desaparecer sin salir de aquí?

195

—Sin salir de aquí.

—Pues bien, ¡hazlo! Y si no lo haces, te como en seguida —dijo la culebra.

El caso es que mientras el trompito bailaba, la abeja había tenido tiempo de examinar la caverna y había visto una plantita que crecía allí. Era un arbustillo°, casi un yuyito°, con grandes hojas del tamaño de una moneda de dos centavos.

200

shrub

weed

La abeja se arrimó° a la plantita, teniendo cuidado de no tocarla, y dijo así:

205 *came closer to*

—Ahora me toca a mí, señora Culebra. Me va a hacer el favor de darse vuelta, y contar hasta tres. Cuando diga "tres" búsqueme por todas partes, ¡ya no estaré más!

210

Y así pasó, en efecto. La culebra dijo rápidamente: "uno..., dos..., tres", y se volvió y abrió la boca cuan grande era, de sorpresa: allí no había nadie. Miró arriba, abajo, a todos lados, recorrió los rincones°, la plantita, tanteó° todo con la lengua. Inútil: la abeja había desaparecido.

215 *corners; nooks*

she felt out

La culebra comprendió entonces que si su

prueba del trompito era muy buena, la prueba
de la abeja era simplemente extraordinaria.
¿Qué se había hecho? ¿Dónde estaba?

Una voz que apenas se oía —la voz de la
abejita— salió del medio de la cueva.

—¿No me vas a hacer nada? —dijo la
voz—. ¿Puedo contar con tu juramento?

—Sí —respondió la culebra—. Te lo juro.
¿Dónde estás?

—Aquí —respondió la abejita, apareciendo
súbitamente° de entre una hoja cerrada de
la plantita.

¿Qué había pasado?
Una cosa muy sencilla:
la plantita en cuestión
era una sensitiva°, muy
común también en Buenos
Aires, y que tiene la
particularidad de que sus
hojas se cierran al menor
contacto. Solamente
que esta aventura pasaba
en Misiones°, donde la
vegetación es muy rica, y por lo tanto muy
grandes las hojas de las sensitivas. De
aquí que al contacto de la abeja, las
hojas se cerraron, ocultando° completamente
al insecto.

La inteligencia de la culebra no había
alcanzado nunca a darse cuenta de este
fenómeno; pero la abeja lo había observado, y
se aprovechaba de él para salvar su vida.

La culebra no dijo nada, pero quedó muy
irritada con su derrota°, tanto que la abeja
pasó toda la noche recordando a su enemiga
la promesa que había hecho de respetarla.

Fue una noche larga, interminable, que las
dos pasaron arrimadas contra° la pared más
alta de la caverna, porque la tormenta se había
desencadenado°, y el agua entraba como un
río adentro.

Hacía mucho frío, además, y adentro
reinaba la oscuridad más completa. De
cuando en cuando la culebra sentía impulsos
de lanzarse sobre la abeja, y ésta creía entonces
llegado el término de su vida.

Nunca jamás creyó la abejita que
una noche podría ser tan fría, tan larga,
tan horrible. Recordaba su vida anterior,
durmiendo noche tras noche en la colmena,
bien calentita, y lloraba entonces en silencio.

Cuando llegó el día, y salió el sol, porque
el tiempo se había compuesto, la abejita voló
y lloró otra vez en silencio ante la puerta de la
colmena hecha por el esfuerzo° de la familia.
Las abejas de guardia la dejaron pasar sin
decirle nada, porque comprendieron que
la que volvía no era la paseandera°

haragana, sino una abeja que había hecho
en sólo una noche un duro aprendizaje de la
vida.

Así fue, en efecto. En adelante, ninguna
como ella recogió tanto polen ni fabricó tanta
miel. Y cuando el otoño llegó, y llegó también
el término de sus días, tuvo aún tiempo de dar
una última lección antes de morir a las jóvenes
abejas que la rodeaban°:

—No es nuestra inteligencia, sino nuestro
trabajo quien nos hace tan fuertes. Yo usé una
sola vez mi inteligencia, y fue para salvar mi
vida. No habría necesitado de ese esfuerzo,
si hubiera trabajado como todas. Me he
cansado tanto volando de aquí para allá, como
trabajando. Lo que me faltaba era la noción
del deber, que adquirí aquella noche.

Trabajen, compañeras, pensando que
el fin a que tienden° nuestros esfuerzos —la
felicidad de todos— es muy superior a la
fatiga de cada uno. A esto los hombres llaman
ideal, y tienen razón. No hay otra filosofía en
la vida de un hombre y de una abeja. ■

220

suddenly
230

*mimosa pudica
or sensitive plant*
235

*province in
Argentina*
240

hiding 245

250

defeat

255

close to

had broken out

260

265

effort

275 *wanderer*

280

surrounded her 285

290

295 *work towards*

Después de leer

La abeja haragana
Horacio Quiroga

1 Comprensión Enumera los acontecimientos en el orden en que aparecen en el cuento.

____ a. La abeja haragana gana la prueba.

____ b. Las guardianas dejan que la abeja haragana entre en la colmena pero le advierten que será la última vez.

____ c. Una culebra le anuncia que la va a devorar.

____ d. Las guardianas dejan pasar a la abeja que ya no es haragana.

____ e. La abeja promete cambiar pero no cumple.

____ f. La culebra hace su prueba con éxito.

____ g. La abeja regresa a la colmena después de pasar la noche afuera.

____ h. Las guardianas le prohíben entrar en la colmena.

____ i. La culebra le propone hacer dos pruebas.

____ j. La abeja cae por un hueco en un árbol.

2 Análisis Lee el relato nuevamente y responde a las preguntas.

1. ¿Qué características podrías señalar de la abeja haragana? ¿En qué se diferenciaba de las otras abejas?

2. ¿Qué te parece que puede representar la víbora?

3. En el relato, ¿qué es lo que salva a la abeja de la víbora?

4. ¿Cuál es la moraleja de la fábula?

3 Interpretación En parejas, respondan a las preguntas.

1. En el relato se contraponen claramente dos lugares: la colmena y el exterior. ¿Puedes encontrar una palabra que caracterice a cada uno?

2. Las guardianas advierten a la abeja varias veces antes de impedirle la entrada. ¿Te parece bien lo que hacen? ¿Crees que tienen razón?

3. ¿Por qué es tan importante que todas colaboren con la tarea de recoger el polen? ¿Para qué sirve la miel que hacen las abejas? ¿Qué sentido tiene eso para la comunidad?

4. ¿Qué crees que hizo recapacitar a la abeja haragana?

5. ¿Estás de acuerdo con la moraleja de la fábula?

6. ¿Te parece que la abeja fue feliz al aceptar las reglas de la colmena?

4 Tu propia fábula Elige una de las comparaciones de la lista y escribe una fábula breve sobre el animal y la cualidad o vicio. Si lo prefieres, puedes elegir otro animal y otra cualidad o vicio. No olvides concluir el relato con una moraleja.

- inocente como un cordero (*lamb*)
- fuerte como un león
- astuto (*sly*) como un zorro (*fox*)
- terco (*stubborn*) como una mula

 Practice more at **descubre3.vhlcentral.com**.

Antes de leer

Vocabulario

adinerado/a *wealthy*	**la huella** *trace; mark*
el anfitrión/la anfitriona *host(ess)*	**el lujo** *luxury*
diseñar *to design*	**el privilegio** *privilege*
enérgico/a *energetic*	**tomar en serio** *to take seriously*

Balenciaga Completa el párrafo usando sólo una vez cada palabra y frase.

Cristóbal Balenciaga nació en España en 1895. Ya de joven, comenzó a
(1) _____ ropa. Para él la moda era algo que había que (2) _____. En 1937 abrió
una tienda en París donde atendía a una clientela exclusiva y (3) _____. Tuvo el
(4) _____ de vestir a muchos famosos. Jackie Kennedy lució (*wore*) sus diseños como
(5) _____ de elegantes cenas y eventos. El estilo de este (6) _____ y creativo
diseñador se caracterizaba por la discreción y la elegancia. En 1968 el (7) _____ y la
elegancia del estilo Balenciaga casi desaparecen. El diseñador cerró su tienda porque
se sentía desilusionado con la nueva moda *prêt-à-porter* (*ready-to-wear*). Sin embargo,
el estilo Balenciaga dejó su (8) _____ para siempre en el mundo de la moda, y
actualmente el Grupo Gucci sigue produciendo la línea Balenciaga.

Conexión personal ¿Te gusta vestirte a la moda o no te importa mucho la ropa? Llena la
encuesta personal y después compara tus respuestas con las de un(a) compañero/a.

	Siempre	A veces	Nunca
1. Voy a las tiendas de ropa.			
2. Todos los años cambio mi vestuario.			
3. Mis accesorios hacen juego con mi ropa.			
4. Salgo bien vestido/a de casa.			
5. Me compro ropa que veo en las revistas.			
6. Me gusta comprar ropa cara.			

Contexto cultural

Cuando pensamos en la moda, solemos pensar en Milán, París o
Nueva York. Sin embargo, gracias a diseñadores como la venezolana
Carolina Herrera o el dominicano **Oscar de la Renta**, los diseñadores
latinoamericanos comenzaron a dejar su huella en el mundo de la moda.

Por iniciativa de Herrera, se estableció en 1999 el Consejo de
Diseñadores de Moda Latinoamericanos. Esta organización sin fines
de lucro (*nonprofit*) promueve a los diseñadores latinoamericanos y
organiza la Semana de la Moda de las Américas, evento muy popular entre celebridades,
empresarios de la moda y periodistas.

Carolina Herrera
una señora en su punto

Isabel Piquer

Carolina Herrera, 1979.
Andy Warhol, 1928-1987.

1 Cuando cumplió los 40, Carolina Herrera decidió hacer algo inaudito°: empezar a trabajar. No tenía por qué. Vivía en Caracas *unheard of* en un mundo de lujo y privilegio. Pertenecía a una de las familias más antiguas y adineradas de Venezuela. Estaba felizmente casada,
5 tenía cuatro hijos. Llevaba casi diez años en la lista de las mujeres más elegantes del mundo. Era la perfecta anfitriona, la reina de las fiestas de sociedad. Nadie se lo tomó muy en serio.

De eso hace 22 años. "Nunca hubiera podido anticipar este éxito. Cuando empiezas, 10 creo que nunca sabes muy bien adónde vas ni si vas a gustar, porque tampoco lo estás pensando. Y de repente llega. Luego, si tienes un poquito de éxito, es imposible parar porque es como una droga". Sentada 15 en uno de los sillones de su oficina de la Séptima Avenida, en el Garment District de Nueva York, Herrera habla con la voz *soft* melosa° de su acento natal. Está perfecta. Ni *wrinkle* una arruga°. Es la imagen de la distinción 20 que ha sabido crear y vender desde su primer desfile, en un apartamento prestado de Park Avenue.

Carolina Herrera tiene la pose y la elegancia de una mujer de mundo. En 25 Caracas vivió las legendarias fiestas de su suegra, Mimi Herrera, amiga de Greta Garbo y de la duquesa de Windsor. En Nueva York fue la diseñadora de Jackie Kennedy en los últimos 12 años de su vida. Warhol le hizo 30 tres retratos, todos iguales salvo por el color de la sombra de ojos. Y cuando *Vanity Fair* *fold-out* sacó el pasado abril una portada plegable° sobre estrellas y leyendas de Hollywood, no encontró mejor decorado que una réplica 35 del salón victoriano de su casa del Upper East Side.

Tenía 13 años cuando su abuela la llevó a París, a un desfile de Cristóbal Balenciaga. *haute couture* Fue su primera introducción a la alta costura°. 40 Le gustó, pero no lo bastante como para pensar en dedicarse a la moda. "Yo no era *dolls* de las que jugaban a vestir a sus muñecas°". Sin embargo, aquella experiencia dejó huella. Aún ahora asegura inspirarse en las líneas 45 claras y sencillas del español que triunfó en Francia.

Esta imagen elitista también ha jugado en su contra. A menudo se ha relegado a Carolina Herrera a la categoría de diseñadora para las 50 *ladies who lunch* (las damas que almuerzan). "Si yo sólo hubiera hecho colecciones para mis amigas habría cerrado hace veinte años,

porque una compañía no se puede basar en eso. Es imposible. En aquel momento decidieron ponerme esa etiqueta°, pero mi 55 *label* moda no sólo ha sido para ellas".

El tiempo le ha dado la razón. El Park Avenue chic, las faldas por debajo de la rodilla, lo clásico, lo caro llenan las páginas de las revistas. Todo el mundo quiere parecerse a 60 la adinerada minoría neoyorquina. "La moda es algo que cambia, pero ciertos elementos son constantes: la sofisticación, la elegancia y, por supuesto, el lujo", dice la diseñadora. "La moda es una fantasía, una locura, un misterio. 65

Carolina Herrera, hija, sigue la huella de su famosa madre. Además de trabajar junto a su madre en el negocio de la moda, es quien se encarga de los perfumes que llevan la marca Carolina Herrera. También es portavoz (*spokesperson*) de la marca CH Carolina Herrera, línea de tono más informal lanzada en 2005 que incluye ropa y accesorios para hombres y mujeres.

¿Qué es la moda? Es algo que necesitas todos los días porque te vistes todos los días. Cuando la gente está combinando lo que se va a poner por las mañanas, ya está haciendo moda. Moda es historia, es civilización, es 70 arte, es un negocio".

"Cuando empecé, tenía 40 años. Acababa de nacer mi primer nieto. A menudo me han preguntado por qué se me ocurrió meterme en esta aventura. Creo que hay un momento 75 en la vida de todo el mundo en el que debes hacer lo que realmente quieres". ■

Publicado en El País (España) el 28 de septiembre de 2001.

Después de leer
Carolina Herrera

1 **Comprensión** Decide si las oraciones son **ciertas** o **falsas**. Corrige las oraciones falsas.

Cierto	Falso	
☐	☐	1. Carolina Herrera comenzó a diseñar ropa a los cuarenta años.
☐	☐	2. Carolina Herrera vive ahora en París.
☐	☐	3. De pequeña, Carolina Herrera vestía a sus muñecas.
☐	☐	4. Carolina Herrera viene de una familia muy rica.
☐	☐	5. Según Carolina, la moda es arte y negocio.
☐	☐	6. Carolina siempre recibe muy buenas críticas.
☐	☐	7. Jackie Kennedy sólo le encargó algunos vestidos.
☐	☐	8. Andy Warhol hizo tres retratos de Carolina Herrera.

2 **Interpretación** Contesta las preguntas con oraciones completas.

1. ¿Era común que las mujeres de la clase social de Carolina trabajaran? ¿Ha cambiado esto con el paso de los años?

2. ¿Pensaba Carolina que iba a tener un gran éxito cuando empezó a diseñar ropa? Razona tu respuesta.

3. ¿Crees que Carolina es una buena mujer de negocios? Explica tu respuesta y cita ejemplos del texto.

4. ¿Cómo describe la moda Carolina? ¿Con qué cosas la compara? ¿Qué opinas sobre esta definición de la moda?

3 **Diseñadores** En grupos, imaginen que van a montar un negocio como diseñadores (de ropa, de interiores o de jardines). ¿Qué necesitarían para comenzarlo? Preparen una lista de cinco cosas que tendrían que tener para comenzar. Usen verbos en condicional y oraciones con **si**.

> **MODELO** Necesitaríamos dos diseñadores/as de moda.

4 **La moda** Elige una de las afirmaciones y escribe un párrafo para expresar tu opinión a favor o en contra. Usa el condicional, el imperfecto del subjuntivo y oraciones con **si**.

> **MODELO** **Se puede rechazar a un(a) candidato/a para un puesto de trabajo si se presenta mal vestido/a para una entrevista.**
>
> No estoy de acuerdo. Si no estuvieras capacitado para el puesto, te podrían rechazar; pero si no les gusta tu ropa, ése no es un buen motivo para rechazarte.

- La moda promueve la superficialidad y es responsable de muchos trastornos de la alimentación (*eating disorders*) entre las mujeres jóvenes.

- Para tener éxito en el mundo empresarial, hay que lucir (*appear*) siempre elegante.

- En otros países la gente se viste mejor para ir a trabajar.

- Se puede rechazar a un(a) candidato/a para un puesto de trabajo si se presenta mal vestido/a para una entrevista.

Practice more at **descubre3.vhlcentral.com.**

recursos

v̂ Text

CP
p. 79

CH
pp. 125–128

S

descubre3.
vhlcentral.com

Atando cabos

¡A conversar!

Proyecto publicitario

A. Formen grupos de cuatro. Imaginen que deben presentar un proyecto publicitario a los directivos de una empresa. Elijan uno de estos proyectos.

- camisas que nunca se arrugan
- un programa para aprender a hablar español mientras duermes
- un servicio de tutores de estudio por Internet
- una peluquería para humanos y mascotas

B. Para preparar el proyecto, respondan a estas preguntas.

1. ¿Qué quieren vender con su publicidad?
2. ¿Cómo son las personas que comprarían el producto o servicio? ¿Qué edad tienen? ¿De qué sexo son? ¿Qué cosas les gustan?
3. ¿Qué tipo(s) de publicidad harían (afiches, en radio, en televisión, en Internet)?
4. ¿Qué necesitarían para hacer la publicidad?
5. ¿Cuál será el eslogan del producto o servicio?

C. Preparen la presentación de su proyecto para el resto de la clase. Decidan quién presentará cada punto. Practiquen la presentación varias veces. Pueden usar elementos visuales como ayuda (afiches, etc). Para ordenar su presentación, pueden utilizar estas expresiones:

- Este proyecto es para...
- Sabemos que el público...
- Por eso hemos decidido...
- En primer / segundo lugar...
- Además / También / Igualmente...
- Finalmente / Por último...

D. Presenten el proyecto. Den las razones de lo que han decidido hacer. Sus compañeros pueden hacerles preguntas sobre el proyecto.

E. Cuando cada grupo haya terminado su presentación, voten para elegir la mejor idea publicitaria.

¡A escribir!

Pasantía de verano Imagina que quieres solicitar un puesto para una pasantía (*internship*) de verano en una de las empresas de la actividad anterior. Escribe una carta de tres párrafos para solicitar un puesto como pasante de verano. Usa cláusulas con **si** en tu carta.

- Primer párrafo: explica por qué estás escribiendo.
- Segundo párrafo: da detalles sobre tus estudios y experiencia laboral.
- Tercer párrafo: explica por qué crees que eres el/la mejor candidato/a para el puesto.

recursos

v̂ Text

CA
pp. 113–114

CP
p. 80

CH
pp. 129–130

Audio: Vocabulary Flashcards

El trabajo

el aumento de sueldo	raise in salary
la compañía	company
la conferencia	conference
el contrato	contract
el currículum vitae	résumé
el empleo	employment; job
la entrevista de trabajo	job interview
el puesto	position; job
la reunión	meeting
el sueldo mínimo	minimum wage
administrar	to manage; to run
ascender (e:ie)	to rise; to be promoted
contratar	to hire
despedir (e:i)	to fire
exigir	to demand
ganar bien/mal	to be well/poorly paid
ganarse la vida	to earn a living
jubilarse	to retire
renunciar	to quit
solicitar	to apply for
(des)empleado/a	(un)employed
exitoso/a	successful
(in)capaz	(in)competent; (in)capable

La gente en el trabajo

el/la asesor(a)	consultant; advisor
el/la contador(a)	accountant
el/la dueño/a	owner
el/la ejecutivo/a	executive
el/la empleado/a	employee
el/la gerente	manager
el hombre/la mujer de negocios	businessman/woman
el/la socio/a	partner; member
el/la vendedor(a)	salesperson

La economía

la bolsa de valores	stock market
el comercio	commerce; trade
el desempleo	unemployment
la empresa multinacional	multinational company
la globalización	globalization
la huelga	strike
el impuesto (de ventas)	(sales) tax
la inversión (extranjera)	(foreign) investment
el mercado	market
la pobreza	poverty
la riqueza	wealth
el sindicato	labor union
exportar	to export
importar	to import

Las finanzas

el ahorro	savings
la bancarrota	bankruptcy
el cajero automático	ATM
la cuenta corriente	checking account
la cuenta de ahorros	savings account
la deuda	debt
el presupuesto	budget
ahorrar	to save
cobrar	to charge; to receive
depositar	to deposit
financiar	to finance
gastar	to spend
invertir (e:ie)	to invest
pedir (e:i) prestado/a	to borrow
prestar	to lend
a corto/largo plazo	short/long-term
fijo/a	permanent; fixed
financiero/a	financial

Más vocabulario

Expresiones útiles	Ver p. 287
Estructura	Ver pp. 294–295, 298–299 y 302–303

Cinemateca

la amenaza	threat
el/la cobrador(a)	debt collector
el/la moroso/a	debtor
el/la payaso/a	clown
el sueldo fijo	base salary
cumplir	to carry out
deber	to owe
dejar en paz	to leave alone
humillar	to humiliate
tozudo/a	stubborn

Literatura

la advertencia	warning
el aprendizaje	learning
la colmena	beehive
el deber	duty
el descanso	rest
la experiencia	experience
la fatiga	fatigue; weariness
la miel	honey
el polen	pollen
volar (o:ue)	to fly
haragán/haragana	lazy; idle
trabajador(a)	industrious; hard-working

Cultura

el anfitrión/la anfitriona	host(ess)
la huella	trace; mark
el lujo	luxury
el privilegio	privilege
diseñar	to design
tomar en serio	to take seriously
adinerado/a	wealthy
enérgico/a	energetic

La cultura popular y los medios de comunicación (9)

Communicative Goals

You will expand your ability to...

- express will, emotion, doubt, or denial in the past
- express uncertainty, indefiniteness, condition, and intent in the past
- create longer, more informative sentences
- reference general ideas

Ⓢ **Game**
Audio: Activities, Vocabulary

La cultura popular y **los medios de comunicación**

La televisión, la radio y el cine

La **locutora** les anunció a los **oyentes** de la **radioemisora** que iba a presentar una canción de la **banda sonora** del nuevo éxito de Almodóvar.

la banda sonora *soundtrack*
la cadena *network*
el canal *channel*
el/la corresponsal *correspondent*
el/la crítico/a de cine *film critic*
el documental *documentary*
los efectos especiales *special effects*
el episodio (final) *(final) episode*
el/la locutor(a) de radio *radio announcer*
el/la oyente *listener*
la (radio)emisora *radio station*
el reportaje *news report*
el/la reportero/a *reporter*
los subtítulos *subtitles*
la telenovela *soap opera*
el/la televidente *television viewer*
el video musical *music video*

grabar *to record*
rodar (o:ue) *to film*
transmitir *to broadcast*

doblado/a *dubbed*
en directo/vivo *live*

La cultura popular

la celebridad *celebrity*
el chisme *gossip*
la estrella (pop) *(pop) star [m/f]*
la fama *fame*
la moda pasajera *fad*
la tendencia/la moda *trend*

hacerse famoso/a *to become famous*
tener buena/mala fama
　　to have a good/bad reputation

actual *current*
de moda *popular; in fashion*
influyente *influential*
pasado/a de moda *out-of-date; no longer popular*

Los medios de comunicación

el acontecimiento *event*
la actualidad *current events*
el anuncio *advertisement; commercial*
la censura *censorship*
la libertad de prensa *freedom of the press*
los medios de comunicación *media*
la parcialidad *bias*
la publicidad *advertising*
el público *public; audience*

enterarse (de) *to become informed (about)*
estar al tanto/al día *to be informed, up-to-date*

actualizado/a *up-to-date*
controvertido/a *controversial*
de último momento *up-to-the-minute*
destacado/a *prominent*
(im)parcial *(un)biased*

La prensa

María lee el **periódico** todas las mañanas. Prefiere leer primero los **titulares** de la **portada** y las **tiras cómicas**. Después lee las **noticias internacionales**.

el/la lector(a) *reader*
las noticias locales/nacionales/internacionales *local/domestic/international news*
el periódico/el diario *newspaper*
el/la periodista *journalist*

la portada *front page; cover*

El Mundo

| El Presidente denuncia terrorismo | Ex líder robó fondos secretos |

la prensa *press*
la prensa sensacionalista *tabloid(s)*
el/la redactor(a) *editor*
la revista (electrónica) *(online) magazine*
la sección de sociedad *lifestyle section*
la sección deportiva *sports page/section*
la tira cómica *comic strip*
el titular *headline*
_____
imprimir *to print*
publicar *to publish*
suscribirse (a) *to subscribe (to)*

recursos

v̂ **Text**

CA
p. 91

CP
pp. 81–82

CH
pp. 131–132

S

descubre3.
vhlcentral.com

Práctica

1 **Escuchar**

A. La famosa periodista Laura Arcos está esperando la llegada de famosos al Teatro Nacional, donde se van a entregar unos premios. Escucha lo que dice Laura y después elige la opción correcta.

1. a. Es un programa de radio.
   b. Es un programa de televisión.

2. a. Se van a entregar premios al mejor teatro hispano.
   b. Se van a entregar premios al mejor cine hispano.

3. a. El programa se grabó la noche anterior.
   b. El programa se transmite en directo.

4. a. Augusto Ríos es un reportero de la sección de sociedad.
   b. Augusto Ríos es un famoso crítico de cine.

5. a. Augusto Ríos no sabe mucho de moda.
   b. Augusto Ríos está al tanto de la última moda.

B. Laura Arcos entrevista a la actriz Ángela Vera. Escucha su conversación y después contesta las preguntas.

1. ¿Es importante para la actriz Ángela Vera seguir las tendencias de la moda?

2. ¿Ha tenido buenas críticas su última película?

3. ¿Es el director de la película una celebridad?

4. ¿A qué género pertenecía la primera película de Juan Izaguirre y de qué se trataba?

2 **Analogías** Completa cada analogía.

| actual | destacado | imprimir |
| chisme | emisora | lector |

1. radio: oyente :: revista : _____
2. televisión : cadena :: radio : _____
3. parcialidad : parcial :: actualidad : _____
4. periódico : noticia :: prensa sensacionalista : _____
5. cine : rodar :: prensa : _____
6. influyente : importante :: prominente : _____

Práctica

(3) Definiciones Indica las palabras que corresponden a cada definición.

_____ 1. Dice si una película es buena o no.

_____ 2. Escucha la radio.

_____ 3. Habla en la radio.

_____ 4. Se suscribe a sus revistas y periódicos favoritos.

_____ 5. Aparece en videos musicales y conciertos.

_____ 6. Revisa artículos y mejora la calidad de la revista.

a. crítico de cine
b. estrella pop
c. lector
d. locutor
e. oyente
f. redactor

(4) El acontecimiento del año Completa el texto con las palabras correctas de la lista.

acontecimiento	destacado	mala fama	sensacionalista
anuncios	enterarme	periodista	tira cómica
cadena	estrella	público	transmitieron

No quise perderme el (1) _____ del año y al final me lo perdí. La
(2) _____ de cine asistió al estreno de su última película y una
(3) _____ famosa la entrevistó. Fotógrafos de buena y (4) _____
sacaban fotos para venderlas a las revistas de prensa (5) _____. Algunos
reporteros entrevistaban a un (6) _____ crítico de cine. El (7) _____
se entretenía viendo escenas de la película en una pantalla gigante. Varios canales de
televisión (8) _____ el acontecimiento en directo. Al final, no sé qué pasó.
Cambié de canal durante los (9) _____ y me dormí. Mañana voy a leer la
sección de sociedad para (10) _____ de todos los detalles.

(5) Los medios de comunicación Di si estás de acuerdo o no con cada afirmación.
Después, comparte tus opiniones con la clase.

	Sí	No
1. Hoy día es más fácil enterarse de lo que pasa en el mundo.	☐	☐
2. Gracias a la información que transmiten los medios de comunicación, la gente tiene menos prejuicios que antes.	☐	☐
3. La libertad de prensa es un mito.	☐	☐
4. La publicidad quiere entretener al público.	☐	☐
5. El único objetivo de la prensa sensacionalista es informar.	☐	☐
6. Gracias a Internet, es fácil encontrar información imparcial.	☐	☐
7. La imagen tiene mucho poder en el mundo de la comunicación.	☐	☐
8. Hoy día los reporteros son vendedores de opiniones.	☐	☐
9. Tenemos demasiada información. Es imposible asimilarla.	☐	☐
10. El mundo es un sitio mejor gracias a los medios de comunicación.	☐	☐

Practice more at **descubre3.vhlcentral.com**.

Comunicación

6 **Preguntas** En parejas, háganse las preguntas y comparen sus intereses y opiniones.

1. Si tuvieras la oportunidad de hacerlo, ¿trabajarías en una telenovela?

2. Si fueras un(a) corresponsal político/a, ¿crees que podrías ser imparcial?

3. ¿Crees que la censura de la prensa es necesaria en algunas ocasiones? ¿En cuáles?

4. ¿Qué periodista piensas que es el/la más controvertido/a? ¿Por qué?

5. ¿Te interesa leer noticias de actualidad? ¿Por qué?

6. ¿Qué secciones del periódico te interesan más? ¿Qué programas de radio y de televisión?

7. ¿Cuáles son las características de un buen locutor? ¿Es mejor si entretiene al público o si habla lo mínimo posible?

8. ¿Te interesan más las noticias locales, nacionales o internacionales? ¿Por qué?

9. Cuando ves una película, ¿qué te importa más: la trama (*plot*), la actuación, los efectos especiales o la banda sonora?

10. Si pudieras suscribirte gratis a cinco revistas, ¿cuáles escogerías? ¿Por qué?

7 **Escritores**

A. En parejas, escriban por lo menos tres oraciones que podrían aparecer en cada uno de estos medios. ¡Sean creativos!

- la portada de un periódico

- el episodio final de una comedia

- un documental

- un *talk show* de radio controvertido

- un artículo de una revista sensacionalista

- una tira cómica

B. Ahora, lean sus oraciones a otra pareja y traten de adivinar el medio en el que aparece cada oración.

8 **Nueva revista** En grupos de tres, imaginen que trabajan en una agencia de publicidad y los han contratado para realizar la publicidad de una revista que va a salir al mercado. Hagan el anuncio y después compártanlo con la clase. Usen las preguntas como guía.

- ¿Cuál es el nombre?

- ¿En qué es diferente esta revista?

- ¿Qué secciones va a tener?

- ¿Cómo son los periodistas y reporteros que van a trabajar en ella?

- ¿Qué tipo de lectores busca?

S **Repaso**

Video: *Fotonovela*
Record & Compare

recursos

v Text

CA
pp. 47–48

descubre3.vhlcentral.com

Fabiola consigue su primer papel como doble de
una estrella de telenovelas.

JOHNNY ¿Qué tal te fue?

FABIOLA Bien.

AGUAYO ¿Es todo lo que tienes que
decir de una entrevista con Patricia
Montero, la gran actriz de telenovelas?
Pensé que estarías más emocionada.

FABIOLA Lo estoy. Tengo que hacer mi
gran escena en la telenovela y quiero
concentrarme.

AGUAYO Y JOHNNY ¿Qué?

FABIOLA Al terminar la entrevista,
cuando salí del camerino un señor me
preguntó si yo era la doble de Patricia
Montero.

MARIELA ¿Y qué le dijiste?

FABIOLA Dije, bueno... sí.

AGUAYO ¡No puedo creer que hayas
hecho eso!

FABIOLA Fue una de esas situaciones
en las que uno, aunque realmente no
quiera, tiene que mentir.

ÉRIC Y, ¿qué pasó después?

FABIOLA Me dio estos papeles.

JOHNNY ¡Es el guión de la telenovela!

FABIOLA Mañana tengo que estar
muy temprano en el canal, lista para
grabar.

JOHNNY ¡Aquí hay escenas bien
interesantes!

Más tarde, ensayando la escena...

FABIOLA Éric será el director.

JOHNNY ¿Por qué no puedo ser yo
el director?

ÉRIC No tienes los juguetitos.

FABIOLA Tú serás Fernando y Mariela
será Carla.

ÉRIC Comencemos. Página tres.
La escena en donde Valeria sorprende
a Fernando con Carla. Tú estarás aquí
y tú aquí. *(Los separa.)*

JOHNNY ¿Qué? ¿No sabes leer? *(Lee.)*
"Sorprende a Fernando en los *brazos*
de Carla". *(Se abrazan.)*

ÉRIC Está bien. Fabiola, llegarás por
aquí y los sorprenderás. ¿Listos?
¡Acción!

FABIOLA ¡Fernando Javier! Tendrás
que decidir. ¡O estás con ella o
estás conmigo!

JOHNNY ¡Valeria...! *(Pausa.)*

JOHNNY *(Continúa.)* Ni la amo a ella,
ni te amo a ti... *(Diana entra.)*
Las amo a las dos.

Diana se queda horrorizada.

Personajes

AGUAYO

DIANA

ÉRIC

FABIOLA

JOHNNY

MARIELA

AGUAYO *(Lee.)* "Valeria entra a la habitación y sorprende a Fernando en brazos de…" ¿Carla? *(Pausa.)*

AGUAYO *(Continúa.)* "Sorprende a Fernando en brazos de Carla." ¡Lo sabía! Sabía que el muy idiota la engañaría con esa estúpida. Ni siquiera es lo suficientemente hombre para…

Aguayo se va. Los demás se quedan sorprendidos.

AGUAYO Me alegro que hayas conseguido ese papel. El otro día pasé frente al televisor y vi un pedacito. Mi esposa no se la pierde.

FABIOLA Hablando de eso, quería pedirle permiso para tomarme el resto del día libre. Necesito ensayar las escenas de mañana.

AGUAYO Las puedes practicar en la oficina. A los chicos les encanta ese asunto de las telenovelas.

FABIOLA *(Explica la situación.)* Y por eso estamos ensayando mis escenas.

DIANA Gracias a Dios… pero yo creo que están confundidos. Los dobles no tienen líneas. Sólo hacen las escenas en donde la estrella está en peligro.

MARIELA Cierto. *(Lee.)* Página seis: "Valeria salta por la ventana".

Más tarde…

ÉRIC ¡Acción!

FABIOLA Sé que decidieron casarse. Espero que se hayan divertido a mis espaldas. Adiós mundo cruel. *(Grita pero no salta.)* ¡Aaahhhggg!

ÉRIC Muy bien. Ahora, ¡salta!

FABIOLA Ni loca. Primero, mi maquillaje.

Expresiones útiles

Referring to general ideas and concepts

¡Lo sabía!
I knew it!

¿Es todo lo que tienes que decir?
Is that all you have to say?

Lo difícil/interesante/triste es...
The hard/interesting/sad thing is...

¡No puedo creer que hayas hecho eso!
I can't believe what you've done!

Les encanta ese asunto de las telenovelas.
They love all that soap opera stuff.

Introducing an idea or opinion

Hablando de eso...
Speaking of that...

Ahora que lo dices...
Now that you mention it...

Estando yo en tu lugar...
If I were you...

Por mi parte... *As for me...*

A mi parecer... *In my opinion...*

Additional vocabulary

a mis espaldas *behind my back*
el actor/la actriz *actor/actress*
el camerino *star's dressing room*
el/la doble *double*
engañar *to deceive; to trick*
ensayar *to rehearse*
el guión *screenplay; script*
¡Ni loco/a! *No way!*
el papel *role*

Comprensión

1) Comprensión Respondan a las preguntas con oraciones completas.

1. ¿Por qué Fabiola dice que necesita concentrarse?
2. ¿Cómo consiguió Fabiola el papel?
3. ¿Cuál es el personaje de la telenovela que no le gusta a Aguayo?
4. ¿Qué ve Valeria, la protagonista, cuando entra a la habitación?
5. ¿A quién ama Fernando?
6. ¿Por qué cree Diana que sus compañeros están confundidos?

2) ¿Quién es? Todos quieren ayudar a Fabiola a ensayar las escenas de la telenovela.

A. ¿Quién representa cada papel?

1. Valeria _____
2. Fernando _____
3. Carla _____
4. el director de la telenovela _____

Aguayo   Diana   Éric

Johnny   Mariela   Fabiola

B. ¿Cuál de los empleados de *Facetas* haría uno de estos comentarios?

1. ¡Uy! ¿Se habrán dado cuenta de que yo veo telenovelas?
2. Este papel es aburridísimo. ¡No logro decir ni una palabra!
3. Soy el más preparado para dirigir a los actores.
4. Mis compañeros no saben nada sobre los dobles.
5. Este papel es más peligroso de lo que pensaba.
6. ¡Este director no sabe nada! Voy a hacer lo que dice el guión.

3) Opiniones En parejas, pregúntense si están de acuerdo con estas afirmaciones. Razonen sus respuestas y compartan sus opiniones con la clase.

Sí	No	
☐	☐	1. Hay ciertas situaciones en las que, aunque uno no quiera, es mejor mentir que decir la verdad.
☐	☐	2. Ser actor/actriz es más interesante que ser director(a).
☐	☐	3. Es posible estar enamorado/a de dos personas a la vez.
☐	☐	4. Si pudiera escoger, preferiría ser una estrella de tele que ser el/la doble.
☐	☐	5. Si descubriera a mi novio/a en los brazos de otra persona, rompería con él/ella.
☐	☐	6. Para hacerse famoso/a, es más importante ser bello/a que talentoso/a.

Practice more at **descubre3.vhlcentral.com**.

Ampliación

4 **Los productores** En grupos de cinco, diseñen su propia telenovela. Primero, asignen papeles a estos cinco actores y expliquen la relación entre ellos. Luego, inventen un título para la telenovela y escriban el diálogo para una de las escenas. Cada personaje debe decir por lo menos una línea. Finalmente, representen la escena con todos los personajes.

5 **Apuntes culturales** En parejas, lean los párrafos y contesten las preguntas.

Camino a las estrellas

¡Fabiola consiguió su primer papel en una telenovela! Las telenovelas latinoamericanas se pueden comparar al cine de Hollywood por su importancia social y económica. Megaestrellas mexicanas como **Thalía** (ver foto), **Salma Hayek** y **Gael García Bernal** (**Lección 2**), que iniciaron sus carreras artísticas en telenovelas, no habrían alcanzado (*would not have reached*) su fama actual sin ellas. ¿Tendrá la misma suerte Fabiola?

La (anti)estrella

Fabiola daría todo por ser una estrella de telenovela, pues ellas son mujeres muy bellas... excepto *Yo soy Betty, la fea*. La estrella de esta producción colombiana, que rompió con todos los estereotipos de belleza femenina, logró conquistar corazones con frenillos (*braces*), gafas con marcos gruesos y ropa pasada de moda. ¿Qué tal se vería Fabiola como la doble de Betty en la versión estadounidense de la cadena ABC?

La radionovela

Aguayo es un gran aficionado a las telenovelas. Otro género muy popular en todo el mundo hispano es la **radionovela**. Este tipo de novela transmitida por radio entretiene a audiencias tanto como las telenovelas y, en Centroamérica, también cumple la función de educar a los habitantes sobre los desastres naturales y sus medidas de prevención.

1. ¿Qué otras megaestrellas latinas conoces? ¿Cómo comenzaron su carrera?
2. ¿En qué se diferencian las telenovelas latinoamericanas de las de los EE.UU.?
3. ¿Conoces otras antiestrellas? ¿Cómo se hicieron famosas?
4. ¿Qué programas de radio escuchas? ¿Escuchas radionovelas?
5. ¿Te gustan las telenovelas o prefieres las series semanales?

En detalle

EL MATE

URUGUAY Y
PARAGUAY

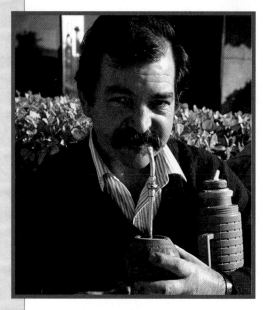

Si visitas Montevideo, vas a presenciar° una escena cotidiana° muy llamativa°: gente bebiendo de un extraño recipiente (el mate) con un tubito de metal. Dentro del curioso recipiente (el mate), generalmente hecho de una calabaza° seca, está la famosa **yerba mate**. Aunque el Uruguay no produce yerba mate, es el principal consumidor per cápita del mundo. Millones de personas consumen esta infusión, que se ha convertido en el distintivo° cultural del Uruguay, el Paraguay y la Argentina. También se consume en el sur del Brasil y en Chile.

Una leyenda cuenta que el dios Tupá bajó del cielo y les enseñó a los guaraníes° cómo preparar y tomar la yerba mate. En tiempos de la conquista, los jesuitas cultivaban yerba mate, pero preparaban la bebida como té. Creían que la forma tradicional (usando una calabaza y un tubito, **la bombilla**) era obra del demonio. Sin embargo, los intentos de prohibición no tuvieron éxito y la bebida se expandió rápidamente entre los gauchos° y los esclavos° africanos.

Tal vez el mate se haya convertido en un ritual debido a su efecto energizante. La yerba contiene **mateína**, una sustancia similar a la cafeína, pero que no tiene los mismos efectos negativos sobre los patrones° de sueño. Además de ser antioxidante, aporta vitaminas y minerales importantes como potasio, fósforo y magnesio.

Sin embargo, el mate se toma más por tradición que por sus propiedades. La bebida se ha arraigado° tanto en la rutina diaria del Uruguay y el Paraguay, que ya forma parte de la identidad popular. Según el renombrado antropólogo Daniel Vidart, "tras el (...) preparar, cebar y tomar mate hay una concepción del mundo y de la vida (...) El mate (...) empareja° las clases sociales". ■

Cómo preparar o "cebar" mate

- Calentar agua (¡No tan caliente como para el té!)
- Llenar ¾ del mate con yerba
- Verter° agua caliente
- Colocar la bombilla
- ¡Comenzar la mateada!

La "mateada"

- Todos toman del mismo mate.
- La persona que ceba el mate —el cebador— va pasando el mate lleno a cada persona y toma último.

presenciar *witness* **cotidiana** *everyday* **llamativa** *striking* **calabaza** *gourd* **distintivo** *sign* **guaraníes** *Guarani (indigenous group)* **gauchos** *inhabitants of the flatlands of Uruguay and Argentina* **esclavos** *slaves* **patrones** *patterns* **arraigado** *rooted deeply* **empareja** *makes even* **Verter** *To pour*

El mate y otras bebidas

el jugo (Amér. L.) *juice*

el zumo (Esp.) *juice*

el refresco (Esp. y Méx.) *soda*

el fresco (Hon.) *soda*

la infusión *herbal tea*

el mate (Bol.) *any kind of tea*

el tereré (Par. y Arg.) *cold* **mate**

ser un(a) matero/a *(of a person) to drink a lot of* **mate**

ser un mate amargo (Arg. y Uru.) *to have no sense of humor / to be moody*

Bebidas y bailes

Otras bebidas típicas

- Introducida en 1935, *Inca Kola* es la gaseosa° más popular del Perú. Es de color amarillo brillante y se hace con **hierba luisa**. Eslóganes como "Es nuestra" la convirtieron en un símbolo nacional capaz de imponerse ante la *Coca-Cola*.

- La **horchata** es una bebida típica salvadoreña y de otros países de Centroamérica. Elaborada a base de arroz y agua, se puede saborear con azúcar, canela°, vainilla o lima.

Otros bailes típicos

- Hoy la **cumbia** se escucha por toda Latinoamérica. Proviene de ritmos bailados por esclavos africanos llevados a Colombia. Este ritmo contagioso se baila en discotecas, bailes y fiestas.

- Comúnmente se asocia la **salsa** con el Caribe y Centroamérica, pero este género nació en barrios hispanos neoyorquinos como resultado de una mezcla de influencias puertorriqueñas, cubanas, africanas, españolas y estadounidenses.

LAS MURGAS Y EL CANDOMBE

La fusión de tradiciones españolas, africanas y americanas se convierte en protagonista del Carnaval de Montevideo a través de las **murgas**. La murga uruguaya, un género músico-teatral de finales del siglo XIX, es el principal atractivo del carnaval. Sus representaciones, en las que participan normalmente unas quince personas, suelen centrarse en dos temas: el propio carnaval y la crítica social. Hoy, es una de las expresiones con mayor poder de identidad uruguaya, pues combina un fuerte mensaje político con la influencia de músicas populares más antiguas, como el **candombe**. Éste es un estilo musical, nacido en Uruguay, que proviene de los ritmos africanos traídos por los esclavos de la época colonial. Los grupos que tocan candombe se llaman **comparsas** y durante el carnaval se toman las calles de Montevideo en el conocido **desfile de llamadas**, una celebración de la herencia mestiza y mulata de Uruguay. El Carnaval de Montevideo se inicia en enero y termina a principios de marzo.

> **"Un pueblo sin tradición es un pueblo sin porvenir."**
> (Alberto Lleras Camargo, político colombiano)

Conexión Internet

¿Cómo se festeja el carnaval en otros países hispanos?

To research this topic, go to **descubre3.vhlcentral.com**.

gaseosa *soda* **canela** *cinnamon*

¿Qué aprendiste?

1) Comprensión Indica si estas afirmaciones sobre el mate son **ciertas** o **falsas**. Corrige las falsas.

1. Es muy frecuente ver a gente bebiendo mate en el Uruguay.

2. El recipiente para el mate suele ser de metal.

3. La bombilla es el tubo que se utiliza para beber el mate.

4. El mate se bebe principalmente en la Argentina, el Uruguay y el Paraguay.

5. Los primeros en consumir la yerba mate como infusión fueron los indígenas guaraníes.

6. La bebida se hizo popular muy rápidamente entre la población no indígena.

7. Los jesuitas intentaron prohibir todo tipo de infusiones hechas con yerba mate.

8. La mateína altera los patrones del sueño más que la cafeína.

9. Cuando un grupo de personas toma mate, cada persona toma de un recipiente distinto.

10. El mate tiene minerales, pero no vitaminas.

11. La persona que sirve el mate se llama "cebador".

12. El mate es popular por sus propiedades para la salud y, sobre todo, por su larga tradición.

2) Oraciones incompletas Completa las oraciones.

1. La murga uruguaya es _____.
   a. un grupo de teatro clásico   b. un ritmo africano   c. un género músico-teatral

2. El Carnaval de Montevideo empieza en _____.
   a. enero   b. febrero   c. marzo

3. La horchata se prepara con _____.
   a. trigo   b. café   c. arroz

4. En España, le dicen **zumo** al _____.
   a. té frío   b. tereré   c. jugo

3) Preguntas Contesta las preguntas.

1. ¿Hay radioemisoras o discotecas en tu comunidad que ponen salsa? ¿Qué bailes son populares en tu ciudad?

2. En tu opinión, ¿cuál es el mensaje del eslogan "Es nuestra", usado para promocionar la *Inca Kola*?

3. ¿Alguna vez tomaste mate? ¿Lo harías?/ ¿Lo volverías a tomar?

4. En tu cultura, ¿es común que varias personas tomen del mismo recipiente?

4) Opiniones El candombe y la murga forman parte de la identidad cultural de Uruguay. En parejas, hagan una lista de cinco tradiciones norteamericanas que son parte imprescindible de su cultura popular. Después, compartan su lista con la clase.

PROYECTO

Raíces africanas

El candombe uruguayo tiene sus raíces en los ritmos que tocaban los esclavos africanos. Muchos otros ritmos populares de América Latina también provienen de África o tienen fuerte influencia africana. La lista incluye la cumbia, el merengue, la salsa, el mambo y hasta el tango. Elige e investiga uno de estos ritmos y prepara un afiche informativo para presentar en clase.

Tu investigación debe incluir:

- el nombre del ritmo, su origen e historia
- dónde es popular y cuáles son sus características
- qué importancia/papel tiene el ritmo que elegiste en la cultura popular local
- otros datos importantes

 Practice more at **descubre3.vhlcentral.com.**

RITMOS

LOS KJARKAS

En 1965, en Capinota, un pueblo en el altiplano° boliviano, nació la agrupación folclórica **Los Kjarkas**. Los hermanos Wilson, Castel y Gonzalo Hermosa, junto con Edgar Villarroel, comenzaron cantando zambas° argentinas y más tarde incorporaron música típica de Bolivia, que hasta entonces permanecía olvidada por influencias extranjeras. El grupo se disolvió, pero en 1971 inició su segunda etapa bajo la dirección del maestro autodidacta° Gonzalo, quien hoy continúa dirigiendo al grupo integrado por su hijo y por su hermano menor, Elmer, entre otros. Los Kjarkas llevaron la música de Bolivia a Latinoamérica, Europa y Asia, cantando en español y en quechua canciones que hablan de amor y de cuestiones sociales, y que reflejan la renovación del folclore boliviano y su fusión con otros ritmos. La historia de la música de Bolivia no podría escribirse sin referirse a la historia de Los Kjarkas.

Discografía
2006 Kjarkas "35 años" **2001** Mi sueño mejor **1975** Bolivia

Canción
Éste es un fragmento de una canción de Los Kjarkas.

Bolivia

Quiero pegar un grito° de liberación,
después de siglo y medio de humillación,
Bolivia…
Quiero tengan° tus días destino mejor y
el futuro sonría prometedor…
Bolivia…

Si bien los hijos de Elmer y Gonzalo conformarán la próxima generación de Los Kjarkas, el futuro de Los Kjarkas no sólo está en manos de la propia familia. La **escuela musical de Kjarkas** en Bolivia ha abierto sucursales° en Ecuador, Perú y Japón, difundiendo así la música folclórica boliviana por el mundo entero.

 Preguntas En parejas, contesten las preguntas.

1. ¿Qué tipo de música comenzaron cantando Los Kjarkas? ¿Por qué?
2. ¿Por qué se dice que "la historia de la música boliviana no podría escribirse sin Los Kjarkas"?
3. En tu opinión, ¿cuál es el tema central de la canción *Bolivia*?
4. ¿Cómo piensas que será el futuro de Los Kjarkas?

recursos

descubre3.
vhlcentral.com

altiplano *high plateau* zambas *folk rhythm from the northwest of Argentina* autodidacta *self-taught*
pegar un grito *to scream out loud* Quiero tengan *variation of* Quiero que tengan sucursales *branches*

9.1 The present perfect subjunctive

Tutorial
Audio: Chart

Me alegro de que hayas conseguido ese papel.

Espero que se hayan divertido a mis espaldas.

TALLER DE CONSULTA

To review the present and past subjunctive, see **4.1**, **5.2**, and **6.2**. The past perfect subjunctive is covered in **10.3**.

- The present perfect subjunctive (**el pretérito perfecto de subjuntivo**) is formed with the present subjunctive of **haber** and a past participle.

The present perfect subjunctive		
cerrar	**perder**	**asistir**
haya cerrado	haya perdido	haya asistido
hayas cerrado	hayas perdido	hayas asistido
haya cerrado	haya perdido	haya asistido
hayamos cerrado	hayamos perdido	hayamos asistido
hayáis cerrado	hayáis perdido	hayáis asistido
hayan cerrado	hayan perdido	hayan asistido

- Like the present perfect indicative, the present perfect subjunctive is used to refer to recently completed actions or past actions that still bear relevance in the present. It is used mainly in multiple-clause sentences that express will, emotion, doubt, or uncertainty.

PRESENT PERFECT INDICATIVE	PRESENT PERFECT SUBJUNCTIVE
Luis me dijo que **ha dejado** de ver ese programa.	Me alegro de que Luis **haya dejado** de ver ese programa.
Luis told me that he has stopped watching that show.	*I'm glad that Luis has stopped watching that show.*

- Note the difference in meaning between the three subjunctive tenses you have learned so far.

PRESENT SUBJUNCTIVE	PRESENT PERFECT SUBJUNCTIVE	PAST SUBJUNCTIVE
Las cadenas nacionales **buscan** corresponsales que **hablen** varios idiomas.	**Prefieren** contratar a los que **hayan trabajado** en el extranjero.	Antes, **insistían** en que los solicitantes **tuvieran** cinco años de experiencia.
The national networks look for correspondents who speak several languages.	*They prefer to hire those who have worked abroad.*	*In the past, they insisted that applicants have five years' experience.*

recursos

v Text

CA
pp. 25, 92

CP
pp. 83–84

CH
pp. 135–136

descubre3.
vhlcentral.com

Práctica y comunicación

(1) **¿Indicativo o subjuntivo?** Elige entre el pretérito perfecto del indicativo y el pretérito perfecto del subjuntivo para completar las oraciones.

1. Necesito contratar un corresponsal que (ha / haya) estado en el Paraguay.
2. Quiero conocer al actor que (ha / haya) trabajado en *Amores perros*.
3. Hasta que no (has / hayas) conocido a las personas que leen la prensa sensacionalista, no sabrás por qué la leen.
4. Estoy seguro de que todos los actores (han / hayan) estudiado el guión.
5. Cuando ustedes (han / hayan) leído esta noticia, estarán de acuerdo conmigo.

(2) **Opuestas** Escribe la oración que expresa lo opuesto en cada ocasión. En algunos casos debes usar el pretérito perfecto del subjuntivo y en otros el pretérito perfecto indicativo.

> **MODELO** Dudo que ese actor haya aprendido a actuar bien.
>
> No dudo que ese actor ha aprendido a actuar bien.

1. El canal cree que sus periodistas han hablado con el dictador.
2. No creo que el director les haya dado pocas órdenes a sus actores.
3. Estoy seguro de que la mayoría del público ha leído la noticia.
4. No es seguro que la prensa sensacionalista haya publicado esa noticia.
5. Pienso que ese actor ha sido el protagonista de *El año de la bestia*.

(3) **Competencia** Julieta y Marcela han estado juntas en una audición y Julieta ha conseguido el papel de la protagonista. En parejas, combinen los elementos de la lista y añadan detalles para escribir cinco quejas (*complaints*) de Marcela. Utilicen el pretérito perfecto del subjuntivo. Luego, dramaticen una conversación entre las dos actrices.

Dudo que	conseguir el papel
Me molesta que	tener suficiente experiencia
Me sorprende que	trabajar con ese director
No creo que	darme otra oportunidad
No es justo que	escoger la mejor actriz

(4) **¡Despedido!** Hoy el dueño de la emisora ha despedido a Eduardo Storni, el famoso y controvertido locutor del programa *Storni, ¡sin censura!* En parejas, escriban su conversación, utilizando por lo menos cinco oraciones con el pretérito perfecto del indicativo y del subjuntivo. Luego represéntenla para la clase.

> **MODELO** **DUEÑO** Es una lástima que usted no haya escuchado nuestras advertencias. Usted ha violado casi todas las reglas de la cadena.
>
> **STORNI** Pero mi público siempre me ha apoyado. Mis oyentes estarán furiosos de que usted no haya respetado la libertad de prensa.

 Practice more at **descubre3.vhlcentral.com**.

Tutorial

¡No puedo creer que hayas hecho eso!

Fue una de esas situaciones en las que uno tiene que mentir.

The relative pronoun *que*

- **Que** (*that, which, who*) is the most frequently used relative pronoun (**pronombre relativo**). It can refer to people or things, subjects or objects, and can be used in restrictive clauses (no commas) or nonrestrictive clauses (with commas). Note that although some relative pronouns may be omitted in English, they must always be used in Spanish.

  El reportaje **que** vi ayer me hizo cambiar de opinión.
  The report (that) I saw last night made me change my opinion.

  Las primeras diez personas **que** respondan correctamente ganarán una suscripción gratuita.
  The first ten people who respond correctly will win a free subscription.

  El desastre fue causado por la lluvia, **que** ha durado más de dos semanas.
  The disaster was caused by the rain, which has lasted over two weeks.

El/La que

- After prepositions, **que** is used with the definite article: **el que, la que, los que,** or **las que**. The article must agree in gender and number with the thing or person it refers to (the antecedent). When referring to *things* (but not *people*), the article may be omitted after short prepositions, such as **en, de,** and **con**.

  Los periódicos **para los que** escribo son independientes.
  The newspapers I write for are independent. (Lit.: for which I write)

  El edificio **en (el) que** viven es viejo.
  The building they live in is old.

  La fotógrafa **con la que** trabajo ganó varios premios.
  The photographer with whom I work won several awards.

- **El que, la que, los que,** and **las que** are also used for clarification in nonrestrictive clauses (with commas) when it might be unclear to what or whom the clause refers.

  Hablé con los empleados de la compañía, **los que** están contaminando el río.
  I spoke with the employees of the company, the ones who are polluting the river.

  Hablé con los empleados de la compañía, **la que** está contaminando el río.
  I spoke with the employees of the company, (the one) which is polluting the river.

¡ATENCIÓN!

Relative pronouns are used to connect short sentences or clauses in order to create longer, smoother sentences. Unlike the interrogative words **qué, quién(es),** and **cuál(es)**, relative pronouns never have accent marks.

¡ATENCIÓN!

In everyday Spanish, **en que** and **en... cual** are often replaced by **donde**.

La casa **donde** vivo es muy grande.

La universidad **donde** estudio es muy prestigiosa.

El/La cual

- **El cual, la cual, los cuales**, and **las cuales** are generally interchangeable with **el que, la que, los que**, and **las que**. They are often used in more formal speech or writing. Note that when **el cual** and its forms are used, the definite article is never omitted.

    El edificio **en el cual** se encuentra la emisora de radio es viejo.
    The building in which the radio station is located is old.

    La revista **para la cual** trabajo es muy influyente.
    The magazine for which I work is very influential.

Quien/Quienes

- **Quien** (*singular*) and **quienes** (*plural*) are used to refer only to people, not to things. **Quien(es)** is generally interchangeable with forms of **el que** and **el cual**.

    Los investigadores, **quienes (los que/los cuales)** estudian los medios de comunicación, son del Ecuador.
    The researchers, who are studying mass media, are from Ecuador.

    El investigador **de quien (del que/del cual)** hablaron era mi profesor.
    The researcher about whom they spoke was my professor.

- Although **que** and **quien(es)** may both refer to people, their use depends on the structure of the sentence.

- In restrictive clauses (no commas) that refer to people, **que** is used if no preposition is present. If a preposition or the personal **a** is present, **quien** (or **el que/el cual**) is used instead. Below, **que** is equivalent to *who*, while **quien** expresses *whom*.

    La gente **que** mira televisión está harta de las cadenas sensacionalistas.
    The people who watch TV are tired of sensationalist networks.

    Esperamos la respuesta de los políticos **a quienes (a los que/a los cuales)** queremos entrevistar.
    We're waiting for a response from the politicians (whom) we want to interview.

- In nonrestrictive clauses (with commas) that refer to people, **quien** (or **el que/el cual**) is generally used, not **que**.

    Juan y María, **quienes** trabajan conmigo, escriben la sección deportiva.
    Juan and María, who work with me, write the sports section.

The relative adjective *cuyo*

- The relative adjective **cuyo (cuya, cuyos, cuyas)** means *whose* and agrees in number and gender with the noun it precedes. Remember that **de quién(es)**, not **cuyo**, is used in questions to express *whose*.

    El equipo periodístico, **cuyo** proyecto aprobaron, viajará en febrero.
    The team of reporters, whose project they approved, will travel in February.

    La fotógrafa Daniela Pérez, **cuyas** fotos anteriores ganaron muchos premios, los acompañará.
    Photographer Daniela Pérez, whose earlier photos won many awards, will go with them.

TALLER DE CONSULTA

The neuter forms **lo que** and **lo cual** are used when referring to a whole situation or idea. See **9.3, p. 342**.

¿Qué es lo que te molesta?
What is it that's bothering you?

Ella habla sin parar, lo cual me enoja mucho.
She won't stop talking, which is making me really angry.

¡ATENCIÓN!

When used with **a** or **de**, the contractions **al que/cual** and **del que/cual** are formed.

recursos

v̂Text

CA
pp. 26, 93

CP
pp. 85–86

CH
pp. 137

descubre3.
vhlcentral.com

Práctica

(1) **Oraciones incompletas** Selecciona la palabra o expresión adecuada para completar las oraciones.

1. El señor Castillo, _____ revista se dedica a la moda, está de viaje en París.
   a. cuya   b. cuyo   c. cuyos

2. Los músicos _____ conociste ayer han grabado la banda sonora de la película.
   a. a quien   b. a quienes   c. quien

3. El corto _____ te hablé no está doblado.
   a. del que   b. de quien   c. el cual

4. El reportaje de anoche, _____ se transmitió en el canal 7, me pareció muy parcial.
   a. el cual   b. la cual   c. los que

5. Los artículos _____ se publican en esa revista son puro chisme.
   a. los cuales   b. los que   c. que

(2) **El tereré** Completa este artículo sobre el tereré con los pronombres relativos de la lista. Algunos pronombres pueden repetirse.

EL TERERÉ

que en el que con quien cuyo en la que	Existe un país (1) _____ el mate tuvo (2) _____ adaptarse a su clima: el Paraguay. En este país, (3) _____ clima subtropical presenta calurosos veranos, el tradicional mate caliente debió convertirse en una bebida fría y refrescante (4) _____ ayudara a atenuar el clima. Así, el tereré, (5) _____ nombre proviene del guaraní, es la bebida más popular de los paraguayos. Para prepararlo, se coloca yerba en el recipiente llamado mate. En lugar de agua caliente en un termo o pava, se usa una jarra (6) _____ se coloca agua y/o jugo de limón con mucho hielo. La bebida se bebe con una bombilla (*straw*) (7) _____ generalmente es de metal. En el Paraguay, se dice (8) _____ el tereré es como un amigo (9) _____ se comparten alegrías y tristezas, momentos cotidianos y toda una vida.

(3) **Definiciones** Escribe una definición para cada término, usando pronombres relativos.

> **MODELO**   **el redactor**
> Es la persona cuyo trabajo es preparar artículos para publicación.

1. la prensa sensacionalista _____
2. los subtítulos _____
3. la portada _____
4. el titular _____
5. los televidentes _____
6. la fama _____

Practice more at **descubre3.vhlcentral.com**.

Comunicación

4) Tendencias Piensa sobre las tendencias actuales y completa el recuadro con tus preferencias. En parejas, compartan esta información. Informen a sus compañeros/as lo que han aprendido sobre la otra persona usando pronombres relativos. Sigan el modelo.

> **MODELO**
> Ana Sofía mira todo el tiempo videos musicales en su iPod. Es una persona a quien le encanta llevar su iPod a todos lados.

	Sí	No	Depende
1. Me aburren los videos musicales en la tele. Prefiero verlos en un iPod.	☐	☐	☐
2. Siempre escucho música alternativa y pienso que el *hip-hop* no es arte.	☐	☐	☐
3. Yo sólo compro ropa cara a la que se le ve el logotipo estampado (*printed*) en grande.	☐	☐	☐
4. ¿Documentales? ¿Qué es eso? Sólo miro los éxitos de taquilla de Hollywood.	☐	☐	☐
5. ¡Puaj! Los programas de telerrealidad (*reality shows*) son horribles y deberían prohibirse.	☐	☐	☐
6. Me puedo pasar horas leyendo revistas de moda y de chismes sobre famosos.	☐	☐	☐
7. ¡Qué chévere (*How cool*)! ¡Un restaurante con platos innovadores! Los restaurantes de comidas tradicionales ya pasaron de moda.	☐	☐	☐
8. ¡Salsotecas jamás! No me gusta la música latina. Prefiero escuchar las 40 principales (*top 40*) de la radio.	☐	☐	☐

5) ¿Quién es quién? La clase se divide en dos equipos. Un integrante del equipo A piensa en un(a) compañero/a y da tres pistas. El equipo B tiene que adivinar de quién se trata. Si adivina con la primera pista, obtiene 3 puntos; con la segunda, obtiene 2 puntos; con la tercera, obtiene 1 punto.

> **MODELO**
> Estoy pensando en alguien con quien almorzamos.
> Estoy pensando en alguien cuyos ojos son marrones.
> Estoy pensando en alguien que lleva pantalones azules.

6) Fama En parejas, preparen una entrevista entre un reportero y una estrella. Utilicen por lo menos seis pronombres relativos.

> **MODELO**
> **REPORTERO** Díganos, ¿dónde encontró este vestido tan divino?
> **ESTRELLA** Gracias, me lo regaló un amigo muy talentoso, cuya tienda siempre tiene lo mejor de la moda.
> **REPORTERO** Y me he enterado de que está usted con un nuevo amor, quien trabajó con usted en su última telenovela…

The neuter *lo*

- The definite articles **el, la, los**, and **las** modify masculine or feminine nouns. The neuter article **lo** is used to refer to concepts that have no gender.

¿Es todo lo que tienes que decir?

¡Lo sabía! Ni es lo suficientemente hombre para...

- In Spanish, the construction **lo** + [*masculine singular adjective*] is used to express general characteristics and abstract ideas. The English equivalent of this construction is *the* + [*adjective*] + *thing*.

> Cuando leo las noticias, **lo difícil** es diferenciar entre el hecho y la opinión.
> *When I read the news, the difficult thing is to differentiate between fact and opinion.*

> **Lo bueno** de ser famosa es que me da la oportunidad de cambiar el mundo.
> *The good thing about being famous is that it gives me the chance to change the world.*

- To express the idea of *the most* or *the least*, **más** and **menos** can be added after **lo**. **Lo mejor** and **lo peor** mean *the best/worst* (*thing*).

> Para ser un buen reportero, **lo más importante** es ser imparcial.
> *To be a good reporter, the most important thing is to be unbiased.*

> ¡Aún no te he contado **lo peor** del artículo!
> *I still haven't told you about the worst part of the article!*

- The construction **lo** + [*adjective or adverb*] + **que** is used to express the English *how* + [*adjective*]. In these cases, the adjective agrees in number and gender with the noun it modifies.

lo + [*adjective*] + **que**	**lo** + [*adverb*] + **que**
¿No te das cuenta de **lo bella que** eres, María Fernanda?	Recuerda **lo bien que** te fue el año pasado en su clase.
María Fernanda, don't you realize how beautiful you are?	*Remember how well you did last year in his class.*

- **Lo que** is equivalent to the English *what, that,* or *which*. It is used to refer to an abstract idea, or to a previously mentioned situation or concept.

> ¿Qué fue **lo que** más te gustó de tu viaje a Uruguay?
> *What was the thing that you enjoyed most about your trip to Uruguay?*

> **Lo que** más me gustó fue el Carnaval de Montevideo.
> *The thing I liked best was the Carnival of Montevideo.*

¡ATENCIÓN!

The phrase **lo** + [*adjective or adverb*] + **que** may be replaced by **qué** + [*adjective or adverb*].

No sabes *qué difícil* es hablar con él.
You don't know how difficult it is to talk to him.

Fíjense *qué pronto* se entera la prensa.
Just think about how soon the press will find out.

Práctica y comunicación

1 **Chisme** La gran estrella pop, Estela Moreno, responde a las críticas que han aparecido en medios periodísticos sobre su súbita (*sudden*) boda con Ricardo Rubio. Completa las oraciones con **lo, lo que** o **qué**.

"Repito que es completamente falso (1) _____ ha salido en la prensa sensacionalista. Siempre habíamos querido una ceremonia pequeña y privada, para mantener (2) _____ romántico de la ocasión. El lugar, la fecha, los pocos invitados, pues todo (3) _____ tuvimos planeado desde hace meses. ¡Ay, (4) _____ difícil fue guardar el secreto, para que el público no se diera cuenta de (5) _____ estábamos planeando! (6) _____ más me molesta es que la prensa nos acuse de un romance súbito. (7) _____ nuestro es un amor que comenzó hace dos años y que durará para toda la vida. ¡Ya (8) _____ verán!"

2 **Reacciones** Combina las frases para formar oraciones que tengan **lo** + [adjetivo/adverbio] + **que**.

MODELO parecer mentira / qué poco Juan se preocupa por el chisme
Parece mentira lo poco que Juan se preocupa por el chisme.

1. asombrarme / qué lejos está el centro comercial
2. sorprenderme / qué obediente es tu gato
3. no poder creer / qué influyente es la publicidad
4. ser una sorpresa / qué bien se vive en este pueblo
5. ser increíble / qué rápido se hizo famoso aquel cantante

3 **Ser o no ser** En grupos de cuatro, conversen sobre las ventajas y desventajas de cada una de estas profesiones. Luego escriban oraciones completas para describir **lo bueno, lo malo, lo mejor** o **lo peor** de cada profesión. Compartan sus ideas con la clase.

actor/actriz	crítico/a de cine	redactor(a)
cantante	locutor(a) de radio	reportero/a

4 **Síntesis** En parejas, escriban una carta para la sección editorial del periódico escolar dando su opinión sobre un acontecimiento o tema de actualidad. Utilicen por lo menos tres verbos en el pretérito perfecto de subjuntivo, tres oraciones con **lo** o **lo que** y tres oraciones con pronombres relativos. Utilicen algunas frases de la lista o inventen sus propias ideas. Lean su carta a la clase y debatan el tema.

me molesta que...	lo importante...	que
me alegra que...	lo que más/menos...	el/la cual
no puedo creer que...	lo que pienso sobre...	quien(es)

S *Recapitulación Diagnostics*

S Audio: Vocabulary

Antes de ver el corto

SINTONÍA

país España

duración 9 minutos

director Jose Mari Goenaga

protagonistas el hombre, la mujer, el locutor

Vocabulario

aclarar *to clarify*

dar la gana *to feel like*

darse cuenta (de) *to realize*

darse por aludido/a *to realize or assume that one is being referred to*

embalarse (Esp.) *to go too fast*

fijarse *to notice*

el maletero *trunk*

la nuca *nape*

parar el carro (Esp.) *to hold your horses*

pillar *to get (catch)*

la sintonía *synchronization: tuning; connection*

1 **Definiciones** Escribe la palabra adecuada para cada definición.

1. la parte del carro en la que guardas las compras: _____

2. la parte de atrás de la cabeza: _____

3. el hecho de explicar algo para evitar confusiones: _____

4. comprender o entender algo: _____

5. ir demasiado deprisa: _____

2 **Preguntas** Contesta las preguntas.

1. ¿Prefieres escuchar programas de radio o sólo música cuando vas en autobús o en carro?

2. Si tuvieras un problema que no supieras solucionar, ¿llamarías a un programa de radio o de televisión? ¿Por qué?

3. Si escuchas a dos personas que parecen hablar de ti sin decir tu nombre, ¿te das por aludido/a enseguida o tardas en darte cuenta?

3 **¿Qué sucederá?** En parejas, miren los fotogramas e imaginen lo que va a ocurrir en la historia. ¿Cuál es la relación entre el locutor y las personas que esperan para pagar el peaje (*toll*)? Compartan sus ideas con la clase. Incluyan tres o cuatro datos o especulaciones sobre cada fotograma.

 Practice more at **descubre3.vhlcentral.com.**

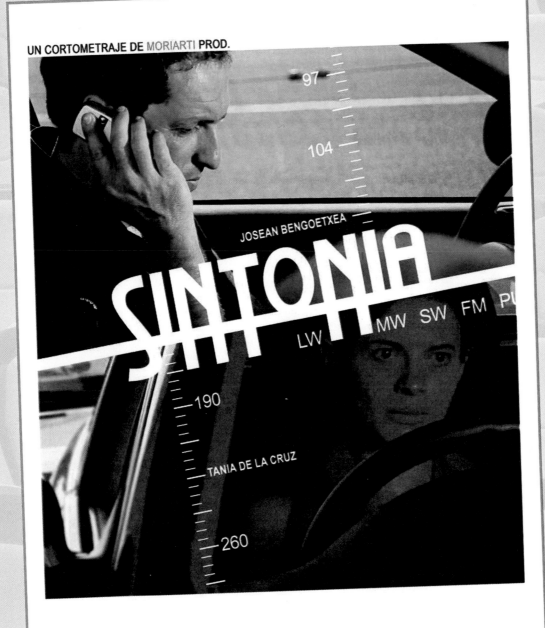

UN CORTOMETRAJE DE MORIARTI PROD.

97

104

JOSEAN BENGOETXEA

SINTONIA

LW MW SW FM PL

190

TANIA DE LA CRUZ

260

moriarti produkzioak PRESENTA A JOSEAN BENGOETXEA TANIA DE LA CRUZ UNAI GARCÍA
FOTOGRAFÍA **RITA NORIEGA** MÚSICA **PASCAL GAIGNE** SONIDO **IÑAKI DÍEZ** MEZCLAS **AURELIO MARTÍNEZ** MONTAJE **RAÚL LÓPEZ** DIRECCIÓN ARTÍSTICA **MENÓ** VESTUARIO **LEIRE ORELLA** MAQUILLAJE **MARI RODRÍGUEZ**
PRODUCCIÓN **AITOR ARREGI** GUIÓN Y DIRECCIÓN **JOSE MARI GOENAGA**

   DOLBY IN SELECTED THEATRES moriarti prod.

Escenas

ARGUMENTO Un hombre, atrapado en un atasco en la carretera, se siente atraído por la chica que maneja el carro de al lado.

LOCUTOR Última oportunidad para llamar… No os cortéis° y decidle a quien queráis lo que os dé la gana y no lo dejéis para otro momento. El número, el número es el 943365482… Tenemos una nueva llamada. Hola, ¿con quién hablamos?

HOMBRE Manuel Ezeiza. Manolo, Manolo de Donosti.
LOCUTOR Muy bien, Manolo de Donosti. ¿Y a quién quieres enviar tu mensaje?
HOMBRE La verdad es que no lo sé, pero sé que nos está oyendo.

LOCUTOR Bueno, igual el mensaje puede darnos alguna pista°.
HOMBRE Sí, bueno, llamaba porque me he fijado que te has dejado parte del vestido fuera del coche. Y, bueno, yo no te conozco pero… te he visto cantando y querría quedar contigo… o tomar algo…

LOCUTOR Bueno, para el carro… Esto es un poco surrealista. Le estás pidiendo una cita a una cantante que va en un coche con el abrigo fuera. ¿Y cómo sabe que te diriges a ella?
HOMBRE Todavía no lo sabe. Está sonriendo, como si esto no fuera con ella.

LOCUTOR Pues dale una pista para que se aclare. ¿Cómo es ella? ¿Qué hace?
HOMBRE Pues lleva algo rojo… ahora se toca la nuca con su mano y ahora el pelo… que es muy oscuro. Y ahora parece que empieza a darse cuenta. Sí, sí, definitivamente se ha dado cuenta.

LOCUTOR A ver, ¿quién le dice a ella que tú no eres, no sé, un psicópata?
HOMBRE ¿Y quién me dice a mí que no es ella la psicópata? Se trata de asumir riesgos. Yo tampoco te conozco. Pensaba que estaría bien quedar contigo.

cortéis *get shy* **pista** *clue*

Después de ver el corto

1 **Comprensión** Contesta las preguntas con oraciones completas.

1. ¿Dónde está el hombre?
2. ¿A quién llama por teléfono?
3. ¿Qué tipo de programa de radio es?
4. ¿Por qué llama el hombre al programa de radio?
5. ¿Cómo sabe que la mujer está oyendo esa cadena de radio?
6. ¿Por qué le dice el locutor al hombre que la mujer a lo mejor no quiere salir con él?
7. ¿Dónde se conocen el hombre y la mujer en persona?
8. ¿Qué le dice la mujer al hombre?

2 **Ampliación** Contesta las preguntas con oraciones completas.

1. ¿El hombre le habla siempre al locutor o le habla también a la mujer directamente? Explica tu respuesta.
2. ¿Qué harías tú si vieras que alguien en el carro de al lado se ha pillado la ropa en la puerta?
3. En un momento la mujer apaga la radio pero después la vuelve a encender. ¿Qué crees que está pensando en ese momento?
4. ¿Por qué crees que para la mujer en la gasolinera?

3 **Imagina**

A. En parejas, preparen la conversación entre el hombre y la mujer en la gasolinera. Cada uno debe tener por lo menos tres intervenciones en la conversación. Luego, representen la conversación frente a la clase.

B. Imaginen qué ocurre después. ¿Siguen en contacto? ¿Tienen una cita? ¿Qué ocurre en sus vidas? Compartan su final con la clase.

4 **Relaciones mediáticas** Hoy en día, muchas parejas se conocen gracias a los medios de comunicación. En parejas, inventen una historia de amor sobre dos personas que se conocen a través de uno de los medios de la lista. Incluyan detalles sobre cómo se conoció la pareja, por qué fue a través de ese medio específico y cuál fue el desenlace (*outcome*) de la historia. Después, cuenten su historia a la clase.

una revista	un programa de radio
un programa de televisión	Internet

 Practice more at **descubre3.vhlcentral.com.**

Autómovil vestido, 1941.
Salvador Dalí, España.

"Modestamente, la televisión no es culpable de nada. Es un espejo en el que nos miramos todos, y al mirarnos nos reflejamos."

— Manuel Campo Vidal

Antes de leer **Audio: Vocabulary Reading**

Sueños digitales (fragmento)
Edmundo Paz Soldán

Sobre el autor

Edmundo Paz Soldán nació en 1967 en Cochabamba, Bolivia; estudió Ciencias Políticas y más tarde se doctoró en Lengua y Literatura Hispanas en Berkeley. Actualmente vive en los EE.UU., donde enseña literatura latinoamericana en la Universidad de Cornell. Su novela *El delirio de Turing* recibió el Premio Nacional de Novela 2002 de Bolivia. Paz Soldán forma parte de una nueva corriente narrativa latinoamericana que hace hincapié (*lays emphasis*) en la cultura urbana, con constantes referencias a los medios de comunicación y a las nuevas tecnologías, lejos ya de los rasgos mágicos característicos de la generación anterior de narradores. Según explicó el autor en una entrevista: "Aquí no se trata tanto de reemplazar el realismo mágico como de mostrar otro lado en el que no se concentró, que es la cultura urbana".

Vocabulario

el/la columnista *columnist*	**la oferta** *offer; proposal*
denunciar *to denounce*	**el organismo público** *government agency*
el informativo *news bulletin*	**el/la periodista** *journalist*
manipular *to manipulate*	**la propaganda** *advertisement*

Sinónimos Busca en el vocabulario sinónimos para estas palabras.

1. acusar _____
2. programa de noticias _____
3. reportero _____
4. aviso publicitario _____
5. propuesta _____
6. institución del gobierno _____

Conexión personal

¿Te has encontrado en alguna situación en la que no estabas de acuerdo con algo, pero lo hiciste igual porque no tenías otra opción? ¿Cómo te sentiste?

Análisis literario: la cultura urbana

Una nueva generación de narradores latinoamericanos, que incluye nombres como Rodrigo Fresán, Edmundo Paz Soldán y Naief Yehya, entre otros, quiere romper con el realismo mágico. Prefieren ocuparse de criaturas urbanas de clase media alta que se mueven en un mundo globalizado y comparten los mismos códigos de todas las grandes ciudades del mundo. Al leer este relato, presta atención para ver si logras encontrar alguno de los aspectos que crees que son típicos de Latinoamérica. Al terminar, responde: ¿resulta obvio que la historia transcurre en Latinoamérica o podría desarrollarse (*take place*) en algún otro lugar del mundo? ¿Por qué?

Sebastián es un talentoso diseñador gráfico que trabaja para un periódico en la capital boliviana. Es conocido en el ambiente del diseño por su especial talento para la manipulación de imágenes digitales. Está a punto de recibir una propuesta inesperada, cuyas consecuencias pueden cambiar el curso de la historia de su país.

Sueños digitales

(fragmento)

Edmundo Paz Soldán

Un jueves por la mañana, sonó el teléfono en el Cuarto Iluminado y una mujer pidió hablar con Sebastián. Braudel, que dibujaba con CorelDraw en la computadora (una plaza desierta y llena de restos de columnas, un obvio homenaje a Chirico para ser utilizado en una propaganda de una compañía de seguros°), le dijo que esperara. Le preguntó a Píxel si había visto a Sebastián. —¿De parte de quién?

—De una revista de La Paz. Queremos entrevistarlo.

—Está por ahí. Lo vi hace un rato.

Sebastián apareció con una Hola en la mano. Píxel lo miró moviendo la cabeza de arriba a abajo, impresionado. Había creado un monstruo: no pasaba mucho tiempo desde aquel día en que Sebastián había aparecido en la oficina con la petulancia° de sus años, quejándose de alguna tontería. Tampoco pasaba mucho tiempo desde que la cabeza del Che y el cuerpo de la Welch se habían impreso en el imaginario citadino como partes inseparables de un todo. Ahora a Sebastián lo buscaba la fama, mientras él, sin cuya imaginación visionaria los Seres Digitales no hubieran abandonado una computadora y comenzado a adquirir vida propia, era ignorado sin misericordia. Había creado un monstruo que creaba monstruos.

¿Algo interesante? —preguntó con tono casual, apenas Sebastián colgó.

—Nada —respondió Sebastián—. Le dije que no quería publicidad.

Lo cierto era que la llamada lo había intrigado. La mujer le dijo que no se trataba de una entrevista, sino de una «oferta muy interesante». Había quedado° en encontrarse con ella esa misma tarde, en un café alejado del centro°. No perdería nada escuchándola.

Píxel se dijo que hasta los monstruos podían terminar siendo devorados. Eso lo

había aprendido jugando Pac-Man.

Al salir, Sebastián se cruzó con Alissa y Valeria Rosales. Discutían. La Rosales era una columnista que tenía la costumbre de meterse en líos° por pasársela denunciando la corrupción de las juntas vecinales, el comité cívico, los sindicatos, la alcaldía y la prefectura, todos los organismos públicos susceptibles° de corrupción (que eran todos los organismos públicos).

A Sebastián se le había ocurrido pedirle a Alissa un aumento de sueldo. Ella podría convencer a Junior. La vio tan metida en su discusión°, que siguió su camino sin decir nada.

El Mediterráneo tenía las paredes llenas de fotos de artistas de la época dorada de Hollywood. Era pequeño, y se respiraba un olor a granos frescos de café y a cigarrillo. Había poca gente, y Sebastián supo quién era la mujer apenas entró. Se acercó a su mesa en el fondo.

—Isabel Andrade —dijo ella extendiendo la mano. Tenía una minifalda° negra y botines° de gamuza°, un agitado escote en ve en la camisa azul marino. Sebastián percibió que tenía las mismas cejas finas y oblicuas de Nikki°. Ella se levantó y le extendió la mano.

—Bond. James Bond —dijo él con una mueca° burlona, no había podido evitar la broma. El pelo rubio recogido en un moño, el pañuelo en el cuello: azafata o ejecutiva de cuentas. Otros la hubieran encontrado linda; él no, o sí, pero de manera inofensiva.

Sebastián resopló —a veces le faltaba aire, era raro, no fumaba mucho y de vez en cuando iba al gimnasio, debía hacerse chequear—, y tomó asiento. Pidió una limonada al mozo°. Isabel pidió un café con leche.

—Usted dirá —dijo Sebastián.

Isabel miró alrededor suyo, como cerciorándose° de que no la espiaban°. Sacó

Margin glosses:
insurance (line 8)
petulance (line 19)
to agree to (line 38)
downtown (line 40)
to get into trouble (line 47)
liable (line 50)
argument (line 56)
miniskirt (line 66)
ankle boots /suede (line 67)
Sebastián's wife (line 70)
expression (line 72)
guy (line 80)
making sure/ was spying

unas fotos de su cartera° y las puso sobre la mesa. Eran las fotos de una parrillada°. Sebastián vio rostros satisfechos de políticos conocidos, las cervezas en la mano y las mesas llenas de platos de asados con papas y soltero° y llajwa°. Se le abrió el apetito, pediría un sandwich de jamón y queso. ¿Lo estaría esperando en su computadora un email de Nikki? Jugueteó° con la rosa de plástico en el florero al centro de la mesa. ¿Soñaban los androides con rosas artificiales?

—¿Y?

Isabel tenía una foto en la mano. Se la mostró con cuidado, sin soltarla°. Había sido tomada en la misma ocasión. En ella, el presidente Montenegro brindaba con Ignacio Santos, alias el Tratante° de Blanca°. Los ojos saltones°, la nariz como rota por un puñetazo°, la mandíbula° de Pepe Cortisona, la barriga° del ejecutivo sin tiempo para hacer ejercicios y con el poder suficiente para no importarle. Era él, era el Tratante. Y ésa era la famosa foto de la que hablaban los periódicos y los informativos en la tele: la foto del Narcogate (los periodistas eran la gente menos creativa del planeta; desde Watergate que habían entrado en una parálisis mental a la hora de bautizar crisis políticas). La foto que probaba los vínculos° entre Montenegro y el narcotráfico°, la que confirmaba que él había financiado su campaña con el dinero de las arcas del Tratante, y que le servía a Willy Sánchez, dirigente máximo de los Cocaleros, para montar una campaña acusando al presidente de hipócrita, con una mano erradicando cocales° para complacer a los yanquis° y con la otra abrazándose con los narcos°.

Sebastián la tocó como si se tratara de una reliquia°: ésa era la foto original. Pero no, en realidad lo que debía tocar era el negativo, sólo los negativos eran únicos, era suficiente uno

para permitir la multiplicación de los panes.

Isabel jugaba con una hebra° suelta de su cabello. —¿Podría... —dijo—, podría hacer que el General desapareciera?

—De poder, puedo. Claro que sí, es lo más fácil del mundo. Es más, es tan fácil que no veo por qué se toma la molestia de buscarme.

—No crea que no lo hemos intentado. Hemos conseguido una que otra muy buena,

85 handbag
barbecue

fresh cheese salad with onion, tomatoes, etc./hot sauce from Bolivia

played with

letting go of it

Slave trader/ Cocaine
bulging
blow with the fist/jaw
belly

ties
drug trafficking

coca plantations
Yankees (Americans)
short for **narcotraficantes**

relic

strand

pero en general hay colores que no cuajan°, o se nota la sombra que deja la figura desaparecida. Entonces se nos ocurrió, hay que darle al César lo que es del César. Si podemos contratar a Picasso, ¿para que conformarnos con un pintor de brocha gorda°?

Isabel sonrió. Sebastián debía reconocer que cualquier persona que elogiara° su arte le caía bien y podía llegar lejos con él (así lo había conquistado Nikki). Y era muy cierto que cualquiera podía manipular una imagen en la computadora, pero eran los mínimos detalles los que separaban al verdadero artista–técnico de la multitud. Las expresiones y las capas de colores que uno manipulaba en la pantalla debían definirse con números para cuya precisión a veces se necesitaban hasta seis decimales. Y el juego de luces y sombras, la forma en que éstas caían en la imagen... Parecía fácil, pero no lo era.

—¿Quiénes me quieren contratar?

—Todo esto es confidencial, por supuesto.

—No se preocupe.

—El Ministerio de Informaciones. Trabajo en la Ciudadela.

Así que era cierto que la Ciudadela se había vuelto a poner en marcha, y que ahora estaba en manos del gobierno.

Se le ocurrió que esa mujer le estaba pidiendo de manera inocente algo nada inocente. La desfachatez° de los tiempos, la corrupción no explicada a los niños. Acaso la culpa la tenía Elizalde: todos sabían que era un asalariado° del Ministro de la Presidencia —el Salmón Barrios—, que éste le pagaba una mensualidad para defender su política agresiva de erradicación° de cocales en sus mediocres editoriales en Fahrenheit 451. Junior lo sabía, pero decía que no podía hacer nada porque los periodistas eran muy mal pagados y a veces no les quedaba otro recurso que la corrupción.

Prometía que apenas pudiera pagarle mejor a Elizalde, lo despediría. Y esta mujer que trabajaba para el gobierno seguro sabía de Elizalde y compañía y pensaba que cualquiera que trabajaba en el periódico estaba al alcance de las arcas del gobierno, siempre abiertas cuando se trataba de ese tipo de cosas.

Isabel dijo una cifra° y Sebastián, molesto, debió reconocer que le atraía la idea. ¿O debía pensarlo un poco más? Era un trabajo muy fácil para el Picasso de la fotografía digital. Nadie se enteraría, y tendría unos pesos extra para pagar algo de sus deudas, para sorprender a Nikki con una ida a un restaurante de lujo y ropa interior y perfumes. ¿O debía pensarlo un poco más?

—Esto, por supuesto —dijo ella—, queda entre usted y yo.

—¿Y qué va a hacer con la foto?

—Usted ocúpese de su trabajo, yo del mío.

—¿Y el negativo? Por más que yo haga mil cosas con la foto, mientras exista el negativo...

—Ocúpese de su trabajo, yo del mío.

—Veré que hago.

—Ya comenzamos a entendernos. Volveré mañana a esta misma hora.

—No le prometí nada. Sólo le dije que lo vería.

La mujer dejó unos pesos en la mesa y se levantó.

Sebastián se quedó con la foto entre las manos, pensando sin querer pensarlo que había corrupciones y corrupciones, que lo suyo no se comparaba a lo de Elizalde, sería una sola vez, pensando sin querer hacerlo que de ese encuentro ya desvanecido en el tiempo —pero no en ese rectángulo— no quedaría rastro alguno una vez que él lo manipulara con talento y cariño y perfidia°. ■

match exactly

painter's brush

to praise

cheek, nerve

salaried employee

eradication

number

treachery

Después de leer

Sueños digitales (fragmento)
Edmundo Paz Soldán

(1) **Comprensión** Decide si las oraciones son **ciertas** o **falsas**. Corrige las falsas.

1. El apellido de Sebastián es Píxel.
2. La acción se desarrolla en Bolivia.
3. Sebastián cree que la mujer quiere hacerle una entrevista para una revista.
4. Las fotos prueban la corrupción del presidente Montenegro.
5. Isabel le propone algo inocente.
6. Sebastián dice que no acepta la propuesta.

(2) **Interpretación** En parejas, respondan a las preguntas.

1. ¿En qué época piensas que se desarrolla el relato?
2. La mujer cita a Sebastián en un café alejado del centro. ¿Les parece que lo hace por alguna razón?
3. ¿Cuáles crees que pueden ser las tareas específicas del Ministerio de Informaciones?
4. ¿Qué prueban las fotos que le muestra Isabel?
5. ¿Qué factores piensas que lo impulsan a tomar la decisión de hacer o no el trabajo? ¿Crees que hará el trabajo?

(3) **Análisis** Lee el relato nuevamente y responde a las preguntas.

1. ¿Qué características podrías señalar de Sebastián? ¿Podría ser un joven profesional de otro lugar? ¿O es, para ti, un típico latinoamericano?
2. En el relato se mencionan el programa *CorelDraw*, el pintor De Chirico, la revista *¡Hola!*, Raquel Welch, el Che Guevara, el juego de *Pac-Man* y James Bond. ¿Qué tienen en común? ¿Qué te dicen acerca del punto de vista del autor?
3. Relee la descripción del café. ¿Piensas que podrías encontrarlo en cualquier lugar del mundo o sólo en una ciudad de América del Sur?
4. ¿Te parece que la historia podría estar basada en eventos reales? ¿Por qué?

(4) **Situaciones éticas** En grupos de tres, lean estas situaciones y decidan si lo que hizo el personaje es ético o no y expliquen por qué.

- Juan va por la calle y encuentra un reloj en el suelo. Decide quedárselo.
- Una persona sale en carro del estacionamiento de un supermercado y María observa que la persona olvidó una caja de latas de refresco. María espera unos diez minutos y, como la persona no regresa, se lleva la caja de latas.

(5) **La verdad** Imagina que eres un(a) periodista que logra apoderarse de las fotos y escribe un artículo exponiendo el complot del Ministerio de Informaciones para ocultar la verdad. Escribe un titular y un artículo de tres párrafos.

 Practice more at **descubre3.vhlcentral.com**.

Antes de leer

S Audio: Vocabulary
Reading

Vocabulario

aislar *to isolate*	**el idioma** *language*
bilingüe *bilingual*	**la lengua** *language; tongue*
el guaraní *Guarani*	**monolingüe** *monolingual*
el/la hablante *speaker*	**vencer** *to conquer*

Idiomas de Bolivia Completa las oraciones con el vocabulario de la tabla.

1. Gran parte de los ciudadanos de Bolivia son _____ de español.
2. Aunque los conquistadores españoles trataron de imponer el _____ de su tierra, no se puede decir que los habitantes de Bolivia son _____.
3. La _____ materna de muchos bolivianos no viene de los españoles, sino de los indígenas que son nativos del lugar.
4. Hay muchos bolivianos _____ que se comunican en español y quechua o en español y aymara.

Conexión personal ¿De dónde vienen tus antepasados? ¿Han preservado algo de otra cultura? ¿Qué cosas? ¿Te identificas con esa(s) cultura(s)?

Contexto cultural

Los ríos, las montañas y la historia se han juntado (*come together*) para aislar a algunos pueblos de Latinoamérica y, en el proceso, permitir la supervivencia (*survival*) de cientos de idiomas indígenas. Suramérica manifiesta una diversidad lingüística casi incomparable. De hecho, en la época anterior a la conquista europea, existían más de 1.500 idiomas. En la actualidad, suramericanos bilingües y monolingües conversan en más de 350 lenguas de raíces (*roots*) no relacionadas. Entre las más de 500 lenguas que se calcula que existen en Latinoamérica, se encuentran 56 familias lingüísticas y 73 idiomas aislados, es decir, idiomas sin relación aparente. En comparación, los idiomas de Europa provienen de (*come from*) tres familias lingüísticas y hay sólo un idioma aislado, el vasco.

Algunas lenguas indígenas disponen de pocos hablantes y están en peligro de extinción, pero muchas otras prosperan y mantienen un papel central. Por ejemplo, el quechua, idioma de los incas, tiene diez millones de hablantes, sobre todo en el Perú y Bolivia y también en zonas de Colombia, Ecuador, Argentina y Chile. En Bolivia, Paraguay y Perú, por lo menos una lengua indígena comparte con el español el puesto (*position*) de lengua oficial del país.

Guaraní:
la lengua vencedora

¹ Es más probable que un habitante de Asunción, capital del Paraguay, salude a un amigo con las palabras **Mba'éichapa reiko?** que con la pregunta *¿Qué tal?* Lo más lógico es que el compañero responda **Iporânte ha nde?** en vez de *Bien, ¿y tú?* También es más

⁵ probable que un niño paraguayo comience la escuela (o **mbo'ehao**) sin hablar español que sin saber comunicarse en guaraní.

Hay cientos de idiomas en Latinoamérica pero el caso del guaraní en el Paraguay es único. Más que una lengua oficial, el guaraní es la lengua del pueblo paraguayo. Cuando los españoles invadieron lo que ahora se conoce como Latinoamérica, trajeron e impusieron° su lengua como parte de la conquista cultural. Aunque muchas personas se resistieron a aprenderlo, el español se convirtió° en lengua del gobierno y de las instituciones oficiales en casi todas partes. En la actualidad, el hecho de conversar en español o en uno de los múltiples idiomas indígenas depende frecuentemente del origen de un individuo, de su contexto social, de sus raíces familiares y de muchos factores más. El uso de una lengua autóctona° típicamente se limita a las poblaciones indígenas, sobre todo a las que viven aisladas. En el Paraguay, aunque la mayoría de la población es mestiza°, actualmente las comunidades indígenas de origen guaraní son una minoría sumamente° pequeña. Sin embargo, el guaraní se ha adoptado universalmente como lengua oral de todas las personas y en todos los lugares.

El conocido escritor uruguayo Eduardo Galeano afirma que no hay otro país más que Paraguay en el que "la lengua de los vencidos se haya convertido en lengua de los vencedores". Las estadísticas cuentan una historia impresionante: casi el 40% de la población paraguaya es monolingüe en guaraní, más del 50% es bilingüe y sólo el 5% es monolingüe en español. Es decir, la lengua de la minoría nativa ha conquistado el país. Casi todos los hablantes del guaraní se expresan en *jopara*, una versión híbrida del idioma que toma prestadas° palabras del español.

Aunque la predominancia° del guaraní es innegable°, los defensores de la lengua han observado que el español ha mantenido hasta hace poco una posición privilegiada en el gobierno y en la educación. La falta de equilibrio se debe a una variedad de razones complejas, incluyendo algunos factores sociales, diferentes oportunidades económicas y el uso del español para comunicarse con la comunidad global. No obstante, en las últimas décadas se reconoce cada vez más la importancia del guaraní y su prestigio aumenta°. En 1992 se cambió la constitución paraguaya para incluir la declaración: "El Paraguay es un país pluricultural y bilingüe. Son idiomas oficiales el castellano y el guaraní". El guaraní prospera también en las artes y en los medios de comunicación. Existe una larga tradición popular de narrativa oral que en las últimas décadas se ha incorporado a la escritura e inspirado a jóvenes poetas. El célebre novelista paraguayo Augusto Roa Bastos (1917–2005) ha introducido expresiones y sonidos del guaraní en sus cuentos. Aunque la presencia en los medios escritos aún es escasa, los nuevos medios de comunicación del siglo XX y XXI contribuyen a la promoción del idioma, y permiten, por ejemplo, que se estudie guaraní y que se publiquen narrativas en Internet.

¿Cómo logró una lengua indígena superar al español y convertirse en el idioma más hablado de Paraguay? ¿Se debe a alguna particularidad del lenguaje? ¿O es la consecuencia de factores históricos, como la decisión de los jesuitas de predicar° el catolicismo en guaraní? ¿Qué papel tiene el aislamiento de Paraguay, ubicado en el corazón del continente y sin salida al mar? Nunca se podrá identificar una sola razón, pero es evidente que con su capacidad de supervivencia y adaptación a los nuevos tiempos, el guaraní comienza a conquistar el futuro. ■

Side glosses:
imposed
became
native
of Spanish and Native American descent
extremely
borrows
prevalence
undeniable
is growing
preach

El guaraní

- En Paraguay más del 90% de la población se comunica en guaraní. Junto con el español, es lengua oficial del país.
- También se habla guaraní en partes de Brasil, Bolivia y Argentina.
- La moneda de Paraguay se llama guaraní.

Después de leer

Guaraní: la lengua vencedora

1) Comprensión Después de leer el texto, decide si las oraciones son **ciertas** o **falsas**. Corrige las falsas.

Cierto	Falso	
☐	☐	1. Suramérica manifiesta poca variedad lingüística.
☐	☐	2. Por lo general, en Suramérica sólo las poblaciones indígenas hablan una lengua indígena.
☐	☐	3. La mayoría de la población paraguaya es de origen guaraní.
☐	☐	4. El 50% de la población de Paraguay es monolingüe en español.
☐	☐	5. La Constitución de 1992 declaró que Paraguay es un país pluricultural y bilingüe.
☐	☐	6. Existe una larga tradición popular de narrativa oral en guaraní.

2) Análisis Contesta las preguntas utilizando oraciones completas.

1. ¿Cuáles son algunas de las señales de que una lengua prospera?

2. ¿De qué manera es especial el caso del guaraní?

3. ¿Por qué se dice que el guaraní es el lenguaje del pueblo paraguayo?

4. ¿A quiénes se refiere Eduardo Galeano cuando habla de los "vencedores" y los "vencidos"?

5. ¿Qué es el *jopara* y quién lo utiliza?

3) Reflexión Un ejemplo de la tradición de narrativa oral en guaraní son los dichos populares. En grupos de tres, expliquen el significado y el posible contexto de los tres dichos del recuadro. ¿Hay algún dicho en español o en inglés que tenga un mensaje similar? ¿Qué elementos característicos de la cultura local se hacen evidentes en los dichos?

> ### Dichos populares en guaraní
>
> *Hetárõ machu kuéra, mbaipy jepe nahatãi.*
> Si hay muchas cocineras, ni la polenta se puede hacer.
>
> *Ñande rógape mante japytu'upa.*
> Sólo descansamos bien en nuestra casa.
>
> *Ani rerovase nde ajaka ava ambue akã ári.*
> No pongas tu canasto en la cabeza de otra persona.

4) Ensayo ¿Por qué crees que el gobierno del Paraguay cambió su constitución en 1992? ¿El cambio protege a una minoría o refleja la realidad de la mayoría? ¿Cuáles son las ventajas de vivir en un país pluricultural y bilingüe? ¿Hay alguna complicación? Escribe una composición de por lo menos tres párrafos dando tu opinión sobre estas preguntas.

Practice more at **descubre3.vhlcentral.com.**

Atando cabos

¡A conversar!

¿Telenovelas educativas?

A. Lean la cita y, en grupos de tres, compartan sus respuestas a estas preguntas.

> "Todo programa educa, sólo que —lo mismo que la escuela, lo mismo que el hogar— puede educar bien o mal." (Mario Kaplún, periodista argentino-uruguayo)

1. ¿Están de acuerdo con esta cita? ¿O creen que sólo los programas explícitamente educativos pueden enseñar algo al público?

2. Si "educar" significa "aumentar los conocimientos", ¿de qué manera un programa de televisión puede educar "mal"? ¿Están de acuerdo con esa definición?

B. Los participantes de un debate tuvieron que dar su opinión sobre el valor de las telenovelas teniendo en cuenta lo dicho por Mario Kaplún. Lean las dos opiniones y decidan con cuál están más de acuerdo. Agreguen más argumentos para defender la postura que tomaron. Usen los pronombres relativos **que**, **cual** y **cuyo**.

El *debate* de hoy: las telenovelas

En la cita, Mario Kaplún se refiere a la televisión en general. ¿Qué pasa en el caso particular de las telenovelas? ¿Creen que las telenovelas educan "bien" o "mal"?

Carlos Moreira (52)
Colonia, Uruguay

¡Estoy de acuerdo! Incluso las peores telenovelas pueden educar "bien". En primer lugar, siempre educan indirectamente. Los personajes suelen ser estereotipos, lo cual es importante porque permite que los televidentes se identifiquen con los deseos y los temores de personajes que se muestran como modelos positivos. Además, en países como México se producen telenovelas con fines específicamente educativos, los cuales incluyen enseñar al público acerca de enfermedades, problemas sociales, etc.

Sonia Ferrero (37)
Ciudad del Este, Paraguay

¡Las telenovelas siempre educan mal, lo que es igual que decir que no educan. ¿Qué puede tener de educativo un melodrama exagerado con personajes que se engañan constantemente? ¿Qué pueden tener de positivo historias que muestran relaciones personales retorcidas (*twisted*)? Yo no veo nada educativo en melodramas que perpetúan estereotipos sobre buenos, malos, ricos y pobres. Me gustaría ver telenovelas más realistas, cuyos personajes sean personas comunes.

¡A escribir!

Televisión en guaraní Imagina que vives en el Paraguay y tu telenovela favorita sólo se transmite en español. Escribe una carta al periódico paraguayo *La Nación* pidiendo que se haga una versión doblada al guaraní o que se incluyan subtítulos en guaraní.

- Explica por qué crees que es importante que haya una versión en guaraní.
- Debes incluir también tu opinión sobre estas preguntas: ¿Quiénes se beneficiarían? ¿Por qué? ¿Quién debería cubrir el costo de la versión en guaraní: los productores de la telenovela o el gobierno? ¿Debería ser obligatorio ofrecer versiones de programas en los dos idiomas?

recursos

v̂Text

CA
pp. 115–116

CP
p. 90

CH
pp. 144–145

Audio: Vocabulary Flashcards

La televisión, la radio y el cine

la banda sonora	soundtrack
la cadena	network
el canal	channel
el/la corresponsal	correspondent
el/la crítico/a de cine	film critic
el documental	documentary
los efectos especiales	special effects
el episodio (final)	(final) episode
el/la locutor(a) de radio	radio announcer
el/la oyente	listener
la (radio)emisora	radio station
el reportaje	news report
el/la reportero/a	reporter
los subtítulos	subtitles
la telenovela	soap opera
el/la televidente	television viewer
el video musical	music video
grabar	to record
rodar (o:ue)	to film
transmitir	to broadcast
doblado/a	dubbed
en directo/vivo	live

La cultura popular

la celebridad	celebrity
el chisme	gossip
la estrella (pop)	(pop) star [m/f]
la fama	fame
la moda pasajera	fad
la tendencia/ la moda	trend
hacerse famoso/a	to become famous
tener buena/ mala fama	to have a good/ bad reputation
actual	current
de moda	popular; in fashion
influyente	influential
pasado/a de moda	out-of-date; no longer popular

Los medios de comunicación

el acontecimiento	event
la actualidad	current events
el anuncio	advertisement; commercial
la censura	censorship
la libertad de prensa	freedom of the press
los medios de comunicación	media
la parcialidad	bias
la publicidad	advertising
el público	public; audience
enterarse (de)	to become informed (about)
estar al tanto/al día	to be informed, up-to-date
actualizado/a	up-to-date
controvertido/a	controversial
de último momento	up-to-the-minute
destacado/a	prominent
(im)parcial	(un)biased

La prensa

el/la lector(a)	reader
las noticias locales/ nacionales/ internacionales	local/domestic/ international news
el periódico/ el diario	newspaper
el/la periodista	journalist
la portada	front page; cover
la prensa	press
la prensa sensacionalista	tabloid(s)
el/la redactor(a)	editor
la revista (electrónica)	(online) magazine
la sección de sociedad	lifestyle section
la sección deportiva	sports page/section
la tira cómica	comic strip
el titular	headline
imprimir	to print
publicar	to publish
suscribirse (a)	to subscribe (to)

Cinemateca

el maletero	trunk
la nuca	nape
la sintonía	synchronization: tuning; connection
aclarar	to clarify
dar la gana	to feel like
darse cuenta (de)	to realize
darse por aludido/a	to realize, assume that one is being referred to
embalarse	to go too fast
fijarse	to notice
parar el carro	to hold your horses
pillar	to get (catch)

Literatura

el/la columnista	columnist
el informativo	news bulletin
la oferta	offer; proposal
el organismo público	government agency
el/la periodista	journalist
la propaganda	advertisement
denunciar	to denounce
manipular	to manipulate

Cultura

el guaraní	Guaraní
el/la hablante	speaker
el idioma	language
la lengua	language; tongue
aislar	to isolate
vencer	to conquer
bilingüe	bilingual
monolingüe	monolingual

Más vocabulario

Expresiones útiles	Ver p. 329
Estructura	Ver pp. 336, 338–339 y 342

La literatura y el arte 10

Communicative Goals

You will expand your ability to…

- say what will have happened
- say what would have happened
- make contrary-to-fact statements about the past

Game
Audio: Activities, Vocabulary

La literatura
y el arte

La literatura

Después de **hojear** un atlas para consultar unos mapas, María Cecilia sigue trabajando en el **argumento** de su nueva novela **humorística**, que **narra** con humor la historia de un náufrago.

la caracterización *characterization*
la estrofa *stanza*
el/la narrador(a) *narrator*
el personaje *character*
el/la protagonista *protagonist*
el punto de vista *point of view*
la rima *rhyme*
el argumento *plot*
el verso *line (of poetry)*
———
desarrollarse *to take place*
hojear *to skim*
narrar *to narrate*
tratarse de *to be about; to deal with*
———
didáctico/a *educational*
humorístico/a *humorous*
satírico/a *satirical*
trágico/a *tragic*

Los géneros literarios

la (auto)biografía *(auto)biography*
la ciencia ficción *science fiction*
la literatura infantil/juvenil *children's literature*
la novela rosa *romance novel*
la poesía *poetry*
la prosa *prose*
———
clásico/a *classic*
de terror *horror (story/novel)*

histórico/a *historical*
policíaco/a *detective (story/novel)*

Los artistas

el/la artesano/a *artisan*
el/la dramaturgo/a *playwright*
el/la ensayista *essayist*
el/la escultor(a) *sculptor*
el/la muralista *muralist*
el/la novelista *novelist*
el/la pintor(a) *painter*
el/la poeta *poet*

El arte

En la clase de **bellas artes**, Mario y Lucía tienen que pintar **naturaleza muerta**. Mario eligió usar **óleo** pero Lucía prefiere la **acuarela**.

la acuarela *watercolor*
el autorretrato *self-portrait*
las bellas artes *fine arts*
el cuadro *painting*
la escultura *sculpture*
la naturaleza muerta *still life*
la obra (de arte) *work (of art)*
el óleo *oil painting*
el pincel *paintbrush*
la pintura *paint; painting*
la tela *canvas*

dibujar *to draw*
diseñar *to design*
esculpir *to sculpt*
reflejar *to reflect; to depict*

abstracto/a *abstract*
contemporáneo/a *contemporary*
inquietante *disturbing; unsettling*
intrigante *intriguing*
llamativo/a *striking*
luminoso/a *bright*
realista *realistic; realist*

al estilo de *in the style of*
de buen/mal gusto *in good/bad taste*

Las corrientes artísticas

la corriente/el movimiento *movement*
el cubismo *cubism*
el expresionismo *expressionism*
el impresionismo *impressionism*
el realismo *realism*
el romanticismo *romanticism*
el surrealismo *surrealism*

recursos

v̂Text

CA
p. 95

CP
pp. 91–92

CH
pp. 147–148

S

descubre3.
vhlcentral.com

Práctica

1 **Escuchar**

 A. Escucha el programa de televisión y después completa las oraciones con la opción correcta.

1. Se ha organizado una (corriente / exposición) en el Museo de Arte Contemporáneo.

2. La exposición trata de los movimientos artísticos desde el (romanticismo / realismo).

3. En la exposición se pueden ver las obras de escultores y (artesanos / pintores) del país.

4. Muchos creen que la obra de José Ortiz es de (buen / mal) gusto.

5. El presentador del programa encuentra la obra de José Ortiz muy (intrigante / abstracta).

B. Escucha la entrevista del programa *ArteDifusión* y contesta las preguntas.

1. ¿A qué género literario pertenece la novela *El viento*?

2. ¿De qué otros géneros tiene elementos?

3. ¿Desde qué punto de vista se ha escrito esta novela?

4. ¿Qué personajes son los más frecuentes en la obra de Mayka Ledesma?

5. ¿Qué tienen que hacer los lectores para darse cuenta de que es una obra divertida?

C. En parejas, inventen una entrevista a un(a) escritor(a) o artista famoso/a y represéntenla para la clase.

2 **Relaciones** Conecta las palabras de forma lógica.

____ 1. estrofa   a. corriente artística
____ 2. cubismo   b. teatro
____ 3. tela   c. pincel
____ 4. esculpir   d. artesano
____ 5. dramaturgo   e. escultor
____ 6. novela policíaca   f. verso
____ 7. artesanía   g. realismo
____ 8. realista   h. género literario

Práctica

3 **Un crítico sin inspiración** Un crítico de arte y literatura dejó oraciones a medio completar porque no se le ocurría qué palabras utilizar. Completa sus oraciones con algunos de los términos de la lista.

acuarela	de mal gusto
al estilo de	inquietante
argumento	llamativo

1. Sus obras son demasiado _____; en todas usa muchos colores brillantes.

2. La _____ escena en la que aparece el fantasma del padre está inspirada en su novela anterior.

3. Vi un par de óleos bellos en su nueva exhibición, pero lo que más impresiona son las _____.

4. El _____ de la novela es tan confuso que ni se puede comprender.

5. Tan admirada es, que todos en la nueva generación desean también pintar _____ su maestra.

4 **Géneros** En parejas, lean los fragmentos de estas obras e indiquen a qué género literario pertenecen. Luego, elijan uno de los fragmentos y desarrollen brevemente el argumento.

1. María Fernanda del Olmo estaba locamente enamorada de Roberto Castro, pero vivía su amor en silencio. _____

2. Una intensísima luz lo despertó. ¿Qué podía ser? Extrañado, se acercó a la ventana. Estaba confundido, ¿era un sueño? El cielo estaba cubierto de pequeñas luces que se movían de un lado a otro, sin sentido. _____

3. Harry estaba en su despacho, aburrido. Hacía días que buscaba sin éxito al único testigo del crimen. _____

4. Sólo tenía doce años cuando nos fuimos a vivir a Chile. Todavía lo recuerdo como uno los momentos más importantes de mi vida. _____

5 **Preferencias** Contesta las preguntas con oraciones completas. Después, comparte tus respuestas con un(a) compañero/a.

1. ¿Cuál es tu género literario favorito? ¿Y tu personaje favorito? ¿Por qué?

2. ¿Crees que hay arte de mal gusto? Razona tu respuesta.

3. Imagina que eres artista. ¿Qué serías: muralista, poeta, escultor(a), otro?

4. ¿Qué estilo te interesa más, el realista o el abstracto?

5. ¿Qué influye más en la sociedad: la pluma (*pen*) o el pincel? ¿Por qué?

6. ¿Qué corriente artística te parece más innovadora? ¿Por qué?

: Practice more at **descubre3.vhlcentral.com.**

Comunicación

6 **Corrientes artísticas** En grupos de tres, describan estos cuadros y respondan las preguntas. Utilicen algunos términos de la lista en sus respuestas.

- ¿A qué corriente artística pertenece la obra?
- ¿Cómo es el estilo del/de la pintor(a)?
- ¿Qué adjetivos usarías para describir el cuadro?
- ¿Hay otras obras u otros artistas que sean comparables?

abstracto	cubismo
contemporáneo	expresionismo
intrigante	impresionismo
llamativo	realismo
luminoso	romanticismo
realista	surrealismo

Explosión del reloj (Soft Watch)
Salvador Dalí

Marilyn 1967 (sobre fondo azul)
Andy Warhol

El sillón rojo (The Red Armchair)
Pablo Picasso

Pilas de trigo (Stacks of Wheat)
Claude Monet

7 **Críticas literarias** En parejas, escojan un texto que hayan leído. Escriban una breve crítica de la obra, incluyendo todos los puntos de análisis de la lista. Luego presenten su análisis a la clase y ofrezcan su opinión sobre el valor artístico de la obra. ¿La recomendarían?

Género	¿A qué género literario pertenece la obra?
Caracterización	¿Es adecuada la caracterización de los personajes? ¿Te sentiste identificado/a con el/la protagonista?
Punto de vista	¿Quién narra la historia: uno/a de los personajes o un(a) narrador(a) omnisciente?
Argumento	¿Hay sorpresas? ¿Hay acción sin sentido? ¿Se hace lento el desarrollo?
Ambiente	¿En qué época se desarrolla la historia y en qué lugar? ¿Son realistas las descripciones del ambiente (*setting*)?
Tono	¿Cuál es el tono de la obra? ¿Es humorística? ¿Trágica? ¿Didáctica? ¿Qué quiere lograr el/la autor(a) a través del tono?
Tema	¿Cuál es el tema de la obra? ¿Estás de acuerdo con el/la autor(a)?

Repaso

Video: *Fotonovela*
Record & Compare

recursos

vText · CA pp. 49–50 · descubre3.vhlcentral.com

Johnny enseña a sus compañeros de trabajo cómo criticar una obra de arte.

JOHNNY Chicos, ésas son las pinturas de las que les hablé. Las conseguí muy baratas. Voy a escribir un artículo sobre ellas. ¿Les dicen algo?

MARIELA Sí, me dicen ¡*ahhgg*!

JOHNNY ¿Cómo que son feas? Es arte. No pueden criticarlo así.

MARIELA Es lo que la gente hace con el arte. Sea modernismo, surrealismo o cubismo, si es feo es feo.

JOHNNY Les mostraré cómo se critica una obra de arte correctamente. Hagamos como si estuviésemos observando las pinturas en una galería. ¿Quieren?

ÉRIC Bien.

Fingiendo que están en una galería…

JOHNNY Me imagino que habrán visto toda la exposición. ¿Qué les parece?

ÉRIC Habría preferido ir al cine. Estas pinturas son una porquería.

JOHNNY No puedes decir eso en una exposición. Si las obras no te gustan, tú debes decir algo más artístico como que son primitivas o son radicales.

MARIELA Si hubiera pensado que son primitivas o que son radicales lo habría dicho. Pero son horribles.

JOHNNY Mariela, *horrible* ya no se usa.

Diana pasa y ve las pinturas.

DIANA Esas pinturas son… ¡horribles!

Luego, en la cocina…

JOHNNY El artista jamás cambiará los colores. ¿Por qué me hiciste decirle que sí?

MARIELA No hubieras vendido ni una sola pieza.

JOHNNY No quiero venderlas, tengo que escribir sobre ellas.

MARIELA No está de más. Podrías llegar a ser un gran vendedor de arte.

JOHNNY (*imaginando…*) Nadie hubiera imaginado un final mejor para esta subasta. Les presento una obra maestra: *la Mona Lisa*.

AGUAYO Quinientos millones de pesos.

JOHNNY ¿Quién da más?

FABIOLA Mil millones de pesos.

JOHNNY Se lo lleva la señorita.

FABIOLA ¿Podría hablar con el artista para que le acentúe un poco la sonrisa?

Más tarde, en la oficina…

JOHNNY Me alegra que hayas decidido no cambiar la obra.

FABIOLA Hubiera sido una falta de respeto.

JOHNNY Claro. Bueno, que la disfrutes.

Personajes

AGUAYO

DIANA

ÉRIC

FABIOLA

JOHNNY

MARIELA

Fabiola llega a la oficina...

FABIOLA ¡Qué hermoso! Es como el verso de un poema. Habré visto arte antes pero esto es especial. ¿Está a la venta?

MARIELA ¡Claro!

FABIOLA Hay un detalle. No tiene amarillo. ¿Podrías hablar con el artista para que le cambie algunos colores?

JOHNNY ¡Imposible!

FABIOLA Son sólo pinceladas.

JOHNNY Está bien. Voy a hablar con el artista para que le haga los cambios.

FABIOLA Gracias. Pero recuerda que es ésta. Las otras dos son algo...

MARIELA ¿Radicales?

ÉRIC ¿Primitivas?

FABIOLA No, horribles.

En el escritorio de Mariela...

ÉRIC Perdiste la apuesta. Págame.

MARIELA Todavía no puedo creer que haya comprado esa pintura.

ÉRIC Oye, si lo prefieres, en vez de pagar la apuesta, puedes invitarme a cenar.

MARIELA *(sonriendo)* Ni que me hubiera vuelto loca.

Entra Aguayo...

AGUAYO ¿Son las obras para tu artículo?

JOHNNY Sí. ¿Qué le parecen, jefe?

AGUAYO Diría que éstas dos son... primitivas. Pero la del medio *(mirando el cuadro de Fabiola)* definitivamente es... horrible.

Expresiones útiles

Speculating about the past

Me imagino que habrán visto toda la exposición.
I gather you've seen the whole exhibition.

Habrás visto arte surrealista antes, pero esto es especial.
You may have looked at surrealist art before, but this is really something special.

Nadie hubiera imaginado un final mejor.
No one could have imagined a better ending.

Reacting to an idea or opinion

¿Cómo que son feos?
What do you mean they're ugly?

Habría preferido...
I would have preferred...

Si hubiera pensado que..., lo habría dicho.
If I had thought that..., I would have said so.

¡Ni que me hubiera vuelto loco/a!
As if I'd gone mad!

Additional vocabulary

acentuar *to accentuate*
criticar *to critique; to criticize*
estar a la venta *to be for sale*

la galería *gallery*
la pieza *piece*
la pincelada *brushstroke*
la porquería *garbage; poor quality*
la subasta *auction*

Comprensión

1) ¿Qué pasó? Indica con números el orden en el que ocurrieron estos hechos.

_____ a. Diana dice que los cuadros son horribles.

_____ b. Aguayo opina sobre las pinturas de Johnny.

_____ c. Johnny les enseña a sus compañeros cómo criticar una obra de arte.

_____ d. Mariela y Éric hablan de su apuesta (*bet*).

_____ e. Fabiola quiere comprar una de las pinturas de Johnny.

_____ f. Johnny sueña con ser un gran vendedor de arte.

2) ¿Realidad o fantasía? Indica cuáles de estos acontecimientos verdaderamente ocurrieron y cuáles fueron imaginados.

Realidad	Fantasía	
☐	☐	1. Los empleados de *Facetas* fueron a una galería de arte.
☐	☐	2. Fabiola compró un cuadro que a Mariela le parecía horrible.
☐	☐	3. El pintor agregó amarillo a su cuadro para que Fabiola lo comprara.
☐	☐	4. Johnny vendió la *Mona Lisa* en una subasta.
☐	☐	5. Mariela y Éric salieron a cenar.
☐	☐	6. Aguayo pensó que dos de las piezas eran primitivas.

3) ¿Quién? Decide quién dijo o posiblemente diría estas oraciones.

ÉRIC   **JOHNNY**   **FABIOLA**   **MARIELA**

1. No pueden criticar el arte diciendo que es *feo*. _____

2. A esta pintura le falta color amarillo. _____

3. Todavía no puedo creer que Fabiola haya comprado la pintura. _____

4. ¿Por qué no me invitas a cenar, Mariela? _____

5. Podrías llegar a ser un gran vendedor de arte. _____

4) Conversaciones En parejas, improvisen una de estas situaciones.

- Mariela y Éric hacen la apuesta. ¿Qué dicen?

- Johnny le pide al pintor que cambie los colores del cuadro. ¿Cómo reacciona el pintor?

- Fabiola le muestra el cuadro a su novio. ¿Qué opina él?

Practice more at **descubre3.vhlcentral.com**.

Ampliación

5 **Sueños** Johnny tiene un sueño en el que llega a ser un famoso vendedor de arte. En parejas, escojan a otros dos personajes de la **Fotonovela** e inventen sus sueños y fantasías.

> **MODELO** Éric sueña con ser Cocodrilo Éric, el fotógrafo más valiente de la selva. En sus fantasías sobre el Amazonas…

6 **Apuntes culturales** En parejas, lean los párrafos y contesten las preguntas.

¿Una exposición o una película?

Según Éric, el cine es más divertido que una exposición surrealista. Uno de los máximos íconos del surrealismo fue **Salvador Dalí**, artista excéntrico español que incursionó en la pintura (ver la **Lección 9**) y el cine, entre otros. En *Un perro andaluz*, cortometraje clásico del cine español de Luis Buñuel y Salvador Dalí, no hay idea ni imagen que tenga explicación lógica. ¡Quizás Éric la encuentre interesante!

Radicales, sí; feas, ¡jamás!

Para Johnny, hay pinturas radicales, primitivas, pero ¡jamás feas! Por ejemplo, si Johnny criticara la obra del famoso pintor figurativo chileno **Gonzalo Cienfuegos** diría: "Como se observa en su obra *El trofeo*, su arte es radical aunque las figuras aparezcan con cierto realismo. El pintor crea su propio lenguaje con humor e ironía…" ¿Entenderán Éric y Mariela lo que quiere decir Johnny?

El trofeo, Gonzalo Cienfuegos

Por amor al arte

Fabiola se enamoró de una pintura y decidió comprarla. Como ella, el argentino **Eduardo Constantini** decidió comprar dos pinturas en 1970. Su colección privada fue creciendo hasta transformarse en el **MALBA**, Museo de Arte Latinoamericano de Buenos Aires, que posee 130 obras de su colección permanente.

Museo MALBA, Buenos Aires

1. El surrealismo fue un movimiento de vanguardia. ¿Sabes de otros movimientos artísticos? ¿Cómo son?

2. ¿Qué tipo de arte te gusta más: el arte clásico como la *Mona Lisa* de Leonardo Da Vinci o el arte moderno como el de Dalí o el de Gonzalo Cienfuegos?

3. ¿Has visitado museos recientemente? ¿Cuáles? Cuenta lo que viste.

4. ¿Cuál es tu opinión sobre los coleccionistas de arte? ¿Piensas que malgastan su dinero o, por el contrario, realizan una inversión?

5. ¿Qué opinas del arte digital?

6. ¿Una obra de qué artista te gustaría tener en la sala de tu casa? ¿Por qué?

S **Additional Reading**
Video: *Flash cultura*

En detalle

LAS CASAS DE NERUDA

CHILE

Isla Negra

Muchos de nosotros hemos visto la maravillosa película *Il Postino*. En ella, un cartero se hace amigo del gran poeta chileno. La película reproduce los años que Pablo Neruda vivió en el sur de Italia por razones políticas. Sus continuos viajes como cónsul y el posterior exilio político fueron factores importantísimos en la vida de Neruda. Marcaron, sin duda, su eterno deseo de crear refugios personales en sus casas de Chile. A lo largo de los años, Neruda compró o mandó remodelar o construir tres casas en su país natal: "La Sebastiana" en Valparaíso, "La Chascona" en Santiago y la "Isla Negra" en la ciudad costera del mismo nombre. Para él, estas construcciones eran mucho más que simples casas; eran, como su poesía, creaciones personales y, muchas veces, una proyección de sus universos poéticos. Las iba construyendo sin prisa, con gran dedicación y eligiendo hasta el más mínimo detalle.

Isla Negra era la favorita del poeta, y allí fue enterrado° junto con Matilde Urrutia, su gran amor. Hoy día, las tres residencias son casas-museo y reciben más de 100.000 visitantes al año. La Fundación Pablo Neruda, creada por voluntad° expresa del poeta, las administra. Aparte de conservar su patrimonio artístico y encargarse del mantenimiento° de las casas, la fundación organiza actividades culturales y exposiciones.

Hoy día, gracias al deseo de Neruda de mantener las casas como un legado° para el pueblo chileno, todos sus admiradores pueden visitar cualquiera de sus casas. Pueden sentir, por un momento, que forman parte del particular mundo creativo del escritor. ■

Isla Negra
Neruda compró una pequeña cabaña en 1938 y la fue ampliando a lo largo de los años. La reconstruyó de tal manera que pareciera el interior de un barco. Su tumba y la de Matilde Urrutia están ubicadas en una terraza de la casa con una impresionante vista del Pacífico.

La Chascona
Está situada en un terreno vertical en Santiago de Chile. Se inició su construcción en 1953 y fue bautizada "La Chascona" en honor a Matilde Urrutia. *Chascona*, en Chile, significa "despeinada".

La Sebastiana
La casa, llamada así en honor al arquitecto Sebastián Collado, está en la ciudad de Valparaíso. Se inauguró el 18 de septiembre de 1961. Desde ella se disfruta de una vista privilegiada, en este caso sobre la bahía. Era el lugar favorito de Neruda para pasar la Nochevieja°.

enterrado *buried* **voluntad** *wish* **mantenimiento** *maintenance* **legado** *legacy* **Nochevieja** *New Year's Eve*

Artes visuales

el **arte digital** *digital art*

el **arte gráfico** *graphic art*

el **videoarte** *video art*

la **cerámica** *pottery*

el **dibujo** *drawing; sketching*

el **grabado** *engraving*

el **grafiti** *graffiti*

el **mural** *mural painting*

la **orfebrería** *goldwork*

el **tapiz** *tapestry*

Otros creadores

Frida Kahlo es una de las figuras más representativas de la pintura introspectiva mexicana del siglo XX. Su vida estuvo marcada por enfermedades y un matrimonio tortuoso con el muralista Diego Rivera. Es conocida principalmente por sus autorretratos en los que expresa el dolor de su vida personal. (Ver un ejemplo en la **Lección 6**.)

Santiago Calatrava es el arquitecto español de más fama internacional en la actualidad. En sus creaciones predomina el color blanco. El Palacio de Artes y el Museo de las Ciencias y el Hemisférico en Valencia (España) son algunas de sus obras más destacadas.

Ariel Lacayo Argueñal es un famoso chef nicaragüense. Estudió administración y cursó una maestría en enología en los Estados Unidos. En el restaurante neoyorquino **Patria** cocinó para celebridades como los Clinton, Nicole Kidman y los príncipes de Mónaco. Hoy, junto a su padre, deleita paladares° en un restaurante criollo en Nicaragua.

NERUDA EN LA PINTURA

de la serie *Todo en ti fue naufragio,* **Guillermo Núñez**

En el año 2002, la Fundación Pablo Neruda y la Fundación Amigos del Arte organizaron una particular exposición para conmemorar el centenario° del poeta chileno más universal, Pablo Neruda. Al mismo tiempo querían celebrar los ochenta años del libro de poemas en español más leído de la historia, *Veinte poemas de amor y una canción desesperada.* Participaron en el proyecto veintiún pintores chilenos.

Su labor: elegir un poema de Neruda, interiorizarlo y plasmar° su proceso de lectura en una pintura. El resultado de la exposición fue un estimulante diálogo entre palabra e imagen. Todos los participantes reflexionaron sobre la palabra poética y, al mismo tiempo, sobre su propio proceso creativo. Entre los pintores que colaboraron estaba el internacionalmente reconocido Guillermo Núñez, quien publicó un libro que cuenta la experiencia de pintar la obra de Neruda. Núñez lleva la conexión entre literatura y pintura a un nivel todavía más complejo.

Guillermo Núñez

❝ La eternidad es una de las raras virtudes de la literatura. ❞
(Adolfo Bioy Casares, escritor argentino)

Conexión Internet

¿Qué papel tuvo el arquitecto español Germán Rodríguez Arias en las casas de Neruda?

To research this topic go to **descubre3.vhlcentral.com**.

centenario *centennial (hundred-year celebration of Neruda's birth)*
plasmar *give expression to* **deleita paladares** *pleases the palate*

¿Qué aprendiste?

recursos

v̂ Text

CH
p. 150

1 **¿Cierto o falso?** Indica si estas afirmaciones sobre Neruda y sus casas son **ciertas** o **falsas**. Corrige las falsas.

1. La película *Il Postino* reproduce los años de exilio de Neruda en Italia.

2. Neruda no salió casi nunca de Chile.

3. Neruda tenía dos casas en Chile: Isla Negra y La Chascona.

4. La casa La Chascona se llama así porque está ubicada en un pueblo que también tiene ese nombre.

5. Neruda intervenía muy activamente en la construcción y decoración de sus casas.

6. El poeta está enterrado en La Sebastiana.

7. Hoy día, las tres casas son museos.

8. La Fundación Pablo Neruda se creó por deseo e iniciativa de los admiradores del poeta.

9. La casa Isla Negra está decorada como si fuera un barco.

10. A Pablo Neruda le gustaba pasar la Nochevieja en la casa La Sebastiana.

11. La Chascona está ubicada en un terreno vertical.

12. La Sebastiana, ubicada en Santiago, tiene una vista privilegiada de la ciudad.

2 **Oraciones incompletas** Completa las oraciones con la información correcta.

1. La Fundación Neruda y la Fundación Amigos del Arte organizaron una exposición para conmemorar _____.

2. Los veintiún artistas que participaron tenían que _____.

3. En las creaciones de Santiago Calatrava predomina _____.

4. Diego Rivera se hizo famoso por _____.

3 **Preguntas** Contesta las preguntas.

1. ¿Crees que la cerámica y la orfebrería son artes u oficios (*trades*)?

2. ¿Alguna vez hiciste alguna obra usando una de las técnicas de la lista de **Así lo decimos**? ¿Qué hiciste?

3. ¿Crees que una obra arquitectónica o el trabajo de un chef se pueden considerar obras de arte? Explica tu respuesta.

4 **Opiniones** En parejas, hagan una lista de cinco artistas o creadores hispanos que no hayan sido mencionados en esta lección y elijan cuál es su preferido/a. Luego, compartan su lista y su favorito/a con la clase y expliquen por qué les gusta ese artista o sus obras.

PROYECTO

Artistas

Elige una obra en particular de uno de los artistas que se han presentado en **El mundo hispanohablante**. Busca información y prepara una presentación breve para la clase. No olvides mostrar una fotografía o ilustración de la obra. Usa las preguntas como guía.

- ¿Quién es el/la artista?
- ¿Cómo se llama la obra?
- ¿Cuáles son las características de la obra?
- ¿Por qué es famosa la obra y por qué la elegiste?

Practice more at **descubre3.vhlcentral.com**.

RITMOS

Violeta Parra

"Yo me llamo **Violeta Parra**, pero no estoy muy segura. Tengo cincuenta años a disposición del viento fuerte. En mi vida me ha tocado muy seco todo y muy salado, pero así es la vida exactamente…" Así se describe la mayor artista chilena del siglo XX, nacida en 1917 en el pueblo de San Carlos. Tuvo una difícil infancia que compartió con ocho hermanos. Despertó su afición musical de niña cuando comenzó cantando en circos y sitios públicos. Su hermano **Nicanor** la impulsó para que rescatara la música folclórica chilena. Con su actuación en la casa de Pablo Neruda en 1953, su voz comenzó a popularizarse. Siguieron conciertos por Europa y Latinoamérica y su música fundó las bases para la "Nueva Canción". Además del canto; también incursionó en el tapiz, el bordado°, la escultura y la pintura. En su arte se evidencia un profundo contenido humano que la define como una artista universal más allá del tiempo y de las fronteras.

Discografía

1966 Las últimas composiciones de Violeta Parra por Violeta Parra, *El Folklore de Chile Vol. IV*

1957 La tonada presentada
1956 Violeta Parra, Canto y guitarra

Canción

Éste es un fragmento de una canción de Violeta Parra.

Gracias a la vida

Gracias a la vida que me ha dado tanto

Me ha dado la risa y me ha dado el llanto

Así yo distingo dicha° de quebranto°

Los dos materiales que forman mi canto

Y el canto de ustedes que es el mismo canto

Y el canto de todos que es mi propio canto.

> ¿ Sabías que la canción **Gracias a la vida** fue interpretada por un sinnúmero de artistas ?
>
> Ésta es una pequeña lista:
> - **Joan Baez** (Estados Unidos)
> - **Mariette Bodier** (Holanda)
> - **David Byrne** (Escocia)
> - **Danilo Pérez** (Panamá)
> - **Mercedes Sosa** (Argentina)
> - **Pedro Vargas** (México)

recursos

descubre3.
vhlcentral.com

 Preguntas En parejas, respondan a estas preguntas.

1. "Me ha tocado muy seco todo y muy salado." ¿Qué quiere decir Violeta Parra con esto?
2. ¿Qué personas influyeron en su vida artística?
3. En la actualidad, Parra es considerada una artista influyente y universal. ¿Por qué?
4. En esta canción, Violeta Parra le agradece a la vida. ¿Qué le agradece? ¿Por qué?

10.1 The future perfect Tutorial Audio: Chart

- The future perfect tense (**el futuro perfecto**) is formed with the future of **haber** and a past participle.

The future perfect		
pintar	**vender**	**salir**
habré pintado	habré vendido	habré salido
habrás pintado	habrás vendido	habrás salido
habrá pintado	habrá vendido	habrá salido
habremos pintado	habremos vendido	habremos salido
habréis pintado	habréis vendido	habréis salido
habrán pintado	habrán vendido	habrán salido

- The future perfect is used to express what *will have happened* at a certain point. The phrase **para** + [*time expression*] is often used with the future perfect.

Ya **habré leído** la novela para el lunes.

I will already have read the novel by Monday.

Para el año que viene, los arquitectos **habrán diseñado** el nuevo museo.

By next year, the architects will have designed the new museum.

- **Antes de (que), cuando, dentro de**, and **hasta (que)** are also used with time expressions or other verb forms to indicate when the action in the future perfect will have happened.

Cuando lleguemos al teatro, ya **habrá empezado** la obra.

When we get to the theater, the play will have already started.

Lo **habré terminado dentro de** dos horas.

I will have finished it within two hours.

- The future perfect may also express supposition or probability regarding a past action.

¿**Habrá tenido** éxito la exposición de este fin de semana?

I wonder if this weekend's exhibition was a success.

No lo sé, pero **habrá ido** mucha gente a verla.

I don't know, but I suppose a lot of people have gone to see it.

Me imagino que habrán visto toda la exposición.

Habré visto arte antes, pero esto es especial.

Práctica y comunicación

1 **Artes y letras** Completa las oraciones con el futuro perfecto de los verbos entre paréntesis.

1. Me imagino que ustedes _____ (leer) el poema para mañana.

2. ¿_____ (conocer) Juan a la famosa autora?

3. Para la próxima semana, Ana y yo _____ (terminar) de leer el cuento.

4. Le dije al pintor que yo _____ (conseguir) una modelo para el jueves.

5. Me imagino que las obras ya se _____ (vender).

2 **Planes** Tú y tus amigos habían planeado encontrarse a las seis de la tarde para ir al ballet, pero nadie ha venido y tú no sabes por qué. Escribe suposiciones con la información del cuadro. Sigue el modelo.

MODELO **Entendí mal los planes.**
Habré entendido mal los planes.

1. Me dejaron un mensaje telefónico.	
2. Uno de mis amigos tuvo un accidente.	
3. Me equivoqué de día.	
4. Fue una broma.	
5. Lo soñé.	

3 **Excusas** Cada vez que la profesora hace preguntas, Mónica responde con excusas. En parejas, utilicen el futuro perfecto para completar la conversación.

PROFESORA Buenos días. ¿Todos (1) _____ (entregar) el ensayo para el final del día?

MÓNICA Yo lo (2) _____ (escribir) para el viernes, profesora.

PROFESORA Pero me imagino que tú ya (3) _____ (ver) la exposición del escultor, ¿verdad?

MÓNICA Pues... estaba con fiebre... todo el fin de semana. Pero voy mañana.

PROFESORA Por lo menos (4) _____ (ir) a la biblioteca a hacer las investigaciones necesarias, ¿no?

MÓNICA Pues, fui, pero otro estudiante ya había sacado los libros que necesitaba. Según la bibliotecaria, él los (5) _____ (devolver) para mañana.

4 **El futuro** Hazles estas preguntas a tres de tus compañeros/as.

- Cuando terminen las próximas vacaciones de verano, ¿qué habrás hecho?
- Antes de terminar la escuela secundaria, ¿qué aventuras habrás tenido?
- Dentro de diez años, ¿dónde habrás estado y a quién habrás conocido?
- Cuando tengas cuarenta años, ¿qué decisiones importantes habrás tomado?
- Cuando seas abuelo/a, ¿qué lecciones habrás aprendido de la vida?

Practice more at **descubre3.vhlcentral.com**.

10.2 The conditional perfect

Tutorial
Audio: Chart

- The conditional perfect tense (**el condicional perfecto**) is formed with the conditional of **haber** and a past participle.

Estas pinturas son una porquería. Habría preferido ir al cine.

TALLER DE CONSULTA

To review irregular past participles, see **7.1**, pp. 256–257.

The conditional perfect is frequently used after **si** clauses that contain the past perfect subjunctive. See **Manual de gramática, 10.4**, p. 538.

The conditional perfect		
pensar	**tener**	**sentir**
habría pensado	habría tenido	habría sentido
habrías pensado	habrías tenido	habrías sentido
habría pensado	habría tenido	habría sentido
habríamos pensado	habríamos tenido	habríamos sentido
habríais pensado	habríais tenido	habríais sentido
habrían pensado	habrían tenido	habrían sentido

- The conditional perfect tense is used to express what *would have occurred* but did not.

Juan **habría ido** al museo, pero ya tenía otros planes.

Juan would have gone to the museum, but he had other plans.

Seguramente, **habrías ganado** la apuesta.

You probably would have won the bet.

Otros actores **habrían representado** mejor esta obra.

Other actors would have performed this play better.

Creo que Andrés **habría sido** un gran pintor.

I think Andrés would have been a great painter.

recursos

v̂Text

CA
pp. 29, 97

CP
pp. 95–96

CH
p. 152

S

descubre3.
vhlcentral.com

Habría dicho que es... horrible.

- The conditional perfect may also express probability or conjecture about the past.

¿**Habrían apreciado** los críticos su gran creatividad?

I wonder if the critics had appreciated her great creativity.

Los **habría sorprendido** con su talento.

She must have surprised them with her talent.

Práctica y comunicación

1 **Lo que habrían hecho** Completa las oraciones con el condicional perfecto de los verbos entre paréntesis.

1. No me gustó para nada. Otro autor _____ (imaginar) un protagonista más interesante.

2. Yo, en su lugar, lo _____ (dibujar) de modo más abstracto.

3. A la autora le _____ (gustar) escribir ficción histórica, pero el público sólo quería más novelas rosas.

4. Nosotros _____ (escribir) ese cuento desde otro punto de vista.

5. ¿Tú _____ (hacer) lo mismo con otra oportunidad?

2 **Otro final** En parejas, conecten las historias con sus finales. Luego utilicen el condicional perfecto para inventar otros finales. Sigan el modelo.

> **MODELO** *Titanic* / **El barco se hunde (*sinks*).**
>
> En nuestra historia, el barco no se habría hundido. Los novios se habrían casado y...

La Bella y la Bestia	El monstruo mata a su creador.
Frankenstein	Se casa con el príncipe.
El Señor de los Anillos	Frodo destruye el anillo.
Romeo y Julieta	Regresa a su hogar en Kansas.
El Mago de Oz	Los novios se mueren.

3 **¿Y ustedes?** En parejas, miren los dibujos y túrnense para decir lo que habrían hecho en cada situación. Utilicen el condicional perfecto y sean creativos.

1.

2.

3.

4.

4 **Autobiografías** Utiliza el condicional perfecto para escribir un párrafo de tu autobiografía. Incluye descripciones de tres cosas que no cambiarías nunca y tres cosas que habrías hecho distinto en tu vida.

 Practice more at **descubre3.vhlcentral.com.**

Tutorial
Audio: Chart

Me molestó que hubieras pedido ese cambio.

Quizás hubiera sido una falta de respeto.

TALLER DE CONSULTA

The alternative past subjunctive forms of **haber** may also be used with the past participle to form the past perfect subjunctive. See **8.2,** pp. 298–299.

Ojalá hubieras/hubieses participado más en el proyecto.
I wish you had participated more in the project.

• • • •

The past perfect subjunctive is also frequently used in **si** clauses. See **manual de gramática, 10.4,** p. 538.

Si me hubieran invitado, habría ido a la exposición.
If they had invited me, I would have gone to the exhibition.

- The past perfect subjunctive (**el pluscuamperfecto del subjuntivo**) is formed with the past subjunctive of **haber** and a past participle.

The past perfect subjunctive		
cambiar	**poder**	**influir**
hubiera cambiado	hubiera podido	hubiera influido
hubieras cambiado	hubieras podido	hubieras influido
hubiera cambiado	hubiera podido	hubiera influido
hubiéramos cambiado	hubiéramos podido	hubiéramos influido
hubierais cambiado	hubierais podido	hubierais influido
hubieran cambiado	hubieran podido	hubieran influido

- The past perfect subjunctive is used in subordinate clauses under the same conditions for other subjunctive forms, and in the same way the past perfect is used in English (*I had talked, you had spoken, etc.*). It refers to actions or conditions that had taken place before another past occurence.

Le molestó que los escritores no **hubieran asistido** a su conferencia.

It annoyed her that the writers hadn't attended her lecture.

No era cierto que la galería **hubiera cerrado** sus puertas definitivamente.

It was not true that the gallery had closed its doors permanently.

- When the action in the main clause is in the past, both the past subjunctive and the past perfect subjunctive can be used in the subordinate clause. However, the meaning of each sentence may be different.

recursos

v̂Text

CA
pp. 30, 98

CP
pp. 97–98

CH
pp. 153–154

descubre3.
vhlcentral.com

PAST SUBJUNCTIVE	PAST PERFECT SUBJUNCTIVE

Esperaba que me **llamaras**.
¡Qué bueno oír tu voz!

I was hoping you would call me. It's great to hear your voice!

Deseaba que me **ayudaras**.
I wished that you would help me.

Esperaba que me **hubieras llamado**.
¿Qué pasó?

I wished that you had called me. What happened?

Deseaba que me **hubieras ayudado**.
I wished that you had helped me.

Práctica y comunicación

1) Hubiera... Completa las oraciones con el pluscuamperfecto del subjuntivo.

1. Había ido a la tertulia si no _____ (llover).
2. Si yo _____ (lograr) publicar mi libro, habría sido un superventas.
3. Me molestó que ellos no _____ (dar) el premio al otro poeta.
4. Si nosotros _____ (pensar) eso, lo habríamos dicho.
5. Si ella _____ (pedir) más por sus cuadros, habría ganado millones.
6. ¡Qué lástima que sus padres no _____ (apoyar) su interés por las artes!

2) Oraciones Une los elementos de las columnas para crear cinco oraciones con el pluscuamperfecto del subjuntivo.

Dudaba de que	yo	escribir cuentos policíacos
Esperábamos que	tú	ganar un premio literario
Me sorprendió que	el artista	tener talento
Ellos querían que	nosotros	venir a la exposición
No creías que	los poetas	vender ese autorretrato

3) ¡A quejarse! Paulino es escritor y Graciela es pintora. Son muy buenos amigos, pero ninguno de los dos ha tenido éxito. En parejas, utilicen el pluscuamperfecto del subjuntivo para escribir una conversación en la cual los dos se quejaron de las oportunidades que habían perdido.

MODELO **GRACIELA** No fue justo que le hubieran dado ese premio literario a García Márquez. Tienes mucho más talento que él...

> No fue justo que....
> No podía creer que...
> Si hubiera logrado...
> Si tú sólo hubieras...

4) Síntesis En grupos de cuatro, dramaticen esta situación: uno/a de ustedes va a entrevistar a los tres finalistas del concurso de televisión *El ídolo de la música*. Uno/a acaba de ganar el concurso. Utilicen por lo menos tres usos del futuro perfecto, del condicional perfecto, y del pluscuamperfecto del subjuntivo. Luego representen su entrevista para la clase.

MODELO **REPORTERO** Carolina, eres la nueva ídola de la música. ¡El año que viene será increíble! ¿Qué crees que habrá pasado para esta fecha, el próximo año?

GANADORA Pues, seguramente habré grabado mi primer disco y...

REPORTERO Christopher, tus aficionados no habrán creído lo que pasó esta noche. Si hubieras tenido otra oportunidad, ¿que habrías hecho distinto?

FINALISTA Quizás si hubiera cantado algo más clásico, los jueces no me habrían criticado tanto. O si hubiera..

S Recapitulación Diagnostics

Practice more at **descubre3.vhlcentral.com**.

(S) Audio: Vocabulary

Antes de ver el corto

LAS VIANDAS

país España

duración 19 minutos

director José Antonio Bonet

protagonistas Papandreu (chef), el comensal, empleados del restaurante, otros comensales

Vocabulario

acompañar *to come with*	el compromiso *awkward situation*
la barbaridad *outrageous thing*	contundente *filling; heavy*
el cochinillo *suckling pig*	el jabalí *wild boar*
el/la comensal *dinner guest*	la ofensa *insult*

1 Definiciones Completa las oraciones con las palabras apropiadas.

1. Cuando sucede algo atroz (*atrocious*), se dice que es una _____.
2. Si un plato te llena inmediatamente, significa que es un plato _____.
3. Alguien que está invitado a comer es un _____.
4. Un _____ es una especie de cerdo salvaje.
5. En algunas culturas, rechazar la comida es una _____.
6. Poner a alguien en un _____ significa involucrarlo en una situación incómoda.

2 Preguntas En parejas, contesten las preguntas.

1. ¿Te gusta cocinar? ¿Crees que cocinar es un arte?
2. ¿Qué profesiones consideras que son arte? ¿Por qué?
3. ¿Conoces a alguien que sea o que se considere artista? ¿Cómo es?
4. Según tu opinión, ¿tienen los artistas una personalidad diferente a las personas que no son artistas? Razona tu respuesta.

3 ¿Qué sucederá? En parejas, miren el fotograma e imaginen lo que va a ocurrir en la historia. Compartan sus ideas con la clase.

 Practice more at **descubre3.vhlcentral.com.**

master cluster

presenta

ROBERTO ÁLVAREZ   JOSÉ MARÍA POU

Las Viandas

(Viands)

un film de / a film by
JOSE ANTONIO BONET

PEDRO CASABLANC   MIGUEL DEL ARCO   JOSÉ RAMÓN PARDO   SARA ILLÁN

LOLA LEMOS   MARGARITA LASCOITI   JORGE SUQUET   ANNE CAILLON   JEAN–MARIE MONDINI   JOSE TORIJA   ISABEL GALVEZ   ANDREA RAMIREZ   CLAUDIA ALVAREZ

Productor Ejecutivo / Executive Producer PEDRO PALACIOS   Productor Asociado / Associate Producer CHRISTOPHE BOUFFIL-CANTONI   Fotografía / Director of Photography ALFONSO POSTIGO
Casting JOSÉ CARLOS RUIZ   Director de Arte / Art Director HÉCTOR G. BERTRAND   Musica / Music NACHO CABELLO   Montaje / Editing ADORACIÓN G. ELIPE
Vestuario / Costumes JOSÉ MARIA DE COSSIO   Sonido Directo / Sound Recording SOUNDERS CREACIÓN SONORA   Postproducción de Sonido / Sound Postproduction DAVID RODRIGUEZ
basado en un argumento de / based on a story by SANTIAGO G. AGULLÓ & JOSÉ ANTONIO BONET   con la participación de / with the collaboration of JAVIER F. VALLADO
Escrita y Dirigida por / Written and Directed by JOSÉ ANTONIO BONET

Escenas

ARGUMENTO Un hombre va a un restaurante perdido en las montañas donde probará los platos de un chef extranjero muy especial.

COMENSAL Buenas tardes. ¿Todavía se puede comer?
MAITRE Por supuesto. Leonora, el abrigo del señor… ¿Me acompaña, por favor?

MAITRE El primer plato del menú: sopa de judiones°, con tocino° y salchicha vienesa. El señor Papandreu, nuestro chef, ganó un premio con este plato.
COMENSAL ¿No le parece un poco contundente?

(Murmullos)
CHEF ¿El nuevo devuelve [la] comida?
CAMARERO Sí, sí, sí.
CHEF ¡Esto es una ofensa! ¡Nadie devuelve nunca [la] comida a Papandreu! ¡Papandreu es un artista! ¡Papandreu es [el] número uno! *(gritos)* Un artista.

(Después de varios platos más, no puede seguir comiendo.)
MAITRE Señor, nos está poniendo a todos en un serio compromiso. Debe comerse el cochinillo de inmediato.
COMENSAL ¿Pero es que no lo entiende? ¡No puedo más!

COMENSAL Perdóneme, señor, pero ¡tengo que pedirle ayuda! Bueno usted mismo lo está viendo. ¡Quieren que me coma un cochinillo! ¿Pero están locos?
HOMBRE No se preocupe. Lo he visto todo y tiene razón. Le comprendo. Confíe en mí. Hablaré con Papandreu.

COMENSAL *(gritando)* ¡No quiero comer más! ¡No quiero comer este jabalí!
CHEF ¡Quieto! ¡Vas a comer jabalí como [un] niño bueno! ¡Come!
(Después de que el cliente come el jabalí.)
CHEF ¡El postre! ¡Papandreu artista genial!

judiones *butter beans* **tocino** *bacon*

Después de ver el corto

(1) Comprensión   Contesta las preguntas con oraciones completas.

1. ¿Dónde está el restaurante?
2. ¿Por qué pregunta el comensal si el primer plato es contundente?
3. ¿Qué ocurre cuando el cliente dice que no puede comer más sopa?
4. ¿Por qué se enoja el chef cuando regresa el camarero a la cocina?
5. ¿Para qué va el comensal al servicio (*restroom*)?
6. En el servicio, ¿qué le promete el otro comensal al protagonista?
7. ¿Qué hace el protagonista al ver que el otro comensal no le ha ayudado?
8. ¿Qué hacen los camareros y el chef cuando lo detienen?

(2) Ampliación   Contesta las preguntas con oraciones completas.

1. ¿Por qué dice el chef que todo el mundo debe probar su comida?
2. ¿Por qué crees que los otros clientes no ayudan al protagonista?
3. ¿Qué temas se tratan en *Las viandas* además de la cocina?
4. ¿Crees que Papandreu es un artista? ¿Por qué? ¿Es común que los artistas se comporten así?
5. ¿Qué sucede al final de la historia? ¿Podrá el protagonista irse del restaurante? ¿Y los demás comensales?

(3) Los comensales   En parejas, elijan un fotograma y describan la vida del personaje o los personajes. Escriban por lo menos cinco oraciones. Usen las preguntas como guía.

- ¿Cómo son?
- ¿Por qué están en el restaurante?
- ¿Cómo son sus vidas?
- ¿Qué opinan de Papandreu?

(4) ¡Soy un artista!   En parejas, imaginen que se encuentran con un artista un poco especial, como el chef de *Las viandas*. La escena, sin embargo, se desarrolla en otro ambiente. Elijan uno de los lugares y personajes sugeridos, u otro que prefieran, y escriban un párrafo contando la historia. Después, compartan la historia con la clase.

- un quirófano (*operating room*) y un cirujano de gran renombre
- una pasarela (*runway*) y una supermodelo
- un estudio de diseño y un diseñador premiado
- una peluquería y un estilista famoso

 Practice more at **descubre3.vhlcentral.com.**

Cantata, 1985.
Armando Barrios, Venezuela.

"La literatura nace del paso entre lo que el
hombre es y lo que quisiera ser."

— Mario Vargas Llosa

Antes de leer

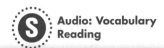
Continuidad de los parques

Sobre el autor

A pesar de vivir muchos años fuera de la Argentina, **Julio Cortázar** siempre se mostró interesado en la realidad sociopolítica de Latinoamérica. En sus textos, representa al mundo como un gran laberinto del que el ser humano debería escapar. Julio Cortázar nació en Bruselas, Bélgica, en 1914. Llegó a la Argentina cuando tenía cuatro años. En 1932 se graduó como maestro de escuela y comenzó sus estudios en la Universidad de Buenos Aires, los cuales no pudo terminar por motivos económicos. Desde 1951 hasta su muerte en 1984 vivió en París. Su obra, en la que se destacan la novela *Rayuela* (1963) y libros de cuentos como *Historias de cronopios y de famas* (1962), se caracteriza por el uso magistral del lenguaje y el juego constante entre la realidad y la fantasía. Por esta última característica se lo considera uno de los creadores del "realismo fantástico".

Vocabulario

acariciar *to caress*	el pecho *chest*	la coartada *alibi*
al alcance *within reach*	el repaso *revision; review*	la mejilla *cheek*
el arroyo *stream*	el/la testigo *witness*	la trama *plot*

Oraciones incompletas Completa las oraciones con la palabra apropiada.

1. Antes del examen hicimos un _____.
2. La niña _____ la _____ de su hermanito.
3. Decidimos acampar junto al _____.
4. El otro día fui _____ de un hecho extraordinario.

Conexión personal

¿Leíste alguna vez un libro tan interesante y fascinante que simplemente no lo podías dejar de leer? ¿Cuál? ¿Tuviste una experiencia similar con una película o serie de televisión?

Análisis literario: el realismo fantástico

Entretejer la ficción y la realidad se ha convertido en un recurso recurrente en la literatura latinoamericana. Este recurso es particularmente común en la obra de escritores argentinos como Jorge Luis Borges y Julio Cortázar. A diferencia del realismo mágico, que se caracteriza por mostrar lo maravilloso como normal, en el realismo fantástico se confunden realidad y fantasía, se presenta un hecho real y se le agrega un elemento ilusorio o fantástico sin nunca marcar claramente los límites entre uno y otro. Esto lleva a historias dentro de historias y el lector debe darse cuenta, o a veces elegir conscientemente, en qué historia está o qué está sucediendo. A medida que leas *Continuidad de los parques,* busca elementos del realismo fantástico.

Continuidad

Julio Cortázar

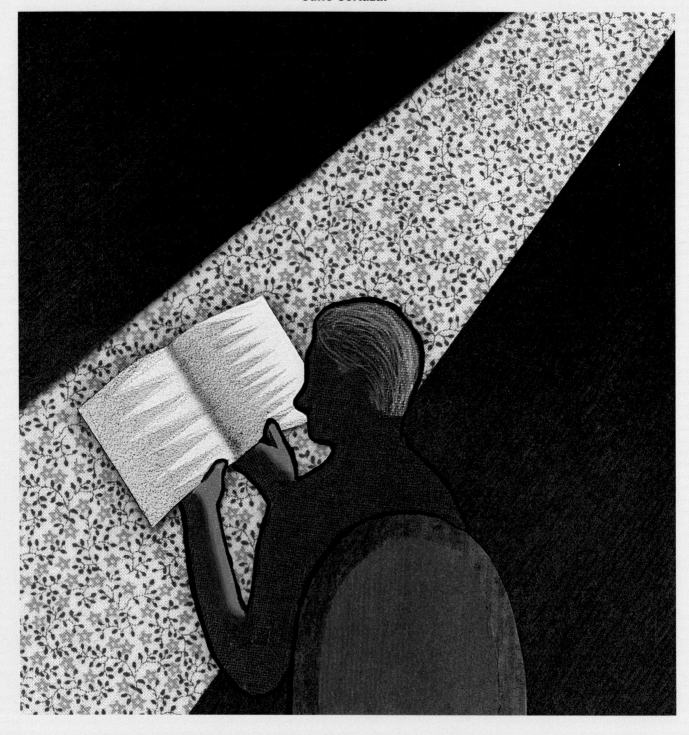

de los parques

Había empezado a leer la novela unos días antes. La abandonó por negocios urgentes, volvió a abrirla cuando regresaba en tren a la finca°; se dejaba interesar lentamente por la trama, por el dibujo de los personajes. Esa tarde, después de escribir una carta a su apoderado° y discutir con el mayordomo° una cuestión de aparcerías°, volvió al libro en la tranquilidad del estudio que miraba hacia el parque de los robles°. Arrellanado° en su sillón favorito, de espaldas a la puerta que lo hubiera molestado como una irritante posibilidad de intrusiones, dejó que su mano izquierda acariciara una y otra vez el terciopelo° verde y se puso a leer los últimos capítulos. Su memoria retenía sin esfuerzo los nombres y las imágenes de los protagonistas; la ilusión novelesca lo ganó casi enseguida. Gozaba del placer casi perverso de irse desgajando° línea a línea de lo que lo rodeaba, y sentir a la vez que su cabeza descansaba cómodamente en el terciopelo del alto respaldo°, que los cigarrillos seguían al alcance de la mano, que más allá de los ventanales danzaba el aire del atardecer bajo los robles. Palabra a palabra, absorbido por la sórdida disyuntiva° de los héroes, dejándose ir hacia las imágenes que se concertaban y adquirían color y movimiento, fue testigo del último encuentro en la cabaña del monte°.

Primero entraba la mujer, recelosa°; ahora llegaba el amante, lastimada la cara por el chicotazo° de una rama°. Admirablemente restañaba° ella la sangre con sus besos, pero él rechazaba sus caricias, no había venido para repetir las ceremonias de una pasión secreta, protegida por un mundo de hojas secas y senderos furtivos. El puñal° se

entibiaba° contra su pecho y debajo latía° la libertad agazapada°. Un diálogo anhelante° corría por las páginas como un arroyo de serpientes, y se sentía que todo estaba decidido desde siempre. Hasta esas caricias que enredaban° el cuerpo del amante como queriendo retenerlo y disuadirlo, dibujaban abominablemente la figura de otro cuerpo que era necesario destruir. Nada había sido olvidado: coartadas, azares, posibles errores. A partir de esa hora cada instante tenía su empleo minuciosamente atribuido. El doble repaso despiadado° se interrumpía apenas para que una mano acariciara una mejilla. Empezaba a anochecer.

Sin mirarse ya, atados rígidamente a la tarea que los esperaba, se separaron en la puerta de la cabaña. Ella debía seguir por la senda° que iba al norte. Desde la senda opuesta él se volvió un instante para verla correr con el pelo suelto. Corrió a su vez, parapetándose° en los árboles y los setos°, hasta distinguir en la bruma malva del crepúsculo° la alameda° que llevaba a la casa. Los perros no debían ladrar°, y no ladraron. El mayordomo no estaría a esa hora, y no estaba. Subió los tres peldaños° del porche y entró. Desde la sangre galopando° en sus oídos le llegaban las palabras de la mujer: primero una sala azul, después una galería, una escalera alfombrada°. En lo alto, dos puertas. Nadie en la primera habitación, nadie en la segunda. La puerta del salón, y entonces el puñal en la mano, la luz de los ventanales, el alto respaldo de un sillón de terciopelo verde, la cabeza del hombre en el sillón leyendo una novela. ■

Margin glosses:
- farm (5)
- agent
- foreman
- sharecroppers (10)
- oak trees/Settled
- velvet (15)
- tearing off (20)
- back (of chair or sofa)
- (25)
- dilemma
- the cabin in the woods (30)
- suspicious(ly)
- lash/branch
- staunched (35)
- dagger
- was becoming warm/was beating/crouched (in wait)/yearning (40)
- were entangling (45)
- pitiless (50)
- trail
- taking cover (60)
- hedges
- twilight/cottonwood-lined path/bark
- steps (65)
- pounding
- carpeted (70)
- (75)

Después de leer

Continuidad de los parques

Julio Cortázar

1 Comprensión Ordena de forma cronológica lo que sucede en el cuento.

____ a. Sentado en su sillón de terciopelo verde, volvió al libro en la tranquilidad del estudio.

____ b. Finalmente, ella se fue hacia el norte y él llegó hasta la casa del bosque.

____ c. Un hombre regresó a su finca después de haber terminado unos negocios urgentes.

____ d. Llegó hasta el salón y apuñaló al hombre que, sentado en el sillón de terciopelo verde, estaba leyendo una novela.

____ e. Ese día los perros no ladraron y el mayordomo no estaba.

____ f. En la novela, una mujer y su amante se encontraban en una cabaña.

____ g. Él subió los tres peldaños del porche y entró en la casa.

____ h. Se habían reunido allí para terminar de planear un asesinato.

2 Interpretación Contesta las preguntas.

1. Según se deduce de sus costumbres, ¿cómo crees que es la personalidad del hombre que estaba sentado en el sillón? Presenta ejemplos del cuento.

2. ¿Quiénes se reúnen en la cabaña del monte y para qué?

3. ¿Por qué crees que el mayordomo no trabajaba ese día?

4. ¿Qué relación hay entre la pareja de la cabaña y el hombre que está leyendo la novela?

5. ¿Quién crees que es la víctima? Haz una lista de las claves que hay en el cuento.

6. ¿Cómo logra el escritor mantener la atención de sus lectores?

3 Análisis En *Continuidad de los parques*, Julio Cortázar mezcla la realidad con la ficción. En parejas, contesten las siguientes preguntas.

1. ¿Qué habría pasado si el hombre del sillón hubiera cerrado el libro antes?

2. Imaginen que la novela que está leyendo el hombre es de otro género: humor, romance, ciencia ficción, etc. ¿Cuál hubiera sido el final en ese caso? Escríbanlo y luego, compártanlo con la clase.

3. Expliquen por qué creen que este cuento se titula *Continuidad de los parques*.

4 Un nuevo final Escribe un párrafo que describa lo que sucede después del final del cuento. ¿Sobre cuál de las dos historias vas a escribir? ¿La historia del hombre que lee la novela o la segunda historia dentro de la primera?

Practice more at **descubre3.vhlcentral.com.**

Antes de leer

 Audio: Vocabulary Reading

Vocabulario

la alusión *allusion*

el canon *literary canon*

el estereotipo *stereotype*

editar *to publish*

la narrativa *narrative work*

el relato *story; account*

transcurrir *to take place*

tratar (sobre/acerca de)
  to be about; to deal with

La muerte y la doncella Completa las oraciones con el vocabulario de la tabla.

1. El argentino-chileno Ariel Dorfman se considera miembro del _____ literario de Latinoamérica en parte por el éxito de su obra de teatro *La muerte y la doncella*.

2. La _____ de Dorfman incluye géneros como la novela y el ensayo.

3. *La muerte y la doncella* _____ los efectos de la tortura en una mujer, que cree encontrarse con su torturador.

4. La obra es interesante porque ninguno de los personajes es un _____, sino un individuo complejo.

5. La acción _____ en un lugar que no se identifica, pero podría ser el Chile de Pinochet.

Conexión personal ¿Puede haber estereotipos positivos? ¿O son todos, por definición, negativos? ¿Cómo puede un estereotipo aparentemente positivo limitar a un individuo?

Contexto cultural

 En 1967, Gabriel García Márquez escribió una obra que ha dejado una huella (*mark*) profunda en la literatura de América Latina. *Cien años de soledad* es uno de los ejemplos mayores del *realismo mágico* y nos transporta al pueblo mítico de Macondo, donde objetos comunes como el hielo se presentan como maravillosos mientras las cosas más sorprendentes —como una lluvia de flores que caen del cielo— se narran como si fueran normales. Incluso en el siglo XXI las obras de García Márquez dominan el mercado literario y se siguen estudiando como ejemplos de un género creativo y comprometido (*politically engaged*). Más notable aún, han conseguido definir un estilo que se reconoce mundialmente como latinoamericano y que todavía inspira a nuevos escritores. Isabel Allende y Laura Esquivel son dos escritoras destacadas que en los años 80 iniciaron una vuelta, que continúa hasta el día de hoy, al mundo del realismo mágico con las muy exitosas novelas *La casa de los espíritus* (1982) y *Como agua para chocolate* (1989).

De Macondo a McOndo

En Santiago de Chile, ¿es típico observar una tormenta de flores? ¿Es sorprendente encontrar un cubito de hielo° en una Coca-Cola en Buenos Aires? Un grupo de jóvenes escritores, encabezado° por el chileno Alberto Fuguet, responde rotundamente° que no. Estos escritores afirman que tienen más en común con la generación estadounidense que creció con los videojuegos y MTV que con el mundo mágico y mítico de Macondo. Por eso, transformando el nombre del pueblo ficticio de las novelas de García Márquez, el grupo tomó el nombre "McOndo" en un guiño del ojo° al

ice cube

led

emphatically

wink

10 omnipresente McDonald's, a las pioneras computadoras Macintosh y a los *condos*.

El grupo McOndo escribe una literatura intensamente personal, urbana y llena de alusiones a la cultura 15 popular. Fuguet describe a su grupo como apolítico, adicto a la televisión por cable y aficionado a Internet. La televisión, la radio, el cine e Internet infiltran sus obras e introducen temas *modern* 20 globales y muy corrientes°. Las obras de Fuguet revelan más huellas de Hollywood que de García Márquez o Borges, y mayor influencia de videos musicales estadounidenses que de *Cien* 25 *años de soledad.*

¿Qué hay de latinoamericano en las obras de McOndo?, se preguntan algunos lectores que identifican América Latina con el realismo 30 mágico. ¿No podrían transcurrir en cualquier sitio?, es otra pregunta habitual. Justamente, el editor de una revista literaria estadounidense muy prestigiosa le hizo esta pregunta a *rejected* 35 Fuguet. La revista rechazó° uno de sus cuentos. Las novelas de Isabel Allende y Laura Esquivel, por ejemplo, llevan al lector a un lugar exótico cuyos olores y colores son a la vez 40 extraños y familiares. ¿Pueden tener éxito en el mercado literario relatos en los que nada es exótico para los lectores acostumbrados a la vida urbana de la gran ciudad?

45 Los escritores de McOndo tampoco se identifican con los productos de sus contemporáneos más realistas como, por ejemplo, Sandra Cisneros, Julia Álvarez y Esmeralda Santiago, que 50 cuentan la difícil experiencia de los latinos en los Estados Unidos. Los personajes de McOndo son latinos en un mundo globalizado. Esto se ve como un hecho normal y no como una experiencia especial o traumática. 55 Según los jóvenes de McOndo, su literatura es tan latinoamericana como las otras porque sus obras tratan acerca de la realidad de muchas personas: una existencia moderna, comercial, 60 confusa y sin fronteras. En su opinión, la noción de que la realidad latinoamericana está constituida por hombres de fuerza descomunal°, *massive* tormentas de flores y muchachas que 65

Los escritores de McOndo

Algunos escritores que se identifican con Alberto Fuguet y el mundo de McOndo son: Rodrigo Fresán y Martín Rejtman de Argentina, Jaime Bayly del Perú, Sergio Gómez de Chile, Edmundo Paz Soldán de Bolivia y Naief Yehya de México. En 1997 Sergio Gómez y Alberto Fuguet editaron una antología de cuentos titulada *McOndo*, que incluye relatos de escritores latinoamericanos menores de treinta y cinco años.

suben al cielo no sólo es estereotípica sino empobrecedora°. Fuguet escribe en *damaging* un ensayo muy conocido de salon.com que se ha convertido en el manifiesto de los escritores de McOndo: "Es 70 una injusticia reducir la esencia de América Latina a hombres con ponchos y sombreros, zares de la droga° que *drug lords* portan armas° y señoritas sensuales *gun-toting* que se menean° al ritmo de la salsa." 75 *swinging* Fuguet prefiere representar el mundo reconocible de los videoclubes, la comida rápida y la música popular. Sólo con el tiempo sabremos si su propuesta estética° tendrá la presencia 80 *aesthetic proposal* duradera°, la influencia y la importancia *long-lasting* indiscutida del realismo mágico. ■

Después de leer

De Macondo a McOndo

1 Comprensión Responde a las preguntas con oraciones completas.

1. En el siglo XXI, ¿tienen éxito las obras de realismo mágico?
2. ¿De dónde viene el nombre McOndo?
3. ¿Cuáles son algunas de las influencias importantes en la literatura de Fuguet?
4. ¿Cuáles son algunas de las críticas que reciben los escritores de McOndo?
5. ¿Por qué se identifican más los escritores de McOndo con algunos jóvenes estadounidenses que con García Márquez u otros escritores?

2 Reflexión En parejas, respondan a las preguntas.

1. ¿Qué opinan los jóvenes de McOndo de las representaciones de hombres con ponchos y de las señoritas sensuales que bailan salsa?
2. ¿Qué opinan ustedes del uso de estereotipos en la literatura y en el cine?
3. ¿Crees que el estilo de los escritores de McOndo es incompatible con el realismo mágico? ¿Se podrían combinar en una obra? ¿Cuál sería el resultado?

3 Comparación En grupos de tres, comparen las dos citas. La primera es de la lectura de García Márquez de la **Lección 5** y la segunda de la lectura de Paz Soldán de la **Lección 9**. Las dos narran un momento o una posibilidad de transformación que señala un cambio clave dentro de cada historia.

> Un chorro (*spurt*) de luz dorada y fresca como el agua empezó a salir de la bombilla (*light bulb*) rota, y lo dejaron correr hasta que el nivel llegó a cuatro palmos. Entonces cortaron la corriente (*current*), sacaron el bote, y navegaron a placer (*at their pleasure*) por entre las islas de la casa.

> Y era muy cierto que cualquiera podía manipular una imagen en la computadora, pero eran los mínimos detalles los que separaban al verdadero artista-técnico de la multitud. Las expresiones y las capas de colores que uno manipulaba en la pantalla debían definirse con números para cuya precisión a veces se necesitaban hasta seis decimales.

¿Qué es lo que puede suceder después de cada una de las citas? ¿Cuál de los sucesos que pueden ocurrir es más "maravilloso"? ¿Qué diferencias pueden observar en el estilo de los dos escritores? ¿Cuál es más directo? ¿Cuál usa más recursos como metáforas? ¿Qué estilo prefieren y por qué?

4 Realismo mágico tecnológico Elige una de las situaciones y escribe el primer párrafo de un cuento en el que el autor decide recurrir al realismo mágico para describir objetos y situaciones que se relacionan con la tecnología, la vida urbana y la cultura pop.

- un virus infectó la computadora
- tu celular hace llamadas por sí solo
- no recuerdas dónde estacionaste el carro nuevo

Practice more at **descubre3.vhlcentral.com**.

recursos

v̂Text

CP
pp. 99–100

CH
pp. 155–159

Ⓢ

descubre3.
vhlcentral.com

Atando cabos

¡A conversar!

Literatura y arte Trabajen en grupos de cuatro para preparar una presentación sobre un(a) escritor(a), un(a) escultor(a) o un(a) pintor(a) que les interese.

> **Tema:** Preparen una presentación sobre uno/a de los/las artistas famosos/as de esta lección o elijan otro/a.
>
> **Preparación:** Investiguen en Internet o en la biblioteca. Una vez que tengan la información sobre el/la artista, elijan los puntos más importantes a tratar. Busquen o preparen material audiovisual para ofrecer una visión más amplia del tema.
>
> **Organización:** Escriban un esquema que les ayude a organizar su presentación. Pueden guiarse respondiendo a las siguientes preguntas.
>
> 1. ¿Dónde nació este personaje?
> 2. ¿A qué se dedicó o se dedica?
> 3. ¿Cómo llegó a ser conocido?
> 4. ¿Qué logros alcanzó con su obra?

Estrategia de comunicación

Cómo hablar de arte

1. No habríamos elegido a este/a artista si su obra no fuera...

2. Se hizo famoso/a gracias a...

3. A veces, los temas que trata son...

4. Uno de los rasgos que caracteriza a este/a artista es...

5. En esta obra podemos ver ciertos rasgos del movimiento cubista/surrealista/indigenista...

6. Actualmente, sus obras...

¡A escribir!

Obras maestras culinarias Imagina que eres un(a) chef, que al igual que el chef de *Las viandas*, se considera un(a) verdadero/a artista. Todas las semanas escribes una columna con críticas de restaurantes para una revista de arte. Elige un plato que te guste cocinar o que siempre comas en tu restaurante favorito y escribe un párrafo en el que describes el plato como si fuera una obra de arte. Usa el vocabulario que aprendiste en esta lección.

MODELO Hoy quiero presentarles mi obra más radical: ravioles de cochinillo con salsa Dalí. Es un verdadero festival estético para los ojos y el paladar.

recursos

v̂ Text

CA
pp. 117–118

CP
p. 101

CH
pp. 160–161

Audio: Vocabulary Flashcards

La literatura

el argumento	plot
la caracterización	characterization
la estrofa	stanza
el/la narrador(a)	narrator
el personaje	character
el/la protagonista	protagonist
el punto de vista	point of view
la rima	rhyme
el verso	line (of poetry)
desarrollarse	to take place
hojear	to skim
narrar	to narrate
tratarse de	to be about; to deal with
didáctico/a	educational
humorístico/a	humorous
satírico/a	satirical
trágico/a	tragic
rodar (o:ue)	to film

Los géneros literarios

la (auto)biografía	(auto)biography
la ciencia ficción	science fiction
la literatura infantil / juvenil	children's literature
la novela rosa	romance novel
la poesía	poetry
la prosa	prose
clásico/a	classic
de terror	horror (story/novel)
histórico/a	historical
policíaco/a	detective (story/novel)

Los artistas

el/la artesano/a	artisan
el/la dramaturgo/a	playwright
el/la ensayista	essayist
el/la escultor(a)	sculptor
el/la muralista	muralist
el/la novelista	novelist
el/la pintor(a)	painter
el/la poeta	poet

El arte

la acuarela	watercolor
el autorretrato	self-portrait
las bellas artes	fine arts
el cuadro	painting
la escultura	sculpture
la naturaleza muerta	still life
la obra (de arte)	work (of art)
el óleo	oil painting
el pincel	paintbrush
la pintura	paint; painting
la tela	canvas
dibujar	to draw
diseñar	to design
esculpir	to sculpt
reflejar	to reflect; to depict
abstracto/a	abstract
contemporáneo/a	contemporary
inquietante	disturbing; unsettling
intrigante	intriguing
llamativo/a	striking
luminoso/a	bright
realista	realistic; realist
al estilo de	in the style of
de buen/mal gusto	in good/bad taste

Las corrientes artísticas

la corriente/el movimiento	movement
el cubismo	cubism
el expresionismo	expressionism
el impresionismo	impressionism
el realismo	realism
el romanticismo	romanticism
el surrealismo	surrealism

Más vocabulario

Expresiones útiles	Ver p. 367
Estructura	Ver pp. 374, 376 y 378

Cinemateca

la barbaridad	outrageous thing
el cochinillo	suckling pig
el/la comensal	dinner guest
el compromiso	awkward situation
el jabalí	wild boar
la ofensa	insult
acompañar	to come with
contundente	filling; heavy

Literatura

el arroyo	stream
la coartada	alibi
la mejilla	cheek
el pecho	chest
el repaso	revision; review
el testigo	witness
la trama	plot
acariciar	to caress
al alcance	withing reach

Cultura

la alusión	allusion
el canon	literary canon
el estereotipo	stereotype
la narrativa	narrative work
el relato	story; account
editar	to publish
transcurrir	to take place
tratar (sobre/acerca de)	to be about; to deal with
estético/a	aesthetic

Verb Conjugation Tables

Guide to the Verb List and Tables

Below you will find the infinitive of the verbs introduced as active vocabulary in **DESCUBRE**. Each verb is followed by a model verb conjugated according to the same pattern. The number in parentheses indicates where in the verb tables, pp. 398–405, you can find the conjugated forms of the model verb.

abrazar (z:c) like cruzar (37)

aburrir(se) like vivir (3)

acabar(se) like hablar (1)

acariciar like hablar (1)

acentuar (acentúo) like graduar (40)

acercarse (c:qu) like tocar (43)

aclarar like hablar (1)

acompañar like hablar (1)

aconsejar like hablar (1)

acordar(se) (o:ue) like contar (24)

acostar(se) (o:ue) like contar (24)

acostumbrar(se) like hablar (1)

actualizar (z:c) like cruzar (37)

adelgazar (z:c) like cruzar (37)

adjuntar like hablar (1)

adorar like hablar (1)

afeitar(se) like hablar (1)

afligir(se) (g:j) like proteger (42) for spelling change only

agotar like hablar (1)

ahorrar like hablar (1)

aislar (aíslo) like enviar (39)

alojar(se) like hablar (1)

amar like hablar (1)

amenazar (z:c) like cruzar (37)

anotar like hablar (1)

apagar (g:gu) like llegar (41)

aparecer (c:zc) like conocer (35)

aplaudir like vivir (3)

apreciar like hablar (1)

arreglar(se) like hablar (1)

arrepentirse (e:ie) like sentir (33)

ascender (e:ie) like entender (27)

atraer like traer (21)

atrapar like hablar (1)

atreverse like comer (2)

averiguar like hablar (1)

bailar like hablar (1)

bañar(se) like hablar (1)

barrer like comer (2)

beber like comer (2)

bendecir (e:i) like decir (8)

besar like hablar (1)

borrar like hablar (1)

botar like hablar (1)

brindar like hablar (1)

caber (4)

caer (y) (5)

calentar (e:ie) like pensar (30)

cancelar like hablar (1)

cazar (z:c) like cruzar (37)

celebrar like hablar (1)

cepillar(se) like hablar (1)

clonar like hablar (1)

cobrar like hablar (1)

cocinar like hablar (1)

colocar (c:qu) like tocar (43)

colonizar (z:c) like cruzar (37)

comer(se) (2)

componer like poner (15)

comprobar (o:ue) like contar (24)

conducir (c:zc) (6)

congelar(se) like hablar (1)

conocer (c:zc) (35)

conquistar like hablar (1)

conseguir (e:i) (gu:g) like seguir (32)

conservar like hablar (1)

contagiar(se) like hablar (1)

contaminar like hablar (1)

contar (o:ue) (24)

contentarse like hablar (1)

contraer like traer (21)

contratar like hablar (1)

contribuir (y) like destruir (38)

convertirse (e:ie) like sentir (33)

coquetear like hablar (1)

crear like hablar (1)

crecer (c:zc) like conocer (35)

creer (y) (36)

criar(se) (crío) like enviar (39)

criticar (c:qu) like tocar (43)

cruzar (z:c) (37)

cuidar like hablar (1)

cumplir like vivir (3)

curarse like hablar (1)

dar(se) (7)

deber like comer (2)

decir (e:i) (8)

delatar like hablar (1)

denunciar like hablar (1)

depositar like hablar (1)

derretir(se) (e:i) like pedir (29)

derribar like hablar (1)

derrocar (c:qu) like tocar (43)

derrotar like hablar (1)

desafiar (desafío) like enviar (39)

desaparecer (c:zc) like conocer (35)

desarrollar(se) like hablar (1)

descansar like hablar (1)

descargar (g:gu) like llegar (41)

descongelar(se) like hablar (1)

descubrir like vivir (3) *except* past participle is descubierto

descuidar(se) like hablar (1)

desear like hablar (1)

deshacer like hacer (11)

despedir(se) (e:i) like pedir (29)

despertar(se) (e:ie) like pensar (30)

destruir (y) (38)

devolver (o:ue) like volver (34)

dibujar like hablar (1)

dirigir (g:j) like proteger (42) for spelling change only

disculpar(se) like hablar (1)

discutir like vivir (3)

diseñar like hablar (1)

disfrutar like hablar (1)

disgustar like hablar (1)

disponer(se) like poner (15)

distinguir (gu:g) like seguir (32) for spelling change only

distraer like traer (21)

divertirse (e:ie) like sentir (33)

doler (o:ue) like volver (34) *except* past participle is regular

dormir(se) (o:ue) (25)

ducharse like hablar (1)

echar like hablar (1)

editar like hablar (1)

educar (c:qu) like tocar (43)

elegir (e:i) (g:j) like pedir (29) for stem change, like proteger (42) for spelling change only

embalar(se) like hablar (1)

emigrar like hablar (1)

empatar like hablar (1)

empeorar like hablar (1)

empezar (e:ie) (z:c) (26)

enamorarse like hablar (1)

encabezar (z:c) like cruzar (37)

encantar like hablar (1)

encargar(se) (g:gu) like llegar (41)

encender (e:ie) like entender (27)

enfermarse like hablar (1)

enganchar like hablar (1)

engañar like hablar (1)

engordar like hablar (1)

ensayar like hablar (1)

entender (e:ie) (27)

enterarse like hablar (1)

enterrar (e:ie) like pensar (30)

entretener(se) like tener (20)

enviar (envío) (39)

esclavizar (z:c) like cruzar (37)

escoger (g:j) like proteger (42)

esculpir like vivir (3)

establecer(se) (c:zc) like conocer (35)

estar (9)

exigir (g:j) like proteger (42) for spelling change only

explotar like hablar (1)

exportar like hablar (1)

expulsar like hablar (1)

expulsar like hablar (1)

extinguir(se) (gu:g) like seguir (32) for spelling change only

fabricar (c:qu) like tocar (43)

faltar like hablar (1)

fascinar like hablar (1)

festejar like hablar (1)

fijar(se) like hablar (1)

financiar like hablar (1)

florecer (c:zc) like conocer (35)

flotar like hablar (1)

formular like hablar (1)

freír (e:i) (frío) like reír (31)

funcionar like hablar (1)

gastar like hablar (1)

gobernar (e:ie) like pensar (30)

grabar like hablar (1)

graduar(se) (gradúo) (40)

guardar(se) like hablar (1)

gustar like hablar (1)

haber (10)

habitar like hablar (1)

hablar (1)

hacer(se) (11)

herir (e:ie) like sentir (33)

hervir (e:ie) like sentir (33)

hojear like hablar (1)

huir (y) like destruir (38)

humillar like hablar (1)

importar like hablar (1)

impresionar like hablar (1)

imprimir like vivir (3)

inscribirse like vivir (3)

insistir like vivir (3)

instalar like hablar (1)

integrar(se) like hablar (1)

interesar like hablar (1)

invadir like vivir (3)

inventar like hablar (1)

invertir (e:ie) like sentir (33)

investigar (g:gu) like llegar (41)

ir (12)

jubilarse like hablar (1)

jugar (u:ue) (g:gu) (28)

jurar like hablar (1)

lastimarse like hablar (1)

latir like vivir (3)

lavar(se) like hablar (1)

levantar(se) like hablar (1)

liberar like hablar (1)

lidiar like hablar (1)

limpiar like hablar (1)

llegar (g:gu) (41)

llevar(se) like hablar (1)

lograr like hablar (1)

luchar like hablar (1)

madrugar (g:gu) like llegar (41)

malgastar like hablar (1)

manipular like hablar (1)

maquillarse like hablar (1)

meditar like hablar (1)

mejorar like hablar (1)

merecer (c:zc) like conocer (35)

meter(se) like comer (2)

molestar like hablar (1)

morder (o:ue) like volver (34) except past participle is regular

morirse (o:ue) like dormir (25) except past participle is muerto

mudar(se) like hablar (1)

narrar like hablar (1)

navegar (g:gu) like llegar (41)

necesitar like hablar (1)

obedecer (c:zc) like conocer (35)

ocultar(se) like hablar (1)

odiar like hablar (1)

oír (y) (13)

olvidar(se) like hablar (1)

opinar like hablar (1)

oponerse like poner (15)

oprimir like vivir (3)

oscurecer (c:zc) like conocer (35)

parar like hablar (1)

parecer(se) (c:zc) like conocer (35)

patear like hablar (1)

pedir (e:i) (29)

peinar(se) like hablar (1)

pensar (e:ie) (30)

permanecer (c:zc) like conocer (35)

pertenecer (c:zc) like conocer (35)

pillar like hablar (1)

pintar like hablar (1)

poblar (o:ue) like contar (24)

poder (o:ue) (14)

poner(se) (15)

preferir (e:ie) like sentir (33)

preocupar(se) like hablar (1)

prestar like hablar (1)

prevenir like venir (22)

prever like ver (23)

probar(se) (o:ue) like contar (24)

producir (c:zc) like conducir (6)

prohibir (prohíbo) like enviar (39) for spelling change only

proponer like poner (15)

proteger (g:j) (42)

protestar like hablar (1)

publicar (c:qu) like tocar (43)

quedar(se) like hablar (1)

quejarse like hablar (1)

querer (e:ie) (16)

quitar(se) like hablar (1)

recetar like hablar (1)

rechazar (z:c) like cruzar (37)

reciclar like hablar (1)

reclamar like hablar (1)

recomendar (e:ie) like pensar (30)

reconocer (c:zc) like conocer (35)

recorrer like comer (2)

recuperar(se) like hablar (1)

reducir (c:zc) like conducir (6)

reflejar like hablar (1)

regresar like hablar (1)

rehacer like hacer (11)

reír(se) (e:i) (31)

relajar(se) like hablar (1)

rendirse (e:i) like pedir (29)

renunciar like hablar (1)

reservar like hablar (1)

resolver (o:ue) like volver (34)

retratar like hablar (1)

reunir(se) (reúno) like graduar (40) for spelling change only

rezar (z:c) like cruzar (37)

rociar like hablar (1)

rodar (o:ue) like contar (24)

rogar (o:ue) (g:gu) like contar (24) for stem changes; like llegar (41) for spelling change

romper like comer (2) except past participle is roto

saber (17)

sacrificar (c:qu) like tocar (43)

salir (18)

salvar like hablar (1)

sanar like hablar (1)

secar(se) (c:qu) like tocar (43)

seguir (e:i) (gu:g) (32)

seleccionar like hablar (1)

sentir(se) (e:ie) (33)

señalar like hablar (1)

sepultar like hablar (1)

ser (19)

soler (o:ue) like volver (34) except past participle is regular

solicitar like hablar (1)

sonar (o:ue) like contar (24)

soñar (o:ue) like contar (24)

sorprender(se) like comer (2)

subsistir like vivir (3)

suceder like comer (2)

sufrir like vivir (3)

sugerir (e:ie) like sentir (33)

suponer like poner (15)

suprimir like vivir (3)

suscribirse like vivir (3)

tener (20)

tirar like hablar (1)

titularse like hablar (1)

tocar (c:qu) (43)

torear like hablar (1)

toser like comer (2)

traducir (c:zc) like conducir (6)

traer (21)

transcurrir like vivir (3)

transmitir like vivir (3)

trasnochar like hablar (1)

tratar(se) like hablar (1)

valer like salir (18) for irregular endings, except imperative tú is vale

vencer (c:z) (44)

venerar like hablar (1)

venir (22)

ver(se) (23)

vestir(se) (e:i) like pedir (29)

vivir (3)

volar (o:ue) like contar (24)

volver (o:ue) (34)

votar like hablar (1)

[handwritten notes in margin: "{Present Tense (actual situation), near future (Ir + a + infinitive), future, commands} Si { Imperfect (situation already happened) } { Past Subjunctive (advice in a situation) } -Si tengo frio, me pongo un sueter. -En el verano si ...tica con mi abuela, jugaba. {Conditional -Si fuera tu, iría el prom."]

Verb conjugation tables

Regular verbs: simple tenses

Infinitive	INDICATIVE						SUBJUNCTIVE		IMPERATIVE
	Present	Imperfect	Preterite	Future	Conditional		Present	Past	
1 hablar	hablo	hablaba	hablé	hablaré	hablaría		hable	hablara	
	hablas	hablabas	hablaste	hablarás	hablarías		hables	hablaras	habla tú (no hables)
Participles:	habla	hablaba	habló	hablará	hablaría		hable	hablara	hable Ud.
hablando	hablamos	hablábamos	hablamos	hablaremos	hablaríamos		hablemos	habláramos	hablemos
hablado	habláis	hablabais	hablasteis	hablaréis	hablaríais		habléis	hablarais	hablad (no habléis)
	hablan	hablaban	hablaron	hablarán	hablarían		hablen	hablaran	hablen Uds.
2 comer	como	comía	comí	comeré	comería		coma	comiera	
	comes	comías	comiste	comerás	comerías		comas	comieras	come tú (no comas)
Participles:	come	comía	comió	comerá	comería		coma	comiera	coma Ud.
comiendo	comemos	comíamos	comimos	comeremos	comeríamos		comamos	comiéramos	comamos
comido	coméis	comíais	comisteis	comeréis	comeríais		comáis	comierais	comed (no comáis)
	comen	comían	comieron	comerán	comerían		coman	comieran	coman Uds.
3 vivir	vivo	vivía	viví	viviré	viviría		viva	viviera	
	vives	vivías	viviste	vivirás	vivirías		vivas	vivieras	vive tú (no vivas)
Participles:	vive	vivía	vivió	vivirá	viviría		viva	viviera	viva Ud.
viviendo	vivimos	vivíamos	vivimos	viviremos	viviríamos		vivamos	viviéramos	vivamos
vivido	vivís	vivíais	vivisteis	viviréis	viviríais		viváis	vivierais	vivid (no viváis)
	viven	vivían	vivieron	vivirán	vivirían		vivan	vivieran	vivan Uds.

All verbs: compound tenses

PERFECT TENSES

INDICATIVE								SUBJUNCTIVE			
Present Perfect		Past Perfect		Future Perfect		Conditional Perfect		Present Perfect		Past Perfect	
he	hablado	había	hablado	habré	hablado	habría	hablado	haya	hablado	hubiera	hablado
has	comido	habías	comido	habrás	comido	habrías	comido	hayas	comido	hubieras	comido
ha	vivido	había	vivido	habrá	vivido	habría	vivido	haya	vivido	hubiera	vivido
hemos		habíamos		habremos		habríamos		hayamos		hubiéramos	
habéis		habíais		habréis		habríais		hayáis		hubierais	
han		habían		habrán		habrían		hayan		hubieran	

PROGRESSIVE TENSES

INDICATIVE					SUBJUNCTIVE	
Present Progressive	Past Progressive	Future Progressive	Conditional Progressive		Present Progressive	Past Progressive
estoy	estaba	estaré	estaría		esté	estuviera
estás	estabas	estarás	estarías		estés	estuvieras
está hablando	estaba hablando	estará hablando	estaría hablando		esté hablando	estuviera hablando
estamos comiendo	estábamos comiendo	estaremos comiendo	estaríamos comiendo		estemos comiendo	estuviéramos comiendo
estáis viviendo	estabais viviendo	estaréis viviendo	estaríais viviendo		estéis viviendo	estuvierais viviendo
están	estaban	estarán	estarían		estén	estuvieran

Irregular verbs

Infinitive	INDICATIVE						SUBJUNCTIVE		IMPERATIVE
	Present	Imperfect	Preterite	Future	Conditional		Present	Past	
4 caber	**quepo**	cabía	**cupe**	**cabré**	**cabría**		**quepa**	**cupiera**	
	cabes	cabías	**cupiste**	**cabrás**	**cabrías**		**quepas**	**cupieras**	cabe tú (no **quepas**)
	cabe	cabía	**cupo**	**cabrá**	**cabría**		**quepa**	**cupiera**	**quepa** Ud.
Participles:	cabemos	cabíamos	**cupimos**	**cabremos**	**cabríamos**		**quepamos**	**cupiéramos**	**quepamos**
cabiendo	cabéis	cabíais	**cupisteis**	**cabréis**	**cabríais**		**quepáis**	**cupierais**	cabed (no **quepáis**)
cabido	caben	cabían	**cupieron**	**cabrán**	**cabrían**		**quepan**	**cupieran**	**quepan** Uds.
5 caer(se) (y)	**caigo**	caía	caí	caeré	caería		**caiga**	**cayera**	
	caes	caías	**caíste**	caerás	caerías		**caigas**	**cayeras**	cae tú (no **caigas**)
	cae	caía	**cayó**	caerá	caería		**caiga**	**cayera**	**caiga** Ud. (no **caiga**)
Participles:	caemos	caíamos	**caímos**	caeremos	caeríamos		**caigamos**	**cayéramos**	**caigamos**
cayendo	caéis	caíais	**caísteis**	caeréis	caeríais		**caigáis**	**cayerais**	caed (no **caigáis**)
caído	caen	caían	**cayeron**	caerán	caerían		**caigan**	**cayeran**	**caigan** Uds.
6 conducir	**conduzco**	conducía	**conduje**	conduciré	conduciría		**conduzca**	**condujera**	
(c:zc)	conduces	conducías	**condujiste**	conducirás	conducirías		**conduzcas**	**condujeras**	conduce tú (no **conduzcas**)
Participles:	conduce	conducía	**condujo**	conducirá	conduciría		**conduzca**	**condujera**	**conduzca** Ud. (no **conduzca**)
conduciendo	conducimos	conducíamos	**condujimos**	conduciremos	conduciríamos		**conduzcamos**	**condujéramos**	**conduzcamos**
conducido	conducís	conducíais	**condujisteis**	conduciréis	conduciríais		**conduzcáis**	**condujerais**	conducid (no **conduzcáis**)
	conducen	conducían	**condujeron**	conducirán	conducirían		**conduzcan**	**condujeran**	**conduzcan** Uds.

INDICATIVE / SUBJUNCTIVE / IMPERATIVE

7. dar
Participles: dando, dado

	Present	Imperfect	Preterite	Future	Conditional	Present (Subj.)	Past (Subj.)	IMPERATIVE
	doy	daba	di	daré	daría	dé	diera	
	das	dabas	diste	darás	darías	des	dieras	da tú (no des)
	da	daba	dio	dará	daría	dé	diera	dé Ud.
	damos	dábamos	dimos	daremos	daríamos	demos	diéramos	demos
	dais	dabais	disteis	daréis	daríais	deis	dierais	dad (no deis)
	dan	daban	dieron	darán	darían	den	dieran	den Uds.

8. decir (e:i)
Participles: diciendo, dicho

	Present	Imperfect	Preterite	Future	Conditional	Present (Subj.)	Past (Subj.)	IMPERATIVE
	digo	decía	dije	diré	diría	diga	dijera	
	dices	decías	dijiste	dirás	dirías	digas	dijeras	di tú (no digas)
	dice	decía	dijo	dirá	diría	diga	dijera	diga Ud.
	decimos	decíamos	dijimos	diremos	diríamos	digamos	dijéramos	digamos
	decís	decíais	dijisteis	diréis	diríais	digáis	dijerais	decid (no digáis)
	dicen	decían	dijeron	dirán	dirían	digan	dijeran	digan Uds.

9. estar
Participles: estando, estado

	Present	Imperfect	Preterite	Future	Conditional	Present (Subj.)	Past (Subj.)	IMPERATIVE
	estoy	estaba	estuve	estaré	estaría	esté	estuviera	
	estás	estabas	estuviste	estarás	estarías	estés	estuvieras	está tú (no estés)
	está	estaba	estuvo	estará	estaría	esté	estuviera	esté Ud.
	estamos	estábamos	estuvimos	estaremos	estaríamos	estemos	estuviéramos	estemos
	estáis	estabais	estuvisteis	estaréis	estaríais	estéis	estuvierais	estad (no estéis)
	están	estaban	estuvieron	estarán	estarían	estén	estuvieran	estén Uds.

10. haber
Participles: habiendo, habido

	Present	Imperfect	Preterite	Future	Conditional	Present (Subj.)	Past (Subj.)	IMPERATIVE
	he	había	hube	habré	habría	haya	hubiera	
	has	habías	hubiste	habrás	habrías	hayas	hubieras	
	ha	había	hubo	habrá	habría	haya	hubiera	
	hemos	habíamos	hubimos	habremos	habríamos	hayamos	hubiéramos	
	habéis	habíais	hubisteis	habréis	habríais	hayáis	hubierais	
	han	habían	hubieron	habrán	habrían	hayan	hubieran	

11. hacer
Participles: haciendo, hecho

	Present	Imperfect	Preterite	Future	Conditional	Present (Subj.)	Past (Subj.)	IMPERATIVE
	hago	hacía	hice	haré	haría	haga	hiciera	
	haces	hacías	hiciste	harás	harías	hagas	hicieras	haz tú (no hagas)
	hace	hacía	hizo	hará	haría	haga	hiciera	haga Ud.
	hacemos	hacíamos	hicimos	haremos	haríamos	hagamos	hiciéramos	hagamos
	hacéis	hacíais	hicisteis	haréis	haríais	hagáis	hicierais	haced (no hagáis)
	hacen	hacían	hicieron	harán	harían	hagan	hicieran	hagan Uds.

12. ir
Participles: yendo, ido

	Present	Imperfect	Preterite	Future	Conditional	Present (Subj.)	Past (Subj.)	IMPERATIVE
	voy	iba	fui	iré	iría	vaya	fuera	
	vas	ibas	fuiste	irás	irías	vayas	fueras	ve tú (no vayas)
	va	iba	fue	irá	iría	vaya	fuera	vaya Ud.
	vamos	íbamos	fuimos	iremos	iríamos	vayamos	fuéramos	vamos (no vayamos)
	vais	ibais	fuisteis	iréis	iríais	vayáis	fuerais	id (no vayáis)
	van	iban	fueron	irán	irían	vayan	fueran	vayan Uds.

13. oír (y)
Participles: oyendo, oído

	Present	Imperfect	Preterite	Future	Conditional	Present (Subj.)	Past (Subj.)	IMPERATIVE
	oigo	oía	oí	oiré	oiría	oiga	oyera	
	oyes	oías	oíste	oirás	oirías	oigas	oyeras	oye tú (no oigas)
	oye	oía	oyó	oirá	oiría	oiga	oyera	oiga Ud.
	oímos	oíamos	oímos	oiremos	oiríamos	oigamos	oyéramos	oigamos
	oís	oíais	oísteis	oiréis	oiríais	oigáis	oyerais	oíd (no oigáis)
	oyen	oían	oyeron	oirán	oirían	oigan	oyeran	oigan Uds.

Infinitive	INDICATIVE Present	Imperfect	Preterite	Future	Conditional	SUBJUNCTIVE Present	Past	IMPERATIVE
14 poder (o:ue) Participles: pudiendo podido	puedo puedes puede podemos podéis pueden	podía podías podía podíamos podíais podían	pude pudiste pudo pudimos pudisteis pudieron	podré podrás podrá podremos podréis podrán	podría podrías podría podríamos podríais podrían	pueda puedas pueda podamos podáis puedan	pudiera pudieras pudiera pudiéramos pudierais pudieran	puede tú (no puedas) pueda Ud. podamos poded (no podáis) puedan Uds.
15 poner Participles: poniendo puesto	pongo pones pone ponemos ponéis ponen	ponía ponías ponía poníamos poníais ponían	puse pusiste puso pusimos pusisteis pusieron	pondré pondrás pondrá pondremos pondréis pondrán	pondría pondrías pondría pondríamos pondríais pondrían	ponga pongas ponga pongamos pongáis pongan	pusiera pusieras pusiera pusiéramos pusierais pusieran	pon tú (no pongas) ponga Ud. pongamos poned (no pongáis) pongan Uds.
16 querer (e:ie) Participles: queriendo querido	quiero quieres quiere queremos queréis quieren	quería querías quería queríamos queríais querían	quise quisiste quiso quisimos quisisteis quisieron	querré querrás querrá querremos querréis querrán	querría querrías querría querríamos querríais querrían	quiera quieras quiera queramos queráis quieran	quisiera quisieras quisiera quisiéramos quisierais quisieran	quiere tú (no quieras) quiera Ud. queramos quered (no queráis) quieran Uds.
17 saber Participles: sabiendo sabido	sé sabes sabe sabemos sabéis saben	sabía sabías sabía sabíamos sabíais sabían	supe supiste supo supimos supisteis supieron	sabré sabrás sabrá sabremos sabréis sabrán	sabría sabrías sabría sabríamos sabríais sabrían	sepa sepas sepa sepamos sepáis sepan	supiera supieras supiera supiéramos supierais supieran	sabe tú (no sepas) sepa Ud. sepamos sabed (no sepáis) sepan Uds.
18 salir Participles: saliendo salido	salgo sales sale salimos salís salen	salía salías salía salíamos salíais salían	salí saliste salió salimos salisteis salieron	saldré saldrás saldrá saldremos saldréis saldrán	saldría saldrías saldría saldríamos saldríais saldrían	salga salgas salga salgamos salgáis salgan	saliera salieras saliera saliéramos salierais salieran	sal tú (no salgas) salga Ud. salgamos salid (no salgáis) salgan Uds.
19 ser Participles: siendo sido	soy eres es somos sois son	era eras era éramos erais eran	fui fuiste fue fuimos fuisteis fueron	seré serás será seremos seréis serán	sería serías sería seríamos seríais serían	sea seas sea seamos seáis sean	fuera fueras fuera fuéramos fuerais fueran	sé tú (no seas) sea Ud. seamos sed (no seáis) sean Uds.
20 tener Participles: teniendo tenido	tengo tienes tiene tenemos tenéis tienen	tenía tenías tenía teníamos teníais tenían	tuve tuviste tuvo tuvimos tuvisteis tuvieron	tendré tendrás tendrá tendremos tendréis tendrán	tendría tendrías tendría tendríamos tendríais tendrían	tenga tengas tenga tengamos tengáis tengan	tuviera tuvieras tuviera tuviéramos tuvierais tuvieran	ten tú (no tengas) tenga Ud. tengamos tened (no tengáis) tengan Uds.

#	Infinitive	INDICATIVE Present	Imperfect	Preterite	Future	Conditional	SUBJUNCTIVE Present	Past	IMPERATIVE
21	traer	**traigo**	traía	**traje**	traeré	traería	**traiga**	**trajera**	
		traes	traías	**trajiste**	traerás	traerías	**traigas**	**trajeras**	trae tú (no **traigas**)
		trae	traía	**trajo**	traerá	traería	**traiga**	**trajera**	**traiga** Ud.
		traemos	traíamos	**trajimos**	traeremos	traeríamos	**traigamos**	**trajéramos**	**traigamos**
	Participles:	traéis	traíais	**trajisteis**	traeréis	traeríais	**traigáis**	**trajerais**	traed (no **traigáis**)
	trayendo **traído**	traen	traían	**trajeron**	traerán	traerían	**traigan**	**trajeran**	**traigan** Uds.
22	venir	**vengo**	venía	**vine**	**vendré**	**vendría**	**venga**	**viniera**	
		vienes	venías	**viniste**	**vendrás**	**vendrías**	**vengas**	**vinieras**	**ven** tú (no **vengas**)
		viene	venía	**vino**	**vendrá**	**vendría**	**venga**	**viniera**	**venga** Ud.
		venimos	veníamos	**vinimos**	**vendremos**	**vendríamos**	**vengamos**	**viniéramos**	**vengamos**
	Participles:	venís	veníais	**vinisteis**	**vendréis**	**vendríais**	**vengáis**	**vinierais**	venid (no **vengáis**)
	viniendo venido *(come)*	**vienen**	venían	**vinieron**	**vendrán**	**vendrían**	**vengan**	**vinieran**	**vengan** Uds.
23	ver	**veo**	**veía**	**vi**	veré	vería	**vea**	viera	
		ves	**veías**	viste	verás	verías	**veas**	vieras	ve tú (no **veas**)
		ve	**veía**	**vio**	verá	vería	**vea**	viera	**vea** Ud.
		vemos	**veíamos**	vimos	veremos	veríamos	**veamos**	viéramos	**veamos**
	Participles:	**veis**	**veíais**	visteis	veréis	veríais	**veáis**	vierais	ved (no **veáis**)
	viendo **visto**	ven	**veían**	vieron	verán	verían	**vean**	vieran	**vean** Uds.

Stem-changing verbs

#	Infinitive	INDICATIVE Present	Imperfect	Preterite	Future	Conditional	SUBJUNCTIVE Present	Past	IMPERATIVE
24	contar (o:ue)	**cuento**	contaba	conté	contaré	contaría	**cuente**	contara	
		cuentas	contabas	contaste	contarás	contarías	**cuentes**	contaras	**cuenta** tú (no **cuentes**)
		cuenta	contaba	contó	contará	contaría	**cuente**	contara	**cuente** Ud.
		contamos	contábamos	contamos	contaremos	contaríamos	contemos	contáramos	contemos
	Participles:	contáis	contabais	contasteis	contaréis	contaríais	contéis	contarais	contad (no contéis)
	contando contado	**cuentan**	contaban	contaron	contarán	contarían	**cuenten**	contaran	**cuenten** Uds.
25	dormir (o:ue)	**duermo**	dormía	dormí	dormiré	dormiría	**duerma**	**durmiera**	
		duermes	dormías	dormiste	dormirás	dormirías	**duermas**	**durmieras**	**duerme** tú (no **duermas**)
		duerme	dormía	**durmió**	dormirá	dormiría	**duerma**	**durmiera**	**duerma** Ud.
		dormimos	dormíamos	dormimos	dormiremos	dormiríamos	**durmamos**	**durmiéramos**	**durmamos**
	Participles:	dormís	dormíais	dormisteis	dormiréis	dormiríais	**durmáis**	**durmierais**	dormid (no **durmáis**)
	durmiendo dormido	**duermen**	dormían	**durmieron**	dormirán	dormirían	**duerman**	**durmieran**	**duerman** Uds.
26	empezar (e:ie) (z:c)	**empiezo**	empezaba	**empecé**	empezaré	empezaría	**empiece**	empezara	
		empiezas	empezabas	empezaste	empezarás	empezarías	**empieces**	empezaras	**empieza** tú (no **empieces**)
		empieza	empezaba	empezó	empezará	empezaría	**empiece**	empezara	**empiece** Ud.
		empezamos	empezábamos	empezamos	empezaremos	empezaríamos	**empecemos**	empezáramos	**empecemos**
	Participles:	empezáis	empezabais	empezasteis	empezaréis	empezaríais	**empecéis**	empezarais	empezad (no **empecéis**)
	empezando empezado	**empiezan**	empezaban	empezaron	empezarán	empezarían	**empiecen**	empezaran	**empiecen** Uds.

27 entender (e:ie)
Participles: entendiendo, entendido

	INDICATIVE					SUBJUNCTIVE		IMPERATIVE
	Present	Imperfect	Preterite	Future	Conditional	Present	Past	
	entiendo	entendía	entendí	entenderé	entendería	entienda	entendiera	
	entiendes	entendías	entendiste	entenderás	entenderías	entiendas	entendieras	entiende tú (no entiendas)
	entiende	entendía	entendió	entenderá	entendería	entienda	entendiera	entienda Ud.
	entendemos	entendíamos	entendimos	entenderemos	entenderíamos	entendamos	entendiéramos	entendamos
	entendéis	entendíais	entendisteis	entenderéis	entenderíais	entendáis	entendierais	entended (no entendáis)
	entienden	entendían	entendieron	entenderán	entenderían	entiendan	entendieran	entiendan Uds.

28 jugar (u:ue) (g:gu)
Participles: jugando, jugado

	INDICATIVE					SUBJUNCTIVE		IMPERATIVE
	Present	Imperfect	Preterite	Future	Conditional	Present	Past	
	juego	jugaba	jugué	jugaré	jugaría	juegue	jugara	
	juegas	jugabas	jugaste	jugarás	jugarías	juegues	jugaras	juega tú (no juegues)
	juega	jugaba	jugó	jugará	jugaría	juegue	jugara	juegue Ud.
	jugamos	jugábamos	jugamos	jugaremos	jugaríamos	juguemos	jugáramos	juguemos
	jugáis	jugabais	jugasteis	jugaréis	jugaríais	juguéis	jugarais	jugad (no juguéis)
	juegan	jugaban	jugaron	jugarán	jugarían	jueguen	jugaran	jueguen Uds.

29 pedir (e:i)
Participles: pidiendo, pedido

	INDICATIVE					SUBJUNCTIVE		IMPERATIVE
	Present	Imperfect	Preterite	Future	Conditional	Present	Past	
	pido	pedía	pedí	pediré	pediría	pida	pidiera	
	pides	pedías	pediste	pedirás	pedirías	pidas	pidieras	pide tú (no pidas)
	pide	pedía	pidió	pedirá	pediría	pida	pidiera	pida Ud.
	pedimos	pedíamos	pedimos	pediremos	pediríamos	pidamos	pidiéramos	pidamos
	pedís	pedíais	pedisteis	pediréis	pediríais	pidáis	pidierais	pedid (no pidáis)
	piden	pedían	pidieron	pedirán	pedirían	pidan	pidieran	pidan Uds.

30 pensar (e:ie)
Participles: pensando, pensado

	INDICATIVE					SUBJUNCTIVE		IMPERATIVE
	Present	Imperfect	Preterite	Future	Conditional	Present	Past	
	pienso	pensaba	pensé	pensaré	pensaría	piense	pensara	
	piensas	pensabas	pensaste	pensarás	pensarías	pienses	pensaras	piensa tú (no pienses)
	piensa	pensaba	pensó	pensará	pensaría	piense	pensara	piense Ud.
	pensamos	pensábamos	pensamos	pensaremos	pensaríamos	pensemos	pensáramos	pensemos
	pensáis	pensabais	pensasteis	pensaréis	pensaríais	penséis	pensarais	pensad (no penséis)
	piensan	pensaban	pensaron	pensarán	pensarían	piensen	pensaran	piensen Uds.

31 reír(se) (e:i)
Participles: riendo, reído

	INDICATIVE					SUBJUNCTIVE		IMPERATIVE
	Present	Imperfect	Preterite	Future	Conditional	Present	Past	
	río	reía	reí	reiré	reiría	ría	riera	
	ríes	reías	reíste	reirás	reirías	rías	rieras	ríe tú (no rías)
	ríe	reía	rió	reirá	reiría	ría	riera	ría Ud.
	reímos	reíamos	reímos	reiremos	reiríamos	riamos	riéramos	riamos
	reís	reíais	reísteis	reiréis	reiríais	riáis	rierais	reíd (no riáis)
	ríen	reían	rieron	reirán	reirían	rían	rieran	rían Uds.

32 seguir (e:i) (gu:g)
Participles: siguiendo, seguido

	INDICATIVE					SUBJUNCTIVE		IMPERATIVE
	Present	Imperfect	Preterite	Future	Conditional	Present	Past	
	sigo	seguía	seguí	seguiré	seguiría	siga	siguiera	
	sigues	seguías	seguiste	seguirás	seguirías	sigas	siguieras	sigue tú (no sigas)
	sigue	seguía	siguió	seguirá	seguiría	siga	siguiera	siga Ud.
	seguimos	seguíamos	seguimos	seguiremos	seguiríamos	sigamos	siguiéramos	sigamos
	seguís	seguíais	seguisteis	seguiréis	seguiríais	sigáis	siguierais	seguid (no sigáis)
	siguen	seguían	siguieron	seguirán	seguirían	sigan	siguieran	sigan Uds.

33 sentir (e:ie)
Participles: sintiendo, sentido

	INDICATIVE					SUBJUNCTIVE		IMPERATIVE
	Present	Imperfect	Preterite	Future	Conditional	Present	Past	
	siento	sentía	sentí	sentiré	sentiría	sienta	sintiera	
	sientes	sentías	sentiste	sentirás	sentirías	sientas	sintieras	siente tú (no sientas)
	siente	sentía	sintió	sentirá	sentiría	sienta	sintiera	sienta Ud.
	sentimos	sentíamos	sentimos	sentiremos	sentiríamos	sintamos	sintiéramos	sintamos
	sentís	sentíais	sentisteis	sentiréis	sentiríais	sintáis	sintierais	sentid (no sintáis)
	sienten	sentían	sintieron	sentirán	sentirían	sientan	sintieran	sientan Uds.

Infinitive	INDICATIVE					SUBJUNCTIVE		IMPERATIVE
	Present	Imperfect	Preterite	Future	Conditional	Present	Past	
34 volver (o:ue)	**vuelvo**	volvía	volví	volveré	volvería	**vuelva**	volviera	
	vuelves	volvías	volviste	volverás	volverías	**vuelvas**	volvieras	**vuelve** tú (no **vuelvas**)
	vuelve	volvía	volvió	volverá	volvería	**vuelva**	volviera	**vuelva** Ud.
Participles:	volvemos	volvíamos	volvimos	volveremos	volveríamos	volvamos	volviéramos	volvamos
volviendo	volvéis	volvíais	volvisteis	volveréis	volveríais	volváis	volvierais	volved (no volváis)
vuelto	**vuelven**	volvían	volvieron	volverán	volverían	**vuelvan**	volvieran	**vuelvan** Uds.

Verbs with spelling changes only

Infinitive	INDICATIVE					SUBJUNCTIVE		IMPERATIVE
	Present	Imperfect	Preterite	Future	Conditional	Present	Past	
35 conocer (c:zc)	**conozco**	conocía	conocí	conoceré	conocería	**conozca**	conociera	
	conoces	conocías	conociste	conocerás	conocerías	**conozcas**	conocieras	conoce tú (no **conozcas**)
	conoce	conocía	conoció	conocerá	conocería	**conozca**	conociera	**conozca** Ud.
Participles:	conocemos	conocíamos	conocimos	conoceremos	conoceríamos	**conozcamos**	conociéramos	**conozcamos**
conociendo	conocéis	conocíais	conocisteis	conoceréis	conoceríais	**conozcáis**	conocierais	conoced (no **conozcáis**)
conocido	conocen	conocían	conocieron	conocerán	conocerían	**conozcan**	conocieran	**conozcan** Uds.
36 creer (y)	creo	creía	creí	creeré	creería	crea	**creyera**	
	crees	creías	**creíste**	creerás	creerías	creas	**creyeras**	cree tú (no creas)
	cree	creía	**creyó**	creerá	creería	crea	**creyera**	crea Ud.
Participles:	creemos	creíamos	**creímos**	creeremos	creeríamos	creamos	**creyéramos**	creamos
creyendo	creéis	creíais	**creísteis**	creeréis	creeríais	creáis	**creyerais**	creed (no creáis)
creído	creen	creían	**creyeron**	creerán	creerían	crean	**creyeran**	crean Uds.
37 cruzar (z:c)	cruzo	cruzaba	destruí	cruzaré	cruzaría	**cruce**	cruzara	
	cruzas	cruzabas	cruzaste	cruzarás	cruzarías	**cruces**	cruzaras	cruza tú (no **cruces**)
	cruza	cruzaba	cruzó	cruzará	cruzaría	**cruce**	cruzara	**cruce** Ud.
Participles:	cruzamos	cruzábamos	cruzamos	cruzaremos	cruzaríamos	**crucemos**	cruzáramos	**crucemos**
cruzando	cruzáis	cruzabais	cruzasteis	cruzaréis	cruzaríais	**crucéis**	cruzarais	cruzad (no **crucéis**)
cruzado	cruzan	cruzaban	cruzaron	cruzarán	cruzarían	**crucen**	cruzaran	**crucen** Uds.
38 destruir (y)	**destruyo**	destruía	destruí	destruiré	destruiría	**destruya**	**destruyera**	
	destruyes	destruías	destruiste	destruirás	destruirías	**destruyas**	**destruyeras**	**destruye** tú (no **destruyas**)
	destruye	destruía	**destruyó**	destruirá	destruiría	**destruya**	**destruyera**	**destruya** Ud.
Participles:	destruimos	destruíamos	destruimos	destruiremos	destruiríamos	**destruyamos**	**destruyéramos**	**destruyamos**
destruyendo	destruís	destruíais	destruisteis	destruiréis	destruiríais	**destruyáis**	**destruyerais**	destruid (no **destruyáis**)
destruido	**destruyen**	destruían	**destruyeron**	destruirán	destruirían	**destruyan**	**destruyeran**	**destruyan** Uds.
39 enviar	**envío**	enviaba	envié	enviaré	enviaría	**envíe**	enviara	
	envías	enviabas	enviaste	enviarás	enviarías	**envíes**	enviaras	**envía** tú (no **envíes**)
	envía	enviaba	envió	enviará	enviaría	**envíe**	enviara	**envíe** Ud.
Participles:	enviamos	enviábamos	enviamos	enviaremos	enviaríamos	enviemos	enviáramos	enviemos
enviando	enviáis	enviabais	enviasteis	enviaréis	enviaríais	enviéis	enviarais	enviad (no enviéis)
enviado	**envían**	enviaban	enviaron	enviarán	enviarían	**envíen**	enviaran	**envíen** Uds.

		INDICATIVE					SUBJUNCTIVE		IMPERATIVE
Infinitive	Present	Imperfect	Preterite	Future	Conditional		Present	Past	

40 graduar(se)
Participles: graduando, graduado

	Present	Imperfect	Preterite	Future	Conditional	Present (subj)	Past (subj)	Imperative
	gradúo	graduaba	gradué	graduaré	graduaría	**gradúe**	graduara	
	gradúas	graduabas	graduaste	graduarás	graduarías	**gradúes**	graduaras	**gradúa** tú (no **gradúes**)
	gradúa	graduaba	graduó	graduará	graduaría	**gradúe**	graduara	**gradúe** Ud.
	graduamos	graduábamos	graduamos	graduaremos	graduaríamos	graduemos	graduáramos	graduemos
	graduáis	graduabais	graduasteis	graduaréis	graduaríais	graduéis	graduarais	graduad (no graduéis)
	gradúan	graduaban	graduaron	graduarán	graduarían	**gradúen**	graduaran	**gradúen** Uds.

41 llegar (g:gu)
Participles: llegando, llegado

	Present	Imperfect	Preterite	Future	Conditional	Present (subj)	Past (subj)	Imperative
	llego	llegaba	**llegué**	llegaré	llegaría	**llegue**	llegara	
	llegas	llegabas	llegaste	llegarás	llegarías	**llegues**	llegaras	llega tú (no **llegues**)
	llega	llegaba	llegó	llegará	llegaría	**llegue**	llegara	**llegue** Ud.
	llegamos	llegábamos	llegamos	llegaremos	llegaríamos	**lleguemos**	llegáramos	**lleguemos**
	llegáis	llegabais	llegasteis	llegaréis	llegaríais	**lleguéis**	llegarais	llegad (no **lleguéis**)
	llegan	llegaban	llegaron	llegarán	llegarían	**lleguen**	llegaran	**lleguen** Uds.

42 proteger (g:j)
Participles: protegiendo, protegido

	Present	Imperfect	Preterite	Future	Conditional	Present (subj)	Past (subj)	Imperative
	protejo	protegía	protegí	protegeré	protegería	**proteja**	protegiera	
	proteges	protegías	protegiste	protegerás	protegerías	**protejas**	protegieras	protege tú (no **protejas**)
	protege	protegía	protegió	protegerá	protegería	**proteja**	protegiera	**proteja** Ud.
	protegemos	protegíamos	protegimos	protegeremos	protegeríamos	**protejamos**	protegiéramos	**protejamos**
	protegéis	protegíais	protegisteis	protegeréis	protegeríais	**protejáis**	protegierais	proteged (no **protejáis**)
	protegen	protegían	protegieron	protegerán	protegerían	**protejan**	protegieran	**protejan** Uds.

43 tocar (c:qu)
Participles: tocando, tocado

	Present	Imperfect	Preterite	Future	Conditional	Present (subj)	Past (subj)	Imperative
	toco	tocaba	**toqué**	tocaré	tocaría	**toque**	tocara	
	tocas	tocabas	tocaste	tocarás	tocarías	**toques**	tocaras	toca tú (no **toques**)
	toca	tocaba	tocó	tocará	tocaría	**toque**	tocara	**toque** Ud.
	tocamos	tocábamos	tocamos	tocaremos	tocaríamos	**toquemos**	tocáramos	**toquemos**
	tocáis	tocabais	tocasteis	tocaréis	tocaríais	**toquéis**	tocarais	tocad (no **toquéis**)
	tocan	tocaban	tocaron	tocarán	tocarían	**toquen**	tocaran	**toquen** Uds.

44 vencer (c:z)
Participles: venciendo, vencido

	Present	Imperfect	Preterite	Future	Conditional	Present (subj)	Past (subj)	Imperative
	venzo	vencía	vencí	venceré	vencería	**venza**	venciera	
	vences	vencías	venciste	vencerás	vencerías	**venzas**	vencieras	vence tú (no **venzas**)
	vence	vencía	venció	vencerá	vencería	**venza**	venciera	**venza** Ud.
	vencemos	vencíamos	vencimos	venceremos	venceríamos	**venzamos**	venciéramos	**venzamos**
	vencéis	vencíais	vencisteis	venceréis	venceríais	**venzáis**	vencierais	venced (no **venzáis**)
	vencen	vencían	vencieron	vencerán	vencerían	**venzan**	vencieran	**venzan** Uds.

405

Guide to Vocabulary

Contents of the glossary

This glossary contains the words and expressions listed on the **Vocabulario** page found at the end of each lesson in **DESCUBRE** as well as other useful vocabulary. The number following an entry indicates the **DESCUBRE** level and lesson where the word or expression was introduced. Check the **Estructura** sections of each lesson for words and expressions related to those grammar topics.

Abbreviations used in this glossary

adj.	adjective	*f.*	feminine	*interj.*	interjection	*prep.*	preposition
adv.	adverb	*fam.*	familiar	*m.*	masculine	*pron.*	pronoun
conj.	conjunction	*form.*	formal	*pl.*	plural	*sing.*	singular
d.o.	direct obj.	*i.o.*	indirect obj.	*p.p.*	past participle	*v.*	verb

Note on alphabetization

In the Spanish alphabet ñ is a separate letter following **n**. Therefore in this glossary you will find that **añadir** follows **anuncio**.

Spanish-English

A

a *prep.* at; to **1.1**
  a bordo aboard **1.1**
  a dieta on a diet **2.6**
  a la derecha to the right **1.2**
  a la izquierda to the left **1.2**
  a la plancha grilled **1.8**
  a la(s) (+ *time***)** at (+ *time*) **1.1**
  a menos que *conj.* unless **2.4**
  a menudo *adv.* often **2.1**
  a nombre de in the name of **1.5**
  a plazos in installments **2.5**
  ¿A qué hora...? At what time...? **1.1**
  A sus órdenes. At your service. **2.2**
  a tiempo *adv.* on time **2.1**
  a veces *adv.* sometimes **2.1**
  a ver let's see **1.2**
¡Abajo el/la...! *adv.* Down with...! **2.6**
abeja *f.* bee
abierto/a *adj.* open **1.5, 2.5**
abogado/a *m., f.* lawyer **2.7**
abrazar *v.* to hug; to hold **3.1**
abrazar(se) *v.* to hug; to embrace (each other) **2.2**
abrazo *m.* hug
abrigo *m.* coat **1.6**
abril *m.* April **1.5**
abrir *v.* to open **1.3**
abrir(se) *v.* to open
  abrirse paso to make one's way
abrocharse *v.* to fasten

abrocharse el cinturón de seguridad *to fasten one's seat belt*
abstracto/a *adj.* abstract **3.10**
abuelo/a *m., f.* grandfather; grandmother **1.3**
abuelos *pl.* grandparents **1.3**
aburrido/a *adj.* bored; boring **1.5**
aburrir *v.* to bore **1.7, 3.2**
aburrirse *v.* to get bored **2.8, 3.2**
acabar de (+ *inf.***)** *v.* to have just (*done something*) **1.6**
acabarse *v.* to run out; to come to an end **3.6**
acampar *v.* to camp **1.5**
acantilado *m.* cliff
acariciar *v.* to caress **3.10**
accidente *m.* accident **2.1**
  accidente automovilístico *m.* car accident **3.5**
acción *f.* action **2.8**
  de acción action (*genre*) **2.8**
aceite *m.* oil **1.8**
acentuar *v.* to accentuate **3.10**
acercarse (a) *v.* to approach **3.2**
ácido/a *adj.* acid **2.4**
aclarar *v.* to clarify **3.9**
acoger *v.* to welcome; to take in; to receive
acogido/a *adj.* received
  bien acogido/a well received **3.8**
acompañar *v.* to go with; to accompany **2.5, 3.10**
aconsejar *v.* to advise; to suggest **2.3, 3.4**
acontecimiento *m.* event **2.9, 3.9**
acordar (o:ue) *v.* to agree **3.2**
acordarse (de) (o:ue) *v.* to remember **1.7, 3.2**

acostarse (o:ue) *v.* to go to bed **1.7, 3.2**
acostumbrado/a a *adj.* accustomed to
  estar acostumbrado/a a to be used to
acostumbrarse (a) *v.* to get used to; to grow accustomed to **3.3**
activista *m., f.* activist
activo/a *adj.* active **2.6**
acto: en el acto immediately; on the spot **3.3**
actor *m.* actor **2.7, 3.9**
actriz *f.* actor **2.7, 3.9**
actual *adj.* current **3.9**
actualidad *f.* current events **3.9**
actualidades *f., pl.* news; current events **2.9**
actualizado/a *adj.* up-to-date **3.9**
actualizar *v.* to update **3.7**
actualmente *adv.* currently
acuarela *f.* watercolor **3.10**
acuático/a *adj.* aquatic **1.4**
adelantado/a *adj.* advanced
adelanto *m.* improvement **3.4**
adelgazar *v.* to lose weight **3.4**; to slim down **2.6**
además (de) *adv.* furthermore; besides **2.1**
adicional *adj.* additional
adinerado/a *adj.* wealthy **3.8**
adiós *m.* good-bye **1.1**
adivinar *v.* to guess
adjetivo *m.* adjective
adjuntar *v.* to attach **3.7**
  adjuntar un archivo to attach a file **3.7**
administración de empresas *f.* business administration **1.2**
administrar *v.* to manage; to run **3.8**

ADN (ácido desoxirribonucleico) *m.* DNA 3.7
adolescencia *f.* adolescence 1.9
¿adónde? *adv.* where (to)? (*destination*) 1.2
adorar *v.* to adore 3.1
aduana *f.* customs 1.5
  agente de aduanas *m., f.* customs agent 3.5
advertencia *f.* warning 3.8
aeróbico/a *adj.* aerobic 2.6
aeropuerto *m.* airport 1.5
afectado/a *adj.* affected 2.4
afeitarse *v.* to shave 1.7, 3.2
aficionado/a (a) *adj.* fond of; a fan (of) 1.4, 3.2
  ser aficionado/a de to be a fan of
afirmativo/a *adj.* affirmative
afligir *v.* afflict 3.4
afligirse *v.* to get upset 3.3
afortunado/a *adj.* lucky
afueras *f., pl.* suburbs; outskirts 2.3
agencia de viajes *f.* travel agency 1.5
agenda *f.* datebook 3.3
agente *m., f.* agent; officer;
  agente de aduanas *m., f.* customs agent 3.5
  agente de viajes *m., f.* travel agent 1.5
agnóstico/a *adj.* agnostic
agobiado/a *adj.* overwhelmed 3.1
agosto *m.* August 1.5
agotado/a *adj.* exhausted 3.4
agotar *v.* to use up 3.6
agradable *adj.* pleasant
agradecimiento *m.* gratitude
agua *f.* water 1.8
  agua mineral mineral water 1.8
aguja *f.* needle 3.4
agujero *m.* hole
  agujero en la capa de ozono *m.* hole in the ozone layer
  agujero negro *m.* black hole 3.7
  agujerito *m.* small hole 3.7
ahogado/a *adj.* drowned 3.5
ahogarse *v.* to smother; to drown
ahora *adv.* now 1.2
  ahora mismo right now 1.5
ahorrar *v.* to save (*money*) 2.5, 3.8
ahorrarse *v.* to save oneself 3.7
ahorros *m.* savings 2.5, 3.8
aire *m.* air 1.5
aislado/a *adj.* isolated 3.6
aislar *v.* to isolate 3.9
ajedrez *m.* chess 3.2
ajo *m.* garlic 1.8
al (*contraction of* **a + el**) 1.2
  al aire libre open-air 1.6

al contado in cash 2.5
al este to the east 2.5
al fondo (de) at the end (of) 2.3
al lado de beside 1.2
al norte to the north 2.5
al oeste to the west 2.5
al sur to the south 2.5
ala *f.* wing
alba *f.* dawn; daybreak
albergue *m.* hostel 3.5
álbum *m.* album 3.2
alcalde/alcaldesa *m., f.* mayor
alcance *m.* reach 3.7
  al alcance within reach 3.10
  al alcance de la mano within reach 3.7
alcanzar *v.* to reach; to achieve; to succeed in
alcoba *f.* bedroom 2.3
aldea *f.* village
alegrarse (de) *v.* to be happy 2.4
alegre *adj.* happy; joyful 1.5
alegría *f.* happiness 1.9
alemán, alemana *adj.* German 1.3
alérgico/a *adj.* allergic 2.1
alfombra *f.* carpet; rug 2.3
algo *pron.* something; anything 1.7
algodón *m.* cotton 1.6
alguien *pron.* someone; somebody; anyone 1.7
algún, alguno(s)/a(s) *adj., pron.* any; some 1.7
alimentación *f.* diet (nutrition) 3.4
alimento *m.* food
aliviar *v.* to reduce 2.6
  aliviar el estrés/la tensión to reduce stress/tension 2.6
allá *adv.* there
allí *adv.* there 1.5
  allí mismo right there 2.5
alma *f.* soul 3.1
almacén *m.* department store 1.6
almohada *f.* pillow 2.3
almorzar (o:ue) *v.* to have lunch 1.4
almuerzo *m.* lunch 1.8
aló *interj.* hello (*on the telephone*) 2.2
alojamiento *m.* lodging 3.5
alojarse *v.* to stay 3.5
alquilar *v.* to rent 2.3
  alquilar una película to rent a movie 3.2
alquiler *m.* rent (payment) 2.3
alta definición: de alta definición *adj.* high definition 3.7
alterar *v.* to modify; to alter
alternador *m.* alternator 2.2
altillo *m.* attic 2.3
altiplano *m.* high plateau

alto/a *adj.* tall 1.3
altoparlante *m.* loudspeaker
aluminio *m.* aluminum 2.4
alusión *f.* allusion 3.10
ama de casa *m., f.* housekeeper; caretaker 2.3
amable *adj.* nice; friendly 1.5
amado/a *m., f.* loved one; sweetheart 3.1
amanecer *m.* sunrise; morning
amar *v.* to love 3.1
amarillo/a *adj.* yellow 1.6
ambiental *adj.* environmental 3.6
ambos/as *pron., adj.* both
amenaza *f.* threat 3.8
amenazar *v.* to threaten 3.3
amigo/a *m., f.* friend 1.3
amistad *f.* friendship 1.9
amor *m.* love 1.9
  amor (no) correspondido (un)requited love
amueblado/a *adj.* furnished
anaranjado/a *adj.* orange 1.6
anciano/a *m., f.* elderly gentleman/lady; *adj.* elderly
andar *v.* to walk
  andar (+ pres. participle) to be (doing something)
  andar en patineta to skateboard 1.4
anfitrión/anfitriona *m., f.* host(ess) 3.8
anillo *m.* ring 3.5
animado/a *adj.* lively 3.2
animal *m.* animal 2.4
animar *v.* to cheer up; to encourage
  ¡Anímate! Cheer up! (*sing.*) 3.2
  ¡Anímense! Cheer up! (*pl.*) 3.2
ánimo *m.* spirit 3.1
aniversario (de bodas) *m.* (wedding) anniversary 1.9
anoche *adv.* last night 1.6
anotar (un gol/un punto) *v.* to score (a goal/a point) 3.2
ansia *f.* anxiety 3.1
ansioso/a *adj.* anxious 3.1
anteayer *adv.* the day before yesterday 1.6
antemano: de antemano *adv.* beforehand
antena *f.* antenna
  antena parabólica satellite dish
anterior *adj.* previous 3.8
antes *adv.* before 1.7
  antes de *prep.* before 1.7
  antes (de) que *conj.* before 2.4
  antes que nada first and foremost
antibiótico *m.* antibiotic 2.1
antigüedad *f.* antiquity

antiguo/a *adj.* ancient
antipático/a *adj.* unpleasant 1.3
anunciar *v.* to announce; to advertise 2.9
anuncio *m.* advertisement; commercial 2.7, 3.9
añadir *v.* to add
año *m.* year 1.5
  año pasado last year 1.6
apagado/a *adj.* turned off 3.7
apagar *v.* to turn off 2.2, 3.3
  apagar las velas to blow out the candles 3.8
aparato *m.* appliance
aparecer *v.* to appear 3.1
apartamento *m.* apartment 2.3
apellido *m.* last name 1.3
apenas *adv.* hardly; scarcely 2.1, 3.3
aplaudir *v.* to applaud 2.8, 3.2
apogeo *m.* height; highest level 3.5
aportación *f.* contribution
apostar (o:ue) *v.* to bet
apoyarse (en) *v.* to lean (on)
apreciado/a *adj.* appreciated
apreciar *v.* to appreciate 2.8, 3.1
aprender (a + *inf.*) *v.* to learn 1.3
aprendizaje *m.* learning
aprobación *f.* approval 3.9
aprobar (o:ue) *v.* to approve; to pass (*a class*)
  aprobar una ley to pass a law
aprovechar *v.* to make good use of; to take advantage of
apuesta *f.* bet
apurarse *v.* to hurry; to rush 2.6
apuro: tener apuro to be in a hurry; to be in a rush
aquel, aquella *adj.* that (over there) 1.6
aquél, aquélla *pron.* that (over there) 1.6
aquello *neuter pron.* that thing; that fact 1.6
aquellos/as *pl. adj.* those (over there) 1.6
aquéllos/as *pl. pron.* those (ones) (over there) 1.6
aquí *adv.* here 1.1
  Aquí está... Here it is... 1.5
  Aquí estamos en... Here we are at/in... 1.2
  aquí mismo right here 2.2
araña *f.* spider 3.6
árbitro/a *m., f.* referee 3.2
árbol *m.* tree 2.4, 3.6
archivo *m.* file 2.2
  bajar un archivo to download a file
arepa *f.* cornmeal cake
argumento *m.* plot 3.10
árido/a *adj.* arid
aristocrático/a *adj.* aristocratic

arma *f.* weapon
armado/a *adj.* armed
armario *m.* closet 2.3
arqueología *f.* archaeology
arqueólogo/a *m., f.* archaeologist 2.7
arquitecto/a *m., f.* architect 2.7
arrancar *v.* to start (*a car*) 2.2
arrastrar *v.* to drag
arrecife *m.* reef 3.6
arreglar *v.* to fix; to arrange 2.2; to neaten; to straighten up 2.3
arreglarse *v.* to get ready 3.3
arrepentirse (e:ie) (de) *v.* to repent; to regret 3.2
arriba *adv.* up
arriesgado/a *adj.* risky 3.5
arriesgar(se) *v.* to risk; to take a risk
arroba *f.* @ symbol 2.2, 3.7
arroyo *m.* stream 3.10
arroz *m.* rice 1.8
arruga *f.* wrinkle
arte *m.* art 1.2
  artes *f., pl.* arts 2.8
artefacto *m.* artifact 3.5
artesanía *f.* craftsmanship; crafts 2.8
artesano/a *m., f.* artisan 3.10
artículo *m.* article 2.9
artista *m., f.* artist 1.3
artístico/a *adj.* artistic 2.8
arveja *m.* pea 1.8
asado/a *adj.* roast 1.8
asaltar *v.* to rob 3.10
ascender (e:ie) *v.* to rise; to be promoted 3.8
ascenso *m.* promotion 2.7
ascensor *m.* elevator 1.5
asco *m.* revulsion
  dar asco to be disgusting
asegurar *v.* to assure; to guarantee
asegurarse *v.* to make sure
aseo *m.* cleanliness; hygiene
  aseo personal *m.* personal care
asesor(a) *m., f.* consultant; advisor 3.8
así *adv.* like this; so (*in such a way*) 2.1, 3.3
  así así so-so
asiento *m.* seat 3.2
asistir (a) *v.* to attend 1.3
asombrar *v.* to amaze
asombrarse *v.* to be astonished
asombro *m.* amazement; astonishment
asombroso/a *adj.* astonishing
aspecto *m.* appearance; look
  tener buen/mal aspecto to look healthy/sick 3.4
aspiradora *f.* vacuum cleaner 2.3
aspirante *m. f.* candidate; applicant 2.7

aspirina *f.* aspirin 2.1, 3.4
astronauta *m., f.* astronaut 3.7
astrónomo/a *m., f.* astronomer 3.7
asunto *m.* matter; topic
asustado/a *adj.* frightened; scared
atar *v.* to tie (up)
ataúd *m.* casket 3.2
ateísmo *m.* atheism
ateo/a *adj.* atheist
aterrizar *v.* to land (*an airplane*)
atletismo *m.* track-and-field events
atracción *f.* attraction
atraer *v.* to attract 3.1
atrapar *v.* to trap; to catch 3.6
atrasado/a *adj.* late 3.3
atrasar *v.* to delay
atreverse (a) *v.* to dare (to) 3.2
atropellar *v.* to run over
atún *m.* tuna 1.8
audiencia *f.* audience
aumentar de peso to gain weight 2.6
aumento *m.* increase 2.7
  aumento de sueldo *m.* pay raise 2.7, 3.8
aunque *conj.* although
auricular *m.* telephone receiver 3.7
ausente *adj.* absent
auténtico/a *adj.* real; genuine 3.3
auto(móvil) *m.* auto(mobile) 1.5
autobiografía *f.* autobiography 3.10
autobús *m.* bus 1.1
autoestima *f.* self-esteem 3.4
automático/a *adj.* automatic
autopista *f.* highway 2.2
autoritario/a *adj.* strict; authoritarian 3.1
autorretrato *m.* self-portrait 3.10
auxiliar de vuelo *m., f.* flight attendant
auxilio *m.* help; aid
  primeros auxilios *m., pl.* first aid 3.4
avance *m.* advance; breakthrough 3.7
avanzado/a *adj.* advanced 3.7
avaro/a *m., f.* miser
ave *f.* bird 2.4, 3.6
avenida *f.* avenue
aventura *f.* adventure 2.8, 3.5
  de aventura adventure (*genre*) 2.8
aventurero/a *m., f.* adventurer 3.5
avergonzado/a *adj.* ashamed; embarrassed 1.5
averiguar *v.* to find out 3.1
avión *m.* airplane 1.5
avisar *v.* to inform; to warn
aviso *m.* notice; warning 3.5

¡Ay! *interj.* Oh!
  ¡Ay, qué dolor! Oh, what pain!
ayer *adv.* yesterday **1.6**
ayudar(se) *v.* to help (each other) **2.2, 2.3**
azar *m.* chance **3.5**
azúcar *m.* sugar **1.8**
azul *adj.* blue **1.6**

B

bahía *f.* bay **3.5**
bailar *v.* to dance **1.2, 3.1**
bailarín/bailarina *m., f.* dancer **2.8**
baile *m.* dance **2.8**
bajar *v.* to lower
bajar(se) de *v.* to get off of/out of (*a vehicle*) **2.2**
bajo/a *adj.* short (*in height*) **1.3**
  bajo control under control **1.7**
balcón *m.* balcony **2.3, 3.3**
balón *m.* ball **3.2**
baloncesto *m.* basketball **1.4**
banana *f.* banana **1.8**
bañarse *v.* to bathe; to take a bath **1.7, 3.2**
bancario/a *adj.* banking
bancarrota *f.* bankruptcy **3.8**
banco *m.* bank **2.5**
banda *f.* band **2.8**
banda sonora *f.* soundtrack **3.9**
bandera *f.* flag
baño *m.* bathroom **1.7**
barato/a *adj.* cheap; inexpensive **1.6, 3.3**
barbaridad *f.* outrageous thing **3.10**
barco *m.* boat **1.5**
barrer *v.* to sweep **2.3, 3.3**
  barrer el suelo to sweep the floor **2.3**
barrio *m.* neighborhood **2.3**
bastante *adv.* quite; enough **3.3**; rather **2.1**; pretty **2.4**
basura *f.* trash **2.3**
batalla *f.* battle
baúl *m.* trunk **2.2**
bautismo *m.* baptism
beber *v.* to drink **1.3, 3.1**
bebida *f.* drink **1.8**
béisbol *m.* baseball **1.4**
bellas artes *f., pl.* fine arts **2.8, 3.10**
belleza *f.* beauty **2.5**
bendecir (e:i) *v.* to bless
beneficio *m.* benefit **2.7**
besar *v.* to kiss **3.1**
besar(se) *v.* to kiss (each other) **2.2**
beso *m.* kiss **1.9**
biblioteca *f.* library **1.2**
bicicleta *f.* bicycle **1.4**
bien *adj., adv.* well **1.1**

bien acogido/a *adj.* well received **3.8**
bienestar *m.* well-being **2.6, 3.4**
bienvenida *f.* welcome **3.5**
bienvenido(s)/a(s) *adj.* welcome **2.3**
bilingüe *adj.* bilingual **3.9**
billar *m.* billiards **3.2**
billete *m.* paper money; ticket
billón *m.* trillion
biografía *f.* biography **3.10**
biología *f.* biology **1.2**
biólogo/a *m., f.* biologist **3.7**
bioquímico/a *adj.* biochemical **3.7**
bisabuelo/a *m., f.* great-grandfather; great-grandmother **1.3**
bistec *m.* steak **1.8**
bitácora *f.* travel log; weblog **3.7**
bizcocho *m.* biscuit
blanco/a *adj.* white **1.6**
blog *m.* blog **3.7**
blogonovela *f.* blognovel **3.7**
blogosfera *f.* blogosphere **3.7**
bluejeans *m., pl.* jeans **1.6**
blusa *f.* blouse **1.6**
bobo/a *m., f.* silly, stupid person **3.7**
boca *f.* mouth **2.1**
boda *f.* wedding **1.9**
boleto *m.* ticket **2.8**
boliche *m.* bowling **3.2**
bolsa *f.* purse, bag **1.6**; sack; stock market
  bolsa de valores *f.* stock market **3.8**
bombardeo *m.* bombing **3.6**
bombero/a *m., f.* firefighter **2.7**
bondad *f.* goodness
  ¿Tendría usted la bondad de (+ inf.)...? Could you please...? (*form.*)
bonito/a *adj.* pretty **1.3**
bordo: a bordo *adv.* on board **3.5**; aboard **1.1**
borrador *m.* eraser **1.2**
borrar *v.* to erase **2.2, 3.7**
bosque *m.* forest **2.4**
  bosque lluvioso *m.* rain forest **3.6**
  bosque tropical *m.* tropical forest; rain forest **2.4**
bostezar *v.* to yawn
bota *f.* boot **1.6**
botar *v.* to throw... out **3.5**
botarse *v.* to outdo oneself (*P. Rico; Cuba*) **3.5**
bote *m.* boat **3.5**
botella *f.* bottle **1.9**
botones *m., f. sing.* bellhop **1.5**
brazo *m.* arm **2.1**
brindar *v.* to make a toast **1.9, 3.2**
broma *f.* joke **3.1**
bromear *v.* to joke

brújula *f.* compass **3.5**
bucear *v.* to scuba dive **1.4**
buceo *m.* scuba diving **3.5**
budista *adj.* Buddhist
buen, bueno/a *adj.* good **1.3, 1.6**
  estar bueno/a to (still) be good (*i.e., fresh*)
  ser bueno/a to be good (*by nature*)
  ¡Buen fin de semana! Have a nice weekend!
  Buen provecho. Enjoy your meal.
  ¡Buen viaje! Have a good trip! **1.6**
  buena forma good shape (*physical*) **2.6**
  Buena idea. Good idea. **1.4**
  Buenas noches. Good evening.; Good night. **1.1**
  Buenas tardes. Good afternoon. **1.1**
  buenísimo extremely good
  ¿Bueno? Hello. (*on the telephone*) **2.2**
  Buenos días. Good morning. **1.1**
bueno *adv.* well **1.2, 2.8**
búfalo *m.* buffalo
bulevar *m.* boulevard
burla *f.* mockery
burlarse (de) *v.* to make fun (of)
burocracia *f.* bureaucracy
buscador *m.* search engine **3.7**
buscar *v.* to look for **1.2**
búsqueda *f.* search
buzón *m.* mailbox **2.5**

C

caballo *m.* horse **1.5**
cabaña *f.* cabin **1.5**
caber *v.* to fit **3.1**
  no cabe duda de there's no doubt **2.4**
cabeza *f.* head **2.1**
cabo *m.* cape; end (*rope, string*)
  al fin y al cabo sooner or later; after all
  llevar a cabo to carry out (*an activity*)
cabra *f.* goat
cacique *m.* tribal chief
cada *adj.* each **1.6**
cadena *f.* network **3.9**
  cadena de televisión *f.* television network
caducar *v.* to expire
caer(se) *v.* to fall (down) **2.1, 3.1**
  caer bien/mal to (not) get along well with **3.2**
café *m.* café **1.4**; coffee **1.8**; *adj.* brown **1.6**
cafeína *f.* caffeine **2.5**

cafetera *f.* coffeemaker 2.3
cafetería *f.* cafeteria 1.2
caído/a *adj., p.p.* fallen 2.5
caja *f.* cash register 1.6; box
  caja de herramientas *f.*
    toolbox
cajero/a *m., f.* cashier 2.5
  cajero automático *m.* ATM
    2.5
calcetín (calcetines) *m.* sock(s)
  1.6
calculadora *f.* calculator 2.2
caldo *m.* soup 1.8
  caldo de patas *m.* beef soup
    1.8
calentamiento global *m.* global
  warming 3.6
calentarse (e:ie) *v.* to warm up
  2.6, 3.3
calidad *f.* quality 1.6
callado/a *adj.* quiet; silent
callarse *v.* to be quiet/silent
calle *f.* street 2.2
calmante *m.* painkiller;
  tranquilizer 3.4
calmarse *v.* to calm down; to relax
calor *m.* heat 1.4
caloría *f.* calorie 2.6
calzar *v.* to take size... shoes 1.6
calzoncillos *m. pl.* underwear
  (*men's*)
cama *f.* bed 1.5
cámara de video *f.* video camera
  2.2
cámara digital *f.* digital camera
  2.2
camarero/a *m., f.* waiter;
  waitress 1.8
camarón *m.* shrimp 1.8
cambiar (de) *v.* to change 1.9
cambio *m.* change
  a cambio de in exchange for
  cambio de moneda *m.*
    currency exchange
camerino *m.* star's dressing room
  3.9
caminar *v.* to walk 1.2
camino *m.* road
camión *m.* truck; bus
camisa *f.* shirt 1.6
camiseta *f.* t-shirt 1.6
campamento *m.* campground
  3.5
campaña *f.* campaign
campeón/campeona *m., f.*
  champion 3.2
campeonato *m.* championship
  3.2
campo *m.* countryside 1.5;
  field 3.6; ball field 3.5
canadiense *adj.* Canadian 1.3
canal *m.* channel 3.9; television
  channel 2.2, 2.8
cancelar *v.* to cancel 3.5
cáncer *m.* cancer

cancha *f.* field 3.2
canción *f.* song 2.8
candidato/a *m., f.* candidate 2.9
canon literario *m.* literary canon
  3.10
cansado/a *adj.* tired 1.5
cansancio *m.* exhaustion 3.3
cansarse *v.* to become tired
cantante *m., f.* singer 2.8, 3.2
cantar *v.* to sing 1.2
capa *f.* layer
  capa de ozono *f.* ozone layer
    3.6
capaz *adj.* competent; capable
  3.8
capilla *f.* chapel
capital *f.* capital city 1.1
capitán *m.* captain
capítulo *m.* chapter
capó *m.* hood 2.2
cara *f.* face 1.7
caracterización *f.* characterization
  3.10
caramelo *m.* caramel 1.9
cargo *m.* position
  estar a cargo de to be in
    charge of 3.1
cariño *m.* affection 3.1
cariñoso/a *adj.* affectionate 3.1
carne *f.* meat 1.8
  carne de res *f.* beef 1.8
carnicería *f.* butcher shop 2.5
caro/a *adj.* expensive 1.6, 3.3
carpintero/a *m., f.* carpenter 2.7
carrera *f.* career 2.7
carretera *f.* highway 2.2
carro *m.* car; automobile 2.2
carta *f.* letter 1.4; (playing) card
  1.5
cartas *f. pl.* (playing) cards 3.2
cartel *m.* poster 2.3
cartera *f.* wallet 1.6
cartero/a *m., f.* mail carrier 2.5
casa *f.* house; home 1.2
casado/a *adj.* married 1.9, 3.1
casarse (con) *v.* to get married
  (to) 1.9
cascada *f.* cascade; waterfall 3.5
casi *adv.* almost 2.1, 3.3
  casi nunca *adv.* rarely 3.3
castigo *m.* punishment
casualidad *f.* chance; coincidence
  3.5
  por casualidad by chance 3.3
catástrofe *f.* catastrophe; disaster
  catástrofe natural *f.* natural
    disaster
categoría *f.* category 3.5
  de buena categoría *adj.* high
    quality 3.5
católico/a *adj.* Catholic
catorce *n., adj.* fourteen 1.1
cazar *v.* to hunt 2.4, 3.6
cebolla *f.* onion 1.8
ceder *v.* give up

cederrón *m.* CD-ROM 2.2
celda *f.* cell
celebrar *v.* to celebrate 1.9, 3.2
celebridad *f.* celebrity 3.9
celos *m. pl.* jealousy
  tener celos de to be jealous of
    3.1
célula *f.* cell 3.7
celular *adj.* cellular 2.2
cementerio *m.* cemetery
cena *f.* dinner 1.8
cenar *v.* to have dinner 1.2
censura *f.* censorship 3.9
centavo *m.* cent
centro *m.* downtown 1.4
  centro comercial *m.* shopping
    mall 1.6, 3.3
cepillarse *v.* to brush 3.2
  cepillarse los dientes/el pelo
    to brush one's teeth/one's
    hair 1.7
cerámica *f.* pottery 2.8
cerca de *prep.* near 1.2
cerdo *m.* pork 1.8; pig 3.6
cereales *m., pl.* cereal; grains 1.8
cero *m.* zero 1.1
cerrado/a *adj.* closed 1.5, 2.5
cerrar (e:ie) *v.* to close 1.4
cerro *m.* hill
certeza *f.* certainty
certidumbre *f.* certainty
césped *m.* grass 2.4
ceviche *m.* marinated fish dish
  1.8
  ceviche de camarón *m.*
    lemon-marinated shrimp 1.8
chaleco *m.* vest
champán *m.* champagne 1.9
champiñón *m.* mushroom 1.8
champú *m.* shampoo 1.7
chaqueta *f.* jacket 1.6
chau *fam. interj.* bye 1.1
cheque *m.* (bank) check 2.5
  cheque de viajero *m.*
    traveler's check 2.5
chévere *adj. fam.* terrific
chico/a *m., f.* boy; girl 1.1
chino/a *adj.* Chinese 1.3
chisme *m.* gossip 3.9
chiste *m.* joke 3.1
chocar (con) *v.* to run into
chocolate *m.* chocolate 1.9
choque *m.* collision, crash 2.9,
  3.3
choza *f.* hut
chuleta *f.* chop (*food*) 1.8
  chuleta de cerdo *f.* pork
    chop 1.8
cibercafé *m.* cybercafé
cicatriz *f.* scar
ciclismo *m.* cycling 1.4
cielo *m.* sky 2.4
cien(to) *n., adj.* one hundred
  1.2
ciencia *f.* science 1.2

ciencia ficción *f.* science fiction (genre) **2.8, 3.10**
científico/a *m., f.* scientist **2.7, 3.7;** *adj.* scientific
cierto/a *adj.* certain, sure **2.4**
  ¡Cierto! Sure!
  es cierto it's certain **2.4**
  no es cierto it's not certain **2.4**
cinco *n., adj.* five **1.1**
cincuenta *n., adj.* fifty **1.2**
cine *m.* movie theater **1.4, 3.2**
cinta *f.* (audio) tape
  cinta caminadora *f.* treadmill **2.6**
cinturón *m.* belt **1.6**
  cinturón de seguridad *m.* seatbelt **3.5**
  abrocharse el cinturón de seguridad to fasten one's seatbelt
  ponerse el cinturón to fasten the seatbelt **3.5**
  quitarse el cinturón to unfasten the seatbelt **3.5**
circo *m.* circus **3.2**
circulación *f.* traffic **2.2**
cirugía *f.* surgery **3.4**
cirujano/a *m., f.* surgeon **3.4**
cisterna *f.* cistern; underground tank **3.6**
cita *f.* date; quotation **1.9**
  cita a ciegas *f.* blind date **3.1**
ciudad *f.* city **1.4**
ciudadano/a *m., f.* citizen; *adj.* citizen **2.9**
civilización *f.* civilization
civilizado/a *adj.* civilized
Claro (que sí). *interj., fam.* Of course. **2.7, 3.3**
clase *f.* class **1.2**
  clase de ejercicios aeróbicos *f.* aerobics class **2.6**
clásico/a *adj.* classical **2.8;** classic **3.10**
claustro *m.* cloister
cliente/a *m., f.* customer **1.6**
clima *m.* climate
clínica *f.* clinic **2.1**
clonar *v.* to clone **3.7**
club *m.* club
  club deportivo *m.* sports club **3.2**
coartada *f.* alibi **3.10**
cobrador(a) *m., f.* debt collector **3.8**
cobrar *v.* to cash (*a check*) **2.5;** to charge; to receive **3.8**
coche *m.* car; automobile **2.2**
cochinillo *m.* suckling pig **3.10**
cocina *f.* kitchen; stove **2.3**
cocinar *v.* to cook **2.3, 3.3**
cocinero/a *m., f.* cook, chef **2.7**
codo *m.* elbow

cofre *m.* hood **2.2**
cohete *m.* rocket **3.7**
cola *f.* line **2.5;** tail
  hacer cola to wait in line **3.2**
coleccionar *v.* to collect
coleccionista *m., f.* collector
colesterol *m.* cholesterol **2.6**
colgar (o:ue) *v.* to hang (up)
colina *f.* hill
colmena *f.* beehive **3.8**
colocar *v.* to place (*an object*) **3.2**
colonia *f.* colony
colonizar *v.* to colonize
color *m.* color **1.6**
columnista *m., f.* columnist **3.9**
combatiente *m., f.* combatant
combustible *m.* fuel **3.6**
comedia *f.* comedy; play **2.8**
comediante *m., f.* comedian **3.1**
comedor *m.* dining room **2.3**
comensal *m., f.* dinner guest **3.10**
comenzar (e:ie) *v.* to begin **1.4**
comer *v.* to eat **1.3, 3.1, 3.2**
comercial *adj.* commercial; business-related **2.7**
comerciante *m., f.* storekeeper; trader
comercio *m.* commerce; trade **3.8**
comerse *v.* to eat up **3.2**
comestible *adj.* edible
  planta comestible *f.* edible plant
cometa *m.* comet **3.7**
comida *f.* food **3.6;** meal **1.8**
  comida enlatada *f.* canned food **3.6**
  comida rápida *f.* fast food **3.4**
como *prep., conj.* like; as **1.8**
¿cómo? *adv.* what?; how? **1.1**
  ¿Cómo es...? What's... like? **1.3**
  ¿Cómo está usted? *form.* How are you? **1.1**
  ¿Cómo estás? *fam.* How are you? **1.1**
  ¿Cómo les fue...? *pl.* How did... go for you? **2.6**
  ¿Cómo que son...? What do you mean they are...?
  ¿Cómo se llama (usted)? *form.* What's your name? **1.1**
  ¿Cómo te llamas (tú)? *fam.* What's your name? **1.1**
cómo *adv.* how
  ¡Cómo no! Of course!
cómoda *f.* chest of drawers **2.3**
cómodo/a *adj.* comfortable **1.5**
compañero/a de clase *m., f.* classmate **1.2**

compañero/a de cuarto *m., f.* roommate **1.2**
compañía *f.* company; firm **2.7, 3.8**
compartir *v.* to share **1.3**
completamente *adv.* completely **2.7**
completo/a *adj.* complete; filled up
componer *v.* to compose **3.1**
compositor(a) *m., f.* composer **2.8**
comprar *v.* to buy **1.2**
compras *f., pl.* purchases **1.5**
  ir de compras to go shopping **1.5**
comprender *v.* to understand **1.3**
comprobar (o:ue) *v.* to prove **3.7**
comprometerse (con) *v.* to get engaged (to) **1.9**
compromiso *m.* awkward situation **3.10;** commitment; responsibility **3.1**
computación *f.* computer science **1.2**
computadora *f.* computer **1.1**
  computadora portátil *f.* portable computer; laptop **2.2, 3.7**
comunicación *f.* communication **2.9**
comunicarse (con) *v.* to communicate (with) **2.9**
comunidad *f.* community **1.1, 3.4**
con *prep.* with **1.2**
  Con él/ella habla. This is he/she. (*on the telephone*) **2.2**
  con frecuencia *adv.* frequently **2.1**
  Con permiso. Pardon me.; Excuse me. **1.1**
  con tal (de) que *conj.* provided (that) **2.4**
conciencia *f.* conscience
concierto *m.* concert **2.8, 3.2**
concordar (o:ue) *v.* to agree
concurso *m.* game show; contest **2.8**
conducir *v.* to drive **1.6, 2.2, 3.1**
conductor(a) *m., f.* driver **1.1;** announcer
conejo *m.* rabbit **3.6**
conexión de satélite *f.* satellite connection **3.7**
conferencia *f.* conference **3.8**
confesar (e:ie) *v.* to confess
confianza *f.* trust; confidence **3.1**
confirmar *v.* to confirm **1.5**
  confirmar una reservación to confirm a reservation **1.5**

confundido/a *adj.* confused **1.5**
confundir (con) *v.* to confuse (with)
congelado/a *adj.* frozen
congelador *m.* freezer **2.3**
congelar(se) *v.* to freeze **3.7**
congeniar *v.* to get along
congestionado/a *adj.* congested;
 stuffed-up **2.1**
congestionamiento *m.* traffic
 jam **3.5**
conjunto *m.* collection
 conjunto (musical) *m.*
 (musical) group, band
conmigo *pron.* with me **1.4, 1.9**
conmovedor(a) *adj.* moving
conocer *v.* to know **3.1**; to be
 acquainted with **1.6**
conocido/a *adj.*; *p.p.* known
conocimiento *m.* knowledge
conquista *f.* conquest
conquistador(a) *m., f.*
 conquistador; conqueror
conquistar *v.* to conquer
conseguir (e:i) *v.* to get; to
 obtain **1.4**
 conseguir boletos/entradas
 to get tickets **3.2**
consejero/a *m., f.* counselor;
 advisor **2.7**
consejo *m.* advice
conservación *f.* conservation
 2.4
conservador(a) *adj.* conservative;
 m., f. curator
conservar *v.* to conserve **2.4**; to
 preserve **3.6**
considerar *v.* to consider
 Considero que... In my opinion...
consiguiente *adj.* resulting;
 consequent
 por consiguiente consequently;
 as a result
construir *v.* to build
consulado *m.* consulate
consulta *f.* doctor's appointment
 3.4
consultorio *m.* doctor's office
 2.1, 3.4
consumir *v.* to consume **2.6**
consumo *m.* consumption
 consumo de energía *m.*
 energy consumption
contabilidad *f.* accounting **1.2**
contador(a) *m., f.* accountant
 2.7, 3.8
contagiarse *v.* to become infected
 3.4
contaminación *f.* pollution **2.4**
 contaminación del aire/del
 agua *f.* air/water pollution
 2.4, 3.6
contaminado/a *adj.* polluted
 2.4
contaminar *v.* to pollute **2.4**;
 to contaminate **3.6**

contar (o:ue) *v.* to tell **1.4**; to
 count **3.2**
 contar con to count on **2.3**
contemporáneo/a *adj.*
 contemporary **3.10**
contentarse con *v.* to be
 contented/satisfied with **3.1**
contento/a *adj.* happy; content
 1.5
contestadora *f.* answering
 machine **2.2**
contestar *v.* to answer **1.2**
contigo *fam. pron.* with you **1.9**
continuación *f.* sequel
contraer *v.* to contract **3.1**
contraseña *f.* password **3.7**
contratar *v.* to hire **2.7, 3.8**
contrato *m.* contract **3.8**
contribuir (a) *v.* to contribute
 3.6
control *m.* control **1.7**
 control remoto (universal) *m.*
 (universal) remote control
 2.2, 3.7
controlar *v.* to control **2.4**
controvertido/a *adj.* controversial
 3.9
contundente *adj.* filling; heavy
 3.10
conversación *f.* conversation
 1.2
conversar *v.* to converse, to chat
 1.2
convertirse (e:ie) (en) *v.* to
 become **3.2**
copa *f.* goblet **2.3**; (drinking) glass
 Copa del Mundo *f.* World Cup
coquetear *v.* to flirt **3.1**
coraje *m.* courage
corazón *m.* heart **2.1, 3.1**
corbata *f.* tie **1.6**
cordillera *f.* mountain range **3.6**
cordura *f.* sanity **3.4**
coro *m.* choir; chorus
corrector ortográfico *m.* spell-
 checker **3.7**
corredor(a) de bolsa *m., f.*
 stockbroker **2.7**
correo *m.* mail; post office **2.5**
 correo electrónico *m.* e-mail
 1.4
correr *v.* to run **1.3**
corresponsal *m., f.* correspondent
 3.9
corrida *f.* bullfight **3.2**
corriente *f.* movement **3.10**
corrupción *f.* corruption
corte *m.* cut
 de corte ejecutivo of an
 executive nature
cortesía *f.* courtesy
cortinas *f., pl.* curtains **2.3**
corto *m.* short film **3.1**
corto/a *adj.* short *(in length)* **1.6**
cortometraje *m.* short film **3.1**

cosa *f.* thing **1.1**
cosecha *f.* harvest
costa *f.* coast **3.6**
costar (o:ue) *f.* to cost **1.6**
costoso/a *adj.* costly; expensive
costumbre *f.* custom; habit **3.3**
cotidiano/a *adj.* everyday **3.3**
 vida cotidiana *f.* everyday life
cráter *m.* crater **2.4**
crear *v.* to create **3.7**
creatividad *f.* creativity
crecer *v.* to grow **3.1**
crecimiento *m.* growth
creencia *f.* belief
creer *v.* to believe **2.4**
 creer (en) *v.* to believe (in)
 1.3
 no creer (en) *v.* not to believe
 (in) **2.4**
 No creas. Don't you believe it.
creído/a *adj.* conceited;
 p.p. believed **2.5**
crema de afeitar *f.* shaving
 cream **1.7**
creyente *m., f.* believer
criar *v.* to raise
 haber criado to have raised
 3.1
criarse *v.* to grow up **3.1**
crimen *m.* crime; murder **2.9**
crisis *f.* crisis
 crisis económica *f.* economic
 crisis **3.8**
cristiano/a *adj.* Christian
criticar *v.* to critique **3.10**
crítico/a *m., f.* critic; *adj.* critical
 crítico/a de cine movie critic
 3.9
crucero *m.* cruise ship **3.5**
cruzar *v.* to cross **2.5**
cuaderno *m.* notebook **1.1**
cuadra *f.* (city) block **2.5**
cuadro *m.* picture **2.3**; painting
 3.3, 3.10
¿cuál(es)? *pron.* which?; which
 one(s)? **1.2**
 ¿Cuál es la fecha de hoy?
 What is today's date? **1.5**
cuando *conj.* when **1.7, 2.4**
¿cuándo? *adv.* when? **1.2**
¿cuánto(s)/a(s)? *adj.* how
 much/how many? **1.1**
 ¿Cuánto cuesta...? How
 much does... cost? **1.6**
 ¿Cuántos años tienes? *fam.*
 How old are you? **1.3**
cuarenta *n., adj.* forty **1.2**
cuarentón/cuarentona *adj.*
 forty-year-old; in her/his forties
cuarto *m.* room **1.2, 1.7**
 cuarto de baño *m.* bathroom
 1.7
cuarto/a *n., adj.* fourth **1.5**
 menos cuarto quarter to
 (time)

y cuarto quarter after (*time*) **1.1**

cuatro *n., adj.* four **1.1**

cuatrocientos/as *n., adj.* four hundred **1.2**

cubierto/a *adj., p.p.* covered

cubiertos *m., pl.* silverware

cubismo *m.* cubism **3.10**

cubrir *v.* to cover

cucaracha *f.* cockroach **3.6**

cuchara *f.* (table or large) spoon **2.3**

cuchillo *m.* knife **2.3**

cuello *m.* neck **2.1**

cuenta *f.* calculation, sum; bill **1.9**; account **2.5**

  al final de cuentas after all

  cuenta corriente *f.* checking account **2.5, 3.8**

  cuenta de ahorros *f.* savings account **2.5, 3.8**

  tener en cuenta to keep in mind

cuento *m.* short story **2.8**

cuerpo *m.* body **2.1**

  cuerpo y alma heart and soul

cueva *f.* cave

cuidado *m.* care **1.3, 3.1**

  bien cuidado/a well-kept

cuidadoso/a *adj.* careful **3.1**

cuidar(se) *v.* to take care of (oneself) **2.4, 3.1**

  ¡Cuídense! Take care! **2.5**

culpa *f.* guilt

culpable *adj.* guilty

cultivar *v.* to grow

culto *m.* worship

culto/a *adj.* cultured; educated; refined

cultura *f.* culture **2.8**

  cultura popular pop culture

cumbre *f.* summit; peak

cumpleaños *m., sing.* birthday **1.9**

cumplir *v.* to carry out **3.8**

  cumplir años to have a birthday **1.9**

cuñado/a *m., f.* brother-in-law; sister-in-law **1.3**

cura *m.* priest

curarse *v.* to heal; to be cured **3.4**

curativo/a *adj.* healing **3.4**

currículum (vitae) *m.* résumé **2.7, 3.8**

curso *m.* course **1.2**

D

---

danza *f.* dance **2.8**

dañar *v.* to damage; to break down **2.1**

dañino/a *adj.* harmful **3.6**

dar *v.* to give **1.6, 1.9**

dar a to look out upon (*location*)

dar asco to be disgusting

dar de comer to feed **3.6**

dar direcciones *v.* to give directions **2.5**

dar el primer paso to take the first step

dar la gana to feel like **3.9**

dar la vuelta (al mundo) to go around (the world)

dar paso a to give way to

dar un consejo to give advice

dar un paseo to take a stroll/ walk **3.2**

dar una vuelta to take a walk/ stroll

darse con to bump into; to run into (*something*) **2.1**

darse cuenta to realize **3.2, 3.9**

darse por aludido/a to realize/assume that one is being referred to **3.9**

darse por vencido to give up

darse prisa to hurry; to rush **2.6**

dardos *m. pl.* darts **3.2**

dato *m.* piece of data

de *prep.* of; from **1.1**

de algodón (made of) cotton **1.6**

de aluminio (made of) aluminum **2.4**

de buen humor in a good mood **1.5**

de compras shopping **1.5**

de cuadros plaid **1.6**

¿De dónde eres? *fam.* Where are you from? **1.1**

¿De dónde es usted? *form.* Where are you from? **1.1**

de excursión hiking **1.4**

de hecho in fact

de ida y vuelta roundtrip **1.5**

de la mañana in the morning; A.M. **1.1**

de la noche in the evening; at night; P.M. **1.1**

de la tarde in the afternoon; in the early evening; P.M. **1.1**

de lana (made of) wool **1.6**

de lunares polka-dotted **1.6**

de mal humor in a bad mood **1.5**

de mi vida of my life **2.6**

de moda in fashion **1.6**

De nada. You're welcome. **1.1**

De ninguna manera. No way. **2.7**

de niño/a as a child **2.1**

de parte de on behalf of **2.2**

¿De parte de quién? Who is calling? (*on the telephone*) **2.2**

de plástico (made of) plastic **2.4**

¿de quién...? *pron., sing.* whose...? **1.1**

¿de quiénes...? *pron., pl.* whose...? **1.1**

de rayas striped **1.6**

de repente *adv.* suddenly **1.6, 3.3**

de seda (made of) silk **1.6**

de terror horror (*story/novel*) **3.10**

de vaqueros western (*genre*) **2.8**

de vez en cuando from time to time **2.1**

de vidrio (made of) glass **2.4**

debajo de *prep.* below; under **1.2**

deber *m.* responsibility; obligation **2.9**; duty **3.8**

deber *v.* to owe **3.8**; should; must; ought to **1.3**

  deber dinero to owe money **3.2**

Debe ser... It must be... **1.6**

debido a due to (the fact that)

débil *adj.* weak **2.6**

década *f.* decade

decidido/a *adj.* decided **2.5**

decidir (+ *inf.*) *v.* to decide **1.3**

décimo/a *n., adj.* tenth **1.5**

decir (e:i) (que) *v.* to say (that) **3.1**; to tell (that) **1.4, 1.9**

  decir la respuesta to say the answer **1.4**

  decir la verdad to tell the truth **1.4**

  decir mentiras to tell lies **1.4**

declarar *v.* to declare; to say **2.9**

dedicatoria *f.* dedication

dedo *m.* finger **2.1**

  dedo del pie *m.* toe **2.1**

deforestación *f.* deforestation **2.4, 3.6**

dejar *v.* to leave; to allow; to let **2.3**; to quit; to leave behind **2.7**

  dejar a alguien to leave someone **3.1**

  dejar de (+ *inf.*) *v.* to stop (*doing something*) **2.4**

  dejar de fumar to quit smoking **3.4**

  dejar en paz to leave alone **3.8**

  dejar una propina to leave a tip **1.9**

del (*contraction of* **de + el**) of the; from the

delante de *prep.* in front of **1.2**

delatar *v.* to denounce **3.3**

delgado/a *adj.* thin; slender **1.3**

delicioso/a *adj.* delicious **1.8**

demás *adj.* the rest; *pron.* others; other people

demasiado *adj., adv.* too; too much **1.6**

democracia *f.* democracy

demorar *v.* to delay

dentista *m., f.* dentist **2.1**

dentro de (diez años) within (ten years) **2.7;** inside

denunciar *v.* to denounce **3.9**

dependiente/a *m., f.* clerk **1.6**

deporte *m.* sport **1.4**

deportista *m., f.* athlete, sports person **3.2**

deportivo/a *adj.* sports-related **1.4**

depositar *v.* to deposit **2.5, 3.8**

depresión *f.* depression **3.4**

deprimido/a *adj.* depressed **3.1**

derecha *f.* right **1.2**

derecho *adj.* straight (ahead) **2.5**

a la derecha de to the right of **1.2**

derecho *m.* law; *pl.* rights **2.9**

derechos civiles *m.* civil rights

derechos humanos *m.* human rights

derramar *v.* to spill

derretir(se) (e:i) *v.* to melt **3.7**

derribar *v.* to bring down; to overthrow

derrocar *v.* to overthrow

derrota *f.* defeat

derrotado/a *adj.* defeated

derrotar *v.* to defeat

desafiante *adj.* challenging **3.4**

desafiar *v.* to challenge **3.2**

desafío *m.* challenge **3.7**

desanimado/a *adj.* discouraged

desanimarse *v.* to get discouraged

desánimo *m.* the state of being discouraged **3.1**

desaparecer *v.* to disappear **3.1, 3.6**

desarrollado/a *adj.* developed

desarrollar *v.* to develop **2.4**

desarrollarse *v.* to take place **3.10**

desarrollo *m.* development **3.6**

país en vías de desarrollo developing country

desastre (natural) *m.* (natural) disaster **2.9**

desatar *v.* to untie

desayunar *v.* to have breakfast **1.2**

desayuno *m.* breakfast **1.8**

descafeinado/a *adj.* decaffeinated **2.6**

descansar *v.* to rest **1.2, 3.4**

descanso *m.* rest **3.8**

descargar *v.* to download **2.2, 3.7**

descendiente *m., f.* descendent

descompuesto/a *adj.* not working; out of order **2.2**

descongelar(se) *v.* to defrost **3.7**

desconocido/a *m., f.* stranger

describir *v.* to describe **1.3**

descrito/a *p.p.* described **2.5**

descubierto/a *p.p.* discovered **2.5**

descubridor(a) *m., f.* discoverer

descubrimiento *m.* discovery **3.7**

descubrir *v.* to discover **2.4, 3.4**

descuidar(se) *v.* to get distracted; to neglect **3.6**

desde *prep.* from **1.6**

desear *v.* to wish; to desire **1.2, 3.4**

desechable *adj.* disposable **3.6**

desempleado/a *adj.* unemployed **3.8**

desempleo *m.* unemployment **2.9, 3.8**

desenlace *m.* ending

deseo *m.* desire; wish

pedir un deseo to make a wish

deshacer *v.* to undo **3.1**

desierto *m.* desert **2.4, 3.6**

desigual *adj.* unequal

desigualdad *f.* inequality **2.9**

desilusión *f.* disappointment

desmayarse *v.* to faint **3.4**

desorden *m.* disorder; mess **3.7**

desordenado/a *adj.* disorderly **1.5**

despacho *m.* office

despacio *adv.* slowly **2.1**

despedida *f.* farewell **3.5**

despedido/a *adj.* fired

despedir (e:i) *v.* to fire **2.7, 3.8**

despedirse (de) (e:i) *v.* to say good-bye (to) **1.7, 3.3**

despejado/a *adj.* clear (*weather*)

despertador *m.* alarm clock **1.7**

despertarse (e:ie) *v.* to wake up **1.7, 3.2**

después *adv.* afterwards; then **1.7**

después de *prep.* after **1.7**

después de que *conj.* after **2.4**

destacado/a *adj.* prominent **3.9**

destacar *v.* to emphasize; to point out

destino *m.* destination **3.5**

destrozar *v.* to destroy

destruir *v.* to destroy **2.4, 3.6**

detestar *v.* to detest

detrás de *prep.* behind **1.2**

deuda *f.* debt **3.8**

devolver (o:ue) *v.* to return (*items*) **3.3**

devoto/a *adj.* pious

día *m.* day **1.1**

día de fiesta *m.* holiday **1.9**

estar al día con las noticias to keep up with the news

diamante *m.* diamond **3.5**

diario *m.* diary **1.1;** newspaper **2.9, 3.9**

diario/a *adj.* daily **1.7, 3.3**

dibujar *v.* to draw **1.2, 3.10**

dibujo *m.* drawing **2.8**

dibujos animados *m., pl.* cartoons **2.8**

diccionario *m.* dictionary **1.1**

dicho/a *adj., p.p.* said **2.5**

diciembre *m.* December **1.5**

dictador(a) *m., f.* dictator

dictadura *f.* dictatorship **2.9**

didáctico/a *adj.* educational **3.10**

diecinueve *n., adj.* nineteen **1.1**

dieciocho *n., adj.* eighteen **1.1**

dieciséis *n., adj.* sixteen **1.1**

diecisiete *n., adj.* seventeen **1.1**

diente *m.* tooth **1.7**

dieta *f.* diet **2.6**

comer una dieta equilibrada to eat a balanced diet **2.6**

estar a dieta to be on a diet **3.4**

diez *n., adj.* ten **1.1**

difícil *adj.* difficult; hard **1.3**

Diga. Hello. *(on telephone)* **2.2**

digestión *f.* digestion

digital *adj.* digital **3.7**

digno/a *adj.* worthy **3.6**

diligencia *f.* errand **2.5**

diluvio *m.* heavy rain

dinero *m.* money **1.6**

dinero en efectivo cash **3.3**

Dios *m.* God

dios(a) *m., f.* god/goddess **3.5**

diputado/a *m., f.* representative

dirección *f.* address **2.5**

dirección de correo electrónico *f.* e-mail address **3.7**

dirección electrónica *f.* e-mail address **2.2**

direcciones *f., pl.* directions **2.5**

directo/a *adj.* direct

en directo *adj.* live **3.9**

director(a) *m., f.* director; (*musical*) conductor **2.8**

dirigir *v.* to direct **2.8;** to manage **3.1**

disco compacto *m.* compact disc (CD) **2.2**

discoteca *f.* discotheque; dance club **3.2**

discriminación *f.* discrimination **2.9**

discriminado/a *adj.* discriminated

disculpar *v.* to excuse

disculparse *v.* to apologize **3.6**

discurso *m.* speech **2.9**

pronunciar un discurso to give a speech

discutir *v.* to argue   3.1

diseñador(a) *m., f.* designer   2.7

diseñar *v.* to design   3.8, 3.10

diseño *m.* design

disfraz *m.* costume

disfrazado/a *adj.* disguised; in costume

disfrutar (de) *v.* to enjoy   3.2; to reap the benefits (of)   2.6

disgustado/a *adj.* upset   3.1

disgustar *v.* to upset   3.2

disminuir *v* to decrease

disponerse a *v.* to be about to   3.6

disponible *adj.* available

distinguido/a *adj.* honored

distinguir *v.* to distinguish   3.1

distraer *v.* to distract   3.1

distraído/a *adj.* distracted

disturbio *m.* riot   3.8

diversidad *f.* diversity   3.4

diversión *f.* fun activity; entertainment; recreation   1.4

divertido/a *adj.* fun   1.7, 3.2

divertirse (e:ie) *v.* to have fun   1.9, 3.2

divorciado/a *adj.* divorced   1.9, 3.1

divorciarse (de) *v.* to get divorced (from)   1.9

divorcio *m.* divorce   1.9, 3.1

doblado/a *adj.* dubbed   3.9

doblaje *m.* dubbing (*film*)

doblar *v.* to dub (*film*); to fold;   3.1; to turn   2.5; to turn (*a corner*)

doble *m., f.* double (*in movies*)   3.9; *adj.* double

doce *n., adj.* twelve   1.1

doctor(a) *m., f.* doctor   1.3, 2.1

documental *m.* documentary   2.8, 3.9

documentos de viaje *m., pl.* travel documents

dolencia *f.* illness; condition   3.4

doler (o:ue) *v.* to hurt   2.1; to ache   3.2

dolor *m.* ache; pain   2.1

dolor de cabeza *m.* headache   2.1

doméstico/a *adj.* domestic   2.3

domingo *m.* Sunday   1.2

dominio *m.* rule

dominó *m.* dominoes

don/doña title of respect used with a person's first name   1.1

donde *prep.* where

¿dónde? *adv.* where?   1.1

¿Dónde está...? Where is...?   1.2

dondequiera *adv.* wherever   3.4

dormir (o:ue) *v.* to sleep   1.4, 3.2

dormirse (o:ue) *v.* to go to sleep; to fall asleep   1.7, 3.2

dormitorio *m.* bedroom   2.3

dos *n., adj.* two   1.1

dos veces *adv.* twice; two times   1.6

doscientos/as *n., adj.* two hundred   1.2

drama *m.* drama; play   2.8

dramático/a *adj.* dramatic   2.8

dramaturgo/a *m., f.* playwright   2.8, 3.10

droga *f.* drug   2.6

drogadicto/a *m., f.* drug addict   2.6

ducha *f.* shower   1.7

ducharse *v.* to shower   3.2; to take a shower   1.7

duda *f.* doubt   2.4

dudar *v.* to doubt   2.4

no dudar *v.* not to doubt   2.4

dueño/a *m., f.* owner   3.8; landlord   1.8

dulces *m., pl.* sweets; candy   1.9

durante *prep.* during   1.7

durar *v.* to last   2.9

duro/a *adj.* hard; difficult   3.7

E

e *conj.* (*used instead of* y *before words beginning with* i *and* hi) and   1.4

echar *v.* to throw; to throw away   3.5

echar a correr to take off running

echar (una carta) al buzón to put (a letter) in the mailbox   2.5; to mail   2.5

echar un vistazo to take a look

ecología *f.* ecology   2.4

economía *f.* economics   1.2

ecosistema *m.* ecosystem   3.6

ecoturismo *m.* ecotourism   2.4, 3.5

Ecuador *m.* Ecuador   1.1

ecuatoriano/a *adj.* Ecuadorian   1.3

edad *f.* age   1.9

Edad Media *f.* Middle Ages

edificio *m.* building   2.3

edificio de apartamentos *m.* apartment building   2.3

editar *v.* to publish   3.10

educar *v.* to educate; to inform; to raise; to bring up   3.1

efectivo *m.* cash

efectos especiales *m., pl.* special effects   3.9

eficiente *adj.* efficient

ejecutivo/a *m., f.* executive   3.8

de corte ejecutivo of an executive nature   3.8

ejercicio *m.* exercise   2.6

ejercicios aeróbicos *m.* aerobic exercises   2.6

ejercicios de estiramiento *m.* stretching exercises   2.6

ejército *m.* army   2.9,

el *m., sing., def. art.* the   1.1

él *sub. pron.* he   1.1; *pron., obj. of prep.* him   1.9

elecciones *f. pl.* election   2.9

electoral *adj.* electoral

electricista *m., f.* electrician   2.7

electrodoméstico *m.* electric appliance   2.3

electrónico/a *adj.* electronic

elegante *adj.* elegant   1.6

elegido/a *adj.* chosen; elected

elegir (e:i) *v.* to elect   2.9; to choose

ella *sub. pron.* she   1.1; *pron., obj. of prep.* her   1.9

ellos/as *sub. pron.* they   1.1; *pron., obj. of prep.* them   1.9

embajada *f.* embassy

embajador(a) *m., f.* ambassador

embalarse *v.* to go too fast (*Esp.*)   3.9

embarazada *adj.* pregnant   2.1

embarcar *v.* to board

emergencia *f.* emergency   2.1

emigrar *v.* to emigrate

emisión *f.* broadcast

emisión en vivo/directo *f.* live broadcast

emisora *f.* (radio) station

emitir *v.* to broadcast   2.9

emocionado/a *adj.* excited   3.1

emocionante *adj.* exciting

empatar *v.* to tie (*games*)   3.2

empate *m.* tie (*game*)   3.2

empeorar *v.* to deteriorate; to get worse   3.4

emperador *m.* emperor

emperatriz *f.* empress

empezar (e:ie) *v.* to begin   1.4

empleado/a *m., f.* employee   1.5, 3.8

empleado/a *adj.* employed   3.8

empleo *m.* employment   2.7; job   3.8

empresa *f.* company, firm   2.7

empresa multinacional *f.* multinational company   3.8

empresario/a *m., f.* entrepreneur   3.8

empujar *v.* to push

en *prep.* in; on; at   1.2

en casa at home   1.7

en caso (de) que *conj.* in case (that)   2.4

en cuanto *conj.* as soon as   2.4

en efectivo in cash   2.5

en exceso in excess; too much   2.6

en línea in-line   1.4; online   3.7

¡En marcha! Let's get going! 2.6

en mi nombre in my name

en punto on the dot; exactly; sharp *(time)* 1.1

¿en qué? in what?; how? 1.2

¿En qué puedo servirles? How can I help you? 1.5

enamorado/a (de) *adj.* in love (with) 1.5, 3.1

enamorarse (de) *v.* to fall in love (with) 1.9, 3.1

encabezar *v.* to lead

encantado/a *adj.* delighted; Pleased to meet you. 1.1

encantar *v.* to like very much 3.2; to love *(inanimate objects)* 1.7

¡Me encantó! I loved it! 2.6

encargado/a *m., f.* person in charge

estar encargado/a de to be in charge of 3.1

encargarse de *v.* to be in charge of 3.1

encender (e:ie) *v.* to turn on 3.3

encima de *prep.* on top of 1.2

encogerse *v.* to shrink

encogerse de hombros to shrug

encontrar (o:ue) *v.* to find 1.4

encontrar(se) (o:ue) *v.* to meet (each other); to run into (each other) 2.2

encuesta *f.* poll; survey 2.9

energía *f.* energy 2.4

energía eólica *f.* wind power

energía nuclear *f.* nuclear energy 2.4

energía solar *f.* solar energy 2.4

enérgico/a *adj.* energetic 3.8

enero *m.* January 1.5

enfermarse *v.* to get sick 2.1, 3.4

enfermedad *f.* disease; illness 2.1, 3.4

enfermero/a *m., f.* nurse 2.1, 3.4

enfermo/a *adj.* sick 2.1

enfrentar *v.* to confront

enfrente de *adv.* opposite; facing 2.5

enganchar *v.* to get caught 3.5

engañar *v.* to betray 3.9

engordar *v.* to gain weight 2.6, 3.4

enlace *m.* link 3.7

enojado/a *adj.* mad; angry 1.5

enojarse (con) *v.* to get angry (with) 1.7

enojo *m.* anger

enrojecer *v.* to turn red; to blush

ensalada *f.* salad 1.8

ensayar *v.* to rehearse 3.9

ensayista *m., f.* essayist 3.10

ensayo *m.* essay; rehearsal

enseguida *adv.* right away 1.9, 3.3

enseñanza *f.* teaching; lesson

enseñar *v.* to teach 1.2

ensuciar *v.* to get *(something)* dirty 2.3

entender (e:ie) *v.* to understand 1.4

enterarse (de) *v.* to become informed (about) 3.9

enterrado/a *adj.* buried 3.2

enterrar (e:ie) *v.* to bury

entonces *adv.* then 1.7

en aquel entonces at that time 3.3

entrada *f.* entrance 2.3; ticket 2.8

entre *prep.* between; among 1.2

entrega *f.* delivery

entremeses *m., pl.* hors d'oeuvres; appetizers 1.8

entrenador(a) *m., f.* coach; trainer 2.6, 3.2

entrenarse *v.* to practice; to train 2.6

entretener(se) (e:ie) *v.* to entertain, to amuse (oneself) 3.2

entretenido/a *adj.* entertaining 3.2

entrevista *f.* interview 2.7

entrevista de trabajo *f.* job interview 3.8

entrevistador(a) *m., f.* interviewer 2.7

entrevistar *v.* to interview 2.7

envase *m.* container 2.4

envenenado/a *adj.* poisoned 3.6

enviar *v.* to send; to mail 2.5

epidemia *f.* epidemic 3.4

episodio *m.* episode 3.9

episodio final final episode 3.9

época *f.* era; epoch; historical period

equilibrado/a *adj.* balanced 2.6

equipado/a *adj.* equipped 2.6

equipaje *m.* luggage 1.5

equipo *m.* team 1.4, 3.2

equivocado/a *adj.* wrong 1.5

equivocarse *v.* to be mistaken; to make a mistake

eres *fam., sing.* you are 1.1

erosión *f.* erosion 3.6

erudito/a *adj.* learned

es he/she/it is 1.1

Es bueno que... It's good that... 2.3

Es de... He/She is from... 1.1

es extraño it's strange 2.4

Es importante que... It's important that... 2.3

es imposible it's impossible 2.4

es improbable it's improbable 2.4

Es la una. It's one o'clock. 1.1

Es malo que... It's bad that... 2.3

Es mejor que... It's better that... 2.3

Es necesario que... It's necessary that... 2.3

es obvio it's obvious 2.4

es ridículo it's ridiculous 2.4

es seguro it's sure 2.4

es terrible it's terrible 2.4

es triste it's sad 2.4

es una lástima it's a shame 2.4

Es urgente que... It's urgent that... 2.3

es verdad it's true 2.4

esa(s) *f., adj.* that; those 1.6

ésa(s) *f., pron.* that (one); those (ones) 1.6

esbozar *v.* to sketch

esbozo *m.* outline; sketch

escalada *f.* climb *(mountain)*

escalador(a) *m., f.* climber

escalar *v.* to climb 1.4

escalar montañas to climb mountains 1.4

escalera *f.* stairs; stairway 2.3; staircase 3.3

escena *f.* scene 3.1

escenario *m.* scenery; stage 3.2

esclavitud *f.* slavery

esclavizar *v.* to enslave

esclavo/a *m., f.* slave

escoba *f.* broom

escoger *v.* to choose 1.8, 3.1

escribir *v.* to write 1.3

escribir un mensaje electrónico to write an e-mail message 1.4

escribir una carta to write a letter 1.4

escribir una postal to write a postcard 1.4

escrito/a *adj., p.p.* written 2.5

escritor(a) *m., f.* writer 2.8

escritorio *m.* desk 1.2

escuchar *v.* to listen (to)

escuchar la radio to listen to the radio 1.2

escuchar música to listen to music 1.2

escuela *f.* school 1.1

esculpir *v.* to sculpt 2.8, 3.10

escultor(a) *m., f.* sculptor 2.8, 3.10

escultura *f.* sculpture 2.8, 3.10

ese *m., sing., adj.* that 1.6

ése *m., sing., pron.* that (one) 1.6

esfuerzo *m.* effort

eso *neuter pron.* that; that thing 1.6

esos *m., pl., adj.* those **1.6**
ésos *m., pl., pron.* those (ones) **1.6**
espacial *adj.* related to space
　transbordador espacial *m.* space shuttle **3.7**
espacio *m.* space **3.7**
espacioso/a *adj.* spacious
espalda *f.* back
　a mis espaldas behind my back **3.9**
　estar de espaldas a to have one's back to
espantar *v.* to scare
España *f.* Spain **1.1**
español *m.* Spanish *(language)* **1.2**
español(a) *adj.* Spanish **1.3**
espárragos *m., pl.* asparagus **1.8**
especialista *m., f.* specialist
especialización *f.* major **1.2**
especializado/a *adj.* specialized **3.7**
especie *f.* species **3.6**
　especie en peligro de extinción endangered species
espectacular *adj.* spectacular **2.6**
espectáculo *m.* show **2.8, 3.2**
espectador(a) *m., f.* spectator **3.2**
espejo *m.* mirror **1.7**
　espejo retrovisor *m.* rearview mirror
espera *f.* wait
esperanza *f.* hope **3.6**
esperar *v.* to hope; to wish **2.4**
　esperar (+ *inf.*) *v.* to wait (for); to hope **1.2**
espiritual *adj.* spiritual
esposo/a *m., f.* husband; wife; spouse **1.3**
esquí (acuático) *m.* (water) skiing **1.4**
esquiar *v.* to ski **1.4**
esquina *f.* corner **2.5**
está he/she/it is; you are **1.2**
　Está bien. That's fine. **2.2**
　Está (muy) despejado. It's (very) clear. *(weather)*
　Está lloviendo. It's raining. **1.5**
　Está nevando. It's snowing. **1.5**
　Está (muy) nublado. It's (very) cloudy. *(weather)* **1.5**
esta(s) *f., adj.* this; these **1.6**
　esta noche tonight **1.4**
ésta(s) *f., pron.* this (one); these (ones) **1.6**
　Ésta es... *f.* This is... *(introducing someone)* **1.1**
estabilidad *f.* stability

establecer *v.* to start, to establish **2.7**
establecer(se) *v.* to establish (oneself)
estación *f.* station; season **1.5**
　estación de autobuses *f.* bus station **1.5**
　estación del metro *f.* subway station **1.5**
　estación de tren *f.* train station **1.5**
estacionamiento *m.* parking lot **2.5**
estacionar *v.* to park **2.2**
estadio *m.* stadium **1.2**
estado civil *m.* marital status **1.9**
estado de ánimo *m.* mood **3.4**
Estados Unidos (EE.UU.) *m.* United States **1.1**
estadounidense *adj.* from the United States **1.3**
estampado/a *adj.* print
estampilla *f.* stamp **2.5**
estante *m.* bookcase; bookshelves **2.3**
estar *v.* to be **1.2**
　estar a cargo de to be in charge of
　estar a (veinte kilómetros) de aquí to be (20 kilometers) from here **2.2**
　estar a dieta to be on a diet **2.6**
　estar a la venta to be for sale **3.10**
　estar aburrido/a to be bored **1.5**
　estar afectado/a (por) to be affected (by) **2.4**
　estar al día to be up-to-date **3.9**
　estar al tanto to be informed **3.9**
　estar bajo control to be under control **1.7**
　estar bajo presión to be under stress/pressure
　estar bueno/a to be good (*i.e., fresh*)
　estar cansado/a to be tired **1.5**
　estar contaminado/a to be polluted **2.4**
　estar de acuerdo to agree **2.7**
　estar de moda to be in fashion **1.6**
　estar de vacaciones to be on vacation **1.5**
　estar en buena forma to be in good shape **2.6**
　estar enfermo/a to be sick **2.1**
　estar harto/a (de) to be fed up (with); to be sick (of) **3.1**
　estar listo/a to be ready **2.6**

　estar lleno/a to be full **3.5**
　estar perdido/a to be lost **2.5**
　estar resfriado/a to have a cold **3.4**
　estar roto/a to be broken **2.1**
　estar seguro/a to be sure **1.5**
　estar torcido/a to be twisted; to be sprained **2.1**
　Estoy (completamente) de acuerdo. I agree (completely). **2.7**
　No está nada mal. It's not bad at all. **1.5**
　No estoy de acuerdo. I don't agree. **2.7**
estatal *adj.* public; pertaining to the state
estatua *f.* statue **2.8**
este *m.* east **2.5**; *interj.* um **2.8**
este *m., sing., adj.* this **1.6**
éste *m., sing., pron.* this (one) **1.6**
　Éste es... *m.* This is... *(introducing someone)* **1.1**
estéreo *m.* stereo **2.2**
estereotipo *m.* stereotype **3.10**
estético/a *m., f.* aesthetic **3.10**
estilo *m.* style
　al estilo de... in the style of... **3.10**
estiramiento *m.* stretching **2.6**
esto *neuter pron.* this; this thing **1.6**
estómago *m.* stomach **2.1**
estornudar *v.* to sneeze **2.1**
estos *m., pl., adj.* these **1.6**
éstos *m., pl., pron.* these (ones) **1.6**
estrecho/a *adj.* narrow
estrella *f.* star **2.4**
　estrella de cine *m., f.* movie star **2.8**
　estrella fugaz *f.* shooting star
　estrella pop *f. m., f.* pop star **3.9**
estreno *m.* premiere; debut **3.2**
estrés *m.* stress **2.6**
estrofa *f.* stanza **3.10**
estudiante *m., f.* student **1.1, 1.2**
estudiantil *adj.* student **1.2**
estudiar *v.* to study **1.2**
estudio *m.* studio
　estudio de grabación *m.* recording studio
estufa *f.* stove **2.3**
estupendo/a *adj.* stupendous **1.5**
etapa *f.* stage **1.9**; phase
eterno/a *adj.* eternal
ético/a *adj.* ethical **3.7**
　poco ético/a unethical
etiqueta *f.* label; tag
evitar *v.* to avoid **2.4**

examen *m.* test; exam **1.2**
  examen médico *m.* physical
    exam **2.1**
excelente *adj.* excellent **1.5**
exceso *m.* excess; too much **2.6**
excitante *adj.* exciting
excursión *f.* excursion; hike; tour
  3.5
excursionista *m., f.* hiker
exigir *v.* to demand **3.1, 3.4, 3.8**
exilio político *m.* political exile
exitoso/a *adj.* successful **3.8**
exótico/a *adj.* exotic
experiencia *f.* experience **2.9,**
  3.8
experimentar *v.* to experience;
  to feel
experimento *m.* experiment
  3.7
explicar *v.* to explain **1.2**
exploración *f.* exploration
explorar *v.* to explore
explotación *f.* exploitation
explotar *v.* to exploit
exportaciones *f., pl.* exports
exportar *v.* to export **3.8**
exposición *f.* exhibition
expresión *f.* expression
expresionismo *m.* expressionism
  3.10
expulsar *v.* to expel
extinción *f.* extinction **2.4**
extinguir *v.* to extinguish
extinguirse *v.* to become extinct
  3.6
extranjero/a *adj.* foreign **2.8**
extrañar *v.* to miss
  extrañar a (alguien) to miss
    (someone)
  extrañarse de algo to be
    surprised about something
extraño/a *adj.* strange **2.4**
extraterrestre *m., f.* alien **3.7**

F

fábrica *f.* factory
fabricar *v.* to manufacture;
  to make **3.7**
fabuloso/a *adj.* fabulous **1.5**
facciones *f.* facial features **3.3**
fácil *adj.* easy **1.3**
factor *m.* factor
  factores de riesgo risk factors
falda *f.* skirt **1.6**
fallecer *v.* to die
falso/a *adj.* insincere **3.1**
faltar *v.* to lack; to need **1.7, 3.2**
fama *f.* fame **3.9**
  tener buena/mala fama to
    have a good/bad reputation
    3.9
familia *f.* family **1.3**

famoso/a *adj.* famous **2.7, 3.9**
  hacerse famoso to become
    famous **3.9**
farándula *f.* entertainment **3.1**
farmacia *f.* pharmacy **2.1**
faro *m.* lighthouse; beacon **3.5**
fascinar *v.* to fascinate **1.7;**
  to like very much **3.2**
fatiga *f.* fatigue; weariness **3.8**
fatigado/a *adj.* exhausted **3.3**
favor *m.* favor
  hacer un/el favor (a) to do
    someone a/the favor
favoritismo *m.* favoritism
favorito/a *adj.* favorite **1.4**
fax *m.* fax (machine) **2.2**
fe *f.* faith
febrero *m.* February **1.5**
fecha *f.* date **1.5**
felicidad *f.* happiness
  ¡Felicidades! Congratulations!
    1.9
  ¡Felicidades a todos!
    Congratulations to all!
  ¡Felicitaciones!
    Congratulations! **1.9**
feliz *adj.* happy **1.5**
  ¡Feliz cumpleaños! Happy
    birthday! **1.9**
fenomenal *adj.* great, phenomenal
  1.5
feo/a *adj.* ugly **1.3**
feria *f.* fair **3.2**
festejar *v.* to celebrate **3.2**
festival *m.* festival **2.8, 3.2**
fiabilidad *f.* reliability
fiebre *f.* fever **2.1, 3.4**
fiesta *f.* party **1.9**
fijarse *v.* to notice **3.9**
  fijarse en to take notice of **3.2**
fijo/a *adj.* fixed, set **1.6, 3.8**
fin *m.* end **1.4**
  al fin y al cabo sooner or
    later; after all
  fin de semana *m.* weekend
    1.4
final: al final de cuentas after
  all **3.7**
finalmente *adv.* finally **2.6**
financiar *v.* to finance **3.8**
financiero/a *adj.* financial **3.8**
finanza(s) *f.* finance(s)
firma *f.* signature
firmar *v.* to sign (a document)
  2.5
física *f.* physics **1.2**
físico/a *m., f.* physicist **3.7**
flan (de caramelo) *m.* baked
  (caramel) custard **1.9**
flexible *adj.* flexible **2.6**
flor *f.* flower **2.4**
florecer *v.* to flower **3.6**
flotar *v.* to float **3.5**
folklórico/a *adj.* folk; folkloric
  2.8

folleto *m.* brochure
fondo *m.* end **2.3;** bottom
  a fondo *adv.* thoroughly
forma *f.* form; shape **2.6**
  de todas formas in any case
  mala forma física *f.* bad
    physical shape
  ponerse en forma to get in
    shape **3.4**
formular *v.* to formulate **3.7**
formulario *m.* form **2.5**
fortaleza *f.* strength
forzado/a *adj.* forced
foto(grafía) *f.* photograph **1.1**
fraile *m.* friar
francés, francesa *adj.* French
  1.3
frasco *m.* flask
frecuentemente *adv.* frequently
  2.1
freír (e:i) *v.* to fry **3.3**
frenos *m., pl.* brakes
fresco/a *adj.* cool **1.5**
frijoles *m., pl.* beans **1.8**
frío/a *adj.* cold **1.5**
frito/a *adj.* fried **1.8**
frontera *f.* border **3.5**
fruta *f.* fruit **1.8**
frutería *f.* fruit store **2.5**
frutilla *f.* strawberry **1.8**
fuente *f.* fountain; source
  fuente de energía *f.* energy
    source **3.6**
  fuente de fritada *f.* platter of
    fried food, mixed grill **1.8**
fuera *adv.* outside
fuerte *adj.* strong **2.6**
fuerza *f.* force; power
  fuerza de voluntad *f.* will
    power **3.4**
  fuerza laboral *f.* labor force
  fuerzas armadas *f., pl.*
    armed forces
fumar *v.* to smoke **2.6**
  no fumar *v.* not to smoke **2.6**
función *f.* performance (*theater/*
  movie) **3.2**
funcionar *v.* to work **2.2, 3.7;**
  to function
fútbol *m.* soccer **1.4**
  fútbol americano *m.* football
    1.4
futurista *adj.* futuristic
futuro/a *adj.* future **2.7**
  en el futuro in the future **2.7**

G

gafas (de sol)/(oscuras) *f., pl.*
  (sun)glasses **1.6**
galería *f.* gallery **3.10**
galleta *f.* cookie **1.9**

gana *f.* desire
  sentir/tener ganas de to want to; to feel like
ganar *v.* to win **1.4**; to earn (*money*) **2.7**
  ganar bien/mal to be well/poorly paid **3.8**
  ganar las elecciones to win an election
  ganar un partido to win a game **3.2**
  ganarse la vida to earn a living **3.8**
ganga *f.* bargain **1.6, 3.3**
garaje *m.* garage; (mechanic's) repair shop **2.2**; garage (*in a house*) **2.3**
garganta *f.* throat **2.1**
gasolina *f.* gasoline **2.2**
gasolinera *f.* gas station **2.2**
gastar *v.* to spend (*money*) **1.6, 3.8**
gato *m.* cat **2.4**
gemelo/a *m., f.* twin **1.3**
gen *m.* gene **3.7**
generar *v.* to produce; to generate
generoso/a *adj.* generous
genética *f.* genetics **3.4**
gente *f.* people **1.3**
geografía *f.* geography **1.2**
gerente *m., f.* manager **2.7, 3.8**
gesto *m.* gesture
gimnasio *m.* gymnasium **1.4**
globalización *f.* globalization **3.8**
gobernador(a) *m., f.* governor
gobernante *m., f.* ruler
gobernar (e:ie) *v.* to govern
gobierno *m.* government **2.4**
golf *m.* golf **1.4**
gordo/a *adj.* fat **1.3**
grabadora *f.* tape recorder **1.1**
grabar *v.* to record **2.2, 3.9**
gracias *f., pl.* thank you; thanks **1.1**
  Gracias por todo. Thanks for everything. **1.9, 2.6**
  Gracias una vez más. Thanks again. **1.9**
gracioso/a *adj.* funny; pleasant **3.1**
graduarse (de/en) *v.* to graduate (from/in) **1.9**
gran, grande *adj.* big; large **1.3**
grasa *f.* fat **2.6**
gratis *adj.* free of charge **2.5**
grave *adj.* grave; serious **2.1**
gravedad *f.* gravity **3.7**
gravísimo/a *adj.* extremely serious **2.4**
grillo *m.* cricket
gripe *f.* flu **2.1, 3.4**
gris *adj.* gray **1.6**
gritar *v.* to shout; to scream **1.7**

grupo *m.* group
  grupo musical *m.* musical group, band
guantes *m., pl.* gloves **1.6**
guapo/a *adj.* handsome; good-looking **1.3**
guaraní *m.* Guarani **3.9**
guardar *v.* to save (*on a computer*) **2.2**; to save **3.7**
guardarse (algo) *v.* to keep (something) to yourself **3.1**
guerra *f.* war **2.9**
  guerra civil *f.* civil war
guerrero/a *m., f.* warrior
guía *m., f.* guide
  guía turístico/a *m., f.* tour guide **3.5**
guión *m.* screenplay; script **3.9**
guita *f.* cash; dough (*Arg.*) **3.7**
gusano *m.* worm
gustar *v.* to be pleasing to; to like **1.2, 3.2, 3.4**
  Me gustaría... I would like...
  ¡No me gusta nada...! I don't like... at all!
gusto *m.* pleasure **2.8**; taste **3.10**
  Con mucho gusto. Gladly.
  El gusto es mío. The pleasure is mine. **1.1**
  de buen/mal gusto in good/bad taste **3.10**
  Gusto de verlo/la. *form.* It's nice to see you. **2.9**
  Gusto de verte. *fam.* It's nice to see you. **2.9**
  Mucho gusto. Pleased to meet you. **1.1**
  ¡Qué gusto volver a verlo/la! *form.* I'm happy to see you again! **2.9**
  ¡Qué gusto volver a verte! *fam.* I'm happy to see you again! **2.9**

H

haber (*aux.*) *v.* to have (*done something*) **2.6**
  Ha sido un placer. It's been a pleasure. **2.6**
habilidad *f.* skill
hábilmente *adv.* skillfully
habitación *f.* room **1.5, 3.5**
  habitación individual/doble *f.* single/double room **1.5, 3.5**
habitante *m., f.* inhabitant
habitar *v.* to inhabit
hablante *m., f.* speaker **3.9**
hablar *v.* to talk; to speak **1.2, 3.1**
  Hablando de esto, ... Speaking of that, ...

hacer *v.* to do; to make **1.4, 3.1, 3.4**
  Hace buen tiempo. The weather is good. **1.5**
  Hace (mucho) calor. It's (very) hot. (*weather*) **1.5**
  Hace fresco. It's cool. (*weather*) **1.5**
  Hace (mucho) frío. It's very cold. (*weather*) **1.5**
  Hace mal tiempo. The weather is bad. **1.5**
  Hace (mucho) sol. It's (very) sunny. (*weather*) **1.5**
  Hace (mucho) viento. It's (very) windy. (*weather*) **1.5**
  hacer algo a propósito to do something on purpose
  hacer clic to click **3.7**
  hacer cola to wait in line **3.2**
  hacer diligencias to run errands **2.5**
  hacer ejercicio to exercise **2.6**
  hacer ejercicios aeróbicos to do aerobics **2.6**
  hacer ejercicios de estiramiento to do stretching exercises **2.6**
  hacer un/el favor (a) to do someone a/the favor
  hacer el papel (de) to play the role (of) **2.8**
  hacer gimnasia to work out **2.6**
  hacer juego (con) to match (with) **1.6**
  hacer la cama to make the bed **2.3**
  hacer las maletas to pack (one's) suitcases **1.5, 3.5**
  hacer mandados to run errands **3.3**
  hacer quehaceres domésticos to do household chores **2.3**
  hacer turismo to go sightseeing
  hacer un viaje to take a trip **1.5, 3.5**
  hacer una excursión to go on a hike; to go on a tour
  hacerle caso a alguien to pay attention to someone **3.1**
  hacerle daño a alguien to hurt someone
  hacerle gracia a alguien to be funny to someone
  hacerse daño to hurt oneself
hacia *prep.* toward **2.5**
hallazgo *m.* finding; discovery **3.4**
hambre *f.* hunger **1.3**
hambriento/a *adj.* hungry
hamburguesa *f.* hamburger **1.8**
haragán/haragana *adj.* lazy; idle **3.8**

harto/a *adj.* tired; fed up (with)
   estar harto/a (de) to be fed up (with); to be sick (of) **3.1**
hasta *prep.* until **1.6**; toward
   hasta la fecha up until now
   Hasta la vista. See you later. **1.1**
   Hasta luego. See you later. **1.1**
   Hasta mañana. See you tomorrow. **1.1**
   hasta que *conj.* until **2.4**
   Hasta pronto. See you soon. **1.1**
hay *v.* there is; there are **1.1**
   Hay (mucha) contaminación. It's (very) smoggy.
   Hay (mucha) niebla. It's (very) foggy.
   Hay que It is necessary that **2.5**
   No hay duda de There's no doubt **2.4**
   No hay de qué. You're welcome. **1.1**
hecho *m.* fact **3.3**; *p.p.* done **2.5**
heladería *f.* ice cream shop **2.5**
helado *m.* ice cream **1.9**
helado/a *adj.* iced **1.8**
helar (e:ie) *v.* to freeze
heredar *v.* to inherit
herencia *f.* heritage
   herencia cultural *f.* cultural heritage
herida *f.* injury **3.4**
herido/a *adj.* injured
herir (e:ie) *v.* to hurt **3.1**
hermanastro/a *m., f.* stepbrother; stepsister **1.3**
hermano/a *m., f.* brother; sister **1.3**
   hermano/a mayor/menor *m., f.* older/younger brother/sister **1.3**
hermanos *m., pl.* siblings (brothers and sisters) **1.3**
hermoso/a *adj.* beautiful **1.6**
heroico/a *adj.* heroic
herradura *f.* horseshoe
herramienta *f.* tool
   caja de herramientas *f.* toolbox
hervir (e:ie) *v.* to boil **3.3**
hierba *f.* grass **2.4**
higiénico/a *adj.* hygienic
hijastro/a *m., f.* stepson; stepdaughter **1.3**
hijo/a *m., f.* son; daughter **1.3**
   hijo/a único/a *m., f.* only child **1.3**
hijos *m., pl.* children **1.3**
hindú *adj.* Hindu
historia *f.* history **1.2**; story **2.8**
historiador(a) *m., f.* historian

histórico/a *adj.* historic; historical **3.10**
hockey *m.* hockey **1.4**
hogar *m.* home; fireplace **3.3**
hojear *v.* to skim **3.10**
hola *interj.* hello; hi **1.1**
hombre *m.* man **1.1**
   hombre de negocios *m.* businessman **2.7, 3.8**
hombro *m.* shoulder
   encogerse de hombros to shrug
hondo/a *adj.* deep **3.2**
hora *f.* hour **1.1**; the time
   horas de visita *f., pl.* visiting hours
horario *m.* schedule **1.2, 3.3**
hormiga *f.* ant **3.6**
horno *m.* oven **2.3**
   horno de microondas *m.* microwave oven **2.3**
horror *m.* horror **2.8**
   de horror horror (*genre*) **2.8**
hospedarse *v.* to stay; to lodge
hospital *m.* hospital **2.1**
hotel *m.* hotel **1.5**
hoy *adv.* today **1.2**
   hoy día *adv.* nowadays
   Hoy es... Today is... **1.2**
huelga *f.* strike (*labor*) **2.9, 3.8**
huella *f.* trace; mark **3.8**
huerto *m.* orchard
hueso *m.* bone **2.1**
huésped *m., f.* guest **1.5**
huevo *m.* egg **1.8**
huir *v.* to flee; to run away **3.3**
humanidad *f.* humankind
humanidades *f., pl.* humanities **1.2**
húmedo/a *adj.* humid; damp **3.6**
humillar *v.* to humiliate **3.8**
humorístico/a *adj.* humorous **3.10**
hundir *v.* to sink
huracán *m.* hurricane **2.9, 3.6**

I

---

ida *f.* one way (*travel*)
idea *f.* idea **1.4**
ideología *f.* ideology
idioma *m.* language **3.9**
iglesia *f.* church **1.4**
igual *adj.* equal
igualdad *f.* equality **2.9**
igualmente *adv.* likewise **1.1**
ilusión *f.* illusion; hope
imagen *f.* image; picture **3.2, 3.7**
imaginación *f.* imagination
imparcial *adj.* unbiased **3.9**
imperio *m.* empire
impermeable *m.* raincoat **1.6**

importaciones *f., pl.* imports
importado/a *adj.* imported **3.8**
importante *adj.* important **1.3, 3.4**
importar *v.* to be important to; to matter **1.7, 3.2, 3.4**; to import **3.8**
imposible *adj.* impossible **2.4**
impresionar *v.* to impress **3.1**
impresionismo *m.* impressionism **3.10**
impresora *f.* printer **2.2**
imprevisto/a *adj.* unexpected **3.3**
imprimir *v.* to print **2.2, 3.9**
improbable *adj.* improbable **2.4**
improviso: de improviso *adv.* unexpectedly
impuesto *m.* tax **2.9**
   impuesto de ventas *m.* sales tax **3.8**
inalámbrico/a *adj.* wireless **3.7**
incapaz *adj.* incompetent; incapable **3.8**
incendio *m.* fire **2.9; 3.6**
incertidumbre *f.* uncertainty
incluido/a *adj.* included **3.5**
increíble *adj.* incredible **1.5**
independencia *f.* independence
índice *m.* index
   índice de audiencia *m.* ratings
indígena *adj.* indigenous **3.9**; *m., f.* indigenous person **3.4**
individual *adj.* private (*room*) **1.5**
industria *f.* industry
inesperado/a *adj.* unexpected **3.3**
inestabilidad *f.* instability
infancia *f.* childhood
infección *f.* infection **2.1**
inflamado/a *adv.* inflamed **3.4**
inflamarse *v.* to become inflamed
inflexible *adj.* inflexible
influyente *adj.* influential **3.9**
informar *v.* to inform **2.9**
informarse *v.* to get information
informática *f.* computer science **3.7**
informativo *m.* news bulletin **3.9**
informe *m.* report; paper (*written work*) **2.9**
ingeniero/a *m., f.* engineer **1.3, 3.7**
inglés *m.* English (*language*) **1.2**
inglés, inglesa *adj.* English **1.3**
ingresar *v.* to enter; to enroll in; to become a member of
   ingresar datos to enter data
injusto/a *adj.* unjust
inmaduro/a *adj.* immature **3.1**

inmigración *f.* immigration
inmoral *adj.* immoral
innovador(a) *adj.* innovative 3.7
inodoro *m.* toilet 1.7
inquietante *adj.* disturbing; unsettling 3.10
inscribirse *v.* to register
inseguro/a *adj.* insecure 3.1
insensatez *f.* folly 3.4
insistir (en) *v.* to insist (on) 2.3, 3.4
inspector(a) de aduanas *m., f.* customs inspector 1.5
inspirado/a *adj.* inspired
instalar *v.* to install 3.7
integrarse (a) *v.* to become part (of)
inteligente *adj.* intelligent 1.3
intercambiar *v.* to exchange
interesante *adj.* interesting 1.3
interesar *v.* to be interesting to; to interest 1.7, 3.2
internacional *adj.* international 2.9
Internet *m., f.* Internet 2.2, 3.7
interrogante *m.* question; doubt 3.7
intrigante *adj.* intriguing 3.10
inundación *f.* flood 2.9, 3.6
inundar *v.* to flood
inútil *adj.* useless 3.2
invadir *v.* to invade
inventar *v.* to invent 3.7
invento *m.* invention 3.7
inversión *f.* investment
inversión extranjera *f.* foreign investment 3.8
inversor(a) *m., f.* investor
invertir (e:ie) *v.* to invest 2.7, 3.8
investigador(a) *m., f.* researcher 3.4
investigar *v.* to investigate; to research 3.7
invierno *m.* winter 1.5
invitado/a *m., f.* guest (*at a function*) 1.9
invitar *v.* to invite 1.9
inyección *f.* injection 2.1
ir *v.* to go 1.4, 3.1, 3.2
  ir a (+ *inf.*) to be going to (*do something*) 1.4
  ir de compras to go shopping 1.5, 3.3
  ir de excursión (a las montañas) to go for a hike (in the mountains) 1.4
  ir de pesca to go fishing
  ir de vacaciones to go on vacation 1.5, 3.5
  ir en autobús to go by bus 1.5
  ir en auto(móvil) to go by auto(mobile); to go by car 1.5
  ir en avión to go by plane 1.5
  ir en barco to go by boat 1.5
  ir en metro to go by subway
  ir en motocicleta to go by motorcycle 1.5
  ir en taxi to go by taxi 1.5
  ir en tren to go by train
irresponsable *adj.* irresponsible
irse (de) *v.* to go away (from) 3.2; to leave 1.7
isla *f.* island 3.5
italiano/a *adj.* Italian 1.3
itinerario *m.* itinerary 3.5
izquierdo/a *adj.* left 1.2
  a la izquierda de to the left of 1.2

J

jabalí *m.* wild boar 3.10
jabón *m.* soap 1.7
jamás *adv.* never; not ever 1.7
jamón *m.* ham 1.8
japonés, japonesa *adj.* Japanese 1.3
jarabe *m.* syrup 3.4
jardín *m.* garden; yard 2.3
jaula *f.* cage
jefe, jefa *m., f.* boss 2.7
jornada *f.* (work) day
joven *adj.* young 1.3; *m., f.* youth; young person 1.1
joyería *f.* jewelry store 2.5
jubilación *f.* retirement
jubilarse *v.* to retire (*from work*) 1.9, 3.8
judío/a *adj.* Jewish
juego *m.* game 3.2
  juego de mesa *m.* board game 3.2
  juego de pelota *m.* ball game 3.5
jueves *m., sing.* Thursday 1.2
juez(a) *m., f.* judge
jugador(a) *m., f.* player 1.4
jugar (u:ue) *v.* to play 1.4
  jugar a las cartas to play cards 1.5
jugo (de fruta) *m.* (fruit) juice 1.8
juicio *m.* trial; judgment
julio *m.* July 1.5
jungla *f.* jungle 2.4
junio *m.* June 1.5
juntos/as *adj.* together 1.9
jurar *v.* to promise
justicia *f.* justice
justo/a *adj.* just
juventud *f.* youth 1.9

K

kilómetro *m.* kilometer 2.2

L

la *f., sing., def. art.* the 1.1; *f., sing., d.o. pron.* her, it, *form.* you 1.5
laboratorio *m.* laboratory 1.2
  laboratorio espacial *m.* space lab
ladrillo *m.* brick
ladrón/ladrona *m., f.* thief
lago *m.* lake 2.4
lágrimas *f. pl.* tears
lámpara *f.* lamp 2.3
lana *f.* wool 1.6
langosta *f.* lobster 1.8
lanzar *v.* to throw; to launch
lápiz *m.* pencil 1.1
largo/a *adj.* long 1.6
  a largo plazo long-term
  a lo largo de along; beside
largometraje *m.* full-length film
las *f., pl., def. art.* the 1.1; *f., pl., d.o. pron.* them, *form.* you 1.5
lástima *f.* shame 2.4
lastimar *v.* to injure
lastimarse *v.* to injure oneself 2.1; to get hurt 3.4
  lastimarse el pie to injure one's foot 2.1
lata *f.* (tin) can 2.4
latir *v.* to beat 3.4
lavabo *m.* sink 1.7
lavadora *f.* washing machine 2.3
lavandería *f.* laundromat 2.5
lavaplatos *m., sing.* dishwasher 2.3
lavar *v.* to wash 2.3, 3.3
  lavar (el suelo/los platos) to wash (the floor/the dishes) 2.3
lavarse *v.* to wash oneself 1.7, 3.2
  lavarse la cara to wash one's face 1.7
  lavarse las manos to wash one's hands 1.7
le *sing., i.o. pron.* to/for him, her, *form.* you 1.6
  Le presento a... *form.* I would like to introduce... to you. 1.1
lealtad *f.* loyalty
lección *f.* lesson 1.1
leche *f.* milk 1.8
lechuga *f.* lettuce 1.8
lector(a) *m., f.* reader 3.9
leer *v.* to read 1.3
  leer correo electrónico to read e-mail 1.4
  leer un periódico to read a newspaper 1.4
  leer una revista to read a magazine 1.4

leído *p.p.* read 2.5
lejano/a *adj.* distant 3.5
lejos de *prep.* far from 1.2
lengua *f.* tongue 3.9; language 1.2
  lenguas extranjeras *f., pl.* foreign languages 1.2
lentes (de sol) *m., pl.* (sun)glasses
  lentes de contacto *m., pl.* contact lenses
lento/a *adj.* slow 2.2
león *m.* lion 3.6
les *pl., i.o. pron.* to/for them, you *form.* 1.6
lesión *f.* wound 3.4
letrero *m.* sign 2.5
levantar *v.* to pick up; to lift 2.6
  levantar pesas to lift weights 2.6
levantarse *v.* to get up 1.7, 3.2
ley *f.* law 2.4
  aprobar una ley to approve a law; to pass a law
  cumplir la ley to abide by the law
  proyecto de ley *m.* bill
leyenda *f.* legend 3.5
liberal *adj.* liberal
liberar *v.* to liberate
libertad *f.* liberty; freedom 2.9
  libertad de prensa freedom of the press 3.9
libre *adj.* free 1.4
  al aire libre outdoors 3.6
librería *f.* bookstore 1.2
libro *m.* book 1.2
licencia de conducir *f.* driver's license 2.2
líder *m., f.* leader
liderazgo *m.* leadership
lidiar *v.* to fight (*bulls*) 3.2
límite *m.* border
limón *m.* lemon 1.8
limpiar *v.* to clean 2.3, 3.3
  limpiar la casa to clean the house 2.3
limpieza *f.* cleaning 3.3
limpio/a *adj.* clean 1.5
línea *f.* line 1.4
listo/a *adj.* ready; smart 1.5
literatura *f.* literature 1.2, 3.10
  literatura infantil/juvenil children's literature 3.10
llamar *v.* to call 2.2
  llamar por teléfono to call on the phone
llamarse *v.* to be called; to be named 1.7
llamativo/a *adj.* striking 3.10
llanta *f.* tire 2.2
llave *f.* key 1.5
llegada *f.* arrival 1.5, 3.5
llegar *v.* to arrive 1.2

llenar *v.* to fill 2.2, 2.5
  llenar el tanque to fill the tank 2.2
  llenar (un formulario) to fill out (a form) 2.5
lleno/a *adj.* full 2.2
llevar *v.* to carry 1.2, 3.2; to wear; to take 1.6
  llevar a cabo to carry out (*an activity*)
  llevar... años de (casados) to be (married) for... years 3.1
  llevar una vida sana to lead a healthy lifestyle 2.6
llevarse *v.* to carry away 3.2
  llevarse bien/mal (con) to get along well/badly (with) 1.9, 3.1
llover (o:ue) *v.* to rain 1.5
  Llueve. It's raining. 1.5
lluvia *f.* rain 2.4
  lluvia ácida *f.* acid rain 2.4
lo *m., sing. d.o. pron.* him, it, you *form.* 1.5
  ¡Lo hemos pasado de película! We've had a great time! 2.9
  ¡Lo hemos pasado maravillosamente! We've had a great time! 2.9
  lo mejor the best (thing) 2.9
  Lo pasamos muy bien. We had a good time. 2.9
  lo peor the worst (thing) 2.9
  lo que *conj.* that which; what 2.3
  Lo siento. I'm sorry. 1.1
  Lo siento muchísimo. I'm so sorry. 1.4
loco/a *adj.* crazy 1.6
  ¡Ni loco/a! *adj.* No way! 3.9
locura *f.* madness; insanity
locutor(a) *m., f.* (TV or radio) announcer 2.9, 3.9
lograr *v.* to manage; to achieve 3.3
lomo a la plancha *m.* grilled flank steak 1.8
loro *m.* parrot
los *m., pl., def. art.* the 1.1; *m. pl., d.o. pron.* them, *form.* you 1.5
lotería *f.* lottery
lucha *f.* struggle; fight
luchar (contra/por) *v.* to fight; to struggle (against/for) 2.9
luego *adv.* then 1.7; later 1.1
lugar *m.* place 1.4
lujo *m.* luxury 3.8
  de lujo luxurious
lujoso/a luxurious 3.5
luminoso/a *adj.* bright 3.10
luna *f.* moon 2.4
  luna llena *f.* full moon

lunares *m.* polka dots 1.6
lunes *m., sing.* Monday 1.2
luz *f.* light; power; electricity 2.3, 3.7

M

macho *m.* male
madera *f.* wood
madrastra *f.* stepmother 1.3
madre *f.* mother 1.3
  madre soltera *f.* single mother
madriguera *f.* burrow; den 3.3
madrugar *v.* to wake up early 3.4
madurez *f.* maturity; middle age 1.9
maduro/a *adj.* mature 3.1
maestro/a *m., f.* teacher 2.7
magia *f.* magic
magnífico/a *adj.* magnificent 1.5
maíz *m.* corn 1.8
mal, malo/a *adj.* bad 1.3
maldición *f.* curse
malestar *m.* discomfort 3.4
maleta *f.* suitcase 1.1, 3.5
  hacer las maletas to pack one's suitcases 1.5, 3.5
maletero *m.* trunk 3.9
malgastar *v.* to waste 3.6
malhumorado/a *adj.* ill-tempered; in a bad mood
mamá *f.* mom 1.3
manantial *m.* spring
mancha *f.* stain
manchar *v.* to stain
mandar *v.* to order 2.3; to send; to mail 2.5
manejar *v.* to drive 2.2
manera *f.* way 2.7
manga *f.* sleeve 3.5
manifestación *f.* protest; demonstration
manifestante *m., f.* protester 3.6
manipular *v.* to manipulate 3.9
mano *f.* hand 1.1
  mano de obra *f.* labor
  ¡Manos arriba! Hands up!
manta *f.* blanket 2.3
mantener *v.* to keep; to maintain 2.6
  mantenerse en contacto to keep in touch 3.1
  mantenerse en forma to stay in shape 2.6, 3.4
mantequilla *f.* butter 1.8
manuscrito *m.* manuscript
manzana *f.* apple 1.8
mañana *f.* morning, A.M. 1.1; tomorrow 1.1
mapa *m.* map 1.2
maquillaje *m.* makeup 1.7

maquillarse *v.* to put on makeup **1.7, 3.2**
mar *m.* sea **1.5, 3.6**
maratón *m.* marathon
maravilloso/a *adj.* marvelous **1.5**
marca *f.* brand
marcar *v.* to mark
  marcar (un gol/punto) to score (a goal/point) **3.2**
marcharse *v.* to leave
marco *m.* frame
mareado/a *adj.* dizzy **3.4**; nauseated **2.1**
margarina *f.* margarine **1.8**
marido *m.* husband
marinero *m.* sailor
mariposa *f.* butterfly
mariscos *m., pl.* shellfish **1.8**
marítimo/a *adj.* maritime
marrón *adj.* brown **1.6**
martes *m., sing.* Tuesday **1.2**
marzo *m.* March **1.5**
más *pron., adj., adv.* more **1.2**
  más allá de beyond
  más bien rather
  más de (+ *number*) more than **1.8**
  más... que more... than **1.8**
  más tarde later (on) **1.7**
masaje *m.* massage **2.6**
masticar *v.* to chew
matador/a *m., f.* bullfighter who kills the bull **3.2**
matemáticas *f., pl.* mathematics **1.2**
matemático/a *m., f.* mathematician **3.7**
materia *f.* course **1.2**
matiz *m.* subtlety
matrimonio *m.* marriage **1.9**
máximo/a *adj.* maximum **2.2**
mayo *m.* May **1.5**
mayonesa *f.* mayonnaise **1.8**
mayor *m.* elder; *adj.* older **1.3**
  el/la mayor *adj.* the eldest **1.8**; the oldest
  mayor de edad of age
mayoría *f.* majority
me *sing., d.o. pron.* me **1.5**; *sing., i.o. pron.* to/for me **1.6**
  Me duele mucho. It hurts me a lot. **2.1**
  Me gusta... I like... **1.2**
  Me gustaría(n)... I would like... **2.8**
  Me llamo... My name is... **1.1**
  Me muero por... I'm dying to (for)...
  No me gustan nada. I don't like them at all. **1.2**
mecánico/a *m., f.* mechanic **2.2**; *adj.* mechanical
mecanismo *m.* mechanism
mediano/a *adj.* medium

medianoche *f.* midnight **1.1**
medias *f., pl.* pantyhose, stockings **1.6**
medicamento *m.* medication **2.1**
medicina *f.* medicine **2.1**
  medicina alternativa *f.* alternative medicine
médico/a *m., f.* doctor **1.3**; *adj.* medical **2.1**
medida *f.* means; measure
  medidas de seguridad *f. pl.* security measures **3.5**
medio/a *adj.* half **1.3**; *m.* half; middle; means
  medio ambiente *m.* environment **2.4**
  medio/a hermano/a *m., f.* half-brother; half-sister **1.3**
  mediodía *m.* noon **1.1**
  medios de comunicación *m., pl.* means of communication; media **2.9**
  y media thirty minutes past the hour (*time*) **1.1**
medir (e:i) *v.* to measure
meditar *v.* to meditate
mejilla *f.* cheek **3.10**
mejor *adj.* better **1.8**
  el/la mejor *adj.* the best **1.8**
mejorar *v.* to improve **2.4, 3.4**
melocotón *m.* peach **1.8**
mendigo/a *m., f.* beggar
menor *adj.* younger **1.3**
  el/la menor *adj.* the youngest **1.8**
menos *adv.* less **2.1**
  menos cuarto..., menos quince... quarter to... (*time*) **1.1**
  menos de (+ *number*) fewer than **1.8**
  menos... que less... than **1.8**
mensaje *m.* message
  mensaje de texto *m.* text message **2.2, 3.7**
  mensaje electrónico *m.* e-mail message **1.4**
mentira *f.* lie **1.4, 3.1**
  de mentiras pretend **3.5**
mentiroso/a *adj.* lying **3.1**
menú *m.* menu **1.8**
menudo: a menudo *adv.* frequently; often **3.3**
mercadeo *m.* marketing **3.1**
mercado *m.* market **1.6, 3.8**
  mercado al aire libre *m.* open-air market **1.6**
mercancía *f.* merchandise
merecer *v.* to deserve **3.8**
merendar (e:ie) *v.* to snack **1.8**; to have an afternoon snack
merienda *f.* afternoon snack **2.6**
mes *m.* month **1.5**
mesa *f.* table **1.2**

mesero/a *m., f.* waiter; waitress
mesita *f.* end table **2.3**
  mesita de noche *f.* night stand **2.3**
mestizo/a *m., f.* person of mixed ethnicity (part indigenous)
meta *f.* finish line
meterse *v.* to break in (*to a conversation*) **3.1**
metro *m.* subway **1.5**
mexicano/a *adj.* Mexican **1.3**
México *m.* Mexico **1.1**
mezcla *f.* mixture
mezquita *f.* mosque
mí *pron., obj. of prep.* me **1.9**
mi(s) *poss. adj.* my **1.3**
microonda *f.* microwave **2.3**
  horno de microondas *m.* microwave oven **2.3**
miedo *m.* fear **1.3**
miel *f.* honey **3.8**
mientras *adv.* while **2.1**
miércoles *m., sing.* Wednesday **1.2**
mil *m.* one thousand **1.2**
  mil millones *m.* billion
  Mil perdones. I'm so sorry. (*lit.* A thousand pardons.) **1.4**
milagro *m.* miracle
militar *m., f.* military
milla *f.* mile **2.2**
millón *m.* million **1.2**
  millones (de) *m.* millions (of)
mineral *m.* mineral **2.6**
ministro/a *m., f.* minister
  ministro/a protestante *m., f.* Protestant minister
minoría *f.* minority
minuto *m.* minute **1.1**
mío(s)/a(s) *poss. adj. and pron.* my; (of) mine **2.2**
mirada *f.* gaze **3.1**
mirar *v.* to look (at); to watch **1.2**
  mirar (la) televisión to watch television **1.2**
misa *f.* mass **3.2**
mismo/a *adj.* same **1.3**
  él/ella mismo/a himself; herself
  Lo mismo digo yo. The same here.
mitad *f.* half
mito *m.* myth **3.5**
mochila *f.* backpack **1.2**
moda *f.* fashion **1.6**; trend
  de moda *adj.* popular; in fashion **3.9**
  moda pasajera *f.* fad **3.9**
modelo *m., f.* model (*fashion*)
módem *m.* modem
moderno/a *adj.* modern **2.8**
modificar *v.* to modify; to reform
modo *m.* means; manner
mojar *v.* to moisten

mojarse *v.* to get wet
molestar *v.* to bother; to annoy 1.7, 3.2
momento *m.* moment
  de último momento *adj.* up-to-the-minute 3.9
  noticia de último momento *f.* last-minute news
monarca *m., f.* monarch
monitor *m.* (computer) monitor 2.2
monitor(a) *m., f.* trainer
monja *f.* nun
mono *m.* monkey 3.6
monolingüe *adj.* monolingual 3.9
montaña *f.* mountain 1.4, 3.6
montar a caballo to ride a horse 1.5
monte *m.* mountain 3.6
monumento *m.* monument 1.4
mora *f.* blackberry 1.8
morado/a *adj.* purple 1.6
moral *adj.* moral
morder (o:ue) *v.* to bite 3.6
moreno/a *adj.* brunet(te) 1.3
morir (o:ue) *v.* to die 1.8
morirse (o:ue) de *v.* to die of 3.2
moroso/a *m., f.* debtor 3.8
mosca *f.* fly 3.6
mostrar (o:ue) *v.* to show 1.4
motocicleta *f.* motorcycle 1.5
motor *m.* motor
motosierra *f.* power saw 3.7
móvil *m.* cell phone 3.7
movimiento *m.* movement 3.10
muchacho/a *m., f.* boy; girl 1.3
muchísimo *adj., adv.* very much 1.2
mucho/a *adj., adv.* a lot of; much 1.2; many 1.3
  (Muchas) gracias. Thank you (very much).; Thanks (a lot). 1.1
  muchas veces *adv.* a lot; many times 2.1
  Muchísimas gracias. Thank you very, very much. 1.9
  Mucho gusto. Pleased to meet you. 1.1
mudar *v.* to change 3.2
mudarse *v.* to move (*from one house to another*) 2.3, 3.2
mueble *m.* piece of furniture 3.3
muebles *m., pl.* furniture 2.3
muela *f.* molar
muelle *m.* pier 3.5
muerte *f.* death 1.9
muerto *p.p.* died 2.5
muestra *f.* sample; example
mujer *f.* wife; woman 1.1
  mujer de negocios *f.* businesswoman 2.7, 3.8

mujer policía *f.* female police officer
mujeriego *m.* womanizer 3.2
multa *f.* fine
multinacional *f.* multinational company
multitud *f.* crowd
mundial *adj.* worldwide
Mundial *m.* World Cup 3.2
mundo *m.* world 2.4
municipal *adj.* municipal
muralista *m., f.* muralist 3.10
músculo *m.* muscle 2.6
museo *m.* museum 1.4
música *f.* music 1.2, 2.8
musical *adj.* musical 2.8
músico/a *m., f.* musician 2.8, 3.2
musulmán/musulmana *adj.* Muslim
muy *adv.* very 1.1
  Muy amable. That's very kind of you. 1.5
  (Muy) bien, gracias. (Very) well, thanks. 1.1

N

nacer *v.* to be born 1.9
nacimiento *m.* birth 1.9
nacional *adj.* national 2.9
nacionalidad *f.* nationality 1.1
nada *pron., adv.* nothing 1.1; not anything 1.7
  nada mal not bad at all 1.5
nadar *v.* to swim 1.4
nadie *pron.* no one, nobody, not anyone 1.7
naipes *m. pl.* playing cards 3.2
naranja *f.* orange 1.8
nariz *f.* nose 2.1
narrador(a) *m., f.* narrator 3.10
narrar *v.* to narrate 3.10
narrativa *f.* narrative work 3.10
natación *f.* swimming 1.4
nativo/a *adj.* native
natural *adj.* natural 2.4
naturaleza *f.* nature 2.4
  naturaleza muerta *f.* still life 3.10
nave espacial *f.* spaceship
navegante *m., f.* navigator 3.7
navegar *v.* to sail 3.5
  navegar (en Internet) to surf (the Internet) 2.2
  navegar la red to surf the web 3.7
Navidad *f.* Christmas 1.9
necesario/a *adj.* necessary 2.3, 3.4
necesidad *f.* need 3.5
  de primerísima necesidad of utmost necessity 3.5

necesitar (+ *inf.*) *v.* to need 1.2, 3.4
necio/a *adj.* stupid
negar (e:ie) *v.* to deny 2.4
  no negar (e:ie) *v.* not to deny 2.4
negativo/a *adj.* negative
negocio *m.* business
negocios *m., pl.* business; commerce 2.7
negro/a *adj.* black 1.6
nervioso/a *adj.* nervous 1.5
nevar (e:ie) *v.* to snow 1.5
  Nieva. It's snowing. 1.5
ni... ni... *conj.* neither... nor... 1.7
nido *m.* nest
niebla *f.* fog
nieto/a *m., f.* grandson; granddaughter 1.3
nieve *f.* snow
niñez *f.* childhood 1.9
ningún, ninguno/a(s) *adj., pron.* no; none; not any 1.7
  ningún problema no problem
niño/a *m., f.* child 1.3
nítido/a *adj.* sharp
nivel *m.* level
  nivel del mar *m.* sea level
no *adv.* no; not 1.1
  ¿no? right? 1.1
  No cabe duda de... There is no doubt... 2.4
  No es así. That's not the way it is. 2.7
  No es para tanto. It's not a big deal. 2.3
  no es seguro it's not sure 2.4
  no es verdad it's not true 2.4
  No está nada mal. It's not bad at all. 1.5
  no estar de acuerdo to disagree
  No estoy seguro. I'm not sure.
  no hay there is not; there are not 1.1
  No hay de qué. You're welcome. 1.1
  No hay duda de... There is no doubt... 2.4
  No hay problema. No problem. 1.7
  ¡No me diga(s)! You don't say! 2.2
  No me gustan nada. I don't like them at all. 1.2
  no muy bien not very well 1.1
  No quiero. I don't want to. 1.4
  No sé. I don't know.
  No se preocupe. *form.* Don't worry. 1.7
  No te preocupes. *fam.* Don't worry. 1.7

no tener razón to be wrong **1.3**

noche *f.* night **1.1**

nombrar *v.* to name

nombre *m.* name **1.1**

nombre artístico *m.* stage name **3.1**

nominación *f.* nomination

nominado/a *m., f.* nominee

norte *m.* north **2.5**

norteamericano/a *adj.* (North) American **1.3**

nos *pl., d.o. pron.* us **1.5**; *pl., i.o. pron.* to/for us **1.6**

Nos divertimos mucho. We had a lot of fun. **2.9**

Nos vemos. See you. **1.1**

nosotros/as *sub. pron.* we **1.1**; *pron., obj. of prep.* us **1.9**

noticia *f.* news

noticias *f., pl.* news **2.9**

noticias locales/nacionales/ internacionales local/domestic/ international news **3.9**

noticiero *m.* newscast **2.9**

novecientos/as *n., adj.* nine hundred **1.2**

novela rosa *f.* romance novel **3.10**

novelista *m., f.* novelist **3.7, 3.10**

noveno/a *n., adj.* ninth **1.5**

noventa *n., adj.* ninety **1.2**

noviembre *m.* November **1.5**

novio/a *m., f.* boyfriend; girlfriend **1.3**

nube *f.* cloud **2.4**

nublado/a *adj.* cloudy **1.5**

Está (muy) nublado. It's (very) cloudy. **1.5**

nuca *f.* nape **3.9**

nuclear *adj.* nuclear **2.4**

nuera *f.* daughter-in-law **1.3**

nuestro(s)/a(s) *poss. adj.* our **1.3**; *poss. adj. and pron.* (of) ours **2.2**

nueve *n., adj.* nine **1.1**

nuevo/a *adj.* new **1.6**

número *m.* number **1.1**; (shoe) size **1.6**

nunca *adv.* never; not ever **1.7**

nutrición *f.* nutrition **2.6**

nutricionista *m., f.* nutritionist **2.6**

nutritivo/a *adj.* nutritious **3.4**

O

o *conj.* or **1.7**

o... o; either... or **1.7**

obedecer *v.* to obey **2.9, 3.1**

obesidad *f.* obesity **3.4**

obra *f.* work (*of art, literature, music, etc.*) **2.8**

obra de arte *f.* work of art **3.10**

obra de teatro *f.* play (*theater*) **3.2**

obra maestra *f.* masterpiece **2.8, 3.3**

obsequio *m.* gift

obtener *v.* to obtain; to get **2.7**

obvio/a *adj.* obvious **2.4**

océano *m.* ocean

ochenta *n., adj.* eighty **1.2**

ocho *n., adj.* eight **1.1**

ochocientos/as *n., adj.* eight hundred **1.2**

ocio *m.* leisure

octavo/a *n., adj.* eighth **1.5**

octubre *m.* October **1.5**

ocultarse *v.* to hide **3.3**

ocupación *f.* occupation **2.7**

ocupado/a *adj.* busy **1.5**

ocurrir *v.* to occur; to happen **2.9**

ocurrírsele a alguien *v.* to occur to someone

odiar *v.* to hate **1.9, 3.1**

oeste *m.* west **2.5**

ofensa *f.* insult **3.10**

oferta *f.* offer **2.3**; proposal **3.9**

oficina *f.* office **2.3**

oficio *m.* trade **2.7**

ofrecer *v.* to offer **1.6**

ofrecerse (a) *v.* to offer (to)

oído *m.* (*sense*) hearing; inner ear **2.1**

oído *p.p.* heard **2.5**

oír *v.* to hear **1.4, 3.1**

Oiga./Oigan. *form., sing./pl.* Listen. (*in conversation*) **1.1**

Oye. *fam., sing.* Listen. (*in conversation*) **1.1**

ojalá (que) *interj.* I hope (that); I wish (that) **2.4**

ojeras *f. pl.* bags under the eyes

ojo *m.* eye **2.1**

ola *f.* wave **3.5**

óleo *m.* oil painting **3.10**

Olimpiadas *f. pl.* Olympics

olvidar *v.* to forget **2.1**

olvidarse (de) *v.* to forget (about) **3.2**

olvido *m.* forgetfulness; oblivion **3.1**

ombligo *m.* navel **3.4**

once *n., adj.* eleven **1.1**

onda *f.* wave

ópera *f.* opera **2.8**

operación *f.* operation **2.1, 3.4**

operar *v.* to operate

opinar *v.* to think; to be of the opinion

Opino que... In my opinion...

oponerse a *v.* to oppose **3.4**

oprimir *v.* to oppress

ordenado/a *adj.* orderly **1.5**

ordinal *adj.* ordinal (number)

oreja *f.* (outer) ear **2.1**

---

organismo público *m.* government agency **3.9**

orgulloso/a *adj.* proud **3.1**

estar orgulloso/a de to be proud of

orilla *f.* shore

a orillas de on the shore of **3.6**

ornamentado/a *adj.* ornate

orquesta *f.* orchestra **2.8**

ortografía *f.* spelling

ortográfico/a *adj.* spelling

os *fam., pl., d.o. pron.* you **1.5**; *fam., pl., i.o. pron.* to/for you **1.6**

oscurecer *v.* to darken **3.6**

oso *m.* bear

otoño *m.* autumn **1.5**

otro/a *adj.* other; another **1.6**

otra vez *adv.* again

oveja *f.* sheep **3.6**

ovni *m.* UFO **3.7**

oyente *m., f.* listener **3.9**

P

paciente *m., f.* patient **2.1**

pacífico/a *adj.* peaceful

padrastro *m.* stepfather **1.3**

padre *m.* father **1.3**

padre soltero *m.* single father

padres *m., pl.* parents **1.3**

pagar *v.* to pay **1.6, 1.9**

pagar a plazos to pay in installments **2.5**

pagar al contado to pay in cash **2.5**

pagar en efectivo to pay in cash **2.5**

pagar la cuenta to pay the bill **1.9**

página *f.* page **2.2**

página principal *f.* home page **2.2**

página web web page **3.7**

país *m.* country **1.1**

país en vías de desarrollo *m.* developing country

paisaje *m.* landscape **1.5**; scenery **3.6**

pájaro *m.* bird **2.4, 3.6**

palabra *f.* word **1.1**

palmera *f.* palm tree

pan *m.* bread **1.8**

pan tostado *m.* toasted bread **1.8**

panadería *f.* bakery **2.5**

panfleto *m.* pamphlet

pantalla *f.* screen **2.2, 3.2**

pantalla de computadora *f.* computer screen

pantalla de televisión *f.* television screen **3.2**

pantalla líquida *f.* LCD screen 3.7

pantalones *m., pl.* pants 1.6
  pantalones cortos *m., pl.* shorts 1.6

pantuflas *f.* slippers 1.7

papa *f.* potato 1.8
  papas fritas *f., pl.* fried potatoes; French fries 1.8

papá *m.* dad 1.3

papás *m., pl.* parents 1.3

papel *m.* paper 1.2; role 2.8, 3.9
  desempeñar un papel to play a role (*in a play*); to carry out

papelera *f.* wastebasket 1.2

paquete *m.* package 2.5

par *m.* pair 1.6
  par de zapatos *m.* pair of shoes 1.6

para *prep.* for; in order to; by; used for; considering 2.2; for
  Para mí, … In my opinion, …
  para nada not at all
  para que *conj.* so that 2.4

parabrisas *m., sing.* windshield 2.2

paradoja *f.* paradox

parar *v.* to stop 2.2
  parar el carro to hold your horses 3.9

parcial *adj.* biased 3.9

parcialidad *f.* bias 3.9

parecer *v.* to seem 1.6, 3.2
  A mi parecer, … In my opinion, …
  Al parecer, no le gustó. It looks like he/she didn't like it. 3.6
  Me parece hermosa/o. I think it's pretty.
  Me pareció… I thought.. 3.1
  Parece que está triste/ contento/a. It looks like he/ she is sad/happy. 3.6
  ¿Qué te pareció Mariela? What did you think of Mariela? 3.1

parecerse *v.* to look like 3.2, 3.3

pared *f.* wall 2.3, 3.5

pareja *f.* (married) couple; partner 1.9, 3.1

parientes *m., pl.* relatives 1.3

parque *m.* park 1.4
  parque de atracciones *m.* amusement park 3.2

párrafo *m.* paragraph

parroquia *f.* parish

parte *f.* part
  de parte de on behalf of 2.2
  Por mi parte, … As for me, …

particular *adj.* private; personal; particular

partido *m.* party (*politics*); game; match (*sports*) 1.4
  ganar/perder un partido to win/lose a game 3.2
  partido político *m.* political party

pasado/a *adj.* last; past 1.6
  pasado *p.p.* passed
  pasado/a de moda *adj.* out-of-date; no longer popular 3.9

pasaje *m.* ticket 1.5
  pasaje de ida y vuelta *m.* roundtrip ticket 1.5, 3.5

pasajero/a *m., f.* passenger 1.1; *adj.* fleeting; passing

pasaporte *m.* passport 1.5, 3.5

pasar *v.* to go through 1.5; to pass (across, through, etc.)
  pasar la aspiradora to vacuum 2.3, 3.3
  pasar por el banco to go by the bank 2.5
  pasar por la aduana to go through customs
  pasar tiempo to spend time
  pasarlo bien/mal to have a good/bad time 1.9, 3.1
  Son cosas que pasan. These things happen.

pasarse *v.* to go too far

pasatiempo *m.* pastime 3.2; hobby 1.4

pasear *v.* to take a walk; to stroll 1.4
  pasear en bicicleta to ride a bicycle 1.4
  pasear por to walk around 1.4

paseo *m.* stroll

pasillo *m.* hallway 2.3

paso *m.* passage; pass; step
  abrirse paso to make one's way

pasta de dientes *f.* toothpaste 1.7

pastel *m.* cake; pie 1.9
  pastel de chocolate *m.* chocolate cake 1.9
  pastel de cumpleaños *m.* birthday cake

pastelería *f.* pastry shop 2.5

pastilla *f.* pill 3.4; tablet 2.1

pasto *m.* grass

pata *f.* foot/leg of an animal

patada *f.* kick 3.3

patata *f.* potato 1.8
  patatas fritas *f., pl.* fried potatoes; French fries 1.8

patear *v.* to kick 3.2

patente *f.* patent 3.7

patinar (en línea) *v.* to (in-line) skate 1.4

patineta *f.* skateboard 1.4

patio *m.* patio; yard 2.3

pavo *m.* turkey 1.8

payaso/a *m., f.* clown 3.8

paz *f.* peace 2.9

pecado *m.* sin

pececillo de colores *m.* goldfish

pecho *m.* chest 3.10

pedir (e:i) *v.* to ask 3.1, 3.4; to ask for; to request 1.4; to order (*food*) 1.8
  pedir prestado to borrow 2.5, 3.8
  pedir un deseo to make a wish 3.8
  pedir un préstamo to apply for a loan 2.5

pegar *v.* to stick

peinarse *v.* to comb one's hair 1.7, 3.2

pelear *v.* to fight

película *f.* film; movie 1.4

peligro *m.* danger 2.4
  en peligro de extinción endangered 3.6

peligroso/a *adj.* dangerous 2.9, 3.5

pelirrojo/a *adj.* red-haired 1.3

pelo *m.* hair 1.7

pelota *f.* ball 1.4

peluquería *f.* beauty salon 2.5

peluquero/a *m., f.* hairdresser 2.7

pena *f.* sorrow 3.4
  ¡Qué pena! What a pity!

penicilina *f.* penicillin 2.1

pensar (e:ie) *v.* to think 1.4, 3.1
  pensar (+ inf.) *v.* to intend to 1.4; to plan to (*do something*)
  pensar en *v.* to think about 1.4

pensión *f.* boardinghouse; bed and breakfast inn

peor *adj.* worse 1.8
  el/la peor *adj.* the worst 1.8

pequeño/a *adj.* small 1.3

pera *f.* pear 1.8

perder (e:ie) *v.* to lose; to miss 1.4;
  perder las elecciones to lose an election
  perder un partido to lose a game 3.2
  perder un vuelo to miss a flight 3.5

pérdida *f.* loss

perdido/a *adj.* lost 2.5

Perdón. Pardon me.; Excuse me. 1.1

perdonar *v.* to forgive
  Perdona. *fam.*/**Perdone.** *form.* Pardon me.; Excuse me.

perezoso/a *adj.* lazy

perfeccionar *v.* to improve; to perfect

perfecto/a *adj.* perfect 1.5

periódico *m.* newspaper 1.4, 3.9

periodismo *m.* journalism 1.2

periodista *m., f.* journalist 1.3, 3.9

permanecer *v.* to remain; to last 3.4

permisivo/a *adj.* permissive; easy-going 3.1

permiso *m.* permission
Con permiso. Pardon me.; Excuse me.

pero *conj.* but 1.2

perro *m.* dog 2.4

perseguir (e:i) *v.* to pursue; to persecute

persona *f.* person 1.3

personaje *m.* character 2.8, 3.10
personaje principal *m.* main character 2.8
personaje secundario *m.* secondary character

pertenecer (a) *v.* to belong (to)

pesadilla *f.* nightmare

pesas *f. pl.* weights 2.6

pesca *f.* fishing 3.5

pescadería *f.* fish market 2.5

pescado *m.* fish (*cooked*) 1.8

pescador(a) *m., f.* fisherman; fisherwoman

pescar *v.* to fish 1.5

pesimista *m., f.* pessimist

peso *m.* weight 2.6

pez *m.* fish (*live*) 2.4, 3.6

picadura *f.* insect bite

picar *v.* to sting, to peck

picnic *m.* picnic

pico *m.* peak, summit

pie *m.* foot 2.1

piedad *f.* mercy 3.8

piedra *f.* stone 2.4, 3.5

pierna *f.* leg 2.1

pieza *f.* piece (*art*) 3.10

pillar *v.* to get (catch) 3.9

piloto *m., f.* pilot

pimienta *f.* black pepper 1.8

pincel *m.* paintbrush 3.10

pincelada *f.* brush stroke 3.10

pintar *v.* to paint 2.8, 3.3

pintor(a) *m., f.* painter 2.7, 3.3, 3.10

pintura *f.* painting 3.10; picture 2.3, 2.8

piña *f.* pineapple 1.8

pirámide *f.* pyramid 3.5

piscina *f.* swimming pool 1.4

piso *m.* floor (*of a building*) 1.5

pizarra *f.* blackboard 1.2

placer *m.* pleasure 2.6
Ha sido un placer. It's been a pleasure. 2.6

plancha *f.* iron

planchar la ropa to iron the clothes 2.3

planear *v.* to plan

planes *m., pl.* plans 1.4

planta *f.* plant 2.4

planta baja *f.* ground floor 1.5

plástico *m.* plastic 2.4

plata *f.* money (*L. Am.*) 3.7

plato *m.* dish (*in a meal*) 1.8; plate 2.3
plato principal *m.* main dish 1.8

playa *f.* beach 1.5

plaza *f.* city or town square 1.4
plaza de toros *f.* bullfighting stadium 3.2

plazo: a corto/largo plazo short/long-term 3.8

plazos *m., pl.* periods; time 2.5

pluma *f.* pen 1.2

población *f.* population 3.4, 2.4

poblador(a) *m., f.* settler; inhabitant

poblar (o:ue) *v.* to settle; to populate

pobre *adj.* poor 1.6

pobreza *f.* poverty 3.8

poco/a *adj.* little; few 1.5, 2.1

poder (o:ue) *v.* to be able to 3.1; can 1.4

poderoso/a *adj.* powerful

poema *m.* poem 2.8

poesía *f.* poetry 2.8, 3.10

poeta *m., f.* poet 2.8, 3.10

polémica *f.* controversy

polen *m.* pollen 3.8

policía *f.* police (force) 2.2

policíaco/a *adj.* detective (*story/novel*) 3.10

política *f.* politics 2.9

político/a *m., f.* politician 2.7, 3.11; *adj.* political 2.9

pollo *m.* chicken 1.8
pollo asado *m.* roast chicken 1.8

polvo *m.* dust 3.3
quitar el polvo to dust 3.3

ponchar *v.* to go flat

poner *v.* to put; to place 1.4, 3.1, 3.2; to turn on (*electrical appliances*) 2.2
poner a prueba to test; to challenge
poner cara (de hambriento/a) to make a (hungry) face
poner la mesa to set the table 2.3
poner un disco compacto to play a CD 3.2
poner una inyección to give an injection, a shot 2.1, 3.4

ponerse (+ *adj.*) *v.* to become (+ *adj.*) 1.7; to put on (*clothing*) 1.7, 3.2
ponerse a dieta to go on a diet 3.4
ponerse bien/mal to get well/ill 3.4

ponerse de pie to stand up

ponerse el cinturón to fasten the seat belt 3.5

ponerse en forma to get in shape 3.4

ponerse pesado/a to become annoying

popa *f.* stern 3.5

por *prep.* in exchange for; for; by; in; through; around; along; during; because of; on account of; on behalf of; in search of; by way of; by means of 2.2
por aquí around here 2.2
por avión by plane
por ejemplo for example 2.2
por eso that's why; therefore 2.2
por favor please 1.1
por fin *adv.* finally 2.2
por la mañana in the morning 1.7
por la noche at night 1.7
por la tarde in the afternoon 1.7
por lo menos *adv.* at least 2.1
¿por qué? *adv.* why? 1.2
Por supuesto. Of course. 2.7
por teléfono by phone; on the phone
por último *adv.* finally 1.7

porque *conj.* because 1.2

porquería *f.* garbage; poor quality 3.10

portada *f.* front page; cover 3.9

portarse bien/mal *v.* to behave well/badly

portátil *m.* portable 2.2

porvenir *m.* future 2.7
¡Por el porvenir! Here's to the future! 2.7

posesivo/a *adj.* possessive 1.3

posible *adj.* possible 2.4
en todo lo posible as much as possible
es posible it's possible 2.4
no es posible it's not possible 2.4

postal *f.* postcard 1.4

postre *m.* dessert 1.9

pozo *m.* well
pozo petrolero *m.* oil well

practicar *v.* to practice 1.2
practicar deportes to play sports 1.4

precio (fijo) *m.* (fixed; set) price 1.6

precolombino/a *adj.* pre-Columbian

preferir (e:ie) *v.* to prefer 1.4, 3.4

pregunta *f.* question

preguntar *v.* to ask (*a question*) 1.2

preguntarse *v.* to wonder

prehistórico/a *adj.* prehistoric
premiar *v.* to give a prize
premio *m.* prize; award **2.8**
prender *v.* to turn on **2.2**
prensa *f.* press **2.9, 3.9**
  prensa sensacionalista *f.*
    tabloid(s) **3.9**
  rueda de prensa *f.* press
    conference
preocupado/a (por) *adj.*
  worried (about) **1.5, 3.1**
preocupar *v.* to worry **3.2**
preocuparse (por) *v.* to worry
  (about) **1.7, 3.2**
preparar *v.* to prepare **1.2**
preposición *f.* preposition
presentación *f.* introduction
presentador(a) de noticias
  m., f. news reporter
presentar *v.* to introduce; to
  present **2.8**; to put on (*a*
  performance) **2.8**
  Te presento a... I would like
    to introduce (*name*) to you.
    fam. **1.1**
  Le presento a... I would like
    to introduce (*name*) to you.
    form. **1.1**
presentir (e:ie) *v.* to foresee
presionar *v.* to pressure; to stress
presiones *f., pl.* pressures **2.6**
prestado/a *adj.* borrowed
préstamo *m.* loan **2.5**
prestar *v.* to lend **3.8**; to loan
  1.6
presupuesto *m.* budget **3.8**
prevenido/a *adj.* cautious
prevenir *v.* to prevent **3.4**
prever *v.* to foresee **3.6**
previsto/a *adj., p.p.* planned
  3.3
primavera *f.* spring **1.5**
primer(a) ministro/a *m., f.*
  prime minister
primer, primero/a *n., adj.* first
  1.5
  primeros auxilios *m. pl.* first
    aid **3.4**
primo/a *m., f.* cousin **1.3**
principal *adj.* main **1.8**
prisa *f.* haste **1.3**; hurry; rush
  3.6
  darse prisa to hurry; to rush
    2.6
privilegio *m.* privilege **3.8**
proa *f.* bow **3.5**
probable *adj.* probable **2.4**
  es probable it's probable **2.4**
  no es probable it's not
    probable **2.4**
probador *m.* dressing room **3.3**
probar (o:ue) *v.* to taste; to try
  1.8, 3.3
probarse (o:ue) *v.* to try on
  1.7, 3.3

problema *m.* problem **1.1**
procesión *f.* procession
producir *v.* to produce **3.1**
productivo/a *adj.* productive
  3.8
profesión *f.* profession **1.3, 2.7**
profesor(a) *m., f.* teacher **1.1,
  1.2**
profundo/a *adj.* deep
programa *m.* **1.1**
  programa de computación
    m. software **2.2, 3.7**
  programa de entrevistas *m.*
    talk show **2.8**
programador(a) *m., f.* computer
  programmer **1.3**
prohibido/a *adj.* prohibited
  3.5
prohibir *v.* to prohibit **2.1, 3.4**;
  to forbid
prominente *adj.* prominent
promover (o:ue) *v.* to promote
pronombre *m.* pronoun
pronto *adv.* soon **2.1**
pronunciar *v.* to pronounce
  pronunciar un discurso to
    give a speech
propaganda *f.* advertisement **3.9**
propensión *f.* tendency
propietario/a *m., f.* (property)
  owner
propina *f.* tip **1.9**
propio/a *adj.* own **2.7**
proponer *v.* to propose **3.1, 3.4**
  proponer matrimonio to
    propose marriage **3.1**
proporcionar *v.* to provide; to
  supply
propósito: a propósito *adv.* on
  purpose **3.3**
prosa *f.* prose **3.10**
protagonista *m., f.* protagonist;
  main character **3.1, 3.10**
proteger *v.* to protect **2.4, 3.1,
  3.6**
protegido/a *adj.* protected **3.5**
proteína *f.* protein **2.6**
protestar *v.* to protest
provecho *m.* benefit
  Buen provecho. Enjoy your
    meal. **3.6**
proveniente (de) *adj.*
  originating (in); coming from
provenir (de) *v.* to come from;
  to originate from
próximo/a *adj.* next **2.7**
proyecto *m.* project
  proyecto de ley *m.* bill
prueba *f.* test; quiz **1.2**; proof
  3.2
psicología *f.* psychology **1.2**
psicólogo/a *m., f.* psychologist
  2.7
publicar *v.* to publish **2.8, 3.9**
publicidad *f.* advertising **3.9**

público *m.* public; audience
  2.8, 3.9
pueblo *m.* town **1.4**; people
  3.4
puente *m.* bridge
puerta *f.* door **1.2**
  puerta de embarque *f.*
    (*airline*) gate **3.5**
puerto *m.* port **3.5**
Puerto Rico *m.* Puerto Rico **1.1**
puertorriqueño/a *adj.* Puerto
  Rican **1.3**
pues *conj.* well **1.2, 2.8**
puesto *m.* position; job **2.7,
  3.8**; *p.p.* put **2.5**
punto *m.* period **3.2**
  punto de vista *m.* point of
    view **3.10**
pureza *f.* purity **3.6**
puro/a *adj.* clean; pure **2.4**

Q

que *pron.* that; which; who **2.3**
  ¿En qué...? In which...? **1.2**
  ¿qué? *pron.* what? **1.1**
  ¡Qué...! How...! **1.3**
  ¿Qué día es hoy? What day
    is it? **1.2**
  ¡Qué dolor! What pain!
  ¿Qué hay de nuevo? What's
    new? **1.1**
  ¿Qué hora es? What time is
    it? **1.1**
  ¿Qué les parece? What do
    you (pl.) think?
  ¿Qué pasa? What's happening?;
    What's going on? **1.1**
  ¿Qué pasó? What happened?
    2.2
  ¿Qué precio tiene? What is
    the price?
  ¡Qué ropa más bonita!
    What pretty clothes! **1.6**
  ¡Qué sorpresa! What a
    surprise!
  ¿Qué tal...? How are you?;
    How is it going? **1.1**; How
    is/are...? **1.2**
  ¿Qué talla lleva/usa? What
    size do you wear? *form.* **1.6**
  ¿Qué tiempo hace? How's
    the weather? **1.5**
  ¡Qué va! Of course not!
quedar *v.* to be left over; to fit
  (*clothing*) **1.7**; to be left
  behind; to be located **2.5**
quedarse *v.* to stay **1.7, 3.5**; to
  remain **1.7**
  quedarse callado/a to remain
    silent **3.1**
  quedarse sin to run out of
    3.6

quedarse sordo/a to go *deaf* **3.4**

quedarse viudo/a to become widowed

quehacer *m.* chore **3.3**

quehaceres domésticos *m., pl.* household chores **2.3**

queja *f.* complaint

quejarse (de) *v.* to complain (about) **3.2**

quemado/a *adj.* burned (out) **2.2**

quemar *v.* to burn (*a CD*) **2.2**

querer (e:ie) *v.* to want **3.1, 3.4;** to love **1.4**

queso *m.* cheese **1.8**

quien(es) *pron.* who; whom; that **2.3**

¿quién(es)? *pron.* who?; whom? **1.1**

¿Quién es...? Who is...? **1.1**

¿Quién habla? Who is speaking? (*telephone*) **2.2**

química *f.* chemistry **1.2**

químico/a *m., f.* chemist **3.7;** *adj.* chemical **3.7**

quince *n., adj.* fifteen **1.1**

menos quince quarter to (*time*) **1.1**

y quince quarter after (*time*) **1.1**

quinceañera *f.* young woman's fifteenth birthday celebration; fifteen-year old girl **1.9**

quinientos/as *n., adj.* five hundred **1.2**

quinto/a *n., adj.* fifth **1.5**

quirúrgico/a *adj.* surgical

quisiera *v.* I would like **2.8**

quitar *v.* to take away; to remove **3.2**

quitar el polvo to dust **2.3, 3.3**

quitar la mesa to clear the table **2.3**

quitarse *v.* to take off **1.7;** to take off (*clothing*) **3.2**

quitarse el cinturón to unfasten the seatbelt **3.5**

quizás *adv.* maybe **1.5**

R

rabino/a *m., f.* rabbi

racismo *m.* racism **2.9**

radiación *f.* radiation

radio *f.* radio (*medium*) **1.2;** *m.* radio (set) **1.2**

radioemisora *f.* radio station **3.9**

radiografía *f.* x-ray **2.1**

raíz *f.* root

rana *f.* frog **3.6**

rancho *m.* ranch

rápido/a *adv.* quickly **2.1**

rasgo *m.* trait; characteristic

rata *f.* rat

ratón *m.* mouse **2.2**

ratos libres *m., pl.* spare (free) time **1.4, 3.2**

raya *f.* war paint **3.5;** stripe **1.6**

rayo *m.* ray; lightning

¿Qué rayos...? What on earth...? **3.5**

raza *f.* race

razón *f.* reason **1.3**

reactor *m.* reactor

realismo *m.* realism **3.10**

realista *adj.* realistic; realist **3.10**

rebaja *f.* sale **1.6**

rebeldía *f.* rebelliousness

rebuscado/a *adj.* complicated

recado *m.* (telephone) message **2.2**

recepción *f.* front desk **3.5**

receta *f.* prescription **2.1, 3.4**

recetar *v.* to prescribe **2.1, 3.4**

rechazar *v.* to reject

rechazo *m.* refusal; rejection

recibir *v.* to receive **1.3**

reciclable *adj.* recyclable

reciclaje *m.* recycling **2.4**

reciclar *v.* to recycle **2.4, 3.6**

recién casado/a *m., f.* newlywed **1.9**

recital *m.* recital

reclamar *v.* to claim; to demand

recoger *v.* to pick up **2.4**

recomendable *adj.* recommendable; advisable **3.5**

poco recomendable not advisable; inadvisable

recomendar (e:ie) *v.* to recommend **1.8, 2.3, 3.4**

reconocer *v.* to recognize **3.1**

reconocimiento *m.* recognition

recordar (o:ue) *v.* to remember **1.4**

recorrer *v.* to tour an area; to go across; to travel **3.5**

recuerdo *m.* memory

recuperarse *v.* to recover **3.4**

recurso *m.* resource **2.4**

recurso natural *m.* natural resource **2.4, 3.6**

red *f.* network; web **2.2**

redactor(a) *m., f.* editor **3.9**

redactor(a) jefe *m., f.* editor-in-chief

redondo/a *adj.* round **3.2**

reducir *v.* to reduce **2.4**

reducir velocidad *v.* to reduce speed **3.5**

reembolso *m.* refund **3.3**

reflejar *v.* to reflect; to depict **3.10**

reforma *f.* reform

reforma económica *f.* economic reform

refresco *m.* soft drink **1.8**

refrigerador *m.* refrigerator **2.3**

refugiarse *v.* to take refuge

refugio *m.* refuge **3.6**

regalar *v.* to give (*a gift*) **1.9**

regalo *m.* gift **1.6**

regatear *v.* to bargain **1.6**

región *f.* region; area **2.4**

regla *f.* rule

regocijo *m.* joy **3.4**

regresar *v.* to return **1.2, 3.5**

regreso *m.* return (*trip*)

regular *adj.* so-so; OK **1.1**

rehacer *v.* to remake; to redo **3.1**

reído *p.p.* laughed **2.5**

reina *f.* queen

reino *m.* reign; kingdom

reír(se) (e:i) *v.* to laugh **1.9**

relacionado/a *adj.* related

estar relacionado/a to have good connections

relaciones *f., pl.* relationships

relajarse *v.* to relax **1.9, 3.4**

relámpago *m.* lightning **3.6**

relato *m.* story; account **3.10**

religión *f.* religion

religioso/a *adj.* religious

reloj *m.* clock; watch **1.2**

remitente *m.* sender

remo *m.* oar **3.5**

remordimiento *m.* remorse

rendimiento *m.* performance

rendirse (e:i) *v.* to surrender

renovable *adj.* renewable **3.6**

renunciar (a) *v.* to resign (from) **2.7;** to quit **3.8**

renunciar a un cargo to resign a post

repaso *m.* revision; review **3.10**

repentino/a *adj.* sudden **3.3**

repertorio *m.* repertoire

repetir (e:i) *v.* to repeat **1.4**

reportaje *m.* report **2.9;** news report **3.9**

reportero/a *m., f.* reporter **3.9;** journalist **2.7**

reposo *m.* rest

estar en reposo to be at rest

repostería *f.* pastry

represa *f.* dam

representante *m., f.* representative **2.9**

reproducirse *v.* to reproduce

reproductor de CD/DVD/MP3 *m.* CD/DVD/MP3 player **2.2, 3.7**

resbaladizo/a *adj.* slippery

resbalar *v.* to slip

rescatar *v.* to rescue

resentido/a *adj.* resentful **3.6**

reservación *f.* reservation

reservar *v.* to reserve **3.5**

resfriado *m.* cold (*illness*) **2.1, 3.4**

residencia estudiantil *f.* dormitory **1.2**

residir *v.* to reside
resolver (o:ue) *v.* to resolve; to solve   **2.4, 3.6**
respeto *m.* respect
respiración *f.* breathing   **3.4**
respirar *v.* to breathe   **2.4**
responsable *adj.* responsible
respuesta *f.* answer
restaurante *m.* restaurant   **1.4**
resuelto/a *adj., p.p.* resolved   **2.5**
retrasado/a *adj.* delayed   **3.5**
retrasar *v* to delay
retraso *m.* delay
retratar *v.* to portray   **3.3**
retrato *m.* portrait   **3.3**
reunión *f.* meeting   **2.7, 3.8**
reunirse (con) *v.* to get together (with)   **3.2**
revisar *v.* to check   **2.2**
  revisar el aceite to check the oil   **2.2**
revista *f.* magazine   **1.4, 3.9**
  revista electrónica *f.* online magazine   **3.9**
revolucionario/a *adj.* revolutionary   **3.7**
revolver (o:ue) *v.* to stir; to mix up
rey *m.* king
rezar *v.* to pray
rico/a *adj.* rich   **1.6**; tasty; delicious   **1.8**
ridículo/a *adj.* ridiculous   **2.4**
riesgo *m.* risk
rima *f.* rhyme   **3.10**
rincón *m.* corner; nook
río *m.* river   **2.4**
riqueza *f.* wealth   **3.8**
riquísimo/a *adj.* extremely delicious   **1.8**
rociar *v.* to spray   **3.6**
rodar (o:ue) *v.* to film   **3.9**
rodeado/a *adj.* surrounded   **3.7**
rodear *v.* to surround
rodilla *f.* knee   **2.1**
rogar (o:ue) *v.* to beg; to plead   **2.3, 3.4**
rojo/a *adj.* red   **1.6**
romanticismo *m.* romanticism   **3.10**
romántico/a *adj.* romantic   **2.8**
romper *v.* to break   **2.1**
  romper (con) *v.* to break up (with)   **1.9, 3.1**
  romperse la pierna to break one's leg   **2.1**
ropa *f.* clothing; clothes   **1.6**
  ropa interior *f.* underwear   **1.6**
rosado/a *adj.* pink   **1.6**
roto/a *adj.* broken   **2.1, 2.5**
rozar *v.* to brush against; to touch lightly
rubio/a *adj.* blond(e)   **1.3**
ruedo *m.* bull ring   **3.2**

ruido *m.* noise
ruina *f.* ruin   **3.5**
ruso/a *adj.* Russian   **1.3**
ruta maya *f.* Mayan Trail   **3.5**
rutina *f.* routine   **1.7, 3.3**
  rutina diaria *f.* daily routine   **1.7**

S

sábado *m.* Saturday   **1.2**
saber *v.* to know; to know how   **1.6**; to taste   **1.8**
  saber a to taste like/of   **1.8, 3.1**
  ¿Cómo sabe? How does it taste?   **3.4**
  Sabe a ajo/menta/limón. It tastes like garlic/mint/lemon.   **3.4**
  ¿Y sabe bien? And does it taste good?   **3.4**
sabiduría *f.* wisdom
sabio/a *adj.* wise
sabor *m.* taste; flavor
  ¿Qué sabor tiene? ¿Chocolate? What flavor is it? Chocolate?   **3.4**
  Tiene un sabor dulce/agrio/amargo/agradable. It has a sweet/sour/bitter/pleasant taste.   **3.4**
sabrosísimo/a *adj.* extremely delicious   **1.8**
sabroso/a *adj.* tasty; delicious   **1.8**
sacar *v.* to take out
  sacar fotos to take photos   **1.5**
  sacar la basura to take out the trash   **2.3**
  sacar(se) un diente to have a tooth removed   **2.1**
sacerdote *m.* priest
saciar *v.* to satisfy; to quench
sacrificar *v.* to sacrifice   **3.6**
sacrificio *m.* sacrifice
sacristán *m.* sexton
sacudir *v.* to dust   **2.3**
  sacudir los muebles to dust the furniture   **2.3**
sagrado/a *adj.* sacred; holy
sal *f.* salt   **1.8**
sala *f.* living room   **2.3**; room; hall
  sala de conciertos *f.* concert hall
  sala de emergencia(s) *f.* emergency room   **2.1, 3.4**
salario *m.* salary   **2.7**
salchicha *f.* sausage   **1.8**
salida *f.* departure; exit   **1.5, 3.6**
salir *v.* to leave   **1.4**; to go out   **3.1**
  salir (a comer) to go out (to eat)   **3.2**

salir (con) to go out (with)   **3.1**; to date   **1.9**
  salir de to leave from
  salir para to leave for (*a place*)
salmón *m.* salmon   **1.8**
salón de belleza *m.* beauty salon   **2.5**
salto *m.* jump
salud *f.* health   **2.1, 3.4**
  ¡A tu salud! To your health!
  ¡Salud! Cheers!   **3.8**
saludable *adj.* healthy   **2.1**; nutritious   **3.4**
saludar(se) *v.* to greet (each other)   **2.2**
saludo *m.* greeting   **1.1**
  saludos a... greetings to...   **1.1**
salvaje *adj.* wild   **3.6**
salvar *v.* to save   **3.6**
sanar *v.* to heal   **3.4**
sandalia *f.* sandal   **1.6**
sandía *f.* watermelon
sándwich *m.* sandwich   **1.8**
sano/a *adj.* healthy   **2.1, 3.4**
satélite *m.* satellite
sátira *f.* satire
satírico/a *adj.* satirical   **3.10**
  tono satírico/a *m.* satirical tone
se *ref. pron.* himself, herself, itself, themselves; *form.* yourself, yourselves   **1.7**
se *impersonal* one   **2.1**
  Se hizo... He/She/It became...
  Se nos dañó... The... broke down.   **2.2**
  Se nos pinchó una llanta. We had a flat tire.   **2.2**
secadora *f.* clothes dryer   **2.3**
secarse *v.* to dry oneself   **1.7**; to dry off   **3.2**
sección *f.* section   **3.9**
  sección de (no) fumar *f.* (non)smoking section   **1.8**
  sección de sociedad *f.* lifestyle section   **3.9**
  sección deportiva *f.* sports page/section   **3.9**
seco/a *adj.* dry   **3.6**
secretario/a *m., f.* secretary   **2.7**
secuencia *f.* sequence
secuestro *m.* kidnapping
sed *f.* thirst   **1.3**
seda *f.* silk   **1.6**
sedentario/a *adj.* sedentary; related to sitting   **2.6**
seguir (e:i) *v.* to follow; to continue   **1.4**
según *prep.* according to
segundo/a *n., adj.* second   **1.5**
seguridad *f.* safety; security   **3.5**
  cinturón de seguridad *m.* seatbelt   **3.5**
  medidas de seguridad *f. pl.* security measures   **3.5**

seguro *m.* insurance **3.5**
seguro/a *adj.* sure; safe **1.5**; confident **3.1**
seis *n., adj.* six **1.1**
seiscientos/as *n., adj.* six hundred **1.2**
seleccionar *v.* to select; to pick out **3.3**
sello *m.* stamp **2.5**
selva *f.* jungle **2.4, 3.5**
semana *f.* week **1.2**
  fin de semana *m.* weekend **1.4**
  semana pasada *f.* last week **1.6**
semanal *adj.* weekly
semestre *m.* semester **1.2**
semilla *f.* seed
senador(a) *m., f.* senator
sendero *m.* trail; trailhead **2.4**
sensato/a *adj.* sensible **3.1**
sensible *adj.* sensitive **3.1**
sentarse (e:ie) *v.* to sit down **1.7**
sentido *m.* sense
  en sentido figurado figuratively
  sentido común *m.* common sense
sentimiento *m.* feeling; emotion **3.1**
sentir(se) (e:ie) *v.* to feel **1.7, 3.1**; to be sorry; to regret **2.4**
señal *f.* sign **3.2**
señalar *v.* to point to; to signal **3.2**
señor (Sr.) *m.* Mr.; sir **1.1**
señora (Sra.) *f.* Mrs.; ma'am **1.1**
señorita (Srta.) *f.* Miss **1.1**
separado/a *adj.* separated **1.9, 3.1**
separarse (de) *v.* to separate (from) **1.9**
septiembre *m.* September **1.5**
séptimo/a *n., adj.* seventh **1.5**
sepultar *v.* to bury
sequía *f.* drought **3.6**
ser *v.* to be **1.1, 3.1**
  ser aficionado/a (a) to be a fan (of) **1.4**
  ser alérgico/a (a) to be allergic (to) **2.1**
  ser gratis to be free of charge **2.5**
serio/a *adj.* serious
serpiente *f.* snake **3.6**
servicio de habitación *m.* room service **3.5**
servicios *m., pl.* facilities
servidumbre *f.* servants; servitude **3.3**
servilleta *f.* napkin **2.3**
servir (e:i) *v.* to serve **1.8**; to help **1.5**

sesenta *n., adj.* sixty **1.2**
sesión *f.* showing
setecientos/as *n., adj.* seven hundred **1.2**
setenta *n., adj.* seventy **1.2**
sexismo *m.* sexism **2.9**
sexto/a *n., adj.* sixth **1.5**
sí *adv.* yes **1.1**
si *conj.* if **1.4**
SIDA *m.* AIDS **2.9**
sido *p.p.* been **2.6**
siempre *adv.* always **1.7**
siete *n., adj.* seven **1.1**
siglo *m.* century
silbar *v.* to whistle
silla *f.* seat **1.2**
sillón *m.* armchair **2.3**
similar *adj.* similar
simpático/a *adj.* nice; likeable **1.3**
sin *prep.* without **1.2, 2.4**
  sin duda without a doubt
  sin embargo *adv.* however
  sin que *conj.* without **2.4**
  sin ti without you *fam.*
sinagoga *f.* synagogue
sincero/a *adj.* sincere
sindicato *m.* labor union **3.8**
sino *conj.* but (rather) **1.7**
síntoma *m.* symptom **2.1**
sintonía *f.* tuning; synchronization **3.9**
sintonizar *v.* to tune into (*radio or television*)
siquiera *conj.* even
  ni siquiera *conj.* not even
sitio web *m.* website **2.2, 3.7**
situado/a *adj., p.p.* situated; located
  estar situado/a en to be set in
soberanía *f.* sovereignty
soberano/a *m., f.* sovereign; ruler
sobre *m.* envelope **2.5**; *prep.* on; over **1.2**
  sobre todo above all **3.6**
sobredosis *f.* overdose
sobrevivencia *f.* survival
sobrevivir *v.* to survive
sobrino/a *m., f.* nephew; niece **1.3**
sociable *adj.* sociable
sociedad *f.* society
socio/a *m., f.* partner; member **3.8**
sociología *f.* sociology **1.2**
sofá *m.* couch; sofa **2.3**
sol *m.* sun **1.4, 1.5, 2.4**
solar *adj.* solar **2.4**
soldado *m., f.* soldier **2.9**
soleado/a *adj.* sunny
soledad *f.* solitude; loneliness **3.3**
soler (o:ue) *v.* to be in the habit of; to be used to **3.3**
solicitar *v.* to apply (*for a job*) **2.7, 3.8**

solicitud (de trabajo) *f.* (job) application **2.7**
sólo *adv.* only **1.3**
solo/a *adj.* alone; lonely **3.1**
soltero/a *adj.* single **1.9, 3.1**
  madre soltera *f.* single mother
  padre soltero *m.* single father
solución *f.* solution **2.4**
sombrero *m.* hat **1.6**
Son las dos. It's two o'clock. **1.1**
sonar (o:ue) *v.* to ring **2.2, 3.7**
sonreído *p.p.* smiled **2.5**
sonreír (e:i) *v.* to smile **1.9**
soñar (o:ue) (con) *v.* to dream (about) **3.1**
sopa *f.* soup **1.8**
soplar *v.* to blow
soportar *v.* to support
  soportar a alguien to put up with someone **3.1**
sordo/a *adj.* deaf
  quedarse sordo/a to go deaf **3.4**
sorprender *v.* to surprise **1.9, 3.2**
sorprenderse (de) *v.* to be surprised (about) **3.2**
sorpresa *f.* surprise **1.9**
sortija *f.* ring **3.5**
sospecha *f.* suspicion
sospechar *v.* to suspect
sótano *m.* basement **3.3**; cellar **2.3**
soy I am **1.1**
  Soy de... I'm from... **1.1**
  Soy yo. That's me. **1.1**
su(s) *poss. adj.* his; her; its; *form.* your; their **1.3**
suavidad *f.* smoothness
subasta *f.* auction **3.10**
subdesarrollo *m.* underdevelopment
subida *f.* ascent
subir(se) a *v.* to get on/into (*a vehicle*) **2.2**
subsistir *v.* to survive
subtítulos *m., pl.* subtitles **3.9**
suburbio *m.* suburb
suceder *v.* to happen **3.1**
sucio/a *adj.* dirty **1.5**
sucre *m.* former Ecuadorian currency **1.6**
sucursal *f.* branch
sudar *v.* to sweat **2.6**
suegro/a *m., f.* father-in-law; mother-in-law **1.3**
sueldo *m.* salary **2.7**
  aumento de sueldo *m.* raise in salary **3.8**
  sueldo fijo *m.* base salary **3.8**
  sueldo mínimo *m.* minimum wage **3.8**
suelo *m.* floor **2.3**
suelto/a *adj.* loose
sueño *n.* sleep **1.3**

suerte *f.* luck **1.3**
suéter *m.* sweater **1.6**
sufrimiento *m.* pain; suffering
sufrir (de) *v.* to suffer (from) **2.1, 3.4**
  sufrir muchas presiones to be under a lot of pressure **2.6**
  sufrir una enfermedad to suffer an illness **2.1**
sugerir (e:ie) *v.* to suggest **2.3, 3.4**
superar *v.* to overcome
superficie *f.* surface
supermercado *m.* supermarket **2.5, 3.3**
supervivencia *f.* survival
suponer *v.* to suppose **1.4, 3.1**
suprimir *v.* to abolish; to suppress
supuesto/a *adj.* false; so-called; supposed
  Por supuesto. Of course.
sur *m.* south **2.5**
surrealismo *m.* surrealism **3.10**
suscribirse (a) *v.* to subscribe (to) **3.9**
sustantivo *m.* noun
suyo(s)/a(s) *poss. adj. and pron.* (of) his/her; (of) hers; (of) its; *form.* (of) your, (of) yours, (of) their **2.2**

T

tacaño/a *adj.* cheap; stingy **3.1**
tacón *m.* heel
  tacón alto high heel
tal como *conj.* just as
tal vez *adv.* maybe **1.5**
talento *m.* talent **3.1**
talentoso/a *adj.* talented **2.8, 3.1**
talla *f.* size **1.6**
  talla grande *f.* large **1.6**
taller mecánico *m.* garage; workshop; mechanic's repairshop **2.2**
también *adv.* also; too **1.2, 1.7**
tampoco *adv.* neither; not either **1.7**
tan *adv.* so **1.5**
  tan pronto como *conj.* as soon as **2.4**
  tan... como as... as **1.8**
tanque *m.* tank **2.2, 3.6**
tanto *adv.* so much
  tanto... como as much... as **1.8**
  tantos/as... como as many... as **1.8**
tapa *f.* lid, cover
tapón *m.* traffic jam **3.5**
taquilla *f.* box office **3.2**
tarde *f.* afternoon; evening; P.M. **1.1**; *adv.* late **1.7**
tarea *f.* homework **1.2**

tarjeta *f.* card
  tarjeta de crédito/débito *f.* credit/debit card **1.6, 3.3**
  tarjeta postal *f.* postcard **1.4**
tatarabuelo/a *m., f.* great-great-grandfather/mother
taxi *m.* taxi **1.5**
taza *f.* cup **2.3**
té *m.* tea **1.8**
  té helado *m.* iced tea **1.8**
te *sing., fam., d.o. pron.* you **1.5**; *sing., fam., i.o. pron.* to/for you **1.6**
  ¿Te gusta(n)...? Do you like...? **1.2**
  ¿Te gustaría? Would you like to? **2.8**
  Te presento a... *fam.* I would like to introduce... to you. **1.1**
teatro *m.* theater **2.8**
teclado *m.* keyboard **2.2**
técnico/a *m., f.* technician **2.7**
tejido *m.* weaving **2.8**
tela *f.* canvas **3.10**
teleadicto/a *m., f.* couch potato **2.6**
teléfono (celular) *m.* (cell) telephone **2.2, 3.7**
telenovela *f.* soap opera **2.8, 3.9**
telescopio *m.* telescope **3.7**
teletrabajo *m.* telecommuting **2.7**
televidente *m., f.* television viewer **3.9**
televisión *f.* television **1.2, 2.2, 3.2**
  televisión por cable *f.* cable television **2.2**
televisor *m.* television set **2.2, 3.2**
temer *v.* to fear **2.4**
temperatura *f.* temperature **2.1**
templo *m.* temple
temporada *f.* season; period; **temporada alta/baja** high/low season **3.5**
temprano *adv.* early **1.7**
tendencia *f.* trend **3.9**
  tendencia izquierdista/derechista *f.* left-wing/right-wing bias
tenedor *m.* fork **2.3**
tener *v.* to have **1.3**
  tener... años to be... years old **1.3**
    Tengo... años. I'm... years old. **1.3**
  tener buen/mal aspecto to look healthy/sick **3.4**
  tener buena/mala fama to have a good/bad reputation **3.9**
  tener (mucho) calor to be (very) hot **1.3**

tener celos (de) to be jealous (of) **3.1**
tener (mucho) cuidado to be (very) careful **1.3**
tener dolor to have a pain **2.1**
tener éxito to be successful **2.7**
tener fiebre to have a fever **2.1**
tener (mucho) frío to be (very) cold **1.3**
tener ganas de (+ *inf.*) to feel like (*doing something*) **1.3**
tener (mucha) hambre to be (very) hungry **1.3**
tener (mucho) miedo (de) to be (very) afraid (of); to be (very) scared (of) **1.3**
tener miedo (de) que to be afraid that
tener planes to have plans **1.4**
tener (mucha) prisa to be in a (big) hurry **1.3**
tener que (+ *inf.*) *v.* to have to (*do something*) **1.3**
tener razón to be right **1.3**
tener (mucha) sed to be (very) thirsty **1.3**
tener (mucho) sueño to be (very) sleepy **1.3**
tener (mucha) suerte to be (very) lucky **1.3**
tener tiempo to have time **1.4**
tener una cita to have a date; to have an appointment **1.9**
tenis *m.* tennis **1.4**
tensión *f.* tension **2.6**
  tensión (alta/baja) *f.* (high/low) blood pressure **3.4**
teoría *f.* theory **3.7**
terapia intensiva *f.* intensive care **3.4**
tercer, tercero/a *n., adj.* third **1.5**
térmico/a *adj.* thermal
terminar *v.* to end; to finish **1.2**
  terminar de (+ *inf.*) *v.* to finish (*doing something*) **1.4**
terremoto *m.* earthquake **2.9, 3.6**
terreno *m.* land **3.6**
terrible *adj.* terrible **2.4**
territorio *m.* territory
terrorismo *m.* terrorism
testigo *m., f.* witness **3.10**
ti *pron., obj. of prep., fam.* you
tiburón *m.* shark **3.5**
tiempo *m.* time **1.4**; weather **1.5**
  a tiempo on time **3.3**
  tiempo libre *m.* free time **3.2**
tienda *f.* shop; store **1.6**
  tienda de campaña *f.* tent
tierra *f.* land; earth **3.6**; soil **2.4**
tigre *m.* tiger **3.6**
timbre *m.* doorbell; tone; tone of voice **3.3**

tocar el timbre to ring the doorbell

timidez *f.* shyness

tímido/a *adj.* shy   3.1

tío/a *m., f.* uncle; aunt   1.3

tíos *m.* aunts and uncles   1.3

típico/a *adj.* typical; traditional

tipo *m.* guy   3.2

tira cómica *f.* comic strip   3.9

tirar *v.* to throw   3.5

titular *m.* headline   3.9

titularse *v.* to graduate   3.3

título *m.* title

tiza *f.* chalk   1.2

toalla *f.* towel   1.7

tobillo *m.* ankle   2.1

tocadiscos compacto *m.* compact disc player   2.2

tocar *v.* to play (*a musical instrument*)   2.8; to touch   2.4

¿A quién le toca? Whose turn is it?   3.2

tocar el timbre to ring the doorbell   3.3

¿Todavía no me toca? Is it my turn yet?   3.2

todavía *adv.* yet; still   1.5

todo *m.* everything   1.5

Todo está bajo control. Everything is under control.   1.7

todo(s)/a(s) *adj.* all   1.4; whole; *adv.* every

en todo el mundo throughout the world   2.4

todo derecho straight (ahead)   2.5

todos los días everyday   2.1

todos *m., pl.* all of us; everybody; everyone

¡Todos a bordo! All aboard!   1.1

tomar *v.* to take; to drink   1.2

tomar clases to take classes   1.2

tomar el sol to sunbathe   1.4

tomar en cuenta take into account

tomar en serio to take seriously   3.8

tomar fotos to take photos   1.5

tomar la temperatura to take someone's temperature   2.1

tomate *m.* tomato   1.8

tonto/a *adj.* silly; foolish   1.3

torcerse (o:ue) (el tobillo) *v.* to sprain (one's ankle)   2.1

torcido/a *adj.* twisted; sprained   2.1

torear *v.* to fight bulls in the bullring   3.2

toreo *m.* bullfighting   3.2

torero/a *m., f.* bullfighter   3.2

tormenta *f.* storm   2.9

tormenta tropical *f.* tropical storm   3.6

tornado *m.* tornado   2.9

torneo *m.* tournament   3.2

tortilla *f.* tortilla   1.8

tortilla de maíz *f.* corn tortilla   1.8

tos *f., sing.* cough   2.1, 3.4

toser *v.* to cough   2.1, 3.4

tostado/a *adj.* toasted   1.8

tostadora *f.* toaster   2.3

tóxico/a *adj.* toxic   3.6

tozudo/a *adj.* stubborn   3.8

trabajador(a) *adj.* industrious   3.8; hard-working   1.3

trabajar *v.* to work   1.2

trabajar duro to work hard   3.8

trabajo *m.* job; work   2.7

tradicional *adj.* traditional   3.1

traducir *v.* to translate   1.6, 3.1

traer *v.* to bring   1.4, 3.1

tráfico *m.* traffic   2.2

tragar *v.* to swallow

tragedia *f.* tragedy   2.8

trágico/a *adj.* tragic   3.10

traición *f.* betrayal

traído *p.p.* brought   2.5

traidor(a) *m., f.* traitor

traje (de baño) *m.* (bathing) suit   1.6

traje de luces *m.* bullfighter's outfit (*lit.* costume of lights)   3.2

trama *f.* plot   3.10

tranquilo/a *adj.* calm   3.1; quiet   2.6

Tranquilo. Don't worry.; Be cool.   1.7

transbordador espacial *m.* space shuttle   3.7

transcurrir *v.* to take place   3.10

tránsito *m.* traffic

transmisión *f.* transmission

transmitir *v.* to broadcast   2.9, 3.9

transplantar *v.* to transplant

transporte público *m.* public transportation

trasnochar *v.* to stay up very late or all night   3.4

trastorno *m.* disorder

tratado *m.* treaty

tratamiento *m.* treatment   3.4

tratar *v.* to treat   3.4

tratar (sobre/acerca de) to be about; to deal with   3.4

tratar de (+ inf.) *v.* to try (*to do something*)   2.6

tratarse de *v.* to be about; to deal with   3.10

Trato hecho. You've got a deal.   2.8

trayectoria *f.* path; history   3.1

trazar *v.* to trace

trece *n., adj.* thirteen   1.1

treinta *n., adj.* thirty   1.1, 1.2

y treinta thirty minutes past the hour (*time*)   1.1

tren *m.* train   1.5

tres *n., adj.* three   1.1

trescientos/as *n., adj.* three hundred   1.2

tribu *f.* tribe

tribunal *m.* court

trimestre *m.* trimester; quarter   1.2

triste *adj.* sad   1.5

tropical *adj.* tropical

tormenta tropical *f.* tropical storm   3.6

truco *m.* trick   3.2

trueno *m.* thunder   3.6

trueque *m.* barter; exchange

tú *fam. sub. pron.* you   1.1

Tú eres... You are...   1.1

tu(s) *fam. poss. adj.* your   1.3

tubería *f.* piping; plumbing   3.6

turismo *m.* tourism   1.5, 3.5

turista *m., f.* tourist   1.1, 3.5

turístico/a *adj.* touristic; tourist   3.5

tuyo(s)/a(s) *fam. poss. adj. and pron.* your; (of) yours   2.2

U

u *conj.* (*used instead of o before words beginning with o and ho*) or

ubicar *v.* to put in a place; to locate

ubicarse *v.* to be located

Ud. *form., sing., sub. pron.* you   1.1

Uds. *form., pl., sub. pron.* you   1.1

último/a *adj.* last

un, una *indef. art.* a; an   1.1

uno/a *n., adj.* one   1.1

a la una at one o'clock   1.1

una vez *adv.* once; one time   1.6

una vez más one more time   1.9

único/a *adj.* only   1.3; unique

universidad *f.* university; college   1.2

unos/as *pl. indef. art.* some   1.1; *pron.* some   1.1

uña *f.* fingernail

urbano/a *adj.* urban

urgente *adj.* urgent   2.3, 3.4

usar *v.* to wear; to use   1.6

usted (Ud.) *form., sing. sub. pron.* you   1.1

ustedes (Uds.) *form., pl. sub. pron.* you   1.1

usuario/a *m., f.* user   3.7

útil *adj.* useful

uva *f.* grape   1.8

V

vaca *f.* cow 2.4, 3.6
vacaciones *f. pl.* vacation 1.5
vacuna *f.* vaccine 3.4
vago/a *m., f.* slacker 3.7
vagón *m.* carriage; coach 3.7
valer *v.* to be worth 3.1
valiente brave 3.5
valioso/a *adj.* valuable 3.6
valle *m.* valley 2.4
valor *m.* bravery; value
vamos let's go 1.4
vándalo/a *m., f.* vandal 3.6
vanguardia *f.* vanguard
  a la vanguardia at the
  forefront 3.7
vaquero *m.* cowboy 2.8
  de vaqueros western (*genre*)
  2.8
varios/as *adj. pl.* various; several
  1.8
vaso *m.* glass 2.3
veces *f., pl.* times 1.6
vecino/a *m., f.* neighbor 2.3
vedado/a *adj.* forbidden 3.3
veinte *n., adj.* twenty 1.1
veinticinco *n., adj.* twenty-five
  1.1
veinticuatro *n., adj.* twenty-four
  1.1
veintidós *n., adj.* twenty-two
  1.1
veintinueve *n., adj.* twenty-nine
  1.1
veintiocho *n., adj.* twenty-eight
  1.1
veintiséis *n., adj.* twenty-six 1.1
veintisiete *n., adj.* twenty-seven
  1.1
veintitrés *n., adj.* twenty-three
  1.1
veintiún, veintiuno/a *n., adj.*
  twenty-one 1.1
vejez *f.* old age 1.9
vela *f.* candle
velocidad *f.* speed 2.2
  velocidad máxima *f.* speed
  limit 2.2
venado *m.* deer
vencer *v.* to conquer; to
  defeat 3.2, 3.9
vencido/a *adj.* expired 3.5
venda *f.* bandage 3.4
vendedor(a) *m., f.* salesperson
  1.6, 3.8
vender *v.* to sell 1.6
veneno *m.* poison 3.6
venenoso/a *adj.* poisonous 3.6
venerar *v.* to worship
venir *v.* to come 1.3, 3.1
venta *f.* sale
  estar a la venta to be for sale
ventaja *f.* advantage
ventana *f.* window 1.2

ver *v.* to see 1.4, 3.1
  a ver let's see 1.2
  ver películas to see movies 1.4
  Yo lo/la veo muy triste. He/
  She looks very sad to me. 3.6
verano *m.* summer 1.5
verbo *m.* verb
verdad *f.* truth
  ¿verdad? right? 1.1
verde *adj.* green 1.6
verduras *pl., f.* vegetables 1.8
vergüenza *f.* shame;
  embarrassment
  tener vergüenza (de) to be
  ashamed (of) 3.1
verse *v.* to look; to appear
  ¡Qué guapo/a te ves! How
  attractive you look! *fam.* 3.6
  ¡Qué elegante se ve usted!
  How elegant you look! *form.*
  3.6
  Se ve tan feliz. He/She looks
  so happy. 3.6
verso *m.* line (*of poetry*) 3.10
vestido *m.* dress 1.6
vestidor *m.* fitting room
vestirse (e:i) *v.* to get dressed
  1.7, 3.2
vez *f.* time 1.6
  a veces *adv.* sometimes 3.3
  de vez en cuando now and
  then; once in a while 3.3
  érase una vez once upon a time
  por primera/última vez for
  the first/last time 3.2
viajar *v.* to travel 1.2
viaje *m.* trip 1.5, 3.5
  hacer un viaje to take a trip
  3.5
viajero/a *m., f.* traveler 1.5, 3.5
victoria *f.* victory
victorioso/a *adj.* victorious
vida *f.* life 1.9
  vida cotidiana *f.* everyday life
video *m.* video 1.1
  video musical *m.* music video
  3.9
video(casete) *m.* video(cassette)
  2.2
videocasetera *f.* VCR 2.2
videoconferencia *f.*
  videoconference 2.7
videojuego *m.* video game 1.4,
  3.2
vidrio *m.* glass 2.4
viejo/a *adj.* old 1.3
viento *m.* wind 1.5
viernes *m., sing.* Friday 1.2
vigente *adj.* valid 3.5
vigilar *v.* to watch
vinagre *m.* vinegar 1.8
vino *m.* wine 1.8
violencia *f.* violence 2.9
virus *m.* virus 3.4
visitar *v.* to visit 1.4
  visitar monumentos to visit
  monuments 1.4

vistazo *m.* glance;
  echar un vistazo to take a look
visto/a *adj., p.p.* seen 2.5
vitamina *f.* vitamin 2.6
viudo/a *m., f.* widower; widow
  1.9; widowed 3.1
vivienda *f.* housing 2.3
vivir *v.* to live 1.3, 3.1
vivo/a *adj.* bright; lively; living
  en vivo *adj.* live 3.9
volante *m.* steering wheel 2.2
volar (o:ue) *v.* to fly 3.8
volcán *m.* volcano 2.4
vóleibol *m.* volleyball 1.4
volver (o:ue) *v.* to come back; to
  return 1.4
  volver a ver(te/lo/la) to see
  (you/him/her) again 2.9
vos *sub. pron., sing.* you
vosotros/as *sub. pron. form.,*
  pl. you 1.1
votar *v.* to vote 2.9
vuelo *m.* flight
vuelta *f.* return trip
vuelto/a *adj., p.p.* returned 2.5
vuestro(s)/a(s) *poss. adj.* your
  1.3; *poss. adj. and pron.,*
  fam. (of) yours 2.2

W

walkman *m.* walkman
web *f.* (the) web 3.7

Y

y *conj.* and 1.1
  y cuarto quarter after (*time*)
  1.1
  y media half-past (*time*) 1.1
  y quince quarter after (*time*)
  1.1
  y treinta thirty (minutes past
  the hour) 1.1
  ¿Y tú? *fam.* And you? 1.1
  ¿Y usted? *form.* And you? 1.1
ya *adv.* already 1.6
yerno *m.* son-in-law 1.3
yeso *m.* cast 3.4
yo *sub. pron.* I 1.1
  Yo soy... I'm... 1.1
yogur *m.* yogurt 1.8

Z

zaguán *m.* entrance hall;
  vestibule 3.3
zanahoria *f.* carrot 1.8
zapatería *f.* shoe store 2.5
zapatos de tenis *m., pl.* tennis
  shoes, sneakers 1.6
zoológico *m.* zoo 3.2

English-Spanish

A

a **un/una** *m., f., sing.; indef. art.* 1.1
@ symbol **arroba** *f.* 2.2
A.M. **mañana** *f.* 1.1
able: be able to **poder (o:ue)** *v.* 1.4
aboard **a bordo** 1.1
abolish **suprimir** *v.*
above all **sobre todo** 3.6
absent **ausente** *adj.*
abstract **abstracto/a** *adj.* 3.10
accentuate **acentuar** *v.* 3.10
accident **accidente** *m.* 2.1
  car accident **accidente automovilístico** *m.* 3.5
accompany **acompañar** *v.* 2.5
account **cuenta** *f.* 2.5;
  (*story*) **relato** *m.* 3.10
  checking account **cuenta corriente** *f.* 2.5, 3.8
  on account of **por** *prep.* 2.2
  savings account **cuenta de ahorros** *f.* 2.5, 3.8
accountant **contador(a)** *m., f.* 2.7, 3.8
accounting **contabilidad** *f.* 1.2
accustomed (to) **acostumbrado/a (a)** *adj.*
  grow accustomed (to) **acostumbrarse (a)** *v.* 3.3
ache **dolor** *m.* 2.1; **doler (o:ue)** *v.* 3.2
achieve **lograr** *v.* 3.3; **alcanzar** *v.*
acid **ácido/a** *adj.* 2.4
acid rain **lluvia ácida** *f.* 2.4
acquainted: be acquainted with **conocer** *v.* 1.6
action (*genre*) **de acción** *f.* 2.8
active **activo/a** *adj.* 2.6
activist **activista** *m., f.*
actor **actor, actriz** *m., f.* 2.7, 3.9
add **añadir** *v.*
addict (*drug*) **drogadicto/a** *m., f.* 2.6
additional **adicional** *adj.*
address **dirección** *f.* 2.5
adjective **adjetivo** *m.*
admission ticket **entrada** *f.*
adolescence **adolescencia** *f.* 1.9
adore **adorar** *v.* 3.1
advance **avance** *m.* 3.7
advanced **adelantado/a** *adj.*; **avanzado/a** *adj.* 3.7
advantage **ventaja** *f.*
  take advantage of **aprovechar** *v.*
adventure **aventura** *f.* 3.5
  adventure (*genre*) **de aventura** *f.* 2.8

adventurer **aventurero/a** *m., f.* 3.5
advertise **anunciar** *v.* 2.9
advertisement **anuncio** *m.* 2.7; **propaganda** *f.* 3.9
advertising **publicidad** *f.* 3.9
advice **consejo** *m.* 1.6
  give advice **dar consejos** 1.6
advisable **recomendable** *adj.* 3.5
  not advisable **poco recomendable** *adj.*
advise **aconsejar** *v.* 2.3, 3.4
advisor **consejero/a** *m., f.* 2.7; **asesor(a)** *m., f.* 3.8
aerobic **aeróbico/a** *adj.* 2.6
  aerobics class **clase de ejercicios aeróbicos** *f.* 2.6
  do aerobics **hacer ejercicios aeróbicos** 2.6
aesthetic **estético/a** *m., f.* 3.10
affected **afectado/a** *adj.* 2.4
  be affected (by) **estar afectado/a (por)** 2.4
affection **cariño** *m.* 3.1
affectionate **cariñoso/a** *adj.* 3.1
affirmative **afirmativo/a** *adj.*
afflict **afligir** *v.* 3.4
afraid: be (very) afraid (of) **tener (mucho) miedo (de)** 1.3
  be afraid that **tener miedo (de) que**
after **después de** *prep.* 1.7; **después de que** *conj.* 2.4
  after all **al final de cuentas** 3.7; **al fin y al cabo**
afternoon **tarde** *f.* 1.1
afterward **después** *adv.* 1.7
again **otra vez** *adv.*
age **edad** *f.* 1.9
  of age **mayor de edad**
agent **agente** *m., f.*
  customs agent **agente de aduanas** *m., f.* 3.5
agnostic **agnóstico/a** *adj.*
agree **concordar (o:ue)** *v.*; **acordar (o:ue)** *v.* 3.2; **estar de acuerdo** 2.7
  I agree (completely). **Estoy (completamente) de acuerdo.** 2.7
  I don't agree. **No estoy de acuerdo.** 2.7
agreement **acuerdo** *m.* 2.7
aid **auxilio** *m.*
  first aid **primeros auxilios** *m. pl.* 3.4
AIDS **SIDA** *m.* 2.9
air **aire** *m.* 2.4
  air pollution **contaminación del aire** *f.* 2.4
airplane **avión** *m.* 1.5
airport **aeropuerto** *m.* 1.5
alarm clock **despertador** *m.* 1.7
album **álbum** *m.* 3.2

alibi **coartada** *f.* 3.10
alien **extraterrestre** *m., f.* 3.7
all **todo(s)/a(s)** *adj.* 1.4
  All aboard! **¡Todos a bordo!** 1.1
  all of us **todos** 1.1
  all over the world **en todo el mundo**
allergic **alérgico/a** *adj.* 2.1
  be allergic (to) **ser alérgico/a (a)** 2.1
alleviate **aliviar** *v.*
allusion **alusión** *f.* 3.10
almost **casi** *adv.* 2.1, 3.3
alone **solo/a** *adj.* 3.1
along **por** *prep.* 2.2
already **ya** *adv.* 1.6
also **también** *adv.* 1.2, 1.7
alternative medicine **medicina alternativa** *f.*
alternator **alternador** *m.* 2.2
although **aunque** *conj.*
aluminum **aluminio** *m.* 2.4
  (made of) aluminum **de aluminio** 2.4
always **siempre** *adv.* 1.7
amaze **asombrar** *v.*
amazement **asombro** *m.*
ambassador **embajador(a)** *m., f.*
American, (North) **norteamericano/a** *adj.* 1.3
among **entre** *prep.* 1.2
amuse (oneself) **entretener(se) (e:ie)** *v.* 3.2
amusement **diversión** *f.*
ancient **antiguo/a** *adj.*
and **y** *conj.* 1.1; **e** (*before words beginning with* i *or* hi) 1.4
  And you? **¿Y tú?** *fam.* 1.1; **¿Y usted?** *form.* 1.1
anger **enojo** *m.*
angry **enojado/a** *adj.* 1.5
  get angry (with) **enojarse** *v.* (con) 1.7
animal **animal** *m.* 2.4
ankle **tobillo** *m.* 2.1
anniversary **aniversario** *m.* 1.9
  wedding anniversary **aniversario de bodas** 1.9
announce **anunciar** *v.* 2.9
announcer (TV/radio) **locutor(a)** *m., f.* 2.9; **conductor(a)** *m., f.*
annoy **molestar** *v.* 1.7, 3.2
another **otro/a** *adj.* 1.6
answer **contestar** *v.* 1.2; **respuesta** *f.*
answering machine **contestadora** *f.* 2.2
ant **hormiga** *f.* 3.6
antenna **antena** *f.*
antibiotic **antibiótico** *m.* 2.1
antiquity **antigüedad** *f.*
anxiety **ansia** *f.* 3.1
anxious **ansioso/a** *adj.* 3.1
any **algún, alguno/a(s)** *adj., pron.* 1.7

anyone **alguien** *pron.* 1.7
anything **algo** *pron.* 1.7
apartment **apartamento** *m.* 2.3
apartment building **edificio de apartamentos** *m.* 2.3
apologize **disculparse** *v.* 3.6
appear **parecer** *v.*; **aparecer** *v.* 3.1
appearance **aspecto** *m.*
appetizers **entremeses** *m.*, *pl.* 1.8
applaud **aplaudir** *v.* 2.8, 3.2
apple **manzana** *f.* 1.8
appliance (electric) **electrodoméstico** *m.* 2.3
applicant **aspirante** *m.*, *f.* 2.7
application **solicitud** *f.* 2.7
job application **solicitud de trabajo** *f.* 2.7
apply (*for a job*) **solicitar** *v.* 2.7, 3.8
apply for a loan **pedir un préstamo** 2.5
appointment **cita** *f.* 1.9
have an appointment **tener una cita** 1.9
appreciate **apreciar** *v.* 2.8, 3.1
appreciated **apreciado/a** *adj.*
approach **acercarse (a)** *v.* 3.2
approval **aprobación** *f.* 3.9
approve **aprobar (o:ue)** *v.*
April **abril** *m.* 1.5
aquatic **acuático/a** *adj.*
archaeologist **arqueólogo/a** *m.*, *f.* 2.7
archaeology **arqueología** *f.*
architect **arquitecto/a** *m.*, *f.* 2.7
area **región** *f.* 2.4
argue **discutir** *v.* 3.1
arid **árido/a** *adj.*
aristocratic **aristocrático/a** *adj.*
arm **brazo** *m.* 2.1
armchair **sillón** *m.* 2.3
armed **armado/a** *adj.*
army **ejército** *m.* 2.9
around **por** *prep.* 2.2
around here **por aquí** 2.2
arrange **arreglar** *v.* 2.2
arrival **llegada** *f.* 1.5, 3.5
arrive **llegar** *v.* 1.2
art **arte** *m.* 1.2
arts **artes** *f.*, *pl.* 2.8
fine arts **bellas artes** *f.*, *pl.* 2.8
article **artículo** *m.* 2.9
artifact **artefacto** *m.* 3.5
artisan **artesano/a** *m.*, *f.* 3.10
artist **artista** *m.*, *f.* 1.3
artistic **artístico/a** *adj.* 2.8
as **como** *prep.*, *conj.* 1.8
as... as **tan... como** 1.8
as a child **de niño/a** 2.1
as many... as **tantos/as... como** 1.8
as much... as **tanto... como** 1.8

as soon as **en cuanto** *conj.* 2.4; **tan pronto como** *conj.* 2.4
ascent **subida** *f.*
ashamed **avergonzado/a** *adj.*
be ashamed (of) **tener vergüenza (de)** 3.1
ask (*a question*) **preguntar** *v.*
ask for **pedir (e:i)** *v.* 1.4, 3.1, 3.4
asparagus **espárragos** *m.*, *pl.* 1.8
aspirin **aspirina** *f.* 2.1, 3.4
assure **asegurar** *v.*
astonished: be astonished **asombrarse** *v.*
astonishing **asombroso/a** *adj.*
astonishment **asombro** *m.*
astronaut **astronauta** *m.*, *f.* 3.7
astronomer **astrónomo/a** *m.*, *f.* 3.7
at **a** *prep.* 1.1; **en** *prep.* 1.2
at (+ *time*) **a la(s)** (+ *time*) 1.1
at home **en casa** 1.7
at least **por lo menos** 2.1
at night **por la noche** 1.7
at the end (of) **al fondo (de)** 2.3
At what time...? **¿A qué hora...?** 1.1
At your service. **A sus órdenes.** 2.2
atheism **ateísmo** *m.*
atheist **ateo/a** *adj.*
athlete **deportista** *m.*, *f.* 3.2
ATM **cajero automático** *m.* 2.5
attach **adjuntar** *v.* 3.7
attach a file **adjuntar un archivo** 3.7
attend **asistir (a)** *v.* 1.3
attic **altillo** *m.* 2.3
attract **atraer** *v.* 1.4, 3.1
attraction **atracción** *f.*
auction **subasta** *f.* 3.10
audience **público** *m.* 2.8, 3.9; **audiencia** *f.*
August **agosto** *m.* 1.5
aunt **tía** *f.* 1.3
aunts and uncles **tíos** *m.*, *pl.* 1.3
authoritarian **autoritario/a** *adj.* 3.1
autobiography **autobiografía** *f.* 3.10
automatic **automático/a** *adj.*
automobile **automóvil** *m.* 1.5; **carro** *m.* 2.2; **coche** *m.* 2.2
autumn **otoño** *m.* 1.5
available **disponible** *adj.*
avenue **avenida** *f.*
avoid **evitar** *v.* 2.4
award **premio** *m.* 2.8
awkward situation **compromiso** *m.* 3.10

back **espalda** *f.*
behind my back **a mis espaldas** 3.9
have one's back to **estar de espaldas a**
backpack **mochila** *f.* 1.2
bad **mal, malo/a** *adj.* 1.3
It's bad that... **Es malo que...** 2.3
It's not at all bad. **No está nada mal.** 1.5
bag **bolsa** *f.* 1.6
bags under the eyes **ojeras** *f.*, *pl.*
bakery **panadería** *f.* 2.5
balanced **equilibrado/a** *adj.* 2.6
eat a balanced diet **comer una dieta equilibrada** 2.6
balcony **balcón** *m.* 2.3, 3.3
ball **pelota** *f.* 1.4; **balón** *m.* 3.2
ball field **campo** *m.* 3.5
ball game **juego de pelota** *m.* 3.5
banana **banana** *f.* 1.8
band **banda** *f.* 2.8; **conjunto** (*musical*) *m.*
bandage **venda** *f.* 3.4
bank **banco** *m.* 2.5
banking **bancario/a** *adj.*
bankruptcy **bancarrota** *f.* 3.8
baptism **bautismo** *m.*
bargain **ganga** *f.* 1.6, 3.3; **regatear** *v.* 1.6
barter **trueque** *m.*
baseball (*game*) **béisbol** *m.* 1.4
basement **sótano** *m.* 2.3, 3.3
basketball (*game*) **baloncesto** *m.* 1.4
bathe **bañarse** *v.* 1.7
bathing suit **traje** *m.* **de baño** 1.6
bathroom **baño** *m.* 1.7; **cuarto de baño** *m.* 1.7
battle **batalla** *f.*
bay **bahía** *f.* 3.5
be **ser** *v.* 1.1; **estar** *v.* 1.2
be able to **poder (o:ue)** *v.* 3.1
be about (*deal with*) **tratarse de** *v.* 3.10; **tratar (sobre/acerca de)** *v.* 3.4
be about to **disponerse a** *v.* 3.6
be promoted **ascender (e:ie)** *v.* 3.8
be... years old **tener... años** 1.3
beach **playa** *f.* 1.5
beans **frijoles** *m.*, *pl.* 1.8
bear **oso** *m.*
beat **latir** *v.* 3.4
beautiful **hermoso/a** *adj.* 1.6
beauty **belleza** *f.* 2.5

beauty salon **peluquería** *f.* 2.5; **salón** *m.* **de belleza** 2.5

because **porque** *conj.* 1.2
because of **por** *prep.* 2.2

become (+ *adj.*) **ponerse** (+ *adj.*) 1.7; **convertirse (en) (e:ie)** *v.* 3.2
become annoying **ponerse pesado/a** *v.*
become extinct **extinguirse** *v.* 3.6
become infected **contagiarse** *v.* 3.4
become inflamed **inflamarse** *v.*
become informed (about) **enterarse (de)** *v.* 3.9
become part (of) **integrarse (a)** *v.*
become tired **cansarse** *v.*

bed **cama** *f.* 1.5
go to bed **acostarse (o:ue)** *v.* 1.7

bed and breakfast inn **pensión** *f.*

bedroom **alcoba** *f.* 2.3; **dormitorio** *m.* 2.3; **recámara** *f.*

beef **carne de res** *f.* 1.8
beef soup **caldo de patas** *m.* 1.8

beehive **colmena** *f.* 3.8

been **sido** *p.p.* 2.6

before **antes** *adv.* 1.7; **antes de** *prep.* 1.7; **antes (de) que** *conj.* 2.4

beforehand **de antemano**

beg **rogar (o:ue)** *v.* 2.3, 3.4

beggar **mendigo/a** *m., f.*

begin **comenzar (e:ie)** *v.* 1.4; **empezar (e:ie)** *v.* 1.4

behalf: on behalf of **de parte de** 2.2

behave well/badly **portarse** *v.* **bien/mal**

behind **detrás de** *prep.* 1.2

belief **creencia** *f.*

believe (in) **creer** *v.* **(en)** 1.3, 2.4
Don't you believe it. **No creas.**
not to believe **no creer** 2.4

believed **creído** *p.p.* 2.5

believer **creyente** *m., f.*

bellhop **botones** *m., f. sing.* 1.5

belong (to) **pertenecer (a)** *v.*

below **debajo de** *prep.* 1.2

belt **cinturón** *m.* 1.6
seatbelt **cinturón de seguridad** *m.* 3.5

benefit **beneficio** *m.* 2.7

benefits **beneficios** *m. pl.*

beside **al lado de** *prep.* 1.2

besides **además (de)** *adv.* 2.1

best **el/la mejor** *adj.* 1.8; **lo mejor** *neuter* 2.9

bet **apostar (o:ue)** *v.*; **apuesta** *f.*

betray **engañar** *v.* 3.9

betrayal **traición** *f.*

better **mejor** *adj.* 1.8
It's better that… **Es mejor que…** 2.3

between **entre** *prep.* 1.2

beverage **bebida** *f.*

beyond **más allá de**

bias **parcialidad** *f.* 3.9
left-wing/right-wing bias **tendencia izquierdista/ derechista** *f.*

biased **parcial** *adj.* 3.9

bicycle **bicicleta** *f.* 1.4

big **gran, grande** *adj.* 1.3

bilingual **bilingüe** *adj.* 3.9

bill **cuenta** *f.* 1.9; **proyecto de ley** *m.*

billiards **billar** *m.* 3.2

billion **mil millones** *m.*

biochemical **bioquímico/a** *adj.* 3.7

biography **biografía** *f.* 3.10

biologist **biólogo/a** *m., f.* 3.7

biology **biología** *f.* 1.2

bird **ave** *f.* 2.4, 3.6; **pájaro** *m.* 2.4, 3.6

birth **nacimiento** *m.* 1.9

birthday **cumpleaños** *m., sing.* 1.9
have a birthday **cumplir años** 1.9

biscuit **bizcocho** *m.*

bite **morder (o:ue)** *v.* 3.6

black **negro/a** *adj.* 1.6

blackberry **mora** *f.* 1.8

blackboard **pizarra** *f.* 1.2

blanket **manta** *f.* 2.3

bless **bendecir (e:i)** *v.*

block (city) **cuadra** *f.* 2.5

blog **blog** *m.* 3.7

blognovel **blogonovela** *f.* 3.7

blogosphere **blogosfera** *f.* 3.7

blond(e) **rubio/a** *adj.* 1.3

blood **sangre** *f.* 3.4
(high/low) blood pressure **tensión (alta/baja)** *f.* 3.4

blouse **blusa** *f.* 1.6

blow **soplar** *v.*
blow out the candles **apagar las velas** 3.8

blue **azul** *adj.* 1.6

blush **enrojecer** *v.*

board **embarcar** *v.*
on board **a bordo** *adj.* 3.5

board game **juego de mesa** *m.* 3.2

boarding house **pensión** *f.*

boat **barco** *m.* 1.5; **bote** *m.* 3.5

body **cuerpo** *m.* 2.1

boil **hervir (e:ie)** *v.* 3.3

bombing **bombardeo** *m.* 3.6

bone **hueso** *m.* 2.1

book **libro** *m.* 1.2

bookcase **estante** *m.* 2.3

bookshelves **estantes** *m.* 2.3

bookstore **librería** *f.* 1.2

boot **bota** *f.* 1.6

border **frontera** *f.* 3.5; **límite** *m.*

bore **aburrir** *v.* 1.7, 3.2

bored **aburrido/a** *adj.* 1.5
be bored **estar aburrido/a** 1.5
get bored **aburrirse** *v.* 2.8

boring **aburrido/a** *adj.* 1.5

born: be born **nacer** *v.* 1.9

borrow **pedir prestado** 2.5, 3.8

borrowed **prestado/a** *adj.*

boss **jefe** *m.,* **jefa** *f.* 2.7

both **ambos/as** *pron., adj.*

bother **molestar** *v.* 1.7, 3.2

bottle **botella** *f.* 1.9

bottom **fondo** *m.*

boulevard **bulevar** *m.*

bow **proa** *f.* 3.5

bowling **boliche** *m.* 3.2

box **caja** *f.*
toolbox **caja de herramientas** *f.*

box office **taquilla** *f.* 3.2

boy **chico** *m.* 1.1; **muchacho** *m.* 1.3

boyfriend **novio** *m.* 1.3

brakes **frenos** *m., pl.*

branch **sucursal** *f.*

brand **marca** *f.*

brave **valiente** 3.5

bravery **valor** *m.*

bread **pan** *m.* 1.8

break **romper** *v.* 2.1
break (one's leg) **romperse (la pierna)** 2.1
break down **dañar** *v.* 2.1
break in (*to a conversation*) **meterse** *v.* 3.1
break up (with) **romper** *v.* **(con)** 1.9, 3.1
The… broke down. **Se nos dañó el/la…** 2.2

breakfast **desayuno** *m.* 1.2, 1.8
have breakfast **desayunar** *v.* 1.2

breakthrough **avance** *m.* 3.7

breathe **respirar** *v.* 2.4

breathing **respiración** *f.* 3.4

brick **ladrillo** *m.*

bridge **puente** *m.*

bright **luminoso/a** *adj.* 3.10

bring **traer** *v.* 1.4, 3.1
bring down **derribar** *v.*
bring up (*raise*) **educar** *v.* 3.1

broadcast **transmitir** *v.* 2.9, 3.9; **emitir** *v.* 2.9; **emisión** *f.*
live broadcast **emisión en vivo/directo** *f.*

brochure **folleto** *m.*

broken **roto/a** *adj.* 2.1, 2.5
be broken **estar roto/a** 2.1

broom **escoba** *f.*

brother **hermano** *m.* 1.3
brothers and sisters **hermanos** *m., pl.* 1.3

brother-in-law **cuñado** *m.* 1.3
brought **traído** *p.p.* 2.5
brown **café** *adj.* 1.6; **marrón** *adj.* 1.6
brunet(te) **moreno/a** *adj.* 1.3
brush **cepillar(se)** *v.* 1.7, 3.2
  brush against **rozar** *v.*
  brush one's hair **cepillarse el pelo** 1.7
  brush one's teeth **cepillarse los dientes** 1.7
brush stroke **pincelada** *f.* 3.10
Buddhist **budista** *adj.*
budget **presupuesto** *m.* 3.8
buffalo **búfalo** *m.*
build **construir** *v.* 1.4
building **edificio** *m.* 2.3
bull ring **ruedo** *m.* 3.2
bullfight **corrida** *f.* 3.2
bullfighter **torero/a** *m., f.* 3.2
  bullfighter who kills the bull **matador/a** *m., f.* 3.2
  bullfighter's outfit **traje de luces** *m.* 3.2
bullfighting **toreo** *m.* 3.2
  bullfighting stadium **plaza de toros** *f.* 3.2
bump into (*something accidentally*) **darse con** 2.1; (*someone*) **encontrarse** *v.* 2.2
bureaucracy **burocracia** *f.*
buried **enterrado/a** *adj.* 3.2
burn (*a CD*) **quemar** *v.* 2.2
burned (out) **quemado/a** *adj.* 2.2
burrow **madriguera** *f.* 3.3
bury **enterrar (e:ie), sepultar** *v.*
bus **autobús** *m.* 1.1
  bus station **estación** *f.* **de autobuses** 1.5
business **negocios** *m. pl.* 2.7
  business administration **administración** *f.* **de empresas** 1.2
  business-related **comercial** *adj.* 2.7
businessman **hombre de negocios** *m.* 3.8
businessperson **hombre/mujer de negocios** *m., f.* 2.7
businesswoman **mujer de negocios** *f.* 3.8
busy **ocupado/a** *adj.* 1.5
but **pero** *conj.* 1.2; (rather) **sino** *conj.* 1.7
butcher shop **carnicería** *f.* 2.5
butter **mantequilla** *f.* 1.8
butterfly **mariposa** *f.*
buy **comprar** *v.* 1.2
by **por** *conj.* 2.2; **para** *prep.* 2.2
  by means of **por** *prep.* 2.2
  by phone **por teléfono** 2.2
  by plane **en avión** 1.5

by way of **por** *prep.* 2.2
bye **chau** *interj. fam.* 1.1

C

cabin **cabaña** *f.* 1.5
cable television **televisión** *f.* **por cable** 2.2
café **café** *m.* 1.4
cafeteria **cafetería** *f.* 1.2
caffeine **cafeína** *f.* 2.6
cage **jaula** *f.*
cake **pastel** *m.* 1.9
  chocolate cake **pastel de chocolate** *m.* 1.9
calculation (*sum*) **cuenta** *f.*
calculator **calculadora** *f.* 2.2
call **llamar** *v.* 2.2
  be called **llamarse** *v.* 1.7
  call on the phone **llamar por teléfono**
calm **tranquilo/a** *adj.* 2.6, 3.1
calm down **calmarse** *v.*
  Calm down. **Tranquilo/a.**
calorie **caloría** *f.* 2.6
camera **cámara** *f.* 2.2
camp **acampar** *v.* 1.5
campaign **campaña** *f.*
campground **campamento** *m.* 3.5
can **poder (o:ue)** *v.* 1.4; (tin) **lata** *f.* 2.4
Canadian **canadiense** *adj.* 1.3
cancel **cancelar** *v.* 3.5
cancer **cáncer** *m.*
candidate **aspirante** *m., f.* 2.7; **candidato/a** *m., f.* 2.9
candle **vela** *f.*
candy **dulces** *m., pl.* 1.9
canon **canon** *m.* 3.10
canvas **tela** *f.* 3.10
capable **capaz** *adj.* 3.8
cape **cabo** *m.*
capital city **capital** *f.* 1.1
captain **capitán** *m.*
car **coche** *m.* 2.2; **carro** *m.* 2.2; **auto(móvil)** *m.* 1.5
caramel **caramelo** *m.* 1.9
card **tarjeta** *f.*; (playing) **carta** *f.* 1.5, 3.2; **naipe** *f.* 3.2
  credit/debit card **tarjeta de crédito/débito** *f.*
care **cuidado** *m.* 1.3, 3.1
  personal care **aseo personal** *m.*
  Take care! **¡Cuídense!** 2.6
  take care of **cuidar** *v.* 2.4
career **carrera** *f.* 2.7
careful **cuidadoso/a** *adj.* 3.1
  be (very) careful **tener (mucho) cuidado** 1.3
caress **acariciar** *v.* 3.10
caretaker **ama** *m., f.* **de casa** 2.3

carpenter **carpintero/a** *m., f.* 2.7
carpet **alfombra** *f.* 2.3
carriage **vagón** *m.* 3.7
carrot **zanahoria** *f.* 1.8
carry **llevar** *v.* 1.2, 3.2
  carry away **llevarse** *v.* 3.2
  carry out **cumplir** *v.* 3.8
  carry out (*an activity*) **llevar a cabo**
cartoons **dibujos** *m., pl.* **animados** 2.8
cascade **cascada** *f.* 3.5
case: in any case **de todas formas**
  in case (that) **en caso (de) que** *conj.* 2.4
cash (*a check*) **cobrar** *v.* 2.5; **(en) efectivo** 1.6; **dinero en efectivo** *m.* 3.3; (*Arg.*) **guita** *f.*
  pay in cash **pagar al contado** 2.5; **pagar en efectivo** 2.5
cashier **cajero/a** *m., f.*
cash register **caja** *f.* 1.6
casket **ataúd** *m.* 3.2
cast **yeso** *m.* 3.4
cat **gato** *m.* 2.4
catastrophe **catástrofe** *f.*
catch **atrapar** *v.* 3.6; **pillar** *v.* 3.9
category **categoría** *f.* 3.5
Catholic **católico/a** *adj.*
cautious **prevenido/a** *adj.*
cave **cueva** *f.*
CD player **reproductor de CD** *m.* 3.7
CD-ROM **cederrón** *m.* 2.2
celebrate **celebrar** *v.* 1.9; **festejar** *v.* 3.2
celebration **celebración** *f.*
  young woman's fifteenth birthday celebration **quinceañera** *f.* 1.9
celebrity **celebridad** *f.* 3.9
cell **célula** *f.* 3.7; **celda** *f.*
cell phone **móvil** *m.* 3.7; **teléfono celular** *m.* 3.7
cellar **sótano** *m.* 2.3
cellular **celular** *adj.* 2.2
cellular telephone **teléfono celular** *m.* 2.2
cemetery **cementerio** *m.*
censorship **censura** *f.* 3.9
cent **centavo** *m.*
century **siglo** *m.*
cereal **cereales** *m., pl.* 1.8
certain **cierto** *m.* 2.4; **seguro** *m.* 2.4
  it's (not) certain **(no) es cierto/seguro** 2.4
certainty **certeza** *f.*, **certidumbre** *f.*
chalk **tiza** *f.* 1.2

challenge **desafío** *m.* 3.7;
desafiar *v.* 3.2; **poner a
prueba**
challenging **desafiante** *adj.* 3.4
champagne **champán** *m.* 1.9
champion **campeón/campeona**
m., f. 3.2
championship **campeonato** *m.*
3.2
chance **azar** *m.* 3.5; **casualidad**
f. 3.5
by chance **por casualidad**
3.3
change **cambio** *m.*; **cambiar** *v.*
(de) 1.9; **mudar** *v.* 3.2
channel **canal** *m.* 3.9
television channel **canal de
televisión** *m.* 2.2, 2.8
chapel **capilla** *f.*
chapter **capítulo** *m.*
character (*fictional*) **personaje**
m. 2.2, 2.8, 3.10
main/secondary character
**personaje principal/
secundario** *m.* 2.8
characteristic (*trait*) **rasgo** *m.*
characterization **caracterización**
f. 3.10
charge **cobrar** *v.* 3.8
be in charge of **encargarse de**
v. 3.1; **estar a cargo de;
estar encargado/a de**
person in charge **encargado/a**
m., f.
chat **conversar** *v.* 1.2
chauffeur **conductor(a)** *m.,*
f. 1.1
cheap (*stingy*) **tacaño/a** *adj.* 3.1;
(*inexpensive*) **barato/a** *adj.*
1.6, 3.3
check (*bank*) **cheque** *m.* 2.5;
comprobar (o:ue) *v.*; **revisar**
v. 2.2
check the oil **revisar el aceite**
2.2
checking account **cuenta** *f.*
corriente 2.5
cheek **mejilla** *f.* 3.10
cheer up **animar** *v.*
Cheer up! **¡Anímate!** *sing.*;
¡Anímense! *pl.* 3.2
Cheers! **¡Salud!** 3.8
cheese **queso** *m.* 1.8
chef **cocinero/a** *m., f.* 2.7
chemical **químico/a** *adj.* 3.7
chemist **químico/a** *m., f.* 3.7
chemistry **química** *f.* 1.2
chess **ajedrez** *m.* 3.2
chest **pecho** *m.* 3.10
chest of drawers **cómoda** *f.* 2.3
chew **masticar** *v.*
chicken **pollo** *m.* 1.8
child **niño/a** *m., f.* 1.3
childhood **niñez** *f.* 1.9;
infancia *f.*

children **hijos** *m., pl.* 1.3
Chinese **chino/a** *adj.* 1.3
chocolate **chocolate** *m.* 1.9
chocolate cake **pastel** *m.* **de
chocolate** 1.9
choir **coro** *m.*
cholesterol **colesterol** *m.* 2.6
choose **elegir (e:i)** *v.*; **escoger**
v. 1.8, 3.1
chop (*food*) **chuleta** *f.* 1.8
chore **quehacer** *m.* 3.3
chorus **coro** *m.*
chosen **elegido/a** *adj.*
Christian **cristiano/a** *adj.*
Christmas **Navidad** *f.* 1.9
church **iglesia** *f.* 1.4
cinema **cine** *m.* 3.2
circus **circo** *m.* 3.2
cistern **cisterna** *f.* 3.6
citizen **ciudadano/a** *m., f.* 2.9
city **ciudad** *f.* 1.4
civilization **civilización** *f.*
civilized **civilizado/a** *adj.*
claim **reclamar** *v.*
clarify **aclarar** *v.* 3.9
class **clase** *f.* 1.2
take classes **tomar clases** 1.2
classic **clásico/a** *adj.* 3.10
classical **clásico/a** *adj.* 2.8
classmate **compañero/a** *m., f.* **de
clase** 1.2
clean (*pure*) **puro/a** *adj.* 2.4;
limpio/a *adj.* 1.5; **limpiar**
v. 2.3, 3.3
clean the house **limpiar la casa**
2.3
cleaning **limpieza** *f.* 3.3
cleanliness **aseo** *m.*
clear (*weather*) **despejado/a** *adj.*
clear the table **quitar la mesa**
2.3
It's (very) clear. (*weather*) **Está
(muy) despejado.**
clerk **dependiente/a** *m., f.* 1.6
click **hacer clic** 3.7
cliff **acantilado** *m.*
climate **clima** *m.*
climb (*mountain*) **escalada** *f.*;
escalar *v.* 1.4
climb mountains **escalar
montañas** 1.4
climber **escalador(a)** *m., f.*
clinic **clínica** *f.* 2.1
clock **reloj** *m.* 1.2
cloister **claustro** *m.*
clone **clonar** *v.* 3.7
close **cerrar (e:ie)** *v.* 1.4
closed **cerrado/a** *adj.* 1.5
closet **armario** *m.* 2.3
clothes **ropa** *f.* 1.6
clothes dryer **secadora** *f.* 2.3
clothing **ropa** *f.* 1.6
cloud **nube** *f.* 2.4
cloudy **nublado/a** *adj.* 1.5
It's (very) cloudy. **Está (muy)
nublado.** 1.5

clown **payaso/a** *m., f.* 3.8
club **club** *m.*
sports club **club deportivo** *m.*
3.2
coach (*train*) **vagón** *m.* 3.7;
(*trainer*) **entrenador(a)** *m.,*
f. 3.2
coast **costa** *f.* 3.6
coat **abrigo** *m.* 1.6
cockroach **cucaracha** *f.* 3.6
coffee **café** *m.* 1.8
coffeemaker **cafetera** *f.* 2.3
coincidence **casualidad** *f.* 3.5
cold **frío** *m.* 1.5; (*illness*)
resfriado *m.* 2.1, 3.4
be (feel) (very) cold **tener
(mucho) frío** 1.3
have a cold **estar resfriado/a**
3.4
It's (very) cold. (*weather*) **Hace
(mucho) frío.** 1.5
collect **coleccionar** *v.*
college **universidad** *f.* 1.2
collision **choque** *m.* 2.9
colonize **colonizar** *v.*
colony **colonia** *f.*
color **color** *m.* 1.6
columnist **columnista** *m., f.* 3.9
comb one's hair **peinarse** *v.* 1.7,
3.2
combatant **combatiente** *m., f.*
come **venir** *v.* 1.3, 3.1
come back **volver (o:ue)** *v.*
come from **provenir (de)** *v.*
come to an end **acabarse** *v.*
3.6
come with **acompañar**
v. 3.10
comedian **comediante** *m.,*
f. 3.1
comedy **comedia** *f.* 2.8
comet **cometa** *m.* 3.7
comfortable **cómodo/a** *adj.* 1.5
comic strip **tira cómica** *f.* 3.9
commerce **negocios** *m., pl.* 2.7;
comercio *m.* 3.8
commercial **comercial** *adj.* 2.7;
anuncio *m.* 3.9
commitment **compromiso** *m.*
3.1
communicate (with) **comunicarse**
v. **(con)** 2.9
communication **comunicación** *f.*
2.9
means of communication
medios *m. pl.* **de
comunicación** 2.9
community **comunidad** *f.* 1.1,
3.4
compact disc (CD) **disco** *m.*
compacto 2.2
compact disc player (CD player)
tocadiscos *m. sing.*
compacto 2.2
company **compañía** *f.*, **empresa**
f. 2.7, 3.8

multinational company
empresa multinacional *f.*
3.8
comparison **comparación** *f.*
compass **brújula** *f.* 3.5
competent **capaz** *adj.* 3.8
complain (about) **quejarse (de)**
v. 3.2
complaint **queja** *f.*
completely **completamente**
adv. 2.7
complicated **rebuscado/a** *adj.*
compose **componer** *v.* 3.1
composer **compositor(a)** *m., f.*
2.8
computer **computadora** *f.* 1.1
computer disc **disco** *m.*
computer monitor **monitor** *m.*
2.2
computer programmer
programador(a) *m., f.* 1.3
computer science **computación**
f. 1.2; **informática** *f.* 3.7
conceited **creído/a** *adj.*
concert **concierto** *m.* 2.8, 3.2
condition (*illness*) **dolencia** *f.*
3.4
conductor (*musical*) **director(a)**
m., f. 2.8
conference **conferencia** *f.* 3.8
confess **confesar (e:ie)** *v.*
confidence **confianza** *f.* 3.1
confident **seguro/a** *adj.* 3.1
confirm **confirmar** *v.* 1.5
confirm a reservation
confirmar una reservación
1.5
confront **enfrentar** *v.*
confuse (with) **confundir (con)** *v.*
confused **confundido/a** *adj.* 1.5
congested **congestionado/a**
adj. 2.1
Congratulations! (*for an event such
as a birthday or anniversary*)
¡Felicidades! 1.9; (*for an
event such as an engagement
or a good grade on a test*)
¡Felicitaciones! 1.9
Congratulations to all!
¡Felicidades a todos!
connection **conexión** *f.*
conquer **conquistar** *v.;* **vencer**
v. 3.2, 3.9
conqueror **conquistador(a)** *m., f.*
conquest **conquista** *f.*
conscience **conciencia** *f.*
consequently **por consiguiente**
adv.
conservation **conservación**
f. 2.4
conservative **conservador(a)** *adj.*
conserve **conservar** *v.* 2.4, 3.6
consider **considerar** *v.*
considering **para** *prep.* 2.2
consulate **consulado** *m.*

consultant **asesor(a)** *m., f.* 3.8
consume **consumir** *v.* 2.6
consumption **consumo** *m.*
energy consumption **consumo
de energía** *m.*
container **envase** *m.* 2.4
contaminate **contaminar** *v.* 3.6
contamination **contaminación**
f. 3.6
contemporary **contemporáneo/a**
adj. 3.10
content **contento/a** *adj.* 1.5
contented: be contented with
contentarse con *v.* 3.1
contest **concurso** *m.* 2.8
continue **seguir (e:i)** *v.* 1.4
contract **contrato** *m.* 3.8;
contraer *v.* 3.1
contribute **contribuir (a)** *v.* 3.6
contribution **aportación** *f.*
control **control** *m.;* **controlar** *v.*
2.4
be under control **estar bajo
control** 1.7
controversial **controvertido/a**
adj. 3.9
controversy **polémica** *f.*
conversation **conversación**
f. 1.1
converse **conversar** *v.* 1.2
cook **cocinero/a** *m., f.* 2.7;
cocinar *v.* 2.3, 3.3
cookie **galleta** *f.* 1.9
cool **fresco/a** *adj.* 1.5
Be cool. **Tranquilo.** 1.7
It's cool. (*weather*) **Hace
fresco.** 1.5
corn **maíz** *m.* 1.8
corner **esquina** *f.* 2.5; **rincón** *m.*
cornmeal cake **arepa** *f.*
correspondent **corresponsal**
m., f. 3.9
corruption **corrupción** *f.*
cost **costar (o:ue)** *v.* 1.6
costly **costoso/a** *adj.*
costume **disfraz** *m.*
in costume **disfrazado/a** *adj.*
cotton **algodón** *m.* 1.6
(made of) cotton **de algodón**
1.6
couch **sofá** *m.* 2.3
couch potato **teleadicto/a** *m., f.*
2.6
cough **tos** *f.* 2.1, 3.4; **toser** *v.*
2.1, 3.4
counselor **consejero/a** *m.,
f.* 2.7
count **contar (o:ue)** *v.* 3.2
count (on) **contar** *v.* **(con)**
1.4, 2.3
country (*nation*) **país** *m.* 1.1
countryside **campo** *m.* 1.5, 3.6
couple **pareja** *f.* 1.9, 3.1
courage **coraje** *m.*

course **curso** *m.* 1.2;
materia *f.* 1.2
of course **claro** *interj.* 3.3; **por
supuesto; ¡cómo no!**
court **tribunal** *m.*
courtesy **cortesía** *f.*
cousin **primo/a** *m., f.* 1.3
cover **portada** *f.* 3.9; **tapa** *f.;*
cubrir *v.*
covered **cubierto** *p.p.*
cow **vaca** *f.* 2.4, 3.6
crafts **artesanía** *f.* 2.8
craftsmanship **artesanía** *f.* 2.8
crash **choque** *m.* 3.3
crater **cráter** *m.* 2.4
crazy **loco/a** *adj.* 1.6
create **crear** *v.* 3.7
creativity **creatividad** *f.*
credit **crédito** *m.* 1.6
credit card **tarjeta** *f.* **de
crédito** 1.6
crime **crimen** *m.* 2.9
crisis **crisis** *f.*
economic crisis **crisis
económica** *f.* 3.8
critic **crítico/a** *m., f.*
movie critic **crítico/a de cine**
m., f. 3.9
critical **crítico/a** *adj.*
critique **criticar** *v.* 3.10
cross **cruzar** *v.* 2.5
crowd **multitud** *f.*
cruise ship **crucero** *m.* 3.5
cubism **cubismo** *m.* 3.10
culture **cultura** *f.* 2.8
pop culture **cultura popular** *f.*
cultured **culto/a** *adj.*
cup **taza** *f.* 2.3
currency exchange **cambio** *m.* **de
moneda**
current events **actualidades** *f., pl.*
2.9
currently **actualmente** *adv.*
curse **maldición** *f.*
curtains **cortinas** *f., pl.* 2.3
custard (*baked*) **flan** *m.* 1.9
custom **costumbre** *f.* 1.1, 3.3
customer **cliente/a** *m., f.* 1.6
customs **aduana** *f.* 1.5
customs agent **agente de
aduanas** *m., f.* 3.5
customs inspector **inspector(a)
de aduanas** *m., f.* 1.5
cut **corte** *m.*
cybercafé **cibercafé** *m.* 2.2
cycling **ciclismo** *m.* 1.4

D

dad **papá** *m.* 1.3
daily **diario/a** *adj.* 1.7, 3.3
daily routine **rutina** *f.* **diaria**
1.7
dam **represa** *f.*

damage **dañar** *v.* 2.1
damp **húmedo/a** *adj.* 3.6
dance **bailar** *v.* 2.1, 3.1; **danza** *f.* 2.8; **baile** *m.* 2.8
dance club **discoteca** *f.* 3.2
dancer **bailarín/bailarina** *m., f.* 2.8
danger **peligro** *m.* 2.4
dangerous **peligroso/a** *adj.* 2.9, 3.5
dare (to) **atreverse (a)** *v.* 3.2
darken **oscurecer** *v.* 3.6
darts **dardos** *m. pl.* 3.2
data **datos** *m.*
   piece of data **dato** *m.*
date (*appointment*) **cita** *f.* 1.9; (*calendar*) **fecha** *f.* 1.5; (*someone*) **salir** *v.* **con (alguien)** 1.9
   blind date **cita a ciegas** *f.* 3.1
   have a date **tener una cita** 1.9
datebook **agenda** *f.* 3.3
daughter **hija** *f.* 1.3
daughter-in-law **nuera** *f.* 1.3
dawn **alba** *f.*
day **día** *m.* 1.1
   day before yesterday **anteayer** *adv.* 1.6
daybreak **alba** *f.*
deaf **sordo/a** *adj.*
   go deaf **quedarse sordo/a** 3.4
deal **trato** *m.* 2.8
   deal with (*be about*) **tratarse de** *v.* 3.10
   It's not a big deal. **No es para tanto.** 2.3
   You've got a deal! **¡Trato hecho!** 2.8
death **muerte** *f.* 1.9
debt **deuda** *f.* 3.8
   debt collector **cobrador(a)** *m., f.* 3.8
debtor **moroso/a** *m., f.* 3.8
debut (*premiere*) **estreno** *m.* 3.2
decade **década** *f.*
decaffeinated **descafeinado/a** *adj.* 2.6
December **diciembre** *m.* 1.5
decide **decidir** *v.* (+ *inf.*) 1.3
decided **decidido/a** *adj., p.p.* 2.5
declare **declarar** *v.* 2.9
decrease **disminuir** *v.*
dedication **dedicatoria** *f.*
deep **hondo/a** *adj.* 3.2; **profundo/a** *adj.*
deer **venado** *m.*
defeat **derrota** *f.*; **derrotar** *v.*; **vencer** *v.* 3.2, 3.9
defeated **derrotado/a** *adj.*
deforestation **deforestación** *f.* 2.4, 3.6
defrost **descongelar(se)** *v.* 3.7

delay **atrasar** *v.*; **demorar** *v.*; **retrasar** *v.*; **retraso** *m.*
delayed **retrasado/a** *adj.* 3.5
delicious **delicioso/a** *adj.* 1.8; **rico/a** *adj.* 1.8; **sabroso/a** *adj.* 1.8
delighted **encantado/a** *adj.* 1.1
delivery **entrega** *f.*
demand **exigir** *v.* 3.1, 3.4, 3.8; **reclamar** *v.*
democracy **democracia** *f.*
demonstration **manifestación** *f.*
den **madriguera** *f.* 3.3
denounce **delatar** *v.* 3.3; **denunciar** *v.* 3.9
dentist **dentista** *m., f.* 2.1
deny **negar (e:ie)** *v.* 2.4
   not to deny **no negar** 2.4
department store **almacén** *m.* 1.6
departure **salida** *f.* 1.5
depict **reflejar** *v.* 3.10
deposit **depositar** *v.* 2.5, 3.8
depressed **deprimido/a** *adj.* 3.1
depression **depresión** *f.* 3.4
descendent **descendiente** *m., f.*
describe **describir** *v.* 1.3
described **descrito** *p.p.* 2.5
desert **desierto** *m.* 2.4, 3.6
deserve **merecer** *v.* 3.8
design **diseño** *m.*; **diseñar** *v.* 3.8, 3.10
designer **diseñador(a)** *m., f.* 2.7
desire **desear** *v.* 1.2, 3.4; **deseo** *m.*; **gana** *f.*
desk **escritorio** *m.* 1.2
dessert **postre** *m.* 1.9
destination **destino** *m.* 3.5
destroy **destruir** *v.* 2.4, 3.6
detective (*story/novel*) **policíaco/a** *adj.* 3.10
deteriorate **empeorar** *v.* 3.4
detest **detestar** *v.*
develop **desarrollar** *v.* 2.4
developed **desarrollado/a** *adj.*
developing **en vías de desarrollo**
   developing country **país en vías de desarrollo** *m.*
development **desarrollo** *m.* 3.6
diamond **diamante** *m.* 3.5
diary **diario** *m.* 1.1
dictator **dictador(a)** *m., f.*
dictatorship **dictadura** *f.* 2.9
dictionary **diccionario** *m.* 1.1
die **morir (o:ue)** *v.* 1.8; **fallecer** *v.*
   be dead **estar muerto/a**
   die of **morirse (o:ue) de** *v.* 3.2
died **muerto** *p.p.* 2.5
diet (*nutrition*) **alimentación** *f.* 3.4; **dieta** *f.* 2.6
   balanced diet **dieta equilibrada** *f.* 2.6

be on a diet **estar a dieta** 2.6, 3.4
   go on a diet **ponerse a dieta** 3.4
difficult **difícil** *adj.* 1.3; **duro/a** *adj.* 3.7
digestion **digestión** *f.*
digital **digital** *adj.* 3.7
   digital camera **cámara** *f.* **digital** 2.2
dining room **comedor** *m.* 2.3
dinner **cena** *f.* 1.2, 1.8
   dinner guest **comensal** *m., f.* 3.10
   have dinner **cenar** *v.* 1.2
direct **dirigir** *v.* 2.8, 3.1
directions **direcciones** *f., pl.* 2.5
   give directions **dar direcciones** 2.5
director **director(a)** *m., f.* 2.8
dirty **sucio/a** *adj.* 1.5
   get (*something*) dirty **ensuciar** *v.* 2.3
disagree **no estar de acuerdo**
disappear **desaparecer** *v.* 3.1, 3.6
disappointment **desilusión** *f.*
disaster **desastre** *m.* 2.9; **catástrofe** *f.*
   natural disaster **catástrofe natural** *f.*
discomfort **malestar** *m.* 3.4
discotheque **discoteca** *f.* 3.2
discouraged **desanimado/a** *adj.*
   get discouraged **desanimarse** *v.*
   the state of being discouraged **desánimo** *m.* 3.1
discover **descubrir** *v.* 2.4, 3.4
discovered **descubierto/a** *adj., p.p.* 2.5
discoverer **descubridor(a)** *m., f.*
discovery **descubrimiento** *m.* 3.7; **hallazgo** *m.* 3.4
discriminated **discriminado/a** *adj.*
discrimination **discriminación** *f.* 2.9
disease **enfermedad** *f.* 3.4
disguised **disfrazado/a** *adj.*
disgusting: be disgusting **dar asco**
dish **plato** *m.* 1.8, 2.3
   main dish **plato principal** *m.* 1.8
dishwasher **lavaplatos** *m., sing.* 2.3
disk **disco** *m.*
disorder **desorden** *m.* 3.7; (*condition*) **trastorno** *m.*
disorderly **desordenado/a** *adj.* 1.5
disposable **desechable** *adj.* 3.6
distant **lejano/a** *adj.* 3.5
distinguish **distinguir** *v.* 3.1
distract **distraer** *v.* 3.1

distracted **distraído/a** *adj.*
  get distracted **descuidar(se)**
  v. 3.6
disturbing **inquietante** *adj.* 3.10
dive **bucear** *v.* 1.4
diversity **diversidad** *f.* 3.4
divorce **divorcio** *m.* 1.9, 3.1
divorced **divorciado/a** *adj.* 1.9, 3.1
  get divorced (from) **divorciarse**
  v. **(de)** 1.9
dizzy **mareado/a** *adj.* 2.1, 3.4
DNA **ADN (ácido desoxirribonucleico)** *m.* 3.7
do **hacer** *v.* 1.4, 3.1, 3.4
  be (*doing something*) **andar (+ *pres. participle*)** *v.*
  do aerobics **hacer ejercicios aeróbicos** 2.6
  do household chores **hacer quehaceres domésticos** 2.3
  do someone a/the favor **hacer un/el favor (a)**
  do something on purpose **hacer algo a propósito**
  do stretching exercises **hacer ejercicios de estiramiento** 2.6
doctor **doctor(a)** *m., f.* 1.3, 2.1; **médico/a** *m., f.* 1.3
  doctor's appointment **consulta** *f.* 3.4
  doctor's office **consultorio** *m.* 3.4
documentary (*film*) **documental** *m.* 2.8, 3.9
dog **perro** *m.* 2.4
domestic **doméstico/a** *adj.*
  domestic appliance **electrodoméstico** *m.* 2.3
dominoes **dominó** *m.*
done **hecho** *p.p.* 2.5
door **puerta** *f.* 1.2
doorbell **timbre** *m.*
  ring the doorbell **tocar el timbre**
dormitory **residencia** *f.* **estudiantil** 1.2
double **doble** *adj.* 1.5; (*in movies*) **doble** *m., f.* 3.9
  double room **habitación** *f.* **doble** 1.5
doubt **duda** *f.* 2.4; **interrogante** *m.* 3.7; **dudar** *v.* 2.5
  There is no doubt that... **No cabe duda de...** 2.4; **No hay duda de...** 2.4
Down with...! **¡Abajo el/la...!**
download **descargar** *v.* 2.2, 3.7
downtown **centro** *m.* 1.4
drag **arrastrar** *v.*
drama **drama** *m.* 2.8
dramatic **dramático/a** *adj.* 2.8

draw **dibujar** *v.* 1.2, 3.10
drawing **dibujo** *m.* 2.8
dream (about) **soñar (o:ue) (con)** *v.* 3.1
dress **vestido** *m.* 1.6
  get dressed **vestirse (e:i)** *v.* 1.7
dressing room **probador** *m.* 3.3; (*star's*) **camerino** *m.* 3.9
drink **bebida** *f.* 1.8; **beber** *v.* 1.3, 3.1; **tomar** *v.* 1.2
drinking glass **copa** *f.*
drive **conducir** *v.* 1.6, 3.1; **manejar** *v.* 2.2
driver **conductor(a)** *m., f.* 1.1
drought **sequía** *f.* 3.6
drown **ahogarse** *v.*
drowned **ahogado/a** *adj.* 3.5
drug **droga** *f.* 2.6
drug addict **drogadicto/a** *m., f.* 2.6
dry oneself **secarse** *v.* 1.7
dry **seco/a** *adj.* 3.6; **secar** *v.*
  dry off **secarse** *v.* 3.2
dub (*film*) **doblar** *v.*
dubbed **doblado/a** *adj.* 3.9
dubbing **doblaje** *m.*
during **durante** *prep.* 1.7; **por** *prep.* 2.2
dust **polvo** *m.* 3.3; **sacudir** *v.* 2.3; **quitar el polvo** 2.3
  dust the furniture **sacudir los muebles** 2.3
duty **deber** *m.* 3.8
DVD player **reproductor** *m.* **de DVD** 2.2

E

each **cada** *adj.* 1.6
eagle **águila** *f.*
ear (*outer*) **oreja** *f.* 2.1
early **temprano** *adv.* 1.7
earn **ganar** *v.* 2.7
  earn a living **ganarse la vida** 3.8
earth **tierra** *f.* 3.6
  What on earth...? **¿Qué rayos...?** 3.5
earthquake **terremoto** *m.* 2.9, 3.6
ease **aliviar** *v.*
east **este** *m.* 2.5
  to the east **al este** 2.5
easy **fácil** *adj.* 1.3
easy-going (*permissive*) **permisivo/a** *adj.* 3.1
eat **comer** *v.* 1.3
  eat up **comerse** *v.* 3.2
ecology **ecología** *f.* 2.4
economics **economía** *f.* 1.2
ecosystem **ecosistema** *m.* 3.6
ecotourism **ecoturismo** *m.* 2.4, 3.5

Ecuador **Ecuador** *m.* 1.1
Ecuadorian **ecuatoriano/a** *adj.* 1.3
edible **comestible** *adj.*
  edible plant **planta comestible** *f.*
editor **redactor(a)** *m., f.* 3.9
editor-in-chief **redactor(a) jefe** *m., f.*
educate **educar** *v.*
educated (*cultured*) **culto/a** *adj.*
educational **didáctico/a** *adj.* 3.10
effective **eficaz** *adj.*
efficient **eficiente** *adj.*
effort **esfuerzo** *m.*
egg **huevo** *m.* 1.8
eight hundred **ochocientos/as** *n., adj.* 1.2
eight **ocho** *n., adj.* 1.1
eighteen **dieciocho** *n., adj.* 1.1
eighth **octavo/a** *n., adj.* 1.5
eighty **ochenta** *n., adj.* 1.2
either... or **o... o** *conj.* 1.7
elbow **codo** *m.*
elder **mayor** *adj.*
elderly **anciano/a** *adj.*
  elderly gentleman/lady **anciano/a** *m., f.*
eldest **el/la mayor** *adj.* 1.8
elect **elegir (e:i)** *v.* 2.9
elected **elegido/a** *adj.*
election **elecciones** *f. pl.* 2.9
electoral **electoral** *adj.*
electric appliance **electrodoméstico** *m.* 2.3
electrician **electricista** *m., f.* 2.7
electricity **luz** *f.* 2.3, 3.7
electronic **electrónico/a** *adj.*
elegant **elegante** *adj.* 1.6
elevator **ascensor** *m.* 1.5
eleven **once** *n., adj.* 1.1
e-mail **correo** *m.* **electrónico** 1.4
  e-mail address **dirrección** *f.* **electrónica** 2.2, **dirección de correo electrónico** 3.7
  e-mail message **mensaje** *m.* **electrónico** 1.4
  read e-mail **leer el correo electrónico** 1.4
embarrassed **avergonzado/a** *adj.* 1.5
embarrassment **vergüenza** *f.*
embassy **embajada** *f.*
embrace (each other) **abrazar(se)** *v.* 2.2
emergency **emergencia** *f.* 2.1
  emergency room **sala** *f.* **de emergencia(s)** 2.1
emigrate **emigrar** *v.*
emotion **sentimiento** *m.* 3.1
emperor **emperador** *m.*
emphasize **destacar** *v.*
empire **imperio** *m.*

employed **empleado/a** *adj.* 3.8
employee **empleado/a** *m., f.*
 1.5, 3.8
employment **empleo** *m.* 2.7, 3.8
empress **emperatriz** *f.*
encourage **animar** *v.*
end **fin** *m.* 1.4; **terminar** *v.* 1.2
 (*rope, string*) **cabo** *m.*
end table **mesita** *f.* 2.3
endangered **en peligro de**
 extinción *adj.*
 endangered species **especie en**
 peligro de extinción *f.*
ending **desenlace** *m.*
energetic **enérgico/a** *adj.* 3.8
energy **energía** *f.* 2.4
 nuclear energy **energía**
 nuclear *f.* 2.4
 wind energy **energía eólica** *f.*
engaged: get engaged (to)
 comprometerse *v.* **(con)** 1.9
engineer **ingeniero/a** *m., f.* 1.3,
 3.7
English (*language*) **inglés** *m.* 1.2;
 inglés, inglesa *adj.* 1.3
enjoy **disfrutar (de)** *v.* 2.6, 3.2
 Enjoy your meal. **Buen**
 provecho.
enough **bastante** *adv.* 2.1, 3.3
enslave **esclavizar** *v.*
enter **ingresar** *v.*
 enter data **ingresar datos**
entertain (oneself) **entretener(se)**
 (e:ie) *v.* 3.2
entertaining **entretenido/a** *adj.*
 3.2
entertainment **diversión** *f.* 1.4;
 farándula *f.* 3.1
entrance **entrada** *f.* 2.3
entrance hall **zaguán** *m.* 3.3
entrepreneur **empresario/a** *m., f.*
 3.8
envelope **sobre** *m.* 2.5
environment **medio ambiente**
 m. 2.4, 3.6
environmental **ambiental** *adj.*
 3.6
epidemic **epidemia** *f.* 3.4
episode **episodio** *m.* 3.9
 final episode **episodio final**
 m. 3.9
equal **igual** *adj.*
equality **igualdad** *f.* 2.9
equipped **equipado/a** *adj.* 2.6
era **época** *f.*
erase **borrar** *v.* 2.2, 3.7
eraser **borrador** *m.* 1.2
erosion **erosión** *f.* 3.6
errand **diligencia** *f.* 2.5;
 mandado *m.* 3.3
 run errands **hacer mandados**
 3.3
essay **ensayo** *m.*
essayist **ensayista** *m., f.* 3.10

establish **establecer** *v.*;
 (oneself) **establecer(se)** *v.*
eternal **eterno/a** *adj.*
ethical **ético/a** *adj.* 3.7
even **siquiera** *conj.*
 not even **ni siquiera** *conj.*
evening **tarde** *f.* 1.1
event **acontecimiento** *m.* 2.9,
 3.9
everybody **todos** *m., pl.*
every day **todos los días** 2.1
everyday **cotidiano/a** *adj.* 3.3
 everyday life **vida cotidiana** *f.*
everything **todo** *m.* 1.5
 Everything is under control.
 Todo está bajo control.
 1.7
exactly **en punto** 1.1
exam **examen** *m.* 1.2
example (*sample*) **muestra** *f.*
excellent **excelente** *adj.* 1.5
excess **exceso** *m.* 2.6
 in excess **en exceso** 2.6
exchange **intercambiar** *v.*
 in exchange for **por** 2.2
excited **emocionado/a** *adj.* 3.1
exciting **emocionante** *adj.*
excursion **excursión** *f.* 3.5
excuse **disculpar** *v.*
 Excuse me. (*May I?*) **Con**
 permiso. 1.1; (*I beg*
 your pardon.) **Perdona.**
 (*fam.*)/**Perdone.** (*form.*)/
 Perdón. 1.1
executive **ejecutivo/a** *m., f.* 3.8
 of an executive nature **de corte**
 ejecutivo 3.8
exercise **ejercicio** *m.* 2.6;
 hacer *v.* **ejercicio** 2.6
exhausted **agotado/a** *adj.* 3.4;
 fatigado/a *adj.* 3.4
exhaustion **cansancio** *m.* 3.3
exhibition **exposición** *f.*
exile **exilio** *m.*
 political exile **exilio político** *m.*
exit **salida** *f.* 1.5, 3.6
exotic **exótico/a** *adj.*
expel **expulsar** *v.*
expensive **caro/a** *adj.* 1.6,
 3.3; **costoso/a** *adj.*
experience **experiencia** *f.* 2.9,
 3.8; **experimentar** *v.*
experiment **experimento** *m.* 3.7
expire **caducar** *v.*
expired **vencido/a** *adj.* 3.5
explain **explicar** *v.* 1.2
exploit **explotar** *v.*
exploitation **explotación** *f.*
exploration **exploración** *f.*
explore **explorar** *v.*
export **exportar** *v.* 3.8
exports **exportaciones** *f., pl.*
expression **expresión** *f.*
expressionism **expresionismo** *m.*
 3.10

extinct: become extinct
 extinguirse *v.* 3.6
extinction **extinción** *f.* 2.4
extinguish **extinguir** *v.*
extremely delicious **riquísimo/a**
 adj. 1.8
extremely serious **gravísimo/a**
 adj. 2.4
eye **ojo** *m.* 2.1

F

fabulous **fabuloso/a** *adj.* 1.5
face **cara** *f.* 1.7
facial features **facciones** *f., pl.*
 3.3
facilities **servicios** *m., pl.*
facing **enfrente de** *prep.* 2.5
fact **hecho** *m.* 3.3
 in fact **de hecho**
factor **factor** *m.*
 risk factors **factores de riesgo**
 m. pl.
factory **fábrica** *f.*
fad **moda pasajera** *f.* 3.9
faint **desmayarse** *v.* 3.4
fair **feria** *f.* 3.2
faith **fe** *f.*
fall (*season*) **otoño** *m.* 1.5
fall (down) **caerse** *v.* 2.1; **caer**
 v. 3.1
 fall asleep **dormirse (o:ue)** *v.*
 1.7
 fall in love (with) **enamorarse**
 v. **(de)** 1.9, 3.1
fallen **caído/a** *adj., p.p.* 2.5
fame **fama** *f.* 3.9
family **familia** *f.* 1.3
famous **famoso/a** *adj.* 2.7, 3.9
 become famous **hacerse**
 famoso 3.9
fan (of) **aficionado/a (a)** *adj.*
 1.4, 3.2
 be a fan (of) **ser aficionado/a**
 (de/a) 1.4
far from **lejos de** *prep.* 1.2
farewell **despedida** *f.* 3.5
fascinate **fascinar** *v.* 1.7, 3.2
fashion **moda** *f.* 1.6
 be in fashion **estar de moda**
 1.6
fast **rápido/a** *adj.*
fasten **abrocharse** *v.*
 fasten one's seatbelt
 abrocharse el cinturón
 de seguridad
 fasten the seatbelt **ponerse el**
 cinturón de seguridad 3.5
fat **gordo/a** *adj.* 1.3; **grasa**
 f. 2.6
father **padre** *m.* 1.3
father-in-law **suegro** *m.* 1.3
fatigue **fatiga** *f.* 3.8

favor **favor** *m.*
  do someone a/the favor **hacer un/el favor (a)**
favorite **favorito/a** *adj.* 1.4
favoritism **favoritismo** *m.*
fax (*machine*) **fax** *m.* 2.2
fear **miedo** *m.* 1.3; **temer** *v.* 2.4
February **febrero** *m.* 1.5
fed up (with) **harto/a** *adj.*
  be fed up (with) **estar harto/a (de)** 3.1
feed **dar de comer** 3.6
feel **sentir(se) (e:ie)** *v.* 1.7, 3.1; (*experience*) **experimentar** *v.*
  feel like **dar la gana** 3.9
  feel like (*doing something*) **tener ganas de (+ inf.)** 1.3
feeling **sentimiento** *m.* 3.1
festival **festival** *m.* 2.8, 3.2
fever **fiebre** *f.* 2.1, 3.4
  have a fever **tener fiebre** 2.1, 3.4
few **pocos/as** *adj., pl.*
  fewer than **menos de (+ number)** 1.8
field **campo** *m.* 3.6; **cancha** *f.* 3.2
  major field of study **especialización** *f.*
fifteen **quince** *n., adj.* 1.1
  fifteen-year-old girl **quinceañera** *f.* 1.9
fifth **quinto/a** *n., adj.* 1.5
fifty **cincuenta** *n., adj.* 1.2
fight **lucha** *f.*; **pelear** *v.*
  fight (for/against) **luchar** *v.* **(por/contra)** 2.9
  fight bulls **lidiar** *v.* 3.2
  fight bulls in the bullring **torear** *v.* 3.2
figuratively **en sentido figurado**
figure (*number*) **cifra** *f.*
file **archivo** *m.* 2.2
  download a file **bajar un archivo**
fill **llenar** *v.* 2.2
  fill out (a form) **llenar (un formulario)** 2.5
  fill the tank **llenar el tanque** 2.2
filled up (full) **completo/a** *adj.*
  The hotel is full. **El hotel está completo.**
filling **contundente** *adj.* 3.10
film **película** *f.*; **rodar (o:ue)** *v.* 3.9
finally **finalmente** *adv.* 2.6; **por último** 1.7; **por fin** 2.2
finance(s) **finanzas** *f. pl.*; **financiar** *v.* 3.8
financial **financiero/a** *adj.* 3.8
find **encontrar (o:ue)** *v.* 1.4
  find (each other) **encontrar(se)** *v.*

find out **averiguar** *v.* 3.1
finding **hallazgo** *m.* 3.4
fine **multa** *f.*
  That's fine. **Está bien.** 2.2
fine arts **bellas artes** *f., pl.* 2.8, 3.10
finger **dedo** *m.* 2.1
fingernail **uña** *f.*
finish **terminar** *v.* 1.2
  finish (*doing something*) **terminar** *v.* **de (+ inf.)** 1.4
  finish line **meta** *f.*
fire **incendio** *m.* 2.9, 3.6; **despedir (e:i)** *v.* 2.7, 3.8
fired **despedido/a** *adj.*
firefighter **bombero/a** *m., f.* 2.7
fireplace **hogar** *m.* 3.3
firm **compañía** *f.* 2.7, 3.8; **empresa** *f.* 2.7
first **primer, primero/a** *n., adj.* 1.5
  first and foremost **antes que nada**
  first aid **primeros auxilios** *m., pl.* 3.4
fish (*food*) **pescado** *m.* 1.8; (*live*) **pez** *m.* 2.4, 3.6; **pescar** *v.* 1.5
fish market **pescadería** *f.* 2.5
fisherman **pescador** *m.*
fisherwoman **pescadora** *f.*
fishing **pesca** *f.* 1.5, 3.5
fit **caber** *v.* 3.1; (*clothing*) **quedar** *v.* 1.7, 3.2
fitting room **vestidor** *m.*
five **cinco** *n., adj.* 1.1
five hundred **quinientos/as** *n., adj.* 1.2
fix (*put in working order*) **arreglar** *v.* 2.2
fixed **fijo/a** *adj.* 1.6
flag **bandera** *f.*
flank steak **lomo** *m.* 1.8
flask **frasco** *m.*
flat tire: We had a flat tire. **Se nos pinchó una llanta.** 2.2
flavor **sabor** *m.*
  What flavor is it? **¿Qué sabor tiene?** 3.4
flee **huir** *v.* 3.3
fleeting **pasajero/a** *adj.*
flexible **flexible** *adj.* 2.6
flight **vuelo** *m.*
flight attendant **auxiliar de vuelo** *m., f.*
flirt **coquetear** *v.* 3.1
float **flotar** *v.* 3.5
flood **inundación** *f.* 2.9, 3.6; **inundar** *v.*
floor (*of a building*) **piso** *m.* 1.5; **suelo** *m.* 2.3
  ground floor **planta baja** *f.* 1.5
  top floor **planta alta** *f.*
flower **flor** *f.* 2.4; **florecer** *v.* 3.6

flu **gripe** *f.* 2.1, 3.4
fly **mosca** *f.* 3.6; **volar (o:ue)** *v.* 3.8
fog **niebla** *f.*
fold **doblar** *v.*
folk **folklórico/a** *adj.* 2.8
follow **seguir (e:i)** *v.* 1.4
folly **insensatez** *f.* 3.4
fond of **aficionado/a (a)** *adj.* 3.2
food **comida** *f.* 1.8, 3.6; **alimento** *m.*
  canned food **comida enlatada** *f.* 3.6
  fast food **comida rápida** *f.* 3.4
foolish **tonto/a** *adj.* 1.3
foot **pie** *m.* 2.1; (*of an animal*) **pata** *f.*
football **fútbol** *m.* **americano** 1.4
for **para** *prep.* 2.2; **por** *prep.* 2.2
  for example **por ejemplo** 2.2
  for me **para mí** 1.8
forbid **prohibir** *v.*
forbidden **vedado/a** *adj.* 3.3
force **fuerza** *f.*
  armed forces **fuerzas armadas** *f., pl.*
  labor force **fuerza laboral** *f.*
forced **forzado/a** *adj.*
forefront: at the forefront **a la vanguardia**
foreign **extranjero/a** *adj.* 2.8
  foreign languages **lenguas** *f. pl.* **extranjeras** 1.2
foresee **presentir (e:ie)** *v.*, **prever** *v.*
forest **bosque** *m.* 2.4
forget (about) **olvidar** *v.* 2.1; **olvidarse (de)** *v.* 3.2
forgetfulness **olvido** *m.* 3.1
forgive **perdonar** *v.*
fork **tenedor** *m.* 2.3
form **formulario** *m.* 2.5; **forma** *f.*
formulate **formular** *v.* 3.7
forty **cuarenta** *n., adj.* 1.2
  forty-year-old; in her/his forties **cuarentón/cuarentona** *adj.*
fountain **fuente** *f.*
four **cuatro** *n., adj.* 1.1
four hundred **cuatrocientos/as** *n., adj.* 1.2
fourteen **catorce** *n., adj.* 1.1
fourth **cuarto/a** *n., adj.* 1.5
frame **marco** *m.*
free **libre** *adj.* 1.4
  be free (of charge) **ser gratis** 2.5
  free time **tiempo libre** *m.* 1.4, 3.2; **ratos libres** *m. pl.* 1.4, 3.2

freedom **libertad** *f.* 2.9
　freedom of the press **libertad de prensa** *f.* 3.9
freeze **congelar(se)** *v.* 3.7; **helar (e:ie)** *v.*
freezer **congelador** *m.* 2.3
French **francés, francesa** *adj.* 1.3
French fries **papas** *f., pl.* **fritas** 1.8, **patatas** *f., pl.* **fritas** 1.8
frequently **a menudo** *adv.* 3.3; **frecuentemente** *adv.* 2.1; **con frecuencia** *adv.* 2.1
friar **fraile** *m.*
Friday **viernes** *m., sing.* 1.2
fried **frito/a** *adj.* 1.8
　fried potatoes **papas** *f., pl.* **fritas** 1.8, **patatas** *f., pl.* **fritas** 1.8
friend **amigo/a** *m., f.* 1.3
friendly **amable** *adj.* 1.5
friendship **amistad** *f.* 1.9
frightened **asustado/a** *adj.*
frog **rana** *f.* 3.6
from **de** *prep.* 1.1; **desde** *prep.* 1.6
　from time to time **de vez en cuando** 2.1
　He/She/It is from… **Es de…** 1.1
　I'm from… **Soy de…** 1.1
from the United States **estadounidense** *adj.* 1.3
front desk **recepción** *f.* 3.5
front page **portada** *f.* 3.9
frozen **congelado/a** *adj.*
fruit **fruta** *f.* 1.8
　fruit juice **jugo** *m.* **de fruta** 1.8
　fruit store **frutería** *f.* 2.5
fry **freír (e:i)** *v.* 3.3
fuel **combustible** *m.* 3.6
full **lleno/a** *adj.* 2.2;
　full-length film **largometraje** *m.*
fun **divertido/a** *adj.* 1.7, 3.2
　fun activity **diversión** *f.* 1.4
　have fun **divertirse (e:ie)** *v.* 1.9
function **funcionar** *v.*
funny **gracioso/a** *adj.* 3.1
　be funny (to someone) **hacerle gracia (a alguien)**
furnished **amueblado/a** *adj.*
furniture **muebles** *m., pl.* 2.3; **mueble** *m.* 3.3
furthermore **además (de)** *adv.* 2.1
future **futuro** *adj.* 2.7; **porvenir** *m.* 2.7
　Here's to the future! **¡Por el porvenir!** 2.7
　in the future **en el futuro** 2.7
futuristic **futurista** *adj.*

G

gain weight **aumentar** *v.* **de peso** 2.6; **engordar** *v.* 2.6, 3.4
gallery **galería** *f.* 3.10
game **juego** *m.* 3.2; (*match*) **partido** *m.* 1.4
　ball game **juego de pelota** *m.* 3.5
　board game **juego de mesa** *m.* 3.2
　game show **concurso** *m.* 2.8
　win/lose a game **ganar/perder un partido** 3.2
garage (*in a house*) **garaje** *m.* 2.2, 2.3; **taller (mecánico)** *m.* 2.2
garbage (*poor quality*) **porquería** *f.* 3.10
garden **jardín** *m.* 2.3
garlic **ajo** *m.* 1.8
gas station **gasolinera** *f.* 2.2
gasoline **gasolina** *f.* 2.2
gate: airline gate **puerta de embarque** *f.* 3.5
gaze **mirada** *f.* 3.1
gene **gen** *m.* 3.7
generate **generar** *v.*
generous **generoso/a** *adj.*
genetics **genética** *f.* 3.4
genuine **auténtico/a** *adj.* 3.3
geography **geografía** *f.* 1.2
German **alemán, alemana** *adj.* 1.3
gesture **gesto** *m.*
get **conseguir (e:i)** *v.* 1.4; **obtener** *v.* 2.7
　get along **congeniar** *v.*
　get along well/badly (with) **llevarse bien/mal (con)** 1.9, 3.1
　get bored **aburrirse** *v.* 2.8, 3.2
　get caught **enganchar** *v.* 3.5
　get discouraged **desanimarse** *v.*
　get distracted **descuidar(se)** *v.* 3.6
　get dressed **vestirse (e:i)** *v.* 3.2
　get hurt **lastimarse** *v.* 3.4
　get in shape **ponerse en forma** 3.4
　get information **informarse** *v.*
　get off of (*a vehicle*) **bajar(se)** *v.* **de** 2.2
　get on/into (*a vehicle*) **subir(se)** *v.* **a** 2.2
　get out of (*a vehicle*) **bajar(se)** *v.* **de** 2.2
　get ready **arreglarse** *v.* 3.3
　get sick **enfermarse** *v.* 3.4
　get tickets **conseguir (e:i) boletos/entradas** 3.2

　get together (with) **reunirse (con)** *v.* 3.2
　get up **levantarse** *v.* 1.7, 3.2
　get upset **afligirse** *v.* 3.3
　get used to **acostumbrarse (a)** *v.* 3.3
　get well/ill **ponerse bien/mal** 3.4
　get wet **mojarse** *v.*
　get worse **empeorar** *v.* 3.4
gift **regalo** *m.* 1.6, **obsequio**
girl **chica** *f.* 1.1; **muchacha** *f.* 1.3
girlfriend **novia** *f.* 1.3
give **dar** *v.* 1.6, 1.9; (*as a gift*) **regalar** 1.9
　give a prize **premiar** *v.*
　give a shot **poner una inyección** 3.4
　give up **darse por vencido ceder** *v.*
　give way to **dar paso a**
gladly **con mucho gusto** 3.10
glance **vistazo** *m.*
glass (*drinking*) **vaso** *m.* 2.3; **vidrio** *m.* 2.4
　(made of) glass **de vidrio** 2.4
glasses **gafas** *f., pl.* 1.6
global warming **calentamiento global** *m.* 3.6
globalization **globalización** *f.* 3.8
gloves **guantes** *m., pl.* 1.6
go **ir** *v.* 1.4, 3.1, 3.2
　be going to (*do something*) **ir a (+ inf.)** 1.4
　go across **recorrer** *v.* 3.5
　go around (the world) **dar la vuelta (al mundo)**
　go away (from) **irse (de)** *v.* 1.7, 3.2
　go by boat **ir en barco** 1.5
　go by bus **ir en autobús** 1.5
　go by car **ir en auto(móvil)** 1.5
　go by motorcycle **ir en motocicleta** 1.5
　go by taxi **ir en taxi** 1.5
　go by the bank **pasar por el banco** 2.5
　go down **bajar(se)** *v.*
　go on a hike (in the mountains) **ir de excursión (a las montañas)** 1.4
　go to bed **acostarse (o:ue)** *v.* 3.2
　go to sleep **dormirse (o:ue)** *v.* 3.2
　go too far **pasarse** *v.*
　go too fast **embalarse** (*Esp.*) *v.* 3.9
　go out **salir** *v.* 1.9, 3.1
　go out (to eat) **salir (a comer)** *v.* 3.2

go out with **salir con** *v.* 1.9, 3.1
go shopping **ir de compras** 3.3
go up **subir** *v.*
go with **acompañar** *v.* 2.5
Let's go. **Vamos.** 1.4
goat **cabra** *f.*
goblet **copa** *f.* 2.3
God **Dios** *m.*
god/goddess **dios(a)** *m., f.* 3.5
goldfish **pececillo de colores** *m.*
golf **golf** *m.* 1.4
good **buen, bueno/a** *adj.* 1.3, 1.6
be good (*i.e. fresh*) **estar bueno**; (*by nature*) **ser bueno**
Good afternoon. **Buenas tardes.** 1.1
Good evening. **Buenas noches.** 1.1
Good idea. **Buena idea.** 1.4
Good morning. **Buenos días.** 1.1
Good night. **Buenas noches.** 1.1
It's good that... **Es bueno que...** 2.3
good-bye **adiós** *m.* 1.1
say good-bye (to) **despedirse (e:i)** *v.* **(de)** 1.7
good-looking **guapo/a** *adj.* 1.3
goodness **bondad** *f.*
gossip **chisme** *m.* 3.9
govern **gobernar (e:ie)** *v.*
government **gobierno** *m.* 2.4
government agency **organismo público** *m.* 3.9
governor **gobernador(a)** *m., f.*
graduate (from/in) **graduarse** *v.* **(de/en)** 1.9, 3.3
grains **cereales** *m., pl.* 1.8
granddaughter **nieta** *f.* 1.3
grandfather **abuelo** *m.* 1.3
grandmother **abuela** *f.* 1.3
grandparents **abuelos** *m., pl.* 1.3
grandson **nieto** *m.* 1.3
grape **uva** *f.* 1.8
grass **césped** *m.* 2.4; **hierba** *f.* 2.4; **pasto** *m.*
gratitude **agradecimiento** *m.*
grave **grave** *adj.* 2.1
gravity **gravedad** *f.* 3.7
gray **gris** *adj.* 1.6
great **fenomenal** *adj.* 1.5
great-grandfather **bisabuelo** *m.* 1.3
great-grandmother **bisabuela** *f.* 1.3
great-great-grandfather/mother **tatarabuelo/a** *m., f.*
green **verde** *adj.* 1.6
greet (each other) **saludar(se)** *v.* 2.2

greeting **saludo** *m.* 1.1
Greetings to... **Saludos a...** 1.1
grilled (*food*) **a la plancha** 1.8
grilled flank steak **lomo a la plancha** *m.* 1.8
ground floor **planta baja** *f.* 1.5
group **grupo** *m.*
musical group **grupo musical** *m.*
grow **crecer** *v.* 3.1; **cultivar** *v.*
grow accustomed to **acostumbrarse (a)** *v.* 3.3
grow up **criarse** *v.* 3.1
growth **crecimiento** *m.*
Guarani **guaraní** *m.* 3.9
guarantee **asegurar** *v.*
guess **adivinar** *v.*
guest (*at a house/hotel*) **huésped** *m., f.* 1.5; (*invited to a function*) **invitado/a** *m., f.* 1.9
guide **guía** *m., f.* 2.4
guilt **culpa** *f.*
guilty **culpable** *adj.*
guy **tipo** *m.* 3.2
gymnasium **gimnasio** *m.* 1.4

H

habit **costumbre** *f.* 3.3
be in the habit of **soler (o:ue)** *v.* 3.3
hair **pelo** *m.* 1.7
hairdresser **peluquero/a** *m., f.* 2.7
half **medio/a** *adj.* 1.3; **mitad** *f.*
half-past... (*time*) **...y media** 1.1
half-brother **medio hermano** 1.3
half-sister **media hermana** 1.3
hall **sala** *f.*
concert hall **sala de conciertos** *f.*
hallway **pasillo** *m.* 2.3
ham **jamón** *m.* 1.8
hamburger **hamburguesa** *f.* 1.8
hand **mano** *f.* 1.1
Hands up! **¡Manos arriba!**
handsome **guapo/a** *adj.* 1.3
hang (up) **colgar (o:ue)** *v.*
happen **ocurrir** *v.* 2.9; **suceder** *v.* 3.1
These things happen. **Son cosas que pasan.**
happiness **alegría** *v.* 1.9; **felicidad** *f.*
happy **alegre** *adj.* 1.5; **contento/a** *adj.* 1.5; **feliz** *adj.* 1.5
be happy **alegrarse** *v.* **(de)** 2.4
Happy birthday! **¡Feliz cumpleaños!** 1.9

hard **difícil** *adj.* 1.3; **duro/a** *adj.* 3.7
hardly **apenas** *adv.* 2.1; 3.3
hard-working **trabajador(a)** *adj.* 1.3, 3.8
harmful **dañino/a** *adj.* 3.6
harvest **cosecha** *f.*
haste **prisa** *f.* 1.3
hat **sombrero** *m.* 1.6
hate **odiar** *v.* 1.9, 3.1
have **tener** *v.* 1.3, 3.1
Have a good trip! **¡Buen viaje!** 1.1
have a tooth removed **sacar(se) un diente** 2.1
have fun **divertirse (e:ie)** *v.* 3.2
have time **tener tiempo** 1.4
have to (*do something*) **tener que (+ inf.)** 1.3; **deber (+ inf.)** *v.*
he **él** *sub. pron.* 1.1
head **cabeza** *f.* 2.1
headache **dolor de cabeza** *m.* 2.1
headline **titular** *m.* 3.9
heal **curarse** *v.* 3.4; **sanar** *v.* 3.4
healing **curativo/a** *adj.* 3.4
health **salud** *f.* 2.1, 3.4
To your health! **¡A tu salud!**
healthy **saludable** *adj.* 2.1; **sano/a** *adj.* 2.1, 3.4
lead a healthy lifestyle **llevar una vida sana** 2.6
hear **oír** *v.* 1.4, 3.1
heard **oído** *p.p.* 2.5
hearing (*sense*) **oído** *m.* 2.1
heart **corazón** *m.* 2.1, 3.1
heart and soul **cuerpo y alma**
heat **calor** *m.* 1.5
heavy (*filling*) **contundente** *adj.* 3.10
heavy rain **diluvio** *m.*
heel **tacón** *m.*
high heel **tacón alto** *m.*
height (*highest level*) **apogeo** *m.* 3.5
Hello. **Hola.** 1.1; (*on the telephone*) **Aló.** 2.2; **¿Bueno?** 2.2; **Diga.** 2.2
help (*aid*) **auxilio** *m.*; **ayudar** *v.* 2.3; **servir (e:i)** *v.* 1.5
help each other **ayudarse** *v.* 2.2
her **su(s)** *poss. adj.* 1.3; **suyo(s)/a(s)** *poss. adj.* 2.2; **la** *f., sing., d.o. pron.* 1.5
to/for her **le** *f., sing., i.o. pron.* 1.6
here **aquí** *adv.* 1.1
Here it is. **Aquí está.** 1.5
Here we are at/in... **Aquí estamos en...** 1.2
hers **suyo(s)/a(s)** *poss. pron.*

2.2
heritage **herencia** *f.*
  cultural heritage **herencia cultural** *f.*
heroic **heroico/a** *adj.*
Hi. **Hola.** 1.1
hide **ocultarse** *v.* 3.3
high definition **de alta definición** *adj.* 3.7
highest level **apogeo** *m.* 3.5
highway **autopista** *f.* 2.2; **carretera** *f.* 2.2
hike **excursión** *f.* 1.4
  go on a hike **hacer una excursión** 1.5; **ir de excursión** 1.4
hiker **excursionista** *m., f.*
hiking **de excursión** 1.4
hill **cerro** *m.*; **colina** *f.*
him **lo** *m., sing., d.o. pron.* 1.5
  to/for him **le** *m., sing., i.o. pron.* 1.6
Hindu **hindú** *adj.*
hire **contratar** *v.* 2.7, 3.8
his **su(s)** *poss. adj.* 1.3;
  (of) his **suyo(s)/a(s)** *poss. adj. and pron.* 2.2
historian **historiador(a)** *m., f.*
historic **histórico/a** *adj.*
historical **histórico/a** *adj.* 3.10
  historical period **era** *f.*
history **historia** *f.* 1.2, 2.8
hobby **pasatiempo** *m.* 1.4
hockey **hockey** *m.* 1.4
hold (*hug*) **abrazar** *v.* 3.1
  hold your horses **parar el carro** (*Esp.*) 3.9
hole **agujero** *m.*
  black hole **agujero negro** *m.* 3.7
  hole in the ozone layer **agujero en la capa de ozono** *m.*
  small hole **agujerito** *m.* 3.7
holiday **día** *m.* **de fiesta** 1.9
holy **sagrado/a** *adj.*
home **casa** *f.* 1.2; **hogar** *m.* 3.3
home page **página** *f.* **principal** 2.2
homework **tarea** *f.* 1.2
honey **miel** *f.* 3.8
honored **distinguido/a** *adj.*
hood **capó** *m.* 2.2; **cofre** *m.* 2.2
hope **esperanza** *f.* 3.6; **ilusión** *f.*; **esperar** *v.* (+ *inf.*) 1.2, 2.4
  I hope (that) **ojalá (que)** 2.4
horror **horror** *m.* 2.8; (*genre*) **de horror** 2.8; (*story/novel*) **de terror** 3.10
hors d'oeuvres **entremeses** *m., pl.* 1.8
horse **caballo** *m.* 1.5
horseshoe **herradura** *f.*
hospital **hospital** *m.* 2.1

host(ess) **anfitrión/anfitriona** *m., f.* 3.8
hostel **albergue** *m.* 3.5
hot: be (*feel*) (very) hot **tener (mucho) calor** 1.3
  It's (very) hot. **Hace (mucho) calor.** 1.5
hotel **hotel** *m.* 1.5
hour **hora** *f.* 1.1
house **casa** *f.* 1.2
household chores **quehaceres** *m., pl.* **domésticos** 2.3
housekeeper **ama** *m., f.* **de casa** 2.3
housing **vivienda** *f.* 2.3
How...! **¡Qué...!** 1.3
how? **¿cómo?** *adv.* 1.1
  How are you? **¿Qué tal?** 1.1; **¿Cómo estás?** *fam.* 1.1; **¿Cómo está usted?** *form.* 1.1
  How can I help you? **¿En qué puedo servirles?** 1.5
  How did it go for you...? **¿Cómo le/les fue...?** 2.6
  How is it going? **¿Qué tal?** 1.1
  How is/are...? **¿Qué tal...?** 1.2
  How is the weather? **¿Qué tiempo hace?** 2.6
  How much/many? **¿Cuánto(s)/a(s)?** *adj.* 1.1
  How much does ... cost? **¿Cuánto cuesta...?** 1.6
  How old are you? **¿Cuántos años tienes?** *fam.* 1.3
however **sin embargo**
hug (each other) **abrazar(se)** *v.* 2.2, 3.1
humanities **humanidades** *f., pl.* 1.2
humankind **humanidad** *f.*
humid **húmedo/a** *adj.* 3.6
humiliate **humillar** *v.* 3.8
humorous **humorístico/a** *adj.* 3.10
hundred **cien, ciento** *n., adj.* 1.2
hunger **hambre** *f.* 1.3
hungry **hambriento/a** *adj.*
  be (very) hungry **tener (mucha) hambre** 1.3
hunt **cazar** *v.* 2.4, 3.6
hurricane **huracán** *m.* 2.9, 3.6
hurry **prisa** *f.* 3.6; **apurarse** *v.* 2.6; **darse prisa** *v.* 2.6
  be in a (big) hurry **tener (mucha) prisa** 1.3
hurt **herir (e:ie)** *v.* 3.1; **doler (o:ue)** *v.* 2.1, 3.2
  get hurt **lastimarse** *v.* 3.4
  hurt oneself **hacerse daño**
  hurt someone **hacerle daño a alguien**
  It hurts me a lot... **Me duele**

mucho... 2.1
husband **esposo** *m.* 1.3; **marido** *m.*
hut **choza** *f.*
hygiene **aseo** *m.*
hygienic **higiénico/a** *adj.*

I

I **yo** *pron.* 1.1
  I am... **Yo soy...** 1.1
  I hope (that) **Ojalá (que)** *interj.* 2.4
  I wish (that) **Ojalá (que)** *interj.* 2.4
ice cream **helado** *m.* 1.9
  ice cream shop **heladería** *f.* 2.5
iced **helado/a** *adj.* 1.8
  iced tea **té** *m.* **helado** 1.8
idea **idea** *f.* 1.4
ideology **ideología** *f.*
if **si** *conj.* 1.4
illness **dolencia** *f.* 3.4; **enfermedad** *f.* 2.1, 3.4
ill-tempered **malhumorado/a** *adj.*
illusion **ilusión** *f.*
image **imagen** *f.* 3.2, 3.7
imagination **imaginación** *f.*
immature **inmaduro/a** *adj.* 3.1
immediately **en el acto** 3.3
immigration **inmigración** *f.*
immoral **inmoral** *adj.*
import **importar** *v.* 3.8
important **importante** *adj.* 1.3, 3.4
  be important (to) **importar** *v.* 1.7, 3.2, 3.4
  It's important that... **Es importante que...** 2.3
imported **importado/a** *adj.* 3.8
imports **importaciones** *f., pl.*
impossible **imposible** *adj.* 2.4
  it's impossible **es imposible** 2.4
impress **impresionar** *v.* 3.1
impressionism **impresionismo** *m.* 3.10
improbable **improbable** *adj.* 2.4
  it's improbable **es improbable** 2.4
improve **mejorar** *v.* 2.4, 3.4; **perfeccionar** *v.*
improvement **adelanto** *m.* 3.4
in **en** *prep.* 1.2; **por** *prep.* 2.2
  in a bad mood **de mal humor** 1.5
  in a good mood **de buen humor** 1.5
  in front of **delante de** *prep.* 1.2
  in love (with) **enamorado/a (de)** *adj.* 1.5, 3.1

in search of **por** *prep.* 2.2

in the afternoon **de la tarde** 1.1; **por la tarde** 1.7

in the direction of **para** *prep.* 1.1

in the early evening **de la tarde** 1.1

in the morning **de la mañana** 1.1; **por la mañana** 1.7

in the evening **de la noche** 1.1; **por la tarde** 1.7

inadvisable **poco recomendable** *adj.* 3.5

incapable **incapaz** *adj.* 3.8

included **incluido/a** *adj.* 3.5

incompetent **incapaz** *adj.* 3.8

increase **aumento** *m.* 2.7

incredible **increíble** *adj.* 1.5

independence **independencia** *f.*

index **índice** *m.*

indigenous **indígena** *adj.* 3.9

indigenous person **indígena** *m., f.* 3.4

industrious **trabajador(a)** *adj.* 3.8

industry **industria** *f.*

inequality **desigualdad** *f.* 2.9

inexpensive **barato/a** *adj.* 3.3

infected: become infected **contagiarse** *v.* 3.4

infection **infección** *f.* 2.1

inflamed **inflamado/a** *adj.* 3.4

become inflamed **inflamarse** *v.*

inflexible **inflexible** *adj.*

influential **influyente** *adj.* 3.9

inform **informar** *v.* 2.9; **avisar** *v.*

be informed **estar al tanto** 3.9

become informed (about) **enterarse (de)** *v.* 3.9

inhabit **habitar** *v.*

inhabitant **habitante** *m., f.*; **poblador(a)** *m., f.*

inherit **heredar** *v.*

injection **inyección** *f.* 2.1

give an injection **poner una inyección** 2.1

injure **lastimar** *v.*; (oneself) **lastimarse** *v.* 2.1

injure (one's foot) **lastimarse** *v.* **(el pie)** 2.1

injured **herido/a** *adj.*

injury **herida** *f.* 3.4

inner ear **oído** *m.* 2.1

innovative **innovador(a)** *adj.* 3.7

insanity **locura** *f.*

insect bite **picadura** *f.*

insecure **inseguro/a** *adj.* 3.1

inside **dentro** *adv.*

insincere **falso/a** *adj.* 3.1

insist (on) **insistir** *v.* **(en)** 2.3, 3.4

inspired **inspirado/a** *adj.*

instability **inestabilidad** *f.*

install **instalar** *v.* 3.7

installments: pay in installments **pagar a plazos** 2.5

insult **ofensa** *f.* 3.10

insurance **seguro** *m.* 3.5

intelligent **inteligente** *adj.* 1.3

intend to **pensar** *v.* **(+ *inf.*)** 1.4

intensive care **terapia intensiva** *f.* 3.4

interest **interesar** *v.* 1.7, 3.2

interesting **interesante** *adj.* 1.3

be interesting **interesar** *v.* 1.7, 3.2

international **internacional** *adj.* 2.9

Internet **Internet** *m., f.* 2.2, 3.7

interview **entrevista** *f.* 2.7; **entrevistar** *v.* 2.7

job interview **entrevista de trabajo** *f.* 3.8

interviewer **entrevistador(a)** *m., f.* 2.7

intriguing **intrigante** *adj.* 3.10

introduction **presentación** *f.*

I would like to introduce (*name*) to you. **Le presento a...** *form.* 1.1; **Te presento a...** *fam.* 1.1

invade **invadir** *v.*

invent **inventar** *v.* 3.7

invention **invento** *m.* 3.7

invest **invertir (e:ie)** *v.* 2.7, 3.8

investigate **investigar** *v.* 3.7

investment **inversión** *f.*

foreign investment **inversión extranjera** *f.* 3.8

investor **inversor(a)** *m., f.*

invite **invitar** *v.* 1.9

iron **plancha** *f.*

iron clothes **planchar la ropa** 2.3

irresponsible **irresponsable** *adj.*

island **isla** *f.* 3.5

isolate **aislar** *v.* 3.9

isolated **aislado/a** *adj.* 3.6

it **lo/la** *sing., d.o., pron.* 1.5

Italian **italiano/a** *adj.* 1.3

itinerary **itinerario** *m.* 3.5

its **su(s)** *poss. adj.* 1.3; **suyo(s)/a(s)** *poss. pron.* 2.2

J

jacket **chaqueta** *f.* 1.6

January **enero** *m.* 1.5

Japanese **japonés, japonesa** *adj.* 1.3

jealous **celoso/a** *adj.*

be jealous of **tener celos de** 3.1

jealousy **celos** *m., pl.*

jeans **bluejeans** *m., pl.* 1.6

jewelry store **joyería** *f.* 2.5

Jewish **judío/a** *adj.*

job **empleo** *m.* 2.7, 3.8; **puesto** *m.* 2.7, 3.8; **trabajo** *m.* 2.7

job application **solicitud** *f.* **de trabajo** 2.7

job interview **entrevista de trabajo** *f.* 3.8

jog **correr** *v.*

joke **broma** *f.* 3.1; **chiste** *m.* 3.1; **bromear** *v.*

journalism **periodismo** *m.* 1.2

journalist **periodista** *m., f.* 1.3, 3.9; **reportero/a** *m., f.* 2.7

joy **alegría** *f.* 1.9; **regocijo** *m.* 3.4

give joy **dar alegría** 1.9

joyful **alegre** *adj.* 1.5

judge **juez(a)** *m., f.*

judgment **juicio** *m.*

juice **jugo** *m.* 1.8

July **julio** *m.* 1.5

jump **salto** *m.*

June **junio** *m.* 1.5

jungle **selva** *f.* 2.4, 3.5; **jungla** *f.* 2.4

just **apenas** *adv.*; **justo/a** *adj.*

have just (*done something*) **acabar de (+ *inf.*)** 1.6

just as **tal como** *conj.*

justice **justicia** *f.*

K

keep **mantener** *v.* **guardar** *v.*

keep in mind **tener en cuenta**

keep in touch **mantenerse en contacto** *v.* 3.1

keep (something) to yourself **guardarse (algo)** *v.* 3.1

keep up with the news **estar al día con las noticias**

key **llave** *f.* 1.5

keyboard **teclado** *m.* 2.2

kick **patada** *f.* 3.3; **patear** *v.* 3.2

kidnapping **secuestro** *m.*

kilometer **kilómetro** *m.* 2.2

kind **amable** *adj.*

That's very kind of you. **Muy amable.** 1.5

king **rey** *m.*

kingdom **reino** *m.*

kiss **beso** *m.* 1.9; **besar** *v.* 3.1

kiss each other **besarse** *v.* 2.2

kitchen **cocina** *f.* 2.3

knee **rodilla** *f.* 2.1

knife **cuchillo** *m.* 2.3

know **saber** *v.* 1.6, 3.1; **conocer** *v.* 1.6, 3.1

know how **saber** *v.* 1.6

knowledge **conocimiento** *m.*

L

label **etiqueta** *f.*
labor **mano de obra** *f.*
labor union **sindicato** *m.* 3.8
laboratory **laboratorio** *m.* 1.2
lack **faltar** *v.* 1.7, 3.2
lake **lago** *m.* 2.4
lamp **lámpara** *f.* 2.3
land **tierra** *f.* 2.4, 3.6; **terreno** *m.* 3.6
   land (*an airplane*) **aterrizar** *v.*
landlord **dueño/a** *m., f.* 1.8
landscape **paisaje** *m.* 1.5, 3.6
language **lengua** *f.* 1.2; **idioma** *m.* 3.9
laptop (*computer*) **computadora** *f.* **portátil** 2.2, 3.7
large **grande** *adj.* 1.3; (*clothing size*) **talla grande** *f.* 1.6
last **durar** *v.* 2.9; **pasado/a** *adj.* 1.6; **último/a** *adj.*
   last name **apellido** *m.* 1.3
   last night **anoche** *adv.* 1.6
   last week **semana** *f.* **pasada** 1.6
   last year **año** *m.* **pasado** 1.6
late **tarde** *adv.* 1.7; **atrasado/a** *adj.* 3.3
later (on) **más tarde** 1.7
   See you later. **Hasta la vista.** 1.1; **Hasta luego.** 1.1
laugh **reírse (e:i)** *v.* 1.9
laughed **reído** *p.p.* 2.5
launch **lanzar** *v.*
laundromat **lavandería** *f.* 2.5
law **derecho** *m.*; **ley** *f.* 2.4
   abide by the law **cumplir** *v.* **la ley**
   approve/pass a law **aprobar (o:ue)** *v.* **una ley**
lawyer **abogado/a** *m., f.* 2.7
layer **capa** *f.*
   ozone layer **capa de ozono** *f.* 3.6
lazy **perezoso/a** *adj.*; **haragán/ haragana** *adj.* 3.8
lead **encabezar** *v.*
leader **líder** *m., f.*
leadership **liderazgo** *m.*
lean (on) **apoyarse (en)** *v.*
learn **aprender** *v.* (**a +** *inf.*) 1.3
learned **erudito/a** *adj.*
learning **aprendizaje** *m.*
least: at least **por lo menos** *adv.* 2.1
leave **salir** *v.* 1.4; **irse** *v.* 1.7; **marcharse** *v.*; **dejar** *v.*
   leave alone **dejar en paz** 3.8
   leave a tip **dejar una propina** 1.9
   leave behind **dejar** *v.* 2.7
   leave for (*a place*) **salir para**

leave from **salir de**
leave someone **dejar a alguien** *v.*
left **izquierdo/a** *adj.* 1.2
   be left over **quedar** *v.* 1.7, 3.2
   to the left of **a la izquierda de** 1.2
leg **pierna** *f.* 2.1; (*of an animal*) **pata** *f.*
legend **leyenda** *f.* 3.5
leisure **ocio** *m.*
lemon **limón** *m.* 1.8
lend **prestar** *v.* 1.6, 3.8
less **menos** *adv.* 2.1
   less... than **menos... que** 1.8
   less than **menos de (+** *number*) 1.8
lesson **lección** *f.* 1.1; (*teaching*) **enseñanza** *f.*
let **dejar** *v.* 2.3
   let's see **a ver** 1.2
letter **carta** *f.* 1.4, 2.5
lettuce **lechuga** *f.* 1.8
level **nivel** *m.*
   sea level **nivel del mar** *m.*
liberal **liberal** *adj.*
liberate **liberar** *v.*
liberty **libertad** *f.* 2.9
library **biblioteca** *f.* 1.2
license (*driver's*) **licencia** *f.* **de conducir** 2.2
lid **tapa** *f.*
lie **mentira** *f.* 1.4, 3.1
life **vida** *f.* 1.9
   everyday life **vida cotidiana** *f.*
   of my life **de mi vida** 2.6
lifestyle: lead a healthy lifestyle **llevar una vida sana** 2.6
lift **levantar** *v.* 2.6
   lift weights **levantar pesas** 2.6
light **luz** *f.* 2.3
lighthouse **faro** *m.* 3.5
lightning **rayo** *m.*; **relámpago** *m.* 3.6
like **como** *prep.* 1.8
   like this **así** *adv.* 2.1, 3.3
like **gustar** *v.* 1.2, 3.2, 3.4
   Do you like...? **¿Te gusta(n)...?** *fam.* 1.2
   I don't like them at all. **No me gustan nada.** 1.2
   I don't like ... at all! **¡No me gusta nada...!**
   I like... **Me gusta(n)...** 1.2
   like very much **encantar** *v.* 3.2; **fascinar** *v.* 3.2
likeable **simpático/a** *adj.* 1.3
likewise **igualmente** *adv.* 1.1
line **línea** *f.* 1.4; **cola** (*queue*) *f.* 2.5; (*of poetry*) **verso** *m.* 3.10
   wait in line **hacer cola** 3.2
link **enlace** *m.* 3.7
lion **león** *m.* 3.6
listen (to) **escuchar** *v.* 1.2

Listen! (*command*) **¡Oye!** *fam., sing.* 1.1; **¡Oiga/Oigan!** *form., sing. pl.* 1.1
listen to music **escuchar música** 1.2
listen to the radio **escuchar la radio** 1.2
listener **oyente** *m., f.* 3.9
literature **literatura** *f.* 1.2, 3.10
   children's literature **literatura infantil/juvenil** *f.* 3.10
little (*quantity*) **poco/a** *adj.* 1.5; **poco** *adv.* 2.1
live **en vivo** *adj.* 3.9, **en directo** *adj.* 3.9
   live broadcast **emisión en vivo/directo** *f.*
live **vivir** *v.* 1.3, 3.1
lively **animado/a** *adj.* 3.2
living room **sala** *f.* 2.3
loan **préstamo** *m.* 2.5; **prestar** *v.* 1.6, 2.5
lobster **langosta** *f.* 1.8
locate **ubicar** *v.*
located **situado/a** *adj.*
   be located **quedar** *v.* 2.5; **ubicarse** *v.*
lodge **hospedarse** *v.*
lodging **alojamiento** *m.* 3.5
loneliness **soledad** *f.* 3.3
lonely **solo/a** *adj.* 3.1
long **largo/a** *adj.* 1.6
   long-term **a largo plazo**
look **aspecto** *m.*; **verse** *v.*
   He/She looks so happy. **Se ve tan feliz.** 3.6
   He/She looks very sad to me. **Yo lo/la veo muy triste.** 3.6
   How attractive you look! *fam.* **¡Qué guapo/a te ves!** 3.6
   How elegant you look! *form.* **¡Qué elegante se ve usted!** 3.6
   It looks like he/she didn't like it. **Al parecer, no le gustó.** 3.6
   It looks like he/she is sad/ happy. **Parece que está triste/contento/a.** 3.6
look (at) **mirar** *v.* 1.2
look for **buscar** *v.* 1.2
look healthy/sick **tener buen/ mal aspecto** 3.4
look like **parecerse** *v.* 3.2, 3.3
look out upon **dar a** *v.*
take a look **echar un vistazo**
loose **suelto/a** *adj.*
lose **perder (e:ie)** *v.* 1.4
   lose a game **perder un partido** 3.2
   lose an election **perder las elecciones**
   lose weight **adelgazar** *v.* 2.6, 3.4
loss **pérdida** *f.*

lost **perdido/a** *adj.* 2.5
  be lost **estar perdido/a** 2.5
lot: a lot **muchas veces** *adv.* 2.1
  a lot of **mucho/a** *adj.* 1.2, 1.3
lottery **lotería** *f.*
loudspeaker **altoparlante** *m.*
love **amor** *m.* 1.9; (*another person*) **amar; querer (e:ie)** *v.* 1.4, 3.1; (*inanimate objects*) **encantar** *v.* 1.7
  in love **enamorado/a** *adj.* 1.5
  I loved it! **¡Me encantó!** 2.6
  (un)requited love **amor (no) correspondido** *m.*
lower **bajar** *v.*
loyalty **lealtad** *f.*
luck **suerte** *f.* 1.3
lucky **afortunado/a** *adj.*
  be (very) lucky **tener (mucha) suerte** 1.3
luggage **equipaje** *m.* 1.5
lunch **almuerzo** *m.* 1.8
  have lunch **almorzar (o:ue)** *v.* 1.4
luxurious **lujoso/a** 3.5; **de lujo**
luxury **lujo** *m.* 3.8
lying **mentiroso/a** *adj.* 3.1

M

ma'am **señora (Sra.)** *f.* 1.1
mad **enojado/a** *adj.* 1.5
madness **locura** *f.*
magazine **revista** *f.* 1.4, 3.9
  online magazine **revista electrónica** *f.* 3.9
magic **magia** *f.*
magnificent **magnífico/a** *adj.* 1.5
mail **correo** *m.* 2.5; **enviar** *v.*; **mandar** *v.* 2.5; **echar (una carta) al buzón** 2.5
mailbox **buzón** *m.* 2.5
mail carrier **cartero/a** *m.*, *f.* 2.5
main **principal** *adj.* 1.8
maintain **mantener** *v.* 2.6
major **especialización** *f.* 2
majority **mayoría** *f.*
make **hacer** *v.* 1.4, 3.1, 3.4
  make a (hungry) face **poner cara (de hambriento/a)**
  make a toast **brindar** *v.* 3.2
  make a wish **pedir un deseo** 3.8
  make fun of **burlarse (de)** *v.*
  make good use of **aprovechar** *v.*
  make one's way **abrirse paso**
  make sure **asegurarse** *v.*
  make the bed **hacer la cama** 2.3
makeup **maquillaje** *m.* 1.7

put on makeup **maquillarse** *v.* 1.7
male **macho** *m.*
mall **centro comercial** *m.* 3.3
man **hombre** *m.* 1.1
manage **administrar** *v.* 3.8; **dirigir** *v.* 3.1; **lograr** *v.* 3.3
manager **gerente** *m.*, *f.* 2.7, 3.8
manipulate **manipular** *v.* 3.9
manufacture **fabricar** *v.* 3.7
manuscript **manuscrito** *m.*
many **mucho/a** *adj.* 1.3
  many times **muchas veces** 2.1
map **mapa** *m.* 1.2
marathon **maratón** *m.*
March **marzo** *m.* 1.5
margarine **margarina** *f.* 1.8
marinated fish **ceviche** *m.* 1.8
  lemon-marinated shrimp **ceviche** *m.* **de camarón** 1.8
marital status **estado** *m.* **civil** 1.9
maritime **marítimo/a** *adj.*
market **mercado** *m.* 1.6, 3.8
  open-air market **mercado** *m.* **al aire libre** 1.6
marketing **mercadeo** *m.* 3.1
marriage **matrimonio** *m.* 1.9
married **casado/a** *adj.* 1.9, 3.1
  get married (to) **casarse** *v.* **(con)** 1.9
marvelous **maravilloso/a** *adj.* 1.5
marvelously **maravillosamente** *adv.* 2.9
mass **misa** *f.* 3.2
massage **masaje** *m.* 2.6
masterpiece **obra maestra** *f.* 2.8, 3.3
match (*sports*) **partido** *m.* 1.4
  match (with) **hacer juego (con)** 1.6
mathematician **matemático/a** *m.*, *f.* 3.7
mathematics **matemáticas** *f.*, *pl.* 1.2
matter **asunto** *m.*; **importar** *v.* 1.7, 3.2, 3.4
mature **maduro/a** *adj.* 3.1
maturity **madurez** *f.* 1.9
maximum **máximo/a** *adj.* 2.2
May **mayo** *m.* 1.5
Mayan Trail **ruta maya** *f.* 3.5
maybe **tal vez** *adv.* 1.5; **quizás** *adv.* 1.5
mayonnaise **mayonesa** *f.* 1.8
mayor **alcalde/alcaldesa** *m.*, *f.*
me **me** *sing., d.o. pron.* 1.5; **mí** *pron., obj. of prep.* 1.9
  It's me. **Soy yo.** 1.1
  to/for me **me** *sing., i.o. pron.* 1.6
meal **comida** *f.* 1.8

mean **antipático/a** *adj.*
means of communication **medios** *m. pl.* **de comunicación** 2.9
measure **medida** *f.*; **medir (e:i)** *v.*
  security measures **medidas de seguridad** *f. pl.* 3.5
meat **carne** *f.* 1.8
mechanic **mecánico/a** *m.*, *f.* 2.2
  mechanic's repair shop **taller** *m.* **mecánico** 2.2
mechanical **mecánico/a** *adj.*
mechanism **mecanismo** *m.*
media **medios** *m.*, *pl.* **de comunicación** 2.9
medical **médico/a** *adj.* 2.1
medication **medicamento** *m.* 2.1
medicine **medicina** *f.* 2.1
meditate **meditar** *v.*
medium **mediano/a** *adj.*
meet (each other) **encontrar(se)** *v.* 2.2; **conocerse(se)** *v.* 1.8
meeting **reunión** *f.* 2.7, 3.8
melt **derretir(se) (e:i)** *v.* 3.7
member **socio/a** *m.*, *f.* 3.8
memory **recuerdo** *m.*
menu **menú** *m.* 1.8
merchandise **mercancía** *f.*
mercy **piedad** *f.* 3.8
mess **desorden** *m.* 3.7
message **mensaje** *m.*; (*telephone*) **recado** *m.* 2.2
  text message **mensaje de texto** *m.* 3.7
Mexican **mexicano/a** *adj.* 1.3
Mexico **México** *m.* 1.1
microwave **microonda** *f.* 2.3
  microwave oven **horno** *m.* **de microondas** 2.3
middle age **madurez** *f.* 1.9
Middle Ages **Edad Media** *f.*
middle **medio** *m.*
midnight **medianoche** *f.* 1.1
mile **milla** *f.* 2.2
military **militar** *m.*, *f.*
milk **leche** *f.* 1.8
million **millón** *m.* 1.2
  million of **millón de** *m.* 1.2
mine **mío(s)/a(s)** *poss. pron.* 2.2
mineral **mineral** *m.* 2.6
  mineral water **agua** *f.* **mineral** 1.8
minister **ministro/a** *m.*, *f.*
  Protestant minister **ministro/a protestante** *m.*, *f.*
minority **minoría** *f.*
minute **minuto** *m.* 1.1
  last-minute news **noticia de último momento** *f.*
  up-to-the-minute **de último momento** *adj.* 3.9
miracle **milagro** *m.*
mirror **espejo** *m.* 1.7
miser **avaro/a** *m.*, *f.*
Miss **señorita (Srta.)** *f.* 1.1

miss **extrañar** *v.*; **perder (e:ie)** *v.*
1.4
  miss (someone) **extrañar a (alguien)** *v.*
  miss a flight **perder un vuelo**
  3.5
mistake: make a mistake
  equivocarse *v.*
mistaken **equivocado/a** *adj.*
  be mistaken **equivocarse** *v.*
mixed: person of mixed ethnicity
  (*part indigenous*) **mestizo/a**
  m., f.
mixture **mezcla** *f.*
mockery **burla** *f.*
model (*fashion*) **modelo** *m., f.*
modem **módem** *m.*
modern **moderno/a** *adj.* 2.8
modify **modificar** *v.*; **alterar** *v.*
moisten **mojar** *v.*
mom **mamá** *f.* 1.3
moment **momento** *m.*
monarch **monarca** *m., f.*
Monday **lunes** *m., sing.* 1.2
money **dinero** *m.* 1.6;
  (*L. Am.*) **plata** *f.* 3.7
monitor **monitor** *m.* 2.2
monkey **mono** *m.* 3.6
monolingual **monolingüe** *adj.*
3.9
month **mes** *m.* 1.5
monument **monumento** *m.* 1.4
mood **estado de ánimo** *m.* 3.4
  in a bad mood
    malhumorado/a *adj.*
moon **luna** *f.* 2.4
  full moon **luna llena** *f.*
moral **moral** *adj.*
more **más** 1.2
  more… than **más… que** 1.8
  more than **más de (+ *number*)**
  1.8
morning **mañana** *f.* 1.1
mosque **mezquita** *f.*
mother **madre** *f.* 1.3
mother-in-law **suegra** *f.* 1.3
motor **motor** *m.*
motorcycle **motocicleta** *f.* 1.5
mountain **montaña** *f.* 1.4, 3.6;
  monte *m.*
  mountain range **cordillera** *f.*
  3.6
mouse **ratón** *m.* 2.2
mouth **boca** *f.* 2.1
move (*change residence*) **mudarse**
  v. 2.3, 3.2
movement **corriente** *f.*;
  movimiento *m.* 3.10
movie **película** *f.* 1.4
  movie star **estrella** *f.* **de cine**
  2.8
  movie theater **cine** *m.* 1.4, 3.2
moving **conmovedor(a)** *adj.*
MP3 player **reproductor** *m.* **de**
  MP3 2.2

Mr. **señor (Sr.); don** *m.* 1.1
Mrs. **señora (Sra.); doña** *f.* 1.1
much **mucho/a** *adj.* 1.2, 1.3
  very much **muchísimo/a** *adj.*
  1.2
municipal **municipal** *adj.*
muralist **muralista** *m., f.* 3.10
murder **crimen** *m.* 2.9
muscle **músculo** *m.* 2.6
museum **museo** *m.* 1.4
mushroom **champiñón** *m.* 1.8
music **música** *f.* 1.2, 2.8
music video **video musical** *m.*
  3.9
musical **musical** *adj.* 2.8
musician **músico/a** *m., f.* 2.8, 3.2
Muslim **musulmán/**
  musulmana *adj.*
must **deber** *v.* **(+ *inf.*)** 1.3
  It must be… **Debe ser…** 1.6
my **mi(s)** *poss. adj.* 1.3;
  mío(s)/a(s) *poss. adj.* 2.2
myth **mito** *m.* 3.5

N

name **nombre** *m.* 1.1;
  nombrar *v.*
  be named **llamarse** *v.* 1.7
  in the name of **a nombre de**
  1.5
  last name **apellido** *m.*
  My name is… **Me**
    llamo… 1.1
nape **nuca** *f.* 3.9
napkin **servilleta** *f.* 2.3
narrate **narrar** *v.* 3.10
narrative work **narrativa** *f.* 3.10
narrator **narrador(a)** *m., f.* 3.10
narrow **estrecho/a** *adj.*
national **nacional** *adj.* 2.9
nationality **nacionalidad** *f.* 1.1
native **nativo/a** *adj.*
natural **natural** *adj.* 2.4
  natural disaster **desastre** *m.*
    natural 2.9
  natural resource **recurso** *m.*
    natural 2.4, 3.6
nature **naturaleza** *f.* 2.4
nauseated **mareado/a** *adj.* 2.1
navel **ombligo** *m.* 3.4
navigator **navegante** *m., f.* 3.7
near **cerca de** *prep.* 1.2
neaten **arreglar** *v.* 2.3
necessary **necesario/a** *adj.* 2.3,
3.4
  It is necessary that… **Hay**
    que… 2.3, 2.5
necessity **necesidad** *f.* 3.5
  of utmost necessity **de**
    primerísima necesidad
    3.5
neck **cuello** *m.* 2.1

need **necesidad** *f.* 3.5
need **faltar** *v.* 1.7; **necesitar** *v.*
  (+ *inf.*) 1.2, 3.4
needle **aguja** *f.* 3.4
negative **negativo/a** *adj.*
neglect **descuidar(se)** *v.* 3.6
neighbor **vecino/a** *m., f.* 2.3
neighborhood **barrio** *m.* 2.3
neither **tampoco** *adv.* 1.7
  neither… nor **ni… ni** *conj.* 1.7
nephew **sobrino** *m.* 1.3
nervous **nervioso/a** *adj.* 1.5
nest **nido** *m.*
network **red** *f.* 2.2; **cadena** *f.*
  3.9
  television network **cadena de**
    televisión *f.*
never **nunca** *adv.* 1.7; **jamás**
  adv. 1.7
new **nuevo/a** *adj.* 1.6
newlywed **recién casado/a** *m., f.*
  1.9
news **noticias** *f., pl.* 2.9;
  actualidades *f., pl.* 2.9 *f.*
  local/domestic/international
    news **noticias locales/**
    nacionales/internacionales
    f., pl. 3.9
  news bulletin **informativo** *m.*
    3.9
  news report **reportaje** *m.* 3.9
  news reporter **presentador(a)**
    de noticias *m., f.*
newscast **noticiero** *m.* 2.9
newspaper **periódico** *m.* 1.4,
  3.9; **diario** *m.* 2.9, 3.9
next **próximo/a** *adj.* 2.7
  next to **al lado de** *prep.* 1.2
nice **simpático/a** *adj.* 1.3;
  amable *adj.* 1.5
niece **sobrina** *f.* 1.3
night **noche** *f.* 1.1
  night stand **mesita** *f.* **de**
    noche 2.3
nightmare **pesadilla** *f.*
nine **nueve** *n., adj.* 1.1
nine hundred **novecientos/as** *n.,*
  adj. 1.2
nineteen **diecinueve** *n., adj.* 1.1
ninety **noventa** *n., adj.* 1.2
ninth **noveno/a** *n., adj.* 1.5
no **no** *adv.* 1.1; **ningún,**
  ninguno/a(s) *adj.* 1.7
  no one **nadie** *pron.* 1.7
  No problem. **No hay**
    problema. 1.7
  No way! **¡Ni loco/a!** 2.7, 3.9
nobody **nadie** *pron.* 1.7
noise **ruido** *m.*
nomination **nominación** *f.*
nominee **nominado/a** *m., f.*
none **ningún, ninguno/a(s)**
  pron. 1.7
nook **rincón** *m.*
noon **mediodía** *m.* 1.1

nor **ni** *conj.* 1.7

north **norte** *m.* 2.5
- to the north **al norte** 2.5

nose **nariz** *f.* 2.1

not **no** 1.1
- not any **ningún, ninguno/a(s)** *adj.* 1.7
- not anyone **nadie** *pron.* 1.7
- not anything **nada** *pron.* 1.7
- not bad at all **nada mal** 1.5
- not either **tampoco** *adv.* 1.7
- not ever **nunca** *adv.* 1.7; **jamás** *adv.* 1.7
- Not very well. **No muy bien.** 1.1
- not working **descompuesto/a** *adj.* 2.2

notebook **cuaderno** *m.* 1.1

nothing **nada** *pron.* 1.1, 1.7

notice **aviso** *m.* 3.5; **fijarse** *v.* 3.9
- take notice of **fijarse en** *v.* 3.2

noun **sustantivo** *m.*

novelist **novelista** *m., f.* 3.7, 3.10

November **noviembre** *m.* 1.5

now **ahora** *adv.* 1.2
- now and then **de vez en cuando** 3.3

nowadays **hoy día** *adv.*

nuclear **nuclear** *adj.* 2.4
- nuclear energy **energía nuclear** *f.* 1.7, 2.4

number **número** *m.* 1.1

nun **monja** *f.*

nurse **enfermero/a** *m., f.* 2.1, 3.4

nutrition **nutrición** *f.* 2.6

nutritionist **nutricionista** *m., f.* 2.6

nutritious **nutritivo/a** *adj.* 3.4; (*healthy*) **saludable** *adj.* 3.4

O

oar **remo** *m.* 3.5

obesity **obesidad** *f.* 3.4

obey **obedecer** *v.* 2.9, 3.1

obligation **deber** *m.* 2.9

oblivion **olvido** *m.* 3.1

obtain **conseguir (e:i)** *v.* 1.4; **obtener** *v.* 2.7

obvious **obvio/a** *adj.* 2.4
- it's obvious **es obvio** 2.4

occupation **ocupación** *f.* 2.7

occur **ocurrir** *v.* 2.9;
- (to someone) **ocurrírsele (a alguien)** *v.*

o'clock: It's... o'clock. **Son las...** 1.1
- It's one o'clock. **Es la una.** 1.1

October **octubre** *m.* 1.5

of **de** *prep.* 1.1

Of course. **Claro que sí.** 2.7; **Por supuesto.** 2.7

offer **oferta** *f.* 2.3, 3.9; **ofrecer (c:zc)** *v.* 1.6; **ofrecerse (a)** *v.*

office **oficina** *f.* 2.3; **despacho** *m.*
- doctor's office **consultorio** *m.* 2.1

officer **agente** *m., f.*

often **a menudo** *adv.* 2.1, 3.3

Oh! **¡Ay!**

oil **aceite** *m.* 1.8

oil painting **óleo** *m.* 3.10

OK **regular** *adj.* 1.1
- It's okay. **Está bien.**

old **viejo/a** *adj.* 1.3
- old age **vejez** *f.* 1.9

older **mayor** *adj.* 1.3
- older brother/sister **hermano/a mayor** *m., f.* 1.3

oldest **el/la mayor** *adj.* 1.8

Olympics **Olimpiadas** *f. pl.*

on **en** *prep.* 1.2; **sobre** *prep.* 1.2
- on behalf of **por** *prep.* 2.2
- on the dot **en punto** 1.1
- on time **a tiempo** 2.1
- on top of **encima de** *prep.* 1.2
- on purpose **a propósito** *adv.* 3.3

once **una vez** 1.6
- once in a while **de vez en cuando** 3.3

one **un, uno/a** *m., f., sing. pron.* 1.1
- one more time **una vez más** 1.9
- one time **una vez** 1.6

one hundred **cien(to)** *n., adj.* 1.2

one million **un millón** *m.* 1.2

one thousand **mil** *n., adj.* 1.2

onion **cebolla** *f.* 1.8

online **en línea** *adj.* 3.7

only **sólo** *adv.* 1.3; **único/a** *adj.* 1.3
- only child **hijo/a único/a** *m., f.* 1.3

open **abierto/a** *adj.* 1.5, 2.5; **abrir(se)** *v.* 1.3

open-air **al aire libre** 1.6
- open-air market **mercado al aire libre** *m.* 1.6

opera **ópera** *f.* 2.8

operate **operar** *v.*

operation **operación** *f.* 2.1, 3.4

opinion **opinión** *f.*
- In my opinion, ... **A mi parecer, ...; Considero que..., Opino que...**
- be of the opinion **opinar** *v.*

oppose **oponerse a** *v.* 3.4

opposite **enfrente de** *prep.* 2.5

oppress **oprimir** *v.*

or **o** *conj.*; **u** (*before words beginning with o or ho*) 1.7

orange **anaranjado/a** *adj.* 1.6; **naranja** *f.* 1.8

orchard **huerto** *m.*

orchestra **orquesta** *f.* 2.8

order **mandar** 2.3; (*food*) **pedir (e:i)** *v.* 1.8
- in order to **para** *prep.* 2.2

orderly **ordenado/a** *adj.* 1.5

ordinal (*numbers*) **ordinal** *adj.*

originating (in) **proveniente (de)** *adj.*

ornate **ornamentado/a** *adj.*

other **otro/a** *adj.* 1.6

others; other people **los/las demás** *pron.*

ought to **deber** *v.* (+ *inf.*) 1.3

our **nuestro(s)/a(s)** *poss. adj.* 1.3

ours **nuestro(s)/a(s)** *poss. pron.* 2.2

outdo oneself (*P. Rico; Cuba*) **botarse** *v.* 3.5

outline **esbozo** *m.*

out-of-date **pasado/a de moda** *adj.* 3.9

out of order **descompuesto/a** *adj.* 2.2

outrageous thing **barbaridad** *f.* 3.10

outskirts **afueras** *f., pl.* 2.3

oven **horno** *m.* 2.3

over **sobre** *prep.* 1.2

overcome **superar** *v.*

overdose **sobredosis** *f.*

overthrow **derribar** *v.*, **derrocar** *v.*

overwhelmed **agobiado/a** *adj.* 3.1

owe **deber** *v.* 3.8
- owe money **deber dinero** 3.2

own **propio/a** *adj.* 2.7

owner **dueño/a** *m., f.* 1.8, 3.8; **propietario/a** *m., f.*

P

P.M. **tarde** *f.* 1.1

pack (one's suitcases) **hacer las maletas** 1.5, 3.5

package **paquete** *m.* 2.5

page **página** *f.* 2.2
- web page **página web** *f.* 3.7

pain **dolor** *m.* 2.1; (*suffering*) **sufrimiento** *m.*
- have a pain **tener dolor** 2.1

painkiller **calmante** *m.* 3.4

paint **pintura** *f.* 3.10; **pintar** *v.* 2.8, 3.3

paintbrush **pincel** *m.* 3.10

painter **pintor(a)** *m., f.* 2.7, 3.3, 3.10

painting **pintura** *f.* 2.3, 2.8, 3.10; **cuadro** *m.* 3.3, 3.10

pair **par** *m.* 1.6
  pair of shoes **par de zapatos** *m.* 1.6
palm tree **palmera** *f.*
pamphlet **panfleto** *m.*
pants **pantalones** *m., pl.* 1.6
pantyhose **medias** *f., pl.* 1.6
paper **papel** *m.* 1.2; (*report*) **informe** *m.* 2.9
paradox **paradoja** *f.*
Pardon me. (*May I?*) **Con permiso.** 1.1; (*Excuse me.*) **Perdón.** 1.1
parents **padres** *m., pl.* 1.3; **papás** *m., pl.* 1.3
parish **parroquia** *f.*
park **parque** *m.* 1.4; **estacionar** *v.* 2.2
  amusement park **parque de atracciones** *m.* 3.2
parking lot **estacionamiento** *m.* 2.5
parrot **loro** *m.*
part **parte** *f.*
  become part (of) **integrarse (a)** *v.*
partner (*couple*) **pareja** *f.* 1.9, 3.1; (*member*) **socio/a** *m., f.* 3.8
party **fiesta** *f.* 1.9
  (*politics*) **partido** *m.*
  political party **partido político** *m.*
pass (*a class*) **aprobar (o:ue)** *v.*
  pass a law **aprobar una ley**
passed **pasado** *p.p.*
passenger **pasajero/a** *m., f.* 1.1
passing **pasajero/a** *adj.*
passport **pasaporte** *m.* 1.5, 3.5
password **contraseña** *f.* 3.7
past **pasado** *m.*; **pasado/a** *adj.* 1.6
pastime **pasatiempo** *m.* 1.4, 3.2
pastry **repostería** *f.*
pastry shop **pastelería** *f.* 2.5
patent **patente** *f.* 3.7
path (*history*) **trayectoria** *f.* 3.1
patient **paciente** *m., f.* 2.1
patio **patio** *m.* 2.3
pay **pagar** *v.* 1.6
  be well/poorly paid **ganar bien/mal** 3.8
  pay attention to someone **hacerle caso a alguien** 3.1
  pay in cash **pagar al contado; pagar en efectivo** 2.5
  pay in installments **pagar a plazos** 2.5
  pay the bill **pagar la cuenta** 1.9
pea **arveja** *m.* 1.8
peace **paz** *f.* 2.9
peaceful **pacífico/a** *adj.*
peach **melocotón** *m.* 1.8
peak **cumbre** *f.*; **pico** *m.*

pear **pera** *f.* 1.8
peck **picar** *v.*
pen **pluma** *f.* 1.2
pencil **lápiz** *m.* 1.1
penicillin **penicilina** *f.* 2.1
people **gente** *f.* 1.3; **pueblo** *m.* 3.4
pepper (*black*) **pimienta** *f.* 1.8
per **por** *prep.* 2.2
perfect **perfecto/a** *adj.* 1.5
performance **rendimiento** *m.*; (*theater; movie*) **función** *f.* 3.2
perhaps **quizás** *adv.*, **tal vez** *adv.*
period **punto** *m.* 3.2
permanent **fijo/a** *adj.* 3.8
permission **permiso** *m.*
permissive **permisivo/a** *adj.* 3.1
persecute **perseguir (e:i)** *v.*
person **persona** *f.* 1.3
personal (*private*) **particular** *adj.*
pessimist **pesimista** *m., f.*
pharmacy **farmacia** *f.* 2.1
phase **etapa** *f.*
phenomenal **fenomenal** *adj.* 1.5
photograph **foto(grafía)** *f.* 1.1
physical (*exam*) **examen** *m.* **médico** 2.1
physician **doctor(a)** *m., f.* 1.3, **médico/a** *m., f.* 1.3
physicist **físico/a** *m., f.* 3.7
physics **física** *f.* 1.2
pick out **seleccionar** *v.* 3.3
pick up **recoger** *v.* 2.4; **levantar** *v.*
picnic **picnic** *m.*
picture **cuadro** *m.* 2.3; **pintura** *f.* 2.3; **imagen** *f.* 3.2, 3.7
pie **pastel** *m.* 1.9
piece (*art*) **pieza** *f.* 3.10
pier **muelle** *m.* 3.5
pig **cerdo** *m.* 3.6
pill (*tablet*) **pastilla** *f.* 2.1; 3.4
pillow **almohada** *f.* 2.3
pilot **piloto** *m., f.*
pineapple **piña** *f.* 1.8
pink **rosado/a** *adj.* 1.6
pious **devoto/a** *adj.*
piping **tubería** *f.* 3.6
pity **pena** *f.*
  What a pity! **¡Qué pena!**
place **lugar** *m.* 1.4; (*an object*) **colocar** *v.* 3.2; **poner** *v.* 1.4, 3.1, 3.2
plaid **de cuadros** 1.6
plan **planear** *v.*
planned **previsto/a** *adj., p.p.* 3.3
plans **planes** *m., pl.* 1.4
  have plans **tener planes** 1.4
plant **planta** *f.* 2.4
plastic **plástico** *m.* 2.4
  (made of) plastic **de plástico** 2.4
plate **plato** *m.* 2.3
plateau: high plateau **altiplano** *m.*

play (*theater*) **obra de teatro** *f.* 3.10; **drama** *m.* 2.8; **comedia** *f.* 2.8; **jugar (u:ue)** *v.* 1.4; (*a musical instrument*) **tocar** *v.* 2.8
  play a CD **poner un disco compacto** *v.* 3.2
  play a role **hacer el papel de** 2.8
  play cards **jugar a las cartas** 1.5
  play sports **practicar deportes** 1.4
player **jugador(a)** *m., f.* 1.4
playing cards **cartas** *f. pl.* 3.2; **naipes** *m. pl.* 3.2
playwright **dramaturgo/a** *m., f.* 2.8, 3.10
plead **rogar (o:ue)** *v.* 2.3, 3.4
pleasant **agradable** *adj.*; (*funny*) **gracioso/a** *adj.* 3.1
please **por favor** 1.1
  Could you please...? **¿Tendría usted la bondad de (+ inf.)...?** *form.*
  Pleased to meet you. **Mucho gusto.** 1.1; **Encantado/a.** *adj.* 1.1
pleasing: be pleasing to **gustar** *v.* 1.7
pleasure **gusto** *m.* 1.1; **placer** *m.* 2.6
  It's a pleasure to... **Gusto de (+ inf.)** 2.9
  It's been a pleasure. **Ha sido un placer.** 2.6
  The pleasure is mine. **El gusto es mío.** 1.1
plot **trama** *f.* 3.10; **argumento** *m.* 3.10
plumbing (*piping*) **tubería** *f.* 3.6
poem **poema** *m.* 2.8
poet **poeta** *m., f.* 2.8, 3.10
poetry **poesía** *f.* 2.8, 3.10
point (to) **señalar** *v.* 3.2
  point out **destacar** *v.*
point of view **punto de vista** *m.* 3.10
poison **veneno** *m.* 3.6
poisoned **envenenado/a** *adj.* 3.6
poisonous **venenoso/a** *adj.* 3.6
police (force) **policía** *f.* 2.2
political **político/a** *adj.* 2.9
politician **político/a** *m., f.* 2.7
politics **política** *f.* 2.9
polka-dotted **de lunares** 1.6
poll **encuesta** *f.* 2.9
pollen **polen** *m.* 3.8
pollute **contaminar** *v.* 2.4, 3.6
polluted **contaminado/a** *adj.* 2.4
  be polluted **estar contaminado/a** 2.4
pollution **contaminación** *f.* 2.4, 3.6

pool **piscina** f. 1.4
poor **pobre** adj. 1.6
poor quality **porquería** f. 3.10
populate **poblar** v.
population **población** f. 2.4, 3.4
pork **cerdo** m. 1.8
  pork chop **chuleta** f. **de cerdo** 1.8
port **puerto** m. 3.5
portable **portátil** adj. 2.2
  portable computer **computadora** f. **portátil** 2.2
portrait **retrato** m. 3.3
portray **retratar** v. 3.3
position **puesto** m. 2.7, 3.8; **cargo** m.
possessive **posesivo/a** adj. 1.3
possible **posible** adj. 2.4
  as much as possible **en todo lo posible**
  it's (not) possible **(no) es posible** 2.4
postcard **postal** f. 1.4
poster **cartel** m. 2.3
post office **correo** m. 2.5
potato **papa** f. 1.8, **patata** f. 1.8
pottery **cerámica** f. 2.8
poverty **pobreza** f. 3.8
power **fuerza** f.; (electricity) **luz** f. 3.7
  will power **fuerza** f. **de voluntad** 3.4
powerful **poderoso/a** adj.
power saw **motosierra** f. 3.7
practice **entrenarse** v. 2.6; **practicar** v. 1.2
pray **rezar** v.
pre-Columbian **precolombino/a** adj.
prefer **preferir (e:ie)** v. 1.4, 3.4
pregnant **embarazada** adj. 2.1
prehistoric **prehistórico/a** adj.
premiere **estreno** m. 3.2
prepare **preparar** v. 1.2
preposition **preposición** f.
prescribe (medicine) **recetar** v. 2.1, 3.4
prescription **receta** f. 2.1, 3.4
present **regalo** m.; **presentar** v. 2.8
preserve **conservar** v. 3.6
press **prensa** f. 2.9, 3.9
  press conference **rueda de prensa** f.
pressure (stress) **presión** f.; **presionar** v.
  be under a lot of pressure **sufrir muchas presiones** 2.6
  be under stress/pressure **estar bajo presión**
pretend **de mentiras** adj. 3.5

pretty **bonito/a** adj. 1.3; **bastante** adv. 2.4
prevent **prevenir** v. 3.4
previous **anterior** adj. 3.8
price **precio** m. 1.6
  fixed/set price **precio** m. **fijo** 1.6
priest **cura** m.; **sacerdote** m.
prime minister **primer(a) ministro/a** m., f.
print **estampado/a** adj.; **imprimir** v. 2.2, 3.9
printer **impresora** f. 2.2
private (room) **individual** adj.; **particular** adj.
privilege **privilegio** m. 3.8
prize **premio** m. 2.8
  give a prize **premiar** v.
probable **probable** adj. 2.4
  it's (not) probable **(no) es probable** 2.4
problem **problema** m. 1.1
procession **procesión** f.
produce (generate) **generar** v.; **producir** v. 3.1
productive **productivo/a** adj. 3.8
profession **profesión** f. 1.3, 2.7
professor **profesor(a)** m., f.
program **programa** m. 1.1
programmer **programador(a)** m., f. 1.3
prohibit **prohibir** v. 2.1, 3.4
prohibited **prohibido/a** adj. 3.5
prominent **destacado/a** adj. 3.9; **prominente** adj.
promise **jurar** v.
promote **promover (o:ue)** v.
promotion (career) **ascenso** m. 2.7
pronoun **pronombre** m.
pronounce **pronunciar** v.
proof **prueba** f. 3.2
proposal **oferta** f. 3.9
propose **proponer** v. 3.1, 3.4;
  propose marriage **proponer matrimonio** 3.1
prose **prosa** f. 3.10
protagonist **protagonista** m., f. 3.1, 3.10
protect **proteger** v. 2.4, 3.1, 3.6
protected **protegido/a** adj. 3.5
protein **proteína** f. 2.6
protest **manifestación** f.; **protestar** v.
protester **manifestante** m., f. 3.6
proud **orgulloso/a** adj. 3.1
  be proud of **estar orgulloso/a de**
prove **comprobar (o:ue)** v. 3.7
provide **proporcionar** v.
provided (that) **con tal (de) que** conj. 2.4

psychologist **psicólogo/a** m., f. 2.7
psychology **psicología** f. 1.2
public **público** m. 3.9; (pertaining to the state) **estatal** adj.
public transportation **transporte público** m.
publish **editar** v. 3.10; **publicar** v. 2.8, 3.9
Puerto Rican **puertorriqueño/a** adj. 1.3
pull a tooth **sacar una muela**
punishment **castigo** m.
purchases **compras** f., pl. 1.5
pure **puro/a** adj. 2.4
purity **pureza** f. 3.6
purple **morado/a** adj. 1.6
purse **bolsa** f. 1.6
pursue **perseguir (e:i)** v.
push **empujar** v.
put **poner** v. 1.4, 3.1, 3.2; **puesto** p.p. 2.5
  put (a letter) in the mailbox **echar (una carta) al buzón** 2.5
  put in a place **ubicar** v.
  put on (a performance) **presentar** v. 2.8
  put on (clothing) **ponerse** v. 1.7
  put on makeup **maquillarse** v. 1.7, 3.2
pyramid **pirámide** f. 3.5

Q

quality **calidad** f. 1.6
  high quality **de buena categoría** adj. 3.5
quarter **trimestre** m. 1.2
  quarter after (time) **y cuarto** 1.1; **y quince** 1.1
  quarter to (time) **menos cuarto** 1.1; **menos quince** 1.1
queen **reina** f.
quench **saciar** v.
question **pregunta** f. 1.2; **interrogante** m. 3.7
quickly **rápido** adv. 2.1
quiet **tranquilo/a** adj. 2.6; **callado/a** adj.
  be quiet **callarse** v.
quit **dejar** v. 2.7; **renunciar** v. 3.8
  quit smoking **dejar de fumar** 3.4
quite **bastante** adv. 3.3
quiz **prueba** f. 1.2
quotation **cita** f.

R

rabbi **rabino/a** *m., f.*
rabbit **conejo** *m.* 3.6
race **raza** *f.*
racism **racismo** *m.* 2.9
radiation **radiación** *f.*
radio *(medium)* **radio** *f.* 1.2
   radio (set) **radio** *m.* 2.2
   radio announcer **locutor(a) de radio** *m., f.* 3.9
   radio station **(radio)emisora** *f.* 3.9
rain **llover (o:ue)** *v.* 1.5; **lluvia** *f.* 2.4
   It's raining. **Llueve.** 1.5; **Está lloviendo.** 1.5
   rain forest **bosque** *m.* **tropical** 2.4; **bosque** *m.* **lluvioso** 3.6
raincoat **impermeable** *m.* 1.6
raise **aumento** *m.;* *(salary)* **aumento de sueldo** 2.7, 3.8; **criar** *v.;* **educar** *v.* 3.1
   have raised **haber criado** 3.1
ranch **rancho** *m.*
rarely **casi nunca** *adv.* 3.3
rat **rata** *f.*
rather **bastante** *adv.* 2.1; **más bien** *adv.*
ratings **índice de audiencia** *m.*
ray **rayo** *m.*
reach **alcance** *m.* 3.7; **alcanzar** *v.*
   within reach **al alcance** 3.10; **al alcance de la mano**
reactor **reactor** *m.*
read **leer** *v.* 1.3; **leído** *p.p.* 2.5
   read a magazine **leer una revista** 1.4
   read a newspaper **leer un periódico** 1.4
   read e-mail **leer correo electrónico** 1.4
reader **lector(a)** *m., f.* 3.9
ready **listo/a** *adj.* 1.5
   (Are you) ready? **¿(Están) listos?** 2.6
real **auténtico/a** *adj.* 3.3
realism **realismo** *m.* 3.10
realist **realista** *adj.* 3.10
realistic **realista** *adj.* 3.10
realize **darse cuenta** *v.* 3.2, 3.9
   realize that one is being referred to **darse por aludido/a** 3.9
reap the benefits (of) **disfrutar** *v.* **(de)** 2.6
rearview mirror **espejo retrovisor** *m.*
rebelliousness **rebeldía** *f.*
receive **recibir** *v.* 1.3
received **acogido/a** *adj.*
   well received **bien acogido/a** *adj.* 3.8

recital **recital** *m.*
recognition **reconocimiento** *m.*
recognize **reconocer** *v.* 3.1
recommend **recomendar (e:ie)** *v.* 1.8, 2.3, 3.4
recommendable **recomendable** *adj.* 3.5
record **grabar** *v.* 2.2, 3.9
recover **recuperarse** *v.* 3.4
recreation **diversión** *f.* 1.4
recyclable **reciclable** *adj.*
recycle **reciclar** *v.* 2.4, 3.6
recycling **reciclaje** *m.* 2.4
red **rojo/a** *adj.* 1.6
red-haired **pelirrojo/a** *adj.* 1.3
redo **rehacer** *v.* 3.1
reduce **reducir** *v.* 2.4
   reduce (speed) **reducir (velocidad)** 3.5
   reduce stress/tension **aliviar el estrés/la tensión** 2.6
reef **arrecife** *m.* 3.6
referee **árbitro/a** *m., f.* 3.2
refined *(cultured)* **culto/a** *adj.*
reflect **reflejar** *v.* 3.10
reform **reforma** *f.*
   economic reform **reforma económica** *f.*
refrigerator **refrigerador** *m.* 2.3
refuge **refugio** *m.* 3.6
refund **reembolso** *m.* 3.3
refusal **rechazo** *m.*
region **región** *f.* 2.4
register **inscribirse** *v.*
regret **sentir (e:ie)** *v.* 2.4
rehearsal **ensayo** *m.*
rehearse **ensayar** *v.* 3.9
reign **reino** *m.*
reject **rechazar** *v.*
rejection **rechazo** *m.*
relatives **parientes** *m., pl.* 1.3
relax **relajarse** *v.* 1.9, 3.4
   Relax. **Tranquilo/a.**
reliability **fiabilidad** *f.*
religion **religión** *f.*
religious **religioso/a** *adj.*
remain **quedarse** *v.* 1.7; **permanecer** *v.* 3.4
remake **rehacer** *v.* 3.1
remember **acordarse (o:ue)** *v.* **(de)** 1.7, 3.2; **recordar (o:ue)** *v.* 1.4
remorse **remordimiento** *m.*
remote control **control remoto** *m.* 2.2
   universal remote control **control remoto universal** *m.* 3.7
renewable **renovable** *adj.* 3.6
rent *(payment)* **alquiler** *m.* 2.3; **alquilar** *v.* 2.3
   rent a movie **alquilar una película** 3.2
repeat **repetir (e:i)** *v.* 1.4

repent **arrepentirse (e:ie)** *v.* **(de)** 3.2
repertoire **repertorio** *m.*
report **informe** *m.* 2.9; **reportaje** *m.* 2.9
reporter **reportero/a** *m., f.* 2.7, 3.9
representative **representante** *m., f.* 2.9; **diputado/a** *m., f.*
reproduce **reproducirse** *v.*
reputation **reputación** *f.*
   have a good/bad reputation **tener buena/mala fama** 3.9
request **pedir (e:i)** *v.* 1.4
rescue **rescatar** *v.*
research **investigar** *v.* 3.7
researcher **investigador(a)** *m., f.* 3.4
resentful **resentido/a** *adj.* 3.6
reservation **reservación** *f.* 1.5
reserve **reservar** *v.* 3.5
reside **residir** *v.*
resign (from) **renunciar (a)** *v.* 2.7
resolve **resolver (o:ue)** *v.* 2.4
resolved **resuelto** *p.p.* 2.5
resource **recurso** *m.* 2.4
respect **respeto** *m.*
responsibility **deber** *m.* 2.9; **responsabilidad** *f.*
responsible **responsable** *adj.*
rest **descanso** *m.* 3.8; **reposo** *m.;* **descansar** *v.* 1.2, 3.4
   be at rest **estar en reposo**
restaurant **restaurante** *m.* 1.4
resulting **consiguiente** *adj.*
résumé **currículum (vitae)** *m.* 2.7, 3.8
retire *(from work)* **jubilarse** *v.* 1.9, 3.8
retirement **jubilación** *f.*
return **regresar** *v.* 1.2, 3.5; **volver (o:ue)** *v.* 1.4; *(items)* **devolver (o:ue)** *v.* 3.3
   return (trip) **vuelta** *f.;* **regreso** *m.*
returned **vuelto** *p.p.* 2.5
review **repaso** *m.* 3.10
revision **repaso** *m.* 3.10
revolutionary **revolucionario/a** *adj.* 3.7
revulsion **asco** *m.*
rhyme **rima** *f.* 3.10
rice **arroz** *m.* 1.8
rich **rico/a** *adj.* 1.6
ride: ride a bicycle **pasear en bicicleta** 1.4
   ride a horse **montar a caballo** 1.5
ridiculous **ridículo/a** *adj.* 2.4
   it's ridiculous **es ridículo** 2.4
right **derecha** *f.* 1.2
   be right **tener razón** 1.3

right? (*question tag*) **¿no?** 1.1;
¿verdad? 1.1
right away **enseguida** *adv.*
1.9, 3.3
right here **aquí mismo** 2.2
right now **ahora mismo** 1.5
right there **allí mismo** 2.5
to the right of **a la derecha
de** 1.2
rights **derechos** *m.* 2.9
civil rights **derechos civiles**
m. pl.
human rights **derechos
humanos** *m. pl.*
ring **anillo** *m.* 3.5; **sortija** *f.* 3.5;
sonar (o:ue) *v.* 2.2, 3.7
ring the doorbell **tocar el
timbre** 3.3
riot **disturbio** *m.* 3.8
rise **ascender (e:ie)** *v.* 3.8
risk **riesgo** *m.*
take a risk **arriesgar(se)** *v.*
risky **arriesgado/a** *adj.* 3.5
river **río** *m.* 2.4
road **camino** *m.*
roast **asado/a** *adj.* 1.8
roast chicken **pollo** *m.* **asado**
1.8
rob **asaltar** *v.* 3.10
rocket **cohete** *m.* 3.7
role **papel** *m.* 3.9
play a role (*in a play*)
desempeñar un papel
rollerblade **patinar en línea**
romance novel **novela rosa** *f.*
3.10
romantic **romántico/a** *adj.* 2.8
romanticism **romanticismo** *m.*
3.10
room **habitación** *f.* 1.2, 1.5,
3.5; **cuarto** *m.* 1.2, 1.7
emergency room **sala de
emergencia(s)** *f.* 3.4
living room **sala** *f.* 2.3
room service **servicio de
habitación** *m.* 3.5
single/double room **habitación
individual/doble** *f.* 3.5
roommate **compañero/a** *m., f.*
de cuarto
root **raíz** *f.*
round **redondo/a** *adj.* 3.2
roundtrip **de ida y vuelta** 1.5
roundtrip ticket **pasaje** *m.* **de
ida y vuelta** 1.5, 3.5
routine **rutina** *f.* 1.7, 3.3
rug **alfombra** *f.* 2.3
ruin **ruina** *f.* 3.5
rule **regla** *f.*; **dominio** *m.*
ruler **gobernante** *m., f.*;
(*sovereign*) **soberano/a** *m., f.*
run **correr** *v.* 1.3
run away **huir** *v.* 3.3
run errands **hacer
diligencias** 2.5

run into (*have an accident*)
chocar (con) *v.*; (*meet
accidentally*) **encontrar(se)
(o:ue)** *v.* 2.2; (*run
into something*) **darse
(con)** 2.1; (*each other*)
encontrar(se) (o:ue) *v.* 2.2
run out (of) **acabarse** *v.* 3.6;
quedarse sin *v.* 3.6
run over **atropellar** *v.*
rush **prisa** *f.* 3.6; **apurarse** *v.*
2.6; **darse prisa** 2.6
be in a rush **tener apuro**
Russian **ruso/a** *adj.* 1.3

S

sacred **sagrado/a** *adj.*
sacrifice **sacrificar** *v.* 3.6;
sacrificio *m.*
sad **triste** *adj.* 1.5, 2.4
it's sad **es triste** 2.4
safe **seguro/a** *adj.* 1.5
safety **seguridad** *f.* 3.5
said **dicho** *p.p.* 2.5
sail **navegar** *v.* 3.5
sailor **marinero** *m.*
salad **ensalada** *f.* 1.8
salary **salario** *m.* 2.7; **sueldo**
m. 2.7
base salary **sueldo fijo** *m.*
3.8
raise in salary **aumento de
sueldo** *m.* 3.8
sale **rebaja** *f.* 1.6; **venta** *f.*
be for sale **estar a la venta**
3.10
salesperson **vendedor(a)** *m., f.*
1.6, 3.8
salmon **salmón** *m.* 1.8
salt **sal** *f.* 1.8
same **mismo/a** *adj.* 1.3
The same here. **Lo mismo
digo yo.**
sample **muestra** *f.*
sandal **sandalia** *f.* 1.6
sandwich **sándwich** *m.* 1.8
sanity **cordura** *f.* 3.4
satellite **satélite** *m.*
satellite connection **conexión
de satélite** *f.* 3.7
satellite dish **antena
parabólica** *f.*
satire **sátira** *f.*
satirical **satírico/a** *adj.* 3.10
satirical tone **tono satírico** *m.*
satisfied: be satisfied with
contentarse con *v.* 3.1
satisfy (*quench*) **saciar** *v.*
Saturday **sábado** *m.* 1.2
sausage **salchicha** *f.* 1.8
save (*on a computer*) **guardar** *v.*
2.2, 3.7; (*money*) **ahorrar** *v.*
2.5, 3.8; **salvar** *v.* 3.6

save oneself **ahorrarse** *v.* 3.7
savings **ahorros** *m.* 2.5, 3.8
savings account **cuenta** *f.* **de
ahorros** 2.5
say **decir** *v.* 1.4, 3.1; **declarar** *v.*
2.9
say good-bye **despedirse
(e:i)** *v.* 3.3
say that **decir que** *v.* 1.4, 1.9
say the answer **decir la
respuesta** 1.4
scar **cicatriz** *f.*
scarcely **apenas** *adv.* 2.1, 3.3
scare **espantar** *v.*
scared **asustado/a** *adj.*
be (very) scared (of) **tener
(mucho) miedo (de)** 1.3
scene **escena** *f.* 3.1
scenery **paisaje** *m.* 3.6;
escenario *m.* 3.2
schedule **horario** *m.* 1.2, 3.3
school **escuela** *f.* 1.1
science **ciencia** *f.* 1.2
science fiction **ciencia ficción** *f.*
2.8, 3.10
scientific **científico/a** *adj.*
scientist **científico/a** *m., f.* 2.7,
3.7
score (a goal/a point) **anotar
(un gol/un punto)** *v.* 3.2;
marcar (un gol/punto) *v.*
screen **pantalla** *f.* 2.2, 3.2
computer screen **pantalla de
computadora** *f.*
LCD screen **pantalla líquida** *f.*
3.7
television screen **pantalla de
televisión** *f.* 3.2
screenplay **guión** *m.* 3.9
script **guión** *m.* 3.9
scuba dive **bucear** *v.* 1.4
scuba diving **buceo** *m.* 3.5
sculpt **esculpir** *v.* 2.8, 3.10
sculptor **escultor(a)** *m., f.* 2.8,
3.10
sculpture **escultura** *f.* 2.8, 3.10
sea **mar** *m.* 1.5, 3.6
seal **sello** *m.*
search **búsqueda** *f.*
search engine **buscador** *m.* 3.7
season **estación** *f.* 1.5;
(*period*) **temporada** *f.*
high/low season **temporada
alta/baja** *f.* 3.5
seat **asiento** *m.* 3.2; **silla** *f.*
1.2
seatbelt **cinturón de seguridad**
m. 3.5
fasten the seatbelt
**abrocharse/ponerse el
cinturón de seguridad**
3.5
unfasten the seatbelt **quitarse
el cinturón de seguridad**
3.5

second **segundo/a** *n., adj.* 1.5
secretary **secretario/a** *m., f.* 2.7
section **sección** *f.* 3.9
   lifestyle section **sección de sociedad** *f.* 3.9
   sports section **sección deportiva** *f.* 3.9
security **seguridad** *f.* 3.5
   security measures **medidas de seguridad** *f. pl.* 3.5
sedentary **sedentario/a** *adj.* 2.6
see **ver** *v.* 1.4, 3.1
   see (you/him/her) again **volver a ver(te/lo/la)** 2.9
   see movies **ver películas** 1.4
   See you. **Nos vemos.** 1.1
   See you later. **Hasta la vista.** 1.1; **Hasta luego.** 1.1
   See you soon. **Hasta pronto.** 1.1
   See you tomorrow. **Hasta mañana.** 1.1
seed **semilla** *f.*
seem **parecer** *v.* 1.6, 3.2
seen **visto** *p.p.* 2.5
select **seleccionar** *v.* 3.3
self-esteem **autoestima** *f.* 3.4
self-portrait **autorretrato** *m.* 3.10
sell **vender** *v.* 1.6
semester **semestre** *m.* 1.2
senator **senador(a)** *m., f.*
send **enviar** *v.* 2.5; **mandar** *v.* 2.5
sender **remitente** *m.*
sense **sentido** *m.*
   common sense **sentido común** *m.*
sensible **sensato/a** *adj.* 3.1
sensitive **sensible** *adj.* 3.1
separate (from) **separarse** *v.* **(de)** 1.9
separated **separado/a** *adj.* 1.9, 3.1
September **septiembre** *m.* 1.5
sequel **continuación** *f.*
sequence **secuencia** *f.*
serious **grave** *adj.* 2.1
servants **servidumbre** *f.* 3.3
serve **servir (e:i)** *v.* 1.8
servitude **servidumbre** *f.* 3.3
set (*fixed*) **fijo/a** *adj.* 1.6
   set the table **poner la mesa** 2.3
settle **poblar** *v.*
settler **poblador(a)** *m., f.*
seven **siete** *n., adj.* 1.1
seven hundred **setecientos/as** *n., adj.* 1.2
seventeen **diecisiete** *n., adj.* 1.1
seventh **séptimo/a** *n., adj.* 1.5
seventy **setenta** *n., adj.* 1.2
several **varios/as** *adj. pl.* 1.8
sexism **sexismo** *m.* 2.9
sexton **sacristán** *m.*

shame **vergüenza** *f.*; **lástima** *f.* 2.4
   it's a shame **es una lástima** 2.4
shampoo **champú** *m.* 1.7
shape **forma** *f.* 2.6
   bad physical shape **mala forma física** *f.*
   be in good shape **estar en buena forma** 2.6
   get in shape **ponerse en forma** 3.4
   stay in shape **mantenerse en forma** 3.4
share **compartir** *v.* 1.3
shark **tiburón** *m.* 3.5
sharp (*time*) **en punto** 1.1; **nítido/a** *adj.*
shave **afeitarse** *v.* 1.7, 3.2
shaving cream **crema** *f.* **de afeitar** 1.7
she **ella** *sub. pron.* 1.1
sheep **oveja** *f.* 3.6
shellfish **mariscos** *m., pl.* 1.8
ship **barco** *m.*
shirt **camisa** *f.* 1.6
shoe **zapato** *m.* 1.6
   shoe size **número** *m.* 1.6
   shoe store **zapatería** *f.* 2.5
   tennis shoes **zapatos** *m., pl.* **de tenis** 1.6
shop **tienda** *f.* 1.6
shopping: go shopping **ir de compras** 1.5
shopping mall **centro comercial** *m.* 1.6
shore **orilla** *f.*
   on the shore of **a orillas de** 3.6
short (*in height*) **bajo/a** *adj.* 1.3; (*in length*) **corto/a** *adj.* 1.6
   short film **corto** *m.* 3.1, **cortometraje** *m.* 3.1
   short story **cuento** *m.* 2.8
   short/long-term **a corto/largo plazo** 3.8
shorts **pantalones cortos** *m., pl.* 1.6
shot (*injection*) **inyección** *f.*
   give a shot **poner una inyección** 3.4
should (*do something*) **deber** *v.* **(+ inf.)** 1.3
shoulder **hombro** *m.*
shout **gritar** *v.*
show **espectáculo** *m.* 2.8, 3.2; **mostrar (o:ue)** *v.* 1.4
   game show **concurso** *m.* 2.8
shower **ducha** *f.* 1.7; **ducharse** *v.* 1.7
showing **sesión** *f.*
shrimp **camarón** *m.* 1.8
shrink **encogerse** *v.*
shrug **encogerse de hombros**
shy **tímido/a** *adj.* 3.1

shyness **timidez** *f.*
siblings **hermanos/as** *pl.* 1.3
sick **enfermo/a** *adj.* 2.1
   be sick **estar enfermo/a** 2.1
   be sick (of) **estar harto/a (de)** 3.1
   get sick **enfermarse** *v.* 2.1, 3.4
sign **firmar** *v.* 2.5; **letrero** *m.* 2.5; **señal** *f.* 3.2
signal **señalar** *v.* 3.2
signature **firma** *f.*
silent **callado/a** *adj.* 3.7
   be silent **callarse** *v.*
   remain silent **quedarse callado/a** 3.1
silk **seda** *f.* 1.6
   (made of) silk **de seda** 1.6
silly **tonto/a** *adj.* 1.3
   silly person **bobo/a** *m., f.* 3.7
sin **pecado** *m.*
since **desde** *prep.*
sincere **sincero/a** *adj.*
sing **cantar** *v.* 1.2
singer **cantante** *m., f.* 2.8, 3.2
single **soltero/a** *adj.* 1.9, 3.1
   single father **padre soltero** *m.*
   single mother **madre soltera** *f.*
   single room **habitación individual** *f.* 1.5
sink **lavabo** *m.* 1.7; **hundir** *v.*
sir **señor (Sr.)** *m.* 1.1
sister **hermana** *f.* 1.3
sister-in-law **cuñada** *f.* 1.3
sit down **sentarse (e:ie)** *v.* 1.7
situated **situado/a** *adj.*
six **seis** *n., adj.* 1.1
six hundred **seiscientos/as** *n., adj.* 1.2
sixteen **dieciséis** *n., adj.* 1.1
sixth **sexto/a** *n., adj.* 1.5
sixty **sesenta** *n., adj.* 1.2
size **talla** *f.* 1.6
   shoe size **número** *m.* 1.6
skate (in-line) **patinar (en línea)** 1.4
skateboard **andar en patineta** 1.4
sketch **esbozar** *v.*; **esbozo** *m.*
ski **esquiar** *v.* 1.4
skiing **esquí** *m.* 1.4
   waterskiing **esquí** *m.* **acuático** 1.4
skill **habilidad** *f.*
skillfully **hábilmente** *adv.*
skim **hojear** *v.* 3.10
skirt **falda** *f.* 1.6
sky **cielo** *m.* 2.4
slacker **vago/a** *m., f.* 3.7
slave **esclavo/a** *m., f.*
slavery **esclavitud** *f.*
sleep **dormir (o:ue)** *v.* 1.4, 3.2; **sueño** *m.* 1.3
   go to sleep **dormirse (o:ue)** *v.* 1.7

sleepy: be (very) sleepy **tener (mucho) sueño** 1.3
sleeve **manga** *f.* 3.5
slender **delgado/a** *adj.* 1.3
slim down **adelgazar** *v.* 2.6
slip **resbalar** *v.*
slippers **pantuflas** *f.* 1.7
slippery **resbaladizo/a** *adj.*
slow **lento/a** *adj.* 2.2
slowly **despacio** *adv.* 2.1
small **pequeño/a** *adj.* 1.3
smart **listo/a** *adj.* 1.5
smile **sonreír (e:i)** *v.* 1.9
smiled **sonreído** *p.p.* 2.5
smoggy: It's (very) smoggy. **Hay (mucha) contaminación.** 1.4
smoke **fumar** *v.* 1.8, 2.6
not to smoke **no fumar** 2.6
smoking section **sección** *f.* **de fumar** 1.8
nonsmoking section **sección** *f.* **de (no) fumar** 1.8
smoothness **suavidad** *f.*
snack **merendar (e:ie)** *v.* 1.8, 2.6
afternoon snack **merienda** *f.* 2.6
have a snack **merendar** *v.*
snake **serpiente** *f.* 3.6
sneakers **zapatos** *m. pl.* **de tenis** 1.6
sneeze **estornudar** *v.* 2.1
snow **nevar (e:ie)** *v.* 1.5; **nieve** *f.*
snowing: It's snowing. **Nieva.** 1.5; **Está nevando.** 1.5
so (*in such a way*) **así** *adv.* 2.1; **tan** *adv.* 1.5
so much **tanto** *adv.*
so-so **regular** 1.1; **así así**
so that **para que** *conj.* 2.4
soap **jabón** *m.* 1.7
soap opera **telenovela** *f.* 2.8, 3.9
soccer **fútbol** *m.* 1.4
sociable **sociable** *adj.*
society **sociedad** *f.*
sociology **sociología** *f.* 1.2
sock(s) **calcetín (calcetines)** *m.* 1.6
sofa **sofá** *m.* 2.3
soft drink **refresco** *m.* 1.8
software **programa** *m.* **de computación** 2.2, 3.7
soil **tierra** *f.* 2.4
solar **solar** *adj.* 2.4
solar energy **energía** *f.* **solar** 2.4
soldier **soldado** *m., f.* 2.9
solitude **soledad** *f.* 3.3
solution **solución** *f.* 2.4
solve **resolver (o:ue)** *v.* 2.4, 3.6
some **algún, alguno(s)/a(s)** *adj., pron.* 1.7; **unos/as** *pron. pl.; indef. art.* 1.1
somebody **alguien** *pron.* 1.7

someone **alguien** *pron.* 1.7
something **algo** *pron.* 1.7
sometimes **a veces** *adv.* 2.1, 3.3
son **hijo** *m.* 1.3
son-in-law **yerno** *m.* 1.3
soon **pronto** *adv.* 2.1
See you soon. **Hasta pronto.** 1.1
sorrow **pena** *f.* 3.4
sorry: to be sorry **sentir (e:ie)** *v.* 2.4
I'm sorry. **Lo siento.** 1.4
I'm so sorry. **Mil perdones.** 1.4; **Lo siento muchísimo.** 1.4
soul **alma** *f.* 3.1
soundtrack **banda sonora** *f.* 3.9
soup **caldo** *m.* 1.8; **sopa** *f.* 1.8
source **fuente** *f.*
energy source **fuente de energía** *f.* 3.6
south **sur** *m.* 2.5
to the south **al sur** 2.5
sovereign **soberano/a** *m., f.*
sovereignty **soberanía** *f.*
space **espacial** *adj.;* **espacio** *m.* 3.7
space lab **laboratorio espacial** *m.*
spaceship **nave espacial** *f.*
space shuttle **transbordador espacial** *m.* 3.7
spacious **espacioso/a** *adj.*
Spain **España** *f.* 1.1
Spanish (*language*) **español** *m.* 1.2; **español(a)** *adj.* 1.3
spare time **ratos libres** *m.* 1.4
speak **hablar** *v.* 1.2, 3.1
Speaking of that, … **Hablando de esto, …**
speaker **hablante** *m., f.* 3.9
special effects **efectos especiales** *m., pl.* 3.9
specialist **especialista** *m., f.*
specialized **especializado/a** *adj.* 3.7
species **especie** *f.* 3.6
endangered species **especie en peligro de extinción** *f.*
spectacular **espectacular** *adj.* 2.6
spectator **espectador(a)** *m., f.* 3.2
speech **discurso** *m.* 2.9
give a speech **pronunciar un discurso**
speed **velocidad** *f.* 2.2
speed limit **velocidad** *f.* **máxima** 2.2
spell-checker **corrector ortográfico** *m.* 3.7
spelling **ortografía** *f.;* **ortográfico/a** *adj.*
spend (*money*) **gastar** *v.* 1.6, 3.8

spider **araña** *f.* 3.6
spill **derramar** *v.*
spirit **ánimo** *m.* 3.1
spiritual **espiritual** *adj.*
spoon (*table or large*) **cuchara** *f.* 2.3
sport **deporte** *m.* 1.4
sports-related **deportivo/a** *adj.* 1.4
spot: on the spot **en el acto** 3.3
spouse **esposo/a** *m., f.* 1.3
sprain (one's ankle) **torcerse (o:ue)** *v.* **(el tobillo)** 2.1
sprained **torcido/a** *adj.* 2.1
be sprained **estar torcido/a** 2.1
spray **rociar** *v.* 3.6
spring **primavera** *f.* 1.5; **manantial** *m.*
square (*city or town*) **plaza** *f.* 1.4
stability **estabilidad** *f.*
stadium **estadio** *m.* 1.2
stage (*theater*) **escenario** *m.* 3.2; (*phase*) **etapa** *f.* 1.9
stage name **nombre artístico** *m.* 3.1
stain **mancha** *f.;* **manchar** *v.*
staircase **escalera** *f.* 2.3, 3.3
stairway **escalera** *f.* 2.3
stamp **estampilla** *f.* 2.5; **sello** *m.* 2.5
stand in line **hacer cola** 2.5
stand up **ponerse de pie**
stanza **estrofa** *f.* 3.10
star **estrella** *f.* 2.4; (*movie*) **estrella** *f.*
pop star **estrella pop** *f.* 3.9
shooting star **estrella fugaz** *f.*
start (*a vehicle*) **arrancar** *v.* 2.2; **establecer** *v.* 2.7
station **estación** *f.* 1.5
statue **estatua** *f.* 2.8
status: marital status **estado** *m.* **civil** 1.9
stay **hospedarse** *v.;* **quedarse** *v.* 1.7, 3.5
stay in shape **mantenerse en forma** 2.6
stay up very late or all night **trasnochar** *v.* 3.4
steak **bistec** *m.* 1.8
steering wheel **volante** *m.* 2.2
step **etapa** *f.;* **paso** *m.*
take the first step **dar el primer paso**
stepbrother **hermanastro** *m.* 1.3
stepdaughter **hijastra** *f.* 1.3
stepfather **padrastro** *m.* 1.3
stepmother **madrastra** *f.* 1.3
stepsister **hermanastra** *f.* 1.3
stepson **hijastro** *m.* 1.3
stereo **estéreo** *m.* 2.2
stereotype **estereotipo** *m.* 3.10

stern **popa** *f.* 3.5
stick **pegar** *v.*
still **todavía** *adv.* 1.5
still life **naturaleza muerta** *f.*
3.10
sting **picar** *v.*
stingy **tacaño/a** *adj.* 3.1
stir **revolver (o:ue)** *v.*
stockbroker **corredor(a)** *m., f.* **de
bolsa** 2.7
stockings **medias** *f., pl.* 1.6
stock market **bolsa de valores** *f.*
3.8
stomach **estómago** *m.* 2.1
stone **piedra** *f.* 2.4, 3.5
stop **parar** *v.* 2.2
stop (*doing something*) **dejar
de** (+ *inf.*) 2.4
store **tienda** *f.* 1.6
storekeeper **comerciante** *m., f.*
storm **tormenta** *f.* 2.9
tropical storm **tormenta** *f.*
tropical 3.6
story **cuento** *m.* 2.8; **historia** *f.*
2.8; (*account*) **relato** *m.* 3.10
stove **cocina** *f.* 2.3; **estufa** *f.*
2.3
straight **derecho** *adj.* 2.5
straight (*ahead*) **derecho** 2.5
straighten up **arreglar** *v.* 2.3
strange **extraño/a** *adj.* 2.4
it's strange **es extraño** 2.4
stranger **desconocido/a** *adj.*
strawberry **frutilla** *f.* 1.8,
fresa *f.*
stream **arroyo** *m.* 3.10
street **calle** *f.* 2.2
strength **fortaleza** *f.*
stress **estrés** *m.* 2.6
stretching **estiramiento** *m.* 2.6
do stretching exercises **hacer
ejercicios de estiramiento**
2.6
strict **autoritario/a** *adj.* 3.1
strike (*labor*) **huelga** *f.* 2.9, 3.8
striking **llamativo/a** *adj.* 3.10
stripe **raya** *f.* 1.6, 3.5
striped **de rayas** 1.6
stroll **pasear** *v.* 1.4; **paseo** *m.*
strong **fuerte** *adj.* 2.6
struggle (for/against) **luchar** *v.*
(por/contra) 2.9; **lucha** *f.*
stubborn **tozudo/a** *adj.* 3.8
student **estudiante** *m., f.* 1.1,
1.2; **estudiantil** *adj.* 1.2
studio **estudio** *m.*
recording studio **estudio de
grabación** *f.*
study **estudiar** *v.* 1.2
stuffed-up (*sinuses*)
congestionado/a *adj.* 2.1
stupendous **estupendo/a** *adj.*
1.5
stupid **necio/a** *adj.*
stupid person **bobo/a** *m., f.* 3.7

style **estilo** *m.*
in the style of... **al estilo de...**
3.10
subscribe (to) **suscribirse (a)** *v.*
3.9
subtitles **subtítulos** *m., pl.* 3.9
subtlety **matiz** *m.*
suburb **suburbio** *m.*
suburbs **afueras** *f., pl.* 2.3
subway **metro** *m.* 1.5
subway station **estación** *f.* **del
metro** 1.5
succeed in (*reach*) **alcanzar** *v.*
success **éxito** *m.* 2.7
successful **exitoso/a** *adj.* 3.8
be successful **tener éxito** 2.7
such as **tales como**
suckling pig **cochinillo** *m.* 3.10
sudden **repentino/a** *adj.* 3.3
suddenly **de repente** *adv.* 1.6,
3.3
suffer (from) **sufrir (de)** *v.* 2.1,
3.4
suffer an illness **sufrir una
enfermedad** 2.1
suffering **sufrimiento** *m.*
sugar **azúcar** *m.* 1.8
suggest **aconsejar** *v.* 2.3, 3.4;
sugerir (e:ie) *v.* 2.3, 3.4
suit **traje** *m.* 1.6
suitcase **maleta** *f.* 1.1, 3.5
summer **verano** *m.* 1.5
summit **cumbre** *f.*
sun **sol** *m.* 1.5, 2.4
sunbathe **tomar el sol** 1.4
Sunday **domingo** *m.* 1.2
sunglasses **gafas** *f., pl.*
de sol/oscuras 1.6; **lentes**
m. pl. **de sol**
sunny: It's (very) sunny. **Hace
(mucho) sol.** 1.5
sunrise **amanecer** *m.*
supermarket **supermercado** *m.*
2.5, 3.3
supply **proporcionar** *v.*
support **soportar** *v.* 3.1
suppose **suponer** *v.* 1.4, 3.1
suppress **suprimir** *v.*
sure **seguro/a** *adj.* 1.5;
cierto/a *adj.*
be sure **estar seguro/a** 1.5
Sure! **¡Cierto!**
surf (the Internet) **navegar** *v.* **(en
Internet)** 2.2
surf the web **navegar la red**
3.7
surface **superficie** *f.*
surgeon **cirujano/a** *m., f.* 3.4
surgery **cirugía** *f.* 3.4
surgical **quirúrgico/a** *adj.*
surprise **sorprender** *v.* 1.9, 3.2;
sorpresa *f.* 1.9
surprised **sorprendido** *adj.* 3.2
be surprised (about)
sorprenderse (de) *v.* 3.2

surrealism **surrealismo** *m.* 3.10
surrender **rendirse (e:i)** *v.*
surround **rodear** *v.*
surrounded **rodeado/a** *adj.* 3.7
survey **encuesta** *f.* 2.9
survival **supervivencia** *f.*;
sobrevivencia *f.*
survive **subsistir** *v.*; **sobrevivir** *v.*
suspect **sospechar** *v.*
suspicion **sospecha** *f.*
swallow **tragar** *v.*
sweat **sudar** *v.* 2.6
sweater **suéter** *m.* 1.6
sweep **barrer** *v.* 3.3
sweep the floor **barrer
el suelo** 2.3
sweetheart **amado/a** *m., f.* 3.1
sweets **dulces** *m., pl.* 1.9
swim **nadar** *v.* 1.4
swimming **natación** *f.* 1.4
swimming pool **piscina** *f.* 1.4
symptom **síntoma** *m.* 2.1
synagogue **sinagoga** *f.*
syrup **jarabe** *m.* 3.4

T

table **mesa** *f.* 1.2
tablespoon **cuchara** *f.* 2.3
tablet (*pill*) **pastilla** *f.* 2.1
tabloid(s) **prensa
sensacionalista** *f.* 3.9
tag **etiqueta** *f.*
take **tomar** *v.* 1.2; **llevar** *v.*
1.6
take a bath **bañarse** *v.* 1.7,
3.2
take a look **echar un vistazo**
take a shoe size **calzar** *v.* 1.6
take a shower **ducharse** *v.*
1.7
take a trip **hacer un viaje**
3.5
take a vacation **ir(se) de
vacaciones** 3.5
take away (*remove*) **quitar** *v.*
3.2
take care of **cuidar** *v.* 2.4, 3.1
take care of oneself **cuidarse** *v.*
take off (*clothing*) **quitarse** *v.*
1.7, 3.2
take off running **echar a correr**
take out the trash **sacar la
basura** 2.3
take photos **tomar fotos** 1.5;
sacar fotos 1.5
take place **desarrollarse** *v.*
3.10; **transcurrir** *v.* 3.10
take refuge **refugiarse** *v.*
take seriously **tomar en serio**
3.8
take someone's temperature
tomar la temperatura 2.1
talent **talento** *m.* 3.1

talented **talentoso/a** *adj.* 2.8, 3.1
talk *v.* **hablar** 1.2
  talk show **programa** *m.* **de entrevistas** 2.8
tall **alto/a** *adj.* 1.3
tank **tanque** *m.* 2.2, 3.6
tape *(audio)* **cinta** *f.*
  tape recorder **grabadora** *f.* 1.1
taste **probar (o:ue)** *v.* 1.8
  And does it taste good? **¿Y sabe bien?** 3.4
  How does it taste? **¿Cómo sabe?** 3.4
  It tastes like garlic/mint/lemon. **Sabe a ajo/menta/limón.** 3.4
  taste like/of **saber a** *v.* 1.8, 3.1
taste **gusto** *m.* 3.10; **sabor** *m.*
  in good/bad taste **de buen/mal gusto** 3.10
  It has a sweet/sour/bitter/pleasant taste. **Tiene un sabor dulce/agrio/amargo/agradable.** 3.4
tasty **rico/a** *adj.* 1.8; **sabroso/a** *adj.* 1.8
tax **impuesto** *m.* 2.9
  sales tax **impuesto de ventas** *m.* 3.8
taxi **taxi** *m.* 1.5
tea **té** *m.* 1.8
teach **enseñar** *v.* 1.2
teacher **profesor(a)** *m., f.* 1.1, 1.2; **maestro/a** *m., f.* 2.7
teaching **enseñanza** *f.*
team **equipo** *m.* 1.4, 3.2
tears **lágrimas** *f. pl.*
technician **técnico/a** *m., f.* 2.7
telecommuting **teletrabajo** *m.* 2.7
telephone **teléfono** 2.2
  cellular telephone **teléfono celular** *m.* 2.2
  telephone receiver **auricular** *m.* 3.7
telescope **telescopio** *m.* 3.7
television **televisión** *f.* 1.2, 2.2, 3.2
  television set **televisor** *m.* 2.2, 3.2
  television viewer **televidente** *m., f.* 3.2
tell **contar (o:ue)** *v.* 1.4, 3.2; **decir** *v.* 1.4
  tell that **decir** *v.* **que** 1.4, 1.9
  tell lies **decir mentiras** 1.4
  tell the truth **decir la verdad** 1.4
temperature **temperatura** *f.* 2.1
temple **templo** *m.*
ten **diez** *n., adj.* 1.1
tendency **propensión** *f.*

tennis **tenis** *m.* 1.4
tennis shoes **zapatos** *m., pl.* **de tenis** 1.6
tension **tensión** *f.* 2.6
tent **tienda** *f.* **de campaña**
tenth **décimo/a** *n., adj.* 1.5
terrible **terrible** *adj.* 2.4
  it's terrible **es terrible** 2.4
terrific **chévere** *adj.*
territory **territorio** *m.*
terrorism **terrorismo** *m.*
test **prueba** *f.* 1.2; **examen** *m.* 1.2; **poner a prueba**
text message **mensaje** *m.* **de texto** 2.2
Thank you. **Gracias.** 1.1
  Thank you (very much). **(Muchas) gracias.** 1.1
  Thank you very, very much. **Muchísimas gracias.** 1.9
  Thanks (a lot). **(Muchas) gracias.** 1.1
  Thanks again. *(lit. Thanks one more time.)* **Gracias una vez más.** 1.9
  Thanks for everything. **Gracias por todo.** 1.9, 2.6
that **que, quien(es), lo que** *conj.* 2.3
  that (one) **ése, ésa, eso** *pron.* 1.6; **ese, esa,** *adj.* 1.6
  that (over there) **aquél, aquélla, aquello** *pron.* 1.6; **aquel, aquella** *adj.* 1.6
  that which **lo que** *conj.* 2.3
  That's me. **Soy yo.** 1.1
  That's not the way it is. **No es así.** 2.7
  that's why **por eso** 2.2
the **el** *m. sing.*, **la** *f. sing.*, **los** *m. pl.*, **las** *f. pl.*
theater **teatro** *m.* 2.8
their **su(s)** *poss. adj.* 1.3; **suyo/a(s)** *poss. adj.* 2.2
theirs **suyo/a(s)** *poss. pron.* 2.2
them **los/las** *pl., d.o. pron.* 1.5; **ellos/as** *pron., obj. of prep.* 1.9
  to/for them **les** *pl., i.o. pron.* 1.6
then **después** *(afterward) adv.* 1.7; **entonces** *(as a result) adv.* 1.7; **luego** *(next) adv.* 1.7; **pues** *adv.* 2.6
theory **teoría** *f.* 3.7
there **allí** *adv.* 1.5; **allá** *adv.*
  There is/are… **Hay…** 1.1
  There is/are not… **No hay…** 1.1
therefore **por eso** 2.2
thermal **térmico/a** *adj.*
these **éstos, éstas** *pron.* 1.6; **estos, estas** *adj.* 1.6

they **ellos** *m. pron.*, **ellas** *f. pron.* 1.1
thief **ladrón/ladrona** *m., f.*
thin **delgado/a** *adj.* 1.3
thing **cosa** *f.* 1.1
think **pensar (e:ie)** *v.* 1.4, 3.1; *(believe)* **creer** *v.*; *(to be of the opinion)* **opinar** *v.*
  I think it's pretty. **Me parece hermosa/o.**
  I thought… **Me pareció…** 3.1
  think about **pensar en** *v.* 1.4
  What did you think of…? **¿Qué te pareció…?** 3.1
third **tercero/a** *n., adj.* 1.5
thirst **sed** *f.* 1.3
thirsty: be (very) thirsty **tener (mucha) sed** 1.3
thirteen **trece** *n., adj.* 1.1
thirty **treinta** *n., adj.* 1.1; 1.2; thirty (minutes past the hour) **y treinta; y media** 1.1
this **este, esta** *adj.*; **éste, ésta, esto** *pron.* 1.6
  This is… *(introduction)* **Éste/a es…** 1.1
  This is he/she. *(on the telephone)* **Con él/ella habla.** 2.2
thoroughly **a fondo** *adv.*
those **ésos, ésas** *pron.* 1.6; **esos, esas** *adj.* 1.6
those (over there) **aquéllos, aquéllas** *pron.* 1.6; **aquellos, aquellas** *adj.* 1.6
thousand **mil** *m.* 1.6
threat **amenaza** *f.* 3.8
threaten **amenazar** *v.* 3.3
three **tres** *n., adj.* 1.1
three hundred **trescientos/as** *n., adj.* 1.2
throat **garganta** *f.* 2.1
through **por** *prep.* 2.2
throughout: throughout the world **en todo el mundo** 2.4
throw **tirar** *v.* 3.5
  throw away **echar** *v.* 3.5
  throw… out **botar** *v.* 3.5
thunder **trueno** *m.* 3.6
Thursday **jueves** *m., sing.* 1.2
thus **así** *adv.*
ticket **boleto** *m.* 2.8; **pasaje** *m.* 1.5
tie **corbata** *f.* 1.6; *(game)* **empate** *m.* 3.2
tie (up) **atar** *v.*; *(games)* **empatar** *v.* 3.2
tiger **tigre** *m.* 3.6
time **tiempo** *m.* 1.4; **vez** *f.* 1.6
  at that time **en aquel entonces**
  for the first/last time **por primera/última vez** 3.2
  have a good/bad/horrible time **pasarlo bien/mal** 1.9, 3.1

on time **a tiempo** 3.3

once upon a time **érase una vez**

We had a great time. **Lo pasamos de película.** 2.9

(At) What time…? **¿A qué hora…?** 1.1

What time is it? **¿Qué hora es?** 1.1

times **veces** *f., pl.* 1.6

many times **muchas veces** 2.1

two times **dos veces** 1.6

tip **propina** *f.* 1.9

tire **llanta** *f.* 2.2

tired **cansado/a** *adj.* 1.5

be tired **estar cansado/a** 1.5

become tired **cansarse** *v.*

to **a** *prep.* 1.1

toast (*drink*) **brindar** *v.* 1.9; **pan** *m.* **tostado**

toasted **tostado/a** *adj.* 1.8

toasted bread **pan** *m.* **tostado** 1.8

toaster **tostadora** *f.* 2.3

today **hoy** *adv.* 1.2

Today is… **Hoy es…** 1.2

toe **dedo** *m.* **del pie** 2.1

together **juntos/as** *adj.* 1.9

toilet **inodoro** *m.* 1.7

tomato **tomate** *m.* 1.8

tomorrow **mañana** *f.* 1.1

See you tomorrow. **Hasta mañana.** 1.1

tone of voice **timbre** *m.* 3.3

tongue **lengua** *f.* 3.9

tonight **esta noche** *adv.* 1.4

too **también** *adv.* 1.2, 1.7

too much **demasiado/a** *adj.*; **demasiado** *adv.* 1.6; **en exceso** 2.6

tool **herramienta** *f.*

toolbox **caja de herramientas** *f.* 3.2

tooth **diente** *m.* 1.7

toothpaste **pasta** *f.* **de dientes** 1.7

topic **asunto** *m.*

tornado **tornado** *m.* 2.9

tortilla **tortilla** *f.* 1.8

touch **tocar** *v.* 2.4, 2.8

touch lightly **rozar** *v.*

tour **excursión** *f.* 1.4, 3.5

tour an area **recorrer** *v.*

tour guide **guía turístico/a** *m., f.* 3.5

tourism **turismo** *m.* 1.5, 3.5

tourist **turista** *m., f.* 1.1, 3.5; **turístico/a** *adj.* 3.5

tournament **torneo** *m.* 3.2

toward **hacia** *prep.* 2.5; **para** *prep.* 2.2

towel **toalla** *f.* 1.7

town **pueblo** *m.* 1.4

toxic **tóxico/a** *adj.* 3.6

trace **huella** *f.* 3.8; **trazar** *v.*

track-and-field events **atletismo** *m.*

trade **comercio** *m.* 3.8; **oficio** *m.* 2.7

trader **comerciante** *m., f.*

traditional **tradicional** *adj.* 3.1; (*typical*) **típico/a** *adj.*

traffic **circulación** *f.* 2.2; **tráfico** *m.* 2.2; **tránsito** *m.*

traffic jam **congestionamiento** *m.* 3.5; **tapón** *m.* 3.5

traffic signal **semáforo** *m.*

tragedy **tragedia** *f.* 2.8

tragic **trágico/a** *adj.* 3.10

trail **sendero** *m.* 2.4

train **entrenarse** *v.* 2.6; **tren** *m.* 1.5

train station **estación** *f.* **de tren** 1.5

trainer **entrenador(a)** *m., f.* 2.6, 3.2

trait **rasgo** *m.*

traitor **traidor(a)** *m., f.*

tranquilizer **calmante** *m.* 3.4

translate **traducir** *v.* 1.6, 3.1

transmission **transmisión** *f.*

transplant **transplantar** *v.*

trap **atrapar** *v.* 3.6

trash **basura** *f.* 2.3

travel **viajar** *v.* 1.2; (*go across*) **recorrer** *v.* 3.5

travel agent **agente** *m., f.* **de viajes** 1.5

traveler **viajero/a** *m., f.* 1.5, 3.5

traveler's check **cheque** *m.* **de viajero** 2.5

travel log **bitácora** *f.* 3.7

treadmill **cinta caminadora** *f.* 2.6

treat **tratar** *v.* 3.4

treatment **tratamiento** *m.* 3.4

treaty **tratado** *m.*

tree **árbol** *m.* 2.4, 3.6

trend **moda** *f.*; **tendencia** *f.* 3.9

trial **juicio** *m.*

tribal chief **cacique** *m.*

tribe **tribu** *f.*

trick **truco** *m.* 3.2

trillion **billón** *m.*

trimester **trimestre** *m.* 1.2

trip **viaje** *m.* 1.5, 3.5

take a trip **hacer un viaje** 1.5, 3.5

tropical **tropical** *adj.*

tropical forest **bosque** *m.* **tropical** 2.4

tropical storm **tormenta** *f.* **tropical** 3.6

true **verdad** *adj.* 2.4

it's (not) true **(no) es verdad** 2.4

trunk **baúl** *m.* 2.2; **maletero** *m.* 3.9

trust **confianza** *f.* 3.1

truth **verdad** *f.*

try **intentar** *v.*; **probar (o:ue)** *v.* 1.8, 3.3

try (*to do something*) **tratar de** (+ *inf.*) 2.6

try on **probarse (o:ue)** *v.* 1.7, 3.3

t-shirt **camiseta** *f.* 1.6

Tuesday **martes** *m., sing.* 1.2

tuna **atún** *m.* 1.8

tune into (*radio or television*) **sintonizar** *v.*

tuning **sintonía** *f.* 3.9

turkey **pavo** *m.* 1.8

turn (*a corner*) **doblar** *v.* 2.5

be my/your/his turn **me/te/le, etc. + tocar** *v.*

Is it my turn yet? **¿Todavía no me toca?** 3.2

turn off (*electricity/appliance*) **apagar** *v.* 2.2, 3.3

turned off **apagado/a** *adj.* 3.7

turn on (*electricity/appliance*) **encender (e:ie)** *v.* 3.3; **poner** *v.* 2.2; **prender** *v.* 2.2

turn red **enrojecer** *v.*

Whose turn is it to pay the tab? **¿A quién le toca pagar la cuenta?** 3.2

twelve **doce** *n., adj.* 1.1

twenty **veinte** *n., adj.* 1.1

twenty-eight **veintiocho** *n., adj.* 1.1

twenty-five **veinticinco** *n., adj.* 1.1

twenty-four **veinticuatro** *n., adj.* 1.1

twenty-nine **veintinueve** *n., adj.* 1.1

twenty-one **veintiún, veintiuno/a** *n., adj.* 1.1

twenty-seven **veintisiete** *n., adj.* 1.1

twenty-six **veintiséis** *n., adj.* 1.1

twenty-three **veintitrés** *n., adj.* 1.1

twenty-two **veintidós** *n., adj.* 1.1

twice **dos veces** 1.6

twin **gemelo/a** *m., f.* 1.3

twisted **torcido/a** *adj.* 2.1

be twisted **estar torcido/a** 2.1

two **dos** *n., adj.* 1.1

two times **dos veces** 1.6

two hundred **doscientos/as** *n., adj.* 1.2

U

UFO **ovni** *m.* 3.7

ugly **feo/a** *adj.* 1.3

unbiased **imparcial** *adj.* 3.9
uncertainty **incertidumbre** *f.*
uncle **tío** *m.* 1.3
under **bajo** *adv.* 1.7; **debajo de** *prep.* 1.2
underdevelopment **subdesarrollo** *m.*
underground tank **cisterna** *f.* 3.6
understand **comprender** *v.* 1.3; **entender (e:ie)** *v.* 1.4
underwear **ropa interior** *f.* 1.6; (men's) **calzoncillos** *m. pl.*
undo **deshacer** *v.* 3.1
unemployed **desempleado/a** *adj.* 3.8
unemployment **desempleo** *m.* 2.9, 3.8
unequal **desigual** *adj.*
unethical **poco ético/a**
unexpected **imprevisto/a** *adj.* 3.3; **inesperado/a** *adj.* 3.3
unexpectedly **de improviso** *adv.*
unfasten the seatbelt **quitarse el cinturón de seguridad** 3.5
unique **único/a** *adj.*
United States **Estados Unidos (EE.UU.)** *m. pl.* 1.1
university **universidad** *f.* 1.2
unjust **injusto/a** *adj.*
unless **a menos que** *conj.* 2.4
unmarried **soltero/a** *adj.*
unpleasant **antipático/a** *adj.* 1.3
unsettling **inquietante** *adj.* 3.10
untie **desatar** *v.*
until **hasta** *prep.* 1.6; **hasta que** *conj.* 2.4; **hasta** *adv.*
up **arriba** *adv.* 2.6
up until now **hasta la fecha**
update **actualizar** *v.* 3.7
upset **disgustado/a** *adj.* 3.1; **disgustar** *v.* 3.2
get upset **afligirse** *v.* 3.3
up-to-date **actualizado/a** *adj.* 3.9
be up-to-date **estar al día** 3.9
urban **urbano/a** *adj.*
urgent **urgente** *adj.* 2.3, 3.4
It's urgent that... **Es urgente que...** 2.3
us **nos** *pl., d.o. pron.* 1.5
to/for us **nos** *pl., i.o. pron.* 1.6
use **usar** *v.* 1.6
use up **agotar** *v.* 3.6
used: be used to **estar acostumbrado/a a**
get used to **acostumbrarse (a)** *v.* 3.3
I used to... (was in the habit of) **solía**
used for **para** *prep.* 2.2
useful **útil** *adj.*
useless **inútil** *adj.* 3.2
user **usuario/a** *m., f.* 3.7

V

vacation **vacaciones** *f., pl.* 1.5
be on vacation **estar de vacaciones** 1.5
go on vacation **ir de vacaciones** 1.5
take a vacation **ir(se) de vacaciones** 3.5
vaccine **vacuna** *f.* 3.4
vacuum **pasar la aspiradora** 2.3, 3.3
vacuum cleaner **aspiradora** *f.* 2.3
valid **vigente** *adj.* 3.5
valley **valle** *m.* 2.4
valuable **valioso/a** *adj.* 3.6
value **valor** *m.*
vandal **vándalo/a** *m., f.* 3.6
various **varios/as** *adj. pl.* 1.8
VCR **videocasetera** *f.* 2.2
vegetables **verduras** *pl., f.* 1.8
verb **verbo** *m.*
very **muy** *adv.* 1.1
very much **muchísimo** *adv.* 1.2
(Very) well, thank you. **(Muy) bien, gracias.** 1.1
vestibule **zaguán** *m.* 3.3
victorious **victorioso/a** *adj.*
victory **victoria** *f.*
video **video** *m.* 1.1
video camera **cámara** *f.* **de video** 2.2
video game **videojuego** *m.* 1.4, 3.2
videocassette **videocasete** *m.* 2.2
videoconference **videoconferencia** *f.* 2.7
village **aldea** *f.*
vinegar **vinagre** *m.* 1.8
violence **violencia** *f.* 2.9
virus **virus** *m.* 3.4
visit **visitar** *v.* 1.4
visit monuments **visitar monumentos** 1.4
visiting hours **horas de visita** *f., pl.*
vitamin **vitamina** *f.* 2.6
volcano **volcán** *m.* 2.4
volleyball **vóleibol** *m.* 1.4
vote **votar** *v.* 2.9

W

wage: minimum wage **sueldo mínimo** *m.* 3.8
wait **espera** *f.*; **esperar** *v.*
wait (for) **esperar** *v.* (+ *inf.*) 1.2
wait in line **hacer cola** 3.2

waiter/waitress **camarero/a** *m., f.* 1.8; **mesero/a** *m., f.*
wake up **despertarse (e:ie)** *v.* 1.7, 3.2
wake up early **madrugar** *v.* 3.4
walk **andar** *v.*; **caminar** *v.* 1.2
take a stroll/walk **dar un paseo** 3.2; **dar una vuelta**
take a walk **pasear** *v.* 1.4
walk around **pasear por** 1.4
walkman **walkman** *m.*
wall **pared** *f.* 2.3, 3.5
wallet **cartera** *f.* 1.6
want **querer (e:ie)** *v.* 1.4, 3.1, 3.4
I don't want to. **No quiero.** 1.4
war **guerra** *f.* 2.9
civil war **guerra civil** *f.*
warm up **calentar (e:ie)** *v.* 2.6, 3.3
warn **avisar** *v.*
warning **advertencia** *f.* 3.8; **aviso** *m.* 3.5
warrior **guerrero/a** *m., f.*
wash **lavar** *v.* 2.3, 3.3
wash one's face/hands **lavarse la cara/las manos** 1.7
wash oneself *v.* **lavarse** 1.7, 3.2
wash the floor, the dishes **lavar el suelo, los platos** 2.3
washing machine **lavadora** *f.* 2.3
waste **malgastar** *v.* 3.6
wastebasket **papelera** *f.* 1.2
watch **mirar** *v.* 1.2; **vigilar** *v.*; **reloj** *m.* 1.2
watch television **mirar (la) televisión** 1.2
water **agua** *f.* 1.8
water pollution **contaminación** *f.* **del agua** 2.4
watercolor **acuarela** *f.* 3.10
waterfall **cascada** *f.* 3.5
waterskiing **esquí** *m.* **acuático** 1.4
wave **ola** *f.* 3.5; **onda** *f.*
way **manera** *f.* 2.7
we **nosotros(as)** *sub. pron.* 1.1
weak **débil** *adj.* 2.6
wealth **riqueza** *f.* 3.8
wealthy **adinerado/a** *adj.* 3.8
weapon **arma** *m.*
wear **llevar** *v.* 1.6; **usar** *v.* 1.6
weariness **fatiga** *f.* 3.8
weather **tiempo** *m.*
The weather is bad. **Hace mal tiempo.** 1.5
The weather is good. **Hace buen tiempo.** 1.5
weaving **tejido** *m.* 2.8
web **red** *f.* 2.2; **web** *f.* 3.7
weblog **bitácora** *f.* 3.7
website **sitio** *m.* **web** 2.2, 3.7

wedding **boda** *f.* 1.9

Wednesday **miércoles** *m., sing.* 1.2

week **semana** *f.* 1.2

weekend **fin** *m.* **de semana** 1.4

Have a nice weekend! **¡Buen fin de semana!**

weekly **semanal** *adj.*

weight **peso** *m.* 2.6

lift weights **levantar** *v.* **pesas** 2.6

welcome **bienvenido(s)/a(s)** *adj.* 2.3; **bienvenida** *f.* 3.5; **acoger** *v.*

well **pues** *adv.* 1.2, 2.8; **bueno** *adv.* 1.2, 2.8; **pozo** *m.*

oil well **pozo petrolero** *m.*

(Very) well, thanks. **(Muy) bien, gracias.** 1.1

well-being **bienestar** *m.* 2.6, 3.4

well-organized **ordenado/a** *adj.*

well-received **bien acogido/a** *adj.* 3.8

west **oeste** *m.* 2.5

to the west **al oeste** 2.5

western (*genre*) **de vaqueros** 2.8

what **lo que** *pron.* 2.3

what? **¿qué?** *pron.* 1.1

At what time...? **¿A qué hora...?** 1.1

What a pleasure to...! **¡Qué gusto (+ *inf.*)...!** 2.9

What day is it? **¿Qué día es hoy?** 1.2

What do you guys think? **¿Qué les parece?** 1.9

What happened? **¿Qué pasó?** 2.2

What is today's date? **¿Cuál es la fecha de hoy?** 1.5

What nice clothes! **¡Qué ropa más bonita!** 1.6

What size do you take? **¿Qué talla lleva (usa)?** *form.* 1.6

What time is it? **¿Qué hora es?** 1.1

What's going on? **¿Qué pasa?** 1.1

What's happening? **¿Qué pasa?** 1.1

What's... like? **¿Cómo es...?** 1.3

What's new? **¿Qué hay de nuevo?** 1.1

What's the weather like? **¿Qué tiempo hace?** 1.5

What's wrong? **¿Qué pasó?** 2.2

What's your name? **¿Cómo se llama usted?** *form.* 1.1

What's your name? **¿Cómo te llamas (tú)?** *fam.* 1.1

when **cuando** *conj.* 1.7, 2.4

when? **¿cuándo?** *adv.* 1.2

where **donde** *prep.*

where (to)? (*destination*) **¿adónde?** *adv.* 1.2; (*location*) **¿dónde?** *adv.* 1.1

Where are you from? **¿De dónde eres (tú)?** *fam.* 1.1; **¿De dónde es (usted)?** *form.* 1.1

Where is...? **¿Dónde está...?** 1.2

wherever **dondequiera** *adv.* 3.4

which **que** *pron.,* **lo que** *pron.* 2.3

which? **¿cuál?** *pron.* 1.2; **¿qué?** *adj.* 1.2; In which...? **¿En qué...?** 1.2

which one(s)? **¿cuál(es)?** *pron.* 1.2

while **mientras** *conj.; adv.* 2.1

whistle **silbar** *v.*

white **blanco/a** *adj.* 1.6

who **que** *pron.* 2.3; **quien(es)** *pron.* 2.3

who? **¿quién(es)?** *pron.* 1.1

Who is...? **¿Quién es...?** 1.1

Who is calling? (*on the telephone*) **¿De parte de quién?** 2.2

Who is speaking? (*on the telephone*) **¿Quién habla?** 2.2

whole **todo/a** *adj.*

whom **quien(es)** *pron.* 2.3

whose **¿de quién(es)?** *pron., adj.* 1.1

why? **¿por qué?** *adv.* 1.2

widowed **viudo/a** *adj.* 3.1; become widowed **quedarse viudo/a**

widower/widow **viudo/a** *n., adj.* 1.9

wife **esposa** *f.* 1.3

wild **salvaje** *adj.* 3.6

wild boar **jabalí** *m.* 3.10

win **ganar** *v.* 1.4

win a game **ganar un partido** 3.2

win an election **ganar las elecciones**

wind **viento** *m.* 1.5

wind power **energía eólica** *f.*

window **ventana** *f.* 1.2

windshield **parabrisas** *m., sing.* 2.2

windy: It's (very) windy. **Hace (mucho) viento.** 1.5

wine **vino** *m.* 1.8

wing **ala** *m.*

winter **invierno** *m.* 1.5

wireless **inalámbrico/a** *adj.* 3.7

wisdom **sabiduría** *f.*

wise **sabio/a** *adj.*

wish **desear** *v.* 1.2, 3.4; **esperar** *v.* 2.4; **deseo** *m.*

I wish (that) **ojalá (que)** 2.4

make a wish **pedir un deseo** 3.8

with **con** *prep.* 1.2

with me **conmigo** 1.4, 1.9

with you **contigo** *fam.* 1.9

within (ten years) **dentro de (diez años)** *prep.* 2.7

without **sin** *prep.* 1.2, 2.4, 2.6; **sin que** *conj.* 2.4

without you **sin ti** *fam.*

witness **testigo** *m., f.* 3.10

woman **mujer** 1.1 *f.*

businesswoman **mujer de negocios** *f.* 3.8

womanizer **mujeriego** *m.* 3.2

wonder **preguntarse** *v.*

wood **madera** *f.*

wool **lana** *f.* 1.6

(made of) wool **de lana** 1.6

word **palabra** *f.* 1.1

work **trabajar** *v.* 1.2; **funcionar** *v.* 2.2, 3.7

work hard **trabajar duro** 3.8

work out **hacer gimnasia** 2.6

work **trabajo** *m.* 2.7; (*of art, literature, music, etc.*) **obra** *f.* 2.8

work day **jornada** *f.*

work of art **obra de arte** *f.* 3.10

workshop **taller** *m.*

world **mundo** *m.* 2.4

World Cup **Copa del Mundo** *f.;* **Mundial** *m.* 3.2

worldwide **mundial** *adj.*

worm **gusano** *m.*

worried (about) **preocupado/a (por)** *adj.* 1.5, 3.1

worry **preocupar** *v.* 3.2

Don't worry. **No se preocupe.** *form.* 1.7; **No te preocupes.** *fam.* 1.7

worry (about) **preocuparse** *v.* **(por)** 1.7, 3.2

worse **peor** *adj.* 1.8

worship **culto** *m.;* **venerar** *v.*

worst **el/la peor** *adj.,* **lo peor** *n.* 1.8, 2.9

worth: be worth **valer** *v.* 3.1

worthy **digno/a** *adj.* 3.6

Would you like to...? **¿Te gustaría...?** *fam.* 1.4

wound **lesión** *f.* 3.4

wrinkle **arruga** *f.*

write **escribir** *v.* 1.3

write a letter/postcard/e-mail message **escribir una carta/ una postal/un mensaje electrónico** 1.4

writer **escritor(a)** *m., f.* 2.8

written **escrito** *p.p.* 2.5

wrong **equivocado/a** *adj.* 1.5

be wrong **no tener razón** 1.3

X

x-ray **radiografía** *f.* 2.1

Y

yard **jardín** *m.* 2.3; **patio** *m.*
2.3
yawn **bostezar** *v.*
year **año** *m.* 1.5
be... years old **tener... años**
1.3
yellow **amarillo/a** *adj.* 1.6
yes **sí** *interj.* 1.1
yesterday **ayer** *adv.* 1.6
yet **todavía** *adv.* 1.5
yogurt **yogur** *m.* 1.8
you *sub. pron.* **tú** *fam. sing.,*
usted (Ud.) *form. sing.,*
vosotros/as *fam. pl.,* **ustedes**
(Uds.) *form. pl.* 1.1; *d. o.*
pron. **te** *fam. sing.,* **lo/la**
form. sing., **os** *fam. pl.,* **los/las**
form. pl. 1.5; *obj. of prep.* **ti**
fam. sing., **usted (Ud.)** *form.*
sing., **vosotros/as** *fam. pl.,*
ustedes (Uds.) *form. pl.* 1.9
(to, for) you *i.o. pron.* **te** *fam.*
sing., **le** *form. sing.,* **os** *fam.*
pl., **les** *form. pl.* 1.6
you are... **Tú eres...** 1.1
You don't say! **¡No me digas!**
fam.; **¡No me diga!** *form.*
2.2
You're welcome. **De nada.**
1.1; **No hay de qué.** 1.1

young **joven** *adj.* 1.3
young person **joven** *m., f.* 1.1
young woman **señorita (Srta.)**
f.
younger **menor** *adj.* 1.3
younger brother/sister
hermano/a menor *m., f.*
1.3
youngest **el/la menor** *adj.* 1.8
your **su(s)** *poss. adj. form.* 1.3;
tu(s) *poss. adj. fam. sing.* 1.3;
vuestro/a(s) *poss. adj. form.*
pl. 1.3; **tuyo/a(s)** *poss. adj.*
fam. sing. 2.2; **suyo/a(s)** *poss.*
adj. fam. sing. 2.2
yours *form.* **suyo/a(s)** *poss. pron.*
form. 2.2; **tuyo/a(s)** *poss.*
fam. sing. 2.2; **vuestro/a(s)**
poss. fam. 2.2
youth **juventud** *f.* 1.9

Z

zero **cero** *m.* 1.1
zoo **zoológico** *m.* 3.2

Índice

Text Credits

32–33 Pablo Neruda, "Poema 20," from *Veinte poemas de amor y una canción desesperada,* 1924. Esta autorización se concede por cortesía de: Fundación Pablo Neruda.

72–73 Mario Benedetti, "Idilio." © Mario Benedetti, c/o Guillermo Schavelzon, Agente Literario, info@schavelzon.com.

112–113 Jorge Luis Borges, "Pedro Salvadores." © 1995 by Maria Kodama, reprinted with permission of The Wylie Agency.

154–155 Ángeles Mastretta, "Último cuento (sin título)" from *Mujeres de ojos grandes,* © Ángeles Mastretta, 1991.

193–195 Gabriel García Márquez, "La luz es como el agua," from *Doce cuentos peregrinos.* Permission requested. Best efforts made.

234–235 Augusto Monterroso, "El eclipse," from *Obras completas y otros cuentos,* 1959, © Herederos de Augusto Monterroso.

272–273 © Arturo Pérez-Reverte, "El bobo del móvil," *El Semanal,* Madrid, 5 de marzo de 2000.

318–319 Isabel Piquer, "Carolina Herrera, una señora en su punto," Madrid, *El País,* 2001, reprinted by permission of El País.

350–353 © Edmundo Paz Soldán, *Sueños digitales,* c/o Guillermo Schavelzon & Asociados, Agencia Literaria. info@schavelzon.com

386–387 Julio Cortázar, "Continuidad de los parques." Esta autorización se concede por cortesía de: Herederos de Julio Cortázar.

Fine Art Credits

xviii Pablo Picasso. *Woman with Hat.* 1935. Colección: Musée National d'Art Moderne, Centre Georges Pompidou, Paris, France. CNAC/MNAM/Dist. Réunion des Musées Nationaux/Art Resource, New York. **30** Pablo Picasso. *Los enamorados.* 1923. © Sucesión Picasso/Artists Rights Society (ARS) New York. **70** Aldo Severi. *Calesita en la plaza.* 1999. © Aldo Severi. Courtesy of Giuliana F. Severi. **75** Anchille Beltrame. *Juanita Cruz.* 1934. © The Art Archive/Domenica del Corriere/Dagli Orti (A). **110** Antonio Berni. *La siesta.* 1943. Óleo sobre tela 155 × 220 cm. Colección privada. **112** Carlos Morel. *Río de la Plata Calgary, Argentina.* 1845. © The Art Archive/National Library, Buenos Aires/Dagli Orti. **113** Pierre Raymond Jacques Monvoisin. *Juan Manuel de Rosas.* 1842. © The Art Archive/Museo Nacional de Bellas Artes, Buenos Aires/Dagli Orti. **115** (b) Bartolomé Esteban Murillo. *Children Eating Grapes and Melon.* 17th century. © Scala/Art Resource, New York. **116** Diego Rodríguez Velázquez. *Old Woman Cooking Eggs.* 1618. © Scala/Art Resource, New York. **117** (t) Diego Rodríguez Velázquez. *Los borrachos.* Before 1629. © The Art Archive/Museo del Prado, Madrid/Degli Orti. (b) Diego Rodríguez Velázquez. *Las Meninas, The Family of Philip IV.* 1956. © The Art Archive/Museo del Prado, Madrid. **119** Diego Rivera. *Emiliano Zapata.* 1928. © Banco de México Trust, Schalkwijk/Art Resource, New York. **152** Hector Giuffre. *Vegetal Life.* 1984. © Hector Giuffre. **155** Lino Eneas Spilimbergo. *La planchadora.* 1936. Permission requested. Best efforts made. **192, 193, 194** Garciela Rodo Boulanger. *Altamar.* 2000. © Courtesy Edmund Newman Inc. **232** Frida Kahlo. *Autorretrato con mono.* 1938. Oil on masonite, overall 16 × 12" (40.64 × 30.48 cm). Albright-Knox Art Gallery, Buffalo, New York. Bequest of A. Conger Goodyear, 1966. **252** (t) Quirino Cristiani. Frame from animated film *El apóstol.* 1917. Courtesy Giannalberto Vendáis, Milano, Italia. **270** Joaquín Torres García. *Composición constructiva.* 1938. © Art Museum of the Americas. **276, 277** Selections from "Weblog de una mujer gorda". © Bernardo Erlich. **310** Diego Rivera. *Mercado de flores.* 1949. Óleo/tela 180 × 150 cm. Colección Museo Español de Arte Contemporáneo. Madrid, España. Foto © Fondo Documental Diego Rivera. CENIDIAP.INBA. Conaculta, México. **312, 315** Alfredo Bedoya. Selections from "La abeja haragana" 2002. © Alfredo Bedoya. Courtesy of the Artist. **318** Andy Warhol (1928-1987). *Carolina Herrera.* 1979. 40" × 40". Synthetic polymer paint and silkscreen ink on canvas. © The Andy Warhol Foundation, Inc./Art Resource, New York. **348** Salvador Dalí. *Automóvil vestido.* 1941. © 2002 Salvador Dalí, Gala-Salvador Dalí Foundation. Artists Rights Society (ARS), New York. **365** (l) Andy Warhol. *Marilyn, 1967.* Silkscreen on paper, 91 × 91 cm. © The Andy Warhol Foundation for the Visual Arts/ARS, New York. Photo © Tate Gallery, London/Art Resource, New York. (ml) Salvador Dalí. *Sofá Watch.* © 2002 Salvador Dalí, Gala-Salvador Dalí Foundation. Artists Rights Society (ARS), New York. Image © Christie's Images/Corbis. (mr) Pablo Picasso. *The Red Armchair.* ca. 1930–1940. © Sucesión Picasso. Image © Archivo Iconográfico, S.A./Corbis. (r) Claude Monet. *The Haystacks, End of Summer.* Giverny, 1891. © Erich Lessing/Art Resource, New York. **369** (m) Gonzalo Cienfuegos. *El trofeo.* 2005. Courtesy of the artist. **371** (t) Guillermo Núñez. Excerpt from "Todo en ti fue naufragio". Permission requested. Best efforts made. **384** Armando Barrios. *Cantata.* 1985. Óleo sobre tela. 150 × 150 cm. Nº. catálogo general: 868. Fundacíon Armando Barrios. Caracas, Venezuela.

Photography Credits

All images © Vista Higher Learning unless otherwise noted.

Special thanks to: Martín Bernetti, Sophie Casson, Rachel Distler, Debra Dixon, Jeanne Drake, Carlos Gaudier, Franklin Hammond, Hermann Mejía, Doug Myerscough, Oscar Artavia Solano, Pere Virgili

Cover: © Images.com/Corbis

Master Art: 10–13, 50–53, 90–93, 130–133, 172–175, 212–215, 252–255, 290–293, 332–335, 370–373, 404–407, 446–449 (full pg) © marylooo/123RF; 27, 28, 67, 68, 107, 108, 149, 150, 189, 190, 229, 230, 267, 268, 307, 308, 345, 346, 381, 382, 419, 420, 465, 466 (full pg) © pn_photo/Fotolia.

Front Matter: i © Images.com/Corbis; **xvi** (l) © Bettmann/Corbis, (r) © Ann Cecil/Lonely Planet Images; **xvii** (l) © Lawrence Manning/Corbis, (r) © Design Pics Inc./Alamy; **xix** (l) © Digital Vision/Getty Images, (r) © andres/Big Stock Photo; **xx** © Fotolia IV/Fotolia; **xxi** (l) © Goodshoot/Corbis, (r) © Ian Shaw/Alamy; **xxii** © Frank Micelotta/Getty Images; **xxvi** (r) © Daniel Montiel/Fotolia; **xxix** (l) © Damir Karan/iStock, (r) © Achilles/Dreamstime; **xxx** (l) © Pablo Corral V./Corbis, (r) © Exposicion Cuerpo Plural, Museo de Arte Contemporaneo, Caracas, Venezuala, octubre 2005 (Sala 1). Fotografia Morella Munoz-Tebar. Archivo MAC.